浙江

人力资源和社会保障年鉴

ZHEJIANG RENLI ZIYUAN HE SHEHUI BAOZHANG NIANJIAN

2023

《浙江人力资源和社会保障年鉴》编纂委员会 编

ZHEJIANG UNIVERSITY PRESS
浙江大学出版社
·杭州·

图书在版编目（CIP）数据

浙江人力资源和社会保障年鉴. 2023 /《浙江人力
资源和社会保障年鉴》编纂委员会编；杜孝全主编. —
杭州：浙江大学出版社, 2024.5
　ISBN 978-7-308-24692-7

　Ⅰ.①浙… Ⅱ.①浙… ②杜… Ⅲ.①人力资源管理
—浙江—2023—年鉴②社会保障—浙江—2023—年鉴
Ⅳ.①F249.275.5-54②D632.1-54

中国国家版本馆CIP数据核字(2024)第043115号

浙江人力资源和社会保障年鉴2023

ZHEJIANG RENLI ZIYUAN HE SHEHUI BAOZHANG NIANJIAN 2023

杜孝全　主编

《浙江人力资源和社会保障年鉴》编纂委员会　编

责任编辑　赵　静　冯社宁
责任校对　董雯兰
封面设计　林智广告
出版发行　浙江大学出版社
　　　　　（杭州市天目山路148号　　邮政编码　310007）
　　　　　（网址：http://www.zjupress.com）
排　　版　杭州林智广告有限公司
印　　刷　浙江新华数码印务有限公司
开　　本　889mm×1194mm　1/16
印　　张　32
字　　数　730千
彩　　插　12
版 印 次　2024年5月第1版　2024年5月第1次印刷
书　　号　ISBN 978-7-308-24692-7
定　　价　260.00元

2022年8月10日，省政协主席黄莉新（前排左一）在杭州市拱墅区调研人力资源机构服务用工情况和数字就业特色实践模式

2022年11月3日，省委副书记、省委政法委书记黄建发（左二）在杭州市上城区调研省级大学生创业孵化示范基地"禧福汇"

2022年4月25日，省人大常委会党组书记、副主任梁黎明（前排右三）调研杭州市余杭区就业促进法执法检查工作

2022年7月12日，副省长高兴夫到省人力资源和社会保障厅调研指导工作

　　2022年6月8日下午，省人力资源和社会保障厅党组书记、厅长吴伟斌（右二）赴杭州第一技师学院调研技工教育等工作

　　2022年11月9日，2022中国（浙江）人力资源服务博览会在杭州举办。省人力资源和社会保障厅党组书记、厅长吴伟斌（前排左二）专程到会指导

2022年5月31日，省人力资源和社会保障厅党组副书记、副厅长、一级巡视员刘国富（左二）赴金华市调研一流技师学院建设推进情况

2022年5月11日，省人力资源和社会保障厅党组成员、副厅长陈中（左）一行赴嘉兴市调研人才工作

2022年8月18日，省人力资源和社会保障厅党组成员、副厅长金林贵（左三）在三门县蛇蟠乡黄泥洞村调研指导返乡入乡合作创业工作

2022年6月28—29日，省人力资源和社会保障厅党组成员、副厅长葛平安（右一）赴金华市开展"千名干部联万企　服务企业渡难关"活动

　　2022年8月16日，省人力资源和社会保障厅党组成员、副厅长毛鹏岳（左一）带队在湖州市开展"厅局长走流程"活动，实地体验群众办事过程

　　2022年5月26日，省社会保险和就业服务中心党委书记、主任项薇（右二）一行在嘉兴市就企业职工基本养老保险全国统筹系统上线工作开展调研指导

2022年1月28日下午，全省人力资源和社会保障工作电视电话会议在杭州召开

2022年2月23日，省级结对帮扶云和团组会议在云和召开

2022年4月2日，省人力资源和社会保障厅获省委、省政府"2020—2021年度平安浙江建设先进集体"表彰

2022年4月23—30日，省人力资源和社会保障厅举办"浙江—南京高校毕业生网络招聘周"活动，首次采用"直播带岗"和线上招聘相结合的模式招引高校毕业生

2022年6月3日，"奇思妙想浙江行"2021创业大赛总决赛在杭州顺利举行

2022年7月6—8日，第五届"中国创翼"创业创新大赛浙江省决赛在舟山成功举办

2022年8月10日，2022年浙江省就业援助"暖心活动"启动仪式暨专场招聘会在绍兴举行

2022年8月11日，省人力资源和社会保障厅开展高温作业劳动保护督查暨"送清凉送关爱"慰问活动

2022年9月17—24日，第二十四届高层次人才智力引进洽谈会"留在浙里"2022中国宁波留学人才创业行成功举办

2022年9月23—26日，省人力资源和社会保障厅在省委党校文欣校区举办全省人社系统局长培训班

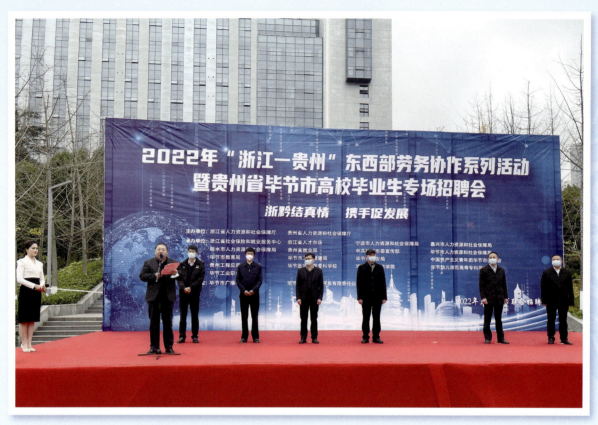

2022年11月14日，"浙江—贵州"校企合作对接会在贵州省贵阳市举行

2022年11月15日，首届杭衢人力资源交流洽谈会在杭州召开

2022年11月17日，以"合作创业·助推共富"为主题的浙江省首届返乡入乡合作创业大赛暨项目对接会在景宁畲族自治县隆重开幕

2022年12月8日，"智联山海·才助共富"2022宁波—丽水山海协作人力资源供需对接会在丽水召开

2022年12月13日，全省人社数字化改革"新就业形态劳动者在线"应用推广会在金华召开

2022年11月12日，"创客天下·杭向未来"2022杭州海外高层次人才创新创业大赛总决赛在杭州国际博览中心举行

2022年7月7日，宁波市博士后"双百"供需对接会开幕，18位博士后人才有备而来"揭榜攻关"

2022年5月19日，中国温州人力资源服务产业园盛大开园

2022年11月22日，"在湖州看见美丽中国"湖州市校园推介暨大学生招引直通车活动在浙江大学成功举办

2022年5月18日，以"嘉有人才·与你同行——嘉禾万事兴"为主题的"嘉兴人才日"在中国革命红船起航地盛大启幕

2022年3月15日，"活力绍兴·智引全球"人才专列启动暨驻外招商引智出征仪式在绍兴举行

2022年2月8—10日，金华市在四川省巴中市举行"春风送岗"就业专场招聘活动

2022年11月19日，衢州市新"115人才"农科组开展"五送"活动

2022年6月25日，舟山市举行"小岛你好"乡村创业基地揭牌仪式

2022年7—8月，台州市开展"激扬青春·筑梦台州"高校毕业生就业招聘人才夜市活动

　　2022年9月18日，"才聚山区·助力共富"浙江省山区26县"共同富裕"招聘活动暨丽水市就业援助"暖心活动"专场招聘会在丽水市人力资源市场举办

《浙江人力资源和社会保障年鉴》
编纂委员会成员

主　任　吴伟斌

副主任　张旭明　陈　中　金林贵　葛平安　毛鹏岳

成　员（以姓氏笔画为序）

万晓磊　马　越　毛江萍　叶　苗　乐　添

刘周洲　刘　涛　刘家振　杜孝全　李　平

李　军　杨克建　张奇妙　张　雷　陈　伟

陈华良　周显荣　周剑挥　赵丽群　柯婉瑛

俞云华　俞　韵　施　科　顾　凯　钱勇军

钱　蕾　徐晓惠　徐晓斐　徐惠文　徐露辉

黄益民　董　悦　颜忠勇

编纂说明

一、《浙江人力资源和社会保障年鉴》是一部以马克思列宁主义、毛泽东思想、邓小平理论、"三个代表"重要思想、科学发展观、习近平新时代中国特色社会主义思想为指导，坚持辩证唯物主义和历史唯物主义的立场、观点和方法，全面、系统地记述和反映浙江人力资源和社会保障事业发展情况的专业性年鉴，由省人力资源和社会保障厅年鉴编纂委员会组织编纂，每年编纂出版。编纂工作具体事务由年鉴编纂委员会设在省人力资源和社会保障科学研究院的编辑部承办。

二、《浙江人力资源和社会保障年鉴2023》（以下简称《2023年鉴》）记载了2022年全省人力资源和社会保障系统坚持以习近平新时代中国特色社会主义思想为指导，深入学习贯彻党的二十大精神，贯彻落实省第十五次党代会精神和省委省政府重大决策部署，着力构建高质量就业创业体系、探索构建共富型大社保体系、扎实开展稳就业惠民生攻坚行动、深化人社数字化改革等工作情况和主要成就。记载起止时间为 2022年1月1日至12月31日。

三、《2023年鉴》全书由特载、大事记、全省工作情况、各市工作情况、重要文件选载、厅发文目录、主要统计资料、机构情况、各市人力资源市场工资指导价位等部分组成。

特载，收录了2022年中央、省和国家有关部门领导关于人力资源和社会保障工作的部分批示、厅年度工作报告、年度工作要点。

大事记，记录了2022年全省人力资源和社会保障工作的重要事项和活动。

全省工作情况，综合记载了2022年全省人力资源和社会保障部门的主要工作，取得的成绩和荣誉。

各市工作情况，记载了2022年各市人力资源和社会保障部门的主要工作，取得的成绩和荣誉。

本年鉴记载的荣誉，是指以党中央、国务院，省委、省政府，国家和省人力资源和社会保障部门以及所属机构名义评选表彰，涉及人力资源社会保障部门主要职能和工作业务，冠以"先进""优秀""突出"等称谓的事项。记载的对象是被表彰的全省人力资源和社会保障系统单位、部门、个人，市、县（市、区）、街道（乡镇）、社区（行政村）以及上述地方从事人力资源和社会保障相关工作的单位、个人。

重要文件选载，收录了2022年省委、省政府、省级有关部门关于人力资源和社会保障工作的部分重要文件。

主要统计资料，收录了2022年全省以及各市劳动就业、社会保障、收入分配、劳动关系等方面的基本统计资料。

机构情况，按"单位领导""机关处室、机关科室""直属单位"三个层面，分别记录了截至2022年底省、市、县（市、区）人力资源和社会保障部门领导班子和机构设置情况。

各市人力资源市场工资指导价位，收录了2022年全省各市不同行业、不同职业（工种）人力资源市场工资指导价位（部分）。

四、《2023年鉴》记载的基本情况和收录的统计资料，由省人力资源和社会保障厅以及全省各级人力资源和社会保障部门提供。

目　录

全省工作情况

各市工作情况

重要文件选载

浙江省人力资源和社会保障厅发文目录

主要统计资料

机构情况

工资指导价位

索 引

特　载

一、批示

省委书记袁家军在《关于报送2022年世界技能大赛特别赛浙江选手获奖情况的函》上的批示

可喜可贺，再接再厉。

2022 年 12 月 5 日

省长王浩在《浙江省人力资源和社会保障厅关于报送社保基金管理问题专项整治有关情况的函》上的批示

省人社厅在排查整治社保基金管理风险过程中注重创新举措与务实作风结合，成效明显。省委政法委（平安办）要注意总结省级单位落实省委"除险保安"部署的有效经验做法。请中强同志酌。

2022 年 2 月 20 日

省委副书记黄建发在《关于履行"双减"相关职责年度工作情况的报告》上的批示

省人力资源和社会保障厅多措并举,创新工作思路,化解校外培训机构劳动用工风险,促进培训机构人员再就业,为"双减"工作平稳推进发挥了积极作用。

2022 年 1 月 13 日

省委副书记黄建发在《关于2022届高校毕业生就业工作情况的汇报》上的批示

感谢大家共同努力,目前成效好,还要继续协同,不断提高高校就业率。

2022 年 7 月 23 日

副省长徐文光在《关于报送2021年工作总结和2022年工作打算的函》上的批示

2021 年,全省人力社保系统深入学习贯彻习近平新时代中国特色社会主义思想和习近平总书记关于人力社保工作的重要指示批示精神,全面落实省委、省政府重大决策部署,扎实开展党史学习教育,紧紧围绕中心、服务大局,锐意进取、担当作为,各项工作取得了积极成效,全省就业形势保持总体稳定,人才引育实现量质齐升,社保领域相关风险隐患得到有效防范,根治欠薪工作实现国务院考核"四连冠",为全省经济社会发展作出了积极贡献,值得充分肯定。 新的一年,希望你们继续坚持以人民为中心的发展思想，坚持稳中求进工作总基调，进一步深化改革、开拓创新，推动实现更加充分更高质量就业，高效落实企业职工基本养老保险全国统筹要求，加快完善大社保体系，着力构建和谐劳动关系，高标准完成民生实事项目，为我省高质量发展建设共同富裕示范区作出新的更大贡献。

2022 年 1 月 26 日

副省长徐文光在《关于报送高标准打造"浙派工匠"名片助力共同富裕示范区建设工作情况的函》上的批示

思路清晰、措施有力、成效凸显。望再接再厉，进一步擦亮"浙派工匠"名片，为共同富裕示范区提供各行各业的技能人才支撑。

2022 年 4 月 28 日

二、厅领导讲话

乘势而上　奋勇争先
为高质量发展建设共同富裕示范区贡献人社力量

——在2022年全省人力资源和社会保障工作电视电话会议上的讲话
吴伟斌
（2022年1月28日）

同志们：

这次会议的主要任务是：深入学习贯彻习近平新时代中国特色社会主义思想和党的十九大及历次全会精神，认真贯彻省委十四届九次、十次全会、中央和省委经济工作会议、省十三届人大六次会议精神以及全国人社工作会议部署要求，全面总结2021年工作，分析研判形势，部署2022年重点工作。刚才，刘国富副厅长宣读了徐文光副省长对人社工作的批示，徐省长充分肯定了2021年全省人社工作取得的成绩，对2022年工作提出了希望和要求，我们要认真学习领会，抓好贯彻落实。下面，我代表厅党组讲四点意见。

一、开拓创新，锐意进取，2021年全省人力资源和社会保障工作取得显著成效

2021年是党和国家历史上具有里程碑意义的一年，是中国共产党成立100周年，是"十四五"开局之年，是我省高质量发展建设共同富裕示范区开局起步之年。一年来，全省人社系统深入学习贯彻习近平新时代中国特色社会主义思想和习近平总书记关于人社工作的重要指示批示精神，完整准确全面贯彻新发展理念，全面落实省委、省政府重大决策部署，扎实开展党史学习教育，紧紧围绕高质量发展建设共同富裕示范区，凝心聚力，砥砺前行，以

人社数字化改革为引领，统筹做好就业创业、社会保障、人才引育、劳动关系以及风险防范等工作，取得显著成效，实现了人社事业"十四五"良好开局，为全省经济社会发展大局贡献了力量。

（一）找准定位，破题开局，人社领域推进高质量发展建设共同富裕示范区扎实有力。高质量发展建设共同富裕示范区是习近平总书记和党中央赋予浙江的光荣使命和重大政治任务，全省人社系统深入学习领会习近平总书记关于共同富裕重要论述精神，认真贯彻中央支持浙江高质量发展建设共同富裕示范区的决策部署，全面落实省委十四届九次全会精神和《浙江高质量发展建设共同富裕示范区实施方案（2021-2025年）》，坚持人社事业在共同富裕示范区建设中发挥支撑和兜底作用的职责定位，推动人社部与省政府率先签订共同推进浙江高质量发展建设共同富裕示范区合作协议，为我省人社领域推进共同富裕示范区建设争取了政策支持和改革空间，得到省委、省政府主要领导的充分肯定。出台《浙江省人社领域推进高质量发展建设共同富裕示范区实施方案（2021-2025年）》和重点任务清单、突破性抓手清单、重大改革清单"三张清单"，明确了目标路径，搭建了人社领域推进共同富裕示范区建设的"四梁八柱"，各地也相应出台了各具特色的实施办法。全省系统围绕共同富裕示范区目标任务，积极探索、大胆创新，推动重大改革和重点任务取得积极进展。省厅先后五次在省共同富裕示范区建设工作会议上作汇报发言，杭州、台州、丽水等地也作了汇报，相关改革被央视《新闻联播》等媒体报道，人社系统推进共同富裕示范区建设实现良好开局。同时，制定出台了全省人社事业发展"十四五"规划，制定人社领域助力共同富裕示范区建设标准化提升行动计划（2021-2025年），着力提升人社工作标准化水平。

（二）上下联动，系统重塑，人社数字化改革取得显著成效。按照省委、省政府推进数字化改革的部署要求，坚持整体智治和系统思维，加强人社数字化改革顶层设计，印发《浙江省人社数字化改革总体方案》，运用数字化技术、数字化思维、数字化认知对人社治理的体制机制、组织架构、方式流程、手段工具进行全方位系统性重塑，打造"整体智治、唯实惟先、高效协同、系统集成"的"数字人社"。全省联动全面梳理人社核心业务，创新开展全省人社数字化改革"对标争先"行动，确定20个"对标争先"试点项目，共有36项任务在地市试点。以解决重大问题、满足重大需求、提升治理能力和群众获得感为目标，以重大需求清单、多跨场景清单、改革成效清单"三张清单"为关键抓手，全力打造具有浙江辨识度的人社改革最佳应用。经过全省系统的共同努力，特别是试点市县的日夜奋战、攻坚克难，我们建成了"浙里就业"重大综合应用，包括"社保基金安全在线""安薪在线""浙里数智就业""技能浙江""浙里电子劳动合同（协议）在线（浙里签）""重点群体就业帮扶在线""新就业形态劳动权益保障在线"等16个应用场景，并按照"成熟一个、推广一个"的原则在全省系统进行推广。其中，"安薪在线"应用在全省数字化改革推进会上作了典型经验介绍，被评为全省数字化改革第二批最佳应用；"重点群体就业帮扶在线"被评为数字社会系统第二批最佳应用；"居民服务一卡通"项目被评为浙江省推进长三角一体化发展第一批最佳实践，并入选省政府部门改革创新项目。同时，我们深入实施"人社服务快办行动"，推进社保医保参保"一件事"改革，实现了群众企业办理社保医保参保关联事项"一次申请、一窗收件、一次录入、一体反馈"，人社服务的智能化、便捷化、人性化水平大幅提升。

（三）突出重点，精准发力，全省就业局势稳中向好。 坚持就业优先导向，全力稳定扩大就业，推动实现更加充分更高质量就业，全省就业局势保持总体稳定、稳中向好。全年城镇新增就业122.4万人，城镇调查失业率保持在较低水平。面对疫情的冲击，在全国率先出台留人稳岗政策，春节期间留岗率达到57%，有力保障了企业用工需求。举全省系统之力，对302万家企业开展大起底、全覆盖用工情况大调查，进一步摸清了全省就业底数，为科学决策夯实了基础。出台减负稳岗扩就业政策，落实阶段性下调失业保险、工伤保险费率政策，全年为企业减负127.5亿元。实施重点企业清单式管理，强化失业风险排查防控。出台支持多渠道灵活就业的实施意见和进一步加强东西部就业帮扶的政策，进一步拓宽就业渠道，强化灵活就业服务保障。出台支持山区26县跨越式高质量发展的政策意见。大力推进农民工返乡入乡合作创业，助力推进乡村振兴。积极落实创业扶持政策，全省共发放创业担保贷款38亿元，扶持创业6万人。深化就业领域数字化改革，开发建设重点群体就业帮扶应用场景，重塑就业帮扶模式，实现省、市、县、乡镇（街道）、村（社区）五级贯通和闭环管理，应用场景已基本实现乡镇（街道）、村（社区）全覆盖，已帮扶50万人实现就业。深化东西部劳务协作，新建省外劳务工作站134个，开发上线东西部劳务协作信息平台，加大爱心岗位开发力度，目前有225万省外脱贫人员在浙稳定就业，为全国稳就业保就业大局作出积极贡献。

（四）破立并举，激发活力，人才引育量质齐升。 认真学习贯彻中央和省委人才工作会议精神，全面贯彻人才强省、创新强省首位战略，坚持问题导向，强化改革创新，进一步完善人才发展体制机制。全年引进各类人才139万人，其中35岁以下的大专学历以上人才130万人，引进博士8822人。稳步推进工程技术领域职称社会化评价改革，出台《浙江省高层次创新型人才职称"直通车"评审办法》，调整我省博士后研究人员资助标准和范围。实施万名博士集聚行动，新设省级博士后工作站270家，招收培养博士后研究人员2967人，均创历史新高。积极争取博士后独立招收资格取得突破性进展，海康威视等5家设站单位成功获批。设立浙江人才院，建立编制池，助力重大平台引进人才。印发《长三角生态绿色一体化示范区专业技术人员职业资格互认实施细则》。持续推进事业单位工作人员职业生涯全周期管理"一件事"改革，人社部在金华召开现场会推广我省经验。会同省委组织部稳慎推进县以下事业单位建立管理岗位职员等级晋升制度。落实"双减"部署要求，提高义务教育阶段教师提供课后服务的报酬水平，并做好校外培训机构人员转岗再就业工作，得到省委领导的充分肯定。研究推进公立医院、高校、科研院所薪酬制度改革，规范做好评比达标表彰工作。大力实施人力资源服务业发展"三优三百"计划，遴选培育100家人力资源企业，推荐100强"扶优"榜单，有7家全球50强人力资源服务机构落户浙江，为企业有效搭建了市场化引才渠道。实施"智聚山海　助力共富"专家服务工程，组织2600 余名专家服务企业、基层和困难群众，助力山区 26 县共同富裕。坚持考务工作和疫情防控"两手抓、两手硬"，安全组织实施各类人事考试，考试总人数达 150 余万人次。以实施新时代浙江工匠培育工程为抓手，扎实推进"技能浙江"建设，大力开展职业技能提升行动，全年培训 260 万人次，新增高技能人才 32.6 万人。出台《新时代浙江工匠遴选管理办法》，首次遴选"浙江大工匠"10 名、"浙江杰出工匠"59名、"浙江工匠"600 名、"浙江青年工匠"1950名。研究制定《关于实施技工教育提质增量行动的意见》，全年新增技工院校 16 所，完成招生 6.2 万人，招生规模和在校生规模创历史新高。深入实施企业新型学徒制，招收培养新型学徒 4.3 万人。完善技能人才评价制度，新增职业技能等级认定评价机构 3339 家，67.3 万名劳动者取得职业技能等级证书。积极筹备全国新职业和数字技术技能大赛。

（五）强基固本，补齐短板，社保制度运行平稳。深入学习贯彻习近平总书记关于完善覆盖全民的社会保障体系的重要讲话精神，按照省委专题学习会"六个聚焦"的要求，深化改革、健全制度、防范风险，推动社会保障制度高质量可持续发展。实施规范企业职工基本养老保险省级统筹制度，完成国家对我省省级统筹制度执行情况的验收，出台企业职工基本养老保险工作考核办法，放开灵活就业人员参加企业职工基本养老保险户籍限制。认真梳理和规范我省企业职工基本养老保险待遇支付项目，主动与人社部进行对接，推进我省待遇项目与全国统筹的平稳衔接。稳妥调整退休人员基本

养老金，惠及全省 897 万离退休人员。针对我省企业职工基本养老保险基金支付能力不足的问题，强化精准扩面，全年全省企业职工基本养老保险净增参保缴费 149.1 万人，新办参保人员中 35 周岁及以下占比 67%。同时，认真开展被征地农民参保政策"回头看"，针对政策执行过程中存在的问题，统一政策口径，全力做好经办工作，确保政策执行不留后遗症。出台城乡居保基金省级管理的政策文件，推动形成个人账户基金省级归集、统筹安排委托投资运营的长效机制，促进城乡居保制度可持续发展。从 8 月 1 日起，将城乡居保基础养老金最低标准由每人每月 165 元提高至 180 元，全省城乡居保人均待遇水平达到每月 350 元。制定出台工伤预防五年行动计划实施方案。开展社保基金管理问题专项整治和基金安全"警示教育月"活动，出台社保基金监督管理约谈规定、安全评估、职业年金监管等政策意见，实现社保基金第三方审计全覆盖，切实守牢基金安全底线。

（六）标本兼治，共建共享，劳动关系总体和谐稳定。针对疫情防控复杂形势、经济下行压力加大、房地产市场不景气以及"双控""双减"政策对劳动关系的冲击和影响，坚持源头治理、综合施策，维护了全省劳动关系和谐稳定。印发《浙江省劳动关系"和谐同行"三年行动计划实施方案》，指导地市开展企业劳动用工体检和劳动关系协调员培训，依法保障劳动者和企业双方的权益。加强协调劳动关系三方机制建设，努力推广电子劳动合同。出台《浙江省维护新就业形态劳动者劳动保障权益实施办法》及配套文件，对新就业形态劳动者的劳动用工权责、薪酬待遇、休息休假、社会保障、劳动保护等进行了规范。支持企业通过提质增

效拓展从业人员增收空间，进一步完善工资集体协商制度，研究制定了以"健全产业工人薪酬激励机制"为主要内容的集体协商要约行动文件。调整最低工资标准，平均增幅13.1%，最高档达到2280元。持续深化"浙江无欠薪"行动，出台《关于以数字化改革为引领 持续擦亮"浙江无欠薪"品牌的实施意见》，建设"安薪在线"数字化治理应用，举办浙江省首届建设领域劳资专管员职业技能大赛。开展漠视侵害群众利益问题专项治理，组织开展"无欠薪"县（市、区）复核。我省在国务院保障农民工工资支付工作考核中获得"四连冠"。开展劳动关系综合治理，全年调处劳动纠纷案件16.5万件，化解率达到99.34%，劳动人事争议调解仲裁效能进一步提升，调解成功率88%，居全国第四。全力打好护航建党百年大庆系统信访稳定攻坚战，维护了人社领域总体和谐稳定。

2021年的成绩来之不易，这是以习近平同志为核心的党中央领航掌舵和习近平新时代中国特色社会主义思想科学指引的结果，是省委、省政府坚强领导的结果，离不开各级党委政府的高度重视，离不开各有关部门单位的大力支持，凝结着全系统干部职工的心血和汗水。在此，我代表厅党组向各级党委政府、向有关部门单位和全系统干部职工表示崇高的敬意和诚挚的感谢。

二、深刻把握人社工作面临的挑战与机遇

2022年是具有特殊重要性的一年，大事要事盛事多。我们要切实把思想和行动统一到中央和省委对形势的科学研判和决策部署上来，顺势而动，应势而为，牢牢掌握工作主动权，

推动事业取得新发展。

（一）深刻认识和把握今年党和国家的大事要事，增强做好工作的责任感和使命感。今年下半年将隆重召开党的二十大，这是在我们党开启全面建设社会主义现代化国家新征程，向着第二个百年奋斗目标迈进的重要时刻，召开的一次十分重要的代表大会，也是今年党和国家政治生活中最大的事。同时，冬奥会、冬残奥会将于2月份在北京举办，亚运会、亚残运会将于9月份在杭州举办，6月份我省还将召开第十五次党代会。这些都是今年的大事要事盛事，我们要深刻认识和把握做好今年人社工作的重大特殊意义，高标准高质量谋划做好人社各项工作，为群众多做实事、多办好事，不断增强人民群众的获得感幸福感安全感认同感，用实实在在的成绩为一域增光、为全局添彩。

（二）深刻认识和把握当前经济形势的严峻复杂性，增强应对风险挑战的前瞻性和主动性。中央经济工作会议指出，当前我国经济发展面临需求收缩、供给冲击、预期转弱三重压力，在世纪疫情冲击下，百年变局加速演进，外部环境更趋复杂严峻和不确定。省委经济工作会议对我省经济形势作了进一步分析研判，指出我省经济发展面临的困难和挑战明显增多，疫情防控形势严峻复杂，经济下行压力加大，产业链供应链尚不稳固，一些中小企业经营依然困难；能耗"双控"形势依然严峻，防范化解风险任务依然艰巨。我们要深刻认识到，经济形势的复杂性和不确定性会给人社工作带来冲击和挑战，稳就业保居民就业压力加大，部分行业存在规模性裁员风险；社保参保扩面难度加大；部分领域行业劳动纠纷更加多发易发，特别是治欠保支压力将加大，等等。我们对此既

要有清醒认识，又要坚定信心，及早做好应对，提高工作的前瞻性和预判性，切实提出有针对性的应对之策，做到应对有招、施招见效，最大程度降低外部环境对人社工作的不利影响。

（三）深刻认识和把握共同富裕示范区建设的目标要求，增强补齐工作短板的危机感和紧迫感。省委经济工作会议指出，今年是共同富裕示范区建设一周年，必须用好系统重塑思路方法，找准突破性抓手，加快探索实践路径，确保形成一批有全国影响的标志性成果。春节后省委将召开高质量发展建设共同富裕示范区推进大会，对下一步推进共同富裕示范区建设进行系统部署，我们要认真学习会议精神，切实抓好贯彻落实。对照共同富裕示范区建设的目标要求和人社部门的职责定位，我们要深刻认识到当前工作存在的短板和不足，比如高质量就业体系尚未健全、大社保体系还需要进一步探索完善、人才供给和支撑能力有待进一步加强、收入分配制度改革还需要大胆破题、劳动者权益保障还有薄弱环节。我们要对准共同富裕示范区建设主跑道，牢固树立"没有走在前列也是一种风险"的意识，进一步找准切入点和发力点，加快补齐短板、放大职能优势，更好彰显人社担当。

三、乘势而上，奋勇争先，扎实推动2022年人力资源和社会保障工作再上新台阶

2022年，全省人力资源和社会保障工作的总体要求是：坚持以习近平新时代中国特色社会主义思想为指导，认真贯彻党的十九大和十九届历次全会、省委十四届九次和十次全会、中央和省委经济工作会议精神，落实省十三届

人大六次会议和全国人社工作会议部署要求，坚持以人民为中心的发展思想，大力弘扬伟大建党精神，坚持稳中求进工作总基调，完整准确全面贯彻新发展理念，聚焦聚力高质量发展建设共同富裕示范区，突出构建共富型高质量就业创业体系和大社保体系两大重点，围绕稳进提质、除险保安、塑造变革，深入实施"六大行动"，不断夯实高质量发展建设共同富裕示范区的高质量就业支撑、高质量社保支撑和高质量人才支撑，为共同富裕示范区建设贡献更大人社力量，以实际行动彰显忠诚拥护"两个确立"、坚决做到"两个维护"的高度自觉，以优异成绩迎接党的二十大胜利召开。

（一）实施高质量就业促进行动，打响"创业就业在浙江"品牌。就业是民生之本，也是财富之源，更事关社会稳定。高质量发展建设共同富裕示范区首先应该是高质量就业示范区。要按照共同富裕示范区建设的要求，在全国率先构建形成共富型的高质量就业体系，为"扩中""提低"、共同富裕提供更坚实基础。全省城镇新增就业100万人，其中山区26县新增10万人，调查失业率控制在5.5%以内，困难人员实现就业10万人，继续保持就业局势总体稳定。一是实施共同富裕就业专项行动。进一步梳理完善就业政策体系，制定出台"十四五"就业促进规划实施意见。聚焦重点人群、重点区域和特殊群体，完善更加集成更加精准的就业帮扶机制，出台就业困难人员管理服务规定，迭代升级重点群体就业帮扶应用场景，努力做到"应帮尽帮、一个不少"，实现"智能识别、服务到位"。深入实施就业服务质量提升工程，强化高校毕业生就业帮扶，安排见习1.5万人，对离校未就业毕业生实施清单式管理，确保有

就业意愿的年底前全部就业。积极发展零工市场，动员全社会共同参与就业帮扶，形成多渠道就业帮扶格局。进一步做好为农民工服务工作，有序推进农民工市民化。研究制定支持26县就业创业政策，努力缩小地区差距，助力乡村全面振兴。将失业保险金标准由最低工资标准的80%调整到90%，进一步保障失业人员基本生活。二是放大创业带动就业新优势。优化创业扶持政策，支持重点人群创业和返乡入乡创业，全年扶持创业5万人，发放创业担保贷款35亿元。建成省级创业孵化示范基地100家。加强创业典型宣传，办好"中国创翼""奇思妙想浙江行"创业大赛，举办创业大赛100场。三是强化企业用工服务保障。研究企业用工调查常态化、自动化机制，完善重点缺工企业清单式管理，落实属地帮扶责任。加强余缺调剂，合理配置劳动力资源。深化东西部劳务协作，完善"东西部劳务协作平台"，有组织引导和稳定外省劳动力来浙就业。

（二）实施社保提标提质行动，稳步推进社保高质量可持续发展。深刻认识社会保障是治国安邦的大问题，是兜牢民生底线的重要制度安排，进一步加快重塑构建大社保体系，发挥大社保兜住大民生的关键作用。一是落实好企业职工基本养老保险全国统筹任务。要认真贯彻落实党中央、国务院关于实施企业职工基本养老保险全国统筹的决策部署，按照全国统筹实施方案要求，加强对接，细化制定我省工作方案，重点做好缴费比例、缴费基数政策调整以及信息系统对接等工作，确保全国统筹制度平稳实施。同时，要加快推进失业保险、工伤保险省级统筹，年底前要出台具体实施方案，稳步提高基金共济水平。继续推进机关事业单

位养老保险制度改革。二是实施企业职工基本养老保险提标扩面计划。进一步扩大企业职工基本养老保险参保覆盖面，不断提高缴费基数夯实率，加快实现应保尽保和法定人员全覆盖，促进灵活就业人员和新就业形态劳动者积极参保，让更多人享受社会保障，进一步扎牢织密社会保障网。落实《浙江省企业职工基本养老保险工作考核办法（试行）》，切实压实各级政府对养老保险工作的责任，激发制度运行活力。三是健全多层次养老保障体系。积极推动企业年金发展，鼓励更多企业建立年金，持续扩大基金规模。加快发展"第三支柱"养老保险，按照国家部署探索构建个人养老金制度体系，配合开展好专属商业养老保险试点工作。完善城乡居民基本养老保险政策，加大缴费补贴力度，稳步提高城乡居保待遇水平，确保广大城乡居民共享经济社会发展成果。四是完善基金监管制度体系。规范实施机关事业单位职业年金市场化投资运营，有序推进基本养老保险基金委托投资运营，确保基金保值增值。开展社保基金管理提升年行动，巩固拓展社保基金管理问题专项治理和社保基金安全警示教育成果，迭代升级"社保基金安全在线"，全面加强社保基金风险防控，守住基金安全底线。

（三）实施高素质人才集聚行动，助力打造世界重要人才中心和创新高地的战略支点。深入学习贯彻中央和省委人才工作会议精神，深化人才发展体制机制改革，强化人才引育，提升人才服务质量，为共同富裕示范区建设汇聚起强大的人才力量。全省举办海内外人才项目对接活动500场、创业创新大赛300场，引进35岁以下大学生100万名。一是完善人才发展体制机制。进一步拓宽引才视野，创新引才

方式，依托"引才云"平台，常态化开展小规模、专业化的精准引才活动。大力推广"揭榜挂帅"机制，着力解决"卡脖子"技术难题。支持杭州、宁波培育引进重大平台建设急需的高端人才。健全以创新价值、能力、贡献为导向的人才评价体系，推进企事业单位自主评价和社会化评价，畅通人才流动渠道，推进科研人员离岗创业、兼职兼薪、职称职业资格互认等改革，为人才搭建横向流动桥梁、纵向发展阶梯。改革完善体现岗位绩效和分级分类管理的事业单位薪酬制度，出台公立医院薪酬制度改革实施意见，深入推进高校、科研院所薪酬制度改革，进一步激发人才创新创业活力。建立健全全省事业单位工资信息化管理机制，强化工资数据分析应用。调整事业单位工作人员、机关工人基本工资标准。规范做好评比达标表彰和创建示范工作。稳妥实施县以下事业单位管理岗位职员等级晋升制度改革，确保把好事办好。二是加强专业技术人才队伍建设。聚焦"互联网+"、生命健康、新材料等三大科创高地建设，推动实现产学研深度融合，着力解决工程技术人才培养与生产实践脱节的突出问题。深入实施"万人计划"等人才培养项目，优化人才发现机制和项目团队遴选机制，探索新的项目组织方式，培育一批具有突出技术创新能力、善于解决复杂工程问题的工程师队伍。深入实施"万名博士集聚行动"，加大博士后人才培养资助力度，充分发挥博士后工作站设站单位主体作用，全年引进博士8000名。三是推进人力资源服务业高质量发展。制定出台支持人力资源服务业高质量发展政策意见，引导行业专业化、国际化、数字化、集聚化发展，推动人力资源服务向价值链高端延伸。建设标准化人力

资源市场体系，积极培育和发展人力资源市场主体。举办中国浙江人力资源服务博览会，为我省企业搭建人才交流、项目引进的对接平台。支持人力资源服务业引进高端人才，引进年薪30万以上人才4万名以上。同时，深化人才领域数字化改革，完善人才全生命周期服务，推广省人才公共服务平台，持续打造人才发展最优生态。

（四）实施"技能浙江"行动，全力办好"浙派工匠"民生实事。推进"浙派工匠"建设是今年《政府工作报告》部署的十大民生实事之一，要按照"能早则早、能快则快、能多则多"的要求，对照"开展职业技能培训150万人次以上，新增技能人才40万名，其中新增高技能人才20万人"的目标任务，细化举措，压实责任，强化督查，扎实推动民生实事项目落地见效，确保交出高分报表。一是大力实施新时代浙江工匠培育工程。开展好"十百千万"新时代浙江工匠遴选，组建一批技术技能创新团队，积极推进技能创新。实施"金蓝领"职业技能提升行动，积极推行职业培训券，广泛推行企业新型学徒制。广泛组织开展各类比武竞赛。全力筹办全国新职业和数字技术技能大赛，人社部和省政府对大赛高度重视，省厅和杭州市要密切配合，加强协同，确保大赛简约、安全、精彩。高标准办好第二届浙江技能大赛，积极备战第46届世界技能大赛，大力营造"崇尚技能，走技能成才之路"的浓厚氛围。二是实施技工教育提质增量行动。出台技工教育提质增量行动意见，启动一流技师学院和高水平专业群建设，创新技工院校师资培训模式，加强专业带头人队伍建设，实施技师学院教师报备员额制改革，积极推动国际合作办学，鼓励企业和社会资本

兴办技工院校，推动技工教育高质量发展，充分发挥技能人才培养的主渠道作用。三是深化技能人才评价制度改革。出台深化技能人才评价制度改革的意见，鼓励行业企业深度参与技能人才培养，支持各级各类企业自主开展技能人才评价，规范社会评价组织开展技能人才评价。

（五）实施劳动关系和谐促进行动，维护社会大局稳定。构建和谐劳动关系事关共同富裕示范区建设的平安底色。要突出重点，多措并举，推动构建更加和谐稳定的劳动关系，加快打造全域和谐劳动关系示范区。一是完善企业薪酬分配制度。加强企业工资集体协商，完善企业薪酬调查和信息发布制度，探索技术工人分行业分工种最低工资制度，鼓励企业在自身发展做大"蛋糕"的同时，稳步提高企业一线人员工资水平。完善国有企业工资分配宏观调控，推动国有企业建立市场化用工和薪酬分配机制。适时适度调整最低工资标准。二是切实维护好新就业形态劳动者劳动保障权益。全面落实维护新就业形态劳动者劳动保障权益实施办法，完善"新就业形态劳动权益保障在线"应用，持续开展权益保障专项行动，稳妥处理涉及新就业形态的劳动纠纷。三是深化根治欠薪行动。深化"安薪在线"应用，迭代升级"浙江无欠薪"行动方案2.0版，推动"无欠薪"负面清单、"无欠薪"县（市、区）复评考核和动态管理机制等全面落实，压实属地责任和部门监管责任，做到欠薪动态清零，确保不发生重大欠薪事件、极端讨薪事件和重大网络舆情。四是完善劳动争议调解处理机制。建立健全基层劳动争议调解组织，不断提高纠纷柔性化解比例，进一步完善裁审衔接和跨区域办案制度，

全面推广数字仲裁庭，力争全年仲裁结案率达到92%以上。同时，开展信访积案化解清零行动，努力"消存量、遏增量"，着力化解一批历史遗留问题，维护社会和谐稳定。

（六）实施人社数字化改革深化行动，打造更多具有人社辨识度的标志性成果。深入学习贯彻全省数字化改革推进会精神，迭代深化对数字化改革理念、思路、方法、机制的认识，持续推动制度重构、流程再造、系统重塑，按照五大系统架构，聚焦跑道，强化系统集成应用和数据关联应用，细化深化实化"就业大脑"应用，不断完善功能，提高数据质量，确保应用场景管用实用好用常用，打造更多具有人社辨识度的改革成果。鼓励基层探索创新，不断完善"一本账"小切口子场景。强化有效数据供给，加强多部门多系统业务协同，用数据流、信息流推动决策流、业务流、执行流统一。扎实推进应用向市县及以下延伸、与基层治理整体衔接，推进"1512"体系贯通。同时，深化政务服务数字化改革，深入推进人社事项"全省通办""跨省通办"，全面推进人社政务服务2.0事项应用，进一步提升人社服务便利化、智能化、一体化水平。

四、担当作为，狠抓落实，确保高质量完成全年目标任务

今年的工作任务已经明确，关键是要抓好落实。全省系统要进一步提高政治站位，强化担当作为，确保各项工作取得实实在在的成效。

（一）强化学习提站位。要持续学深悟透习近平新时代中国特色社会主义思想，深化巩固党史学习教育成果，深刻认识党确立习近平同

志党中央的核心、全党的核心地位，确立习近平新时代中国特色社会主义思想的指导地位的决定性意义，胸怀"两个大局"，心系"国之大者"，守牢"红色根脉"，不断提高政治判断力、政治领悟力、政治执行力，不折不扣贯彻落实习近平总书记关于人社工作的重要指示批示精神以及中央和省委、省政府决策部署，不断增强忠诚拥护"两个确立"、坚决做到"两个维护"的政治自觉思想自觉行动自觉。

（二）改革创新求突破。 改革是事业发展的动力之源。共同富裕是新蓝海，是开创性的工作，没有现成的经验和模式可以借鉴，必须解放思想、勇于尝试、大胆突破，破除惯性思维和路径依赖，以改革创新的勇气和魄力，努力打开事业发展新局面。要提升塑造变革能力，实现从"要我变革"到"我要变革"、从"适应变革"到"引领变革"的跃升，加快建设变革型组织。同时，要坚持守正创新，正确处理好创新和继承的关系，不能为了创新而创新，牢牢把握"为了解决问题而创新"这个关键，用创新的思路和办法解决实实在在的问题。

（三）用心用情优服务。 要始终牢记让人民生活幸福是"国之大者"，坚持将人民至上理念贯穿工作始终，站稳人民立场，践行群众路线，以"民之所忧、我必念之，民之所盼、我必行之"的深厚情怀，大兴调查研究之风，在制定政策、执法监管、经办服务等各个环节，都要站在老百姓的角度思考，让老百姓看得懂政策、享受到权益、体验到便捷，将人民群众的获得感满意度作为评价工作的最高标准。要深入开展"厅局处长走流程"活动，真正达到"体验流程、发现问题、改进工作、优化服务"的目的，用心把握群众的脉搏，用情找到解决问题的办

法，用力把事情做实做好，着力解决好群众"急难愁盼"问题。

（四）防范风险保平安。 要统筹安全和发展，树牢底线思维，强化忧患意识，有效防控人社领域各类风险隐患。要紧扣大事要事时间节点，把握工作节奏和力度，把握好推进重大改革和敏感政策出台的时度效，加强政策落实的跟踪评估，增强针对性实效性。要加强风险研判，完善应对预案，既高度重视防范规模性失业、社保基金支付管理、劳动关系群体性事件、人事考试安全等传统风险，又密切关注和防范网络安全和数据安全等新的风险点，加强舆情监测和应对，防止出现极端事件和群体性事件，为经济社会发展大局创造和谐稳定的环境。

（五）团结协作强合力。 团结就是力量，团结出凝聚力、出战斗力。只有团结协作，才能切实把各项工作抓好、抓实、抓出成效。全省人社系统是一个大家庭，全省人社事业发展要靠大家的共同努力，全系统干部要强化整体人社理念，增强集体荣誉感和主人翁意识，朝着共同的方向和目标，心往一处想、劲往一处使，齐心协力干事创业。省厅要加强工作指导，尊重基层首创精神；市县要服从指挥强执行，做到"一声令下、一呼百应"。同时，要善于借力借势，积极争取地方党委政府的重视支持，将更多工作纳入地方经济社会发展大局，主动加强与相关部门的沟通协调，形成推动工作的强大合力。

（六）清正廉洁守底线。 党员干部干事是本职，干净是本分。全省系统各级党组织要坚决扛起全面从严治党政治责任，始终坚持严的主基调，全面从严、一严到底，认真履行主体责任和"一岗双责"，突出抓住"关键少数"。实施

"红色根脉强基工程"，推动党建工作和业务工作深度融合。进一步扎紧织密制度篱笆，切实防范重点领域廉政风险。严格落实中央八项规定精神，坚决反对形式主义、官僚主义。从严加强干部队伍建设，强化警示教育，引导党员干部牢记初心使命，正确对待权力，时刻自重自省，涵养风清气正的良好政治生态。

同志们，担当新使命，砥砺新征程。让我们更加紧密地团结在以习近平同志为核心的党中央周围，全面贯彻习近平新时代中国特色社会主义思想，大力弘扬伟大建党精神，踔厉奋发，笃行不怠，为忠实践行"八八战略"、奋力打造"重要窗口"，争创社会主义现代化先行省和高质量发展建设共同富裕示范区贡献人社力量，以优异成绩向党的二十大和省第十五次党代会献礼！

三、工作要点

2022年全省人力资源和社会保障工作要点

2022年，全省人力资源和社会保障工作的总体要求是：坚持以习近平新时代中国特色社会主义思想为指导，认真贯彻党的十九大和十九届历次全会、省委十四届九次和十次全会、中央和省委经济工作会议精神，落实省十三届人大六次会议和全国人社工作会议部署要求，坚持以人民为中心的发展思想，大力弘扬伟大建党精神，坚持稳中求进工作总基调，完整准确全面贯彻新发展理念，聚焦聚力高质量发展建设共同富裕示范区，突出构建共富型高质量就业创业体系和大社保体系两大重点，围绕稳进提质、除险保安、塑造变革，深入实施"六大行动"，不断夯实高质量发展建设共同富裕示范区的高质量就业支撑、高质量社保支撑和高质量人才支撑，为共同富裕示范区建设贡献更大人社力量，以实际行动彰显忠诚拥护"两个确立"、坚决做到"两个维护"的高度自觉，以优异成绩迎接党的二十大和省第十五次党代会胜利召开。

一、实施高质量就业促进行动，打响"创业就业在浙江"品牌

1. 全省城镇新增就业100万人，其中山区26县新增就业10万人；调查失业率控制在5.5%以内，困难人员实现就业10万人，继续保持就业局势总体稳定。

责任单位：就业处、就业管理处（列在第一位者为牵头处室、单位，下同）

2. 构建高质量就业创业体系。强化就业优先政策，实施共同富裕就业专项行动，完善更加集成精准的就业帮扶和创业扶持机制，实现户户有就业、就业高质量，打响"就业创业在浙江"品牌。进一步梳理完善就业政策体系，制定出台"十四五"就业促进规划实施意见。出台就业困难人员管理服务规定，迭代升级重点群体就业帮扶应用场景。

责任单位：就业处、就业管理处

3. 深入实施就业服务质量提升工程，强化高校毕业生就业帮扶，安排见习1.5万人，对离校未就业毕业生实施清单式管理，确保有就业意愿的年底前全部就业。积极发展零工市场，动员全社会共同参与就业帮扶，形成多渠道就业帮扶格局。

责任单位：就业管理处、就业处

4. 研究制定支持26县就业创业政策。将失业保险金标准由最低工资标准的80%调整到90%。进一步做好为农民工服务工作，有序推进农民工市民化。

责任单位：就业处、农民工处、就业管理处

5. 优化创业扶持政策，支持重点人群创业和返乡入乡创业，全年扶持创业5万人，发放创业担保贷款35亿元。建成省级创业孵化示范基地100家。加强创业典型宣传，办好"中国创翼""奇思妙想浙江行"创业大赛，举办创业大赛100场。

责任单位：就业管理处、就业处、农民工处

6. 强化企业用工服务保障。研究企业用工调查常态化、自动化机制，完善重点缺工企业清单式管理，落实属地帮扶责任。加强余缺调剂，合理配置劳动力资源。深化东西部劳务协作，完善"东西部劳务协作平台"，有组织引导和稳定外省劳动力来浙就业。

责任单位：就业管理处、就业处、农民工处、人才市场、职介中心

二、实施社保提标提质行动，稳步推进社保高质量可持续发展

7. 重塑构建大社保体系。落实好企业职工基本养老保险全国统筹任务，加强对接，细化制定我省工作方案，重点做好缴费比例、缴费基数政策调整以及信息系统对接等工作，确保全国统筹制度平稳实施。

责任单位：养老处、就业处、工伤处、城乡居保处、社保服务处、内控管理处、信息中心

8. 加快推进失业保险、工伤保险省级统筹，年底前要出台具体实施方案。稳步提高工伤保险定期待遇。继续推进机关事业单位养老保险制度改革。

责任单位：养老处、工伤处、就业处、社保服务处、内控管理处、就业管理处、信息中心（按职能分工负责）

9. 实施企业职工基本养老保险提标扩面计划。进一步扩大企业职工基本养老保险参保覆盖面，不断提高缴费基数夯实率，加快实现应保尽保和法定人员全覆盖，促进灵活就业人员和新就业形态劳动者积极参保。

责任单位：养老处、劳动关系处、工伤处、社保服务处、内控管理处（按职能分工负责）

10. 落实《浙江省企业职工基本养老保险工作考核办法（试行）》，切实压实各级政府对养老保险工作的责任。

责任单位：养老处、社保服务处、内控管理处

11. 健全多层次养老保障体系。积极推动企业年金发展，鼓励更多企业建立年金，持续扩大基金规模。规范实施机关事业单位职业年金市场化投资运营，有序推进基本养老保险基金委托投资运营，确保基金保值增值。加快发展"第三支柱"养老保险，按照国家部署探索构建个人养老金制度体系，配合开展好专属商业养老保险试点工作。

责任单位：养老处、基金监督处、社保服

务处

12. 完善城乡居民基本养老保险政策，加大缴费补贴力度，稳步提高城乡居保待遇水平。

责任单位：城乡居保处

13. 完善基金监管制度体系。开展社保基金管理提升年行动，巩固拓展社保基金管理问题专项治理和社保基金安全警示教育成果，迭代升级"社保基金安全在线"，全面加强社保基金风险防控，守住基金安全底线。

责任单位：基金监督处、养老处、工伤处、城乡居保处、就业处、社保服务处、内控管理处、就业管理处、信息中心

三、实施高素质人才集聚行动，助力打造世界重要人才中心和创新高地的战略支点

14. 全省举办海内外人才项目对接活动500场、创业创新大赛300场，引进35岁以下大学生100万名。

责任单位：人才处、专家中心、人才市场

15. 完善人才发展体制机制。进一步拓宽引才视野，创新引才方式，依托"引才云"平台，常态化开展小规模、专业化的精准引才活动。大力推广"揭榜挂帅"机制，着力解决"卡脖子"技术难题。支持杭州、宁波培育引进重大平台建设急需的高端人才。

责任单位：人才处、专家中心、人才市场

16. 健全以创新价值、能力、贡献为导向的人才评价体系，推进企事业单位自主评价和社会化评价，畅通人才流动渠道，推进科研人员离岗创业、兼职兼薪、职称职业资格互认等改革。

责任单位：专技处、人才处、职业能力处、

事业处、工资奖励处、技能评价中心

17. 改革完善体现岗位绩效和分级分类管理的事业单位薪酬制度，出台公立医院薪酬制度改革实施意见，深入推进高校、科研院所薪酬制度改革。建立健全全省事业单位工资信息化管理机制，强化工资数据分析应用。调整事业单位工作人员、机关工人基本工资标准。规范做好评比达标表彰和创建示范工作。

责任单位：工资奖励处、工资统发处

18. 稳妥实施县以下事业单位管理岗位职员等级晋升制度改革。

责任单位：事业处、工资奖励处、养老处、社保服务处、工资统发处

19. 聚焦"互联网＋"、生命健康、新材料等三大科创高地建设，推动实现产学研深度融合，着力解决工程技术人才培养与生产实践脱节的突出问题。深入实施"万人计划"等人才培养项目，优化人才发现机制和项目团队遴选机制，探索新的项目组织方式，培育一批具有突出技术创新能力、善于解决复杂工程问题的工程师队伍。深入实施"万名博士集聚行动"，加大博士后人才培养资助力度，充分发挥博士后工作站设站单位主体作用，全年引进博士8000名。

责任单位：专技处、人才处、专家中心、人事教育中心

20. 制定出台支持人力资源服务业高质量发展政策意见，引导行业专业化、国际化、数字化、集聚化发展，推动人力资源服务向价值链高端延伸。建设标准化人力资源市场体系，积极培育和发展人力资源市场主体。举办中国浙江人力资源服务博览会，为我省企业搭建人才交流、项目引进的对接平台。支持人力资源服务业引进高端人才，引进年薪30万以上人才4

万名以上。

责任单位：人才处、人才市场处、人事教育中心、人才市场

21. 深化人才领域数字化改革，完善人才全生命周期服务，推广省人才公共服务平台，持续打造人才发展最优生态。

责任单位：人才处、人才市场、信息中心

四、实施"技能浙江"行动，全力办好"浙派工匠"民生实事

22. 开展职业技能培训 150 万人次以上，新增技能人才 40 万名，其中新增高技能人才 20 万人。

责任单位：职业能力处、技能评价中心

23. 大力实施新时代浙江工匠培育工程。开展好"十百千万"新时代浙江工匠遴选，组建一批技术技能创新团队，积极推进技能创新。实施"金蓝领"职业技能提升行动，积极推行职业培训券，广泛推行企业新型学徒制。广泛组织开展各类比武竞赛。全力筹办全国新职业和数字技术技能大赛。高标准办好第 2 届浙江技能大赛，积极备战第 46 届世界技能大赛。

责任单位：职业能力处、技能评价中心、教研所

24. 实施技工教育提质增量行动。出台技工教育提质增量行动意见，启动一流技师学院和高水平专业群建设，创新技工院校师资培训模式，加强专业带头人队伍建设，实施技师学院教师报备员额制改革，积极推动国际合作办学，鼓励企业和社会资本兴办技工院校，推动技工教育高质量发展。

责任单位：职业能力处、教研所

25. 深化技能人才评价制度改革。出台深化技能人才评价制度改革的意见，鼓励行业企业深度参与技能人才培养，支持各级各类企业自主开展技能人才评价，规范社会评价组织开展技能人才评价。

责任单位：职业能力处、技能评价中心

五、实施劳动关系和谐促进行动，维护社会大局稳定

26. 完善企业薪酬分配制度。加强企业工资集体协商，完善企业薪酬调查和信息发布制度，探索技术工人分行业分工种最低工资制度。完善国有企业工资分配宏观调控，推动国有企业建立市场化用工和薪酬分配机制。适时适度调整最低工资标准。

责任单位：劳动关系处、职业能力处

27. 全面落实维护新就业形态劳动者劳动保障权益实施办法，完善"新就业形态劳动权益保障在线"应用，持续开展权益保障专项行动，稳妥处理涉及新就业形态的劳动纠纷。

责任单位：劳动关系处、工伤处、监察执法局、仲裁院

28. 深化根治欠薪行动。深化"安薪在线"应用，迭代升级"浙江无欠薪"行动方案 2.0 版，推动"无欠薪"负面清单、"无欠薪"县（市、区）复评考核和动态管理机制等全面落实，压实属地责任和部门监管责任，做到欠薪动态清零，确保不发生重大欠薪事件、极端讨薪事件和重大网络舆情。

责任单位：监察执法局、仲裁信访处、咨询宣传中心

29. 完善劳动争议调解处理机制。建立健全

基层劳动争议调解组织，不断提高纠纷柔性化解比例，进一步完善裁审衔接和跨区域办案制度，全面推广数字仲裁庭，力争全年仲裁结案率达到92%以上。

责任单位： *仲裁院*

30. 开展信访积案化解清零行动，努力"消存量、遏增量"，着力化解一批历史遗留问题，维护社会和谐稳定。

责任单位： *仲裁信访处*

六、实施人社数字化改革深化行动，打造更多具有人社辨识度的标志性成果

31. 迭代深化对数字化改革理念、思路、方法、机制的认识，持续推动制度重构、流程再造、系统重塑，按照五大系统架构，聚焦跑道，强化系统集成应用和数据关联应用，细化深化实化"就业大脑"应用，不断完善功能，提高数据质量，确保应用场景管用实用好用常用，打造更多具有人社辨识度的改革成果。

责任单位： *数改办、信息中心和相关业务处室、单位*

32. 鼓励基层探索创新，不断完善"一本账"小切口子场景。强化有效数据供给，加强多部门多系统业务协同，用数据流、信息流推动决策流、业务流、执行流统一。扎实推进应用向市县及以下延伸、与基层治理整体衔接，推进"1512"体系贯通。

责任单位： *数改办、信息中心和相关业务处室、单位*

33. 深化政务服务数字化改革，深入推进人社事项"全省通办""跨省通办"，全面推进人社政务服务2.0事项应用，进一步提升人社服

务便利化、智能化、一体化水平。

责任单位： *法规处、信息中心和相关业务处室、单位*

34. 贯彻落实《浙江省人社领域助力共同富裕示范区建设标准化提升行动计划（2021—2025年）》，大力推进人社省级地方标准研制，加快构建人社标准体系，强化标准实施应用，积极开展人社部基本公共服务标准化试点。

责任单位： *规财处和相关业务处室、单位*

七、担当作为，狠抓落实，确保高质量完成全年目标任务

35. 持续学深悟透习近平新时代中国特色社会主义思想，深化巩固党史学习教育成果，不折不扣贯彻落实习近平总书记关于人社工作的重要指示批示精神以及中央和省委、省政府决策部署。强化整体人社理念，提升塑造变革能力，加快建设变革型组织。深入开展"厅局处长走流程"活动。

责任单位： *机关党委（机关纪委）、法规处、人事处和各处室、单位*

36. 要加强风险研判，完善应对预案，既高度重视防范规模性失业、社保基金支付管理、劳动关系群体性事件、人事考试安全等传统风险，又密切关注和防范网络安全和数据安全等新的风险点，加强舆情监测和应对，防止出现极端事件和群体性事件。

责任单位： *就业处、劳动关系处、基金监督处、仲裁信访处、监察执法局、社保服务处、内控管理处、就业管理处、人事考试院、咨询宣传中心、信息中心、数改办（按职能分工负责）*

37. 坚决扛起全面从严治党政治责任，认

真履行主体责任和"一岗双责",实施"红色根脉强基工程",推动党建工作和业务工作深度融合。进一步扎紧织密制度篱笆,切实防范重点领域廉政风险。严格落实中央八项规定精神,坚决反对形式主义、官僚主义。从严加强干部队伍建设,强化警示教育,涵养风清气正的良好政治生态。

责任单位:机关党委(机关纪委)、人事处和各处室、单位

大事记

浙江省人力资源和社会保障厅大事记

（2022年）

2022年1月

1月4日，吴伟斌厅长列席省委理论学习中心组"加强党内法规制度建设"专题学习会和省委常委会第196次会议，晚上列席省政府第89次常务会议。

同日，陈中副厅长参加高兴夫副省长主持召开的研究设立省人才集团事宜专题会议。

同日，葛平安副厅长参加高兴夫副省长主持召开的研究省属企业考核分配改革工作专题会议。

1月5日，吴伟斌厅长参加县（市、区）委书记工作交流会暨疫情防控工作部署会。

同日，金林贵副厅长参加省亚运工作领导小组人力资源协调组第一次例会。

同日，葛平安副厅长参加成岳冲副省长主持召开的研究优化生育政策有关问题专题会议。

同日，毛鹏岳副厅长主持召开社保制度重塑研究课题组第一次会议。

1月6日，吴伟斌厅长专题听取部分处室、单位今年工作思路，刘国富、陈中、金林贵、毛鹏岳副厅长分别参加。

同日，金林贵副厅长参加省级结对帮扶团组长会议。

1月7日，吴伟斌厅长参加全省民营经济发展大会，下午参加省第19届亚运会和第4届亚残运会工作领导小组第一次例会。

同日，金林贵副厅长参加2022年全省春运工作电视电话会议。

同日，葛平安副厅长参加成岳冲副省长主持召开的"智慧医保"建设推进会，下午主持召开厅数改专班周例会，并专题听取"新就业形态劳动权益保障在线"等9个应用场景演示汇报。

1月7日至9日，陈中副厅长参加高级经济师评审会议。

1月9日，吴伟斌厅长列席省委常委会第199次会议。

1月10日，吴伟斌厅长听取葛平安副厅长分管处室、单位今年工作思路，葛平安副厅长参加，之后主持召开厅第34次党组会，传达学习党史学习教育总结会议精神并听取厅党组党史学习教育专题民主生活会方案、党的二十大代表和省第十五次党代会代表候选人初步人选推荐、调整厅国家安全人民防线建设小组成员、春节走访慰问困难党员和老党员以及省社保就业中心定编定职数等情况的汇报，研究近期干部人事工作。

同日，全国就业工作座谈会暨国务院就业工作领导小组全体会议在北京召开，徐文光副省长、吴伟斌厅长、陈中副厅长在我省分会场参加会议。

同日，金林贵副厅长参加全国保密工作会议。

1月11日，金林贵副厅长参加全省2022年度群团工作会议暨数智群团建设推进会。

同日，葛平安副厅长参加全省数字经济系统建设工作会议。

同日，毛鹏岳副厅长参加长三角地区合作与发展联席会议电视电话会议和长三角生态绿色一体化发展示范区理事会第五次全体会议。

1月11日至12日，吴伟斌厅长赴台州、丽水开展"助企开门红"活动。

1月12日，陈中副厅长主持召开各地市专技处处长研讨会，下午参加高级经济师评委会会议。

1月12日至13日，刘国富副厅长带队赴上海学习考察事业单位收入分配制度改革工作。

1月13日，陈中副厅长参加全省工业经济"开门稳、开门好"电视电话会议。

同日，金林贵副厅长赴云和开展党的十九届六中全会精神宣讲活动并慰问老党员。

同日，葛平安副厅长参加全省宣传思想工作会议，下午赴省农发集团调研。

同日，毛鹏岳副厅长参加卢山副省长主持召开的研究我省产业工人队伍建设专题会议。

1月14日，吴伟斌厅长听取部分处室、单位工作思路汇报，下午参加全省数字社会系统建设工作推进会。

同日，葛平安副厅长主持召开厅数改专班周例会，并专题听取"数字人力资源"等9个应用场景演示汇报；下午主持召开全省根治欠薪冬季专项行动第三次调度推进视频会议，之后参加全国根治欠薪冬季专项行动第二次调度推进视频会议。

1月15日至20日，吴伟斌厅长列席省政协十二届五次会议和省第十三届人大第六次会议。

1月15日至20日，毛鹏岳副厅长列席省政协十二届五次会议。

1月16日，吴伟斌厅长参加全国政法队伍教育整顿总结会议。

1月17日，陈中副厅长参加省科技厅组织的研究人才保障专项政策等专题会议。

同日，金林贵副厅长参加全国安全生产电视电话会议。

1月18日，陈中副厅长参加省委组织部人才工作例会，之后参加第五批省"鲲鹏行动"计划审核论证会，下午参加全国脱贫人口稳岗就业工作视频会议并就东西部劳务协作作经验交流发言。

同日，金林贵副厅长赴浙江智能制造技师学院调研。

1月19日，陈中副厅长参加省高层次创新型人才职称"直通车"评审会，下午参加高级经济师评审会。

同日，葛平安副厅长出席数改项目参加"数字社会"路演。

1月20日，全国人力资源社会保障工作会议暨优质服务窗口和优质服务先进个人表彰大会在北京召开，吴伟斌厅长、刘国富副厅长、葛平安副厅长、毛鹏岳副厅长在我省分会场参加会议。

同日，陈中副厅长召开山区26县就业创业政策调研座谈会，下午参加正高级经济师评审会。

同日，金林贵副厅长参加全国征兵工作电视电话会议和全省征兵工作电视电话会议。

1月21日，吴伟斌厅长主持召开厅第35次党组会，审议《厅党组领导班子党史学习教育专题民主生活会对照检查材料（送审稿）》，研究近期干部人事工作；下午参加省政府第90次常务会议，并就学习贯彻企业职工基本养老保险全国统筹实施工作电视电话会议精神作汇报，毛鹏岳副厅长参加。

同日，葛平安副厅长主持召开厅数改专班周例会，并专题听取"社保基金安全在线"等10个应用场景演示汇报。

1月22日，吴伟斌厅长参加浙江省党史学习教育总结会议。

1月23日，葛平安副厅长参加数字政府建设专班第十七次例会并就我厅2022年度数字政府系统建设思路作汇报发言。

1月24日，吴伟斌厅长列席省委常委会第201次会议，下午参加省纪委十四届七次全会第一次大会。

1月25日，吴伟斌厅长参加高质量发展建设共同富裕示范区重点工作推进例会，下午主持召开厅党组党史学习教育专题民主生活会。

同日，刘国富副厅长参加调整公务员基本工资标准等工作部署电视电话会议。

1月26日，吴伟斌厅长参加省推进"一带一路"建设工作领导小组会议暨推进会，下午参加省安委会全体成员会议暨全省安全生产会议。

同日，毛鹏岳副厅长参加省委政法工作会议暨全省政法队伍教育整顿总结会议。

1月27日，吴伟斌厅长、金林贵副厅长在我省分会场参加全国事业单位人事管理工作座谈会。

同日，陈中副厅长参加2022年省社会救助工作联席会议。

1月28日，全省人力资源和社会保障工作电视电话会议在杭州召开，徐文光副省长作出批示，吴伟斌厅长作了题为《乘势而上 奋勇争先 为高质量发展建设共同富裕示范区贡献人社力量》的工作报告，会议由厅党组副书记、副厅长、一级巡视员刘国富主持。

2022年2月

2月7日，吴伟斌厅长参加高质量发展建设共同富裕示范区推进大会，下午列席省委常委会第203次会议。

2月8日，吴伟斌厅长列席省政府第91次常务会议。

同日，毛鹏岳副厅长参加"浙里长寿"工作专班第一次会议。

2月9日，吴伟斌厅长主持召开厅党组（扩大）会议，学习贯彻高质量发展建设共同富裕示范区推进大会和省政府第91次常务会议精神，讨论2022年度厅重点工作任务分工，审议2021年度省人力社保厅总结报告（送审稿）。

同日，金林贵副厅长参加全省反恐怖工作电视电话会议。

同日，毛鹏岳副厅长参加王文序副省长主持召开的"浙里长寿"健康支撑体系专题研究会。

2月10日，吴伟斌厅长、陈中副厅长参加黄建发副书记主持召开的就业创业体系建设专题学习会，下午，吴伟斌厅长参加省委农村工作领导小组（省乡村振兴领导小组）第一次全体会议。

同日，陈中副厅长参加省对口工作领导小组第十五次会议。

同日，毛鹏岳副厅长参加王文序副省长主持召开的"浙里长寿"社会保障支撑体系专题研究会。

2月11日，吴伟斌厅长参加2021年度全省党委（党组）书记抓基层党建和人才工作述职评议会，之后参加省委2021年度干部选拔任用"一报告两评议"工作会议。

同日，陈中副厅长参加《关于减负强企激发企业发展活力的意见》新闻通气会并回答记者提问。

同日，葛平安副厅长向省政府秘书长暨军民汇报人社数字化改革数字政府系统工作情况并演示相关应用。

同日，毛鹏岳副厅长参加王文序副省长主持召开的研究"浙里长寿"养老服务体系相关工作专题会议。

2月14日，吴伟斌厅长列席省委常委会第204次会议，下午专题听取技能人才工作情况汇报，刘国富副厅长参加。

同日，毛鹏岳副厅长参加"浙里长寿"老龄产业、老年友好环境相关工作专题研究会。

2月15日，吴伟斌厅长参加规范公务员津补贴工作集体约谈视频会议，下午参加省政府以"抢抓RECP新机遇 以高水平开放推动高质量发展"为主题的专题学习会。

同日，陈中副厅长参加就业促进法实施方案对接协商会。

同日，金林贵副厅长出席省科协第十一次代表大会开幕式。

同日，葛平安副厅长参加省委全面依法治省委员会立法协调小组第四次会议。

2月16日，吴伟斌厅长听取厅数字化改革工作情况汇报，葛平安副厅长参加，之后参加省机电集团谢平董事长一行来厅调研座谈会。下午，吴伟斌厅长主持召开厅第38次党组会，听取关于2021年度全省人社系统绩效考评情况、2021年度民主评议党员和基层党组织星级评定等情况、2021年度厅先进处室和先进个人评选、省社保和就业中心补员、选派干部参加培训有关情况的汇报；之后主持召开第3次厅长办公会议，听取关于加强内控建设有关情况、2021年度省"万人计划"青年拔尖人才遴选工作情况、2021年度省海外引才计划创业类人才遴选工作情况、2021年度省高层次创新型人才职称"直通车"评审情况和省属社会评价组织遴选结果情况的汇报。

同日，葛平安副厅长参加第五次全国市域社会治理现代化试点工作交流会。

2月16日至17日，刘国富副厅长赴武义调研技能人才工作。

2月17日，吴伟斌厅长参加省第19届亚运会和第4届亚残运会工作领导小组例会，下午出席全省县以下事业单位建立管理岗位职员等级晋升制度工作部署电视电话会议并讲话，金林贵副厅长参加。

同日，陈中副厅长参加国家发展改革委举办的浙江省高质量发展建设共同富裕示范区推进情况专场新闻发布会并回答记者提问。

同日，省政协副主席周国辉一行来厅开展"构建育儿友好型社会"课题调研，金林贵副厅长参加座谈。

同日，葛平安副厅长主持召开省社会保障卡居民服务"一卡通"专班第九次专班会议。

2月18日，召开全厅干部职工大会，总结

盘点 2021 年工作，对先进集体和个人进行通报表彰，吴伟斌厅长出席会议并讲话，会议由刘国富副厅长主持。随后，吴伟斌厅长主持召开厅领导班子年度总结考核会议及干部选拔任用工作"一报告两评议"会议，之后主持召开厅第 39 次党组会，专题研究国家发展改革委新闻发布会上浙江大学生创业担保贷款政策引发舆情事件相关工作。

同日，葛平安副厅长参加人社部深化根治欠薪工作调度会。

2 月 21 日，吴伟斌厅长听取部分处室、单位工作会议，下午听取厅数字化改革工作情况汇报，葛平安副厅长参加；之后主持召开研究大学生创业担保贷款工作专题会议，陈中副厅长参加。

同日，刘国富副厅长参加全省组织部长会议。

同日，金林贵副厅长参加杭州 2022 年第 19 届亚运会倒计时 200 天主题活动。

同日，葛平安副厅长参加省信访局联合督查组来厅督查座谈会。

2 月 22 日，吴伟斌厅长参加省委农村工作会议暨粮食安全工作会议。

同日，刘国富副厅长赴杭州开展新职业和数字技术技能大赛筹备情况调研。

同日，金林贵副厅长主持召开县以下事业单位职员等级晋升制度风险防工作研究会。

同日，葛平安副厅长主持召开数改会议，听取 2022 年人社数字化改革架构汇报。

2 月 22 日至 24 日，金林贵副厅长带队赴云和、景宁、遂昌开展返乡入乡合作创业调研，并在云和召开省级结对帮扶云和团组 2022 年第一次工作会议。

2 月 23 日，吴伟斌厅长专题听取高质量就业创业体系和大社保体系工作情况汇报，陈中副厅长、毛鹏岳副厅长参加。

同日，刘国富副厅长参加黄建发副书记主持召开的职业教育工作座谈会。

同日，陈中副厅长参加中组部第十批援藏和第五批援青干部人才选派计划协调会。

同日，毛鹏岳副厅长参加温岭市人社局关于工伤"一件事"平台建设情况汇报会。

2 月 23 日至 24 日，葛平安副厅长带队赴丽水开展根治欠薪督导并布置今年迎接国考工作。

2 月 24 日，吴伟斌厅长参加省亚运会人力资源协调组、新闻宣传协调组工作会议，下午赴之江实验室调研，之后主持召开厅第 40 次党组会，学习贯彻习近平总书记有关重要批示精神。

同日，刘国富副厅长赴杭州开展新职业和数字技术技能大赛开闭幕式和疫情防控工作安排情况调研。

同日，葛平安副厅长参加人社部劳动关系司聂生奎司长一行来浙调研企业工资分配座谈会。

2 月 25 日，吴伟斌厅长参加省政府党组第 92 次会议并就学习贯彻习近平总书记有关重要批示精神作汇报，之后参加省委常委会第 205 次会议，并就"浙江大学生创业失败贷款 10 万元以下由政府代偿"引发舆情事件作汇报；下午参加省第十五次党代会报告起草领导小组第一次例会，毛鹏岳副厅长参加，之后主持召开厅党组（扩大）会议，传达学习习近平总书记有关重要批示精神。

同日，陈中副厅长参加健全"八八战略"抓

落实机制工作部署会。

同日，金林贵副厅长主持召开厅支部书记述职会议，之后列席省政府第93次常务会议，下午参加省政协陈小平副主席主持召开的"推动山区26县跨越式高质量发展"和"探索建立农业转移人口常住地基本公共服务供给制度"课题专题协商会。

同日，葛平安副厅长陪同人社部劳动关系司聂生奎司长一行在浙调研。

同日，毛鹏岳副厅长参加省人大常委会助推高质量发展建设共同富裕示范区工作部署会。

2月28日，吴伟斌厅长主持召开厅第42次党组会，研究贯彻落实习近平总书记有关重要批示精神工作，下午参加全省改革大会暨数字化改革工作推进会并接受颁奖，"安薪在线"获评2021年度浙江省改革突破奖银奖。

2022年3月

3月1日，吴伟斌厅长参加全省"大综合一体化"行政执法改革推进大会，下午列席省委财经委员会第十六次会议，之后主持召开厅第43次党组会，听取省纪委对"浙江大学生创业失败贷款10万元以下由政府代偿"舆情事件调查处理情况的通报。

同日，刘国富副厅长赴杭州市调研汤涛副部长来浙调研全国新职业和数字技术技能大赛工作相关准备情况。

同日，葛平安副厅长参加2021年度企业党委书记抓基层党建及人才工作述职评议和省委互联网企业工委会议。

同日，毛鹏岳副厅长到邵逸夫医院调研工伤康复相关事宜。

3月1日至31日，金林贵副厅长在省委党校学习。

3月2日，吴伟斌厅长赴广东佛山参加部分省农民工稳岗就业工作座谈会。

同日，刘国富副厅长陪同人社部汤涛副部长在浙对接全国新职业和数字技术技能大赛有关工作。

同日，葛平安副厅长参加浙江省支持国家医学中心建设领导小组会议。

3月4日，毛鹏岳副厅长参加王文序副省长主持召开的"浙里长寿"专题研究会，下午参加全省党史和文献部门主要负责人会议。

3月7日，毛鹏岳副厅长赴绍兴开展社保基金领域风险大排查。

3月8日，陈中副厅长参加陈金彪常务副省长主持召开的研究杭甬温要素市场化配置综合改革试点工作专题会议。

3月9日，陈中副厅长参加省政协港澳台侨和外事委主任童亚辉一行来厅调研"加快发展地区富余劳动力再就业"工作座谈会。

同日，葛平安副厅长参加2022年推进长三角"一网通办"工作视频会议并作汇报发言。

3月10日，陈中副厅长参加省推进"一带一路"建设工作领导小组会议。

3月11日，吴伟斌厅长主持召开厅第44次党组会，学习贯彻习近平总书记在2022年春季学期中央党校（国家行政学院）中青年干部培训班开班仪式和全国政协十三届五次会议农业界、社会福利和社会保障界联组会上重要讲话精神，听取关于贯彻全省数字化改革推进大会精神、长三角社会保障卡居民服务"一卡通"工作情况、《浙江省一流技师学院建设项目实施办法（送审稿）》《浙江省技工院校省级高水平专业群建设项目实施办法（送审稿）》起草情况、"一流技师学院"和"高水平专业群"建设项目遴选工作方案、开展全省职业技能提升行动专账资金委托第三方审计工作方案、《关于深化技能人才评价制度改革的意见（送审稿）》起草情况、对省人才市场党支部、省专家与留学人员服务中心党支部、省人力资源和社会保障科学研究院党支部巡察情况及反馈意见、推荐浙江省巾帼建功标兵情况、高质量就业创业体系架构有关情况、建设共富型大社保体系工作情况的汇报，研究近期干部人事工作，书面听取关于2021年度省级高技能人才实训基地建设项目遴选工作情况、变更浙江省机关事业养老保险基金支出户户名情况的汇报。

同日，陈中副厅长参加中国（浙江）自由贸易试验区工作领导小组第十次会议。

同日，金林贵副厅长参加省亚运领导小组人力资源协调组第三次例会。

同日，毛鹏岳副厅长参加省委政研室朱卫江主任主持召开的共同富裕示范区2022年度重大课题研究座谈会。

3月12日，吴伟斌厅长参加领导干部会议传达全国两会精神。

同日，金林贵副厅长参加全国新冠肺炎疫情防控工作电视电话会议。

3月14日，吴伟斌厅长列席省委常委会第207次会议，之后参加徐文光副省长主持召开的研究请求人社部支持事项相关工作专题会议，毛鹏岳副厅长参加。

同日，葛平安副厅长参加省劳动模范评选委员会会议。

3月15日，吴伟斌厅长主持召开厅党组（扩大）会议，传达全国两会精神，部署近期

疫情防控工作，审议国新办浙江专场新闻发布会答问口径相关材料。会前，厅领导和各处室、单位主要负责人进行了宪法宣誓。会上，葛平安副厅长就数字化改革工作作了专题辅导。

3月16日，吴伟斌厅长参加王浩省长研究对《规范企业职工基本养老保险待遇项目实施方案》和《不符合条件一次性缴纳养老保险费退休人员责任核定办法》的意见和建议专题会议，下午参加省第十五次党代会报告起草领导小组工作例会。

同日，葛平安副厅长参加全省数字经济系统建设工作会议。

同日，毛鹏岳副厅长参加省委建设共同富裕示范区咨询委会议筹备会并就共富型大社保体系建设研究作汇报发言。

3月17日，吴伟斌厅长参加袁家军书记、王浩省长专题研究赴京与国家部委协调事项会议并作汇报，下午参加省委老干部工作领导小组会议。

同日，葛平安副厅长参加社会保险基金管理提升年行动动员部署会，下午参加省平安办主任会议。

同日，毛鹏岳副厅长参加省十三届人大常委会第三十五次会议第一次全体会议。

3月18日，吴伟斌厅长参加省第19届亚运会和第4届亚残运会工作领导小组例会，下午列席省政府第94次常务会议，之后参加全省新型冠状病毒肺炎疫情防控工作会议。

同日，陈中副厅长、毛鹏岳副厅长参加徐文光副省长主持召开的听取企业职工基本养老保险五项待遇、高质量就业创业体系和共富型大社保体系工作情况专题会议。

同日，毛鹏岳副厅长参加省十三届人大常

委会第三十五次会议第二次全体会议。

3月21日，吴伟斌厅长列席省委理论学习中心组"中国人权发展道路"专题学习会和省委常委会第208次会议，晚上参加省委陈奕君秘书长听取共同富裕（社会建设）、文化建设、生态文明建设领域重大课题研究成果汇报会。

3月22日，吴伟斌厅长参加省委黄建发副书记主持召开的规范民办义务教育工作专题会议，下午主持召开厅党组（扩大）会议，学习习近平总书记在中央政治局常务委员会会议上关于疫情防控重要讲话和全省新型冠状病毒肺炎疫情防控工作会议精神，通报"浙江大学生创业失败贷款10万元以下政府代偿"引发网络舆情事件追责问责情况，听取关于省人才市场聘用员工陈路明违反疫情期间外出审批报备规定情况、省级就业补助资金（第二批）分配方案、调整省人力社保大楼管理工作等情况的汇报，听取各位副厅长和省社保就业中心项薇主任关于4月份重点工作情况的汇报。

同日，毛鹏岳副厅长参加"浙里长寿"专班第二次会议。

3月23日，毛鹏岳副厅长出席2022年第四届亚残运会倒计时200天活动。

3月24日，吴伟斌厅长参加徐文光副省长研究请求人社部支持事项专题会议。

同日，陈中副厅长参加2022年省政府残工委全体会议暨省残联主席团会议。

同日，葛平安副厅长参加推进长三角一体化发展工作领导小组会议，下午主持召开全省社保基金管理提升年行动动员部署会。

同日，毛鹏岳副厅长参加新业态、新就业群体党建工作试点总结会，下午参加成岳冲副省长研究"浙有善育"有关政策措施专题会议。

3月25日，吴伟斌厅长参加省委对台工作领导小组会议，下午参加省委全面深化改革委员会第十八次会议。

同日，葛平安副厅长参加全省内部审计工作电视电话会议，之后参加"破产审判便利化"府院联动省级联席会议。

3月28日，吴伟斌厅长参加省第十五次党代会报告起草领导小组例会并作书面汇报。

同日，陈中副厅长参加省旅投集团徐德良总经理一行来厅接洽雷博、新世纪两家人力资源企业划转相关工作座谈会。

同日，毛鹏岳副厅长参加全省清明节期间加强疫情防控工作电视电话会议。

3月29日，吴伟斌厅长参加省委高质量发展建设共同富裕示范区咨询委员会会议，并就共富型大社保体系建设研究作书面汇报，下午参加袁家军书记、王浩省长会见第四、五批"鲲鹏行动"计划专家活动。

同日，陈中副厅长参加省委军民融合发展委员会第五次全体会议暨省海防委员会全体会议。

3月30日，刘国富副厅长参加浙江省"人民满意的公务员"和"人民满意的公务员集体"表彰工作领导小组办公室成员会议。

同日，葛平安副厅长参加《浙江省促进高质量发展建设共同富裕示范区条例（草案）》起草工作推进会。

3月30日至31日，毛鹏岳副厅长带队赴金华开展共富型大社保体系建设、工伤保险省级统筹、工伤医保联网结算等工作调研。

3月31日，吴伟斌厅长参加全国安全生产电视电话会议，下午参加全国人力资源社会保障系统2022年党风廉政建设工作座谈会。

同日，刘国富副厅长赴浙江建设技师学院调研技能人才工作，下午出席全省老干部工作先进集体和先进个人表彰大会并宣读表彰决定。

同日，陈中副厅长出席全省2022届普通高校毕业生就业创业视频会议并讲话。

同日，葛平安副厅长赴余杭区对重大工程项目进行督查调研。

同日，毛鹏岳副厅长参加全省对台工作会议。

2022年4月

4月1日，吴伟斌厅长参加省人大常委会就业促进法执法检查动员部署视频会议，下午出席全省人社系统数字化改革工作推进会并讲话，葛平安副厅长参加。

同日，陈中副厅长参加支持浙江中医药大学建设一流中医药大学工作专班第一次会议。

同日，葛平安副厅长参加省委互联网企业工委会议，下午主持召开全省系统劳务公司专项整治会议，晚上参加数字政府建设专班第十八次例会。

4月1日至20日，金林贵副厅长在省委党校学习。

4月2日，吴伟斌厅长列席省政府第95次常务会议，之后主持召开厅第47次党组会，传达学习贯彻习近平总书记关于安全生产重要指示和全国安全生产电视电话会议、全省安全生产会议精神，听取关于开展人社数字化改革任务试点、"一流技师学院"和"高水平专业群"建设项目评审、《浙江省县以下事业单位管理岗位职员等级晋升有关问题的把握口径（送审稿）》、通报表扬2021年度全省劳动人事争议案件处理工作成绩突出集体和个人、《浙江省技工院校专业建设管理办法》等7个制度起草、2022年度厅重大行政决策目录编制、2022年厅党风廉政建设工作要点和责任分工拟定、2022年厅党组理论学习中心组学习计划拟定、厅机关党建工作要点和责任分工拟定、签订全面从严治党责任书、巡察工作计划、2022年"光荣在党50年"纪念章颁发对象摸底、党员预备期转正审批等情况的汇报，书面听取关于2022年度聘请厅法律顾问情况的汇报，下午参加全省建设平安浙江工作会议并接受平安浙江先进集体颁奖。

同日，刘国富副厅长参加省委教育工作领导小组专题会议。

4月6日，葛平安副厅长列席省委理论学习中心组《信访工作条例》专题学习会和省委常委会第209次会议，下午参加县（市、区）委书记工作交流会。

同日，毛鹏岳副厅长参加民盟中央"扩大中等收入群体的体制机制研究"调研座谈会。

同日，省委办公厅、省政府办公厅印发《关于实施技工教育提质增量行动的意见》。

4月6日至7日，吴伟斌厅长陪同徐文光副省长赴人社部对接工作。

4月7日，吴伟斌厅长参加王浩省长主持召开的研究地方出台的社保政策化解工作专题会议。

4月8日，吴伟斌厅长参加袁家军书记听取关于地方出台的社保政策风险化解方案汇报会议并作汇报，下午列席省政府第96次常务会议，之后参加王浩省长研究地方出台的社保政策风险化解工作专题会议。

同日，毛鹏岳副厅长参加省委教育工作委

员会成立暨全省教育系统党的建设工作会议。

同日，葛平安副厅长主持召开数改项目汇报会。

4月11日，吴伟斌厅长参加王浩省长研究"浙里长寿"工作专题会议，下午参加省委人才工作领导小组第5次会议。

同日，陈中副厅长参加陈金彪常务副省长听取要素市场化配置应用建设和数据要素市场化配置改革工作专题会议。

同日，毛鹏岳副厅长召集研究省农行合同制职工参加职工养老保险问题专题会议。

4月12日，省企业职工基本养老保险全国统筹系统建设工作专班会议在杭州召开，徐文光副省长出席会议并讲话，吴伟斌厅长、葛平安副厅长、毛鹏岳副厅长参加。

同日，刘国富副厅长带队赴中国美院调研高校收入分配制度执行情况。

同日，陈中副厅长参加卢山副省长研究进一步减负纾困助力中小微企业发展的若干意见专题会议。

同日，葛平安副厅长参加高兴夫副省长听取巨化集团、省二轻集团混改方案和科创集团组建方案及派林生物控股股权转让、之江实业等情况汇报会。

4月13日，吴伟斌厅长参加徐文光副省长研究基本养老保险工作专题会议。

同日，刘国富副厅长带队赴西湖大学调研收入分配制度。

同日，毛鹏岳副厅长参加王文序副省长主持召开的"浙里长寿"专班会议。

4月14日，吴伟斌厅长参加就业促进法执法检查部门汇报会并汇报就业促进法贯彻实施情况，陈中副厅长参加；下午，吴伟斌厅长参

加全国防汛抗旱工作电视电话会议和全省防汛防台抗旱和安全生产工作视频会议。

同日，刘国富副厅长带队赴浙江大学调研收入分配和学科建设工作。

同日，陈中副厅长参加省青年工作联席会议第四次全体（扩大）会议。

同日，葛平安副厅长参加浙江展区工作专班第一次全体会议，下午参加省法院徐亚农副院长一行来厅调研裁审衔接机制建设座谈会。

同日，毛鹏岳副厅长参加民建中央"培育更多'专精特新'企业，提高竞争力和创新力——努力做大蛋糕，实现全体人民共同富裕"重点调研课题视频座谈会并作汇报发言。

4月15日，吴伟斌厅长参加高质量发展建设共同富裕示范区重点工作推进例会并作汇报发言，下午参加"5+4"政策直达快享、中小企业助企纾困暨重大项目建设工作会议。

同日，刘国富副厅长参加全国职业能力建设工作电视电话会议并作经验交流发言。

同日，葛平安副厅长主持召开数改项目汇报会。

4月18日，吴伟斌厅长列席省委理论学习中心组《关于加强巡视整改和成果运用的意见》专题学习会和省委常委会第210次会议，下午参加深化农村信用社改革暨数字普惠助力共同富裕推进会。

同日，陈中副厅长参加全国保障物流畅通促进产业链供应链稳定电视电话会议，下午参加陈金彪常务副省长研究全省一季度经济形势专题会议。

4月19日，吴伟斌厅长参加全省制造业高质量发展大会，之后参加全省保障物流畅通促进产业链供应链稳定会议；下午主持召开全

省人力资源和社会保障系统党风廉政建设工作会议并讲话，驻省委组织部纪检监察组组长周鲁明出席并讲话，陈中副厅长、葛平安副厅长参加。

同日，刘国富副厅长赴杭州市西湖区调研职业能力建设工作，下午带队赴浙江大学机械学院、计算机学院调研高校收入分配和学科建设工作。

同日，毛鹏岳副厅长参加王文序副省长研究老年人自理能力评估工作专题会议。

4月20日，省政协常委、社法委主任刘树枝一行来我厅走访调研个人养老金工作，吴伟斌厅长、毛鹏岳副厅长参加座谈。

同日，刘国富副厅长赴浙江省艺术职业学院调研收入分配工作。

4月21日，吴伟斌厅长参加中组部干部人才"组团式"帮扶国家乡村振兴重点帮扶县工作部署电视电话会议，下午主持召开厅第48次党组会，学习贯彻《求实》杂志发表的习近平总书记关于社会保障工作重要文章精神，传达学习习近平总书记在中央深改委第二十五次会议上关于加强数字政府建设重要讲话精神，传达学习贯彻高质量发展建设共同富裕示范区重点工作推进例会精神，听取关于人力社保专项资金情况、通报表扬推进全省人力资源服务业高质量发展工作成绩突出集体和个人情况、《关于进一步加强职业技能培训工作的意见》起草情况、职业年金受托人绩效考评等工作情况、2022年度省级专业技术人才高研班申报及遴选情况、《关于高质量发展打造"浙派工匠"名片行动计划（2022-2025年）》起草情况、《关于开展职业技能等级"新八级"制度试点工作的通知》起草情况的汇报，书面听取关于追加建设省社保就

业中心机要室经费预算有关情况、全国人社规划财务工作视频会议情况的汇报，研究近期干部人事工作。

同日，刘国富副厅长参加《浙江省禁毒条例》宣传贯彻座谈会暨杭州亚运会禁毒安保工作部署会并作交流发言。下午，赴浙江大学医学院、艺术与考古学院调研收入分配和学科建设工作。

同日，葛平安副厅长参加浙江省推行厂务公开工作领导小组第一次会议。

4月22日，吴伟斌厅长参加省第19届亚运会和第4届亚残运会工作领导小组例会，下午列席省政府第97次常务会议。

同日，陈中副厅长主持第二批职称"直通车"评审会议。

同日，葛平安副厅长主持召开数改项目汇报会，下午参加"推进'浙有善育'体系建设"为主题的十二届省政协第三十一次民生协商论坛并回答提问。

同日，毛鹏岳副厅长参加2022年全省漠视侵害群众利益问题专项治理工作部署会，下午参加全省基层治理系统建设推进会。

4月24日，葛平安副厅长参加浙江省民呼我为统一平台应用推进会。

同日，毛鹏岳副厅长参加省第十五次党代会文件起草组会议。

4月25日，吴伟斌厅长参加国务院第五次廉政工作会议和省政府第五次廉政工作会议。

同日，陈中副厅长参加质量强省工作领导小组和全面实施标准化战略领导小组全体会议，下午陪同省人大党组书记、副主任梁黎明赴杭州市就《中华人民共和国就业促进法》贯彻执行情况开展检查。

4月26日，吴伟斌厅长参加省委科技强省建设领导小组第一次全体会议，下午参加全省数字化改革推进会。

同日，金林贵副厅长参加2021年度巩固拓展脱贫攻坚成果同乡村振兴有效衔接考核评估发展问题工作电视电话会议。

同日，葛平安副厅长参加《浙江省综合行政执法条例》贯彻实施情况座谈会。

同日，毛鹏岳副厅长参加省委退役军人事务工作领导小组第四次全体会议。

4月27日，毛鹏岳副厅长参加王文序副省长主持召开的"浙里长寿"老有所为相关工作专题研究会。

4月28日，吴伟斌厅长参加省委教育工作领导小组全体会议暨全省规范民办义务教育发展专项工作部署会，下午参加省政府第十次全体会议。

同日，陈中副厅长参加省政府妇女儿童工作委员会全体会议，下午参加暨军民秘书长专题研究部署探索山区26县高质量发展新路子有关准备工作会议。

4月29日，吴伟斌厅长列席省政府第98次常务会议。

同日，陈中副厅长参加高质量发展建设共同富裕示范区重大改革推进专题会议。

同日，毛鹏岳副厅长参加省"共享法庭"建设工作协调小组会议。

同日，葛平安副厅长主持召开数改项目汇报会。

2022年5月

5月5日，吴伟斌厅长列席省委常委会第212次会议，下午参加全省城乡社区工作会议。

同日，葛平安副厅长参加高兴夫副省长主持召开的审议《关于支持企业做强做优 促进建筑业高质量发展的若干意见（征求意见稿）》专题会议。

5月6日，吴伟斌厅长、刘国富副厅长、陈中副厅长参加徐文光副省长听取公立医院薪酬制度改革、"浙派工匠"行动方案和高质量就业创业体系工作情况汇报会，下午吴伟斌厅长参加王浩省长研究农业转移人口市民化工作专题会议。

同日，陈中副厅长参加省推进"四大建设"工作联席会议，下午主持召开全省援藏援青干部人才选派轮换工作部署电视电话会议。

同日，金林贵副厅长参加浙江省第二十一届哲学社会科学优秀成果奖颁奖仪式暨第六届浙江省社科界学术年会开幕式。

同日，葛平安副厅长参加高兴夫副省长研究《省属企业负责人经营业绩考核与薪酬核定办法》《关于进一步落实董事会考核分配职权的实施意见》会议，下午主持召开数字化改革推进会，讨论"人力社保大脑"和"浙派工匠"应用建设情况。

同日，毛鹏岳副厅长参加《信访工作条例》宣传月活动启动仪式。

5月7日，吴伟斌厅长参加全国自建房安全专项整治电视电话会议。

同日，全国稳就业工作电视电话会议召开，徐文光副省长在我省分会场参加会议并作交流发言，吴伟斌厅长、陈中副厅长参加。

同日，刘国富副厅长赴中央电视台浙江记者站调研。

同日，金林贵副厅长参加省人大常委会《浙

江省综合行政执法条例》和乡村振兴"一法一条例"执法检查动员部署视频会议，下午参加浙江省安全生产大检查暨考核巡查汇报会。

同日，葛平安副厅长参加卢山副省长主持召开的规模以上企业员工收入问题研究会。

同日，毛鹏岳副厅长参加"浙里康养"专班第三次例会暨省养老服务联席会议。

5月9日，吴伟斌厅长列席省委常委会第213次会议，下午召开厅党组（扩大）会议，传达学习贯彻5月5日习近平总书记在中共中央政治局常务委员会会议上的重要讲话精神、全省数字化改革推进会和省政府第十次全体会议精神，传达学习《关于当前意识形态领域形势的通报》精神，研究近期干部人事工作，书面听取关于全国稳就业工作电视电话会议有关情况、推荐省直机关党代会代表和厅机关部分党支部负责人调整任免情况、学习贯彻落实《信访工作条例》有关情况和全国人社宣传工作视频会议情况的汇报；之后参加全国新冠肺炎疫情防控工作电视电话会议。

同日，陈中副厅长参加全国促进外贸外资平稳发展电视电话会议。

同日，葛平安副厅长参加数字社会系统建设工作专班例会。

5月9日至10日，刘国富副厅长带队赴安吉县开展公立医院薪酬制度改革调研。

5月10日，省委组织部调研考察组来厅开展调研，吴伟斌厅长，刘国富、陈中、金林贵、葛平安、毛鹏岳等副厅长分别参加座谈。

同日，毛鹏岳副厅长参加构建因病致贫返贫防范长效机制实施方案专题会议。

5月11日，吴伟斌厅长参加第五届海峡两岸青年发展论坛，下午参加浙江省青少年学习贯彻庆祝中国共产主义青年团成立100周年大会精神座谈会。

同日，刘国富副厅长主持召开安吉医院薪酬制度改革调研视频会议。

同日，陈中副厅长赴嘉兴开展博士后工作调研。

同日，葛平安副厅长参加居民身份证电子证照应用试点专题研究会。

5月12日，吴伟斌厅长主持召开数字化改革推进会，听取"浙里就业创业"、"浙里大社保"和"人力社保大脑"建设情况汇报，刘国富、陈中、金林贵、葛平安、毛鹏岳等副厅长参加会议。

同日，葛平安副厅长参加"浙有善育"专班领导小组工作例会。

同日，毛鹏岳副厅长参加《关于进一步减负纾困助力中小微企业发展的若干意见》新闻吹风会并回答记者提问。

5月13日，陈中副厅长参加省第三十二次"全国助残日"暨残疾人就业宣传年活动启动仪式，下午参加十大标志性成果建设调度会。

同日，金林贵副厅长参加"时代楷模"钱海军先进事迹报告会。

同日，全省人社相关资金使用数据归集工作视频会议在杭州召开，葛平安副厅长出席会议并讲话。

同日，省纪委第一监督检查室苏益松主任一行来厅调研人社领域共同富裕示范区建设和公权力数据监督工作，葛平安副厅长、毛鹏岳副厅长参加座谈。

5月14日，陈中副厅长参加省"鲲鹏行动"计划审核论证会。

5月16日，吴伟斌厅长列席省委常委会

第 214 次会议，下午参加全国普通高等学校毕业生就业创业工作电视电话会议，陈中副厅长参加。

同日，金林贵副厅长参加民革浙江省第十五次代表大会开幕式，下午参加 2022 中国·绍兴第七届海内外高层次人才创新创业大赛启动仪式暨 2022 柯桥创新创业环境推介会。

同日，葛平安副厅长参加全省"共享法庭"建设推进会。

同日，毛鹏岳副厅长向省政府徐晓光副秘书长汇报人社领域支持"浙里康养"有关政策情况。

5 月 17 日，吴伟斌厅长参加省委全面深化改革委员会第十九次会议，下午参加王浩省长主持召开研究二季度经济形势等专题会议。

同日，刘国富副厅长主持召开全省技能人才评价领域违法违规行为专项整治工作电视电话会议。

同日，金林贵副厅长参加深化农业转移人口市民化课题座谈会。

同日，葛平安副厅长和省发展改革委会商长三角人力社保领域相关工作。

同日，毛鹏岳副厅长主持召开共富型大社保体系建设课题征求各市意见视频会。

5 月 17 日至 18 日，陈中副厅长赴温州开展《中华人民共和国就业促进法》贯彻执行情况检查。

5 月 18 日，吴伟斌厅长参加国务院稳增长稳市场主体保就业视频座谈会。

同日，金林贵副厅长参加全国东西部协作和中央单位定点帮扶工作推进电视电话会议。

同日，毛鹏岳副厅长赴余杭区调研个人养老金、工伤保险省级统筹等工作。

5 月 19 日，吴伟斌厅长听取技能人才薪酬分配及企业薪酬调查有关情况汇报，下午赴网新软件"国统"项目开发基地（科贸大厦）视察，听取浙江移动和"国统"专班工作情况汇报，葛平安副厅长参加；之后参加省现代社区建设领导小组第一次会议。

同日，陈中副厅长参加中国温州人力资源服务产业园开园仪式。

同日，金林贵副厅长主持召开 2022 年全省部分事业单位公开招聘人员笔试统考考务工作部署会议。

同日，毛鹏岳副厅长参加全国政协社会和法制委"应对人口老龄化和养老金体系改革"调研视频座谈会。

5 月 20 日，吴伟斌厅长参加扎实推动共同富裕高峰论坛主论坛，下午列席省政府第 99 次常务会议。

同日，刘国富副厅长主持召开全省职业能力建设工作电视电话会议。

同日，金林贵副厅长主持召开县以下事业单位管理岗位职员等级晋升制度改革各市方案审批研究会。

同日，葛平安副厅长主持召开数字化改革推进会，讨论"人力社保大脑"驾驶舱和"五大中心"系统建设等工作。

同日，毛鹏岳副厅长参加 2022 年调整退休人员基本养老金工作视频会，下午参加扎实推动共同富裕高峰论坛圆桌论坛。

5 月 21 日，金林贵副厅长参加省直机关党代表会议。

5 月 23 日，吴伟斌厅长列席省委常委会第 217 次会议。

同日，陈中副厅长参加省"助侨直通车"共

富恳谈会。

同日，金林贵副厅长参加民革浙江省第十一次代表大会开幕式。

同日，葛平安副厅长出席全省人社系统数字化改革路演并讲话。

5月24日，吴伟斌厅长参加省委机构编制委员会第四次全体会议，之后参加王浩省长研究我省贯彻落实国务院33条相关政策和国务院督查相关工作专题会议；下午主持召开厅第50次党组会，学习贯彻习近平总书记在庆祝中国共产主义青年团成立100周年大会上的重要讲话精神、省委深改委第十九次会议精神和《关于加强新时代离退休干部党的建设工作的意见》《关于更加有效发挥统计监督职能作用的意见》精神，听取《关于失业保险稳岗位提技能防失业工作的通知》起草情况、"一流技师学院"和"高水平专业群"重点项目建设工作相关情况、确定城乡居保个人账户记账利率有关工作情况的汇报，研究近期干部人事工作。

同日，金林贵副厅长参加数字乡村发展统筹协调机制会，下午参加全省乡村人才振兴工作推进会。

同日，毛鹏岳副厅长参加浙江省地质院、浙江省自然资源集团有限公司揭牌仪式，之后参加省人大重点督办建议（杭60号）办理座谈会；下午参加贯彻国家六方面33条稳增长政策实施方案起草工作专题会议。

5月25日，吴伟斌厅长参加省政府第100次常务会议，下午参加全国稳住经济大盘电视电话会议。

同日，金林贵副厅长主持召开厅直属机关党员代表大会。

同日，毛鹏岳副厅长赴杭州市调研"国统"信息系统上线后有关情况，下午参加"浙里康养"评价指标体系和满意度调查工作专题研究会。

5月25日至27日，葛平安副厅长赴台州、温州、金华开展"国统"建设调研督查。

5月26日，吴伟斌厅长参加国务院稳增长稳市场主体保就业专项督查工作汇报会，之后参加袁家军书记会见国务院督查组一行活动。

同日，刘国富、陈中、金林贵等副厅长参加全省职业教育大会。

同日，金林贵副厅长参加全省军民融合深度发展工作推进会。

同日，毛鹏岳副厅长参加长三角生态绿色一体化发展示范区理事会第六次全体会议。

5月27日，吴伟斌厅长参加全省共同富裕现代化基本单元建设推进会。

同日，陈中副厅长参加第六批"鲲鹏行动"计划审核论证会。

同日，葛平安副厅长参加在浙外国人管理工作协调机制会议暨党的二十大涉外安保工作部署会。

5月30日，吴伟斌厅长列席省委常委会第218次会议，之后参加2022年调整退休人员基本养老金工作专题会议，下午参加全省经济稳进提质攻坚行动工作推进会。

5月31日，吴伟斌厅长参加陈金彪常务副省长主持部署实施全省经济稳进提质八大攻坚行动专题会议，之后参加省大数据局金志鹏局长一行来厅调研"人力社保大脑"建设座谈会，葛平安副厅长参加，下午吴伟斌厅长赴杭州市钱塘区调研保市场主体稳就业工作。

同日，刘国富副厅长赴金华调研技工教育和技能人才评价工作。

同日，陈中副厅长参加省科技奖励委员会全体会议。

同日，金林贵副厅长到资产中心开展巡察，下午赴杭州电子科技大学调研事业单位干部队伍建设。

同日，葛平安副厅长参加高兴夫副省长主持审议《关于进一步支持建筑业做优做强的若干意见（修改稿）》专题会议。

2022年6月

6月1日，陈中副厅长参加全国失业保险工作电视电话会议，下午参加陈金彪常务副省长主持召开的要素市场化配置应用建设推进情况专题会议。

同日，金林贵副厅长赴杭州市调研事业单位干部队伍建设工作。

同日，葛平安副厅长参加全省信访和社会稳定工作视频会议。

同日，毛鹏岳副厅长参加省委宣传部王纲部长听取省文投集团审计事项汇报会。

6月2日，吴伟斌厅长参加全省人社系统稳就业惠民生攻坚行动部署会，陈中副厅长、毛鹏岳副厅长参加；下午列席省政府第101次常务会议。

同日，金林贵副厅长赴杭州市临平区调研事业单位干部队伍建设工作。

6月6日，吴伟斌厅长列席省委常委会第219次会议。

6月7日，刘国富副厅长赴吉利集团、大华股份有限公司调研企业技术工人用工需求、助企纾困政策落实情况，并听取对人力社保部门意见建议。

同日，毛鹏岳副厅长参加人社部缓缴社保费及养老保险相关工作情况视频调度会。

6月7日至9日，葛平安副厅长赴温州市督查企业职工基本养老保险全国统筹信息系统建设和根治欠薪工作。

6月8日，吴伟斌厅长参加全厅处级干部政治理论集中培训交流暨干部论坛，金林贵副厅长、毛鹏岳副厅长参加；下午赴杭州第一技师学院调研技工教育工作。

6月8日至9日，刘国富副厅长赴仙居县开展技工院校办学和技能大师工作室"师带徒"工作情况调研。

6月9日，吴伟斌厅长陪同袁家军书记赴杭州市调研经济稳进提质和数字化改革工作，下午参加贵州省人社厅潘荣厅长一行来厅对接稳岗就业工作座谈会。

同日，陈中副厅长参加省碳达峰碳中和工作领导小组第二次全体会议，下午参加强化政策集成落地攻坚行动专班第2次工作例会。

同日，毛鹏岳副厅长赴丽水市开展助企纾困和工伤保险省级统筹等工作调研。

6月9日至10日，金林贵副厅长赴衢州市开展返乡入乡合作创业工作调研。

6月10日，吴伟斌厅长参加山区26县高质量发展暨山海协作工程推进会。

同日，陈中副厅长参加高层次人才职称"直通车"评审会，下午列席省政府第102次常务会议。

同日，葛平安副厅长召开厅数字化改革工作推进会，下午召开全省人社系统信访维稳及根治欠薪工作调度会。

同日，毛鹏岳副厅长参加稳企业强主体、畅循环稳工业攻坚行动专班工作推进会。

6月11日，陈中副厅长参加强化政策集成落地相关应用演示汇报会。

同日，葛平安副厅长参加全省消防安全大排查大整治暨安全生产工作视频会议。

6月13日，吴伟斌厅长参加高质量发展建设共同富裕示范区重点工作推进例会。

同日，金林贵副厅长参加省强村富民乡村集成改革专班第一次例会。

6月14日，吴伟斌厅长主持召开第5次厅长办公会议，听取关于开展"企业用工登记（书面审查）一件事"集成改革工作有关情况、《关于进一步做好高校毕业生等青年就业创业工作的通知》《关于支持山区26县就业创业高质量发展的若干意见》《浙江省劳动人事争议仲裁证据规则》起草情况和建立技术工人最低工资制度有关情况的汇报，书面听取关于2022年内部审计工作计划制定情况的汇报。之后主持召开厅第51次党组会，听取关于稳就业惠民生攻坚行动专班工作进展和下一步工作安排有关情况、2022年中央就业补助资金（第二批）分配情况、第二批厅内控制度制定（修订）情况、厅政策文件清理情况、2022年度现代服务业高端人才培养项目支出预算执行用款计划有关情况、浙江省人力资源经理协会整改情况、厅直属机关党委委员届中调整选举结果、评选表彰厅优秀共产党员、先锋党支部申报推荐、党员预备期满转正审批等情况的汇报，研究近期干部人事工作和干部违纪案件，书面听取关于《贯彻落实〈关于更加有效发挥统计监督职能作用的意见〉工作方案》起草情况和全国技工院校学生资助暨学生实习和安全管理工作电视电话会议精神情况的汇报。

6月15日，吴伟斌厅长、陈中副厅长参加全国人社系统就业工作电视电话会议。

同日，金林贵副厅长赴东阳市开展事业单位干部队伍建设工作调研。

同日，葛平安副厅长赴杭州市开展机场集团及亚运项目根治欠薪工作调研。

6月16日，全省稳就业工作电视电话会议在杭州召开，徐文光副省长出席会议并讲话，吴伟斌厅长、陈中副厅长参加。

同日，稳就业惠民生攻坚行动专班例会在杭州召开，高兴夫副省长、徐文光副省长出席会议并讲话，吴伟斌厅长、陈中副厅长参加。

同日，吴伟斌厅长参加徐文光副省长召集研究李克强总理有关社保费批示情况专题会议，毛鹏岳副厅长参加；之后参加省纪委来厅监督调研座谈会，陈中副厅长参加。

同日，刘国富副厅长赴湖州市南浔区开展先进制造业技能人才队伍建设工作调研。

同日，陈中副厅长参加政策、投资和要素专班半月例会。

同日，金林贵副厅长赴缙云县开展事业单位干部队伍建设工作调研。

同日，毛鹏岳副厅长召开缓缴社保费及养老保险相关工作视频调度会。

6月16日至17日，葛平安副厅长赴建德市参加电子劳动合同推广会，并召开全省劳动关系形势分析会。

6月17日，吴伟斌厅长参加省委十四届十一次全体会议，下午参加省政府第2次经济周运行调度会并汇报就业和社保有关情况。

同日，陈中副厅长参加卢山副省长研究加快建设世界一流企业有关工作会议。

同日，金林贵副厅长参加全省疫苗接种工作视频会议。

同日，葛平安副厅长主持召开数字化改革工作推进会。

6月18日至22日，吴伟斌厅长参加省第十五次党代会。

6月20日，金林贵副厅长参加全国乡村建设工作会议。

6月21日，陈中副厅长、金林贵副厅长参加2022年全国专业技术人员职业资格考试工作视频会。

同日，葛平安副厅长参加社会保障卡居民服务"一卡通"应用试点工作座谈会。

同日，毛鹏岳副厅长赴余杭区走访重点督办建议代表，下午赴绍兴市柯桥区走访调研相关企业。

6月22日，金林贵副厅长赴湖州市开展服务企业活动。

6月22日至23日，毛鹏岳副厅长赴绍兴市上虞区走访调研相关企业。

6月23日，吴伟斌厅长参加省委十五届一次全会，下午列席省委常委会第1次会议，之后主持召开全厅干部大会传达学习省第十五次党代会精神，刘国富、金林贵、葛平安、毛鹏岳等副厅长参加。

同日，陈中副厅长参加强化政策集成落地攻坚行动专班第3次例会。

6月23日至24日，陈中副厅长赴绍兴市上虞区参加2022高校毕业生高质量就业暨百所高校·百强企业对接交流会，并主持召开高校毕业生就业工作座谈会。

6月24日，金林贵副厅长赴嘉兴市开展服务企业活动。

同日，葛平安副厅长参加"博创引领·五谷丰登 万名博士集聚行动之百名博士湖州行"活动，下午主持召开厅数字化改革工作推进会。

同日，毛鹏岳副厅长列席省政府第103次常务会议，下午参加全省困难群众救助补助资金审计发现问题专项治理部署工作电视电话会议。

6月25日，陈中副厅长赴舟山市出席乡村创业基地启动仪式。

6月27日，吴伟斌厅长参加全省经济稳进提质攻坚行动工作例会。

同日，葛平安副厅长参加省司法厅杨必明一级巡视员带队来厅开展《浙江省促进高质量发展建设共同富裕示范区条例》立法工作调研座谈会。

6月28日，吴伟斌厅长主持召开厅第52次党组会，学习贯彻全省经济稳进提质攻坚行动工作例会精神，听取关于《2022年度浙江省人社系统绩效考核评价办法（送审稿）》起草情况、开展公款竞争性存放有关情况、厅人才工作领导小组工作规则起草情况、2022年流动人员人事档案公共服务和高层次人才招聘洽谈会项目支出预算执行用款计划、2022年我省退休人员基本养老金调整方案有关情况、省委巡视反馈"考务费发放不规范"问题整改落实意见和厅优秀共产党员评选推荐、党员违纪处理和党支部换届安排等情况的汇报。

同日，陈中副厅长参加第一次重点人才工作推进例会。

同日，金林贵副厅长参加人社专家座谈会暨研究院特约研究员聘任仪式，下午参加省公务员考试工作部署视频会议。

6月28日至29日，葛平安副厅长赴金华市开展服务企业及基层劳动人事争议调解组织建设工作情况调研。

6月28日至29日，毛鹏岳副厅长赴宁波出席"甬上乐业"——2022宁波就业创业大会，并开展工伤保险省级统筹工作调研。

6月29日，吴伟斌厅长参加浙江省党的二十大维稳安保工作汇报会，之后参加高兴夫副省长听取人力社保厅工作情况汇报专题会议，刘国富副厅长、陈中副厅长参加。

同日，陈中副厅长参加中国致公党浙江省委会"坚持实施就业优先政策"线上调研座谈会。

6月29日至30日，金林贵副厅长赴湖州市吴兴区织里镇开展新居民市民化工作调研。

6月29日至30日，葛平安副厅长赴淳安县出席全省劳动保障监察业务技能大比武暨根治欠薪工作现场会。

6月30日，吴伟斌厅长参加全省数字化改革推进例会。

同日，陈中副厅长参加高校毕业生就业工作情况专题座谈会，下午出席"奇思妙想浙江行"2021创业大赛总决赛并为获奖选手颁奖。

同日，葛平安副厅长参加社会保障卡居民服务"一卡通"试点工作推进会。

同日，毛鹏岳副厅长赴舟山市开展助企纾困和工伤保险省级统筹等工作调研。

2022年7月

7月1日，吴伟斌厅长参加全省第十次党史工作会议，下午参加最高人民检察院、中共浙江省委追授蒋春尧同志荣誉称号命名表彰大会，之后参加省政府第4次经济运行周调度会暨外资外贸座谈会。

同日，陈中副厅长参加强化政策集成落地攻坚行动专班第4次工作例会，下午参加2022浙江·台湾周筹备工作协调会（省委对台工作领导小组专题会议）。

同日，金林贵副厅长参加乡村振兴"一法一条例"执法检查部门汇报会，下午参加省直机关学习贯彻省党代会精神暨机关作风建设部署会。

同日，葛平安副厅长主持召开厅数字化改革推进会，下午参加省政府第4次经济运行周调度会暨外资外贸座谈会。

7月1日至2日，毛鹏岳副厅长赴岱山县调研助企纾困工作。

7月2日，金林贵副厅长出席省人才市场人事代理党委党员代表大会并上党课，宣讲省第十五次党代会精神。

7月4日，吴伟斌厅长主持召开厅党组理论学习中心组省第十五次党代会精神和《干在实处　勇立潮头——习近平浙江足迹》专题学习会，刘国富、陈中、金林贵、葛平安、毛鹏岳等副厅长参加，下午出席厅首期青年干部培训班开班式并讲话，刘国富副厅长参加；之后主持召开厅党组上半年全面从严治党专题会议，刘国富、陈中、金林贵、葛平安、毛鹏岳等副厅长参加。

7月5日，吴伟斌厅长赴杭州市滨江区开展"千名干部联万企　服务企业渡难关"调研活动，之后参加王浩省长主持召开的研究当前经济运行情况专题会议；下午赴杭州市临平区开展"千名干部联万企　服务企业渡难关"调研活动。

同日，刘国富副厅长参加全国技能人才评价工作暨技术技能类"山寨证书"专项治理工作电视电话会议；下午参加省委巡视办来我厅听取关于做好巡视工作、明确监督重点意见建议专题调研座谈会。

7月5日至6日，陈中副厅长陪同省人大常委会史济锡副主任赴丽水市开展《就业促进法》贯彻执行情况检查。

7月5日至7日，葛平安副厅长赴丽水市开展"稳就业，惠民生"服务企业工作，并到青田县开展根治欠薪督查工作。

7月5日至8日，金林贵副厅长陪同人社部农民工司林淑莉副司长一行赴宁波市、嘉兴市开展农民工工作服务保障调研。

7月6日，吴伟斌厅长赴温岭市参加袁家军书记主持召开的科技创新工作座谈会。

同日，毛鹏岳副厅长参加"浙里康养"专班第四次会议，下午参加省纪委漠视侵害群众利益问题专项治理工作推进会。

7月7日，吴伟斌厅长参加省委建设共同富裕示范区咨询委会议筹备会，之后参加东南沿海省份政府主要负责人经济形势视频座谈会。

同日，刘国富副厅长赴嘉兴市调研技能人才工作，并赴浙江红船学院看望慰问厅首期青年干部培训班学员。

同日，毛鹏岳副厅长参加稳企业强主体、畅循环稳工业攻坚行动专班工作第三次推进会，下午参加省纪委省监委组织的处分执行工作联席会议。

7月7日至8日，陈中副厅长赴宁波市参加2022年宁波市博士后"双百"供需对接活动。

7月8日，吴伟斌厅长列席省政府第104次常务会议。

同日，葛平安副厅长主持召开厅数字化改革推进会。

7月9日，吴伟斌厅长参加2022年全省各级机关单位考试录用公务员和省、市级机关面向基层公开遴选优秀公务员笔试巡考，金林贵副厅长参加。

同日，葛平安副厅长赴湖州市参加2022年全省各级机关单位考试录用公务员和省、市级机关面向基层公开遴选优秀公务员笔试巡考。

同日，毛鹏岳副厅长赴舟山市参加2022年全省各级机关单位考试录用公务员和省、市级机关面向基层公开遴选优秀公务员笔试巡考。

7月11日，吴伟斌厅长列席省委理论学习中心组《国务院关于加强数字政府建设的指导意见》专题学习会和省委常委会第4次会议，之后参加全国安全生产电视电话会议；下午参加全省科技创新大会。

同日，金林贵副厅长主持召开分管口子学习贯彻省第十五次党代会精神专题会议。

同日，毛鹏岳副厅长出席全省2022年调整退休人员基本养老金工作视频会议并讲话。

7月12日，吴伟斌厅长参加省委教育工作领导小组第八次全体会议。

同日，高兴夫副省长来厅开展调研，吴伟斌厅长，刘国富、陈中、金林贵、葛平安、毛鹏岳等副厅长参加座谈。

同日，陈中副厅长列席省人大法制委员会全体会议，审议《浙江省失业保险条例（草案）》。

同日，葛平安副厅长主持召开省根治欠薪办联络员会议。

7月12日至15日，金林贵副厅长赴衢州市参加2022年全省人力社保系统返乡入乡合作创业带头人培训班并作专题辅导。

7月13日，吴伟斌厅长参加全省数字经济高质量发展大会。

同日，陈中副厅长赴省海创园参加省海高会第四届理事会换届会议。

同日，葛平安副厅长赴省财务开发公司、财通证券开展"三服务"调研，下午主持召开全省人社系统数字化改革第二次路演，之后召开"企业用工登记（书面审查）一件事"部署会议。

7月13日至14日，葛平安副厅长赴衢州市参加全省"大综合一体化"行政执法改革暨深化基层管理体制改革推进现场会。

同日，毛鹏岳副厅长赴海宁市开展"厅局处长走流程"活动并调研共富型大社保体系建设工作。

7月14日，吴伟斌厅长参加2022年全国医改工作电视电话会议。

同日，陈中副厅长参加强化政策集成落地攻坚行动专班第5次工作例会。

同日，毛鹏岳副厅长赴海盐县开展"厅局处长走流程"活动。

7月15日，吴伟斌厅长参加《浙江通志》首发式暨编纂工作总结大会，之后参加高兴夫副省长听取就业工作情况专题会议，陈中副厅长参加；下午列席省政府第104次常务会议暨第6次经济运行周调度会。

同日，金林贵副厅长参加全国乡村产业发展工作推进视频会议。

同日，葛平安副厅长出席2022年度全省劳动人事争议仲裁练兵比武颁奖仪式。

同日，毛鹏岳副厅长参加五部门统一社会保险费征收模式工作动员部署会。

7月16日，吴伟斌厅长、陈中副厅长赴衢州市开展就业工作调研。

7月17日，中共中央政治局委员、国务院副总理胡春华在衢州督导稳就业工作，中央和国家有关部委负责人周祖翼、郭玮，浙江省领导袁家军、王浩、陈奕君参加有关活动，吴伟斌厅长、陈中副厅长陪同。

7月18日，吴伟斌厅长赴金华市调研并宣讲省第十五次党代会精神。

同日，刘国富副厅长参加省直单位届末考察工作部署培训会。

同日，毛鹏岳副厅长参加省第十批援藏、第五批援青干部人才培训欢送会。

7月18日至19日，葛平安副厅长赴温州市准备国务院对我省开展保障农民工工资支付工作考核相关事宜。

7月19日，吴伟斌厅长主持召开厅领导班子碰头会，刘国富、陈中、金林贵、毛鹏岳等副厅长参加；下午列席省委常委会第5次会议。

7月20日，吴伟斌厅长参加省委《干在实处 勇立潮头——习近平浙江足迹》学习座谈会。

同日，陈中副厅长参加2022浙江台湾周开幕式、主论坛。

同日，金林贵副厅长在省委党校参加事业单位负责人培训班开班仪式并讲话，之后赴舟山市出席乡村创业基地启动仪式。

7月21日，吴伟斌厅长参加全省除险保安百日攻坚行动工作推进会，之后主持召开厅第53次党组会，学习贯彻习近平总书记在中央政治局第四十次集体学习时重要讲话精神、胡春华副总理在浙江督导稳就业工作时重要指示精神和全国安全生产电视电话会议、全省安全生产电视电话会议、全省除险保安百日攻坚行动工作推进会、全省数字化改革推进会精神，听取《关于支持"浙里康养"加强为老服务保障工作的通知》起草情况、《浙江省人力资源服务业发展白皮书（2022）》编制情况、2021年度企业职工基本养老保险工作考核情况、2022 年退休人员基本养老金调整方案中倾斜人员范围有关情况、省社保就业中心 30 万元以上资金项目情况、开立厅党费专户工作情况和《浙江省人力资源和社会保障系统数据治理暂行办法》起草情况的汇报，研究近期干部人事工作，书面听取关于调整公款竞争性存放资金额度情况的汇报；下午参加徐文光常务副省长研究上半年经济形势专题会议。

7 月 22 日，吴伟斌厅长出席共青团浙江省第十五次代表大会开幕式，之后参加省直机关工委副书记、纪检监察工委书记翁春光同志带队来厅调研学习贯彻落实省党代会精神、推进唯实唯先机关作风建设、纵深推进清廉机关建设等情况座谈会，金林贵副厅长参加。

同日，陈中副厅长参加政策、投资和要素专班半月例会。

同日，毛鹏岳副厅长参加稳企业强主体、畅循环稳工业攻坚行动专班工作第四次推进会。

7 月 23 日，吴伟斌厅长列席省政府第 105 次常务会议。

7 月 25 日，吴伟斌厅长列席省委常委会第 6 次会议，之后参加国务院保障农民工工资支付工作考核汇报会，葛平安副厅长参加。

同日，陈中副厅长列席省委常委会第 6 次会议。

7 月 25 日至 30 日，葛平安副厅长陪同国务院保障农民工工资支付工作考核组赴温州市、丽水市开展实地考察。

7 月 26 日，吴伟斌厅长参加省十三届人大常委会第三十七次会议第一次全体会议。

同日，金林贵副厅长参加全省政法领导干部加强政治建设专题研讨班开班式。

同日，毛鹏岳副厅长参加全省全面深化政法改革推进会，下午参加中欧社保项目"新就业形态与社会保障的未来：中国与欧盟经验"国际研讨会。

7 月 27 日，吴伟斌厅长参加学习贯彻习近平总书记关于"三农"工作的重要论述暨持续擦亮浙江"三农"金名片座谈会，下午参加省十三届人大常委会第三十七次会议第二次全体会议。

同日，陈中副厅长列席省人大常委会第三十七次会议分组审议《关于修改〈浙江省失业保险条例〉的决定》会议，下午参加省委人才工作领导小组第二次重点人才工作推进例会。

同日，金林贵副厅长主持召开《我省事业单位干部队伍系统性重塑研究》课题报告专家论证会。

同日，毛鹏岳副厅长陪同省委常委、宣传部部长王纲在杭州市开展拥军慰问活动。

7 月 28 日，吴伟斌厅长参加省直机关届末考察动员会，刘国富副厅长、金林贵副厅长、葛平安副厅长参加；之后参加省委深改委第一次会议，下午参加全国人力资源社会保障工作调度推进会，金林贵副厅长、毛鹏岳副厅长参加。

同日，陈中副厅长列席省人大常委会第三十七次会议分组审议《省政府关于〈中华人民共和国就业促进法〉执行情况的报告》会议，之后列席省人大法制委员会审议《浙江省失业保险条例（草案）》会议，下午参加县委书记工作交流会暨全省经济稳进提质攻坚行动工作例会。

同日，毛鹏岳副厅长参加省委深改委第一次会议。

7 月 29 日，吴伟斌厅长参加高兴夫副省长主持召开的稳就业惠民生攻坚行动专班会议，下午参加全省巡视巡察工作会议暨十五届省委第一轮巡视动员部署会,之后参加省十三届人大常委会第三十七次会议第四次全体会议,随后主持召开厅第54次党组会,传达学习习近平《论"三农"工作》,学习贯彻习近平总书记在7月28日中央政治局分析研究当前经济形势和经济工作会议上及在省部级主要领导干部"学习习近平总书记重要讲话精神,迎接党的二十大"专题研讨班上的重要讲话精神,研究近期干部人事工作。

同日,刘国富副厅长参加2022年世界技能大赛特别赛集训冲刺视频动员会;下午赴浙江大学为全省技工院校高质量发展暨校长高级研修班学员授课。

同日,陈中副厅长参加数字组工建设工作例会。

同日,金林贵副厅长列席省十三届人大常委会第三十七次会议第三次全体会议,下午参加浙江省社会建设研究智库联盟成立大会。

同日,毛鹏岳副厅长参加"浙有善育"领导小组工作例会,下午参加纵合科技浙江省博士后工作站授牌仪式暨开题报告会,之后参加近期突出风险隐患研判会。

7月30日,吴伟斌厅长参加省政府第十一次全体(扩大)会议。

2022年8月

8月1日至2日,金林贵副厅长赴松阳县开展返乡入乡合作创业和县域农民工市民化有关工作调研。

8月3日,金林贵副厅长赴云和县开展县域农民工市民化有关工作调研,并召开省级结对帮扶云和团组工作例会。

8月4日,金林贵副厅长赴景宁县开展县域农民工市民化和返乡入乡合作创业大赛暨项目对接会筹备工作调研。

同日,葛平安副厅长参加2021年度浙江民革骄傲人物先进事迹宣传会暨省直新党员入党、伯乐奖颁奖、青圃营营旗交接仪式。

8月8日,吴伟斌厅长列席省委常委会第7次会议。

同日,陈中副厅长参加徐文光常务副省长研究全省服务业高质量发展大会筹备情况、听取全省服务业发展情况汇报专题会议。

8月9日,吴伟斌厅长参加服务业高质量发展工作座谈会。

同日,刘国富副厅长赴杭州安洁利科技有限公司调研职业技能培训工作。

同日,陈中副厅长参加保障国务院第九次大督查工作协调部署会,下午赴安吉县出席全省人力资源服务业领军人才培训研讨班开班式。

同日,毛鹏岳副厅长召开研究企业职工基本养老保险五项地方性待遇项目后续处理意见专题会议。

8月10日,吴伟斌厅长、陈中副厅长陪同省政协主席黄莉新一行在杭州开展就业工作专题调研,并在座谈会上作全省就业工作情况汇报。

同日,葛平安副厅长赴中国移动通信集团浙江有限公司开展数据分析、利用、安全等工作调研。

同日,毛鹏岳副厅长参加省委督查室二级巡视员李兴祥一行来厅开展楼堂馆所专项治理督导工作座谈会。

8月11日,吴伟斌厅长在杭州开展高温作

业劳动保护督查暨"送清凉送关爱"慰问活动，金林贵副厅长参加；下午参加省政府常务会议暨第7次经济运行周调度会。

同日，葛平安副厅长出席全省人力社保数据安全专题视频会议，之后参加全省系统"除险保安"第三次调度会议；下午参加协同推进"浙有善育"工作情况汇报会。

同日，毛鹏岳副厅长参加稳企业强主体、畅循环稳工业攻坚行动专班工作第五次推进会。

8月12日，吴伟斌厅长参加全省服务业高质量发展大会，陈中副厅长参加；下午主持召开厅党组理论学习中心组《习近平谈治国理政》第四卷专题学习会及厅意识形态工作形势分析会，刘国富、陈中、金林贵、葛平安、毛鹏岳等副厅长参加，随后主持召开厅第55次党组会，听取关于2022年部门预算调整追加有关情况、《浙江省职业技能竞赛管理办法（审议稿）》起草情况、《关于加强审计事业单位专业技术岗位结构比例动态调控的通知》起草情况、《浙江省技能人才薪酬分配指引》等技能人才薪酬激励制度政策情况、2021年度工伤保险基金省级调剂工作情况、全省技能人才评价专家培养基地遴选结果、2022年浙江省职业技能标准和专项职业能力考核规范开发项目及单位遴选结果、2023年拟建电子政务运维项目情况、驻省委组织部纪检组商请省厅配合省纪委做好人社领域公权力大数据监督工作情况、慰问克难攻坚一线党员干部有关情况的汇报，研究近期干部人事工作，书面听取关于全省数字化改革网络安全工作推进会精神及下一步工作安排的汇报。

同日，葛平安副厅长参加省大数据局领域大脑建设工作交流会。

8月15日，吴伟斌厅长主持召开厅第56次党组会，研究近期干部人事工作。

同日，陈中副厅长参加国务院第九次大督查"稳就业保民生"专项工作部署会议。

8月15日至17日，吴伟斌厅长赴舟山市、宁波市、绍兴市开展稳就业惠民生工作督导。

8月16日，刘国富副厅长参加省委组织部"人民满意的公务员"和"人民满意的公务员集体"评审会。

同日，陈中副厅长参加国务院经济大省政府主要负责人经济形势座谈会。

同日，金林贵副厅长赴天台县出席全省山区26县返乡入乡合作创业带头人能力提升培训班开班式，并作"1+3+N（n）"返乡入乡合作创业组织形式专题辅导。

同日，毛鹏岳副厅长赴德清县开展"厅局长走流程"活动。

8月16日至19日，金林贵副厅长赴仙居县、三门县开展返乡入乡合作创业和农民工市民化工作调研。

8月17日，刘国富副厅长赴省机关事务管理局莫干山管理局调研事业单位绩效工资工作。

同日，毛鹏岳副厅长参加统一社会保险费征收模式工作协调机制专班会议。

8月18日，吴伟斌厅长参加浙江省工商业联合会第十二次代表大会开幕式，下午参加省政府贯彻落实李克强总理在经济大省政府主要负责人经济形势座谈会上重要讲话精神专题会议。

同日，葛平安副厅长参加全国劳动人事争议调解仲裁视频座谈会并作交流发言。

同日，毛鹏岳副厅长参加全省统一社会保险费征收模式工作动员部署视频会议。

8月19日，吴伟斌厅长列席省委常委会第

8 次会议,之后主持召开厅第 57 次党组会,研究近期干部人事工作;下午参加全国就业工作电视电话会议暨国务院就业工作领导小组全体会议,陈中副厅长参加。

同日,葛平安副厅长赴浙江农商联合银行调研数据分析、利用、安全以及信息化建设等工作。

8 月 20 日,吴伟斌厅长、陈中副厅长参加保障国务院第九次大督查工作动员部署视频会议。

8 月 22 日,陈中副厅长参加保障国务院大督查"稳就业保民生"工作对接会。

同日,葛平安副厅长赴省大数据局对接"人力社保大脑"建设事宜,下午参加高兴夫副省长听取省国资委关于省国资委监管企业 2021 年度和 2019-2021 任期经营业绩考核有关情况汇报会。

8 月 23 日,刘国富副厅长参加全省共同富裕现代化基本单元建设工作现场会。

同日,葛平安副厅长参加省人大听取省级有关单位关于《浙江省科学技术普及条例(草案)》修改意见座谈会。

同日,毛鹏岳副厅长参加高质量发展建设共同富裕示范区专题研讨班,下午参加"浙里康养"推进会暨第五次工作例会。

8 月 24 日,吴伟斌厅长陪同高兴夫副省长赴绍兴市调研房地产平稳健康发展攻坚行动和稳就业惠民生攻坚行动开展情况。

同日,毛鹏岳副厅长召开研究 2022 年企业职工基本养老保险单位缴费比例调整后具体操作办法专题会议。

8 月 25 日,吴伟斌厅长参加与国务院第九次大督查第六督查组见面衔接会。

同日,陈中副厅长参加第三次重点人才工作推进例会。

同日,葛平安副厅长主持召开全省人社系统数字化改革第三次路演,之后参加卢山副省长召集的关于知识价值导向分配机制重大改革情况汇报会。

同日,毛鹏岳副厅长参加全国农业科技创新工作会议,下午参加全省 2022 年企业年金工作座谈会。

8 月 26 日,吴伟斌厅长参加全国劳动关系领域风险防范化解电视电话会议,之后参加全国社会保险基金安全警示教育大会,葛平安副厅长参加。

同日,葛平安副厅长参加省委副书记、政法委书记黄建发主持召开的除险保安工作调度会。

8 月 26 日至 28 日,毛鹏岳副厅长赴温州市、台州市、宁波市、杭州市等地陪同国务院稳住经济大盘赴浙江督导和服务工作组参加相关活动。

8 月 29 日,吴伟斌厅长参加国务院稳住经济大盘赴浙江省督导和服务组反馈会,之后列席省委常委会第 11 次会议;下午参加全省经济稳进提质攻坚行动工作例会。

同日,陈中副厅长参加国务院第九次大督查第六督查组来厅调研座谈会。

同日,葛平安副厅长参加全国深化"放管服"改革持续优化营商环境电视电话会议。

8 月 30 日,吴伟斌厅长参加高兴夫副省长听取共富型大社保体系情况汇报会议,毛鹏岳副厅长参加,之后主持召开厅第 58 次党组会,学习贯彻全省稳进提质攻坚行动工作例会精神,听取关于 2023 年部门预算编制有关情况、

2022 年"浙江工匠"遴选工作情况、2022 年城乡居保基础养老金最低标准调整方案、全省职业技能等级认定工作综合督查情况、技能人才评价题库开发项目审核情况、对资产中心、教研所、技能评价中心等党支部巡察情况及反馈意见、省委对省人力社保厅党组巡视反馈问题整改"回头看"情况的汇报,研究近期干部人事工作,书面听取关于 2022 年度职业介绍事务管理及就业援助经费项目支出预算执行用款计划的汇报和审议《浙江省人力资源和社会保障厅规范领导干部廉洁从政行为 进一步推动构建亲清政商关系若干措施(送审稿)》《浙江省人力资源和社会保障厅贯彻落实〈领导干部接到请托事项记录报备制度(试行)〉若干措施(送审稿)》;下午参加全省数字化改革推进会。

同日,葛平安副厅长参加人社部来浙开展公共服务标准化试点调研座谈会,下午参加浙江省快递行业第五次党委(扩大)会议。

8 月 31 日,吴伟斌厅长赴中央党校(国家行政学院)参加为期 2 个月的厅局级干部进修班(第 83 期)"完善政府治理体系"研究专题学习。

同日,金林贵副厅长参加省人大"依法推进长三角地区农民工权益保障一体化建设"座谈会。

同日,葛平安副厅长主持召开全省社会保险基金安全警示教育大会,下午参加高质量发展建设共同富裕示范区重点工作推进例会。

2022年9月

9 月 1 日至 30 日,吴伟斌厅长在中央党校学习。

9 月 1 日,陈中副厅长参加衢州市人大常委会副主任刘根宏一行来厅开展对衢州市人力社保局就业工作专项评议座谈会,下午参加就业补助资金和失业保险基金审计进点会。

同日,金林贵副厅长参加学习贯彻习近平总书记关于"三农"工作的重要论述 持续擦亮浙江"三农"金名片专题研讨班。

同日,葛平安副厅长赴绍兴市参加全省新一轮制造业"腾笼换鸟、凤凰涅槃"攻坚行动现场会暨"415X"产业集群推进会。

同日,毛鹏岳副厅长参加省消防、涉海涉渔、危化品和工矿专委会会议。

9 月 2 日,陈中副厅长列席省政府党组第 67 次会议暨省政府第 107 次常务会议(第 8 次经济运行周调度会)。

同日,金林贵副厅长参加第七届浙江慈善大会。

同日,葛平安副厅长赴嘉善县开展长三角区域调解仲裁一体化协作联合调研。

9 月 4 日,陈中副厅长参加省"鲲鹏行动"计划审核论证会。

9 月 5 日,陈中副厅长列席省委常委会第 12 次会议。

同日,金林贵副厅长赴省信访局接访。

同日,毛鹏岳副厅长参加稳企业强主体、畅循环稳工业攻坚行动专班工作第七次推进会。

9 月 5 日至 6 日,金林贵副厅长赴德清县参加第五届莫干山会议。

9 月 6 日,陈中副厅长参加之江实验室 2022 年创新发展大会,下午参加省政府研究山区 26 县和海岛县高质量发展新路子专题会议。

同日,葛平安副厅长参加中央信访工作联席会议专项督查工作衔接会。

同日，毛鹏岳副厅长参加共同富裕理论研讨会暨《共同富裕理论探索》首发式。

9月7日，刘国富副厅长参加省委教育工作领导小组专题会议。

同日，金林贵副厅长在浙江分会场参加中国劳动和社会保障科学研究院成立40周年大会。

同日，毛鹏岳副厅长参加全省老龄工作暨"浙里康养"推进会，下午参加共富型大社保体系建设专班会议。

9月8日，刘国富副厅长赴华为全球培训中心调研数字技能人才培养工作。

同日，金林贵副厅长主持召开全厅专题警示教育暨"中秋""国庆"节前教育。

同日，葛平安副厅长参加"大综合一体化"行政执法改革理论研讨会。

9月9日，陈中副厅长参加强化政策集成落地攻坚行动专班第8次工作例会，下午列席省政府第108次常务会议（第9次经济运行周调度会）。

同日，金林贵副厅长参加全省清廉浙江建设推进会，下午参加全国新冠肺炎疫情防控工作电视电话会议。

同日，葛平安副厅长参加中央信访工作联席会议专项督查工作反馈会。

9月13日，陈中副厅长参加高兴夫副省长听取高质量就业创业体系建设情况汇报会议。

9月14日，陈中副厅长参加第七批省"鲲鹏行动"计划审核论证会。

同日，金林贵副厅长赴浙江理工大学开展人事制度改革工作情况调研；下午赴浙医二院开展人事制度改革工作情况调研。

同日，毛鹏岳副厅长参加卢山副省长召集

研究规上工业企业利润下降情况专题会议。

9月15日，刘国富副厅长参加高兴夫副省长领办省政协"加强技术工人培养"专题重点提案办理工作座谈会，之后向高兴夫副省长汇报公立医院薪酬制度改革工作情况。

同日，毛鹏岳副厅长赴上海参加两省一市人民政府《关于进一步支持示范区高质量发展的若干政策措施》新闻发布会并回答记者提问。

9月16日，陈中副厅长出席"在湖州看见美丽中国"青年人才招引"再出征"暨"看见"青创新城建设启动仪式，下午列席省政府第109次常务会议（第10次经济运行周调度会）。

同日，葛平安副厅长参加全省人社系统"除险保安"第四次视频调度会。

同日，毛鹏岳副厅长参加省委退役军人事务工作领导小组办公室主任第八次会议。

9月16日至17日，陈中副厅长赴宁波出席2022中国浙江·宁波人才科技周活动。

9月19日，葛平安副厅长赴杭州市督导根治欠薪工作并会商劳动纠纷高发县区监察执法工作。

9月20日，刘国富副厅长赴景宁县出席茶业绿色生产技术高技能人才研修班开班仪式；下午赴丽水市出席第二届丽水技能大赛开幕式。

同日，陈中副厅长参加海洋强省建设推进会。

同日，金林贵副厅长赴湖州市开展县以下事业单位管理岗位职员等级晋升工作情况调研。

同日，葛平安副厅长赴余姚市督导根治欠薪工作并会商劳动纠纷高发县区监察执法工作。

同日，毛鹏岳副厅长参加《有请发言人》节目录制，下午参加稳企业强主体、畅循环稳工业攻坚行动专班工作第八次推进会。

9月21日，刘国富副厅长参加全省纪检监察系统表彰大会，下午参加全省机关事务工作先进集体和先进个人表彰大会。

同日，陈中副厅长参加卢山副省长研究《关于完善科技激励机制的意见》专题会议。

同日，葛平安副厅长参加全省除险保安工作座谈会。

9月21日至22日，陈中副厅长赴湖州市陪同人社部专家中心沈水生主任参加2022创业导师走进中国湖州留学人员创业园活动暨"留·在浙里"中国·湖州全球留学人才创业大赛湖州启动仪式。

9月21日至22日，金林贵副厅长赴温州市开展县以下事业单位管理岗位职员等级晋升工作情况调研。

9月22日，陈中副厅长参加卢山副省长研究加快建设世界一流企业的政策意见专题会议。

同日，金林贵副厅长参加省委统战工作会议。

同日，葛平安副厅长参加全国和谐劳动关系创建示范经验交流电视电话会议，下午参加房地产平稳健康发展攻坚行动专题调度视频会。

9月23日，刘国富副厅长出席全省人社系统局长培训班开班仪式并作动员讲话。

同日，陈中副厅长参加第四次重点人才工作推进例会，下午参加十五届省委全面深化改革委员会第二次会议，并就构建高质量就业创业体系情况作汇报发言。

同日，金林贵副厅长赴建德市出席建德市乡村振兴技能大赛。

同日，葛平安副厅长参加省协调劳动关系三方会议，下午召开厅数字化改革工作推进会，听取申报"最系列"数字化改革项目情况汇报。

同日，毛鹏岳副厅长参加省人大重点督办建议杭60号建议办理工作座谈会。

9月26日，刘国富副厅长参加浙江省"人民满意的公务员"和"人民满意的公务员集体"表彰大会，下午赴海康威视数字技术股份有限公司调研数字技能人才培养工作。

同日，陈中副厅长参加全省经济稳进提质攻坚行动工作例会。

同日，金林贵副厅长主持召开厅保密委员会（扩大）会议，下午参加全省新冠肺炎疫情防控工作会议。

同日，葛平安副厅长召开厅本级"除险保安"工作部署会。

9月27日，刘国富副厅长赴新华三技术有限公司调研数字技能人才培养工作。

同日，葛平安副厅长参加全国人社领域防风险保安全电视电话会议，下午参加全省"大综合一体化"行政执法改革大会。

同日，毛鹏岳副厅长陪同省委副书记、"浙有善育"领导小组组长黄建发在杭州调研"浙有善育"工作，并参加"浙有善育"领导小组第三次工作例会。

9月28日，刘国富副厅长赴杭钢集团调研数字技能人才培养工作。

同日，葛平安副厅长参加省十三届人大常委会第三十八次会议分组审议会议。

9月29日，刘国富副厅长赴杭州市西湖区每日互动股份有限公司调研数字技能人才培养工作。

同日，陈中副厅长出席余杭区2022年人才活动日活动，下午参加高校毕业生等青年就业工作调度推进电视电话会议。

同日，金林贵副厅长赴浙江工业大学调研

人事制度改革工作。

同日，葛平安副厅长召开厅数字化改革工作推进会，听取申报"最系列"数字化改革项目汇报，下午参加全省除险保安百日攻坚行动第三次推进会，晚上参加数字政府建设专班第二十一次例会，并就居民服务"一卡通"应用情况作汇报发言。

同日，毛鹏岳副厅长参加社保政策落实不到位及行风问题专项整治督查工作布置会议。

9月30日，陈中副厅长参加省政府听取稳住经济大盘督导服务工作组对金华市、衢州市、舟山市、台州市、丽水市开展督导服务工作情况汇报，研究贯彻落实国务院有关会议精神工作举措和四季度重点工作专题会议。

同日，金林贵副厅长列席省委常委会第18次会议。

同日，葛平安副厅长开展厅本级"除险保安"节前检查工作。

2022年10月

10月1日至31日，吴伟斌厅长在中央党校学习。

10月8日，陈中副厅长参加高兴夫副省长听取高质量就业创业体系建设情况专题汇报会议。

同日，金林贵副厅长参加森林浙江建设部署会。

同日，葛平安副厅长列席省委常委会第19次会议。

同日，毛鹏岳副厅长参加社保政策落实不到位及行风方面问题专项治理省级督查培训会。

10月9日至10日，毛鹏岳副厅长赴金华市开展社保政策落实不到位及行风问题专项治理督查。

10月10日，葛平安副厅长参加全省党的二十大维稳安保工作视频总调度会。

同日，毛鹏岳副厅长参加人社部规范企业职工基本养老保险待遇项目工作电视电话会议。

10月11日，陈中副厅长参加全省促进残疾人就业工作部署视频会。

同日，毛鹏岳副厅长赴温州市开展社保政策落实不到位及行风问题专项治理督查。

10月12日，刘国富副厅长赴蚂蚁集团公司调研数字技能人才培养工作。

同日，陈中副厅长参加全省民族工作协调机制全体会议。

10月12日至14日，毛鹏岳副厅长赴台州市开展社保政策落实不到位及行风问题专项治理督查。

10月13日，刘国富副厅长赴杭州朗迅科技有限公司调研数字技能人才培养工作。

同日，陈中副厅长参加卢山副省长领办省人大杭93号重点建议办理工作座谈会。

同日，葛平安副厅长主持召开全省人社系统"除险保安"工作第五次视频调度会。

10月17日，刘国富副厅长赴杭州洪铭通信技术有限公司调研数字技能人才培养工作。

10月18日，刘国富副厅长赴杭州安恒信息技术股份有限公司调研数字技能人才培养工作。

同日，陈中副厅长参加人社部就业司召开的2023年就业工作思路视频研讨会议。

同日，葛平安副厅长参加全省数字化改革最佳应用视频演示评选会，并演示汇报"浙派工匠"应用情况。

10月18日至19日，毛鹏岳副厅长赴衢州市开展社保政策落实不到位及行风问题专项治理督查。

10月19日至20日，葛平安副厅长赴舟山市开展人社系统"除险保安"工作督查调研。

10月19日至20日，毛鹏岳副厅长赴永康市开展社保政策落实不到位及行风问题专项治理督查。

10月20日，陈中副厅长陪同高兴夫副省长赴省人才发展集团调研企业经营情况。

10月21日，厅党组理论学习中心组召开党的二十大精神专题学习会，刘国富、陈中、金林贵、葛平安、毛鹏岳等副厅长参加。

同日，葛平安副厅长参加全省国企改革三年行动高质量收官攻坚工作会议。

10月24日，金林贵副厅长参加全省领导干部会议。

同日，毛鹏岳副厅长赴省信访联合接待中心接待来访群众。

10月25日，厅机关召开全厅干部大会，刘国富副厅长、金林贵副厅长分别传达党的二十大精神和袁家军书记在全省领导干部会议上的讲话精神。

同日，刘国富副厅长参加高兴夫副省长研究加强新时代高技能人才队伍建设实施方案专题会议。

同日，陈中副厅长参加省政府第111次常务会议。

10月27日，刘国富副厅长参加高质量发展建设共同富裕示范区重点工作推进例会。

同日，陈中副厅长参加王文序副省长专题研究孤独症特殊人群关爱及保障工作会议，下午主持召开2023年就业工作研讨会。

同日，葛平安副厅长参加省信访局王中毅局长一行来厅会商劳动和社会保障领域信访突出问题专项治理工作座谈会，下午主持召开研究"浙里和谐劳动"数字应用工作会议。

10月27日至28日，金林贵副厅长赴建德市开展返乡入乡合作创业工作调研。

10月28日，陈中副厅长参加王浩省长领办的省人大重点建议和省政协重点提案办理工作座谈会，下午参加"共富探路 浙里担当 献礼二十大"采风调研活动新闻宣传工作座谈会。

同日，毛鹏岳副厅长参加共富型大社保体系建设工作专班第五次会议。

10月31日，刘国富副厅长赴杭州市瓴羊智能服务有限公司调研数字技能人才培养工作。

同日，陈中副厅长列席省委常委会第21次会议。

同日，金林贵副厅长参加省委理论学习中心组"学习贯彻党的二十大精神"专题学习会。

同日，葛平安副厅长参加人社部社保卡标准视频培训。

同日，毛鹏岳副厅长赴嘉兴市开展企业年金工作调研。

2022年11月

11月1日，陈中副厅长参加县（市、区）委书记工作交流会暨全省经济稳进提质攻坚行动工作例会，下午赴嘉兴市出席"星耀南湖·长三角精英峰会"开幕式。

同日，金林贵副厅长出席浙医一院建院75周年学术活动暨公立医院高质量发展论坛。

同日，葛平安副厅长列席省政府第112次常务会议，晚上参加卢山副省长研究数字经济系统建设情况会议并汇报"浙派工匠"数改应用情况。

同日，毛鹏岳副厅长参加全国冬春农田水利建设暨秋冬"三农"重点工作电视电话会议，下午参加全省人大立法工作座谈会。

11月2日，刘国富副厅长赴招商银行浙江省分行调研数字人才工作。

同日，金林贵副厅长赴中国丝绸博物馆调研事业单位人事管理工作。

同日，葛平安副厅长主持开展基层人社治理现代化建设项目专题路演。

同日，毛鹏岳副厅长主持召开个人养老金政策交流电视电话会议。

11月3日，刘国富副厅长主持召开全省技工院校提质增量工作部署视频会。

同日，金林贵副厅长参加学习贯彻党的二十大精神中央宣讲团报告会，下午赴浙江音乐学院调研事业单位人事管理工作。

同日，毛鹏岳副厅长赴绍兴市调研企业年金工作。

11月4日，吴伟斌厅长参加省委主要领导会见"鲲鹏行动"计划第六、七批专家活动。

同日，金林贵副厅长赴浙江交响乐团调研事业单位人事管理工作。

11月7日，吴伟斌厅长主持召开厅第59次党组会，学习贯彻习近平总书记在二十届中央政治局第一次集体学习时的重要讲话精神和高质量发展建设共同富裕示范区重点工作推进例会、全省数字化改革推进会和县（市、区）委书记工作交流会暨全省经济稳进提质攻坚行动工作例会精神，听取关于2023年人力社保专项资金、2023年省级就业补助资金（第一批）分配方案、《关于试行女职工产假期间企业社会保险补贴有关事项的通知》、《关于进一步加强高技能人才与专业技术人才职业发展贯通的实施办法》起草、我省2022年社会保险有关基数、社保政策落实不到位及行风方面问题专项治理省级督查、部分省属财政全额补助事业单位要求参照公务员调整办法提高养老保险缴费基数、基层党组织换届工作等有关情况的汇报，审议《学习宣传贯彻党的二十大精神方案》《贯彻落实〈关于新时代加强和改进省直机关思想政治工作的意见〉若干措施》，书面听取关于核拨2022年第一批博士后日常经费和2022年省博士后科研项目择优资助评审工作情况的汇报。

同日，吴伟斌厅长参加高兴夫副省长研究分管联系口子2022年民生实事完成情况和2023年民生实事建议项目会议，陈中副厅长参加；之后听取民生一卡通、根治欠薪、基层治理相关工作情况汇报，葛平安副厅长参加。

同日，刘国富副厅长出席第46届世界技能大赛特别赛金牌获得者欢迎仪式和媒体见面会。

同日，毛鹏岳副厅长陪同人社部工伤司王丽副司长赴绍兴市调研。

11月8日，吴伟斌厅长参加中共中央重要文件传达学习会议，下午参加浙江省国家中医药综合改革示范区建设推进会议。

同日，刘国富副厅长主持召开数字高技能人才培养工作座谈会。

同日，陈中副厅长出席绍兴"名士之乡"人才峰会，下午参加浙江省侨商会成立十五周年暨换届大会。

同日，金林贵副厅长主持召开全省公务员考试录用和公开遴选选调工作部署视频会。

同日，葛平安副厅长对部分县（市、区）开展根治欠薪工作约谈。

同日，毛鹏岳副厅长陪同人社部工伤司王丽副司长赴湖州调研，下午参加全国工伤保险政策研讨会。

11月9日，吴伟斌厅长巡视指导中国（浙江）人力资源服务博览会。

同日，陈中副厅长参加第六届世界浙商大会组委会第一次全体会议，下午出席中国（浙江）人力资源服务博览会。

同日，葛平安副厅长陪同人社部信息中心主任宋京燕赴桐乡参加世界互联网大会。

同日，毛鹏岳副厅长赴湖州市参加全国工伤预防政策研讨会并致辞。

11月9日至10日，金林贵副厅长赴龙游参加全省深化"千万工程"建设新时代美丽乡村现场会。

11月10日，吴伟斌厅长参加中央机关及其直属机构2023年度考试录用公务员笔试考务工作部署视频会。

同日，陈中副厅长出席第二届中国（磐安）中医药创业创新大赛。

11月10日至11日，刘国富副厅长赴磐安调研公立医院薪酬制度改革工作。

11月10日至11日，葛平安副厅长陪同人社部调研组调研督导人社信息化便民服务创新提升行动和社会保险基金管理提升年行动。

11月11日，吴伟斌厅长出席厅干部论坛，并宣讲党的二十大精神。

同日，陈中副厅长参加2022年全国专家服务工作电视电话座谈会，下午出席2022中国科学院科学节·杭州西湖边的果壳暨第二届国科大杭高院科创产融大会开幕式。

同日，金林贵副厅长参加全省疫情防控工作电视电话会议和全省疫情防控工作电视电话会议。

同日，毛鹏岳副厅长参加全省深化国防动员机制改革动员部署会议，下午参加省共同富裕示范区建设第二督查组督查座谈会。

11月11日至12日，葛平安副厅长赴嘉善县参加长三角生态绿色一体化发展示范区三周年工作现场会。

11月12日，陈中副厅长参加杭州国际人才和项目合作大会。

11月13日，陈中副厅长参加卢山副省长研究415X先进制造业集群建设工作专题会议。

11月14日，吴伟斌厅长列席省委常委会第24次会议，下午列席省政府第113次会议，晚上参加全省新冠肺炎疫情防控工作电视电话会议。

同日，陈中副厅长参加省政府蒋珍贵副秘书长召集研究415X先进制造业集群建设人才政策举措专题会议，下午出席2022世界科技青年论坛《麻省理工科技评论》"35岁以下科技创新35人"全球亚太区发布仪式。

同日，葛平安副厅长主持召开厅数字化改革工作例会，研究数改应用集成、数据治理、民生一卡通实施方案、基层人社治理改革、浙江和谐劳动应用等工作。

11月15日，全国政协人口资源环境委员会副主任、人社部原部长张纪南一行来浙开展后疫情时期加快旅游业复苏促进就业研究调研，吴伟斌厅长参加座谈。

同日，刘国富副厅长赴新华三集团调研数字技能人才培养工作。

同日，陈中副厅长参加中国（浙江）自由贸易试验区高质量提升发展大会。

同日，金林贵副厅长赴浙医一院调研事业

单位人事管理工作。

同日，葛平安副厅长出席杭州大运河人力资源峰会。

同日，毛鹏岳副厅长参加稳企业强主体、畅循环稳工业攻坚行动专班工作第十一次推进会。

11月16日，吴伟斌厅长参加省领导接见2022年度全省见义勇为先进人物或家属代表活动和全省见义勇为先进人物记功奖励暨见义勇为工作电视电话会议。

同日，葛平安副厅长主持召开省深化国有企业负责人薪酬制度改革联席会议办公室会议。

同日，毛鹏岳副厅长召集相关厅局研究完善共富型大社保实施意见。

11月16日至18日，金林贵副厅长赴丽水市景宁县出席返乡入乡合作创业大赛暨项目对接会。

11月16日至18日，葛平安副厅长赴台州参加监察执法队伍集训会议并开展根治欠薪冬季行动督导。

11月17日，吴伟斌厅长参加各民主党派省委会、省工商联主要负责人和无党派人士代表座谈会。

同日，刘国富副厅长召集湖州市、绍兴市人社局研究新时代技能人才提质增量工作。

同日，陈中副厅长出席2022中国创新设计大会杭州峰会暨临平区工程师冲锋号活动，下午赴绍兴市上虞区调研零工市场建设工作。

同日，毛鹏岳副厅长主持召开研究推进企业年金发展指导意见专题会议，下午参加"浙里康养"专班会议。

11月18日，陈中副厅长参加省人大常委会立法项目论证会，之后出席2022年上虞人才发展大会暨人才科技周开幕式。

11月19日，吴伟斌厅长到浙江省人事考试指挥中心参加2022年度一级建造师资格考试巡考。

11月21日，吴伟斌厅长列席省委常委会第25次会议，下午参加全省新冠肺炎疫情防控工作电视电话会议。

同日，陈中副厅长参加卢山副省长召集的专题会议。

同日，金林贵副厅长参加浙江书法院建设专题协调会。

同日，葛平安副厅长主持召开厅数字化改革工作例会，下午主持召开全省基层人社治理现代化改革试点地区工作推进视频会。

同日，毛鹏岳副厅长出席浙江省暨杭州市工伤预防培训项目启动仪式。

11月22日，吴伟斌厅长主持召开厅党组（扩大）会议，学习贯彻11月10日中央政治局常委会会议和习近平总书记对做好当前疫情防控工作作出的重要批示精神及全省疫情防控工作电视电话会议精神，听取关于2022年浙江省人力资源服务产业园评估、厅机关和直属单位党支部换届选举结果和预备党员发展等有关情况的汇报，研究近期干部人事工作。

11月22日至23日，毛鹏岳副厅长在杭州参加全省基本养老服务体系建设现场会。

11月23日，吴伟斌厅长赴杭州轻工技师学院宣讲党的二十大精神。

同日，金林贵副厅长赴省中医院调研事业单位人事管理工作。

11月23日至25日，葛平安副厅长赴金华市开展基层人社治理现代化建设和根治欠薪冬季专项行动督查调研。

11月24日，吴伟斌厅长参加省委农村工作领导小组第二次全体会议，下午参加干部人才"组团式"帮扶国家乡村振兴重点帮扶县工作推进电视电话会议。

同日，陈中副厅长出席第四届全国博士后数字技术发展学术论坛暨第二届博士后科学基金获得者研讨会。

同日，金林贵副厅长赴浙江医院调研事业单位人事管理工作。

同日，毛鹏岳副厅长参加全国城乡居民养老保险工作推进视频会。

11月25日，吴伟斌厅长参加十五届省委全面深化改革委员会第三次会议。

同日，陈中副厅长出席2022浙江·杭州技能人才校企合作大会开幕式，下午参加第六次重点人才工作推进例会。

同日，金林贵副厅长赴中国美院调研事业单位人事管理工作。

同日，毛鹏岳副厅长参加人社部个人养老金启动电视电话会议。

11月27日，陈中副厅长参加推进新时代多学科复合创新型临床医学拔尖人才培养论坛。

11月28日，吴伟斌厅长列席省政府第114次常务会议。

同日，陈中副厅长参加第七届浙江省工艺美术大师评选工作领导小组会议。

同日，葛平安副厅长主持召开厅数字化改革工作例会，下午主持召开地市基层人社治理现代化改革暨根治欠薪工作推进视频会。

11月29日，吴伟斌厅长主持召开厅第61次党组会，学习贯彻《关于加强安全生产 进一步做好新冠肺炎疫情防控工作的通知》和《认真贯彻落实习近平总书记重要指示精神 切实做好年终岁尾安全生产工作的通知》精神，专题研

究当前厅疫情防控工作，研究近期干部人事工作。下午，参加高兴夫副省长研究分管领域疫情防控等工作专题会议。

同日，刘国富副厅长参加中组部视频调研座谈会。

同日，陈中副厅长参加省委社建委调度会议，下午参加徐文光常务副省长研究经济政策专题会议。

同日，金林贵副厅长参加成岳冲副省长主持召开的疫情防控专题会议，下午赴邵逸夫医院调研事业单位人事管理工作。

同日，毛鹏岳副厅长参加稳企业强主体、畅循环稳工业攻坚行动专班第十二次推进会议。

11月30日，刘国富副厅长赴西湖大学调研科研人员薪酬激励工作。

同日，金林贵副厅长赴省人民医院调研事业单位人事管理工作，下午赴省肿瘤医院调研事业单位人事管理工作。

同日，葛平安副厅长出席金融助力乡村振兴主场峰会。

2022年12月

12月1日，吴伟斌厅长参加省政府与省总工会联席会议，下午参加省委黄建发副书记调度校园安全工作专题会议。

同日，金林贵副厅长参加长三角一体化农民工工作会议，下午主持召开浙江人才人事工作形势与任务研讨会。

同日，毛鹏岳副厅长主持召开研究个人养老金启动实施相关工作专题会议。

12月1日至2日，葛平安副厅长赴衢州市督导根治欠薪工作并调研基层人社治理改革工

作情况。

12月2日，吴伟斌厅长参加省直单位年度绩效考核工作专题协调会，晚上参加省政府研究政府工作报告专题会议。

同日，葛平安副厅长参加省直单位十三届省政协党内委员人选推荐工作部署会。

12月3日，吴伟斌厅长参加国务院稳经济大盘督导"回头看"工作座谈会。

12月5日，刘国富副厅长赴滨江区调研数字人才工作。

同日，陈中副厅长参加省哲学社会科学工作领导小组会议。

同日，葛平安副厅长主持召开分管片区月度工作例会。

同日，毛鹏岳副厅长主持召开分管口全面从严治党形势分析会。

12月6日，厅机关组织集中收看江泽民同志追悼大会。

同日，刘国富副厅长赴长兴县调研公立医院薪酬制度改革工作。

12月7日，吴伟斌厅长主持召开厅党组理论学习中心组学习贯彻党的二十大精神专题学习会，之后主持召开厅第62次党组会，听取关于2022年世界技能大赛特别赛浙江选手获奖情况、《关于推进新时代人力资源服务业高质量发展的若干意见（审议稿）》起草情况、2022年"浙江杰出工匠"遴选工作情况、2022年国家级高技能人才建设项目申报推荐工作情况、2021年技工院校教师正高级专业技术评审工作情况、核拨2022年第二批博士后日常经费和引才补贴、《关于深化公立医院薪酬制度改革的实施意见（送审稿）》起草情况、《浙江省社会保险基金监督举报奖励暂行办法（送审稿）》起草情况、

2022年度首席技师、特级技师评审工作情况的汇报，书面听取关于2023年中央财政就业补助资金（提前批）分配方案情况的汇报，审议《浙江省人力资源和社会保障厅保密工作办法（送审稿）》《浙江省人力资源和社会保障厅涉密人员管理暂行办法（送审稿）》，研究近期干部人事工作。下午，参加全省领导干部会议。

12月7日至8日，葛平安副厅长赴诸暨市督导根治欠薪集中信访接待工作并调研基层人社治理改革。

12月8日，陈中副厅长赴海宁参加正高级经济师评审会。

12月8日至9日，葛平安副厅长赴义乌市督导根治欠薪集中信访接待工作并调研基层人社治理改革。

12月9日，吴伟斌厅长列席省政府第115次常务会议。

同日，陈中副厅长参加省现代服务业发展工作领导小组会议。

同日，金林贵副厅长主持召开分管片区月度工作例会暨全面从严治党形势分析会，下午主持召开浙江劳动关系工作形势与任务研讨会。

同日，毛鹏岳副厅长参加全省市域社会治理现代化试点工作推进会。

12月10日，吴伟斌厅长巡视指导2023年度定向选调视频面试工作。

12月11日，吴伟斌厅长出席首届全球数字贸易博览会开幕式。

12月12日，吴伟斌厅长列席省委常委会第28次会议；下午参加省直机关工委来厅开展厅党组党建主体责任检查汇报会，金林贵副厅长参加，之后列席省政府第116次常务会议。

12月13日，陈中副厅长赴绍兴出席"之

江创客"2022 全球电子商务创业创新大赛颁奖典礼。

同日，毛鹏岳副厅长赴铁路社保中心调研养老保险有关工作。

12 月 13 日至 14 日，葛平安副厅长赴金华参加全省"新就业形态劳动者在线"应用推广会议，并到企业走访调研。

12 月 14 日，吴伟斌厅长参加高兴夫副省长研究建德市养老金相关事宜专题会议，毛鹏岳副厅长参加。

同日，陈中副厅长参加第七届浙江省工艺美术大师评选会议。

12 月 15 日，吴伟斌厅长参加高兴夫副省长研究元旦春节期间稳岗位保用工工作相关事宜，陈中副厅长参加。

同日，葛平安副厅长参加省社区矫正委员会第三次全体成员会议。

12 月 16 日，全省根治欠薪工作电视电话会议在杭州召开，高兴夫副省长出席会议并讲话，吴伟斌厅长、葛平安副厅长参加。

同日，吴伟斌厅长参加高兴夫副省长听取《加强新时代高技能人才队伍建设实施意见》汇报会议，刘国富副厅长参加；之后参加省委社建委调度会议。

12 月 17 日，吴伟斌厅长参加省新型冠状病毒肺炎疫情防控工作领导小组会议。

12 月 19 日，吴伟斌厅长参加省委十五届二次全体会议暨省委经济工作会议。

12 月 20 日，吴伟斌厅长列席省委常委会第 29 次会议，之后主持召开厅第 63 次党组会，学习贯彻中央经济工作会议和十五届省委第二次全体会议暨省委经济工作会议精神，听取关于《浙江省失业保险省级统筹实施方案（送审

稿)》起草情况、职业技能提升行动专账资金省级统筹工作情况、2022 年浙江青年工匠遴选工作情况、2022 年度省有突出贡献中青年专家选拔工作情况、2022 年省"万人计划"青年拔尖人才遴选工作情况、2022 年省海外引才计划创业人才遴选工作情况的汇报，研究近期干部人事工作。

同日，金林贵副厅长参加省委组织部胡旭阳副部长主持召开的加快建设高水平大学会议。

12 月 21 日，吴伟斌厅长参加王浩省长研究 2023 年"8+4"经济政策体系、十大工程、民生实事、平台经济工作专题会议。

同日，葛平安副厅长参加近期风险隐患研判调度会。

12 月 22 日，刘国富副厅长参加高兴夫副省长研究"浙江省新时代突出贡献浙派工匠和新时代浙派工匠培育突出贡献单位"评选工作方案会议。

同日，葛平安副厅长参加浙江省推进嘉善县域高质量发展示范点建设大会，下午参加高兴夫副省长听取省人力社保厅明年工作思路汇报会议。

12 月 23 日，金林贵副厅长参加中央农村工作会议。

同日，毛鹏岳副厅长出席第六届世界浙商大会开幕式。

12 月 25 日，金林贵副厅长参加全国新冠肺炎疫情防控工作电视电话会议。

12 月 26 日，金林贵副厅长列席省委常委会第 30 次会议。

12 月 26 日至 30 日，毛鹏岳副厅长参加全省新闻发言人培训班线上学习。

12 月 27 日，金林贵副厅长参加全省新冠

疫情防控工作电视电话会议。

12月29日，陈中副厅长列席省政府第117次常务会议。

12月30日，吴伟斌厅长参加高质量发展建设共同富裕示范区重点工作推进例会并就着力完善高质量就业创业体系汇报发言。

同日，陈中副厅长参加稳企业强主体、畅循环稳工业、"两稳一促"攻坚行动专班工作第十三次推进会。

同日，金林贵副厅长参加全省公安机关功模表彰大会。

全省工作情况

全省工作情况

年度综述

2022年是具有重要里程碑意义的一年。党的二十大胜利召开，擘画了全面建设社会主义现代化国家、以中国式现代化全面推进中华民族伟大复兴的宏伟蓝图。全省人力资源和社会保障系统坚持以习近平新时代中国特色社会主义思想为指导，深入学习贯彻党的二十大精神和习近平总书记"疫情要防住、经济要稳住、发展要安全"重要指示精神，贯彻落实省第十五次党代会精神和省委省政府实施经济稳进提质攻坚行动部署要求，着力构建高质量就业创业体系，探索构建共富型大社保体系，扎实开展稳就业惠民生攻坚行动，深化人社数字化改革，各项工作取得积极成效。

一、围绕打造共同富裕示范区建设标志性成果，构建完善高质量就业创业体系，探索构建共富型大社保体系。以省就业工作领导小组名义印发《构建高质量就业创业体系工作方案（2022—2025年）》，围绕"劳有岗位、劳有技能、劳有优得、劳有体面、劳有保障"愿景，制定系统架构图，以打响"就业创业在浙江"品牌为总牵引，努力打造就业困难人员动态清零、山区26县新增就业倍增、浙里好创业等7个标志性成果，谋划提出"37+8"突破性抓手，实行

系统化、项目化、清单化推进，着力夯实共同富裕示范区建设的最基本民生根基。同时，围绕"人人享有更高质量的全生命周期社会保障"总体目标，积极探索构建以社会保险为主体，社会救助、社会福利、社会优抚和住房保障等在内的大社保体系，谋划提出"1+8+1+N"重点工作体系和9项重大改革。牵头拟订了《关于共富型大社保体系建设的实施意见》，并同步开发"浙里共富大社保"数字化应用，共富型大社保体系建设取得积极进展。

二、牵头实施稳就业惠民生攻坚行动，确保了全省就业形势总体平稳。及时成立工作专班，部署开展"千名干部联万企、服务企业渡难关"活动，定期召开工作推进例会，实施晾晒督导，全力稳定和扩大就业。全年城镇新增就业115万人，城镇调查失业率为东部省份最低。出台实施社会保险助企纾困政策及操作细则，大力推行"无感智办、免申即享"，全年为企业减负685亿元，为企业缓缴基本养老、失业、工伤保险费超过40亿元，切实帮助企业减负担、渡难关。率先出台稳岗留工政策，鼓励省外务工人员留浙过年，2022年春节期间省外劳动力留浙率达52%，有效保障了企业生产用工需求。完善企业用工监测，建立用工快速调查机制，对重点缺工企业进行清单式管

理。制定出台《浙江省"十四五"就业促进规划实施意见》以及支持高校毕业生就业创业和支持山区26县就业创业高质量发展等政策文件。落实"稳岗十条",全力做好高校毕业生等重点群体就业帮扶,推广"重点群体就业帮扶在线"应用,开展就业援助"暖心活动",全年帮助93.36万人实现就业。全年发放创业担保贷款35亿元,扶持创业5万人,累计建成创业孵化基地520个。深入推广"1+3+N(n)"返乡入乡合作创业组织模式,举办首届返乡合作创业大赛暨项目对接会,助力乡村振兴。持续办好"奇思妙想浙江行"等创业大赛,全省创新创业氛围进一步浓厚。深化东西部劳务合作,在浙省外劳动力2217万人,22个中西部省份在浙稳定就业脱贫人口235万人,为全国稳就业大局和巩固脱贫攻坚成果作出了浙江贡献。胡春华副总理对我省就业工作给予充分肯定。

三、健全完善制度体系,推进社会保障高质量可持续发展。认真落实企业职工基本养老保险全国统筹任务,全面梳理规范我省地方性待遇项目,做好与全国统筹政策衔接,顺利完成企业职工基本养老保险全国统筹信息系统上线运行。指导杭州、宁波开展个人养老金试点。出台关于进一步加强工伤保险工作的意见,完成《浙江省失业保险条例》修改工作,制定失业保险省级统筹方案。加强多部门数据比对,全面摸清我省未参加基本养老保险人员底数,稳妥推进企业职工基本养老保险提标扩面,全省企业职工基本养老保险参保缴费人数净增61万人。出台企业职工基本养老保险工作考核办法及考核实施细则,压实地方政府养老保险工作主体责任。平稳完成2022年退休人员基本养老金调整,惠及全省916万退休人员。稳步提高城乡居保基础养老金最低标准,从180元/月提高至190元/月,将失业保险金标准从最低工资标准的80%提高到90%。同时,制定下达2022年城乡居保基金省级归集计划并开展委托投资,促进个人账户基金保值增值。部署开展社保基金管理提升年行动,深入开展"社会保险基金安全警示教育月"活动,并协同纪检监察部门部署开展社保政策落实不到位及行风方面问题专项治理,进一步扎牢社保基金安全运行网。

四、推动完善人才发展体制机制,人才引育取得新成效。全力克服疫情对引才工作的影响,创新引才模式,坚持线上线下齐发力,全年引进35岁以下大学生119万名,加强博士后工作站设立和博士后招收,全年招收博士后1882名。制定出台进一步推进高技能人才和专业技术人才职业发展贯通的实施办法和专业技术人才知识更新工程实施方案(2022—2030年),新授权甬江实验室等3家单位科研系列职称自主评聘权,出台轨道交通等职称系列(专业)评价标准。会同省委组织部牵头实施县以下事业单位管理岗位职员等级晋升工作,于2022年9月底完成首批人员晋升,有效打通基层事业单位管理人员发展通道。积极推进公立医院、高校、科研院所薪酬制度改革,印发《省属事业性质文艺院团薪酬制度改革方案(试行)》。制定出台我省人力资源服务业高质量发展政策意见,编制发布2022年度省人力资源服务业发展白皮书。印发《关于做好国家级和省部级表彰奖励获得者享受待遇资格认定工作的通知(试行)》的政策文件,进一步做好评比达标表彰工作。

五、聚力打造"浙派工匠"金名片,推动技能人才队伍建设进入快车道。坚持把加强技能人才队伍建设作为共同富裕示范区建设特别是"扩中""提低"的重要抓手，出台《关于实施技工教育提质增量行动的意见》《高质量打造"浙派工匠"金名片 助力共同富裕示范区建设行动计划（2022—2025年）》和20余个配套实施办法，系统重塑技能人才工作政策体系。扎实推进"浙派工匠"民生实事，全省开展职业技能培训220万人次，新增技能人才94万人，高技能人才42万人。启动建设10所一流技师学院和69个高水平专业群，探索建立"新八级"职业技能等级，遴选产生我省首批3名首席技师和26名特级技师，打破技能人才发展天花板。经向中央积极申请，新增设立浙江省新时代突出贡献浙派工匠、新时代浙派工匠培育突出贡献单位省级表彰项目。顺利遴选"浙江杰出工匠"60名、"浙江工匠"600名、"浙江青年工匠"1997名。出台职业技能竞赛管理办法，指导各行业和各地规范开展各类竞赛，在2022年世界技能大赛特别赛上，我省获得2金1银的历史最好成绩。支持指导台州市探索开展技能型社会试点。《聚焦"扩中""提低" 全力打造"浙派工匠"名片》案例入选全省第一批共富最佳实践，人民日报专题报道我省高质量打造"浙派工匠"金名片的创新实践，时任人社部部长周祖翼作出批示要求总结推广浙江经验做法。

六、有效应对外部环境对劳动关系的冲击，全力维护劳动关系和谐稳定。针对疫情形势变化和防控政策优化调整，及时出台稳定劳动关系的工作指导意见、劳动关系风险监测预警制度，开展"保稳定 促和谐"预防化解劳动关系风险专项行动。持续推进劳动关系"和谐同行"三年行动计划，选树全国和谐劳动关系创建示范企业（园区），加强新就业形态劳动者权益保护，迭代完善"新就业形态劳动者在线"应用，推广电子劳动合同，着力夯实劳动关系源头治理基础。出台关于建立和完善企业薪酬调查和信息发布制度，深入推进工资集体协商要约行动，会同省协调劳动关系三方印发《关于深化推进集体协商要约行动助力高质量发展建设共同富裕示范区的意见》。率先出台《浙江省技能人才薪酬分配指引》，推动完善符合技能人才特点的工资分配制度。完善国有企业负责人薪酬管理体系，会同相关部门出台《省属企业领导人员受党纪政务处分薪酬扣减执行办法》。持续深化"浙江无欠薪"行动，组织开展市级政府保障农民工工资支付工作考核暨"无欠薪"县（市、区）复核，对存在发案率高、化解率低、突发事件风险较大等问题的市县政府进行约谈，切实压实属地责任。我省在国务院保障农民工工资支付工作考核中获得A等次。全面提升劳动人事争议仲裁效能，扎实开展信访积案化解清零行动，全省人社系统信访积案主办件5月底前全部化解。推进基层人社监察执法"一科一中心"和劳动保障督导员、劳动保障专员、劳动关系协调员"三支队伍"建设，提升基层人社现代化治理水平。中央全面深化改革委员会办公室《改革情况交流》专题介绍我省根治欠薪经验做法，并在全国推广。

七、以建设"人力社保大脑"为抓手，推进人社数字化改革取得新突破。坚持推动数字化改革、全面深化改革、共同富裕示范区重大改革一体融合，强化顶层设计，迭代形成"1+5+1+N"人社数字化改革3.0架构和"人力社保大脑+N应用"体系。推动落实2022年度"对标争先、改革创新"竞争性试点任务，组织开展全省人社系统路演，评选出 20 个最佳应用。持续深化"浙里就业创业"应用，创新建设"浙里共富大社保"场景应用，各项重点应用建设持续推进。围绕"1612"体系构架，推动重点应用省市县三级贯通、地方改革成果全省共享，"基层欠薪隐患排查"和"劳动纠纷调解"纳入"1612"体系贯通第一批事项清单；"义乌 i 人才""钱塘技工""灵活就业"等地方应用入选全省"一地创新、全省共享""一本账 S_0"。围绕重大需求，建设完成"人力社保大脑"基座（数据中心），为全省人社数字化改革提供强大的能力支撑和输出。"人力社保大脑"入选浙江省 2022 年数字化改革"最强大脑"。

城乡就业

【概况】 2022 年，全省城镇新增就业 115.62 万人，完成目标任务的 115.62%；失业人员实现就业 55.76 万人，完成目标任务的 185.87%；就业困难人员实现就业 12.83 万人，完成目标任务的 128.3%；城镇零就业家庭实现动态归零；城镇调查失业率控制在 5% 以内，持续处于较低水平。

【创业带动就业】 2022 年，全省扶持创业 5.1 万人；发放创业担保贷款 42.3 亿元，贴息 1.57 亿元；开展创业培训 5.64 万人。截至 2022 年年底，建成创业孵化基地 539 个，其中国家级 8 个，省级 109 个，大学生创业园 221 个。6 月 30 日，"奇思妙想浙江行"2021 创业大赛总决赛在浙江电视台举行，由省人力社保厅主办，省社保就业中心、各市人力社保局、浙江经视承办，11 个优秀项目参加总决赛。7 月 6—8 日，第五届"中国创翼"创业创新大赛浙江省决赛在舟山市举行，由省人力社保厅主办，舟山市人力社保局承办，68 个优秀项目晋级省级决赛。7 月 26—27 日，第三届马兰花全国创业培训讲师大赛全国总决赛在杭州市举行，比赛采用线上方式，由中国就业培训技术指导中心和中国就业促进会主办，中国就业促进会创业专业委员会、省人力社保厅、杭州市人力社保局共同承办，我省 2 名讲师获得二等奖，并获得"创业培训师"资格；2 名讲师获得三等奖。省人力社保厅、杭州市人力社保局获得突出贡献奖，省社保就业中心获得优秀组织奖，杭州市职业能力建设指导服务中心获得创业培训创新实践奖。12 月 8—10 日，第五届"中国创翼"创业创新大赛全国总决赛在山东省青岛市举行，比赛采用线上方式，我省 6 个项目在全国总决赛中获奖，其中二等奖 1 个，三等奖 1 个，优秀奖 4 个，并由人社部授予"全国优秀创业创新项目"称号，省人力社保厅获得优秀组织奖。

【高质量就业创业体系】 2022 年 5 月 31 日，浙江省就业工作领导小组印发《构建高质量就业创业体系工作方案（2022—2025 年）》，明确系统架构图，重点围绕"劳有岗位、劳有技能、劳有优得、劳有体面、劳有保障"的愿景，打造了数智就业服务全贯通、就业困难人员动态清零、山区 26 县就业创业促进机制、浙里好创业、浙派工匠名片、返乡入乡合作创业机制、新就业形态权益保障等 7 个标志性成果，搭建起高质量就业创业体系的"四梁八柱"，夯实共同富裕示范区建设的最基本民生根基。2022 年 8 月 15 日，浙江省就业工作领导小组印发《浙江省"十四五"就业促进规划实施意见》。

【**高校毕业生就业**】 2022年，举办大学生就业能力提升培训线上线下讲座共10期，参训5000人，组织青年见习3万人，完成目标任务的200%，开发见习岗位10.11万个。完成9.98万名离校未就业毕业生一对一帮扶任务，毕业生就业形势总体稳定。3—5月，开展大中城市联合招聘高校毕业生春季专场活动。活动期间，全省举办网络招聘会775场，参加用人单位2.98万家，提供岗位73.96万个，注册简历数96.8万人；举办现场招聘会232场，参加用人单位1.01万家，提供岗位14.87万个，达成初步意向0.43万人。

【**公共就业服务活动**】 2022年，全省就业系统根据全国公共就业服务专项活动安排，开展了一系列专项活动。1月，以"就业帮扶，真情相助"为主题，开展就业援助月活动。活动期间，全省走访服务对象7.41万人，其中就业困难人员2.31万人；帮助服务对象实现就业3.68万人，其中就业困难人员0.94万人；举办专场招聘会330场，提供岗位17.68万人，达成初步意向2.07万人。1—3月，以"春风送温暖 就业送真情"为主题，开展春风行动。活动期间，全省举办线下专场招聘会1291场，提供就业岗位114.92万个，达成初步意向17.14万人，举办线上专场招聘会1118场，提供就业岗位134.95万个。4—5月，以"就在民企，职向未来"为主题，开展民营企业招聘月活动。活动期间，全省举办各类招聘活动485次，参加招聘企业2.21万家，提供岗位41.11万个，达成初步意向3.27万人。5月24—27日，我省首次举办公共就业服务专项业务竞赛，为职业指导师和基层工作者搭建展示服务技能、分享技术方法、交流工作经验的平台。从30名参赛选手、103个参赛项目中评选出优秀个人16名、优秀作品45项，赛事得到人社部领导的充分肯定。7月26—29日，在杭州举办第二届全国公共就业服务专项业务竞赛总决赛，经过激烈角逐，浙江省队获团体赛金牌奖；3名选手荣获"全国十佳选手"；评选出优秀就业项目、成果、案例，我省获8项大奖，成绩居全国首位。5—8月，以"职等你来 就业同行"为主题，开展百日千万网络招聘专项行动。行动期间，全省举办网络招聘会880场，参加用人单位5.63万家，提供岗位131.95万个；举办现场招聘会734场，参加用人单位1.71万家，提供岗位26.92万个，达成初步意向5.85万人。8—10月，开展就业援助"暖心活动"，活动期间，全省走访慰问就业援助对象4.47万人次，举办专场招聘活动779场，提供就业岗位21.09万个，帮助就业援助对象实现就业4.63万人。9月，以"就在今秋，职面未来"为主题，开展金秋招聘月活动。活动期间，全省举办各类招聘活动609场，参与企业1.75万家，提供岗位30.45万个，达成初步意向4.42万人。11月，参加全国劳务品牌工作赛，获创业扶持奖。我省申报的丽水超市形象代言人赵葛斌被评为"全国最具特色劳务品牌形象代言人"，红帮裁缝形象代言人何先撑被评为"全国特色劳务品牌形象代言人"。我省劳务品牌红帮裁缝入选全国劳务品牌精品展，参加线上展示。

此外，省职介中心全年共计举办各类招聘活动4492场，服务用人单位11.76万家，提供就业岗位209.89万个，进场应聘人数210.68万人，初步达成就业意向28.21万人。1—12

月，举办 2022 年省内余缺调剂系列招聘会 4459 场，共组织企业 11.55 万家，提供岗位 204.92 万个。6—12 月，共举办周三日常公益性专场招聘会 17 场，组织企业 70 家，提供岗位 1000 余个。11 月，举办 2022 浙江·杭州技能人才校企合作大会。共组织省内 400 余家企业与省内外 91 所职技院校参会，提供岗位 15.7 万个，现场签订合作协议 416 份，意向输送毕业生（实习生）1.04 万人。10—12 月，举办 2022 年浙江省技能人才岗位进校园系列招聘会 11 场，共组织企业 1757 家，提供岗位 3.87 万个。

【就业工作数字化改革】 2022 年，围绕岗位创造、能力提升、就业帮扶、创业扶持、稳岗惠民、用工服务、劳务协作、权益保障等场景，开发"浙里就业创业"应用，聚焦劳动者和用人单位的就业创业全周期，集成 29 个部门数据，提供 80 项服务，构建了精准识别、服务集成、政策智办的新时代就业创业服务模式。自应用上线以来，服务专区访问量达 400 万人次，稳岗返还、一次性留工培训补助、一次性扩岗补贴等多个政策通过智办落实资金近 200 亿元，惠及 170 万群众和用人单位。浙江省职介网共计发布 5.55 万家企业招聘岗位 136.96 万个；完成"省人才网"与"省职介网"标准统一、归集整合工作，配合完成"浙江就业"板块整合迭代；完善职业指导"云课堂"服务功能；开发职技院校毕业生就业跟踪功能；上线"就在浙"微信小程序。

聚焦就业困难群体，深化"重点群体就业帮扶"场景，通过省市县乡社区五级贯通和协同交互，将帮扶任务智能分解到基层，面向五类人群设置三个帮扶优先级，实现了被动帮扶向主动帮扶、人工帮扶向智能帮扶、业务从"数着划"向"数智化"转变，大大提高工作人员的工作效率，提升重点就业困难人员的幸福感和获得感。"浙里就业创业"应用得到了时任国务院副总理胡春华、时任省委书记袁家军、时任人社部部长周祖翼，及王浩省长的高度肯定。

（陆 骑 吕 丹 刘真真）

养老保险

【概况】 截至 2022 年底，全省企业职工基本养老保险年末参保人数为 3240.41 万人，2022 年基金收入 3069.27 亿元，支出 3284.02 亿元，年末累计结余 1693.33 亿元。全省机关事业单位基本养老保险年末参保人数为 232.38 万人，2022 年基金收入 727.58 亿元，支出 688.40 亿元，年末累计结余 189.93 亿元。

【基本养老保险待遇调整】 2022 年 7 月，省人力社保厅会同省财政厅印发了《关于 2022 年调整退休人员基本养老金的通知》，落实 2022 年企业和机关事业单位退休人员基本养老金调整工作。

【企业职工基本养老保险全国统筹】 从 2022 年 1 月起，企业职工基本养老保险实施全国统筹制度，我省企业职工基本养老保险单位缴费基数从按全部职工工资总额核定调整为按职工个人缴费工资之和核定，城镇个体劳动者缴费比例调整为 20%。

【助企纾困】 2022 年，根据国家统一部署，实施阶段性缓缴养老保险费政策。

【个人养老金制度先行工作】 2022年11月，国家启动实施个人养老金制度，我省杭州、宁波两市被确定为先行城市，开展为期一年的先行工作。

【共富型大社保体系建设】 2022年，开展共富型大社保体系建设研究，形成《共富型大社保体系建设研究》课题报告。省第十五次党代会精神《学习问答》收录了部分课题成果内容。

城乡居民基本养老保险

【概况】 2022年，全省城乡居民基本养老保险年末参保总人数1047.28万人，当期2022年全年全省城乡居保基金收入为343.67亿元，支出为284.69亿元，年末累计结余为413.41亿元。

【基础养老金标准调整】 2022年，经省政府同意，自2022年7月1日起，全省基础养老金最低标准在所有设区市实现基础养老金市域标准统一，并在省定基础养老金最低标准基础上，根据地方实际予以适度提高，最高的设区市标准达到330元/月，最低的设区市标准为255元/月，全省人均基础养老金达到311元/月。

【城乡居民基本养老保险基金省级管理】 2022年，根据《关于实行城乡居民基本养老保险基金省级管理的通知》（浙人社发〔2021〕55号）规定，从2022年1月1日起，实行城乡居民基本养老保险基金省级管理。统筹考虑基金支付能力和结余情况，制定下达2022年基金省级归集计划，在确保待遇按时足额发放的前提下归集160亿元，并全额委托全国社会保障基金理事会进行委托投资运营。

【个人账户记账利率】 2022年，根据人社部、财政部印发的《关于规范城乡居民基本养老保险个人账户记账利率的通知》（人社部发〔2021〕60号），我省根据国家规定计算并下发文件明确2021年、2022年城乡居保个人账户记账利率分别为3.40%、2.73%，便于各地做好个人账户的计息和对账工作，切实保障参保人权益。

【参保缴费和帮困扶贫】 2022年，运用省社保集中系统等数据梳理分析全省缴费中断人员和60周岁及以上未参保人员情况，指导督促各地扎实做好参保缴费提醒、困难人员代缴等工作，大力促进符合条件、有参保意愿的城乡居民参保缴费。2022年，低保、特困人员、残疾人等参加城乡居民养老保险代缴保费人数36.7万人，年代缴保费金额6168万元。

（沈中明）

失业保险

【概况】 2022年末，全省失业保险参保人数1850.92万人，当期基金收入123.31亿元，支出188.52亿元，年末累计结余134.47亿元。完成《浙江省失业保险条例》修改工作。

【失业保险待遇】 2022年，将失业保险金标准从最低工资标准的80%提高到90%，失业保险金人均领取水平1820.51元/月，比上年增加223.67元/月。全年共为53.41万失业人员发放失业保险金50.07亿元，为33.51万失业人员发放失业补助金9.04亿元。为失业人员缴纳职工基本医疗保险费9.98亿元，发放价格临时补贴7792.78万元。

【失业保险基金促进就业预防失业】 2022年全省失业保险基金促进就业支出9.76亿元，占基金总支出的5.18%，其中职业培训补贴929万元、东部试点扩大基金使用范围支出9.67亿元；预防失业支出106.19亿元，占基金总支出的56.33%，其中稳岗返还65.44亿元、一次性留工培训补贴33.36亿元、技能提升补贴4.02亿元、一次性扩岗补助3.37亿元。

【失业保险阶段性降低费率】 2022年，延续实施国家和省阶段性降低失业保险费率的相关规定，全年为160.74万家用人单位减征112.91亿元。

（陆 旖 吕 丹）

工伤保险

【概况】 2022年末，全省工伤保险参保单位193.34万家，参保人数2766.74万人，基金当期收入91.94亿元，支出92.65亿元，年末累计结余70.24亿元。继续实施阶段性降低工伤保险费率政策（4月30日到期），1—4月共减征工伤保险保费8.81亿元。

【工伤预防】 2022年3月，联合省应急管理厅印发《浙江省危险化学品企业工伤预防能力提升培训工程实施方案》，在全省范围内针对危险化学品企业开展工伤预培训，提升危险化学品领域从业人员工伤预防意识和能力，从源头上预防和减少工伤事故发生。

【工伤认定】 2022年8月，出台《关于进一步加强工伤保险工作的意见》（浙人社发〔2022〕59号），进一步规范工伤保险工作，强化政策执行力度、认定鉴定管理、行风建设和风险管控。全省申请工伤认定人数19.2万人，认定工伤人数19.08万人。

【劳动能力鉴定】 2022年，全省受理工伤职工劳动能力初次鉴定161117人，作出初次鉴定结论133599人，再次鉴定1553人，非因工或因病丧失劳动能力程度鉴定5652人，达到完全丧失劳动能力4436人。2月，印发《关于加强和规范劳动能力鉴定有关工作的通知》（浙人社发〔2022〕11号）。在线培训全省875名医疗卫生专家及130名鉴定机构工作人员，开展全省劳动能力鉴定工作专项行动，并将劳动能力鉴定与数字化改革工作有机结合。

【工伤保险待遇调整】 2022年7月，联合省财政厅印发《关于2022年调整退休人员基本养老金的通知》（浙人社发〔2022〕52号），自2022年1月1日起对因工致残完全丧失劳动能力、退出生产岗位按月享受定期伤残津贴的企业职工及企业工伤退休人员，按人社部《关于工伤保险待遇调整和确定机制的指导意见》（人社部发〔2017〕58号）规定和养老保险待遇调整办法分别增加伤残津贴和基本养老金，增加额度低于每人每月198元的，按198元额度增加。

【数字化改革】 2022年，在温州市开展"工伤e鉴通"运用试点建设，同时，开展"工伤e鉴通、工伤一件事"全链条改革，工伤智防和安康在线应用场景建设，三个案例入选省第九批数字社会案例集。

（王 黎）

社会保险基金监督

【基金监督检查】 2022年3—12月，根据人社部统一部署，组织开展社保基金管理提升年行动，在人社部方案任务分解"全覆盖"的基础上，增设社保政策落实不到位及行风方面问题专项治理、经办系统岗位权限管理、社保卡管理、职业年金管理运营、专项整治"回头看"等5项专项检查，通过自查、互查、省级直查、第三方审计等多种方式开展拉网式全面排查。5—12月，根据人社部要求，组织开展社会保险基金疑点数据核查，重点核查人社部下发的企业职工、失业、工伤保险基金疑点数据，并抓好问题整改。6—10月，继续组织实施第三方审计：一是对省社会保险和就业服务中心开展职业年金管理运营专项检查，对省社会保险和就业服务中心、厅信息中心开展社保基金管理提升年行动专项审计；二是对杭州市本级及临平区、淳安县，湖州市本级及德清县、长兴县，绍兴市本级及新昌县，金华市本级及磐安县，丽水市本级及遂昌县开展社保基金管理提升年行动实施情况评估检查，2021年专项整治情况"回头看"、疑点数据核查、经办系统岗位权限检查；三是对杭州市本级及临平区、淳安县，湖州市本级及德清县、长兴县开展社保基金安全评估复评。联合省财政厅印发《浙江省社会保险基金监督举报奖励暂行办法》（浙人社发〔2022〕91号）。

【基金投资运营】 2022年9月，会同省财政厅与全国社保基金理事会签订了为期5年的基本养老保险基金委托投资合同。

（庄盛平）

社会保险经办管理

【省本级社会保险概况】 截至2022年底，省本级企业职工基本养老保险参保人数 45.73万人，机关事业单位基本养老保险参保人数21.87万人，工伤保险参保人数42.52万人。

【省本级社保待遇调整】 2022年，根据《浙江省人力资源和社会保障厅 浙江省财政厅关于2022年调整退休人员基本养老金的通知》（浙人社发〔2022〕52号）要求，平稳完成2022年度省本级退休人员基本养老金调整；根据《关于调整企业职工死亡后遗属生活困难补助费等标准的通知》（浙人社发〔2023〕6号）等规定，按时完成2022年度工伤定期待遇调整。

【社保经办数字化改革】 2022年，在全省各级社保经办机构的共同努力下，企业职工基本养老保险全国统筹信息系统于5月顺利上线，省中心依托嵌入信息系统的300多项业务规则，对业务经办进行全流程、全业务、全人群实时管控，实现信息数据"一个库"、经办服务"一张网"。一是深化社保医保参保"一件事"。支持"智慧大厅、政务服务网、浙里办APP"三个办理渠道，基于政务2.0统一收件平台，同步受理线下159个经办大厅256个专窗业务，参保人员可以一次不用跑就办结社保医保参保、变更、查询打印等12个事项，惠及全省11.72万余人。二是开展全省"一件事"地方标准体系建设。《"一件事"退休退职联办服务规范》成功列入浙江省地方标准制修订计划，惠及全省30余万人次，助力政府数字化改革。三是推进

"社保服务在线"应用建设。在服务端完成"智问答、易参保、报工伤、扶失业、乐退休"等多跨应用场景建设任务；在治理端形成"经办服务、问题短板、改进提升、综合评价"等数字化社保经办治理体系；出台《浙江省企业职工基本养老保险经办管理服务规程》《人力社保省级一体化业务经办平台管理细则》，拟定《全省社会保险服务评估工作实施意见》，为提升社保经办服务水平提供制度支撑，并在全省范围内推广。

【基金风险内控体系建设】 2022年8月，"社保基金安全在线"正式上线运行。协同公安、民政、医保等17个部门，运用业务数据设计评价指标，打造"政策风险预防、经办风险防控、风险协同处置和源头综合治理"4个多跨场景，构建政策、经办、信息、监督"四位一体"的基金管理风险防控体系，实现社保基金闭环智治。

开展全省社保数据稽核，对预警疑点数据全部逐一核查整改。按月开展省本级社保业务书面核查，发现问题全部完成整改。

（方 波 季芸汐）

人才开发和市场管理

【概况】 截至2022年底，全省新引进35周岁以下大学生124万人，其中硕士62398名、博士9059名；截至2021年末全省共有人力资源服务机构8112家（含劳务派遣），从业人员10.2万人，人力资源服务产业园39家，其中国家级园区2家，市级及以下园区21家，全年营收超4200亿元，入库税额超70亿元，帮助实现就业和流动1569.7万人次。

【高校毕业生就业专场招聘会】 2022年，举办"大众创业、万众创新"浙江省高校毕业生系列专场招聘会8场，组织参会单位1300家，推出毕业生岗位4.9万余个，进场人数1.7万余人，初步达成意向3119人。

【青年人才培养】 2022年，整合全国31个省份2707所高校，覆盖6657门优势学科，5560个国家级重点科研平台资源，形成引才"渠道图"，联动全省开展海内外人才项目对接活动599场、创业创新大赛349场，全年共举办线上线下招聘活动16000多场，带动全省引进35周岁以下大学生124万人，其中硕士62398名、博士9059名。开展"三支一扶"工作。新招募高校毕业生150人到山区海岛县基层服务，其中支农岗位32个、林业11个、水利7个，帮扶乡村振兴岗位1个、就业和社会保障服务平台17个。全省首次安排了24个事业单位面向2020"三支一扶"服务期满人员开展专项招聘，为乡村振兴、共同富裕凝聚更多人才力量。

【高层次人才引进】 2022年，举办南京、哈尔滨、成都、上海引才活动4场，深度打造"留·在浙里"海外高层次人才招引活动、"才涌浙江、梦想启航"国内引才活动品牌，共组织全省2380余家单位，推出岗位6.1万余个，直播参与人数34.6万人次，收到简历2.01万份。联合未来科技城人才和金融服务中心组织举办第一届杭州未来科技城数字经济人才编程大赛，共1757人参赛，1603人向参赛企业投递简历。

【人力资源服务业发展】 2022年，编制发布《2021年度浙江省人力资源服务业发展白皮书》，制定《关于推进新时代人力资源服务业高质量发展的若干意见》，召开全省人力资源服务业高质量发展推进会。坚持集聚发展，合理布局综合性和专业性园区，力推"产业＋人力资源"双高地建设，批准建设宁波北仑数字外贸人力资源产业园和杭州余杭数字经济人力资源产业园，支持宁波人力资源服务产业园入选首批国家人力资源领域特色服务业出口基地，推动杭州衢州共建共同富裕人力资源产业园样板。支持重大平台建设，实施"双头汇聚"工程，邀请头部人力资源服务机构走进头部科研平台，签订高层次人才合作协议30余份。按照人社部要求，积极组织开展重点人群就业服务工作，开展"国聘行动"走进国家级人力资源服务产业园活动，共组织近百家用人单位，发布用人岗位7087个。

【人力资源市场规范化发展】 2022年，根据厅主要领导的督办要求及厅监察执法局专项行动部署，发动全省人力资源服务机构在省人力资源协会数字平台上开展违法违规用工自查自纠工作，有6100余家人力资源机构完成自查自纠，其中有15家人力资源服务机构自查出现问题，均已责令相关机构整改。

【人力资源管理服务数字化】 2022年，建设"一站式"云聘平台，迭代升级浙江人才网和"引才云"小程序，统一数据标准和归集方式，完成全省62家公共人才就业网站的数据对接，打造省级招聘求职的统一入口和服务枢纽。建设"浙里人力资源"综合应用，聚焦人力资源引进、培育、配置、服务等全周期，构建"浙里招聘、引才渠道、浙派工匠、数字专技、人力

资源公共服务、浙里人才市场"等六大应用场景，初步实现画像、监测、评价、预测、市场化配置等5种能力，形成"1+6+5+N"架构。重点绘制"全省人才地图、重点产业人才需求地图、人力资源流动地图"三张地图，集成74项高频服务事项，着力实现政府决策科学化、人才引育精准化、公共服务高效化。

【流动人员档案管理服务】 2022年，新接收档案1.2万余卷，全年共管理流动人员档案24.6万余卷、集体户口约2.75万人；接收档案散材料2.8万余份，线上办件4.4万人次，窗口办理1.5万人次，出具各类证明9000余次，服务办事群众达10万余人次。优化完善档案省集中系统，加快推进人事档案影像化，上线浙江省流动人员人事档案管理服务平台，实现涉民涉企服务事项"网上办、掌上办"。全省保管流动人员人事档案513万余卷，服务办事群众达89万余人次，接听咨询电话4.3万人次。

【挂靠党员教育管理工作】 2022年底，省人才市场在库流动党员733人，已完成578名流动党员信息采集，属地化转出123人，流动党员双向共管成功纳管122人。依靠"浙里红色根脉强基系统"实现"互联网＋"数字化规范化管理，精准掌握每位党员基本信息和流动情况，提升流动党员服务效能。持续开展关心关爱志愿帮扶工作，赴杭州市残联和儿童福利院开展公益活动，慰问生活困难党员，积极发挥流动人才党员先锋模范作用。

（郭　强　陆海深　李佼蔓）

专业技术和留学人员管理

【概况】 截至 2022 年底，全省专业技术人才总数 646.16 万人，其中拥有副高级以上职称专业技术人才 52.1 万人，占专业技术人才的 8.06%。全省高级职称评审委员会 121 个，自主评聘委员会 1012 个，全年申报职称评审（聘）专业技术人才 15.15 万人，通过评审（聘）10.89 万人。全省博士后科研流动站 103 家，博士后科研工作站 1533 家，其中国家级博士后科研工作站 305 家，省级博士后科研工作站 1228 家，累计在站博士后 6875 人。

【专技人才知识更新工程】 2022 年 11 月，联合省经信厅、省教育厅、省科技厅、省财政厅出台《浙江省专业技术人才知识更新工程（2022—2030 年）实施方案》（浙人社发〔2022〕79 号），以高层次、紧缺急需和骨干专业技术人才为重点，创新完善人才培养机制，推进分层分类的专业技术人才继续教育体系建设，为下一阶段全省继续教育工作提供了遵循。完成国家级专业技术人员高级研修项目 6 期，省级专业技术人员高级研修项目 102 期，培养高层次紧缺急需人才 8633 人；深入推进专业技术人才继续教育，全年培养培训各类专业技术人才 220 万人。

【专家选拔和服务】 2022 年，围绕重大战略和重点产业，遴选产生省"万人计划"青年拔尖人才 100 名，省海外高层次人才引进计划创业人才 40 名，浙江省有突出贡献中青年专家 75 名。获批国家级专家服务基地 1 个，国家级专家服务基层项目和海外赤子为国服务行动计划项目

各 1 项，留学人员回国创业启动支持计划 3 项。

【博士后科研工作站】 2022 年，继续加强博士后工作站建设和博士后研究人员招收培养，新设立省级博士后科研工作站 324 家，获批国家级科研工作站 62 家，全年新招收博士后研究人员 2495 人，再创历史新高。完成 2022 年省博士后科研项目择优资助工作，共资助 170 项，其中特等资助 10 项，一等资助 30 项，二等资助 130 项。

【职称制度改革】 2022 年 11 月，出台《关于进一步推进高技能人才和专业技术人才职业发展贯通的实施办法》（浙人社发〔2022〕77 号）。推进科研单位自主评聘改革，新授权甬江实验室、浙江清华柔性电子研究院、吉利汽车研究院 3 家单位科研系列职称自主评聘权。出台轨道交通、防灾减灾、应急救援、快递行业、高级工艺美术师和正高级工艺美术师等职称系列（专业）评价标准。完成两批次高层次创新型人才职称直通车评审，135 名高层次创新型人才通过"直通车"评审取得高级职称。开展 2021 年度职称评审复审，对 40 家高评委进行重点抽查。完成新一轮高评委核准备案，共核准备案高评委 121 个，自主评聘委员会 1012 家。

（王坚明）

【专家和留学人员科研服务活动】 2022 年，制定"智聚山海·助力共富"专家服务活动成效考核评价办法，将专家服务纳入人社系统绩效考核。依托山海协作机制，以省、市、县三级联动为抓手，组织优质专家资源深入服务山区 26 县，全年共邀请专家 5800 余名，举办专家服务

活动 620 余场，破解难题 920 余个，服务群众约 18 万人。促成北航冲裁视觉定位数据数控系统落户衢州市链主企业，为企业降低能耗、增加效益提供技术支持。组建"茶产业专家服务团"并开展专家服务活动 10 余次，与地方政府、企业签订合作项目 7 个，合作申报项目 3 个，开展培训 5 次覆盖人员 300 余人次。优化国务院政府特殊津贴发放方式，保质、保量完成全年国务院政府特殊津贴款核发工作。

【海外高层次人才引进】 2022 年，全力打造"留·在浙里"海外引才品牌，在宁波、湖州、杭州、绍兴等地举办"留·在这里"系列活动，促进"留·在浙里"服务品牌共建、共享。服务省内重大科研平台，组织优秀海外引才机构走进之江实验室、西湖大学等高校院所，摸排高层次人才需求。撰写《我省留学人员创业园发展情况和对策建议》，对省内留创园发展现状、存在问题及兄弟省份先进做法进行剖析。

【博士后服务】 2022 年，汇编《省博士后需求手册》，全年为 2255 人进站、1127 人出站及 323 家单位新设站做好服务工作。开展 3 场博士后业务培训班，对博士后管理人员 130 余人进行业务培训。举办"博创引领·五谷丰登"万名博士集聚行动之百名博士湖州行活动，邀请 98 名青年博士人才及博士后导师团队开展对接洽谈，6 名博士面向企业现场揭榜领题，成立"湖州市博士后联谊会"。支持宁波市举办博士后"双百"供需对接会，为世界各地 82 所高校青年博士人才与 180 多家知名企业交流、沟通搭建平台。指导和支持丽水市举办"博聚浙西南·智汇共富路"百名博士丽水行活动，9 名准

博士后接过企业博士后揭榜领题项目，11 名博士与企业、乡镇代表新一批 83 名专家就 2022 年"百博入百企百博入乡镇"合作项目进行现场签约。

（姚　远）

人事考试管理

【概况】 2022 年，积极克服疫情不利困难，组织实施 80 余项各类人事考试，将疫情带来的影响降到较低水平。全年考生人数再创历史新高，服务考生人数达到 160 万人次，同比增长 5.9%。全年全省认定和处理各类考试违纪违规人员 512 人，未发生重大考试安全事故。

【人事考试】 2022 年，完成各级公务员招录考试。全年组织各类公务员考试近 20 项，累计考生人数近 60 万人次，顺利完成了因疫情两次延期的 2022 年"省考"命题和考务组织工作。完成各类专业技术人员职业资格考试。全年组织各类国家级、省级专业技术职业资格考试共计 60 余项，各项考试"能考尽考"，累计服务考生人数超 80 万人次。其中，社会工作者考试人数达 16.7 万人，二级建造师考试人数达 20.9 万人。完成各类社会化考试。全年组织 1 次全省事业单位公开招聘统一考试，累计服务全省 10 个地市、50 个县（市、区）以及 200 余家省部属单位，报名人数达 21.4 万人。

【考试安全】 2022 年，将 8 月确定为全省人事考试系统"警示教育月"，组织开展案例剖析、忠诚教育、隐患排查等活动，切实筑牢人事考试工作人员思想防线；组织"先行有我"短视频

征集活动，借力竞赛提升规范化服务水平。

【考试管理机构建设】 2022年，推动41个县（市、区）建成县级人事考试机构，组织开展线上线下考务工作人员轮训，着重交流学习考务操作规程、违纪违规处理、考试应急处置、考生服务等内容，整体提升考试机构工作人员考务管理水平。

（姜海峰）

职业能力建设

【概况】 截至2022年底，全省技能人才总数1195万人，占从业人员比30.7%；高技能人才总数395.2万人，占技能人才比33.1%。全年全省开展职业技能培训224.8万人次，新增技能人才99.8万人，其中高技能人才41.2万人。遴选产生"浙江杰出工匠"60名、"浙江工匠"600名、"浙江青年工匠"1997名。全年全省技能评价人数135.01万人次，发放技能人才证书110.20万人次（其中职业资格鉴定发证0.55万人次、技能等级认定发证88.31万人次、专项职业能力考核发证21.34万人次），其中发放高级工以上证书43.73万人次。在15家大型制造业企业开展职业技能等级"新八级"制度试点，评审产生了3名首席技师和26名特级技师。全省技工院校108所，在校生197880人，招生63710人，毕业生37792人，在职教职工总数16876人，比上年度增长15.0%，其中理论课教师10281人，比上年度增长8.9%，实习指导教师3104人，比上年度增长23.9%，一体化教师5717人。全省技工院校全年培训社会人员61.7万人。全省共有职业技能等级认定

机构6570家，其中用人单位6157家、社会培训评价组织413家，备案职业648个，其中新职业21个，包括互联网营销师、区块链应用操作员、网约配送员等。

【技能人才政策】 2022年6月，联合省委人才办等12部门出台《高质量打造"浙派工匠"金名片 助力共同富裕示范区建设行动计划（2022—2025年）》（浙人社发〔2022〕42号），将与浙江经济社会发展密切相关的900个职业116个专项按产业分为三大类36个系列，建成与产业发展需求相适应的技能人才全链条培育体系。8月，出台《浙江省技能人才薪酬分配指引》（浙人社发〔2022〕67号），探索建立与职业技能等级序列相匹配的岗位绩效工资制度。以省政府名义设立"新时代突出贡献浙派工匠""新时代浙派工匠培育突出贡献单位"表彰项目，进一步提高技能人才政治待遇。将高技能人才纳入各地人才分类目录，在落户、子女教育、购房、医疗等方面予以支持。率先在台州开展技能型社会建设试点，编制形成首部技能型社会建设规划。

【职业技能培训】 2022年4月，会同省委人才办等5部门联合出台《关于进一步加强职业技能培训工作的意见》（浙人社发〔2022〕32号），聚焦重点产业、重点就业群体、重点地区和新业态新职业，大规模开展职业技能培训，全力推进"浙派工匠"民生实事。大力推进"浙派工匠"数字化改革，面向劳动者提供拼团培训、政策查询、补贴申领等60项服务，推动"职业培训—技能评价—补贴申领—监督预警"全链条闭环管理。全面完成省政府"民生实事"目标

任务，全省累计开展职业技能培训 224.8 万人次，完成率 149.9%，新增技能人才 99.8 万人，完成率 249.5%，其中高技能人才 41.2 万人，完成率 206.3%。

【职业技能大赛】 2022 年 8 月，出台《浙江省职业技能竞赛管理办法（试行）》（浙人社发〔2022〕68 号），规范推进我省职业技能竞赛活动。10 月，我省派出马宏达（浙江建设技师学院）、沈文青（杭州轻工技师学院）、蒋昕桦（宁波技师学院）等 3 名选手参加 2022 年世界技能大赛特别赛，分别参加抹灰与隔墙系统、美发、重型车辆维修等 3 个项目比赛，先后斩获 2 枚金牌（抹灰与隔墙系统、重型车辆维修）和 1 枚银牌（美发），取得历史最好成绩，奖牌率达到百分之百，同时在抹灰与隔墙系统、重型车辆维修等两个中国的薄弱项目实现金牌"零"的突破。截至 2022 年，我省选手已累计获得世界技能大赛 6 金 3 银 6 优胜。

【技能评价制度建设】 2022 年 3 月，印发《关于深化技能人才评价制度改革的意见》（浙人社发〔2022〕16 号）《浙江省技能人才评价机构管理办法（试行）》《浙江省技能人才评价监督管理办法》的通知（浙人社发〔2022〕20 号）《浙江省职业技能标准开发管理办法》（浙人社发〔2022〕26 号）。4 月，印发《关于开展职业技能等级"新八级"制度试点工作的通知》（浙人社发〔2022〕33 号）。

【技能等级认定】 1 月，印发《关于制定发布 2022 年度职业技能等级认定计划公告的通知》（浙技评〔2022〕3 号），发布 2022 年等级认定

计划 26526 条。2 月，印发《浙江省社会培训评价组织职业技能等级认定操作指南（试行）》的通知（浙人社办发〔2022〕3 号），对等级认定行为进行了全流程规范指导。4 月，转发《人力资源社会保障部关于开展技术技能类"山寨证书"专项治理工作的通知》（浙人社函〔2022〕33 号），组织开展技术技能类"山寨证书"专项治理。5 月，印发《关于开展技能人才评价领域违法违规行为专项整治工作的通知》，试点社会培训评价组织综合评估和社会评价组织专项督查。9 月，印发《关于全省职业技能等级认定社会培训评价组织试点到期评估结果及综合督查情况的通报》（浙人社办函〔2022〕25 号），取消了 34 家评价机构的认定资格，对 176 家评价机构作出处理，为技能人才评价工作扎紧防范的篱笆。同月，印发《关于开展新职业社会培训评价组织遴选的通知》，征集遴选省属新职业社会评价组织。

【专项职业能力考核】 2022 年 3 月，印发《关于印发临安山核桃加工等 10 个专项职业能力考核规范的通知》（浙人社办发〔2022〕8 号），全省已累计印发 116 个专项职业能力考核规范。根据《关于征集 2022 年职业技能标准和专项职业能力考核规范开发项目及开发单位的通知》要求，面向各市、县（市、区）征集职业技能标准和专项职业能力考核规范开发项目及开发单位。截至 12 月底，共开展专项职业能力考核 23.66 万人次，发证 21.34 万人次，其中已考核乡村类的专项职业能力 12.73 万人次，发证 11.88 万人次。

【职业资格鉴定】 2022 年 5 月，印发《关于调

整 2022 年目录内职业资格全省统一鉴定补考时间的通知》(浙技评〔2022〕12 号),平稳收官职业资格鉴定。完成职业资格全省统一鉴定补考,涉及保安员、焊工 2 个目录内职业,共计 265 名考生,其中保安员 211 人、焊工 54 人。

【技能人才评价资源】 2022 年,"民宿管家"被列入 2022 年第一批新职业公示。4 月,发布《关于公布技能人才评价题库资源目录的通知》(浙技评〔2022〕10 号)。6 月,印发《关于公开征集 2022—2023 年技能人才评价省级题库开发单位的通知》,公开征集了 75 个职业题库的开发单位,已建成题库 229 个,包含国家题库 113 个、省级题库 100 个与专项考核题库 16 个;在建题库 26 个。9 月,印发《关于公布我省首批技能人才评价专家培养基地和培养职业的名称》,遴选公布 54 家首批技能人才评价专家培养基地,举办考评员、质量督导员培训班 113 期,培训学员 3752 人。开展全省高技能人才研修班 22 期,培训学员 1314 人。

【技工院校设立】 2022 年,新增设立宁波市镇海区技工学校、宁波知行技工学校、宁波第三技工学校、温州市才华技工学校有限公司、嘉善技工学校。

【技工院校综合管理】 2022 年 3 月,省委办公厅、省政府办公厅印发了《关于实施技工教育提质增量行动的意见》(浙委办发〔2022〕20 号);4 月,联合省财政厅印发《〈浙江省一流技师学院建设项目实施办法〉和〈浙江省技工院校省级高水平专业群建设项目实施办法〉的通知》(浙人社发〔2022〕17 号),遴选建设 10 所一流

技师学院和 69 个高水平专业群,"十四五"期间,省级财政每年拟投入 2.98 亿元,地方拟投入配套建设资金超 200 亿元;印发《浙江省技工院校教学管理办法》(浙人社发〔2022〕29 号)《浙江省技工院校专业建设管理办法(试行)》(浙人社发〔2022〕31 号)等 7 项制度,夯实技工教育发展基础。6 月,联合省财政厅、省教育厅印发《浙江省省属公办技师学院机构编制管理标准》(编办发〔2022〕18 号),在省属技师学院实施报备员额制管理,为 5 家单位增加编制 1600 余个。

【技工院校教研教改】 2022 年,发布《2021 年浙江省技工教研发展报告》;组织开展全省技工院校教研教改活动 40 余次;组织全省技工院校举办"立德树人、数学素养、网站设计与开发、餐旅专业教师职业能力、机械创新设计与制造、走进亚运英语、新能源汽车检测与维修、中式烹饪师生同台竞技、建筑信息模型(BIM)技术应用、会计、数控车工、增材制造设备操作、数控铣、机器人系统集成"等各类技能项目竞赛和成果展示;开展企业研修课题典型案例征集评选活动;对已授牌创新示范工作室开展实地复评;全省技工院校教学业务重点课题立项 39 个,一般课题立项 110 个,其中 18 个课题获 2022 年厅科研项目立项,重点课题通过结题 28 个,一般课题通过结题 91 个;组织技工院校申报国家工学一体化建设项目、参加专题培训、牵头编制课标开发方案,13 所学校成为全国技工院校工学一体化第一阶段建设院校,3 所院校成为全国技工院校工学一体化教师培训基地,6 所院校牵头开发 10 个专业工学一体化课程标准和课程设置方案。

【技工院校教学教材管理】 2022年，为全省398个新设专业、1156份教学计划备案；为3万余名毕业生验印发证；完成第二批11所"思政课建设引领校"的综合评定；开展教学工作检查；评选全省第四批技工院校省级专业（学科）带头人；开展省级规划教材遴选和教材编写需求征集；开展"走进亚运"志愿者英语校本教材评选活动。

【技工院校师资队伍建设】 2022年，部署《浙江省任教三十年教师荣誉证书》颁发工作，共有137名教师获得该荣誉证书。举办全省技工院校高质量发展暨校长高级研修班，来自全省以及新疆阿克苏地区的80余名技工院校校长参加研修；举办浙江省技工院校智能制造学科专题研修班。

（朱双双　石越航　蒋　燕）

事业单位人事管理

【事业单位人事管理】 2022年6月，完成2021年度全省事业单位人员年报数据统计上报工作。9月，完成县以下事业单位管理岗位职员等级首批人员晋升备案共1.4万人。12月，协助浙江省地质院完成地质勘查事业单位事企分离改革人员分流安置工作。同月，顺利完成亚运会涉及事业单位人事管理方面的前期筹备工作。

【事业单位岗位管理】 2022年8月，会同省审计厅出台《关于加强审计事业单位专业技术岗位结构比例动态调控的通知》。会同教育厅做好中小学正高级教师评聘工作，组织开展中小学正高级教师专业技术二级、三级岗位聘任，

聘任二级岗26人，评聘正高级教师272名。及时做好省属事业单位清理规范整合后的人员转隶和岗位设置方案变更备案工作。批复69家省属事业单位岗位设置方案，核准备案岗位变动4758人次，办理4个部门21家事业单位人员转隶136人次，备案142家事业单位定期个人嘉奖1962人。办理省属事业单位人员调动手续373人次。

【事业单位公开招聘】 2022年，为全省定向培养乡镇农业技术人员108名、乡镇文化员50名、基层卫生人才1900名。审核省属事业单位公开招聘方案323批次，审核备案省属事业单位通过公开招聘渠道新聘4340人。全省发布事业单位招聘岗位60563个，其中限招高校毕业生的岗位18928个，未限招但向高校毕业生开放应聘的岗位29522个，实际招聘到位人数46256人，其中高校毕业生22140人，占比约47.9%。制定我省面向西藏、新疆籍少数民族高校毕业生定向招聘方案。

【疫情防控】 2022年，开展疫情防控表现突出人员及时奖励工作，全省事业单位集体嘉奖3个，个人嘉奖114人次；落实一线医务人员优先晋升专业技术岗位激励政策，一线医务人员优先晋升184人次。

（熊拥政）

工资福利

【收入分配改革】 2022年，根据《人力资源社会保障部 财政部 国家卫生健康委 国家医保局 国家中医药局关于深化公立医院薪酬制度改革

的指导意见》精神，省人力社保厅会同省财政厅、省卫生健康委、省医保局、省中医药局开展全省公立医院调研，通过充分调查研究、全面数据分析、多次征求意见，研究起草了我省深化公立医院薪酬制度改革的具体实施意见，并开展了政策风险评估、征求了社会意见。为支持省属事业性质文艺院团发展，会同省财政厅、省文化和旅游厅出台了《关于印发〈省属事业性质文艺院团薪酬制度改革方案（试行）〉的通知》（浙人社发〔2022〕73号），试行"绩效工资总量+X项目"管理模式。为深入研究我省高校和科研院所薪酬制度情况，会同省财政厅、省教育厅、省科技厅对全省高校和科研院所绩效工资实施情况开展调研，起草了有关调研材料。

【工资标准调整】 2022年，根据国家统一部署，调整了全省事业单位工作人员和机关工勤人员的基本工资标准，同步调整了离休人员基本离休费。根据国家下发的调整体育运动员津贴标准、交通部和自然资源部所属水上作业事业单位船员和潜水员工资标准、野外地质勘探队和测绘地理信息系统测绘队工作人员工资标准等文件，省人力社保厅会同相关主管部门出台了贯彻落实文件。根据国家规范公务员津补贴的要求，配合省委组织部、省财政厅完成规范公务员津补贴工作，同步部署调整了省直机关工人和省属公益一类事业单位工作人员基础绩效奖、年度绩效奖的标准，部署调整了省直事业单位离休人员补贴标准，并统筹研究全省义务教育教师等事业单位工作人员待遇保障问题。

【抗疫一线待遇保障政策口径】 2022年，为关心关爱抗疫一线医务人员，省人力社保厅会同省财政厅、省卫健委下发了《关于进一步做好新冠肺炎疫情防治一线医务人员待遇保障的政策口径》，明确参加省内外抗疫工作的医务人员发放临时性工作补助、相关人员发放临时生活补助以及发放卫生防疫津贴等相关政策，争取了财政资金支持，所需经费纳入各级财政负担，确保待遇落到实处。在疫情防控重点从"防感染"转到"保健康、防重症"的阶段，省人力社保厅参与起草了《浙江省新冠肺炎疫情防控工作领导小组办公室关于进一步落实关心关爱医务人员激励保障政策的通知》，对医疗卫生机构和疾病预防控制机构参与医疗救治及疫情防控任务的情况及时核增一次性绩效工资总量。

【表彰奖励】 2022年，出台《浙江省功勋荣誉表彰工作领导小组关于做好国家级和省部级表彰奖励获得者享受待遇资格认定工作的通知（试行）》，明确各项待遇资格认定的责任部门。省人力社保厅协同省委宣传部印发《关于进一步规范提升"最美浙江人"选树宣传工作的实施意见（意见）》，在全国率先对最美系列活动出台规范管理制度。组织开展全省评比达标表彰项目的申报审批工作。

（胡晓高）

省级单位工资统发管理

【概况】 2022年，为了确保工资数据归集的及时性、完整性，2022年，联合7部门制定出台了《关于进一步加强事业单位工资数据管理应用工作的通知》（浙人社发〔2022〕80号），在推进工资数据全归集、强化工资数据协同应用、加强工资数据考核抽查、严格工资数据监督管理等四个方面提出了明确要求。

【省直机关工资统发】 截至2022年12月，省直机关单位169家，工资发放人数1.13万人。2022年度五年晋级1762人，两年晋档9090人，职务职级晋升2798人，新增892人，减少998人。

【省属事业单位工资管理】 截至2022年12月，省属事业单位工资信息化管理378家，职工人数8.57万人。基础性绩效工资执行类别为：执行财政全额补助标准事业单位161家，执行一类基础性绩效工资标准单位10家，执行二类基础性绩效工资标准单位144家，执行三类基础性绩效工资标准单位21家，自主分配单位42家。其中，财政适当补助单位344家、经费自理单位34家。

（王君兰）

劳动关系

【"和谐同行"三年行动计划】 2022年，持续推进"和谐同行"三年行动计划，开展企业用工体检服务，推进劳动关系协调员队伍建设，为劳动关系和谐奠定坚实基础。截至年底，全省共有全国模范劳动关系和谐企业80家、和谐园区6个，省级劳动关系和谐企业875家、和谐园区65个。

【风险监测预警】 2022年10月，出台《浙江省劳动关系风险监测预警制度》（浙人社发〔2022〕76号），完善风险台账和重点时段报告制度，健全劳动关系风险防控和重大舆情处置联动机制。

【薪酬调查发布制度】 2022年5月，印发《关于建立和完善企业薪酬调查和信息发布制度的通知》（浙人社发〔2022〕41号）。开展2022年全省企业薪酬调查，涉及18个行业1.5万户企业200万名职工。指导各地市发布年度人力资源市场工资指导价位。12月，我省与上海、江苏人社部门联合发布长三角一体化示范区制造业企业市场工资价位。2021年浙江省非私营和私营单位就业人员加权平均工资89240元。

【工资增长机制】 2022年8月，印发《浙江省技能人才薪酬分配指引》（浙人社发〔2022〕67号），编写技能人才薪酬分配典型案例，指导企业建立技能人才工资分配制度。开展以"健全产业工人薪酬激励机制"为主要内容的集体协商要约行动，推行技术工人专项工资集体协商，促进劳动者薪酬水平合理增长。

【国有企业薪酬调控】 2022年，制定发布国有企业工资指导线，对竞争类、非竞争类企业实行分类调控，加大对非竞争类企业的工资分配管理。

（沈嘉贤）

农民工服务保障

【农民工服务保障】 2022年，印发《浙江省农民工工作领导小组2022年工作要点》（浙农工办发〔2022〕2 号），围绕农民工工作"八个有"目标要求，对实施推进农民工共同富裕"五大工程"作出总体部署，包含 5 方面 22 项工作任务，并制定具体任务清单、责任清单和重点任务指标，协调各市农民工工作议事协调机构、省级各成员单位，抓好各项任务贯彻落实，营造全社会关心关爱农民工的良好氛围，广泛开展"情系农民工 冬季送温暖""送清凉送关爱"等慰问活动，慰问坚守一线的农民工朋友。

【乡村振兴】 2022 年，深入推广"1+3+N（n）"返乡入乡合作创业模式。指导衢州市开展乡村合作创业省地方标准研制工作，形成浙江省地方标准《乡村合作创业管理与服务规范》。印发《2022 年助力推进乡村振兴工作重点任务及分工》，明确 6 方面 22 项重点任务。举办全省人力社保系统返乡入乡合作创业带头人培训班，全省分管乡村振兴工作的负责人近 50 人参加培训。举办首届返乡入乡合作创业大赛暨项目对接会，评出大赛奖项 14 个，达成合作意向 15 项，其中签订合作意向书 12 份。组织开展 2022 年度"1+3+N（n）"返乡入乡合作创业村申报工作，221 个行政村确定为考核优秀单位。开展 2022 年度农民工返乡合作创业成绩突出单位通报表扬工作，26 家单位、企业得到通报表扬。2022 年，省人力社保厅获评全省乡村振兴考核优秀单位。

【发展家庭服务业】 2022 年 1—4 月，督促指导杭州、温州两个中心城市开展家庭服务业调查，做好 2021 年度家庭服务业调查统计数据分析和成果应用工作。7 月 29 日，会同省发展改革委等 4 部门印发《联合会转人力资源社会保障部办公厅等 5 部门关于进一步加强家政劳务品牌建设的通知》（浙人社函〔2022〕61 号），细化家政扶贫政策措施和对接工作机制，助力推进乡村全面振兴。据统计，全省家政劳务品牌 77 个，累计实现营收 141.6 亿元，带动就业 35.4 万人，其中脱贫 10.8 万人。10 月，举办 3 期全省家政服务业高级管理人员研修班，150 名企业经营经理人参加培训，全年培训家政服务人员 5.6 万人次，69 家家政企业开展职业技能等级认定，全年累计评价 10.1 万人次，发放各类证书 8.1 万人次。

【服务保障数字化改革】 2022 年，建设"农民工服务保障在线"，开发"新市民服务、返乡创业服务、家政培训服务及交流园地"等四大服务应用，6 月底在丽水上线。建设"农民工综合信息应用系统"，通过业务信息归集、跨部门信息共享，建成全省农民工基础信息数据库，入库农民工人数 2312 万人，完善入库指标信息，"就业形式、劳动合同签订"等 6 个必填指标，数据完整度达 80% 以上。

【农民工工作督察】 2022 年 7 月，转发国务院农民工工作领导小组关于印发《全国农民工工作督察（含保障农民工工资支付工作考核）工作方案》的通知，组织开展对标自查，高标准迎接督察考核，指导德清县、临海市按要求做好线上访谈工作。

（林 静）

劳动保障监察

【概况】 2022 年，全省共检查用人单位 9.79

万家，涉及劳动者287.12万人。线上接受工资纠纷线索24.50万件，其中全国根治欠薪线索反映平台接受12.87万件，省劳动纠纷一体化平台接受11.63万件。线下立案办结各类劳动保障违法案件1601件，协调处理各类案件21257件，其中，立案办结工资类案件1222件，为2.96万名劳动者追发工资等待遇4.80亿元；协调处理工资类案件17096件，为5.60万名劳动者追发工资等待遇8.23亿元。公布重大违法行为139件，其中重大欠薪违法行为111件，纳入失信联合惩戒名单用人单位190个。向公安机关移送欠薪案件244件，其中公安机关立案188件。协调跨区域案件554件（其中外省发来协查60件，发往外省协查494件），办理国务院"互联网＋督查"及中国政府网线索675件、人社部督办网络舆情15件。春节期间快速排查化解恒大房产系统性风险，在全国第一个实现恒大房产项目欠薪风险动态清零。在国务院对省级政府2021年度保障农民工工资支付工作考核中，继续取得考核等级A级的成绩。

【劳动保障监察专项行动】 2022年3—4月，在全省建设领域开展"安薪我先行 服务浙共富"活动，走访施工项目3445个，服务农民工32.44万名，服务施工项目相应的施工企业2501家；座谈、宣讲政策279场次，培训人员32782人次，张贴推广"浙江安薪码"43.2万份，发放相关资料65308份；解答工资专户、保证金制度实施中疑难问题1487个，优化73项（个）办事流程；联动部门218家，共享数据50.34万条，共建机制45项；发现欠薪隐患507起，化解5187名农民工工资6735万元。4—7月，会同教育、公安、市场监管、医保、

税务等6部门在全省组织开展清理整顿人力资源市场秩序专项行动，共出动检查人员9754人次（其中人社部门6560人次，市场监管部门1626人次，其他有关部门1568人次），检查各类中介机构、劳务派遣单位、人力资源服务机构和用工单位13593户次（其中用人单位10014户次，人力资源服务机构3515户次，未经许可和登记擅自从事职业中介活动的组织或者个人64户次）；查处违法案件55件（其中未经许可擅自从事职业中介活动4件，参与签订不实就业协议1件，发布（提供）虚假就业信息2件，发布（提供）含有歧视性内容的就业信息17件，以职业中介或招用人员为名牟取不正当利益或者进行其他违法活动12件，其他25件），责令改正59件，责令退赔劳动者中介服务费、押金或其他费用0.26万元，行政处罚14件、罚款10.98万元，没收违法所得0.558万元，查处未依法报告人力资源服务机构变更情况33件，关闭非法职业中介机构1家。8月至春节前，组织开展根治欠薪冬季专项行动，共检查用人单位5.67万户，涉及职工267.76万人（其中涉及农民工211.13万人）；解决欠薪问题数量40732件，涉及24.35万人24.97亿元；作出行政处理处罚981件，其中责令整改589件，行政处理决定188件，行政处罚决定204件；公布欠薪严重违法单位68户，列入欠薪"黑名单"59件；移送公安涉嫌犯罪欠薪案件106件，其中公安机关立案70件。

【"浙江无欠薪"行动】 2022年1月，组织开展全省统一的欠薪投诉集中接访活动，当天共接受欠薪投诉771起，涉及7887人，其中建设领域494起、加工制造业160起、新业态

23 起，现场解决 418 起，涉及 3590 人 6634 万元。3月，会同有关部门出台《浙江省工程建设领域农民工工资保证金管理实施细则》（人社发〔2022〕13 号）和《浙江省工程建设领域农民工工资专用账户管理实施细则》（浙人社发〔2022〕14 号），健全工资保证金和工资专用账户管理制度，从制度层面提升治理欠薪整体效能。6月，在淳安县开展全省劳动保障监察业务技能大比武暨根治欠薪工作现场会，交流各地劳动保障监察业务，推广淳安"真薪"工作模式。同月，组织开展市级政府保障农民工工资支付工作考核暨"无欠薪"县（市、区）复核，将"无欠薪"建设考核转为动态管理和常态复核。7月，国务院根治拖欠农民工工资工作领导小组对我省保障农民工工资支付工作进行考核，核查组听取了我省根治欠薪工作汇报，并实地检查温州、丽水两地的工程建设项目和部分欠薪线案件。8月，指导在浙央企国企施工企业成立建筑施工企业安薪自治联合体，完善欠薪纠纷自解、源头治理自管和问题线索自查等自治制度建设。11月，在台州市椒江区举办劳动保障监察师资培训班暨根治欠薪工作观摩交流会，提升建设领域根治欠薪欠薪治理长效机制落实质量和实施标准。同月，对全省 30 个欠薪问题较突出、风险较大的县（市、区）政府分管领导进行了约谈提醒。12月，组织各县（市、区）开展部门联合集中接访活动，全省共接访 1969 起，涉及 7910 人 1.51 亿元，其中当场处置 1520 起，为 5931 名劳动者解决工资纠纷 1.01 亿元。同月，省政府召开全省根治欠薪工作电视电话会议，通报全省根治欠薪工作情况，分析形势和任务，研究部署 2023 年元旦春节期间保障农民工工资支付工作。会后，又召开省根治欠薪工作领导小组主要成员单位联络员会议，分解相关工作任务。

【数字化改革】 2022 年，持续迭代升级"安薪在线"应用场景，开发"浙里和谐劳动关系在线、工资保证金管理、劳务派遣监管在线"等嵌入式应用，推广应用"浙江安薪码"，优化"安薪指数"测评体系，同时指导各地开展数改应用场景试点工作，为和谐劳动关系提供数字支撑。强化部门数据归集和业务协同，开展与人社部智慧监察信息系统、省综合执法业务系统、省公安厅行刑衔接系统的对接。开展企业用工登记（书面审查）一件事集成改革，为构建源头综合治理机制赋能加力。

【信用体系建设】 2022 年，落实人社部《拖欠农民工工资失信联合惩戒对象名单管理暂行办法》，完善失信联合惩戒机制。每季度向社会公布重大劳动保障违法行为和拖欠工资失信联合惩戒对象名单，在《浙江日报》等省级媒体上公开曝光重大劳动保障违法典型案例 7 件、拖欠农民工工资失信联合惩戒对象名单 43 件。在数字人社工作台上线"拖欠农民工工资失信联合惩戒对象名单管理"模块，指导各地抓好落实。

【执法体制改革】 2022 年，深化"大综合一体化"行政执法改革，指导市、县快速推进"一处（科）一中心"监管组织架构建设。加强基层人社治理能力现代化改革，贯通数改应用，构建"三员两群"（劳动保障督导员、劳动保障管理员、劳动关系协调员和微信群、钉钉群）基层人社治理网络。

（徐 迟）

调解仲裁

【概况】 2022年，全省各级劳动人事争议仲裁委员会及基层调解组织受理案件17.2万件，涉及劳动者18.9万人，当期结案金额45.4亿元；案外受理劳动人事争议案件8万件，涉及劳动者人数8.5万人，调解成功率88%，完成省政府设定的年度考核目标，当期结案金额19.5亿元；立案受理劳动人事争议案件9.2万件，涉及劳动者10.4万人，仲裁结案率95%，完成省政府设定的年度考核目标，当期结案金额25.9亿元。

【调解组织和仲裁机构建设】 截至2022年底，全省已建立乡镇（街道）基层调解组织1357个，配备调解员3076人；建立企业调解组织3.5万家，配备专兼职调解员6.5万人。全省共有劳动人事争议仲裁委员会106家，劳动人事争议仲裁院102家，独立办公81家；全省共有仲裁庭244个，其中标准庭164个。在乡镇（街道）、工会等设立仲裁派出庭208个。仲裁院实际在岗在编专职仲裁员569人，辅助人员303人；兼职仲裁员1420人。2022年，共开展培训190次，培训人员16220人次。全省各级仲裁委员会均设立法律援助工作站，为9133名（含7513名农民工）符合条件的劳动者提供法律援助，涉及经济标的3.2亿元。

【体制机制创新】 2022年1月，出台《关于开展劳动人事争议仲裁标准化建设的通知》（浙人社发〔2022〕1号），推动全省各地组织实施劳动人事争议仲裁标准，提升全省劳动人事争议仲裁标准化水平。5月，会同省财政厅出台《关于规范劳动人事调解仲裁办案补助的通知》（浙人社发〔2022〕36号），进一步明确并提高了兼职仲裁员、调解员和办案辅助人员的补助标准。6月，出台《浙江省劳动人事争议仲裁证据规则》（浙劳人仲〔2022〕2号），保证全省各级劳动人事争议仲裁委员会能够依法依规正确认定案件事实，公正、及时审理劳动人事争议案件，保障当事人依法行使仲裁权利。

【数字化改革】 2022年，持续开展"智慧仲裁"应用项目建设，完成"法律文书邮政一键达、智能辅策、智能预警、智能治理"应用场景，迭代升级"在线庭审"和"视频调解"功能。完善调解员仲裁员管理系统，实现调解员仲裁员证件申领、业务培训智能化管理功能。全省共处理网络调解仲裁案件4.7万件，审结金额10.2亿元，网络办案率达到47.8%。

（常 宽）

政策法规

【政务服务】 2022年，出台《全省人力社保系统依申请政务服务事项指导目录（2022年版）》《2022年全省人力社保系统新增和迭代"一件事"清单》《全省人力社保系统政务服务事项管理办法》，动态更新事项目录，迭代升级"一件事"清单，强化全省系统政务服务全流程常态化监管。全面推进人社180项政务服务2.0事项应用，人社服务便利化、智能化、一体化水平大幅提升。牵头开展《银行办理社保经办业务服务规范》国家标准研制，推动提升社银合作标准层次，在全国标准研制工作启动会上作典型发言，承办国家标准研制各省座谈会，工作成效获得部社保中心充分肯定。

【立法调研】 2022年，推进地方性法规制定与修改。配合省人大常委会修改《浙江省失业保险条例》，出台《浙江省推进长三角区域社会保障卡一卡通规定》。配合做好《就业促进法》执法检查。制定失业保险省级统筹方案，推进《浙江省社会保险基金监督条例》立法调研，不断健全人力社保法规体系。

【行政争议】 2022年，印发《浙江省人力资源和社会保障系统行政争议指引》，开展系统培训，召开行政争议热点难点问题研讨会，提升全省系统预防化解行政争议能力。参加省复议局受理的行政复议案件8件，审结7件，复议机关均依法维持了省人力社保厅的具体行政行为。参加行政应诉案件7件，已经审结6件，省人力社保厅胜诉率为100%。在全省系统推广"政策监管"数字化应用，形成行政规范性文件起草、意见征求、合法性审核、执行情况监督以及执行后评估全流程监管。

【规范性文件管理】 2022年，继续强化规范性文件监督管理，对厅现行有效政策文件进行起底式全面清理，共梳理各类政策文件1589件，决定废止失效行政规范性文件36件，修改行政规范性文件4件。对2022年度制发的19件行政规范性文件和重大行政决策进行合法性审查，对2021年度制发的17件行政规范性文件开展后评估。

【法制宣传和普法活动】 2022年，印发《浙江省人力资源和社会保障系统法治宣传教育第八

个五年规划（2021—2025年）》，深入开展"千名青年仲裁员志愿者联系万家企业""调解仲裁进企业（社区）"等系列活动，组织开展2022年度全省系统窗口单位业务技能练兵比武、全省劳动人事争议仲裁员练兵比武及全省劳动保障监察业务技能大比武等活动，为法治浙江建设和我省人力资源和社会保障事业高质量发展营造良好法治环境。

（潘　剑）

规划财务和综合计划

【综合统计】 2022年2月，印发《关于2021年度全省人社系统绩效考评情况的通报》（浙人社发〔2022〕7号）。6月，印发《关于贯彻落实〈关于更加有效发挥统计监督职能作用的意见〉工作方案》（浙人社函〔2022〕47号）。7月，印发《2022年度浙江省人社系统绩效考核评价办法》（浙人社发〔2022〕55号）；编制发布《2021年浙江省人力资源和社会保障事业发展统计公报》。

【标准化工作】 2022年2月，印发《关于公布2022年人社标准研制试点项目和试点地区的通知》。3月，印发《浙江省人社领域基本公共服务标准化试点工作方案》（浙人社发〔2022〕18号）。4月，省市场监管局下达2022年第一批浙江省地方标准制修订计划，《基层劳动人事争议调解服务规范》《"一件事"退休退职联办服务规范》两项省级地方标准立项。6月，会同省市场监管局召开人社领域省级地方标准专场评审会。7月，省市场监管局下达2022年第三批浙江省地方标准制修订计划，《社会保障卡经办服务规范》等8项省级地方标准立项。9月，省人

社领域基本公共服务标准化试点工作领导小组办公室印发《浙江省社银合作承接人社政务服务（"社银通"）标准体系》。12月，上海、江苏、浙江、安徽市场监管局联合下达2022年第二批长三角区域统一地方标准制修订计划，《劳动争议联合调解和协同仲裁服务规范》长三角标准立项。

【财务审计】 2022年3月，印发《浙江省人力资源和社会保障厅机关财务管理办法》（浙人社办发〔2022〕10号）。4月，联合省财政厅下发《关于下达2022年第二批人力社保专项资金的通知》（浙财社〔2022〕19号），明确各地市2022年人力社保专项资金分配金额。6月，印发《浙江省人力资源和社会保障厅内部审计工作规定》（浙人社发〔2022〕34号）、《浙江省人力资源和社会保障厅2022年内部审计工作计划》（浙人社函〔2022〕48号）。11月，联合省财政厅下发《关于提前下达2023年人力社保专项资金的通知》（浙财社〔2022〕90号）。

【内控建设】 2022年2月，印发《关于成立浙江省人力资源和社会保障厅内部控制建设领导小组的通知》《浙江省人力资源和社会保障厅部门预算管理办法（试行）》，修订《浙江省人力资源和社会保障厅电子政务项目建设管理办法》。3月，印发《浙江省人力资源和社会保障厅机关合同管理办法（试行）》《浙江省人力资源和社会保障厅机关政府采购管理办法（试行）》，修订《浙江省人力资源和社会保障厅固定资产管理办法》《浙江省人力资源和社会保障厅财务审核小组工作规则》《浙江省人力资源和社会保障厅机关财务管理办法》《浙江省人力资源和社会

保障厅厅属事业单位财务管理办法》。4月，编制《厅内部控制制度汇编》第一册。6月，印发《浙江省人力资源和社会保障厅机关基层党组织财政资金开支党建活动经费管理办法（试行）》，修订《浙江省人力资源和社会保障厅"三重一大"事项决策办法》《浙江省人力资源和社会保障厅干部教育培训管理办法》《浙江省人力资源和社会保障厅内部审计工作规定》《浙江省人力资源和社会保障厅银行账户和公款竞争性存放管理办法》。7月，修订《浙江省人力资源和社会保障厅因公临时出国（境）管理办法》《浙江省人力资源和社会保障厅国内公务接待管理办法》。10月，编制《厅内部控制制度汇编》第二册。

【长三角社会保障卡居民服务"一卡通"】 2022年3月，印发《2022年长三角社会保障卡居民服务"一卡通"工作方案》。4月，印发《扎实推进2022年长三角社会保障卡居民服务"一卡通"工作任务的通知》。10月1日，正式施行《浙江省推进长三角区域社会保障卡居民服务一卡通规定》。2022年，实现37个居民服务事项长三角一卡通用。

（王　帆）

宣传和电话咨询

【概况】 2022年，继续围绕"一网站、一杂志、一热线、一发布"加强厅四大宣传阵地建设。全年完成《浙江人社》杂志12期编辑发行；在新媒体平台"浙江人社"发布信息953条次，融媒宣传平台推送各类宣传品158个；在《人民日报》《中国组织人事报》《中国劳动保障报》《浙

江日报》以及浙江卫视、浙江发布等6家省级以上主流媒体上共刊发全省新闻宣传稿件860篇，其中厅本级稿件89篇。加强涉浙人社领域网络舆情监测、研判和处置，全省人社系统网络舆情总体平稳。

2022年，我省新闻宣传工作得到了人社部的充分肯定，被通报表扬。

【主题宣传】 印发《2022年全省人力资源和社会保障宣传工作要点》，明确全年宣传工作任务清单。围绕迎接宣传贯彻党的二十大工作主线、省第十五次党代会，聚焦高质量发展建设共同富裕示范区，依托"浙江人社"宣传平台，开辟"人社干部热议习近平总书记关于劳动保障重要文章、学习贯彻党的二十大精神、学习贯彻省党代会精神、共同富裕看人社、共富人社路、奋斗新时代、就业创业在浙江、技能浙江行动"等专栏，展现人社部门奋发有为新气象。聚焦"返岗复工、高质量就业创业体系、稳就业惠民生攻坚行动、社会保障卡居民服务一卡通、2022年世界技能大赛特别赛、首届返乡入乡合作创业大赛、个人养老金"等人社重点工作开展"一事一宣传"。开设"我在窗口写青春、有技能好就业、浙里安康、无奋斗不青春"等栏目开展特色宣传、典型宣传。围绕"阶段性缓缴企业社保费政策、高校毕业生就业创业、失业保险、个人养老金"等人社领域群众关心关注的政策，开设"浙里安康、融媒"等专题，创新运用生动活泼、简明易懂的图文解说、视听媒体等形式，做好人社政策解读宣传。

协调中央和我省主流新闻媒体采访，就社会公众关注的热点问题和有关政策进行解读，及时主动发布新闻通稿。策同新蓝网在"浙江

人社"微信公众号开展"2022年全国和谐劳动关系创建示范单位巡回演讲·浙江站"在线直播宣传活动，展现浙江和谐劳动关系创建的实践和经验，在线观看人数超100万人。

【新闻发布】 2022年1月17日，厅党组书记、厅长吴伟斌在浙江省十三届人大六次会议"厅（局）长通道"介绍我省推进高质量就业情况，并在接受媒体集中采访时表示，构建共富型高质量就业体系，让尊重劳动、劳动光荣成为社会风尚。5月，印发《浙江省人力资源和社会保障厅新闻发布工作细则》，推进我厅新闻发布工作规范化、专业化、制度化建设。5月12日，厅党组成员、副厅长、新闻发言人毛鹏岳出席省政府《关于进一步减负纾困助力中小微企业发展的若干意见》政策吹风会，介绍失业保险支持稳岗位、防失业方面的政策举措以及养老保险费缓缴政策具体规定，并回答记者提问。9月15日，厅党组成员、副厅长、新闻发言人毛鹏岳赴上海参加长三角生态绿色一体化发展示范区两省一市人民政府《关于进一步支持示范区高质量发展的若干政策措施》新闻发布会，并回答记者提问。9月20日，厅党组成员、副厅长、新闻发言人毛鹏岳参加《有请发言人》栏目"闪亮'浙'十年 迈步新征程"主题节目录制，围绕"夯实民生之基，托牢安康之底"，介绍浙江人社领域相关工作的经验做法。11月7日，厅党组副书记、副厅长、一级巡视员刘国富出席第46届世界技能大赛特别赛金牌获得者欢迎仪式和媒体见面会。

【网络舆情】 2022年，继续加强舆情监测管理，建立人社重大舆情应对处置机制，依托

"网络舆情信息管理系统",不断提高省、市、县(区)三级舆情信息全流程响应和联动处置效能。强化舆情研判分析,定期编制舆情月报、年报,遇重大政策出台视情实行不定期专报,特重大舆情实行特事特报。春节、五一、国庆及重大活动期间实行网络舆情工作分级响应。2022年共交办处置网络舆情预警信息6689条,编写月报12期,专报17期。

【电话咨询】 2022年,根据人力资源社会保障部12333应急服务能力建设精神,省本级12333专线开通远端电话坐席云接听功能。全年省本级12333专线来电总量20.4万个,群众满意度达99%。处理省"民呼我为"平台人社来信9436件,办结率100%。接听省级劳动保障监察维权电话2743个。

【队伍建设】 年初,杂志编辑部约请各地市人社部门33名主要领导,畅谈本地区年度宣传工作的新思路、新目标、新举措。9月,在杭州举办全省人社系统新时代新闻宣传培训班。

(高 捷)

信息化建设

【人社数字化改革】 2022年,继续做好全厅人社业务数字化改革和运维保障服务工作。一是采用"1(综合性模块)+X(条线应用)"模式,在浙政钉平台建设"掌上人社",完善浙江政务服务网和"浙里办"APP"浙里人社"服务专区;迭代省一体化业务经办平台,完成养老保险全国统筹系统建设,完成职业年金8个事项"跨省通办"改造;迭代"人力社保大脑",完成个

人灵活就业、社保医保参保、退休等"一件事"改造;完成"数字内控系统和驾驶舱"开发,实时监测全省就业资金、职业技能资金使用情况,及时预警、处置疑点数据;建立健全IRS平台管理机制,编写管理手册,专人负责日常管理工作;二是建立健全政务服务"一网通办"运行问题、2.0工单问题处理机制,确保问题及时解决;三是完成人社信息化便民服务创新提升行动工作,每季度、每半年向部里报送工作进展情况和工作调度表。

【社保卡"一卡通"建设】 2022年4月30日,我省被国务院办公厅列为"社会保障卡居民服务一卡通"试点省份,根据要求,省人力社保厅以"便民、利民、惠民"为目标,圆满完成国务院办公厅试点任务。主要完成:印发《2022年社会保障卡建设工作实施方案》《浙江省社会保障卡监督管理办法(试行)》《2022年浙江省社会保障卡居民服务"一卡通"专班工作方案》;起草《浙江省社会保障卡"一卡通"经办服务规范》《社会保障卡应用场景建设与接入规范》两项省级地方标准,完成前者的立项工作;制定试点工作实施方案,在丽水、嘉善开展"长三角敬老通、居家养老一卡通"试点,围绕"就医购药、体检护理、社区生活、补贴领取、出行游玩"等需求打造应用场景;组织全省开展互查,确保各项任务落实落地;在全省范围实现社会保障卡银行账户同号换卡,宁波市试点实现同号换卡立等可取;在"数字政府第21次例会、全国社保卡和基础信息管理培训班、长三角生态绿色一体化发展示范区建设三周年工作现场会"上做典型发言。截至2022年底,全省实体社保卡持卡人达到6223万,其中

第三代社保卡持卡人 2097 万，电子社保卡持卡人 4406 万，电子卡人口覆盖率达 70.8%，实现 154 个居民服务事项一卡通用。

【重点业务系统建设】 2022 年，继续推进省级数据中心、系统省级集中、应用系统上云等工作，完成"就业创业、社会保险、人事人才、劳动关系"一体化业务经办平台改造。完成人社部企业职工基本养老保险全国统筹系统建设工作，于 5 月 16 日全面切换上线；提升社保信息系统风控"技防"水平，业务全流程、全规则进系统，对查出的 20 处风险点和薄弱环节逐条整改；完成就业信息系统业务免申直享功能开发，完成与人社部失业保险关系跨省转移接续平台、失业金超期未确认和超期预警接口的对接；建成浙江省流动人员人事档案管理服务平台，实现流动人员人事档案各项公共服务网上办、掌上办、一证通办、全省通办、一件事联办；迭代职业能力建设信息管理服务系统，打通职业资格数据、证书在政府间的横向壁垒，促进服务向基层纵向延伸。

【网络安全体系建设】 2022 年，持续推进"制防、技防、人防"三大网络安全体系建设，不断提升全省人社网络安全防御和应急处置能力。完成国家有关部门组织的网络安全攻防演练，组织全省人社系统开展网络安全攻防演练；完成省人力社保厅信息系统等级保护测评工作，测评结果均为良好；组织开展全省网络和数据安全自查、现场检查，对发现的 169 个风险点进行集中整改；做好开发运维合作企业安全管理，每季度进行检查整改，印发信息中心项目考核管理办法和第三方驻场人员管理办法，加强项目执行进度、质量考核及驻场人员日常管理；对新上线系统进行代码审计和渗透测试，对已上线系统每月开展漏洞轮巡扫描；对 1183 台终端进行监测和定期扫描，发现并处理 1210 起安全风险；组织召开专题视频会议，进行数据安全技术培训、网络和数据安全工作部署，落实信息系统和网络风险隐患常态化监测预警和处置清零，做好重大活动期间 24 小时值班值守和应急处置。

（王　津）

人才、人事教育培训

【中高层次人才教育培训】 2022 年，继续加强我省中高层次专业技术人才队伍建设。一是中高层次专业技术人才培养。依托高研班平台，围绕"高质量发展、共同富裕、制造强国建设"等重大战略，推进"三大科创高地"建设，推动产学研深度融合，遴选确定省级高级研修班 118 期，获批国家级高研班 6 期，累计培训中高层次专技人才 1 万余名。其中"互联网+"、生命健康、新材料方向 30 期，培训高层次紧缺和骨干人才 1800 余名。二是现代服务业高端人才培养。持续深化现代服务业高端人才培养，助推我省服务业高质量发展。举办省级现代服务业高级研修班，在全省共 76 期申报项目中遴选出 25 期立项项目，下发《关于公布 2022 年度省级现代服务业高级研修班计划的通知》（浙人社办发〔2022〕17 号），年内培训学员 1430 人，行业覆盖现代服务业全领域。三是本土人才国际化培养。持续推进我省本土人才国际化培养工作，助力打造浙江"重要窗口"。搭建本土人才国际化培养系统构架，与省国资委联合出台《关于加强涉海涉港人才国际化培养提升建设世界一流强港新能力的实施意见》（浙国资企领〔2021〕1号），联合举办国内境外班及出国培训班各1期，培训学员分别为30人、26人。与省商务厅联合出台《关于加强高素质商务人才培养提升商务高质量发展新能力的实施意见》（浙商务联发〔2021〕117号），联合举办数字贸易领军人才培训班1期，培训学员52人，举办省自贸高级管理人才（国内境外）培训班1期，培养学员33人。四是乡村高层次人才培养。与省农业农村厅等相关厅局和行业主管部门联合出台《关于加强乡村高层次人才培养 激发乡村全面振兴新动能的实施意见》（浙农人发〔2022〕28号），不断夯实乡村振兴的高质量人才支撑。五是人力资源服务业高端人才培养。开展人力资源服务业高端人才培养工作，助推高质量发展共同富裕示范区建设。按照我厅梳理申报人社领域推进高质量发展建设共同富裕示范区重点任务、重大改革项目要求，积极申报人力资源服务业高端人才培养项目，引领带动我省人力资源服务业高质量发展。计划利用3年时间，紧抓人力资源产业变革方向，突出专业性、前瞻性和应用性，培养1500名人力资源服务业高端人才。举办人力资源服务业领军人才及高端人才培训班各1期，分别培养学员50名、26名。

【干部人事教育培训】 2022年，继续开展全省干部人事教育培训工作。举办"全省人力社保系统局长培训班"1期，培训学员49人。协助省委组织部开展领导干部网络学院教学，做好机关分院17000余名学员咨询答疑及督学促学工作；完成2022年省直机关公务员学法用法网络培训；协助完成2022年省直机关处级干部学习贯彻省第十五次党代会精神专题班实施工作，合计参训9616人；协助省退役军人事务厅开展2022年度省部属单位军转干部线上培训工作，参训学员40人；协助省司法厅开展2022年度省直单位公务员以宪法为主题的法律知识学习考试，合计参训12569人。举办"省直事业单位负责人培训班"1期，培训学员41人。

【数字化改革】 2022年，完善专业技术人员继续教育管理系统功能。按厅数字化改革工作部署，推进专技继续教育学时管理系统页面改版。继续推进各市数据省集中和各行业学时数据共享工作，重点完成教育、卫生系统数据共享，累计归集专技人员继续教育学时数据9500多万条，在库专技人员数量已达276万人，分别比2021年末增加3000万条，65万人。做好专技人才移动端继续教育相关工作。一方面更新学时系统一般公需科目和经济专业科目课件，免费提供省内专业技术人才网络学习使用，2022年度累计168万余人次参加免费课件在线学习。另一方面对提供移动端学习的平台课件进行审核备案，年初完成2021年度移动端学习平台数据核查工作，抽查学习轨迹1万余条。完成2022年度移动端平台课件备案审核工作，累计审核课件500余件，完成5187人次在线学习。

（韩凯军）

对口支援和结对帮扶

【劳务协作】 2022年，继续深化我省人社领域东西部协作，把东西部劳务协作、提升外来务工人员特别是脱贫人口就业质量纳入省人力社保厅推进高质量发展建设共同富裕示范区中统一谋划、同步推进。深化"十省百市千县"省际劳务合作，2022年省市县三级与劳务输出省份签订协议224份。引导企业大力开发不讲学历、不讲技能、不讲年龄的爱心岗位3.58万个，确保底薪4500元以上。赴吉林开展省际劳务协作专项行动。组织部分地市就业部门和1900多家企业参与，提供就业岗位7万余个。截至2022年底，在浙务工的省外劳动力达2216万人，在浙脱贫人口达230万人，规模稳中有升。

【对口支援】 2022年，全年东西部劳务协作信息平台在线展示省内6.6万家企业182.18万个岗位，收集更新中西部院校信息526家。组织省内高水平技师学院对口支援新疆、西藏地区技工院校，全年共选派2名教师参与援藏，2名教师参与援疆。

【结对帮扶】 2022年，组织开展浙江省山区26县"共同富裕"招聘会，组织企业334家，提供岗位1万余个。两次在云和县召开省级结对帮扶云和团组工作会议，开展部门交流、研究部署工作，明确年度12项重点帮扶任务清单，协调推进各成员单位全方位、多领域开展结对帮扶，取得明显成效。承办云和县"美丽乡村·共同富裕"干部能力提升培训班1期，共50名乡村干部、行业领头人及乡贤参训。我厅获评2022年度结对帮扶先进单位。

（吕　丹　刘真真　林　静）

科学研究

【课题研究】 2022年，聚焦共同富裕示范区建设中的高质量就业、社保、人才三大支撑，会同厅相关处室（单位）开展高质量就业创业体系构建、共富型大社保体系建设、事业单位绩效工资制度改革、普惠性人力资本提升、事业单位干部队伍系统性重塑、企业薪酬调查等6项重点课题研究，取得了一批理论研究成果。牵头做好未来五年我省就业和社保领域的重大项目、重大平台、重大政策和重大改革研究；牵头完成省社建委"重点群体扩中提低路径课题"子课题研究报告。完成部人科院2022年度课题立项项目"浙江省高校毕业生就业状况调查研究"。同时，把编发《人力社保内参》作为资政服务的有力抓手抓好抓实，全年共编发内参47期。

【课题立项】 2022年，首次与省社科规划办合作，发布《共富型高质量就业创业体系研究》《技能浙江建设路径研究》《推进山区26县跨越式高质量发展的人力资源战略研究》《新业态从业人员劳动权益保障研究》等4项人力社保专项课题（省级课题）。注重课题申报立项质量把控，在851个申报课题中择优遴选出11个重点课题、207个一般课题为厅年度立项课题。同时做好省社科规划立项课题和厅级立项课题的跟踪管理和成果转化工作。

【科研平台建设】 一是建立特约研究员制度。在高校科研院所、知名企业遴选20名专家学者和实务工作者加入科研"朋友圈"，通过课题研究、联合调研、学术研讨等形式汇集专家智慧，为人力社保事业发展献计献策。二是发挥人力社保学会作用。研究院、人力社保学会共同主办就业创业、社会保障、人才人事、劳动关系

4场专题研讨会，邀请省内外近40位专家为人社工作如何推动我省共同富裕先行和省域现代化先行建言献策。依托学会，在全省范围开展共富背景下人社领域优秀调研报告（论文）征集活动。三是设立院博士后工作站。3月份，获省博士后管委会办公室批准设立博士后工作站，同时制订《浙江省人力资源和社会保障科学研究院博士后工作站暂行管理办法》。

【志书编纂】 完成《浙江人力资源和社会保障年鉴（2022）》编纂工作和《浙江年鉴（2022）》"人力社保卷"相关材料的报送工作。

（黄志萍）

【省级以上荣誉】

1. 国务院2021年度保障农民工工资支付工作考核A等

浙江

2. 浙江省委、省政府2020-2021年度平安浙江建设先进集体

浙江省人力资源和社会保障厅

3. 浙江省委办公厅、省政府办公厅2021年度实施乡村振兴战略实绩考核优秀单位

浙江省人力资源和社会保障厅

4. 人力资源社会保障部2022年世界技能大赛参赛工作突出贡献单位

浙江省人力资源和社会保障厅

5. 人力资源社会保障部2021-2022年度劳动保障新闻宣传工作做得好的单位

浙江省人力资源和社会保障厅

6. 浙江省信访工作领导小组2021年度浙江省信访工作考核优秀单位

浙江省人力资源和社会保障厅

7. 浙江省高质量发展建设共同富裕示范区领导小组办公室浙江省高质量发展建设共同富裕示范区第一批最佳实践

浙江省人力资源和社会保障厅聚焦"扩中""提低"全力打造"浙派工匠"名片做法

8. 第19届亚组委会2021年度杭州亚运会、亚残运会筹办工作突出贡献集体

浙江省人力资源和社会保障厅工资福利和奖励处

9. 人力资源社会保障部人事考试中心2021年度人事考试工作任务考核优秀等次

浙江省社会保险和就业服务中心人事考试院

10. 浙江省委改革办2021年度全省改革突破奖"银奖"

浙江省人力资源和社会保障厅"安薪在线"应用

11. 浙江省数字政府建设服务专班纳入数字政府系统优秀应用案例集（第二批）

浙江省人力资源和社会保障厅居民服务"一卡通"应用

12. 浙江省数字经济系统建设专班办公室2022年度数字经济系统最佳应用

浙江省人力资源和社会保障厅"浙派工匠"

各市工作情况

各市工作情况

杭州市

【城乡就业】 2022年，全年城镇新增就业32.65万人，失业人员实现再就业10.67万人，帮扶就业困难人员实现就业3.16万人。引进毕业一年内大学生193253人，其中本科生102551人，硕士研究生22020人，博士研究生2097人。组织开展就业援助月、"春风行动"、民营企业招聘月、金秋招聘月等公共就业服务专项活动，全市公共就业服务机构举办招聘会908场，3.35万家单位提供61.34万个岗位，促进人力资源供需对接和有效就业。

实施稳就业保就业政策，发挥失业保险稳就业作用。对不裁员或少裁员的参保企业实施失业保险稳岗返还政策，向29.57万个企业返还失业保险费22.56亿元，惠及职工558.50万人。实施就业援助精准服务计划，举办就业援助专场活动138场。

发放各类补贴。包括用工社保补贴、自主创业社保补贴、公益性岗位社保补贴和岗位补贴、灵活就业社保补贴等共计10.76亿元。实施应届毕业生补贴政策。共发放应届毕业生生活补贴6.9万人次5.63亿元、求职创业补贴9205人2761.5万元，新增126家见习基地8579名见习训练大学生见习补贴4350.06万元。

新增市级高质量就业社区（村）100个。在12月制定出台《杭州市人民政府关于推进高质量就业工作的意见》（杭政函〔2022〕81号），紧扣党的二十大"实施就业优先战略"的新任务、新要求，围绕重点人群、市场主体、创新创业三大着力点，实施以帮扶就业困难人员、高校毕业生等重点群体为主体的就业创业政策，构建完善具有杭州特色的高质量就业创业政策体系。

引导创业带动就业。上线"浙里好创业"创业服务综合应用平台，实现一站式创业资源供给。全年发放创业担保贷款15.27亿元，惠及企业2969家，带动就业1.8万余人。举办"钱投·2022杭州创业马拉松"等活动，营造创新创业浓厚氛围。全年资助大学生创业项目971个共计8025.2万元，实现毕业5年内的全日制大学生新创办企业7762家、带动就业1.52万人。启动第八届中国杭州大学生创业大赛，共征集国内外1047所高校4655个项目报名参赛，参赛高校数、项目数分别同比增长127.11%、24.37%。发布全国首个《大学生创业园服务规范》地方标准，认定杭州市大学生创业园（西湖·之江创意园）、杭州市大学生创业园（浙江传媒学院）等 2 家市级大学生创业园；实施创业陪跑品牌化建设，全市 44 家创业陪跑空间统一视觉标识、标准化管理制度和孵化服务台账，全年新认定市级创业陪跑空间 11 家，首期星级评定创业陪跑空间 20 家。杭州市大学生创业园（杭州职业技术学院）、杭州富阳后发创业陪跑空间被省人力社保厅评为第五批省级创业孵化示范基地。就业形势保持稳定。

【社会保险参保情况】 截至 2022 年底，杭州市职工基本养老保险、工伤保险、失业保险参保人数分别达 786.58 万人、712.44 万人、576.29 万人，比上年末分别净增参保 23.03 万人、5.00 万人、12.80 万人，全市基本养老保险参保率 99.6%，基本实现"人人享有社会保障"。

【社会保险政策】 2022 年 1 月起，杭州市企业职工基本养老保险政策落实全国统筹制度要求，统一缴费比例、统一缴费基数、统一计发基数、统一待遇项目、统一待遇调整。11 月，杭州市作为全国 36 个先行试点城市（地区）之一，启动实施为期一年的个人养老金先行试点工作，积极推动多层次养老保险体系建设。有序推进机关事业单位养老保险制度改革，除部队属单位外，剩余原试点参保单位均按规定转企衔接。1 月，市人力社保局会同市邮政管理局明确邮政快递业工伤保险缴费标准、经办管理、待遇处理及工作要求，进一步推动基层快递网点快递员参加工伤保险。至年末，纳入杭州市实行社会化管理的企业退休人员达 180.8 万人。

调整退休人员基本养老金。根据《浙江省人力资源和社会保障厅浙江省财政厅关于 2022 年调整退休人员基本养老金的通知》统一部署，对 2021 年 12 月 31 日前已按国家和省有关规定办理退休、退职手续的人员，从 2022 年 1 月 1 日起调整基本养老金，调整比例为 4%，惠及全市机关企事业退休人员 177 万人，调待金额于 2022 年 7 月底前发放到位。调整城乡居民基本养老保险基础养老金标准，全市统一调整至人均 330 元 / 月，其中，市区每人每月提高 20 元；桐庐县、淳安县、建德市每人每月提高 55 元。

实施社保助企纾困政策。根据国家、省要求实施社会保险费缓缴政策，对 22 个困难行业企业、中小微企业等实施养老保险、失业保险和工伤保险单位缴费缓缴，惠及企业 4318 家，缓缴金额 12.77 亿元。经国家批准，企业养老保险 2022 年度单位缴费比例由 15% 调整为 14%，减轻企业缴费负担 31.5 亿元，惠及企业 49 万家。实施阶段性降低工伤保险费率政策，惠及企业 38.2 万家，减征社保费 3.52 亿元。

加强工伤预防。2022 年 11 月，全市启动《现场互动与持续跟进式工伤预防培训》项目，以"携手工伤预防，安康伴您同行"为主题，重点推进现场互动与持续改善式工伤预防和危化品企业工伤预防两个培训项目，培训人数超过 7000 人，进一步从源头落实用人单位安全生产管理和职业病防治主体责任，增强职工安全生产和职业卫生保护意识。全市共认定工伤 29925 件。

【社会保险经办管理】 2022 年 5 月，杭州市企业职工基本养老保险切换上线全国统筹系统，按全国统筹规程开展经办。市社会保险管理服务中心打造内部数字化应用平台"杭州人社通"，实现辖区内人员信息摸底、政策话术查询、缴费额待遇额计算等功能，为服务者提供服务，助力基层社保经办能力提升。在建德市试点推行"社保易窗"零距离智办，作为特色场景在全省人社系统数字化改革成果路演中展示。

加强社保基金监督。开展社会保险基金管理提升年行动、社保政策落实不到位及行风方面问题专项治理、工伤保险基金管理风险专项排查、社保经办岗位权限管理专项检查、社保基金疑点数据核查，促进改善经办管理风险防控。实施社保基金安全评估和第三方审计工作，开展社保基金安全警示教育月活动和社保基金监督业务培训，加强社保基金风险警示教育。制定出台《杭州市社会保险经办机构待遇追回内部指引》《杭州市工伤保险基金先行支付及追偿工作内部操作指引》，依责加强追偿工作。

【人才开发和市场管理】 2022年，杭州市开展高层次人才分类认定工作，新认定A-E类高层次人才22568人，其中，A类1人、B类121人、C类409人、D类1554人、E类20483人。

举办"历史文化名城 现代服务高地 2022杭州人力资源服务机构招才引智群英榜·猎手榜发布暨人力资源服务和产品创新创优"路演，发布"群英榜"和"猎手榜"，20家机构、10位猎手上榜，创新推出"我的猎头故事"主题脱口秀，8个项目获创新创优项目资助，对在助力乡村振兴、稳就业、双招双引等重大发展战略中发挥积极作用的8家人力资源服务机构分别给予20万元资助。举办第十届中国（浙江）人力资源服务博览会、2022大运河人力资源峰会等品牌活动，新增1家省级专业性人力资源服务产业园筹建园区——浙江（萧山）信息科技人力资源服务产业园，1家市级专业性人力资源服务产业园筹建园区——杭州市钱塘区技能人才人力资源服务产业园（筹）。至年末，全市共集聚各类人力资源服务机构1506个，从业人员3.43万人，实现产值897.34亿元。

5—11月，举办"创客天下·杭向未来 2022杭州海外高层次人才创新创业大赛"，设置留学人员项目和外国人项目两个专场，遴选引进世界各地创新创业人才项目，1446个项目进入海选，其中外国（非华裔）人才项目424个，19个项目在杭州签约落户。举办"2022杭州国际人才交流与项目合作大会"，27个国家和地区的7100余名高层次人才代表参会，累计签约项目162个、金额95亿元。杭州连续12年入选外籍人才眼中最具吸引力的中国城市。

【专业技术人员管理】 2022年，以高层次青年人才为重点加快专业技术人才队伍建设，16人入选浙江省高层次人才特殊支持计划青年拔尖人才，4人入选省有突出贡献中青年专家，选拔享受市政府特殊津贴人员50名，结合杭州市重点发展产业领域选聘钱江特聘专家100名。实施博士后倍增计划，新建国家级博士后工作站17家，省级博士后工作站74家，新进站博士后686名，获省博士后科研项目择优资助42项，评选认定杭州市杰出博士后10名、典型博士后工作站10家。

探索试点国际职业资格认可，结合杭州市生物医药、先进制造业和建筑业等产业发展和人才队伍建设情况，分5批公布试点认可目录，并在钱塘区、萧山区、余杭区和滨江区等4区启动试点；公布第一批全市目录共45项，完成认定2人。

进一步健全中级职称评价机构体系，核准

组建杭州市钱塘区食品医药行业专业人员中级专业技术资格评审委员会、杭州市文学创作专业人员中级专业技术资格评审委员会、杭州市共青团系统中小学教师中级职称评审委员会、建德市制造业工程技术人员工程师资格评审委员会、杭州市拱墅区建设工程技术人员工程师资格评审委员会、杭州市滨江区建设工程技术人员工程师资格评审委员会、杭州市钱塘区建设工程技术人员工程师资格评审委员会、杭州市富阳区建设工程技术人员工程师资格评审委员会、桐庐县建设工程技术人员工程师资格评审委员会和淳安县建设工程技术人员工程师资格评审委员会等10个中评委，推动医药、文学创作、共青团系统教师、制造业和建设行业等领域专业技术队伍建设和行业评价能力提升。

评审资助2022年度高层次留学回国人员在杭创新创业项目54个，资助金额1051万元。3个项目入选"2022年中国留学人员回国创业启动支持计划"项目，其中，重点类项目1个、优秀类项目2个；2名海外人才入选"2022年度高层次留学人才回国资助"项目，获人社部资助60万元。

【职业能力建设】 2022年，深入实施新时代工匠培育工程，培养高技能人才5.02万人，开展职业技能培训28.87万人次，新建市级技能大师工作室25个，认定杭州市技术能手72人。8月，印发《杭州市人力资源和社会保障局关于公布杭州市技能类紧缺职业（工种）目录（2022版）的通知》（杭人社发〔2022〕61号），将养老护理员、电工、钳工、保育师、育婴员、汽车维修工等25个职业（工种）列入《杭州市技能类紧缺职业（工种）目录（2022版）》。12月，印

发《杭州市人力资源和社会保障局关于印发杭州市职业技能竞赛管理办法（试行）的通知》（杭人社发〔2022〕137号），规范推进全市职业技能竞赛，进一步完善优秀高技能人才选拔机制。全市组织技能竞赛130场，带动岗位练兵超过9万人次。杭州轻工技师学院教师沈文青获第46届世界技能大赛特别赛美发项目银牌。市公共实训基地全年实训、鉴定17.41万人次／天，其中高级工及以上实训5.57万人次／天。

【事业单位人事管理】 2022年，开展事业单位统一公开招聘，全年公开招聘事业单位工作人员7980人。全年新聘任专业技术二级岗17人、三级岗70人。推广使用浙江省事业单位人事管理服务系统和事业单位"一件事"平台，全市通过系统办理公开招聘、交流调动、岗位聘任、政策性安置等事业单位人事管理业务6.3万件，涉及41.72万人，通过平台受理社保、公积金、编制等事业单位"一件事"业务6.35万件。

【工资福利】 2022年，继续稳步推进事业单位收入分配制度改革。按照国家统一部署，调整事业单位工作人员基本工资标准和增加离休人员离休费，自2021年10月起执行。落实抗击新冠疫情关心关爱医护人员系列工资待遇政策。会同市委组织部、财政局制定出台机关事业单位工作人员假期工资待遇计发办法；会同市教育局等部门制定出台职业院校社会服务收入用于教职工绩效考核分配办法；会同市财政部门完成年度事业单位绩效工资总量审批、备案工作，落实事业单位绩效工资水平动态调整机制。继续组织开展事业单位绩效工资专项审计，加强绩效工资监管。

【劳动关系】 2022年，深入推进劳动关系"和谐同行"三年行动计划，开展企业劳动用工体检和劳动关系协调员培训，开展和谐劳动关系创建活动，培育选树和谐劳动关系创建企业（园区），5家单位被国家三方办授予全国和谐劳动关系企业（园区）称号，其中，首次获授全国和谐劳动关系园区1个。5月，联合市发改委、市交通运输局等10部门制定印发《杭州市维护新就业形态劳动者劳动保障权益实施办法（试行）》（杭人社发〔2022〕26号），为维护新就业形态劳动者劳动保障权益工作提供具体政策依据。

推进企业收入分配制度改革。开展集体协商集中要约行动。9月，会同市总工会、市工商联、市企联研究制定并发布《杭州市技术工人薪酬分配指引》，探索推进技术工人薪酬激励机制改革实践，在全省首创"政府、企业、工会"三方共推模式，推动企业建立健全技术工人薪酬分配体系。发布2022年杭州市人力资源市场部分职位工资价位。

【农民工管理服务】 2022年，协调市农民工工作领导小组各成员单位共同做好农民工服务保障工作，稳定和扩大农民工就业，有序推进农民工市民化。服务农民工来杭留杭就业，组织企业赴云南、四川、贵州、安徽等劳务输出大省现场招聘引才，联合山西、广元、洛阳、湘西四地举办"携手助共富 乐业在杭州"2022年杭州市东西部劳务协作网络招聘会，推出4地专场直播带岗。推进农民工职业培训，指导培训机构针对农民工开展培训，应用"工匠学堂"开展线上线下相融合的培训。

【劳动保障监察】 2022年，杭州市各级劳动保障监察机构监察检查用人单位17.9万个（次），协调处置各类劳动保障违法案件7830件，其中，立案查处各类劳动保障违法案件255件，结案率100%。组织实施护航亚运、工时和休息休假权益维护、人力资源市场秩序整顿、漠视群众利益、超时加班问题、根治欠薪百日攻坚、根治欠薪冬季行动等专项治理行动10次，共检查各类用人单位1.5万余户。深入开展"杭州无欠薪"专项治理行动，健全政府负责、部门主管、企业主抓、人社牵头"四个责任"体系，构建完善市、区县、镇街、网格、劳资专管员5级欠薪治理体系，组织欠薪投诉集中接访，常态运行根治欠薪实体化专班，提升根治欠薪工作成效。全年为1.6万余名劳动者追发工资待遇1.45亿余元，向公安机关移送涉嫌拒不支付劳动报酬犯罪案件31件、公安机关立案29件。落实重大违法行为社会公布、企业守法诚信等级评价等制度，公布黑名单企业2家、重大劳动保障违法企业11家。全市人社系统共办理各类信访件4.2万余件，同比下降16.5%；推进信访积案化解，全市95件人社系统积案全部化解清零。

【调解仲裁】 2022年，实施"一窗式"即接即办工作标准化和规范化，提升基层劳动纠纷化解率。全市办结劳动纠纷件4.21万件，其中基层调解办结数3.36万件，占79.76%，调解成功率90.82%。全市受理劳动人事争议案件2.67万件，结案2.58万件。

【信息化建设】 2022年，承接完成"浙里就业创业""浙里和谐劳动""浙派工匠""浙里猎头""人力资源产业协同"等5个省人社领域数字化改革试点任务。建设"人社共富云""大学生就业创业数智服务""桑榆e服""社会保障卡利民惠民服务""就业基金（资金）风险智控"等5个应用场景，迭代"数智就业""社保易窗""杭云签"等特色场景。"杭云签"电子劳动合同平台在全省正式推广应用。"浙里就业创业"入选浙江省数字社会系统2022年度"最佳应用"。"人力资源数字经济产业协同平台""浙里猎头""真薪数智""钱塘技工""劳资E治理"等5个应用入选全省人社系统2022年"最佳应用"。"钱塘技工"应用入选全省数字社会第七批最佳案例集、全省"一地创新、全省共享"一本账 S_0 应用项目，被评为2022年浙江省数字化改革"最佳应用"。创新实施企业退休人员全市域就近体检数字化改革，建设多跨协同、精准高效、全市贯通的系统平台，实现自主选院选时、凭卡参加体检、上传电子报告、自动结算费用。推进社会保障卡"居民服务一卡通"，完成身份识别、缴费及待遇领取、自助查询、就医结算四大功能151项应用，实现社会保障卡交通互联互通，至年末，发放杭州市社会保障卡1390万张，签发电子社保卡1268.78万张。

【对口支援和结对帮扶】 2022年9月、11月，分别与四川省广元市、甘孜州人力社保部门召开2022年东西部劳务协作联席会议，总结东西部劳务协作开展情况及面临形势，部署下一步工作。杭州市全年赴劳务协作地区举办劳务协作现场招聘会18场，提供就业岗位1.24万个；举办网络招聘活动54场，提供就业岗位4.94万个；加大东西部协作岗位信息共享，累计推送适合四川籍劳动力转移就业的岗位6万余个，帮助8.4万名四川籍劳动力在杭州就业，

其中脱贫人口6022人。落实帮扶政策，择优评选杭州市就业帮扶爱心企业10家，给予每家企业5万元的一次性奖励补助。

【省级以上荣誉】

荣誉集体

1. 全国人力资源社会保障系统先进集体

杭州市就业管理服务中心

2.2022年清理整顿人力资源市场秩序专项行动先进单位

杭州市劳动保障维权中心

杭州市拱墅区人力资源和社会保障局人才开发科

3.2021年度工作突出基层劳动人事争议调解组织

杭州市临平区乔司街道劳动人事争议调解中心

4.2021—2022年度劳动保障新闻宣传工作做得好的单位

杭州市人力资源和社会保障局

杭州市拱墅区人力资源和社会保障局

杭州市上城区人力资源和社会保障局

杭州市余杭区人力资源和社会保障局

杭州市临平区人力资源和社会保障局

5.2021—2022年度社保宣传工作做得好的单位（人力资源和社会保障部社保中心）

杭州市社会保险管理服务中心

6.2022年度就业宣传工作先进集体（中国就业促进会）

杭州市

建德市、临安区、萧山区、西湖区、富阳区、桐庐县、淳安县、临平区、上城区

7. 2022 最佳促进就业城市（地级市）（中国年度最佳雇主评选）

杭州市（杭州就业管理服务中心）

8. 第三届马兰花全国创业培训讲师大赛（中国就业培训技术指导中心）

突出贡献奖

杭州市人力资源和社会保障局

创业培训创新实践奖

杭州市职业能力建设指导服务中心

9. 全国第二届公共就业服务专项业务竞赛（中国就业培训技术指导中心）

优秀就业服务项目一等奖

杭州市就业管理服务中心：杭州市"数智就业"

优秀就业服务成果一等奖

杭州市拱墅区人力资源和社会保障局：拱墅区潮鸣街道数字赋能重点群体就业帮扶

优秀就业服务成果二等奖

杭州市就业管理服务中心："启杭"空中职业指导站

优秀就业服务案例一等奖

优势视角建自信 专业服务促就业（浙江省杭州市滨江区人力资源和社会保障局 郑文星）

优秀就业服务案例三等奖

"合利盈"打造求职"无障碍"精准服务（浙江省杭州市萧山区人力资源和社会保障局 赵佳丽）

10. 第五届"中国创翼"创业创新大赛劳务品牌专项赛创翼之星奖

建德草莓师傅（建德市人力社保局）

11. 2022 年度全省人社系统绩效考评优秀单位

杭州市人力资源和社会保障局

杭州市西湖区人力资源和社会保障局

杭州市余杭区人力资源和社会保障局

建德市人力资源和社会保障局

杭州市临平区人力资源和社会保障局

12. 浙江省人力资源和社会保障系统先进集体

杭州市拱墅区人力资源和社会保障局

杭州市萧山区就业管理服务中心

杭州市余杭区社会保险管理服务中心

杭州市富阳区人力资源和社会保障局

杭州市临安区人力资源和社会保障局

淳安县人力资源和社会保障局

13. 2022 年度浙江省人民建议办理成绩突出单位

杭州市人力资源和社会保障局

14. 2021 年度全省工作突出基层劳动人事争议调解组织（浙江省协调劳动关系三方会议办公室）

杭州市上城区九堡街道劳动人事争议调解中心

杭州市拱墅区祥符街道劳动人事争议调解中心

杭州市西湖区劳动人事争议调解委员会诉前调解工作室

杭州市滨江区企业 HR 调解联盟工作室

杭州市钱塘区白杨街道劳动争议调解委员会

杭州市余杭区仓前街道劳动人事争议调解中心

杭州市富阳区鹿山街道劳动人事争议调解中心

15. 2022 年度全省劳动人事争议案件处理优秀等次单位

杭州市上城区人力资源和社会保障局

杭州市西湖区人力资源和社会保障局

杭州市余杭区人力资源和社会保障局

杭州市临平区人力资源和社会保障局

杭州市富阳区人力资源和社会保障局

16. 2022 年度推进农民工返乡合作创业成绩突出单位

淳安县人力资源和社会保障局

17. 2022 年全省人力资源服务产业园评估优秀园区

中国杭州人力资源产业园（上城园区）

18. 全省人社系统数字化改革 2022 年第二批最佳应用

人力资源数字经济产业协同平台（杭州市余杭区人力社保局）

钱塘技工（杭州市钱塘区人力社保局）

浙里猎头（杭州市拱墅区人力社保局）

19. 全省人社系统数字化改革 2022 年第三批最佳应用

劳资 E 智理（杭州市西湖区人力社保局）

20. 2022 年全省数字化改革"最佳应用"

钱塘技工应用（杭州市、钱塘区）

21. 2022 年浙江省四季度全省优秀营商环境十佳创新案例

杭州市钱塘区打造钱塘技工"破解技术工人"三难"需求

22. 全省数字社会系统 2022 年度最佳应用

钱塘技工（杭州市钱塘区）

荣誉个人

1. 全国就业宣传工作先进个人（中国就业促进会）

王雅秋（杭州市）

黄逢春（建德市）郁沈玲（临安区）徐珊（萧山区）李岳（西湖区）汪艾鹭（富阳区）陈振（桐庐县）黄为峰（淳安县）刘卫国（临平区）王佳丽（上城区）

2. 第二届公共就业服务专项业务竞赛职业指导"全国十佳"选手

浙江省杭州市萧山区就业管理中心　徐　珊

3. 第二届公共就业服务专项业务竞赛基层公共就业服务星级选手

浙江省杭州市滨江区浦沿街道之江社区

由　玥

4. 浙江省人力资源和社会保障系统先进工作者

杭州市人力资源和社会保障局政策法规处（劳动保障监察处）处长　董新伟

杭州市人才管理服务中心（杭州市人事考试院）一级主任科员　赵侃臻

杭州市社会保险管理服务中心窗口服务处副处长、一级主任科员　付德才

杭州市劳动人事争议仲裁院（杭州市劳动保障维权中心）接访科科长、一级主任科员　汪红琴

杭州市人力资源和社会保障政务服务中心工程师　屠焕军

杭州市专家与留学人员服务中心人才项目管理科科长　贾路加

杭州市职业能力建设指导服务中心办公室主任　徐　伟

杭州市上城区人力资源和社会保障局党委书记、局长　朱　红

杭州市西湖区社会保险管理服务中心主任

金新鑫

杭州高新技术产业开发区（滨江区）人才

管理服务中心主任、一级主任科员

何　俊

杭州市临平区社会保险管理服务中心副主任

张　迪

杭州市钱塘区人力资源和社会保障局党组
　　成员、人才开发科科长　　周嵩楠

桐庐县人力资源和社会保障局党委书记、
　　局长、三级调研员　　申屠庆良

建德市人力资源和社会保障局党组成员、
　　正股级组织员、二级主任科员　　郑　炜

5. 浙江省人力资源服务业高质量发展工作
成绩突出个人

杭州市拱墅区人力社保局党组成员、副局长

田开波

6. 2022 年度浙江省中小微企业培育工作成
绩突出个人

杭州市人力资源和社会保障局　　叶金香

7. 共富背景下人社领域优秀调研报告（论
文）征集活动一等奖（浙江省人力资源和社会
保障学会）

《杭州就业领域数字化改革创新实践报告》
　　徐　明（杭州市人力社保局）

8. 2022 年度全省劳动人事争议案件处理优
秀等次仲裁员

杭州市劳动人事争议仲裁委员会　　何梅亮
杭州市劳动人事争议仲裁委员会　　郦　宁
杭州市劳动人事争议仲裁委员会　　吴全文
杭州市上城区劳动人事争议仲裁委员会

金　珊

杭州市拱墅区劳动人事争议仲裁委员会

武　冰

杭州市西湖区劳动人事争议仲裁委员会

蒋文捷

杭州市西湖区劳动人事争议仲裁委员会

朱　炜

杭州高新开发区（滨江）劳动人事争议仲
　　裁委员会　　徐　靖

杭州市萧山区劳动人事争议仲裁委员会

徐　宁

杭州市余杭区劳动人事争议仲裁委员会

陈君娜

杭州市临平区劳动人事争议仲裁委员会

沈　晶

杭州市钱塘区劳动人事争议仲裁委员会

金　鑫

杭州市富阳区劳动人事争议仲裁委员会

洪　燕

杭州市临安区劳动人事争议仲裁委员会

唐婧雯

桐庐县劳动人事争议仲裁委员会　　陈春虹
淳安县劳动人事争议仲裁委员会　　詹水娣
建德市劳动人事争议仲裁委员会　　詹　妮

9. 2022 年度浙江"最美家庭"（浙江省委宣
传部、浙江省妇女联合会推选）。

杭州市人力资源和社会保障局行政审批处

张险峰

10. 浙江省红十字会关于公布第十四届"红
十字公益之星"

杭州市上城区劳动人事争议仲裁院四级主
　　任科员　　金　珊

宁波市

【城乡就业】 2022 年，全市城镇新增就业
24.41 万人，完成全年目标任务的 122.05%；
实现失业人员再就业 13.85 万人，同比增长

186.45%；困难人员再就业 2.61 万人；离校未就业高校毕业生帮扶覆盖率达 100%，"零就业"家庭持续动态归零；城镇登记失业率 1.77%，继续保持低位。完善失业保险基金管理，8 月份，会同财政、人民银行等部门制发《关于调整创业担保贷款贴息和创业担保基金支出渠道等工作的通知》（甬人社发〔2022〕13 号），11 月份，会同财政、税务等部门制发《关于调整灵活就业社会保险补贴政策有关事宜的通知》（甬人社发〔2022〕27 号），明确支出渠道和参保项目。立足重要时节企业用工保障，12 月份，会同财政部门出台《关于做好岁末年初保用工促生产工作的通知》（甬人社发〔2022〕32 号）。深入实施"甬上乐业"计划 2.0 版，努力促进更加充分和更高质量就业，持续开展春风行动、就业援助月等活动。全市发放失业保险稳岗返还、一次性留工培训补助、一次性扩岗补助等各类补贴资金 20.8 亿元、惠及 28.16 万家企业（用人单位）；实施失业保险降费 10.37 亿元、惠及 31.14 万家企业（用人单位）；发放失业保险金 12.64 亿元、惠及 126172 人；发放失业补助金 1.14 亿元；发放各类创业补贴 1.92 亿元，扶持各类实体 2.89 万余家次；全市发放各类创业担保贷款 5 亿元。累计建成各级创业孵化示范基地 36 家，2022 年以来在孵创业实体 2900 多家。2022 年新认定高质量就业社区（村）109 家，2 家社区获评第五批国家级充分就业社区。

【社会保险参保情况】 截至 2022 年底，全市户籍人员养老保险参保率 99.47%。全市企业职工基本养老保险、城乡居民基本养老保险、被征地人员养老保障、机关事业养老保险、工伤保险参保分别为 526.7 万人、99.4 万人、28.6 万、29.8 万人、451.5 万人，企业职工基本养老保险缴费人数净增 7.9 万人，居全省前列。推动户籍人口中未参保的低保、残疾等困难群体"应保尽保、应补尽补"，对 2.7 万余名低保、特困、残疾人等困难群体给予缴费政府补助。42651 名非本市户籍灵活就业人员新参加职工养老保险，28 家新业态企业 2568 名灵活用工职工新参加工伤保险。

【社会保险政策】 2022 年，继续贯彻实施阶段性社会保险费缓缴政策。11 月 25 日，宁波启动个人养老金国家先行试点。落实连续第十八次退休人员养老金调整工作。2022 年 1 月 1 日起，全市城乡居民基本养老保险基础养老金标准提高到每人每月 330 元。

【社会保险经办管理】 2022 年，完成 78.6 万中断缴费人员集中处理，将 721 项养老保险待遇项目归并到省统一 63 个项目中，高质高效完成四轮数据整理和集中测试，实现 340 余个数据规则分析整改"清零"目标，确保全国统筹信息系统顺利上线。全国统筹信息系统 5 月 16 日全面上线以来，全市各级窗口平稳有序、经办顺畅，社会面平稳，累计办理社保业务 480 万件，其中"窗口办" 128.2 万件、"网上办、掌上办" 351.7 万件、"自助办" 0.1 万件。市人社局 2021 年度推进系统省集中建设成绩突出，被省人社厅评为全省唯一的集体、个人"双先进"。全市 144.59 万退休人员调待发放养老金 12.2 亿元，全市城乡居保基础养老金统一调整为 330 元／月，居全省第一，全市企退人员社会化管理服务经费标准统一为 10 元／（人·月）。退休"一件事"办结量居全省第一，社保高频事项网办率超90%。因病劳动能力鉴定频次由季度改为月度，830名重症人员提前享受因病退休待遇。试行因工劳动能力鉴定预结论公示惠及2394名职工。深化社保"看得懂、算得清"咨询志愿服务，入选市直机关工委主题党日百大"红点案例"。依托协会、商会、园区通过"企业下单、内部流转、上门服务"，为中石化园区、高新区软件园、研发园、创新园、建筑行业和金华、义乌、金东商会提供"点单式"服务。

【人才开发和市场管理】 2022年，聚力打造"甬上乐业•好企待你"稳就业系列招聘活动，全大市共举办各类招聘活动1155场，累计4.2万余家次单位参会，需求人才106.7万余人，吸引49.5万余人参会对接。连续第二年在全省率先吹响人才集结冲锋号，农历正月初六启动"与宁波•共成长"新春万企引才月活动，15场系列活动吸引1.6万余家次单位参会，推出岗位需求7.9万余个，吸引33.1万人次对接洽谈。4月，首次在"宁波人才日"举办"五城协作迎八方英才"系列活动，与舟山、台州、丽水和安徽蚌埠携手引才，促成243家企事业单位与5200余名人才精准对接。5月，首次在高校就业季组织开展"十城百校千企万岗"高校毕业生集中式、旋风式招聘宣讲活动，十城联动、百校共引、千企同招、万岗聚智，累计组织1040家单位参会，吸引国内100余所高校1.8万人次对接洽谈。6月克服疫情困难启动线下全国巡回引才，全年全大市举办"甬上乐业•我才甬现"赴外引才106场，共组织2719家次单位参会，需求人才9.3万余人，吸引3.8万余人参会对接。9月，首次携手国投人力结合"国聘行动"举办"高洽会"，共组织1000余家单位推出人才岗位需求2万余个，吸引超3万人次线上线下参与对接；"国聘行动"宁波高质量发展专场直播带岗累计吸引超1800万人次参与，得到《新闻联播》《第一时间》《朝闻天下》等央视栏目关注。创新运用全球直播、直播带岗、视频面试等线上形式，举办留学人员招聘会、"春晖杯"宁波行等系列活动3场，成功促成500名留学人员、130个创新创业项目（人才）与企事业单位对接洽谈。受邀参加第十七届"春晖杯"中国留学人员创新创业大赛并作为嘉宾代表作了推介发言。

截至2022年底，全市在册人力资源服务机构2247家，从业人员5.8万名，年营业收入达到1604.7亿元，同比增长33.7%，规上人力资源服务业净服务收入732.1亿元，同比增长39.88%，规模和增速保持全省第一名，帮助实现就业和流动313.8万人次。省人社厅发布的2022年度《浙江省人力资源服务业发展白皮书》显示，宁波市有64家机构入围全省人力资源服务机构综合百强榜，其中，中通文博、恒英人力、杰艾人力等机构分别在劳务派遣、服务外包、猎头等领域分榜单名列前茅。3月，中国宁波人力资源服务产业园获批全国首批、全省唯一的国家级人力资源服务出口基地，围绕"完善一份规划、制定一套政策、引进一批机构、打造一个展厅、上线一个窗口、形成一套统计体系"工作目标，组建工作专班，迅速开展基地建设工作。整合浙江（宁波）数字外贸人力资源服务产业园和浙江（北仑）人力资源服务产业园两个省级产业园，打造宁波国家人力资源服务出口基地实体园区，首批16家机构达成合作意向。

【专业技术人员管理】 2022年，全市共选派289名专技人才赴四川凉山州工作。专家服务系统上线以来，专家服务场景（甬、舟、台）增至106处，专家公交出行累计突破103.7万人次，地铁出行突破100万人次，提供体育健身服务共7.8万人次，景点服务共1.6万人次；三年共发放医疗补助2068人次。"浙江宁波（北仑）高档模具产业提升专家服务基地"成功获批第八批国家级专家服务基地。遴选宁波长阳科技股份有限公司等10家企业为宁波市专家工作站予以重点支持；"宁波工业互联网研究院有限公司专家服务基地"等2家基地为市级专家服务基地。组织"专家人才凉山行"活动和"智汇山海　才助共富"甬丽专家对接活动，受益专技人才和群众4000余人。评选2022年度浙江省有突出贡献中青年6名，为47名人才兑现本土人才培养升级奖励。甬江实验室获批研究系列高级职称自主评审权，9家中小学获批高级教师自主评聘权。遴选11家龙头企业作为2022年宁波市工程系列中级职称自主评价试点企业。舜宇集团获批光学光电工程全省行业高评委试点改革。开展6个专业高级工程师、高级经济师年度申报评审工作。对各高评委及4家自主评聘单位开展高级职称评审重点复查。新建博士后工作站68家，招收博士后356人，建站数、招收数远超2021年同期。获批国家级博士后科研工作站15家，数量创历史新高。成功举办第二届宁波市博士后"双百"对接活动，宁波市博士后绩效评估系统上线，该项目获批省数字化改革创新试点项目，并获评全省人社系统数字化改革2022年第三批最佳应用。印发《关于加强人才自主培养　实施领军拔尖人才培养项目的意见》。完成2021年度甬江育才工程领军拔尖人才项目选拔工作（837名）。8人入选省"万人计划"青年拔尖人才创新类人才。组织对标学习、专题产学研合作交流等活动8次；举办"领军TALK""领军格物"等活动36次。遴选专技人员继续教育高级研修班项目29个，紧缺人才培训项目18个。2家单位被认定为市级继续教育基地，2家单位被认定为市级示范基地。顺利实施企业在职人员攻读研究生学费补贴（228人）和国际行业资质证书持证奖励工作（513人）。

【职业能力建设】 2022年，全市新增技能劳动者13.87万，总量达到209.62万人；新增高技能人才7.17万，总量达到70.46万人。遴选培育宁波杰出工匠10名、宁波工匠100名、宁波青年工匠297名。实施"金蓝领"技能提升行动，累计完成职业技能培训38万人次，累计发放培训补贴2亿元。大力推行企业新型学徒制和项目制，组织新型学徒制培训7560人次，项目制培训87446人次。深入实施以职业资格鉴定、技能等级认定、专项职业能力考核等多种形式的技能人才评价，鼓励企业开展技能等级认定，2022年开展技能人才评价184890人次，发放职业资格（技能等级）证书128873本，专项能力证书17871本；浙江吉利控股集团有限公司入选浙江首批"新八级"制度试点企业。打造"技能宁波"竞赛品牌，宁波技师学院学生蒋昕桦勇夺第46届世界技能大赛特别赛重型车辆维修项目金牌，实现世界技能大赛参赛成绩历史性突破，是我国在该项目首枚金牌，也是宁波历史上首枚世赛金牌。全年新增技工院校3家，累计达到18家，支持技工院校采取联合招生、合作办学等形式，招引学生来甬就读，全市技工院校在校生规模达到 3.3 万余人。推进省一流技师学院和省高水平专业群建设。宁波技师学院入选省一流技师学院建设单位（全省 10 家），宁波第二技师学院、慈溪技师学院、余姚技师学院（筹）、象山港高级技工学校的 5 个专业群入选省级 A 类高水平专业群（全省 50 个）。全年新建 15 家市级技能大师工作室，累计建成市级以上技能大师工作室 130 家，入选 2021 年度省级技能大师工作室 4 家。举办 715 "世界青年技能日"主题活动，通过技能人才队伍建设成果宣传、技能人才培养政策咨询、技能大师现场演示、"技能地摊"市民体验等方式，营造"技能宁波"社会氛围。

【事业单位人事管理】 2022 年，宁波市事业单位共公开招聘工作人员 5451 名。开展宁波市 2022 年事业单位专业技术二级岗位审核认定工作，聘任了 22 名专家。推进实施县以下事业单位建立管理岗位职员等级晋升制度。市县两级成立实施协调小组，全面统筹协调等级晋升各项工作，下设工作专班，建立部门联动机制，确保平稳有序推进落实。指导各区（县、市）和相关经济开发区（园区）制定实施方案，研究制定了市级有关政策答复口径并实施。全市平稳完成了首轮共计 1067 名管理人员的职员等级晋升。提升高层次人才选聘工作质量。积极学习金华、丽水改革试点成果，结合本地业务实际，探索完成业务系统本地化功能改造，打造集业务办理、监督管理、数据分析于一体的事业单位人事工资大数据中台，实现"事业单位人事管理数字化改革"场景应用。提高事业单位公开招聘科学化水平。会同市委组织部干部综合处，完成面向 2022 届优秀高校毕业生选聘高层次紧缺人才活动，为 219 名高层次紧缺人才办理了聘用手续，98 名来自国内"双一流" A 类高校，占 44.7%，54 名来自世界排名前 100 的国（境）外高校。全面推进事业单位工作人员分类培训工作。会同市委党校、市人才培训中心，全面推进事业单位工作人员分类培训，分期对 50 名处级领导人员、100 名事业单位中层干部、160 名事业单位新进人员、120 名人事干部进行专题培训，突出政治训练，强化专业能力，加强从严管理，提升政治业务素质。

【工资福利】 2022 年，深入实施事业单位绩效工资制度。会同财政部门核定市属 243 家事业单位 2021 年度绩效工资总量，对 60 家 2021 年度考核优秀事业单位给予绩效工资奖励；会同财政、卫健部门核定市级 8 家公立医院 2021 年度工资总量；加强事业单位人才激励政策，指导市属高校、科研院所开展"X 项目"实施工作。关心关爱疫情防控一线医务人员。会同财政、卫健部门对 15 家在疫情防控中承担重要职能、风险程度高的医疗机构和公共卫生事业单位核增 2021 年度、2022 年度一次性绩效工资总量。调整基本工资标准。按照国家调整事业单位工作人员和机关工人基本工资部署要求，顺利完成全大市 14.3 万名事业单位和机关工勤在职人员基本工资调标工作。提升工资管理信息化水平。加大力度推动事业单位对省人事工资服务系统应用，2022 年全大市"工资信息完整度""月工资申报率"两项省考核指标均得满分。

【劳动关系】 2022 年 1 月 19 日召开全市劳动

关系"和谐同行"推进会，进一步查找差距，明确任务，压实责任，并向全市企业、企业家发出倡议，全力推进"和谐同行"向纵深发展。2022年累计完成企业用工体检6256家，劳动关系协调员培训6581名，推广电子劳动合同数量超30万份，培育评估金牌调解组织30家，第二批劳动关系和谐企业（园区）30家、金牌劳动关系协调员100名。9月，雅戈尔集团股份有限公司、舜宇集团有限公司、国网浙江宁波市鄞州区供电有限公司3家企业荣获"全国和谐劳动关系创建示范企业"。5月6日，牵头10部门联合出台《宁波市维护新就业形态劳动者劳动保障权益实施办法》，进一步明确新就业形态劳动者的适用范围和10部门的职责分工，规范了新业态劳动者应遵守的职业道德和服务规范，对新业态劳动者劳动保障权益保护进行了逐条明确，并将全市现行成效较好的公共服务方面经验做法写入《实施办法》，形成制度规范。同时，积极发挥协调劳动关系三方会议机制优势，联合印发《推进集体协商"凝共识助发展 促共富"三年行动计划》，计划到2024年，各区县（市）开展新就业形态和灵活就业集体协商企业不少于5家，全市开展新就业形态行业集体协商不少于5家；全市市级产改试点企业能级集体协商"全覆盖"，非公企业能级工资集体协商普遍开展。6月20日制定出台《关于做好2021年国有企业工资决定机制有关工作的通知》，确定本年度全市非竞争类国有企业工资线基准线，并督促市级有关单位按要求做好相关工作。7月14日针对夏季持续高温天气下发《关于认真做好高温天气劳动者权益保障有关工作的通知》，督促各区（县、市）人社部门深入企业、工地，加大监督检查力度，指导落实高温天气作业劳动者劳动权益保障措施，切实保障劳动者身体健康和生命安全。全市共检查加工制造、快递物流、建设施工等各类用人单位2086家，涉及10.54万劳动者，对存在用工不规范等轻微问题的285家单位进行了业务指导，补发1060人95.4万元高温津贴，取得明显成效。11月2日发布《宁波市2022年度人力资源市场部分职位工资价位及2021年度行业人工成本信息》，该报告是在调查宁波市经营正常、工资分配制度较完善的2812家不同类型企业人工成本数据及348425名全年正常上班职工工资报酬数据基础上，经过技术归类、汇总、审核、处理和分析后形成。其中发布的2022年度企业人力资源市场工资价位包括分职业细类从业人员工资价位375个，部分技术工人职业（工种）分等级工资价位40个；18个行业门类分职业细类企业从业人员工资价位，以及45个行业大类分职业细类企业从业人员工资价位；4类规模企业从业人员工资价位；14种登记注册类型企业从业人员工资价位；5种学历企业从业人员工资价位；14个岗位等级企业从业人员工资价位。发布的2021年度行业人工成本信息包括农林牧渔业、制造业、建筑业等在内的17个行业门类分规模、分登记注册类型企业人均人工成本水平，以及食品制造业、纺织业、纺织服装服饰业等在内的23个制造业行业大类分规模、分登记注册类型企业人均人工成本水平；另外还发布了17个行业门类分规模、分登记注册类型企业人工成本构成及效益情况，以及23个制造业行业大类分规模、分登记注册类型企业人工成本构成及效益情况。

【农民工管理服务】 2022年，高质量完成农民工信息采集任务，完成信息采集人数（225万人）居全省首位。全面部署合作创业村申报工作，发动区县（市）排摸农村合作创业情况，组织符合条件的行政村积极申报，水家村等20个合作创业模式新颖、创业成效明显、示范效应好的行政村获评省合作创业村。宁波市选送的"宁海县一市镇前岙村蟹大人"获浙江省首届返乡入乡合作创业大赛优胜奖。

【劳动保障监察】 2022年，全市各级劳动保障监察机构组织开展建设领域"六项制度"落实情况、清理整顿人力资源市场秩序、护航二十大百日攻坚、"绿色治欠"除险保安行动、根治欠薪冬季行动等专项治理行动和联合检查督查等共计17次，主动监察用人单位19067户，有效规范了企业用工行为。处理欠薪矛盾纠纷18776件，对237家企业作出行政处罚（处理），通报函告67家欠薪问题高发、频发的用人单位，列入欠薪"黑名单"8家，移交公安立案查处42件，为3.34万名追回工资报酬5.3亿元，有力维护了劳动者合法权益。全市未因欠薪引发重大社会影响事件，有力维护了社会和谐稳定。

进一步加强欠薪治理长效机制建设。在推进基层人社治理改革上有突破。按照"大综合一体化"行政执法改革要求，全市各地推进"基层劳动保障队伍标准化体系"改革工作，完成"一处一科一中心"监管组织架构建设，全面构建"三员两群"（劳动保障督导员、劳动保障管理员、劳动关系协调员和微信群、钉钉群）基层人社治理网络。组织业务骨干参加全省劳动保障监察业务技能大比武，宁波市勇夺桂冠，荣获团体第一名。在创新源头治理上有

突破。人社、发改、住建、交通、水利和人民银行市中心支行等6部门创新印发《宁波市工程建设领域农民工工资专用账户管理实施细则（试行）》，突出提高装饰装修、房屋两个工程项目人工费用总额比例（由18%分别提高到30%、25%），从源头上做好用工实名制、专用账户管理等工作。在推广数字监管上有突破。充分运用全省"安薪在线"数字平台，将全市1896个在建项目全部纳入平台，加强对在建项目"六项制度"落实的动态监管。

【调解仲裁】 2022年，全年全市两级仲裁机构立案受理案件20248件（其中人事争议20件），同比上升34.8%；共审结案件19851件，结案率95.8%、调解率76.2%，涉案金额5.89亿元；调解组织受理劳动争议案件19132件，共调解结案19132件，调解结案率100%，涉案金额5.21亿元。在全市范围内推广线上调解仲裁办案模式。多起劳动纠纷通过省"智慧仲裁"平台完成调解结案，全年网络办案率47.3%。加强队伍业务能力建设，在2022年度全省劳动人事争议仲裁练兵比武活动中，宁波市代表队蝉联团体一等奖。向社会发布主题为"助力共富"的十大典型劳动争议案例，总结推广全市仲裁机构在助力共同富裕工作中的典型经验，发挥典型案例的教育、引导、示范作用，为依法维护劳动者合法权益提供保障。继续做好金牌调解组织创建打造工作，2022年，第二批30家调解组织均已选定公示。成立海曙区望春街道基层派出庭并通过验收，进一步提升派出庭办案比重，压实基层纠纷化解责任。

【信息化建设】 2022年，市人社局按照市委市

政府、省厅部署要求，认真做好数字化改革全面工作，积极争取省市数字化改革试点项目。积极申报省厅数改任务试点，在全市范围征集21个应用场景，正式上报5个试点项目，确定1个数改创新项目（博士后工作站绩效管理系统）。获得宁波市"新居民"一件事（即"浙里新市民"应用项目，属于浙江省第一批数字政府系统"一地创新、全省共享"应用项目，由省发改委牵头负责，宁波市是建设主体之一）试点项目建设资格，参加"新居民"一件事的就业服务一件事、素质提升一件事等人社业务子场景应用建设工作，相关系统于2022年6月完成开发建设，目前已上线运行。积极承担"构建基层劳动保障队伍标准化体系"的试点任务，全力配合省厅完成"基层人社治理现代化建设"改革试点工作。

主动承担市委改革办、市数字政府系统重点应用建设任务，全力打造"灵活就业在线"数字化应用，不断深化"数智人社"应用建设，持续推进"甬上人才金港"等数字化改革试点项目建设任务。宁波市人社局牵头、鄞州等区县人社局联动，市区两级共同开发完成博士后绩效评估管理系统，重点打造了数据、业务、绩效、决策等"4大场景"，构建5大维度35项绩效评估指标体系，建立常态化绩效分析机制，通过量化赋分和动态评估，营造"比干赶超"的浓厚氛围，引导博士后及工作站提升工作成效。该系统于2022年7月在全市正式推广上线，截至2022年年底已入驻工作站317家，入驻博士后1570人，近三年补贴申报3687笔，补贴发放3.4亿元，开题结题办理1083次，生成数据信息141万条，业务在线办理100%，减少业务工作量70%。获批专利8176项，参与制定标准918项，项目研发

投入40亿元，经济效益产出290亿元，入选人才计划144人，省级以上奖项505项，带动资本投入80亿元，累计吸纳就业1.6万人。

落实严格对省厅重点数改应用的落地推广工作，局领导高度重视，第一时间召开部署会议，明确要求，责任到人。局数改专班分别于6月20日、7月12日、11月10日3次下发工作通知，就浙里和谐劳动、浙里人力资源、重点群体就业帮扶在线等8个应用驾驶舱的市县两级管理员、应用访问权限、指标数据质量、日常登录使用、问题工单提交及反馈处置等有关工作提出明确要求，各地各单位各司其职，有效推进了省厅数改应用在全市范围的落地使用。据统计，截至2022年12月5日，宁波市人社系统访问省厅人社大脑场景应用达1.76万人次。

积极参与省、市数字化改革应用路演，市人社局先后汇报演示了宁波人社智配直享应用、就在宁波（灵活就业在线）、一体化博士后工作绩效评估管理系统等重点应用场景。8月25日，博士后绩效评估管理系统应用参加省厅组织的全省人社系统特色应用场景路演暨"最佳应用"评选。9月7日，市人社局"博士后绩效评估管理系统"应用获得全省人社系统数字化改革2022年第三批最佳应用。11月29日，灵活就业在线综合服务应用参加了市府办公厅组织的数字政府系统应用评价路演。2022年12月，基层人社治理现代化建设"构建基层劳动保障队伍标准化体系"被评为全省人社系统数字化改革2022年第四批最佳应用。宁波人社灵活就业在线、人社智配直享等数字化改革应用相关文章在2022年5月26日《改革先锋》（第5期）、10月19日《中国组织人事报》刊登，并在11月1日被省政府办公厅《专报》录用，并获得高

兴夫副省长批示肯定。

开展实体社保卡、电子社保卡发行工作，全市新增发行实体卡31.7万张，新增签发电子社保卡139.8万张。4月，扩充市社保卡居民服务"一卡通"专班成员至23个单位（部门），年底前已实现21个居民服务事项在长三角区域和135个事项在省内的一卡通用；6月，助力杭甬"双城记"，实现两地异地办理社保卡业务和互享特约商户专属优惠。8月，市社保卡居民服务一卡通专班办公室印发了《宁波市依托全国一体化政务服务平台开展社会保障卡居民服务"一卡通"应用试点工作实施方案》，以全国一体化政务服务平台为依托，以社保卡为载体，建立并不断完善社保卡居民服务"一卡通"服务管理模式。9月，在全国率先推出社保卡"同号换卡"业务，年底前，宁波市7家社保卡合作银行全部实现同号换卡业务。10月，开展社保卡合作银行网点服务质量双随机考评和第三方评价，进一步提升服务质量和群众满意度；逐步实现社保卡业务全城就近通办、即时办结，全市社保卡经办服务网点已达到1377家。在云闪付首页上线"社保卡专区"，开展"用好社保卡 天天享优惠"活动，通过发放消费券形式，实现全国持卡人共享我市500多家特约商户优惠政策。广泛开展社保卡惠民服务季宣传活动，年初，宁波市社会保障卡发行十周年纪念活动开幕式与市民齐聚"云端"，和市民共同感受社保卡十年来的不息探索，并普及社保卡和便民惠民服务知识。央视频移动网、新华社现场云、爱奇艺等共14个平台对此次活动同步进行直播，全网观看135万人次。

【对口支援和结对帮扶】 2022年，市人社局深入贯彻东西部协作和山海协作工作部署，以深化劳务协作、加强技能培训、促进专家服务、构建和谐劳动关系等为重点，全力巩固帮扶关系、拓展协作成效。支持凉山籍人员来甬就业创业，深化"十省百城千县"劳务协作，为务工人员提供出家门、登车门、入厂门的"一站式"服务，共包车50辆、输送1290人。2022年累计输送凉山州务工人员来甬稳定就业4100人，其中脱贫劳动力1640人；四川籍农村劳动力来甬稳定就业39777人，完成目标任务1529.9%，其中脱贫劳动力3697人，完成目标任务483.3%。鼓励宁波市企业开发不限学历、不限年龄和不限技能的爱心岗位，在各区（县、市）建设10个劳务协作站，为务工人员提供就业安置、政策落地、权益保障、生活关心等"娘家人"服务。2022年累计推送爱心岗位需求已达1万余条，累计发放爱心岗位补贴407万元。邀请凉山州参加"甬上乐业—2022就业创业大会"，特邀西昌学院参会，经过现场对接洽谈，成功与宁波市知名企业三星医疗电气股份有限公司达成校企合作意向，共同推动在订单培养、实习实践、转移就业等方面开展长期合作。构建普惠职业技能培训政策，制定职业技能培训补贴目录和标准、实训基地管理办法等配套政策。重点推进企业新型学徒制、项目制培训、职业技能等级认定等工作，为贫困劳动力、灵活劳动力就业创业打下基础。2022年对四川籍务工人员开展培训8420人次。开展个性化、特色化、订单式精准技能培训。海曙区组织狮丹努等用工企业开展"以工代训""师带徒"手把手的技能培训，出资运送50台机器到凉山州喜德县，选派2名培训技师亲赴喜德县指导，把在当地培训合格的人员输送到宁波就业；江北区与越西县开展两地校企合作，依托当地技工学校开展装卸机、挖掘机等专业工种培训，定向输送企业；镇海区开展"蓝鹰工程"行动，由镇海区技工学校、凉山州金阳县教体科局和镇海石化建安工程有限公司三方联手，在镇海区技工学校组建"石化建安金阳班"；鄞州区结合凉山州少数民族特色，选派电商、新媒体等领域培训讲师，开展多批次的实地技术帮扶。深化技工院校交流合作及师资培养，推行"互联网＋师资结对"方式，宁波技师学院选派骨干教师与凉山州职业教育院校开展帮扶指导、讲学分享、培训课程开发等，实现教学资源共享。从全市各系统、各行业选拔专家骨干187人，赴凉山州开展智力帮扶，全面助力科技、医疗、教育、农业等多领域技术提升。搭建甬凉东西部协作专技人才服务管理平台，打通宁波与凉山、人社局与组织部、人社局与区县（市）、前方与后方之间四层关系，全面掌握专技人才在凉情况，实现挂职、帮扶等情况闭环管理。为四川及凉山州来甬务工人员劳动维权开辟绿色通道；在案件受理、处置等环节压缩办理流程，全年办理四川籍劳动者劳动纠纷案件7起，为12人追回劳动报酬14.32万元。定期向丽水、衢州等地就业服务部门推送宁波就业岗位信息，累计推送11批次超12万条用工信息。开展就业援助月、"春风行动"，每季度分析比对丽水、衢州籍人员在宁波市就业登记信息，对来甬务工人员提供职业指导和岗位推荐等服务。针对结对地区来甬就业人员开展技培训，实现培训就业9887人次，举办山海协作培训班、创业导师培训班等3次。

【省级以上荣誉】

荣誉集体

1. 国家级专家服务基地

宁波市人力资源和社会保障局

2. 国家级人力资源服务出口基地

宁波市人力资源和社会保障局

3. 全国工作突出基层劳动人事争议调解组织

宁海县商会劳动争议调解委员会

4. 全国节约型机关

宁波市奉化区人力资源和社会保障局

5. 全省劳动保障监察业务技能大比武团体第一名

宁波市人力资源和社会保障局

6. 全省劳动人事争议仲裁练兵比武活动团体一等奖

宁波市人力资源和社会保障局

7. 全省人社系统窗口单位业务技能练兵比武团体特等奖

宁波市人力资源和社会保障局

8. 全省人力资源服务业高质量发展工作成绩突出集体

宁波市人力资源和社会保障局

宁波市鄞州区人力资源和社会保障局

9. 全省人社数字化改革创新项目

宁波市人力资源和社会保障局

10. 全省人社系统数字化改革2022年第三批、第四批最佳应用

宁波市人力资源和社会保障局

宁波市鄞州区人力资源和社会保障局（两批均获奖）

11. 2021年度全省劳动人事争议案件处理工作成绩突出单位

宁波市人力资源和社会保障局

宁波市鄞州区人力资源和社会保障局

宁海县劳动人事争议仲裁院

12. 2021年度"推进系统省集中建设成绩突出集体"

宁波市人力资源和社会保障局

13. 浙江省改革创新成绩突出集体

宁波市人力资源和社会保障局

14. 2021年度浙江省改革突破奖提名奖

宁波市人力资源和社会保障局

15. 浙江省高质量发展建设共同富裕示范区第二批试点

宁波市人力资源和社会保障局

16. 获平安护航建党100周年成绩突出集体

宁波市人力资源和社会保障局仲裁信访处

17. "浙江省一流技师学院"建设单位

宁波技师学院

18. 全省劳动保障新闻宣传工作做得好的单位

宁波市鄞州区人力资源和社会保障局

宁波市奉化区人力资源和社会保障局

19. 全省人力资源服务产业园评估优秀

中国宁波人力资源服务产业园

20. 全省人社数字化改革各地特色创新项目

宁波市鄞州区人力资源和社会保障局

21. 浙江省人力资源和社会保障系统先进集体表彰对象名单

　　宁波市人力资源和社会保障局就业促进和
　　失业保险处

宁波市鄞州区劳动保障监察执法服务中心

　　宁波市海曙区人力资源和社会保障局

宁波市镇海区人力资源和社会保障局

宁波市北仑区劳动人事争议仲裁院

慈溪市人才服务中心

22. 全省"优秀就业服务成果"二等奖

宁海产业人才学院

23. 全省人社系统绩效考评优秀

宁波市鄞州区人力资源和社会保障局

荣誉个人

1. 世界技能大赛特别赛重型车辆维修项目金牌

宁波技师学院　　　　　　　　　蒋昕桦

2. 全国人力资源社会保障系统先进工作者

宁波技师学院汽车技术系　　　　刘庆华

3. 浙江省"绿叶奖"

宁波市鄞州区人力资源和社会保障局

王力波

4. 全省劳动人事争议仲裁比武练兵优秀庭审奖（首席仲裁员）、仲裁员文书二等奖

宁波市鄞州区人力资源和社会保障局

凌静寅

5. 浙江省"人民满意的公务员"

宁波市奉化区人力资源和社会保障局

范亚娟

6. 浙江省人力资源和社会保障系统先进工作者

宁波市海曙区人力资源和社会保障局

王承晖

宁波市江北区人力资源和社会保障局

徐　瑾

宁波市镇海区人力资源和社会保障局

葛俊杰

宁波市北仑区人力资源和社会保障局
　　　　　　　　　　　　侍　念

宁波市鄞州区人力资源和社会保障局
　　　　　　　　　　　　王力波

宁波市奉化区人力资源和社会保障局
　　　　　　　　　　　　章仁丰

余姚市人力资源和社会保障局　金利明

慈溪市人力资源和社会保障局　王文飞

宁海县人力资源和社会保障局　胡小锋

象山县劳动保障监察执法服务中心　王李渊

　　7. 全省劳动人事争议案件处理优秀等次仲裁员

宁波市奉化区人力资源和社会保障局
　　　　　　　　　　　　李大刚

宁波市象山县劳动人事争议仲裁委员会
　　　　　　　　　　　　吴韩忆

　　8. 全省人社系统窗口单位业务技能练兵比武竞赛获得"人社知识通"称号

宁波市奉化区人力资源和社会保障局
　　　　　　　　　　　　包亚玲

　　9. 全省劳动人事争议案件处理工作成绩突出仲裁员

宁波市鄞州区人力资源和社会保障局
　　　　　　　　　　　　王珍珍

　　10. 浙江省规范民办义务教育发展专项工作成绩突出个人

宁波市人力资源和社会保障局　丁政午

　　11. 全省劳动保障监察业务能手

象山县劳动保障监察执法服务中心　左　薇

温州市

【城乡就业】 2022年，温州市全市新增城镇就业10.24万人，城镇失业人员再就业4.07万人，帮扶就业困难人员实现就业8506人，实现零就业家庭动态清零，城镇调查失业率控制在5%以内。

制定出台《温州市创业担保贷款实施办法》（温人社发〔2022〕8号）等系列政策，积极打造就业创业多维度全链条式扶持体系。通过实施稳就业惠民生攻坚行动，刚性兑现"助企纾困"优惠政策，全力促进重点群体保障，稳定就业形势。一年来，全市累计稳岗返还4.13亿元，惠及8.63万家企业126.82万人，降低失业保险费9.51亿元，惠及15.06万家企业；发放创业担保贷款3.24亿元、创业担保贷款贴息1037.51万元、扶持创业4188人、带动就业1.57万人；发放技能提升补贴7096.75万元，惠及职工3.04万人。

【社会保险参保情况】 2022年年末，全市企业职工基本养老保险参保人数371.88万人，城乡居民基本养老保险参保人数185.88万人，机关事业单位基本养老保险参保人数31.64万人，失业保险参保人数166.17万人，工伤保险参保人数330.77万人。

【社会保险政策】 2022年，实施稳就业惠民生攻坚行动，印发《社会保险助企纾困政策操作细则》（温人社办发〔2022〕8号），兑现一次性留工培训补助、一次性扩岗补助、失业保险保障扩围（失业补助金）等政策，推出失业保险稳岗返还、一次性留工培训补助"免申即享"服务，全年累计发放失业保险稳岗返还、一次性扩岗补助、一次性留工培训补助4.97亿元。

调整退休人员基本养老金。根据《浙江省

人力资源和社会保障厅浙江省财政厅关于2022年调整退休人员基本养老金的通知》统一部署，对2021年12月31日前已按国家和省有关规定办理退休、退职手续的人员，从2022年1月1日起调整基本养老金，调整比例为4%，调待金额于2022年7月底前发放到位。其中，市区企业退休人员调整后人均基本养老金水平为3253.56元/月。调整城乡居民基本养老保险基础养老金标准，市区标准提高45元，调整至每月315元/人。

【社会保险经办管理】 2022年1月起，温州市企业职工基本养老保险政策落实全国统筹制度要求，统一缴费比例、统一缴费基数、统一计发基数、统一待遇项目、统一待遇调整。大力推进全国"社银通"标准化试点工作。以国家人社部基本公共服务标准化试点（"社银通"项目）为契机，完成《浙江省"社银通"事项经办试行规范》编制，并于2022年5月12日向全省推广试用。率全省之先推出"电子退休证"。聚焦"民生小事智能速办"，依托"浙里办APP"线上平台，实现社保信息数据互联互通，保障退休人员实时获取养老待遇明细情况和待遇发放动态，切实保障退休人员的权益，得到省人社厅葛平安副厅长高度肯定。

全年共为4.91万名失业人员发放不同期限的失业保险金，失业保险金月人均水平1787.09元，比上年增长13.18%。为领取失业保险金人员代缴基本医疗保险费1.52亿元，比上年增加13.26%。延续实施阶段性扩大失业保险保障范围政策，向2.14万参保失业人员发放失业补助金。

深入开展"工伤鉴定在线"省厅数字化改革试点工作。聚焦工伤职工"鉴定耗时长、鉴定跑得累"的问题，推动鉴定材料"一键提取"，将工伤鉴定从原来法定的60天办结时限，加快至多数业务20天内办结，实现业务周期平均提速50%以上。同时建立"AI智能辅助"系统，进一步提升工伤鉴定的精准性，全力维护企业和职工的合法权益，工作成效得到省政府分管副省长批示肯定并要求全省推广，以全省第二名的高分成绩入选省发改委牵头印发的数字社会案例集，获评省人社厅数字化改革最佳应用。

【社保基金监督管理】 2022年，以社会保险基金管理提升年行动和社保政策落实不到位及行风问题专项治理为主要抓手，积极强化基金管理。组织开展温州市社保政策落实不到位及行风方面问题专项治理，完成问题整改26个，妥善处理群众举报投诉7起。积极开展社保基金安全警示月活动，组织观看警示教育片，学习《社会保险工作人员职务犯罪案件警示录》等，结合内部工作人员侵占社保基金典型案例，达到"以案示警、以案明纪、以案为鉴"；创新推出"一刻钟"讲堂、"周一夜学"、人社"午间学堂"等形式多样的基金管理风险防控培训，通过"处长半月谈"宣传解读《社会保险基金行政监督办法》。开展经办岗位权限管理专项检查，完成不同岗位兼任、同一岗位连续任职超过5年、无岗位权限管理审批手续等问题的整改落实。

【人才开发和市场管理】 推出"510+"行动计划，迭代升级10项招引组合政策，全市新增大学生人才12.94万人，完成率107.8%。积极克服疫情影响，全市开展双线引才活动1184场，服务企业 5 万家次，提供岗位 123 万个，收到简历 28.5 万份，达成意向 8.2 万人次。积极推进中国·温州人力资源服务产业园（鹿城园区）建设，引入 23 家优质人力资源服务企业，当年实现创税 1435 万元，为温州产业发展提供强有力的人力资源服务支撑。

【专业技术人员管理】 2022 年，深化社会化评价领域职称改革，修订了建材、泵阀等 8 个专业的职称评价标准，加大山区县工作经历量化赋分权重；进一步下放职称评聘权，新增高级职称自主评聘单位 8 家、中初级自主评聘单位 34 家；出台实施《山区县创新型人才中级职称"直通车"评审办法》（温人社发〔2022〕66 号），进一步畅通山区海岛县人才成才路径。

加强高层次人才培养。入选省有突出贡献中青年专家 5 人，省"万人计划"青年拔尖人才 3 人，市特支计划青年拔尖人才 36 人。组织相关单位参加博士后对接活动，全年新建博士后科研工作站 19 家，新引育博士后 89 名，分别完成年度任务目标的 190% 和 148%；根据"人才新政"政策调整，会同市财政局制订《温州市博士后工作专项政策实施细则》（温人社发〔2022〕38 号），累计兑现博士后相关经费 5341 万元，确保助企纾困政策及时落实到位。

【职业能力建设】 2022 年，围绕全市"5+5+N"产业用人需求，深入实施职业技能提升行动，全面启动"十万工匠培育工程"，全市全年共开展技能培训 22.8 万人次，完成率 137%；新增技能人才取证 10.8 万人，完成率 134%。全年开展市县两级技能大赛 144 场，引领 2 万职工技能大比拼，"劳动光荣、技能宝贵"社会氛围

更加浓厚。

温州技师学院与 45 家机构建立校企合作关系，开展 2 家产业学院、3 所特色基地、3 个特色中心以及 27 家产教合作基地的建设工作，形成多方共赢的技能人才培养模式。温州技师学院成功入选浙江省一流技师学院建设单位（全省 10 家）。

【事业单位人事管理】 2022 年，稳妥推进县以下事业单位建立管理岗位职员等级晋升制度改革。深入排摸梳理风险点，逐一明确应对措施，开展风险评估，平稳把控舆情，推动制度平稳有序实施，获市领导高度肯定。构建事业单位人员管理体系。制定出台事业单位队伍建设管理"1+X"工作举措，推动事业干部队伍系统性重塑，全面加强高素质专业化事业单位队伍建设。紧盯人才"事业引进、企业使用"机制，创新建立温州人才院，实施《人才院理事会管理办法》，切实助力我市打造全球人才"蓄水池"。

【劳动关系】 2022 年，深入实施劳动关系和谐同行三年行动计划，围绕企业劳动用工体检、劳动关系协调员培训、劳动关系和谐创建、电子劳动合同应用推广等五项重点工作，进一步细化年度工作目标，推动工作有序开展。启动第七届市级劳动关系和谐企业（园区）评选，2 家企业被评为全国和谐劳动关系创建示范企业。

按时保质完成 155 家部级制造业企业人工成本动态监测和 1337 家省部级样本企业的薪酬调查工作。积极开展 2022 年人力资源市场工资价位调查，完成 2300 多家样本企业人工成本和职工工资报酬等数据的采集、审核和上报工作，企业调查数居全省前三，任务完成率为 128%。

发布 2022 年人力资源市场工资价位及企业人工成本信息，为企业和职工合理确定工资分配提供更精准的信息指导。

【农民工管理服务】 2022 年，出台《温州市人力资源和社会保障局 2022 年助力推进乡村振兴工作重点任务及分工》（温人社办发〔2022〕15号），全年全市共举办乡村合作创业带头人培训班 48 期，创成省级合作创业村 24 个。积极参加浙江省首届返乡入乡合作创业大赛及项目对接会，报送 12 个参展项目、1 个参赛项目和历年优秀展示案例，参赛项目荣获三等奖。

落实拖欠农民工工资争议"快立、快调、快审、快结"长效机制，推进工资、工伤争议速裁机制改革。加强调解仲裁机构与劳动保障监察机构协调联动，做好调、裁、审有效衔接。2022 年度，全市处理涉及农民工劳动人事争议案件 7849 件，涉及总人数 8476 人，已审结7565 件，调解结案 5823 件，调解率 76.97%，推广使用调解仲裁网络平台，网络办案 3143件，网络办案率 40%。

【劳动保障监察】 2022 年，紧盯"保障农民工工资"国务院考核迎检工作，密集实施"迎国考"实地督导，深入开展 9 大专项执法行动，根治欠薪工作得到国务院考核组高度肯定。全面深化根治欠薪检查机制，督促各建筑业企业严格落实六项制度，对全市 2000 余个在建工程项目开展大排查大整改，顺利实现"全国两会""党的二十大"等重点时间节点温州劳动欠薪"零进京、零非访、零事故、零舆情"四个零的工作目标。10 月份以来，持续开展"安薪护航"亚运专项治理行动，深入 700 余家劳动密集型制造业和涉亚运会、亚残运会建设项目开展欠薪风险隐患排查，指定专人跟踪落实问题整改，限时消除隐患；召开第 5 次保障农民工工资支付违法打击警示会议，集中约谈、现场通报施工总包单位 130 余家，警示企业从源头规范劳动用工行为，全力防范、杜绝发生拖欠农民工工资等问题。

【调解仲裁】 2022 年度，全市共处理劳动人事争议案件 9529 件，涉及劳动者 10544 人，其中10 人以上集体争议案件 24 件，涉及劳动者 903人；已办结 9021 件，仲裁结案率 95.1%，涉案金额 2.17 亿元；调解成功率 82.2%，网络办案率 43.6%，按期结案率 100%。

研制《劳动人事争议仲裁服务规范》省级地方标准，建立健全劳动人事争议仲裁服务标准体系。该标准于 2022 年 2 月开始预研，7 月正式纳入浙江省地方标准立项计划，经项目调研、标准研讨、征求意见后于 12 月通过标准审评。以助企纾困、利民惠民为导向，持续推进工伤速裁改革，改革推行以来 30 日内审结工伤保险待遇纠纷 3491 件，简易处理率达 88%。健全工作机制，畅通裁审衔接渠道，联合市中院发布《典型案例》《工伤专题裁审调研要旨》，编印《劳动人事争议裁审衔接工作资料汇编》供裁审参考。

【信息化建设】 2022 年，配合省人社厅圆满完成社保"国统"工作。全面排查企业职工养老保险省集中系统停机切换到全国统筹系统工作中存在的风险问题，落实落细各项应对工作，实现系统切换期间"零信访、零舆情、零事故"目标。

【对口支援和结对帮扶】 2022年，积极开展东西部劳务扶贫对口支援工作，重点推进与四川阿坝县、红原县、壤塘县、南部县、仪陇县、理县、马尔康市的劳务协作。协作开展定向培训，主动将技术送到协作地劳动者手中。深入开展"百城联动促发展"跨省劳务合作行动，打通信息交流渠道，引导务工人员来温就业。以劳务协作联络站和职工保护站为纽带，全年向劳务对接城市推送岗位2300个，及时对接有意向来温州就业的务工人员诉求，积极解决职工后顾之忧。2022年累计帮助四川脱贫人口到温稳定就业7183人，新疆、西藏、青海等18省份脱贫人口到温稳定就业59412人，四川、贵州、湖北、吉林四省份脱贫人到温稳定就业68909人，中西部22省份脱贫人口到温稳定就业128321人。

【省级以上荣誉】

集体荣誉

1. 全国人力资源和社会保障系统先进集体
温州市人力资源和社会保障局
2. 全国人力资源和社会保障系统优质服务窗口
温州市社保中心
3. 全国清理整顿人力资源市场秩序专项行动先进单位
温州市人力资源和社会保障局
4. 国家节约型机关
温州市人力资源和社会保障局
5. 浙江省"人民满意的公务员集体"
温州市社保中心
6. 省人力资源和社会保障系统先进集体

温州市劳动保障管理中心
7. 全省机关事务工作先进集体
温州市人社局事业单位人员管理处
8. 省级巾帼文明岗
劳动仲裁院、温州市"一卡通公司"
9. 2021年就业创业工作获省政府督查激励
温州市龙湾区人力资源和社会保障局
10. 全省劳动人事争议案件处理工作成绩突出集体
温州市龙湾区人力资源和社会保障局

个人荣誉

1. 省人力资源和社会保障系统先进工作者
瞿自杰、潘旭锋、刘晓君、方海艇、黄鹏程
2. 浙江省人力资源和社会保障系统先进集体
温州市洞头区人力资源和社会保障局

湖州市

【城乡就业】 2022年，全市城镇新增就业7.4万人，完成目标任务的123.33%；失业人员实现就业4.04万人，就业困难人员实现就业4648人，完成目标任务的116.2%。城镇零就业家庭实现动态归零。城镇调查失业率控制在5%以内，持续处于较低水平。发布《湖州市"十四五"就业规划实施方案》，实施"乐业湖州"共富班车，打造数智就业服务平台，推进高质量就业创业体系建设。实施经济稳进提质攻坚行动，牵头推进"稳就业惠民生"和"招工引才稳岗稳产"工作专班，制定实施社保费"返、降、缓、补、扩"系列政策，为17.89万家（次）企业减轻负担10亿元。累计举办招聘活动 680 余场，支持创业带动就业，发放创业担保贷款 5.01 亿元，推出绿色岗位 6.05 万个，开发"爱心岗位" 3691 个，扶持创业 5075 人，带动就业 1.66 万人。

【社会保险参保情况】 截至 2022 年底，全市企业职工基本养老保险参保 173.35 万人，参保人数净增 5.5 万人，其中：德清县参保 33.69 万人，长兴县参保 38.38 万人，安吉县参保 32.18 万人；城乡居民养老保险参保 49.23 万人，新增参保 1.26 万人；机关事业养老保险参保 11.1 万人；工伤保险参保 133.47 万人；失业保险参保 95.02 万人；被征地农民生活保障参保 6.7 万人。

【社会保险政策】 2022 年，贯彻落实《企业职工基本养老保险全国统筹制度实施方案》及省相关配套政策，实现国统系统在湖州市顺利上线运行。根据省厅统一部署，8 月将企业职工基本养老保险单位部分缴费比例由 15% 下调回 14%，继续沿用上年度省平工资 60% 作为个人缴费基数下限。调整提高城乡居民基础养老金。从 2022 年 1 月 1 日起，城乡居民基础养老金从每月 290 元 / 人，提高到每月 320 元 / 人。优化缴费档次，人均待遇将从 2021 年的每人每月 359 元提高至 417 元，人均增加 58 元。根据国家和省统一部署，调整退休人员养老金水平，于 7 月底前发放到位，全市 50.76 万名企业退休人员，月人均增资 114.14 元，实现养老金 18 连涨。提高被征地农民生活保障待遇水平，从每月 917 元提高到 1035 元；享受基本生活补助金 1.02 万人，从 743 元提高到 839 元。工伤职工伤残津贴人均提高 198 元。

【社会保险经办管理】 2022 年，出台《老年人等群体便民服务制度》，对社保中心"数享大厅"进行适老化改造。深化"社银合作"模式，将 24 项社保业务下延至 11 家银行 500 余个网点办理。"社保服务在线"应用场景入选全省唯一试点单位，服务端构建"智问答、易参保、报工伤、扶失业、乐退休"五个智能单元。退休无忧和社保服务在线先后列入全省数字化改革重大改革（重大应用）"一本账 S1、S2"，退休无忧入选全省第五批数字社会案例集，年末入选省级最佳应用。

【人才开发与市场管理】 2022 年，建立创业类项目直接认定机制，全年新引进领军型创业创新团队和领军人才项目 169 个，其中创业类人才项目 131 个。排摸"五未"人才项目 292 个、人才企业"头雁"培育企业 52 家。集中开展"三聚三保三落实"人才企业纾困解难大走访大服务大提升活动，为人才项目解决融资、人才资源供给、发展空间拓宽等问题 396 个，为 141 个人才项目兑现政策资助资金 1.42 亿元，攻坚提升"五未"人才项目 266 个。排摸申报国家"启明计划"创业人才项目 14 个、省海外引才计划 17 个，入选省"万人计划"青年拔尖创业人才 1 人、省海外引才计划创业项目 5 个。完善"南太湖特支计划"实施办法，受理自然科学和工程技术青年拔尖人才申报对象 33 人、人力资源管理领军人才 16 人，入选青年拔尖人才 10 人、人力资源管理领军人才 5 人。

【专业技术人员管理】 2022 年，组织召开建设、交通、水利、新闻等专业职称评审推荐会 13 场，3800 余名专业技术人才晋升高一级职称，1500 余名专业技术人才推荐申报副高以上职称。指导区县及职称自主评审单位开展各类职称评审 71 场，完成省级高层次人才、援藏、援川和援疆 31 名人才高级职称确认，12 名人才通过省创新型人才职称"直通车"评审晋升为高级职称。升级专业技术人员继续教育学习平台，新增"专技人才业绩档案库建设"必修课，全年新增注册 3354 人（累计注册 21146 人），培训专业技术人才 60321 课时（累计培训 380133 课时）。印发《关于做好 2022 年度全市专业技术职务任职资格评审推荐工作的通知》，完成全市 38 个中评委的名称核准，评审范围、评审对象审定，动态调整新闻、水利和经济等 10 个中评委专家库成员。新能源等 4 个专业职称评审权限下放至德清莫干山航空航天产业工程师协同创新中心、长兴新能源（汽车）行业协会和浙江中力机械 3 家自主评审单位；全市 13 家企业行业协会开展职称自主评审工作，148 人直接晋升为工程师。"海外赤子"助力高质量发展建设共同富裕示范区，湖州行入选国家"海外赤子"为国服务行动计划"特别资助类"项目并获资助 25 万元，留学人才张靖漓领衔创业项目入选中国留学人员回国创业启动支持计划重点类项目并获资助 50 万元。组织参加 2022 年全国留学人员创业园建设工作会议。成功举办国家级创业导师走进中国湖州留学人员创业园活动，筹办"留·在浙里、才·聚湖州"中国·湖州留学人才创业大赛，征集留学人才项目 190 个，全年吸引留学人员来湖就业创业创新 1033 人，入选"南太湖精英计划"留学人才项目 50 个。

【职业能力建设】 2022 年，顺利完成职业培训"三年行动计划"，梳理 2019 年至 2022 年职业培训"三年行动计划"业务数据基础台账。启动新时代浙江工匠和湖州工匠遴选培育工作。成功申报入选"浙江杰出工匠" 4 人、"浙江工匠" 42 人，推荐申报"浙江青年工匠" 135 人；成功评选"湖州大工匠" 10 人、"湖州乡村工匠" 50 人；计划评选"湖州工匠" 50 人左右、"湖州青年工匠" 200 人左右。开展"百业千匠"市级技能大赛活动，会同市总工会举办区县、产业及以上大赛 110 多场，其中数控车工、地理信息测绘等市一级大赛 27 场。累计参赛职工 8000 余人，带动企业岗位练兵比武 8.96 万人。安吉技师学院成功入选省一流技师学院培育名单，湖州交通技师学院等 5 所技师学院的装备制造等 6 个专业成功入选省级高水平专业群。推动安吉技师学院二期、湖州交通技师学院南浔分校、湖州工程技师学院长合区分校等项目谋划立项。扩大职业技能等级认定覆盖面，全年新增职业技能等级认定备案企业 261 家（累计备案技能等级认定机构 562 家），发放技能等级证书 66534 本（其中高技能证书 39009 本，高技能发证占比为 58.63%）；18 家社评组织编制发布职业技能等级认定计划 2366 批次，涉及车工、钳工、电工等 62 个职业。指导久立集团申报成为全省首批"新八级"试点企业，组织专业队伍协助久立集团建立"金属轧制工"特技技师、首席技师评价规范，王会斌、莫国峰成为全省首批特技技师。成功申报"民宿管家"新职业，完成《服装水洗工》《纺织印花制版工》《生活垃圾清运工》《生活垃圾处理工》《危险废物处理工》《民宿管家》6 大国家职业技能标准（初稿）开发；完成鲈鱼养殖、青虾养殖、茶糕制作 3 项湖州特色的专项能力考核标准审定；指导湖州师范学院申报《抽纱刺绣工（手袖工）》省职业技能标准开发，配合浙江浙法传媒集团有限公司申报《城市管理网格员》题库开发。指导社评机构积极申报技能人才评价专家培养基地和技能人才高级研修班，湖州职业技术学院、安吉技师学院、长兴技师学院和湖州交通技师学院4家机构成为全省首批技能人才评价专家培养基地，共涉及工业机器人系统操作员、物联网安装调试员、公路养护工等7个职业（工种）；湖州技师学院、浙江信息工程学校（湖州工程技师学院）和安吉县护理学会3家单位承接2022年省级高级研修项目4个。成立湖州市新能源汽车产业学院，协助湖州职业技术学院等4家学院和微宏动力等4家新能源企业签订校企合作协议，开展全市技术技能人才专项治理工作，牵头负责对511家评价单位开展"山寨证书"专项治理检查工作；对17家社会评价组织、360家用人单位和157场职业技能大赛，开展技术技能人才违法鉴定专项整治工作。

【事业单位人事管理】 2022年，完成县以下事业单位职员等级晋升，两批共晋升847人。对市本级20个部门61家事业单位进行岗位设置方案及变更岗位设置方案进行备案，共设置管理岗位973个、专技岗位6497个。市本级岗位聘任变动通过审核备案2991人。完成浙江省南太湖创新发展研究院74名高层次人才岗位聘任工作和68名高层次人才整体划转至高层次人才服务中心工作。把教师系列中级职称评审权限下放至华东师范大学湖州实验中学和安吉县第九小学等8所学校，自主开展职称评聘工作。

【工资福利】 2022年，推进市属事业单位工作人员各项工资业务线上线下申报审批，完成基本工资调标审批单位212家，13221人次。正常增加薪级业务审批单位181家，12525人次。岗位变动业务审批213笔，3077人次。新招录、交流调动、工龄等其他审批业务409笔，1191人次。发放落实市本级236名政调企人员特困补助和春节慰问金共计399万元。保障机关工勤人员各项工资福利待遇，参照公务员确定机关工勤人员基础绩效奖金标准。配合市纪委监委完成2022年度对市级部门、三县两区的执纪检查。拟定市属事业单位绩效工资完善政策草案。拟定湖州市高校激励绩效实施办法。

【劳动关系】 2022年，会同市总工会出台《工资集体协商工作指引》，对新入职的初级工、中级工、高级工、技师、高级技师等技术工人，引导企业分别按不低于4000元／月、4500元／月、5500元／月、8000元／月、15000元／月确定薪酬起点。对取得初级工、中级工、高级工、技师、高级技师技能等级的，分别在原有薪酬基础上增加100元／月、200元／月、300元／月、500元／月、800元／月标准。协调建设、财政、总工会等部门，推动落实《关于进一步改善环卫工人工作生活条件促进共同富裕的若干意见》（湖建发〔2021〕58号），稳步提高环卫工人收入待遇。制定《新业态从业人员"扩中""提低"改革激励工作方案》，联合总工会、邮政局研讨制定了《快递行业劳动用工标准（试行）》。2022年培育金牌劳动关系协调组织25家、金牌劳动关系协调员40名，练市镇、飞英街道、煤山街道、禹越镇被评为第一批省级金牌调解组织。德清钟管镇南舍工业园区中特和谐园、浙江洁美电子科技股份有限公司获评国家级和谐劳动关系园区（企业）。创新制定《劳动用工体检报告》通用标准模版，全年共开展劳动用工体检 3290 家。举办全市劳动关系协调员技能比武大赛。发布《湖州市 2022 年人力资源市场工资指导价位》。

【农民工管理服务】 2022 年，对全市农民工工作开展专题调研，形成《湖州市关于农民工返岗情况的快速调研》《湖州市农民工服务保障重点工作专题调研报告》等调研报告。对湖州市 120 余万名农民工数据进行全面比对、核查并补充录入"农民工服务在线"数据库。制定《工程建设领域农民工工资保证金操作指引》。派送印有"安薪码"的矿泉水 30 万瓶，向在湖农民工发送务工提示短信 71 万条次。在全省率先建成数字人民币发放农民工工资应用场景。

【劳动保障监察】 2022 年，"一处（监察执法处或科）一中心"（劳动权益保障中心）建设在全省率先完成。省政府对市级政府保障农民工工资支付考核湖州市连续两年获得 A 等次，劳动纠纷化解率动态保持 100%。建立南太湖新区结对督导机制，加强南太湖新区根治欠薪工作力量。"六项制度"落实率动态保持全省第一。在全国率先施行在建项目人工费用拨付比例浮动机制，迭代升级"安薪在线"。劳动保障监察全省技能比武获得团体三等奖，章晶同志在"除险保安"行动中荣立三等功。发挥根治欠薪领导小组作用，梳理、明确根欠成员单位职责，新增成员单位 7 个（包括市信访局、市综合执法局、市检察院、市邮政管理局、市城市集团、市交通集团、市产业集团）。构建以乡镇街道为基本单元的作战体系，全市乡镇（街道）

74 个网格，累计出动 1384 人次，排查用人单位 1.99 家，涉及劳动者 55.67 万人次，纠正轻微违法行为 298 起，完成 463 家劳务派遣单位和人力资源服务公司的用工登记。探索劳务用工穿透式管理，在南太湖新区试点构建层级（建设单位—施工单位——类分包单位—二类分包单位—班组长）清晰的劳务用工管理图谱，覆盖新区房建项目 46 个，涉及一线班组 712 个、农民工 17833 人，有效减少和避免工资、工程款问题。

【调解仲裁】 2022 年，劳动人事争议调解成功率 93%，网络办案率 57.4%，仲裁结案率 94.2%，三个指标均列全省前三。行政诉讼、行政复议零发生。安吉县劳动纠纷多元化解中心获得全国首批金牌调解组织称号。仲裁全省技能比武获得团体二等奖，个人获得裁决文书一等奖、庭审优秀仲裁员等奖项。在全省率先发布乡镇（街道）劳动人事争议调解工作地方标准，制定仲裁庭审"十要"规范以及仲裁文书审核制度，严格落实"一窗受理、调解先行、分类流转、限时办结"机制。

【劳动保障电话咨询】 2022 年受理市 12345 热线来电 1674 件。

【信息化建设】 2022 年，完善由 26 个部门组成的社保卡居民服务"一卡通"专班，新增了发改、科技、司法、公积金等 10 个部门。社保卡持卡人数达到 346.17 万人，电子社保卡签发人数达到 271.16 万人，电子社保卡常住人口覆盖率 79.59%。打通全市 11 家银行 500 余个社保卡经办服务网点推进"社银合作"。协同湖州市民卡公司设立湖州市社会保障卡微信公众号、96225咨询服务热线常态化开展咨询和宣传服务。推出实体社保卡身份认证、电子社保卡信息解析、社保卡鉴权和信息查询、社保卡银行信息获取等数据服务产品，涉及19个部门150余项政府公共服务和公用事业应用可持卡（扫码）办理，70余项利民补贴待遇通过社保卡发放，全年入卡金额100余亿元。在垃圾分类、"湖州通"防疫码等跨部门应用中输出社保卡数据共享和身份认证能力。争取到浙江省社会保障卡体育服务"一卡通"试点，实现了社会保障卡在百姓健身房等体育场景的有效应用，并向全省推广。承接省人社厅"社保服务在线"试点项目和"人力资源产业协同"地市创新项目，以及本市重点建设"乐业湖州""工伤智防""社保扩面提质"等应用。

【对口支援和结对帮扶】 2022年，先后组织企业赴四川、贵州、云南、吉林等地召开专场招聘会及各类网络招聘活动20场，累计提供一线操作工、技工等各类岗位21138个，与小金县、金川县、汶川县、广安区等地开展互访13次，开展视频推介22次，并通过举办联席会议、签署劳务合作协议、设立工作站等形式进一步密切工作联系。会同市财政局、市区域交流合作办优化完善《关于进一步做好湖州市东西部劳务协作工作稳定就业的通知》，从脱贫人口、接收企业、输出地区、人力中介四个维度全面提高全社会对东西部劳务协作工作的积极性和参与度。对来湖就业的对口地区脱贫人员给予就业补贴、租房补贴、交通补贴和探亲补贴等稳定就业岗位。邀请金川县29名乡镇、村干部赴安吉开展为期5天的东西部劳务协作乡村振兴人才培训，考察交流安吉县美丽乡村建设、创

新创业平台、特色露营休闲产业建设经验做法。组织金川县脱贫劳动力42人到安吉开展转移劳动力培训，通过现场教学、参观考察就业企业和交流研讨相结合的方式，宣传湖州市就业政策和就业环境。

【省级以上荣誉】

荣誉集体

1. 新闻宣传工作受到中国劳动保障报通报表扬单位

湖州市吴兴区人力资源和社会保障局

湖州市长兴县人力资源和社会保障局

2. 2022年度全省人社系统绩效考评优秀单位

湖州市吴兴区人力资源和社会保障局

3. 2022年度全省劳动人事争议案件处理工作成绩突出单位

湖州市吴兴区人力资源和社会保障局

4. 全省人力资源和社会保障系统先进集体

湖州市吴兴区人力资源和社会保障局

5. 2022年度推进农民工返乡合作创业成绩突出单位

德清县人力资源和社会保障局

6. 2022年"省级良好档案室"

德清县人力资源和社会保障局

7. 2022年度全省劳动人事争议案件处理优秀等次单位

德清县人力资源和社会保障局

8. 2022年度全省社会培训评价组织考核优秀等次

湖州市技师学院

9. 全省人力社保系统先进集体

湖州市人力资源和社会保障局

先进个人

1.2022 年度全省劳动人事争议案件处理工作成绩突出仲裁员

湖州市吴兴区劳动人事争议仲裁委员会

韩 芮

2. 全省人力资源和社会保障系统先进工作者

湖州市吴兴区人力资源和社会保障局人才
开发科　　　　　　　　　　李 岚
湖州市南浔区就业管理服务中心　张国群
湖州市劳动权益保障中心　　　　宋国兴

3. 推进人力资源服务业高质量发展工作成绩突出个人

湖州市吴兴区人力资源和社会保障局

唐晓华

4. 浙江省"绿叶奖"

德清县人力资源和社会保障局　　周 敏

5.2022 年度全省劳动人事争议案件处理优秀等次仲裁员

德清县劳动人事争议仲裁委员会　姜 旻

嘉兴市

【**城乡就业**】　全面落实统筹城乡就业,2022 年全市城镇新增就业 14.56 万人,帮扶就业困难人员再就业 1.2 万人,零就业家庭实现"动态归零"。创建 121 家市级共同富裕高质量就业示范社区(村)。

创业带动就业。举办嘉兴市"启航杯"大学生创业大赛,组织参加浙江省首届返乡入乡合作创业大赛。《工业能效优化平台》《光伏微电网智慧安全管理系统》《洗芯革面——国内独创可水洗抗静电皮革创新者》三个项目获第五届"中国创翼"创业创新大赛浙江省决赛制造业组三等奖。举办乡村振兴创业带头人培训班 19 期。开展市级创业导师续聘和选聘工作。发放创业贷款 541 笔,金额 2.35 亿元。

高校毕业生就业。开展"高校毕业生就业服务月""百日千万网络招聘专项行动"等专项行动。联合嘉兴技师学院、嘉兴建筑工业学校等举办校园双选会、专场招聘会。全年推出就业见习岗位 13681 个,组织高校毕业生等青年完成见习 4970 人,离校未就业高校毕业生实现就业人数 6777 人,发放求职创业补贴 376.5 万元,享受补贴 1255 人。

全面启动"嘉人有约·禾你共富"十百千万系列引才活动,先后开展"'春风送暖、同心抗疫、博采众长、海智嘉汇'等系列高校毕业生人才交流云聘会""第四届'学子回嘉'青年人才实践行暑假活动""518 嘉兴人才日活动""'忆烟雨江南·守红色根脉'嘉兴市高校毕业生大型招聘专场暨 2022 年海内外精英人才峰会""'千企百校·万名青年'2022 年百所高校嘉兴行暨高校毕业生嘉兴实践活动"。2022 年,累计举办 479 场线上招聘,335 场线下招聘,提供岗位 34.98 万个,达成意向 6.8 万人,收到意向简历 12.5 万余份。

返岗复工。推出"留嘉过年"12 条工作举措,倡议"留嘉过新年"。春节期间,全市省外参保员工留嘉 60.08 万人,留嘉率达 58.33%,较往年多留近 40 万人。省外员工返岗人数 116.01 万人,返岗率 99.18%,位居全省第二。全市发放留岗、交通、招工等各类补贴 2.12 亿元,惠及企业 2.65 万家,惠及员工 80.42 万人。派出 21 个"驻点招工"招聘组,赴云、贵、川等地接回新员工 1.33 万人。央视《新闻联播》、人民网、浙江卫视等新闻媒体报道我市返岗复工的做法。

公共就业服务活动。开展春风行动线上招聘会、嘉兴市民营企业线上招聘会、浙江省 2022 年金秋招聘月暨嘉兴市"千百万"就业服务行动网络直播活动等大型线上招聘活动，全年举办专场招聘会 784 场，组织用工余缺调剂洽谈 142 次，推送就业岗位 5.17 万个，服务求职者 15.52 万人次。引育技能型务工人员 1.46 万人，服务企业 20846 家，服务求职人员 11.25 万人，达成初步意向 31654 人。

就业工作数字化改革。开发"富民码"和"创富贷"数字化应用场景。全面推广"重点群体帮扶在线"和"浙里好创业应用"两大应用场景。重点群体就业帮扶率 99.93%，帮扶重点群体 102571 人次。

【社会保险参保情况】 截至 2022 年底，全市基本养老保险参保人数达到 355.12 万人，比 2021 年底增长 6.19 万人，其中：企业职工基本养老保险参保增长 3.44 万人，户籍法定人员基本养老保险参保率达到 97.70%，机关事业单位参保人数 10.24 万人；企业职工基本养老保险基金收入 521.80 亿元，支出 541.33 亿元，累计结余 3.70 亿元。失业保险参保人数 163.82 万人，基金收入 9.62 亿元，支出 15.45 亿元，其中失业保险金支出 4.59 亿元。工伤保险参保人数 253.07 万人，基金收入 8.89 亿元，支出 8.56 亿元，当期结余 0.33 亿元，累计结余 7.19 亿元，支付能力 10.08 个月。

【社会保险政策】 2022 年，企业退休人员养老保险待遇调整和发放。对 2021 年 12 月 31 日前已按国家和省有关规定办理退休、退职手续的退休人员，从 2022 年 1 月 1 日起调整基本养老金待遇，平均调整幅度为 4.43%，调待金额于 2022 年 7 月底前发放到位。出台《关于调整被征地农民衔接职工基本养老保险有关待遇问题的通知》，破解 13 万嘉兴市本级被征地农民养老保险历史性难题。

调整城乡居民基础养老保险待遇。出台《关于进一步完善城乡居民基本养老保险基础养老金正常调整机制及其他事项（试行）的通知》（嘉人社〔2022〕60 号），从 2022 年 1 月 1 日起，城乡居民基本养老保险基础养老金挂钩增长 9.5%，由每人每月 290 元调整为每人每月 320 元，平均待遇达到 553 元／月。惠及全市 41.74 万人，平均待遇达到 552 元／月，城乡居民养老保险保障水平达到 13.80%，居于全省领先水平。

基本养老保险企业减负政策。继续实施阶段性降低社保费率政策。工伤保险单位缴费费率下调 20%—50%，兑现降费 0.94 亿元。养老保险单位缴费部分由 15% 调整至 14%，全年减征 8.21 亿元，全市 1—7 月多征收的企业职工基本养老保险费 4.79 亿元，9 月底前已完成全部退费。对特定行业阶段性实施缓缴企业社会保险政策，截至 12 月底，全市缓缴三项社保费 3.01 亿元，其中企业职工基本养老保险 911 家、103591 人、2.76 亿万元；失业保险 912 家、91761 人、990.97 万元；工伤保险 911 家、98778 人、1539.74 万元。

落实失业保险稳岗返还、阶段性降低失业保险费率政策。发放失业保险稳岗返还资金 4.5 亿元、一次性留工培训补助 2.62 亿元；降低费率减征 9.3 亿元，惠及企业 11.2 万家；发放技能提升补贴 0.23 亿元，发放一次性扩岗补助 2373.45 万元。

设定工伤预防考核指标，降低工伤事故发生率、工伤鉴定大级别改变率、工伤保险基金支缴率，提升全市工伤保险工作质量。全面推进全市工伤保险业务数据化，基本实现工伤数据全流程共享与管控。在嘉善县试点工伤预防项目，全县工伤事故发生率从 11‰ 下降至 8.3‰。

【社会保险基金监督】 2022 年 5 月 18 日，印发《关于进一步加强社保基金要情管理的通知》，从杜绝瞒报漏报、提高报送质量、做好协同处理三方面提出要求。9 月 16 日，印发《进一步加强社会基金监督检查发现问题整改工作的通知》，从严格履职、清单化管理、及时整改、强化责任四个方面，健全督促问题整改工作机制，明确整改责任，推动整改落实，提升社保基金监督效率，保障社会保险基金的安全。

2022 年 3 月起，全市人社系统开展"社会保险基金管理提升年"行动，成立市提升年行动领导小组，制定《嘉兴市社会保险基金管理提升年行动方案》。开展社保政策落实不到位及行风方面问题专项治理工作。2022 年 4 月底，印发《嘉兴市社保政策落实不到位及行风方面问题专项治理工作方案》《关于推进嘉兴市社保政策落实不到位及行风方面问题专项治理工作的通知》，成立专项治理领导小组，设工作专班，建立周报、月报制度。全市 5 月起全面自查自纠，7 月 13 日—22 日组成市级专项治理督查组，对各县（市、区）治理工作进行指导、督查。

【社会保险经办管理】 2022 年，落实企业职工基本养老保险全国统筹工作，前期做好职工基本养老保险缴费比例、缴费基数调整及信息系统对接等工作，经过 4 轮次 800 多万条问题数据整改、5 轮 300 多人次对 285 个系统模块业务验证测试、近 1 个月停机切换和暂停业务办理，5 月 16 日顺利切换上线，上线以来，系统运行平稳，2022 年办结社保业务 300 万笔。

2022 年，全市共完成工伤认定 1.77 万件（其中市级完成 160 件），同比下降 14%，受理工伤鉴定 1.62 万件（其中市本级 3207 件），同比上升 3%。依法规范工伤认定流程，做到工伤行政复议、诉讼案件零败诉。各项工伤保险待遇累计领取 34137 人次，享受待遇 55597 万元。

进一步完善各项稽核风控机制。结合嘉兴市社保基金管理提升年行动方案和嘉兴市社保政策落实不到位及行风方面问题，开展专项治理，出台待遇追回工作内部指引，完善各项稽核风控、岗位权限管理实施细则，对行风建设、岗位权限设置、待遇发放、经办流程、岗位设置等方面进行自纠自查。加强数据共享，开展疑点信息核查。获取与法院、卫健、公安、民政等的共享数据，开展数据比对。全市 100% 处理完成部省稽核考核系统疑点。

【社会保险经办数字化改革】 2022 年，完成重大项目"一本账"迭代更新工作，迭代和新增人社数字化改革应用场景填报——"安嘉保"；完成全省系统数字化改革"对标争先、改革创新"竞争性试点项目申报——"社保经办服务在线"；完成全省人社系统"一件事"征集工作——"建筑业工伤保险实名制参保一件事""退休待遇资格无感认证一件事""困难人员城乡居保参保一件事"；推进"浙里大社保"及"社保基金安全在线""社保服务在线"等数字化场景推广应用。通过浙江数字人社工作台实现工伤认定结果、劳动能力鉴定结果等基础数据实时共享，全市全年完成劳动能力鉴定1.6154万件，受理因病丧失劳动能力鉴定954件。

【人才开发和市场管理】 2022年，继续引进高层次人才和项目。连续9年举办嘉兴国际人才交流与合作大会，面向全球发布《嘉兴市重点产业紧缺人才目录（2022）》，编制《嘉兴市人才需求汇编》，汇集用人单位岗位25.45万个。组织开展首届领军人才企业合作伙伴对接会、第六届"红船杯"嘉兴全球创业创新大赛总决赛、集成电路领域领军人才企业合作伙伴对接会。遴选"星耀南湖"领军人才计划人才（团队）项目147个，入选浙江省"万人计划"青年拔尖人才7名。落实硕博倍增计划、大学生"550"引才计划、人才房票、引才大使等人才政策。新引进硕博人才5431人、大学生超12.8万人。贯彻"人才新政3.0"，出台系列配套政策，制定出台《关于在疫情防控常态化背景下加强精准引才工作的八条意见实施细则》（嘉人社〔2022〕52号）《嘉兴市人才分类认定目录（2022）》（嘉人社〔2022〕34号），编制《嘉兴市青年人才政策汇编》。新建高校人才合作站10所。

创新、规范人才管理服务。创新推出"海聘汇""嘉习汇"引才微信小程序，为政府、高校、企业、学生搭建数智化、多元化、集成化平台。升级嘉兴人事人才网，完善招聘功能，打造"嘉小才""禾小嘉"引才招聘官人物品牌，网站改版后岗位信息新增5000余条、简历数13000余人。规范人才派遣服务，2022年共派遣单位198家，派遣和代理员工3880人，发放

工资奖金19287.05万元，代申报个税185.28万元，办理生育保险117人、工伤保险11人、退休39人。加强流动人员档案管理服务。推动建立互认互通的档案审核机制和长三角G60科创走廊"九城通办"的流动人员人事档案转接受理机制，接收档案22035份，转出档案7080份，集体户口累计4312人，档案数字化10509份，影像拟挂接65838份。

加强人力资源服务业发展。出台《嘉兴市级人力资源服务产业园创建和评估办法（试行）》（嘉人社〔2022〕76号），规范市级产业园创建与评估工作。发动4家人力资源服务机构定向捐赠云和县安溪畲族乡，举办长三角人力资源供需对接会。开展人力资源服务企业集中走访，加强人力资源企业年报、服务业数据统计等指导，编制《嘉兴市2022年度人力资源服务业发展蓝皮书》。推广"浙里人力资源"和引才云平台，开展"人力资源产业协同"创新项目试点。3家单位、5名个人入选全省推进人力资源服务业高质量发展工作成绩突出集体和个人。

【专业技术人员管理】 2022年，全市新增专技人才24339名，其中专业技术资格16111人，执业（职业）资格8228人。举办长三角海外人才项目云洽会，举行"长三角留学人员之家"授牌仪式，全省首个"长三角留学人员之家"在嘉兴南湖区湘家荡落户。引进海外高层次人才。3月，举办"嘉人有约·海智嘉汇"海外高层次人才云聘会，以"1+9"形式举办，即1场发布会加9场线上面试，从3月起每月举办一场，依托20多家海外人才机构、学联等平台在全球同步展开。2家留学人才企业喜获2022年度中国留学人员回国创业启动支持计划入选项

目，入选数已经连续三年全省第一。5月，举办"嘉·里"卓越工程师合作峰会，"嘉·里"卓越工程师工作站在海外落地。优化人才发展环境、举办"嘉兴人才日"，市县联动举办22场系列活动。迭代嘉兴人才码，入库人才超88万人，提供人才服务122万人次。开展人才码宣传推广"一月一主题活动"，平台活跃度列浙里办本地热门应用首位。创新推出大学生"嘉YOU卡"，为应届毕业生提供出行、旅游、食宿等优惠服务，吸引9700多名大学生申领体验。"嘉兴人才码"与"嘉YOU"卡入选全市人才服务实事"双十"暖心工程。开展浙江省有突出贡献中青年专家选拔工作，推荐5人，入选3人。深化"智聚山海·助力共富"专家服务工程，组织46场专家服务活动，服务企业152家、群众6000余人。全市新建博士后工作站41家（国家站3家）、新招收博士后研究人员150名，同比2021年分别增长46%和83%。22人获中国博士后科学基金会面上资助，4人获浙江省博士后科研项目择优资助，补助资金200万元。推进民营企业工程系列中初级职称自主评聘试点，首次将新型研发机构纳入试点范围，全年共有49家民营企业和3家新型研发机构开展试点。会同嘉善县开展长三角生态绿色一体化发展示范区家具家居行业工程师职称联合评审，出台《长三角生态绿色一体化发展示范区家具家居行业工程师职务任职资格评价条件（试行）》。浙江清华柔性电子技术研究院成功向省人力社保厅、省科技厅申请为自然科学研究系列职称单位自主评聘试点单位。开展专技人员继续教育培训达19万余人次，立项省级高研班17期、市级高研班58期。

【职业能力建设】 2022年，全市高技能人才总量36.3万人，占技能劳动者比重33.39%，新增技能人才9.58万人，其中高技能人才5.57万人，技师、高级技师7864人，入围浙江杰出工匠4人、浙江工匠49人、浙江青年工匠145人。

职业技能培训。印发《关于实施新时代嘉兴工匠培育工程的意见》《新时代"技能嘉兴"行动方案》《关于实施"金蓝领"职业技能提升行动的通知》《嘉兴市级"金蓝领"职业技能提升行动补贴管理办法》《关于公布2022年嘉兴市紧缺职业（工种）目录的通知》等政策文件。开展新型企业学徒制培训3858人次，完成职业技能培训22.56万人次，举办高技能人才培训研修班19期。

职业技能大赛。会同市总工会等四部门开展2022年嘉兴市职业技能竞赛暨百万职工技能大比武活动，举办47项市级职业技能竞赛，其中一类竞赛38项、二类竞赛9项。首次引入第三方审计机构全程监管竞赛过程。

职业技能鉴定。2022年，全市职业技能等级认定备案机构总数903家，其中用人单位备案872家，社会评价组织备案29家。2022年全市新增备案机构469家，其中用人单位466家，社评组织3家。

职业技能评价管理。2022年，全市评价机构累计开展职业技能等级认定124554人次，合格发证101189人次（其中高技能56869人次）。开展"嘉兴市技能人才评价领域风险排查自查自纠"和"嘉兴市技能类'山寨证书'专项治理"等规范技能人才评价工作。配合省级业务主管部门开展"全省技能人才评价领域违法违规行为专项整治"和"全省职业技能等级认定工作综合督查"工作。

公共实训基地建设。制订《嘉兴市高技能人才公共实训基地认定管理试行办法》，认定嘉兴职业技术学院等10家单位为2022年度市级公共实训基地。全市完成技能人员入场实训10万人次以上。指导公共实训基地开展实训资源包开发、实训师资队伍建设、校企合作培养高技能人才。

技工院校发展。2022年全市共有技工院校7所，招生5782人，在校生规模20002人，当年度毕业生4163人。对全市7所技工院校和职业技能培训机构开展为期三个月的安全生产大检查。

【事业单位人事管理】 2022年，完成县以下事业单位管理岗位职员等级首轮晋升工作，首轮晋升职员等级备案1177人，其中七级职员84人、八级职员1059人、九级职员34人，全市晋升人员月增资人均340元。市属事业单位办理岗位变动备案业务320次，岗位变动1339人次。2022年，全市共有事业单位工作人员70299名，其中市属事业单位工作人员11844名，实行全员聘用制管理。共有事业单位管理人员4877人，专业技术岗位66635人（含双肩挑1792人），工勤技能岗位579人。全年退休1219人，开除8人。

【人事考试管理】 2022年，嘉兴市共发布各类人事考试信息44项，组织实施人事考试23项，涉及考生11.1万人，发放资格证书11991本。全年处理各类人事考试违纪违规人员23名。组织开展中央机关及其直属机构考试录用公务员笔试、全市浙江省选调生笔试、嘉兴市各级机关单位考试录用公务员、省市级机关公开遴选公务员录用笔试和市属事业单位招聘笔试等人才选拔类考试，涉及考生4.78万人。组织实施二级建造师执业资格考试、经济专业技术资格考试（机考）、社会工作者职业水平考试、初、中级注册安全工程师职业资格考试、一级建造师资格考试等多项全国或全省专业技术人员资格考试及职业（执业）资格考试，涉及考生6.3万人。积极建设"社考通"（智慧考务）数改应用，其中"畅考码"子场景已在36个项目、78场考试中运用，服务考生14.5万名；"试卷流转"和"考中监管"子场景已在12项、41场考试中运用，试卷管理实现动态追踪，考点考场实现全程监管。完成人事考试智慧考场试点建设，在嘉兴技师学院建成140个标准化智慧考场，并在12月17日的考试录用公务员笔试中试运行。

【事业单位公开招聘】 2022年，全市事业单位公开招聘，实际聘用3425名。嘉兴市属事业单位共完成公开招聘方案备案69个，计划招聘事业人员1253名，实际聘用1168名，其中高层次人才636名，占总招聘人数55%。组织全市部分事业单位集中招聘，推出岗位513个，计划招聘工作人员532名。其中，市属事业单位推出招聘岗位75个，计划招聘事业单位工作人员81名，实际聘用79名。首次组织实施市县联动招聘高层次紧缺人才，推出186个岗位，计划招聘高层次人才202名，分两轮组织面试，第一轮4522名考生参加面试，第二轮839名考生参加面试，参加面试人数为历年最多的一次。指导教育、卫生、高校等行业（单位）分批次开展自主招聘，市属事业单位实际聘用教师714名、医务人员292名，其中学科带头人

5 名、博士研究生 85 名、硕士 489 名。

【工资福利和表彰奖励】 2022 年，首次出台《嘉兴市属事业单位优秀工作人员健康休养实施办法》。会同财政部门研究提出完善市属事业单位绩效考核发放办法，核增嘉兴港引航管理站 2020 年度绩效工资总量 284.67 万元、2021 年度绩效工资总量 336.12 万元；核增市卫健委直属 3 家事业单位 2021 年度绩效工资上浮 30%，上浮部分总量 211.35 万元。开展医护人员关心关爱工作，核增 2022 年度市卫健委直属 7 家医疗卫生单位一次性绩效 25%—30%，上浮部分总量 8024.54 万元。进一步规范评比达标表彰工作，全市共分 16 批次向省推荐参评表彰奖励，推荐先进集体 17 个、先进个人 56 名。全市申报 2022 年度表彰项目 9 个（市级 2 个，7 个县市区各 1 个）、通报表扬项目 5 个（市级）。各县（市、区）开展通报表扬项目 21 个。

【劳动关系】 2022 年，深入推进劳动关系"和谐同行"三年行动计划，开展嘉兴市第七批和谐劳动关系先进企业（园区）创建活动，共有 43 家企业（园区）获评市级和谐劳动关系先进企业，平湖市景兴纸业获评全国和谐劳动关系示范企业。为 2924 家企业提供劳动用工风险检查，并出具用工体检报告。开展电子劳动合同操作培训 100 余场次，为全市企业提供免费电子劳动合同服务超 40 万份，总量位居全省第二。大力开展信访积案处理，全市人社系统提前一个月实现系统 49 件信访积案全部清零。开展免费培训 40 余场，培训 2953 人 / 次。2022 年 7 月，嘉兴代表浙江省在全国劳动关系协调

员示范培训班上作典型经验介绍。持续开展新就业形态劳动者劳动保障权益专项行动，举办"骑士关爱月"活动。制定行业集体合同（或协议）范本。放开灵活就业人员参加职工基本养老保险户籍限制，2304 名省外户籍灵活就业人员纳入嘉兴企业职工基本养老保险参保范围。推进全市新就业形态劳动者单险种参加工伤保险工作，全市 43 家企业、23372 人参加单工伤保险。采用抽样调查，收集 1400 家企业 2021 年度人工成本及其相关数据以及企业内全年在职的 156903 名劳动者（在岗职工、劳务派遣员工）的工资报酬及其相关数据。印发《关于发布 2022 年嘉兴市人力资源市场工资价位及行业人工成本信息的通知》（嘉人社〔2022〕72 号），发布 374 个职业细类企业从业人员 2021 年工资价位信息。

【农民工管理服务】 2022 年，印发《嘉兴市农民工工作领导小组 2022 年工作要点》（嘉农工办发〔2022〕2 号），组织全市 26 个成员单位开展农民工服务保障工作。开展"送清凉送政策"活动，深入企业、项目工地 34 次，慰问农民工 4700 人 / 次。推广应用省厅数字化改革重点项目"农民工服务保障在线"。制定《嘉兴市农民工基础信息采集工作方案》，补充完善全市 1031628 条农民工信息数据。配合人社部，每季度开展农民工外出就业和返乡情况动态监测调查工作，全年完成调查 1360 人 / 次。

【劳动保障监察】 2022 年，出台《关于进一步深化根治欠薪工作实施意见》，打造制度完备、责任落实、职责明晰、监管有力的综合治理格局，实现欠薪问题精密智控、闭环管理。打造

"人社矛盾化解一体化专窗"，畅通维权渠道，实现"一地投诉、全市联动"。实行110社会应急联动机制，严格落实"首问负责制"，设立24小时值班手机制，做到专人随时接听。组织开展领导干部、多部门联合集中接访，累计接访案件267件，现场为804名劳动者解决工资纠纷2330万余元。开展"安薪我先行、服务浙共富"活动、人力资源市场专项整治的"铁拳行动""护航二十大"除险保安暨根治欠薪秋季专项行动、根治欠薪冬季专项行动。排查用人单位43261家（企业40182家，工程项目2310个，校外培训机构272家，人力资源服务机构497家），发出限期整改指令552个，立案查处76起，向公安移送涉嫌拒不支付劳动报酬案件18件，16家用人单位及个体户因拖欠工资被列入"失信联合惩戒名单"，共为10537名劳动者追回劳动报酬1.95亿元。推广省"安薪在线"应用，将2010个在建项目、942家低小散加工厂、999家劳务企业、135家新业态企业和9.6万多名劳动者纳入在线发薪监管；推进建筑领域"一卡安薪"项目，实现试点项目新入场农民工电子劳动合同签订全覆盖。

【调解仲裁】 2022年，全市各级劳动人事争议仲裁机构立案5006件，涉及劳动者6316人，涉案金额2.272亿元，调解成功率86.02%，仲裁终结率95.1%，网络办案率45.9%，劳动争议案件数量比上年增长30.84%。稳步推进《示范区劳动争议调解仲裁协同处置服务要求》长三角地方标准研制工作，召开长三角标准立项论证评估会，该标准草案获得评审专家全票同意通过。

【信息化建设】 2022年，推进嘉兴市人力社保系统数字化改革重点、试点和各地创新应用建设工作，完成人社"应急处突"在线、长三角"敬老通"、建筑领域"一卡安薪"、智慧考务（社考通）、人力资源产业协同5个项目建设工作；长三角"敬老通"项目在长三角生态绿色一体化发展示范区建设三周年工作现场会上作经验交流，相关做法获得《竞跑者》报道，社考通入选数字社会案例集（第十批）。推进人力社保网络和信息系统安全管控体系建设，实现硬件部分强化网络安全管控，软件部分强化数据库安全防护；2022年共组织参与公安部、省人社厅和嘉兴市组织的网络安全攻防演练3次；推进等级保密评估工作、做好信息系统等级保护测评（复评）工作，根据商用密码应用和安全性评估工作的要求，编制系统密码应用方案；开展三级"等保"系统的密码应用安全性评估；2022年未发生网络和信息安全事故。2022年，嘉兴市新增实体社保卡持卡数14.33万张，完成考核任务120.42%，新增电子社保卡签发数123.89万人，完成考核任务117.21%。开展人社系统惠民服务主题宣传活动，线上800余次，线下1800余次；完成库存卡清理工作。

【对口支援和结对帮扶】 2022年，印发《关于进一步加强东西部就业帮扶巩固拓展脱贫攻坚成果助力乡村振兴的通知》。与东西部劳务协作地区开展互访38次，赴东西部劳务协作地区对接调研16次，签订劳务合作协议32次，推送就业岗位91542个，开发爱心岗位4976个；赴受援地举办招聘会67场次，组织523家企业，提供就业岗位42942个，引进592名对口支援地区人员到嘉兴市稳定就业。

【省级以上荣誉】

荣誉集体

1. 全国人社系统优质服务窗口

嘉兴市人才交流服务中心

2. 全国清理整顿人力市场秩序专项行动取得突出成绩单位

嘉善县人力资源和社会保障局劳动保障监察科

3. 全省推进人力资源服务业高质量发展工作成绩突出集体

嘉善县人力资源和社会保障局

4. 2021年度全省劳动人事争议案件处理工作成绩突出单位

海宁市人力资源和社会保障局

桐乡市人力资源和社会保障局

5. 2021年度全省劳动人事争议"互联网＋调解仲裁"工作成绩突出单位

嘉兴市南湖区劳动人事争议仲裁院

嘉善县劳动人事争议仲裁院

6. 2021年度全省人社系统绩效考评优秀单位

嘉兴市南湖区人力资源和社会保障局

平湖市人力资源和社会保障局

荣誉个人

1. 全国人社系统优质服务先进个人

海宁市人力资源和社会保障局　　夏铃洁

2. 全国第二届公共就业服务专项业务竞赛浙江省选拔赛个人业务竞赛三等奖

海宁市人力资源和社会保障局　　孙陈丽

3. 全省劳动人事争议仲裁练兵比武

嘉兴市秀洲区人力资源和社会保障局

曹颖霞（优秀庭审奖）

海宁市人力资源和社会保障局

马俊波（团体三等奖）

4. 2022年度全省人社系统窗口单位业务技能练兵比武竞赛获"岗位练兵明星"称号

嘉兴市秀洲区人力资源和社会保障局

蒋根苗

嘉兴市南湖区人力资源和社会保障局

吴亦萍

5. 2022年度全省劳动人事争议案件处理优秀等次仲裁员

嘉兴市秀洲区人力资源和社会保障局

姚晓岚

6. 2021年度全省劳动人事争议案件处理工作成绩突出仲裁员

嘉兴市人力资源和社会保障局

厉兴华

绍兴市

【城乡就业】 2022年，绍兴市新增城镇就业23.18万人，完成目标任务的105.36%；首次来绍新增就业9.8万人，完成目标任务的103.16%；就业困难人员实现再就业1.17万人，完成目标任务的117%。城镇零就业家庭实现动态归零。城镇调查失业率平均为4.6%。

优化创业创新生态圈。全年新评选认定创业孵化示范基地18家，其中新认定市级创业孵化示范基地6家，3家入选省级创业示范基地。修订《绍兴市创业担保贷款实施办法》，新增创业担保贷款8826.50万元，创业担保贷款余额达1.62亿元，发放贴息774.26万元，直接扶持创业2204人，实现创业带动就业7210人，给予承办银行奖励 33.10 万元。举办第二届中国·绍兴"万亩千亿"新产业平台人才全球创业大赛,吸引 632 个创业项目参赛,共有 37 个项目晋级总决赛,24 个项目分别获得一、二、三等奖。举办第五届"中国创翼"创业创新大赛绍兴市选拔赛暨 2022 年绍兴市大学生创业创新大赛决赛,组织参加"奇思妙想浙江行"创业大赛、马兰花全国创业培训讲师大赛等一系列创业赛事,其中第三届全国"马兰花"创业培训讲师大赛绍兴选手获得全国二等奖。

助力高校毕业生就业。完善离校未就业高校毕业生实名制管理和精准帮扶机制,全年对 10311 名离校未就业高校毕业生开展就业帮扶,就业率 96.71%,帮扶率达 100%。举办"越才回归""留在绍兴"系列招聘,组织开展书记校长访企拓岗活动。建立"项目局长"制度,推动实施"百天攻坚"行动。推出"越心守沪"人才消费券服务,创新推出校园代理、海外直面、平台直投等线上"无接触"招聘模式。

精准开展重点就业帮扶。实施公益性岗位提质扩容行动,在全省率先创设城乡公益性岗位 1220 个,发放公益性岗位补贴(含公益性社保补贴)356.95 万元。通过"重点群体就业帮扶在线"应用对登记失业人员开展动态跟踪服务、精准推送岗位,落实"131"就业帮扶机制。全年累计帮扶重点群体 10.22 万人次,帮扶率 100%,重点群体实现就业 8.87 万人、就业率达到 98.89%,零就业家庭实现动态清零。

实施失业保险金待遇提标工作。于 2022 年 8 月 1 日起全市领取失业保险金人员待遇提高到最低工资标准的 90%,月待遇提高 207 元。全年发放失业保险金 4.41 亿元、失业补助金 5205.11 万元,使用就业补助资金 2.22 亿元。

就业工作数字化改革。重塑就业帮扶新模式,重点群体就业帮扶应用场景实现市、县、乡镇(街道)、村(社区)四级贯通和闭环管理,全年累计帮扶 3.1 万人。持续推进高质量社区(村)建设,新认定区级高质量就业社区(村)407 个。

全力保障企业用工。高效落实绍兴"稳就业十条",2022 年助企纾困政策共为企业减负 15.8 亿元。制定补贴春节留岗员工、鼓励员工留绍过年等 5 项留工稳岗措施,助力企业复工复产,发放春节期间"留稳"红包 5897.67 万元、包车和交通补助等返岗补贴 3911.64 万元、"新绍兴人"消费券 2549.63 万元。

【社会保险参保情况】 截至 2022 年末,绍兴市基本养老保险参保人数 374.65 万人,其中企业职工基本养老保险参保 270.34 万人,机关事业单位基本养老保险参保 17.49 万人,城乡居民基本养老保险参保 86.83 万人,工伤保险参保人数 181.58 万人,失业保险参保人数 138.73 万人,户籍人口基本养老保险参保率达到 99.52%。

【社会保险政策】 2022 年,顶格落实社保助企纾困、惠民解难政策,支持和帮助企业渡过难关、提振发展信心,促进全体人民共同富裕。2022 年,全市累计发放失业保险金 4.41 亿元,发放失业补助金 5205.11 万元;执行阶段性缓缴社会保险费政策,为 582 家单位缓缴企业养老、工伤、失业保险单位缴纳 1.79 亿元。

稳妥有序提升社保待遇。2022 年,全市完成企业职工基本养老保险和机关事业基本养老保险退休人员养老待遇调整工作,其中企业职工基本养老保险基本养老金实现18连涨。自2022年1月1日开始，城乡居民基础养老金每人每月上调45元，达到290元/月。

规范工伤保险参保和预防。有序推进基层快递网点等新业态人员参加工伤保险，2022年新增新业态人员参加工伤保险2030人。实施全市危化品企业工伤预防能力提升培训工程，及时调整更新绍兴市劳动能力鉴定委员会医疗卫生专家库。

【社会保险经办管理】 2022年，聚焦企业、群众和基层关心关注，指导和督促各地优化社保经办服务流程、强化窗口业务分类管理、发挥基层和社银合作平台作用、加强社保政策业务宣传、严格落实咨询电话值守制度、提升业务经办人员能力水平等工作，提升群众对社保经办服务获得感满意度。

平稳上线企业职工基本养老保险全国统筹系统。2022年5月，企业职工基本养老保险全国统筹系统在绍兴正式上线，月均办结业务46万笔。

规范工伤保险参保和待遇兑现。完善全市工伤治疗康复定点服务机构协议管理，推进快递行业等新业态从业人员单工伤参保和同等待遇享受。柯桥区推出"工伤安心云"场景，新昌县推出"就业资管家"场景，诸暨市推出"退休小管家"场景，网上办、掌上办更加便民高效。

强化社保风险内控稽核。加强经办人员教育管理，完善稽核机制、系统，通过数字稽核，累计核查养老保险待遇享受2.79万人、核查工伤保险参保840户1.27万人、享受待遇0.1万人，对发现违规领取的待遇已全部追回。深化专项检查和第三方审计，强化外部监督，开展社保基金管理提升年行动，追回冒领资金474.49万元。

【人才开发和市场管理】 2022年，全市新增就业大学生14.5万人。全市共有人力资源服务机构467家，全年营业收入114亿元。

创新开展招才引智系列活动。持续开行2022年招才引智"人才专列"，高规格举办绍兴招才引智专列启动暨驻外招商引智出征仪式、教育卫健系统"千名硕博"全球引才行动等活动；市县联动举办"越才回归""留在绍兴"等本地招聘，为绍兴文理学院、元培学院、昆明理工大学、大连民族大学、菏泽技师学院等121所高校提供"书记校长访企拓岗"服务；围绕绍兴市开工投产的重点项目开工期短、用工招才需求大等问题，建立"项目局长"制度，以专班形式开展重大项目人才和用工保障；举办百所高校访绍兴、百所高校百强企业对接交流会、浙江大学百名博士上虞行等活动，搭建平台推进校企深度合作；探索开展海外招才引智系列活动，开辟局长直播带岗、主播云逛企业、校地云端对话等云端招聘新场景，实现校企云端互联，人岗无缝对接，打开无接触引才新模式。

推进人才数字化改革。迭代升级"人才管家"数字化改革成果，试运行市对区、县（市）人才竞争力指数，推进"绍兴人才码"应用省市贯通，上线房票、见习实习补贴、高层次人才防疫通道等服务功能，拓展美团、宁波银行等线上线下合作商家，实现更多事项"一码通办""一码通享"。开发完成省人力社保厅人力资源医药产业协同试点项目，获批最佳应用。

做优服务营造良好人才生态。优化人才

政策兑现流程，推进"绍兴人才码"应用省市贯通，上线房票、见习实习补贴等服务事项，2022年全市共兑现15项市级高频人才政策+10项区县市特色人才政策7.94亿元，惠及22.3万人次；举办以绍兴文化体验、青年人才交友等为主题的悦才系列活动16场。

推动人力资源服务业持续健康发展。新开园诸暨、新昌人力资源产业园，完成柯桥人力资源产业园规划，加速形成区县市人力资源服务产业园全覆盖新格局；"一园三区"省级人力资源服务产业园进一步做大做强，园区入驻机构达到81家、营收达到31亿元；海智汇和上虞园区入选2022年全省人力资源服务产业园评估优秀等次名单。探索构建人力资源服务机构评价指标体系，开展市级优秀人力资源服务机构评选，首批10家人力资源服务机构入选；6家机构入选全省人力资源服务业高质量发展工作成绩突出集体。

成功举办第四届人力资源发展大会。发布绍兴市人力资源服务业研究报告、绍兴市人力资源服务业榜单。大会期间共有66家人力资源服务机构、园区参会设展，与200家企业对接洽谈，达成初步合作意向84项；首次举办高端猎头咨询会，邀请国内知名猎头机构为本地重点引才企业高质量引才出谋划策；创新开展HR技能提升培训、HR精英挑战赛、HR游学会等丰富多彩活动，进一步营造人才工作市场化浓厚氛围。

【专业技术人员管理】 2022年，全市新增专技人才20523名，其中初级9646人，中级8016人，高级2861人。持续推进职称社会化评价改革。下放18项评审权限至各区、县（市），建立17个社会化评价机构和企业，其中行业协会等第三方社会化评价机构11个、民营企业6家。以赛引才举办创新大赛。面向全球引进数字经济领域、装备制造领域和智能视觉领域的创业人才项目，举办第二届中国·绍兴"万亩千亿"新产业平台人才全球创业大赛，分设越城区数字经济系列赛专场、上虞区装备制造系列赛专场和诸暨市智能视觉系列赛专场，吸引632个海内外创业项目参赛，共有37个项目晋级总决赛，24个项目分别获得一、二、三等奖。

推进博士后科研工作发展提升。全年新设立省级博士后科研工作站27家，晋级国家级博士后科研工作站3家，引进博士后研究人员173名，为2021年度引进数的140.7%，博士后工作站建站数量、博士后累计培养和新增数均列全省第三位。做好博士后工作站考核评估工作，按照优秀、良好、合格和不合格四个档次，对建站3年以上64家博士后工作站进行考核，8家单位考核优秀、17家单位考核良好。认真开展博士后科研项目择优资助申报工作，累计审核推荐省级博士后科研项目择优资助67人，获得二等资助8人，数量列全省各地市第三。

引领各级各类专家人才集聚农村、服务农村、助富农村。以开展活动和以专家带专家的形式建立专家库，壮大专家队伍，为提供高质量服务充实力量。全年共开展专家服务活动45场次，服务专家209人、服务企业84家、服务群众约4835人次。

【职业能力建设】 2022年，绍兴市新增高技能人才3.54万人，开展技能培训19.33万人次，新增全国技术能手1人，6人入选浙江杰出工匠，48人入选浙江工匠，166人入选浙江青年工匠。全市技工院校总量达到 7 所，实现全市域覆盖，其中技师学院 3 所、高级技工学校 1 所、技工学校 3 所，在校人数 1.5 万人，毕业生就业率保持在 98% 以上（含升学）。

用好政校企联合培养技能人才模式，在绍兴技师学院继续开设"仪陇班"，增开马边峨边班。采用"2+3"办学模式，在仪陇或马边峨边当地学习两年后来绍就读，一年后注册为高级工班学生，实行免学费就读，在校学习期间，培养企业按照每人 300 元／月和 600 元／年的标准给予生活补贴和探亲交通补贴；第二届"仪陇班"23 名学生和马边峨边班 30 名学生已在绍就读。第一届"仪陇班"学生 100% 留绍。

持续做好职业技能培训工作，遴选首批 3 家特色技能培训共富基地，开发绍兴臭豆腐制作、嵊州汤包制作等 8 个特色技能培训包与技能考核规范，推出袜艺制作、黄酒酿造、藕粉制作等特色富民技能培训课程，带动超过 10 万从业人员增收致富；支持疫情期间开展线上培训，遴选 8 家线上职业培训服务平台。

稳步推进技能人才评价工作，出台《绍兴市职业技能等级认定补贴实施办法》，明确技能等级认定补贴标准；大力支持企业开展职业技能等级认定，全市累计备案试点企业 617 家；开展职业技能等级"新八级"试点工作，浙江海亮股份有限公司入选浙江省首批"新八级"制度试点企业名单；对评价机构管理人员、考评员、督导人员和档案管理人员等近 1600 人进行培训，进一步规范技能人才评价活动；《职业技能等级认定社会评价组织管理规范》入选 2022 年省人力社保厅标准研制试点项目。

积极举办各类职业技能竞赛，全年举办职业技能竞赛 110 场，其中市级职业技能竞赛 68 场（一类竞赛 11 场，二类竞赛 57 场），6 个区、县（市）共举办职业技能竞赛 42 场，8000 余名选手参赛，产生绍兴市技术能手 92 人。

深入江西、云南、贵州、四川、安徽等地开展"金蓝领"技能人才校企合作系列活动，共举办名校名企对接会 8 场、技能人才专场招聘会 6 场。采用政校企联合培养模式，在浙江工业职业技术学院开设"江西制造班"，江西制造职业技术学院 416 名毕业班学生来到浙江工业职业技术学院实训，通过开展"技能化"实训与教学、"订单式"培养与就业，绝大部分江西学子留绍实习就业。

【事业单位人事管理】 2022 年，全市事业单位招聘人员 3119 名，其中博士 70 名、硕士 701 名。加强事业单位人事管理，提升事业单位人员工作能力素养，举办事业单位工作人员培训班，组织 2021 年度新进市直事业单位人员岗前培训和事业单位领导干部培训，累计培训 851 人。健全事业单位岗位管理，完成全市 274 家事业单位岗位设置审核审批，办理全市事业单位 4293 人岗位聘任。

积极深化事业人员薪酬制度改革。推动出台绍兴市深化基层卫生健康综合改革实施方案，指导督促各区、县（市）结合当地实际出台实施办法并兑现落实，促进基层医疗机构人均薪酬水平有效增长。

深入推进事业单位数字化改革。加大全省事业单位人事工资管理服务系统推行力度，动态完善数据库信息，根据省厅考核要求，督促各地各部门查漏补缺，进一步提升信息完整度、月工资申报率、聘用合同签订率、系统平台关联度四项指标。结合本地化需求改造扩建全省事业单位人事工资管理服务系统绍兴子系统，15个业务需求改造开发完成并进行全市推广使用。

【人事考试和培训】 2022年，安全平稳完成各项考试任务，组织实施考试30余项，服务考生11.2万余人次，其中招录类考试4.0万人次、资格类考试7.2万人次。全市6个区、县（市）全部完成人事考试保密库房建设，并通过省人事考试院和省保密局的联合检查验收，实现全市试卷保密库房全覆盖。

2022年，绍兴市专业技术人员继续教育平台共完成学员注册2601人，完成培训11.8万人次，考试2.2万人次。平台累计注册专业技术人员17.2万人，平台日均活跃人数在1200人以上；平台支持"绍兴人才码"扫码登录，形成以公需科目培训为主体、行业科目培训为辅助的培训体系，为提升专业技术人员素质发挥了积极作用。

【劳动关系】 2022年，组织开展"和谐同行"三年行动计划，联合三方四家深入开展劳动用工体检、劳动关系协调员培训、金牌劳动关系协调组织打造和劳动关系和谐企业（园区）培育等行动，努力提升协调劳动关系工作能力和工作效能，扎实推进劳动关系治理体系和治理能力建设。2022年，三方深入实施千户企业培育共同行动，组织培育会12场，服务企业140余家，走访企业超100家，发放培育资料1300余份；利用开展"三服务"活动契机，对3000余家企业开展用工指导服务。

推广"企业劳动用工自检系统"，鼓励全市企业开展用工体检，体检企业累计达5494家。

通过构建机制、全面动员、以赛促建等方式累计完成劳动关系协调员培训达9048人，培育绍兴市劳动关系和谐企业52家。

强化工资分配宏观指导调控。开展企业薪酬调查，指导国有企业建立健全与劳动力市场基本适应的国有企业工资决定机制，着重向一线高技能、高层次人才倾斜。发布2022年人力资源市场工资价位及2021年度人工成本信息，共发布全日制从业人员分职业细类工资价位315个，包括制造业、批发和零售业、金融业、租赁和商务服务业等在内的12个行业门类。基本覆盖行业中比较普遍、从业者较多的职位，适合不同行业、不同职业劳动者的需求。

持续做好新就业形态劳动者权益保障。市人力社保局等9部门印发《绍兴市维护新就业形态劳动者劳动保障权益实施办法》；为积极引导快递业建立统一有序的行业劳动标准，市人力社保局印发《绍兴市快递业集体合同示范文本（标准）》，引领其他新业态行业积极研究出台相关劳动标准。

【农民工管理服务】 2022年，大力推进乡村振兴，开展合作创业带头人培训14期，深度推广"1+3+N"返乡入乡合作创业组织模式，全力支持大学生、农民工等群体返乡入乡创业。印发《绍兴市人社系统全面支持返乡入乡合作创业村创建政策汇编》，全面激活返乡创业群体合作创业热情，26个行政村荣获省级"2022年度返乡入乡合作创业村考核优秀单位"称号，举荐参加"浙江省首届返乡入乡合作创业大赛"的项目荣获优胜奖。大力促进家政服务业发展，市发改委、商务局、人力社保局、乡村振兴局、妇女联合会等部门联合出台《绍兴市加强家政劳务品牌建设助力乡村振兴工作方案》。截至2022年底，全市有家政服务品牌企业20家。

夯实权益保障职能。深入开展农民工队伍矛盾风险专项排查化解工作，常态化实施"尊法守法•携手筑梦"服务活动，不断完善"零门槛""应援尽援"服务机制，确保农民工合法权利得到有效维护。1月25日下午，局主要领导利用赴企业开展"三服务"契机向留企过年农民工送去关爱与温暖。2月10日14时，首趟返岗复工专列驶抵绍兴，接返云南会泽籍绍企员工266名。

强化农民工信息归集。启用农民工基础信息采集平台，完善在绍就业120余万农民工就业形式、劳动合同签订情况、从事行业、上一年度务工收入、是否按月足额领到工资、是否为返乡农民工等6项就业信息，为全面掌握本地区农民工基本情况、分析研判农民工流向、就业形势、推进各项农民工服务保障工作提供有力支撑。

【劳动保障监察】 2022年，全市劳动监察机构共受理各类举报投诉案件2136件，维护了8695名劳动者的工资权益；作出行政处罚案件19件，罚款金额64万元。受理部、省欠薪线索平台欠薪线索10835件，动态办结率达100%。

开展"除险保安"排查整治欠薪隐患专项检查、集中整治拖欠农民工工资问题专项行动、根治欠薪冬季专项行动，对重大工程和重点企业开展"拉网式"排查。定期开展根治欠薪交叉检查，部门联合执法检查，全年开展"无欠薪"双随机执法检查68次。

开展欠薪隐患项目多部门联合约谈，坚决打击欠薪案件和拒不支付劳动报酬犯罪，作出工资类行政处罚案件19起，办理移送涉嫌拒不支付劳动报酬案件41起。加强多部门信用联合惩戒，公布拖欠农民工工资失信联合惩戒对象5家，重大劳动保障违法行为典型案例3起。

迭代升级劳动欠薪智能监管平台，运用"安薪在线""业安薪"数字化成果，对预警线索及时开展处置。2022年"业安薪"风险预警6202件，办结率99.8%，涉及金额3793万元。积极推进工资支付监管平台，全市完成平台注册在建项目1269家，银行签约率97.71%，线上发薪率93.62%，六项制度全上传率76.91%。

【调解仲裁】 2022年，全市各级仲裁机构共立案受理劳动人事争议案件6245件，结案6180件，涉案金额1.97亿元。调解结案3208件，裁决1406件（其中一裁终局958件），其他1566件。结案率95.5%、调解成功率86.7%。

致力提升仲裁办案质效。5月，制定和部署绍兴市"类案同裁"实施方案，在全市范围分级分类探索开展劳动人事争议类案同裁规则研究和制定，争取统一全市劳动人事争议案件裁决标准，规范仲裁案件审理。

推进《信访工作条例》落实。5月，集中开展"依法理性信访、彰显人社温度"为主题的《信访工作条例》宣传月系列活动。通过围绕组织开展一次集中接访、开展一轮《条例》专题宣讲、推动解决一批信访问题、张贴一批宣传横幅标语、组织一次《条例》知识有奖竞赛等系列活动，营造尊《条例》、学《条例》、守《条例》的良好舆论氛围。

全力化解信访积案。1月，启动全市人社系统信访积案"百日攻坚"行动，成立局信访积案"百日攻坚"行动工作专班,制定《关于开展全市人社系统信访积案"百日攻坚"行动的实施方案》,建立化解进度周通报制度、重点案件周会商制度、建立月下访督办制度,市县联动化解积案,确保"问题真化解"。截至4月底,全市人社系统收到的省市81件交办信访积案已全部化解,提前一个月实现动态清零的目标。

【劳动保障电话咨询】 2022年,市级劳动保障投诉咨询热线接听量总计1857起;通过"一线受理全市协办"移交督办案件共计198起,回访投诉人满意率达100%。

【信息化建设】 2022年,全面聚焦人社领域热点、难点问题,市县联动、专班运作,继续推进数字化改革应用建设,获得省人力社保厅网络安全在线(人社数据分类分级)和人力资源医药产业协同平台建设试点,与市纪委共同获得公权力监督(人社领域)"就业资管家"和"工伤安心云"试点。"退休小管家""职业培训券全流程""人力资源医药产业协同平台"等一批项目被省人力社保厅评为最佳应用。"退休小管家"进入数字社会"一地创新、全省推广"项目清单,"就业资管家"应用成为今年全省公权力监督第一个上线"点亮"的试点项目。

成立市社会保障卡居民服务"一卡通"工作专班,截至2022年底,专班成员单位达22家,涉及社保卡居民服务一卡通事项增加到152项。基本实现了绍兴市社会保障卡在身份认证、惠民资金发放、交通出行、文化旅游、医疗卫生、社会保障等民生领域的跨部门、跨地区通用。

制定《绍兴市人力资源和社会保障局网络使用管理办法》,修订完善信息中心机房管理及相关信息安全管理制度。对数据中心215台服务器及重要设备完成"三高一弱"整改,在重要服务器上部署深信服EDR终端和天擎杀毒软件,做好防御勒索病毒、挖矿等病毒木马攻击。

【对口支援和结对帮扶】 2022年,积极开展劳务协作,全年与有关劳务输出地签订劳务合作协议6份,互设劳务联络站5个,组织赴对口地等省外劳务协作地举办各类线下招聘活动20余场次,提供就业岗位1.4万个,其中爱心岗位1500余个,达成初步就业意向1332人。新增四川省农村劳动力在绍兴市就业4933人,新增四川省脱贫人口在绍兴市就业363人。

【省级以上荣誉】

荣誉集体

1. 全国人力资源社会保障系统先进集体

诸暨市人力资源和社会保障局

2.2021—2022年度劳动保障新闻宣传工作做得好的单位

绍兴市人力资源和社会保障局

3. 全省人力资源和社会保障系统先进集体

绍兴市越城区人力资源和社会保障局

绍兴市柯桥区人力资源和社会保障局

绍兴市上虞区人力资源和社会保障局

4.2022年度全省人社系统绩效考评优秀单位

绍兴市上虞区人力资源和社会保障局

诸暨市人力资源和社会保障局

5.2022年度全省劳动人事争议仲裁练兵比武活动团体三等奖

绍兴市人力资源和社会保障局

6.2022 年度全省劳动人事争议案件处理优秀等次单位

绍兴市上虞区人力资源和社会保障局

诸暨市人力资源和社会保障局

7.2022 年度全省推进农民工返乡合作创业成绩突出单位

嵊州市人力资源和社会保障局

荣誉个人

1. 全省人力资源和社会保障系统先进工作者

绍兴市人力资源和社会保障局

胡　豪　边华佳

绍兴市越城区人力资源和社会保障局

罗方远

绍兴市柯桥区人力资源和社会保障局

冯　磊

绍兴市上虞区人力资源和社会保障局

陈　华

嵊州市人力资源和社会保障局　　杨志英

新昌县人力资源和社会保障局　　郑卫华

2. 全省平安护航党的二十大成绩突出个人

诸暨市人力资源和社会保障局　　朱光美

3. 全省劳动保障监察业务技能大比武业务能手

绍兴市人力资源和社会保障局　　李　健

4.2022 年度全省劳动人事争议案件处理优秀等次仲裁员

绍兴市劳动人事争议仲裁委员会　　董银红

绍兴市越城区劳动人事争议仲裁委员会

吕越红

绍兴市柯桥区劳动人事争议仲裁委员会

钱宇婷

绍兴市上虞区劳动人事争议仲裁委员会

陈生荣

诸暨市劳动人事争议仲裁委员会　　金晓颖

嵊州市劳动人事争议仲裁委员会　　丁炯江

新昌县劳动人事争议仲裁委员会　　吕超琪

5.2022 年度全省人社系统窗口单位业务技能练兵比武竞赛"人社知识通"

绍兴市柯桥区人力资源和社会保障局

徐佳楠　周　颖　陈银儿

绍兴市上虞区人力资源和社会保障局

常　乐　金颖芸　吉　烨

6.2022 年度全省人社系统窗口单位业务技能练兵比武竞赛"岗位练兵明星"

绍兴市柯桥区人力资源和社会保障局

吕春兰

金华市

【城乡就业】 2022 年，金华市城镇新增就业 12.82 万人，失业人员再就业 4.29 万人，困难人员再就业 9090 人，城镇调查失业率 4.7%。深入开展稳就业惠民生攻坚行动，积极做好新冠疫情常态化影响下的稳就业保就业工作，全市就业形势总体平稳。实现春节后全市省外劳动力返岗率超 100%。快速有效落实好稳岗返还、留工培训补助、扩岗补助等系列政策"组合拳"，通过"智配直享""无感智办"等方式实现政策"直达"，累计发放补贴 9.51 亿元。实施 2022 年离校未就业高校毕业生服务攻坚行动，帮助 9186 名离校未就业高校毕业生就业，帮扶率 100%、就业率 100%。深入实施"就帮到底"先锋护航行动，扎实推进就业帮扶攻坚月行动等系列帮扶活动，全年累计开展就业帮扶 8.77 万人次，成功帮扶重点群体 7.36 万名，帮扶率 100%、就业率 99.95%。开展市、县两级高质量就业社区（村）创建，创建县级以上高质量就业社区 362 个。加大创业担保贷款和贴息力度，全市创业担保贷款发放 4.36 亿元，选送项目入围第五届"中国创翼"创业创新大赛浙江省决赛，获奖 7 个。

【社会保险参保情况】 2022 年，全市基本养老保险参保人数 416.42 万人，比上年增加 8.87 万人，参保率为 99.35%；失业保险参保人数 134.79 万人，比上年增加 6.73 万人；工伤保险参保人数 231.69 万人，比上年增加 3.49 万人；被征地农民基本生活保障参保人数 20.91 万人，比上年减少 0.43 万人。

【社会保险政策】 2022 年，联合市财政局印发《关于统一全市城乡居民基本养老保险基础养老金标准的通知》（金人社发〔2022〕26 号），从 2022 年 5 月 1 日起，将全市城乡居民基础养老金标准由三档统为一档，档次标准为每人每月 290 元，调整惠及全市 56.4 万城乡居民养老保险待遇领取人员，调整后月人均待遇水平达到 358 元，年增加城乡居民养老待遇收入 1.86 亿元。上调企业退休人员基本养老金，金华市区人均调整待遇 115.07 元，调整后月基本养老金为 2930 元。联合市财政局、市税务局印发《金华市区工伤保险费率浮动办法（试行）》（金人社发〔2022〕39 号），规定从 2023 年 1 月 1 日起，金华市区按新费率政策执行。全省率先开展危险化学品企业工伤预防能力提升培训，开展安全生产管理、工伤事故预防、交通安全须知、职

业病防治具体措施等相关专业知识培训。

【社会保险经办管理】 2022 年，推动全国统筹信息系统顺利上线。前期完成基础数据的校对核验，顺利将 1919 个待遇项目匹配到省统一的 53 个待遇项目，解决 300 个校验规则问题数据。针对可能出现的网络不稳、系统故障、人员聚集、联办业务不畅等风险，制定 21 项应急保障措施。近 1 个月停机切换期间，各级大厅收件 5270 件、邮箱收件 1.28 万件。自 5 月 16 日全国系统上线以来，实行窗口全开畅服务，全市各级窗口平稳有序、经办顺畅，社会面平稳，累计办理社保业务 370 余万件。推动"工伤智防联控"改革，打造工伤治理新模式，全市工伤案件同比减少 7.4%，事故发生率下降 12%。持续推动社保缓缴愿享尽享，全市共拨打告知电话 12 万余次，累计发送各类通知信息 165 万余条，共缓缴企业社会保险费 765 家、1.52 亿元。大力推进社保业务网上办掌上办，高频事项网办率 95.3%。针对危重工伤职工实际开辟绿色通道，创新上门鉴定"省心办"，组织专家进行上门鉴定。在全市推行优待服务"四五六"工作法基础上，推行社保经办"五心"优享服务法，为特殊群体提供精细、高效、暖心服务，全年社保经办业务共 118 万余件，群众满意率 98% 以上，实现服务公示"零差评"。

【社会保险基金监督】 2022 年，开展社保基金管理提升年行动，组织风险隐患大排查、经办岗位权限管理专项检查、疑点数据核查、社保基金安全警示教育、社保基金第三方审计等基金监督工作。围绕"社保政策落实不到位及行风方面问题"，开展漠视侵害群众利益专项

治理，相关做法和成效在中纪委网站刊发。完成"社保基金安全在线"省级试点任务，开发了"提标扩面监测、基金收入测算、待遇调整测算、基金可持续运行监测"4个智能单元，打造了"政策风险预防、经办风险防控、风险协同处置和源头综合治理"4个多跨场景，构建了基金安全治理闭环。该应用获评省人社厅"最佳应用"，得到省纪委、省大数据局充分肯定。

【人才开发和市场管理】 2022年，深入实施"智选金华"大学生人才集聚工程，迭代出台大学生人才政策，系统集成"引育留励爱"5方面22个扶持条款，全市发放人才政策补助10亿余元。全年新增企业博士后工作站22家、招收培养博士后88人。市县联动组织开展"2+4+X重点产业百校千企十万岗""名优企业进校园""在金高校产业游"等活动745场，招引大学生13万余人。

实施人力资源高质量发展行动，全市人力资源服务机构数达537家、年产值达79.47亿元。全省试点"用才宝"特色应用、发布"2＋4＋X"重点产业紧缺岗位目录，指导市人力资源服务协会制定金华市首部人力资源服务业行业性标准，金华市3家机构、4名个人获省人力资源服务业高质量发展工作成绩突出集体和个人通报表扬。浙中人力资源服务产业园、永康五金人力资源服务产业园获批省级人力资源产业园（筹），义乌人力资源产业园入选省十家考核优秀人力资源产业园。

【专业技术人员管理】 2022年，全年新增专业技术人才2.44万人，完成专业技术人员继续教育培训7万人。方韬、徐良入选省突出贡献中青年专家。持续开展"领创计划"，综合考评优秀17人，遴选创业创新成果25项。组织开展高层次人才高研班学习活动。完善专技人员业绩档案库8.7万人（中小学教师除外）。深化职称制度改革，全面推动高校、医院和中小学学校的自主评聘改革，全市共有自主评聘单位93家。创新开展"专家助共富"系列活动，全年共组织专家活动149场，服务企业1565家、群众4.4万余人次。"助推欠发达地区学前教育规范发展专家服务团项目"入选人社部专家服务基层示范团项目。建立企业创新工程师"直通车"评审机制，直评企业创新工程师1269名。推进企业技术人才薪酬制度改革试点，全市新增6500家企业完成薪酬制度改革。

【职业能力建设】 2022年，全市开展职业技能培训25.46万人次，新增技能人才12.24万人、高技能人才4.53万人，新增数均创历史新高。4所技师学院（含省属2所）全部入围省一流技师学院建设单位，入选数量全省第一；全市技工院校招生数创历年新高，达1.08万人，较2021年增长36%。张小彬等7人入选浙江杰出工匠，汤协祯等48人入选浙江工匠，钱超等157人入选浙江青年工匠。开展首届"八婺金匠"三层次人才队伍的选拔，首批600名优秀高技能人才纳入市高技能领军人才梯队。为868名高技能人才发放技师津贴260.51万元。举办了近年来浙中地区竞赛规模最大、活动内容最全、参与面最广的金华市首届技能大赛，涉及工种35个，参赛人数达万人。全市举办各类竞赛125场，涉及工种48个，参与人数达2.56万余人。

【事业单位人事管理】 2022年，全市发布事业单位公开招聘公告208批次、岗位5375个，补充事业单位工作人员5374人，其中引进研究生学历971人（博士37人），副高以上122人。配合市教育局做好规范民办义务教育发展专项工作，完成民转公学校教师招聘录用670人、原公办教师回流80人。开展基层事业单位"三支一扶"计划专项招聘，完成招录2人。优化事业单位岗位管理，核准市属22个主管部门下属68家事业单位岗位设置方案，办理岗位聘用变动1772人次。会同市审计局印发《关于调整审计事业单位专业技术岗位结构比例管理的通知》，动态调整提高审计事业单位专业技术岗位结构比例标准。开展专业技术二、三级岗位评聘，新聘任41人。指导县（市、区）平稳审慎实施县以下管理岗位职员等级晋升工作，完成晋升339人。会同市财政局印发《进一步加强市直属事业单位绩效考核的指导意见》（金人社发〔2022〕32号），健全事业单位考核体系，聚焦考核重点，实施精准考核。凝练浙江人事数字化改革标志性成果，推进事业单位人事管理领域标准化建设，牵头研制《事业单位人事管理"一件事"联办服务规范》浙江省地方标准。

【工资福利】 2022年，完善并落实中小学教师和公务员工资收入水平联动机制，确保中小学教师平均工资收入水平不低于或高于本地公务员平均工资收入水平。落实市直事业单位绩效上浮、高层次人才绩效工资和职业院校社会化服务收入提取政策。进一步完善事业单位绩效考核分配，推动各主管部门指导下属事业单位在总量内制定再分配方案，体现公平公正并适当拉开差距。深化事业单位工资数字化改革，建立每月工资申报制度，提升工资管理服务水平。做好表彰奖励工作，对疫情防控、第十七届省运会等全市重点工作表现突出的集体和个人由市政府予以行政奖励。

【劳动关系】 2022年，扎实推进"和谐同行"三年行动，全年共对3026家企业开展劳动用工体检服务，培训劳动关系协调员6794人。选树市级金牌劳动关系协调组织30家、协调员87名；选树市级和谐劳动关系企业（园区）39家、工资集体协商典型示范企业29家；金华市公交集团有限公司被评为全国和谐劳动关系创建示范企业。全力保障新业态劳动者合法权益，出台10个创新性制度文件，相关工作获高兴夫副省长批示肯定，在全省召开现场会推广；推出10个理论成果，在全省数字化改革大会上作经验介绍，在国务院《全国优化营商环境简报》《全国人大社建委简报》《中国劳动保障报》和全省《数字化改革》稳进提质专刊刊发；"新业态劳动者在线"应用点击量突破100万人次。积极探索企业薪酬分配指引，对1459家样本企业（含36家新业态企业）进行人工成本和从业人员工资报酬情况调查；公布2022年金华市人力资源市场工资价位及企业人工成本信息；制定《金华市技能人才薪酬分配指引实施方案》，兰溪市、义乌市、东阳市为全市"企业薪酬分配指引"试点。

【农民工管理服务】 2022年，发挥农民工领导小组办公室作用，推进农民工享受基本公共服务均等化。组织全市人社系统农民工基础信息采集工作培训会，顺利完成信息采集任务，采集量和完成率均居全省第二，综合评价全省第一。组织各县（市、区）参加全省首届返乡入乡合作创业大赛，全市共推选项目14个，义乌"李祖众创"孵化器项目获优胜奖，参展的磐安县小春蔬菜合作社和湖上村农创孵化基地现场达成投资意向；磐安县人力社保局、开发区中岱信息技术服务有限公司被评为2022年度省推进农民工返乡合作创业成绩突出单位，20个行政村被评为省级推进农民工返乡合作创业成绩突出单位；农民工暖心服务等工作获省人力社保厅吴伟斌厅长批示肯定。

【劳动保障监察】 2022年，完善县（市、区）政府及市直单位根治欠薪工作考核办法，修订根治欠薪工作责任追究办法、欠薪突发事件联合处置应急预案，制定农民工工资专用账户、保证金工作指引。定期开展欠薪治理集中宣传活动，市县联动、部门协同宣传劳动法律常识，推广"安薪码"，全年推送短信300余万条，发放宣传资料20余万份。深化"党建＋安薪"工作，建成安薪项目部881个，快递业安薪之家24个，监督发放工资93亿元。开展根治欠薪秋季、冬季等专项行动，开展工程领域欠薪专项治理，做好党的二十大等重大活动期间除险保安工作，未发生因欠薪引发的重大群体性事件、突发事件或恶性极端事件。全市共处置各平台欠薪线索3.2万余件，涉及7.3万余劳动者，涉及金额7.6亿余元，行政处罚42件，行政处理67件，移送拒不支付劳动报酬案件65件。

【调解仲裁】 2022年，加强劳动争议诉源治理，整合治理资源、创新治理方式，将预防治理关口前移至企业、园区、乡镇（街道）。推进仲裁数字化改革，完成劳动争议数智治理工作，该项目被列入省厅数改创新项目。积极建设新就业形态调解组织，建成新业态调解组织16家、派出庭5家，覆盖快递、电商、物流、群演、安保等行业。组织召开了全市裁审衔接案件研讨会，重点就劳动争议案件中涉劳动关系认定等出现的新情况、新问题形成裁判统一口径。"共享法庭"进驻全市仲裁机构，实现仲裁法院同做诉前调解的良好局面。全市共受理各类劳动人事争议案件13934件，仲裁终结率96.3%，调解成功率92.6%，网络办案率57.5%，均居全省前列。

【信息化建设】 2022年，全力推进数字化改革项目建设，建成人社全域智慧协同治理综合应用、人社智配直享服务项目（迭代）、事业单位人事工资全周期管理应用，做好数据归集共享、数据安全工作。其中，"新就业形态劳动者在线"入选省数字社会系统年度"最佳应用"，"人力社保大脑"入选浙江省2022年度数字化改革"最强大脑"，"社保基金安全在线"迭代升级等4个项目入选省厅"最佳应用"。全市新增发放社保卡15.54万张，签发电子社保卡116.38万张，进一步推进第三代社会保障卡工作，建立"一卡通"运行机制，拓展"一卡通"应用场景，实现刷卡乘坐金华轻轨，全面完成金小新驿站建设点336个，有力推进长三角居民服务"一卡通"工作建设。

【对口支援和结对帮扶】 2022年，持续推进东西部劳务协作，巩固拓展脱贫攻坚成果，帮扶协作地区脱贫人口在金稳定就业，全市吸纳脱贫人口在金就业40.66万人。

【省级以上荣誉】

荣誉集体

1. 2021—2022年度劳动保障新闻宣传工作先进单位

金华市人力资源和社会保障局

东阳市人力资源和社会保障局

义乌市人力资源和社会保障局

2. 2022年人社部国家专家服务基层示范团项目

示范引领、标准输出，欠发达地区学前教育规范引领

3. 全国人力资源社会保障系统优质服务窗口

义乌市人力资源和社会保障局行政服务专区

4. 全国清理整顿人力资源市场行动先进单位

东阳市人力社保局监察执法科

5. 2022年度全省人社系统先进集体

金华市人力资源和社会保障局

金华市金东区人力资源和社会保障局

东阳市人力资源和社会保障局

义乌市人力资源和社会保障局

武义县人力资源和社会保障局

6. 2021年全省劳动人事争议案件处理工作成绩突出集体

金华市人力资源和社会保障局

金华市婺城区人力资源和社会保障局

东阳市人力资源和社会保障局

永康市人力资源和社会保障局

7. 2021年度全省劳动人事争议"互联网＋调解仲裁"工作成绩突出仲裁院

金华市金东区劳动人事争议仲裁院

东阳市劳动人事争议仲裁院

义乌市劳动人事争议仲裁院

8. 2022年度推进农民工返乡合作创业成绩突出单位

磐安县人力资源和社会保障局

9. 2022年度全省劳动人事争议案件处理优秀等次单位

金华市人力资源和社会保障局

金华市婺城区人力资源和社会保障局

永康市人力资源和社会保障局

10. 全省数字化改革优秀门户应用

"义乌i人才"应用

11. 全省优化营商环境十佳创新案例

"新业态者在线"应用

12. 2022年度全省劳动保障监察业务技能大比武二等奖

金华市人力资源和社会保障局

13. 2022年全省人社系统数字化改革第一批"最佳应用"

"义乌i人才"应用

14. 2022年全省人社系统数字化改革第二批"最佳应用"

"新就业形态劳动者在线"应用

15. 2022年度全省人社系统窗口单位业务技能练兵比武竞赛团体三等奖

金华市人力资源和社会保障局

16. 2022年全省人社系统数字化改革第三批"最佳应用"

"社保基金安全在线"迭代升级

17. 2022年度全省数字社会"最佳应用"

"新就业形态劳动者在线"应用

荣誉个人

1.2022 年度全省人社系统先进工作者

金华市人力资源和社会保障局

沈文彬　陶林东

金华市婺城区人力资源和社会保障局

范　琛

兰溪市人力资源和社会保障局　　　杨剑涛

永康市人力资源和社会保障局　　　卢慧红

浦江县人力资源和社会保障局　　　胡　斌

金华市开发区组织人力资源和社会保障局

李　莉

东阳市人力资源和社会保障局　　　黄正明

义乌市人力资源和社会保障局　　　王国成

磐安县人力资源和社会保障局　　　陈新忠

2. 浙江省根治欠薪工作先进个人

兰溪市人力资源和社会保障局　　　杨剑涛

3.2022 年度浙江人社系统窗口单位业务技能练兵比武竞赛"岗位练兵明星"

东阳市人力资源和社会保障局

陆潇俊　周俊敏

武义县人力资源和社会保障局　　　徐好单

4.2022 年度全省劳动保障监察业务技能大比武业务能手

义乌市人力资源和社会保障局　　　周　峰

5.2022 年度全省劳动人事争议案件处理优秀等次仲裁员

兰溪市人力资源和社会保障局　　　赵　旋

永康市人力资源和社会保障局　　　吴华锋

衢州市

【城乡就业】 2022 年,全市城镇新增就业 3.08

万人,完成目标任务的 123.20%;失业人员实现就业 1.75 万人;重点群体就业帮扶 2.97 万人次,实现就业 2.78 万人,重点群体帮扶指数 98.83 分,位列全省第一;帮扶就业困难人员实现就业 4300 人,完成目标任务的 119.44%;失业保险参保人数 43.5 万人,城镇零就业家庭动态归零,城镇调查失业率 4.9%。7 月,时任国务院副总理胡春华、时任人社部部长周祖翼一行来衢督导稳就业工作,充分肯定衢州市就业创业工作。

快速兑现助企纾困政策。打出"返、降、缓、补"政策组合拳,将大型企业失业保险稳岗返还比例从 30% 提高到 50%,中小微企业返还比例从 60% 提高至 90%。首次实施一次性留工培训补助、一次性扩岗补助,全口径面向所有参保企业顶格实施一次性留工培训政策;对吸纳应届普通高校毕业生并为其缴纳失业保险费 1 个月以上的企业,给予一次性扩岗补助 1500 万元。2022 年,全市累计发放补贴 3.09 亿元,惠及企业 4.5 万家次。

精准发力保障企业用工。赴湖南、江西、安徽、四川等八省 91 个点位开展下沉式招聘,在甘肃、江西、云南等地新建人才劳务工作站,为企业输送省外劳动力近 2 万人。春节期间,开展"暖心暖企 早起快跑"活动,出台保障企业用工助力"开门红"七条政策,吸引 6675 名省外员工留衢过节,组织 103 趟专车专列,接返新老员工 3021 人。举办线下"春风送岗位"等招聘活动 213 场,达成就业意向 1.46 万人。开展重点用工企业"一企一策"服务,为重点缺工企业招聘 1.1 万人。

推进高校毕业生就业创业。开展大学生留衢回衢就业促进月"5+1"系列活动、离校未就业高校毕业生服务攻坚行动，落实"131"就业帮扶机制，打响青年衢州就业品牌。2022年，全市共开展毕业生就业指导122场，覆盖103个街道（乡镇），指导毕业生2535人，帮扶就业1322人，新建就业见习基地62个，开发见习岗位4586个；发放一次性扩岗补贴、社保补贴、就业见习补贴、创业扶持等高校毕业生就业创业补贴共计1748万元，惠及毕业生6379人次；全市5241名离校未就业高校毕业生就业帮扶率100%。

强化重点群体兜底保障。扎实推进就业援助"暖心活动"，集中为就业困难人员、登记失业人员、农村低收入农户等重点帮扶群体送岗位、送服务、送政策、送温暖。开发"绿蓝橙红"四色公益性岗位，将岗位开发安置对象从城镇低保低边户、城镇"4050"人员等扩大到城乡低保低边户、持残疾证的失业人员、农村复退军人等就业困难人员群体；2022年共开发公益性岗位5383个，完成开发200个残疾人公益性岗位民生实事项目，工作成效获得常务副省长徐文光批示肯定。

激发创业活力带动就业。继续执行个人创业担保贷款额度最高80万元、小微企业吸纳就业创业担保贷款最高300万元的政策规定，2022年，全市共发放创业担保贷款及贴息14665.96万元，同比增长8.3%；创业担保政策扶持创业249人，同比增长3.8%，带动就业1701人。完善山区创业带头人应用场景，开展创业培训8822人，选拔推荐优秀创业项目参加省级赛事，在全省首届返乡入乡合作创业大赛、"奇思妙想浙江行"省级创业大赛总决赛中，我市项目分别取得第二名、第三名的历史佳绩。

提升公共就业服务水平。成功承办全国第二届公共就业服务专项业务竞赛浙江省选拔赛，衢州市获得1个二等奖、4个三等奖、2个优胜奖。打造涉及48个乡镇、362个村，覆盖29.3万劳动力的沿江高质量就业创业示范带，建成沿江高质量就业示范社区（村）223个，完成年度建设任务123.89%，转移就业1.6万人；形成余东农民画、江郎消防、龙游飞鸡等一批具有地域特色、衢州标识的劳务品牌。灵活就业应用获评省发改委数字社会系统2022年度"最佳应用"。

【社会保险参保情况】 2022年，全市企业职工基本养老保险参保人数为90.88万人，比上年同期增加3.03万人，基金收入174.32亿元，支出171.50亿元，累计结余4.61亿元。机关事业单位基本养老保险参保人数9.79万人，同比增加0.24万人，基金收入29.48亿元，支出27.67亿元，累计结余7.56亿元。城乡居民基本养老保险参保人数为85.21万人，基金收入24.76亿元，支出16.07亿元，累计结余32.47亿元。被征地农民基本生活保障参保人数2.68万人，同比增加0.33万人；被征地农民基本生活保障基金收入1.34亿元，支出1.94亿元，累计结余17.92亿元。全市法定户籍人口基本养老保险参保人数为202.35万人，参保率为99.81%。2022年，全市工伤保险参保人数为61.39万人，同比增加6.38万人；失业保险参保人数43.5万人，同比增加2.02万人。全市工伤保险基金收入3.39亿元，支出3.00亿元，累计结存2.59亿元。

【社会保险政策】 2022年，全市共32.45万人调整退休待遇，补发金额2.82亿元，人均月增资额137.92元，增资幅度4.3%，其中企业退休人员基本养老金月人均增资额115.25元，增资幅度4.42%。继续提高城乡居民基本养老保险待遇，基础养老金从225元／月提高至255元／月，65周岁及以上参保居民从235元／月调整为265元／月，人均月养老金328.44元，城乡居民养老保障水平增幅达12.09%，排名全省前列，各县（市、区）保障水平首次全部达到11%的目标。继续实施城乡居保"缴费档次调差"政策，成为全省唯一试点地市。

社保费缓缴助企惠民政策。阶段性实施缓缴企业职工基本养老保险费、失业保险费、工伤保险费。持续开展社保费缓缴政策宣传，发布缓缴政策宣传微信21篇，点对点发送企业政策宣传短信2.8万条、灵活就业人员短信28.8万条，分批走访符合申请缓缴社保费政策的相关企业、行业协会等，全市社会保险费缓缴政策知晓率达100%，423家企业和2.4万名灵活就业人员共计缓缴金额1.67亿元。

社会保险缴费基数调整。根据省里统一部署，2022年度全市职工基本养老保险（包括企业职工基本养老保险、机关事业单位养老保险）参保人员月缴费基数上限按照22311元（月平均工资的300%），下限按照3957元（月平均工资的60%）执行。

高效推进工伤预防。依托工伤预防联席会议平台，组织联合执法检查，开展工伤预防宣传月活动，发放各类工伤预防宣传资料7500多份。探索工伤保险标准化建设，形成《衢州市工伤保险业务全链条流程图》《衢州市工伤认定操作手册50问》等成果。

【社会保险经办管理】 2022年，持续推进"网上办""掌上办""自助办"，全市"一件事"办理8.28万件，社保高频事项网办率达到97.48%，政务服务2.0平台一网通办率96.88%。深入推进社保卡发放，2022年，全市累计持卡人数269.09万人，其中城镇职工79.4万人，城乡居民189.69万人。通过社会保障卡银行账号发放社保待遇人数60.38万人，占全部领取社保待遇人数的82.04%。2022年，全市养老待遇领取资格认证率达99.91%，职工工伤认定6137人，劳动能力鉴定4159人次。衢江区社银合作工作成效在省委改革办《竞跑者》刊登报道，获得人社部基本公共服务标准化试点。

推进养老保险"国统"改革。组建"国统"专班，做好宣传告知、精准研判，全面保障窗口服务、舆情监控、网络安全，确保系统停机切换期间平稳有序。全面开展待遇项目清理，将全市676项养老保险待遇项目全部归并至省定通用待遇项目，完成4轮378项937万条"国统"系统问题数据处理，先后开展3轮业务集中测试、业务以测代培等工作。停机切换期间，坚持停机不停服务，窗口累计咨询570余人次，预受理件427件，电话咨询1145个，实现窗口服务零投诉。5月13日，"国统"系统正式恢复业务办理。

扎实开展社保基金监督。制定完善社会保险业务操作规程、经办机构岗位权限管理、社会保险基金财务管理等业务和内部控制规范，进一步构建完善"1+N"风险防控制度体系。实施社会保险基金管理提升年行动，深入查找业务经办过程中容易引起基金安全隐患、涉访涉诉、稽核追偿等方面问题和差错78个，全部落实整改，规避社保基金风险漏洞。完成部平台下发5140条疑点数据、省集中系统2308条疑点数据核查，数据核实率和问题整改率均为100%。开展社保基金安全警示教育，组织举办基金监督业务培训，编制《社保基金领域违纪违法典型案件警示录》，以案释法警钟长鸣。

【人才开发和市场管理】 2022年，会同市农业农村局、团市委、市住建局、市资规局等相关部门制定施行《关于进一步加强企业员工引育工作的若干意见》（衢政办发〔2022〕24号），出台市外员工招引奖励、购房补助、租房补助、校企合作等"引、育、留、用"11条政策，着力系统化破解企业"招工难""用工难"问题。全市企业员工引育1.4万人，完成全年计划目标的140%，引聚青年大学生4.6万人，兑现高层次人才补助4253.41万元。

提升人才招引质效。举办2022年度南京·衢州人才周活动，达成就业意向人数512人。举办成都、哈尔滨、郑州等126场线上云招聘活动，累计推出岗位38869个，达成就业意向5342人。联合杭州市人社局，召开以"共享人力资源、助力共同富裕"为主题的首届杭衢人力资源交流洽谈会，杭衢两地各区县人力社保局开展一对一"山海协作"签约，在杭州新建4家引才工作站，现场40余家企业开展人力资源交流，为全省人社系统唯一一个跨地域合作的共富案例。

人力资源服务产业园建设。按照一核（市级产业园）一园（智造新城分园）多点（县市区产业园）布局，大力发展"人服"产业。2022年6月，衢州市人力资源服务产业园正式开园，12月获批升级为省级综合性人力资源服务产业园，提前三年完成"十四五"末"建成省级园"目标。2022年，产业园累计招引入驻人力资源服务企业51家，实现营收8.13亿元，纳税1760万元；举办行业高级研修培训班1场、文化沙龙活动2场、赋能培训活动22场、各类校招社招活动16场；累计服务企业1780余家，培训人员2230人次，引进大学生4621人。建园以来，时任国务院副总理胡春华、时任人社部部长周祖翼、省人社厅厅长吴伟斌等领导先后前往指导调研。

【专业技术人员管理】 2022年，全市通过评审、认定、考试，取得专业技术资格12719人，其中初级6967人、中级4692人、副高889人、正高171人；1人入选省特支青年拔尖创新人才计划、2人入选省突出贡献中青年专家。出台《衢州市博士后工作实施办法》（衢委人才〔2022〕5号），通过政策更迭升级赋能我市博士后事业发展。全年新建国家级博士后科研工作站1家、省级博士后科研工作站10家，新招引博士后39人，2022年招引人数占历年累计招引人数的45%。开展各类专家服务活动63次，惠及群众6500余人。促成北航杭研院与衢州市企业达成项目合作意向10余个，其中与衢州台威精工机械有限公司达成的合作项目，预计将为企业降低能耗50%，创造效益2880万元。

【职业能力建设】 2022年，衢州市技能人才总量达到43万人，占从业人员比重的33.76%。聚焦六大主导产业，深入推进"浙派工匠"民生实事，全市开展职业技能培训10.6万人次，新增技能人才4.02万人，新增高技能人才1.27万人，成功入选全国技术能手2名、浙江杰出工匠5名、浙江工匠20名、浙江青年工匠80名。全市开展企业新型学徒制培养1644人，新增 5 家市级职业技能等级认定社会培训评价组织、29 家市级技能等级认定试点企业；深入推进职业技能等级"新八级"制度试点，3 人被评为特级技师。全市共兑现职业技能培训补贴 7155.48 万元，补贴 84731 人次。大力推行"以赛代培"，以衢州市职业技能大赛为龙头，带动县（市、区）企业行业上万人投入技能比武岗位练兵，开展各类职业技能竞赛 59 场。顺应区域经济结构调整、产业转型升级和企业用工需求，增设技工院校新专业 20 个；衢州市技师学院、江山高级技工学校 4 个专业入选省级高水平专业群建设项目。全市技工院校共招生 3922 人，创历史新高，技工院校毕业生初次就业率保持在 90% 以上，本地就业率保持在 70% 以上。

【事业单位人事管理】 2022 年，市县联动开展"智汇衢州"人才招引，全市事业单位共引进招聘工作人员 2342 人，其中硕士研究生以上人才 511 人。组织基层事业单位专项招聘"三支一扶"计划服务期满考核合格人员，全市共招录 5 人。会同市委组织部制定《衢州市事业单位工作人员交流办法》（衢市人社发〔2022〕122 号），进一步规范公开选调、差额比选和商调。全面开展县以下事业单位管理岗位职员等级晋升工作，6 个县（市、区）全年共晋升 418 人。持续推进事业人员全周期"一件事"改革，谋划省人事工资系统本土化开发项目，编外用工招聘"一件事"正式上线运行。举办 2022 年市属事业单位领导人员和新进人员培训班，共 107 人参加。

【工资福利】 2022 年，高效完成全市 4.5 万事业人员基本工资标准调整、13 家事业单位突出绩效考核和总量核定、市级 4 家公立医院薪酬总额核定等工作，逐步提高事业单位薪酬水平。会同市委组织部、市财政局完成 2021 年津补贴清理规范工作，制定 2021 年度机关事业单位绩效奖金分配方案并发放到位，统筹考虑研究实施机关企事业单位离休人员增加补贴。充分发挥行政奖励激励作用，完善《衢州市市本级行政奖励规程》，开展 2021 年度行政奖励工作，共奖励 20 家集体和 21 名个人。根据市国资委对国有企业考核结果，研究提出市管国有企业负责人年薪总额建议。完成市本级 195 家单位共 1800 余名编外用工总额核定和清算，逐步提高市级编外用工薪酬福利水平。

【劳动关系】 2022 年，委托第三方机构，组织全市 241 家样本企业开展薪酬调查。全市开展劳动关系协调员培训 1500 余人次、企业"劳动用工体检"1000 余家，提高企业用工管理水平。发布人力资源市场部分职位工资指导价和人工成本信息，支持引导企业完善薪酬分配制度，高质量构建和谐劳动关系。根据省人社厅《关于维护新就业形态劳动者劳动保障权益的实施办法》和《衢州市规范新业态劳动用工管理指引（试行）》，进一步明确新业态用工规范和劳动标准，促进平台经济规范健康持续发展，营造和谐稳定用工氛围。推广电子劳动合同，组织乡镇（街道）劳动员和企业代表开展专题培训，借助企业人力资源管理培训、"人社大讲堂"、工情直通车等载体，加强电子劳动合同使用宣传指导，全市共签订 2 万余份电子劳动合同。

【农民工管理服务】 2022 年，强化农民工工作信息化建设，依托全省农民工综合信息应用系统，采集完善全市 50.52 万名农民工基础信息，数据完善比达 96.07%，实现农民工实名制信息管理和动态监测，为全面掌握本市农民工基本情况、分析研判农民工流向和就业形势、推进各项农民工工作提供了有力支撑。

【劳动保障监察】 2022 年，全市各级劳动保障监察机构共受理各类举报投诉案件 6630 件，涉及人数 31210 人，涉及金额 4.42 亿元；核实反馈 12345 政府服务热线等信访件 1602 件，处置市 110 指挥中心下达的应急联动 1603 起，没有发生因欠薪引发的群体性事件、网络舆情事件等。全市接收全国根治欠薪线索平台线索件 1824 件，已办结 1613 件，涉及人数 3811 人，涉及金额 8820 万元，办结率 88.4%。全市办理来信、来访、来电、网上投诉处置 2652 件，群众满意度 100%。

全面提升根治欠薪水平。落实"无欠薪"实体化办公机制，联合市场监管局、市住建局、市卫健委开展在建工程项目大检查、根治欠薪秋季专项行动、清理整顿人力资源市场秩序、"双随机"检查等一系列专项行动，重点检查工程建设领域、劳动密集型企业，共检查企业 5412 家（次）、在建工程项目 609 个，涉及农民工 9.98 万人次，及时消除欠薪隐患。12 月，开展欠薪问题集中接访，畅通举报投诉渠道，确保根治欠薪冬季专项行动取得实效，集中接访期间，全市受理欠薪投诉举报件 96 件，涉及 1196 人，涉及金额 2643.58 万元。全市 6 个县（市、区）和智造新城全部一次性通过"无欠薪县"复核，全市工程建设领域"六项制度"平均落实率 90%。

【调解仲裁】 2022 年，全市各级调解仲裁机构共处理劳动人事争议案件 2830 件。其中，各级劳动人事争议调解组织共受理案件 893 件，调解结案 893 件，结案率、调解率均达到 100%；各级仲裁院共受理劳动人事争议案件 1937 件，涉及劳动者 2100 人，网络办案率 45.6%，办结劳动仲裁案件 1889 件，以调解方式结案 1610 件，结案率和调解成功率分别为 95.8% 和 89.4%，结案涉及金额 4656.93 万元。

【劳动保障电话咨询】 2022 年，"通衢问政"一共受理网络咨询事项 183 件，办结率 100%。及时办结"12345"政府服务热线交办工单 557 件，网上信访 256 件。

【信息化建设】 2022 年，全市发放第三代社保卡 131 万张，替换率达 48%，电子社保卡人口覆盖率排名全省第一，实体卡、电子卡新增扩面超额完成年度任务，库存卡实现动态清零。全市共有制卡网点 334 个，实现"立等可取""就近办理"。不断拓展社保卡"一卡通"应用，实现跨部门近 200 项政务服务"一卡通办"，全国 300 多个城市公共交通"一卡通乘"，全市国有 A 级景区及公共文化场馆"一卡通玩"，全国范围内定点医疗"一卡通结"，跨民生领域 200 余项补贴补助"一卡通达"。与"爱心卡"双卡融合，上架"浙里办"和全国电子社保卡平台本地服务，惠及 1000 余位老年人。

【共富培训在线应用建设】 2022 年，聚焦"三新"人群提技致富，归集农业农村、住建等 18 个部门涉及的培训机构 100 余个、师资 1002 人，培训新蓝领 10.6 万人、新农人 2.08 万人、新工匠5898人，开发公益性岗位5383个，带动困难人员就业6592人，促进增收8.05亿元。创新打造共富培训在线应用，6月入选全省高质量发展建设共同富裕示范区第二批试点，8月入选省数字社会应用案例集，被评为省人力社保厅第三批最佳应用。

大培训一体化带动"三新"人群就业致富。依托四省边际共富学院（衢州）基地和共富培训在线应用，形成"示范带+共富培训平台+共富学院+五星工匠+致富指数"五位一体高质量就业创业标志性成果，得到胡春华副总理、袁家军书记、黄建发副书记、徐文光副省长等领导批示肯定，创新做法在人民日报、新华社、《中国劳动保障报》和中央电视台等媒体刊发报道。

【对口支援和结对帮扶】 2022年，先后组织商会、人力资源服务机构前往湖南、贵州、江西、四川、甘肃等多地对接洽谈人才和劳务协作，涉及8个省份、20余个市（县）、81个村镇。全市新建服务站8个，与20余家人力资源公司建立合作关系。

【人事考试】 2022年，克服疫情影响，顺利完成浙江省公务员考试、市属事业单位公开招聘、专业技术资格类考试等各类考试组织实施工作。我市各县（市、区）全部完成人事考试保密库房建设，覆盖率达100%。

【省级以上荣誉】

荣誉集体

1. 人社部2021—2022年度劳动保障新闻宣传工作做得好的单位

衢州市人力资源和社会保障局

衢州市柯城区人力资源和社会保障局

2. 人社部2022年度工作突出基层劳动人事争议调解组织

江山市贺村镇劳动争议调解中心

3. 《中国劳动保障报》通报表扬新闻宣传工作单位

衢州市人力资源和社会保障局

4. 2022年全国清理整顿人力资源市场秩序专项行动取得突出成绩单位

衢州市衢江区人力资源和社会保障局劳动保障监管科

5. 浙江省人力资源和社会保障系统先进集体

衢州市人力资源和社会保障局

衢州市柯城区人力资源和社会保障局

衢州市衢江区社会保险事业管理中心

开化县就业管理中心

6. 2022年度全省人社系统绩效考评优秀单位

衢州市柯城区人力资源和社会保障局

衢州市衢江区人力资源和社会保障局

龙游县人力资源和社会保障局

江山市人力资源和社会保障局

7. 2022年度全省人社系统窗口单位业务技能练兵比武竞赛团体二等奖

衢州市人力资源和社会保障局

8. 全省机关事务工作先进集体

衢州市人力资源和社会保障局办公室

9. 全省2022年度推进农民工返乡合作创业成绩突出单位

衢州市衢江区人力资源和社会保障局

龙游县人力资源和社会保障局

10. 2022 年度全省劳动人事争议案件处理工作成绩突出单位

衢州市柯城区人力资源和社会保障局

开化县人力资源和社会保障局

11. 全省推进人力资源服务业高质量发展工作成绩突出集体

开化县人力资源和社会保障局

荣誉个人

1. 浙江省人力资源和社会保障系统先进工作者

衢州市柯城区人力资源和社会保障局

俞　萍

衢州市衢江区人力资源和社会保障局

熊美琴

龙游县人力资源和社会保障局　　余淑卿

江山市人力资源和社会保障局　　郑晓林

开化县人力资源和社会保障局　　刘　健

开化县人力资源和社会保障局　　李瑞朝

2. 全省机关事务工作先进个人

衢州市人力资源和社会保障局　　徐竹良

3. 浙江省规范民办义务教育发展专项工作成绩突出个人

衢州市人力资源和社会保障局　　巫春英

4. 浙江省党的二十大信访安保工作成绩突出个人

衢州市人力资源和社会保障局　　邵国平

5. 浙江省平安护航党的二十大成绩突出个人

衢州市人力资源和社会保障局　　陈连金

6. 2021 年度推进系统省集中建设成绩突出个人

衢州市人力资源和社会保障局　　李　松

7. 全省人社系统窗口单位业务技能练兵比武"月月比能手"

开化县人力资源和社会保障局　　方黎明

龙游县人力资源和社会保障局　　夏　绮

8. 2022 年度全省劳动人事争议案件处理工作成绩突出仲裁员

衢州市衢江区劳动人事争议仲裁委员会

毛梦倩

龙游县劳动人事争议仲裁委员会　夏　绮

江山市劳动人事争议仲裁委员会　姜良华

常山县劳动人事争议仲裁委员会　何木军

9. 2022 年度全省人社系统窗口单位业务技能练兵比武竞赛全省"人社知识通"

衢州市衢江区人力资源和社会保障局

魏　丽

10. 2022 年度全省人社系统窗口单位业务技能练兵比武竞赛全省"岗位练兵明星"

衢州市柯城区人力资源和社会保障局

邵宇艳

江山市人力资源和社会保障局　　徐慧玲

江山市人力资源和社会保障局　　段路华

舟山市

【城乡就业】 2022 年，全市城镇新增就业 20130 人，城镇登记失业人员再就业 7850 人，其中就业困难人员再就业 2813 人，年末城镇调查失业率 4.7%，零就业家庭实现"动态归零"。1 月，舟山市人社局、市发改委等 4 部门印发《关于做好春节期间稳岗留工保障企业用工的通知》（舟人社发〔2022〕5 号），第一时间明确稳岗留工"八条举措"，切实保障企业留工稳岗和复工复产，全市企业留岗率达到 55.62%，累计包车 39 辆次接回员工 1500 余人。实施

"十百千"劳务协作"深耕"行动,全市新签订劳务协议8份,挂牌劳务合作工作站4个。开展重点群体就业能力提升三年行动计划,全市4个县(区)、36个乡镇(街道)、402个村(社区)实现重点群体帮扶100%四级贯通,全年累计帮扶21737人次,实现就业13790人次。推进高质量就业社区(村)建设,全市新增高质量就业社区(村)44个,其中市级20个。强化基层公共就业服务队伍建设,舟山市定海区双桥街道基层公共就业服务人员李佳蓓,在国家人社部"全国第二届公共就业服务专项业务竞赛"荣获个人"全国十佳",也是浙江省唯一进入十佳的基层公共就业服务人员。承办第五届"中国创翼"创业创新大赛浙江省决赛,我市推荐创业项目获历史最佳成绩。连续第四年举办中国·浙江舟山群岛新区全国大学生创业大赛,举办创业集市3期,评选"小岛你好"创业之星5名、"助力共富"创业之星5名。嵊泗县获省政府就业创业领域督查激励,定海区成功打造随军家属就业创业基地。普陀区率先创新打造"没有围墙的海岛创业园",在展茅、东极挂牌乡村创业基地,就近解决失业人员4050人群就业。全年发放创业担保贷款4794万元,贴息395.96万元,扶持创业2558人,开展创业辅导专项、SYB、电子商务、网红直播带货等创业培训3173人次。

【社会保险参保情况】 截至2022年末,全市基本养老保险参保人数85.14万人,其中,企业职工基本养老保险62.52万人,新增0.92万人,机关事业单位基本养老保险6.01万人,新增0.08万人,城乡居民基本养老保险16.61万人,减少0.63万人;失业保险参保人数26.94万人,

工伤保险参保人数40.60万人;被征地农民基本生活保障1.23万人,比上年减少0.21万人。

【社会保险政策】 2022年3月,会同市应急局印发《舟山市危险化学品企业工伤预防能力提升培训工程实施方案》(舟人社发〔2022〕22号),规定将危险化学品企业工伤预防能力提升培训工程纳入全市工伤预防五年行动计划。5月,印发《舟山市被征地农民参加基本养老保险实施细则的通知》(舟人社发〔2022〕38号),在原有政策框架基础上,进一步规范被征地农民参加基本养老保险工作。9月,会同市邮政管理局印发《关于进一步推进舟山市快递业从业人员工伤保险工作的通知》(舟邮管〔2022〕28号),规定快递经营企业可以为符合《浙江省数字经济促进条例》第五十七条第二款规定的数字经济新业态从业人员单险种参加工伤保险。

提高社会保险待遇水平。从2022年1月1日起,调整企业和机关事业单位退休人员基本养老金。从7月1日起,调整城乡居民基础养老金标准。从8月1日起,调整失业保险金标准,提高至每月1863元,领取失业保险金期限计算方式同步调整,全市累计发放失业补助金17884人次894.2万元。阶段性调整价格补贴联动机制,将领取失业补助金人员阶段性新增纳入保障范围,降低价格补贴联动机制启动条件,执行期限为2022年9月至2023年3月(对应2022年8月至2023年2月物价指数)。2022年7月至10月分别达到启动条件,全市累计发放价格临时补贴20651人次120.54万元。

落实惠企稳岗政策。高标准推进稳就业专班攻坚任务,高质量统筹专班高效协同运作,各项指标争先进位。各类助企纾困政策"免申

即享""全面顶格"落地,惠企率达100%。继续实施普惠性失业保险稳岗返还政策,符合条件的大型企业按企业及其职工上年度实际缴纳失业保险费的50%返还,中小微企业按90%返还,全年共返还失业保险费1.03亿元,惠及企业1.55万家次、职工25.13万人次;顶格发放一次性留工培训补助,对全市受疫情影响、暂时无法正常生产经营的所有参保单位,按单位2022年4月失业保险参保缴费人员每人500元的标准发放一次性留工培训补助,全市共发放补助1.1亿元,惠及企业1.78万家次、职工22.09万人次;延续实施阶段性下调失业保险费率政策,政策执行时间延长至2023年4月30日,累计为2.1万家企业减征失业保险费1.4亿元;阶段性下调工伤保险费率政策至2022年4月30日结束,累计为1.8万家企业减征工伤保险费0.21亿元;落实社会保险费阶段性缓缴政策,全市共有194家企业申请阶段性缓缴社会保险费,累计缓缴0.59亿元。

【社会保险经办管理】 2022年,推进企业职工与新业态人员养老保险参保扩面工作,全年新增企业职工养老保险参保人数3730人,全市企业职工参保率提高至86.96%。落实城乡居民基本养老保险困难人员政府代缴政策,全市户籍人口养老保险参保率达到96.42%。5月13日,全国统筹系统顺利上线,上线以来运行总体平稳有序,全年市本级窗口业务经办量达33.78万笔,经办回访满意度达98.04%。推动工伤保险定点协议机构、医疗鉴定(医学技术鉴定)结论甬舟互认,2022年全市共认定工伤3779件,享受工伤保险待遇3754人,其中工亡待遇375人、伤残待遇3379人;全市经办工伤保险

待遇业务7778人次,支付工伤保险待遇1.07亿元;全市开展劳动能力鉴定2080人次,其中工伤职工劳动能力鉴定1981人次,非因工或因病丧失劳动能力程度鉴定99人次。创新工伤调查模式,采用远程视频连线的方式,为身处异地、行动不便的受伤职工进行工伤调查,全年共连线受伤职工1632个,连线时长120小时。

加强社保基金安全监管。印发《社会保险经办机构岗位权限管理办法》(舟社保〔2022〕8号),完善岗位权限管理。对死亡冒领、重复领取、涉刑违规领取养老待遇等超发待遇进行集中清理,追回超发待遇144.82万元。启动"社会保险基金管理提升年"行动,深化社保基金管理问题专项整治,健全疑点数据处置机制,对12838条疑点数据开展核查,开展社保政策落实不到位及行风方面问题专项治理,进一步强化社保基金管理体系和管理能力。开展"警示教育月"行动,以提高风险防范为重点,强化典型案件警示作用,全市各级共开展警示教育14场次,参会500余人次,印制发放"'关心养老钱·守护保命钱'社保基金监督伴您同行"宣传册1300余份。

【人才开发和市场管理】 2022年,持续实施"高校毕业生聚舟计划",印发《舟山市高校毕业生来舟就业政策升级实施细则》(舟委人才办〔2022〕6号),提档"留舟回舟"大学生购房补贴、就业补贴标准等,进一步增强政策吸引力。首推"云探厂"直播、高校人力资源分市场、第二辅导员制度等创新模式,组织巡回招引、夏日攻坚、学子游学等线下活动70场,线上活动166场,累计吸引学子参与65万人次。2022年,全市共引进各类高校毕业生20659人,再

创历年新高；新引进硕士研究生及以上 853 人（含博士 149 人），同比增长 20.65%。推动人力资源服务业发展，2022 年新设立人才资源机构 40 个。至年末，全市共有人力资源服务机构 182 家，从业人员总数 4216 人，全年营业收入 40.57 亿元。舟山市城乡人力资源开发有限公司、舟山大舟人才服务有限公司入选全省人力资源服务业高质量发展工作成绩突出集体。

强化人才保障与服务，印发《舟山市人才分类评价认定办法》（舟委人才办〔2022〕4号）、《舟山市人才服务保障办法》（舟委人才办〔2022〕5号）等新政配套细则，调整人才分类目录，优化认定和服务保障规则。2022 年，新增发放高层次人才证 180 张。市本级通过人才认定 1785 人；兑现购房补贴 223 人 2655 万元；配租人才公租房（含免租）389 人；审核通过政府奖励 406 人，涉及金额 902.8 万元；发放津贴 1829 人次 860 万元；发放安家补贴 64 人 337.5 万元；发放高精尖人才配套奖励 26 人 970.4 万元，发放用人单位引才配套奖励 25 人 390 万元；协调解决家属就业就学申请 11 人；发放实习补贴 456 人 147.4 万元。

【专业技术人员管理】 2022 年，加大高层次人才培养力度，2022 年，全市入选省"万人计划"青年拔尖人才 5 人。新设立舟山医院、中国水产舟山海洋渔业公司、东海实验室、舟山赛莱特海洋科技有限公司、嵊泗县东海贻贝科技创新服务有限公司、舟山中远海运重工有限公司等省级博士后工作站 6 家，新引进博士后研究人员 11 人。至年末，全市共有博士后工作站 21 家，其中国家级 2 家、省级 19 家。持续推进教授（专家）工作室建设，新建教授（专家）

工作室 8 家。深入推进职称制度改革，8 月和 12 月，舟山市人社局、市经信局先后印发《舟山市海洋电子信息行业初、中级专业技术职务任职资格评价条件》（舟人社发〔2022〕59 号）、《舟山市船舶工程中初级专业技术职务任职资格评价条件》（舟人社发〔2022〕100 号），注重考核工作绩效、创新成果，突出评价专业技术人员的业绩水平和实际贡献，推动我市专业技术人员队伍结构优化。开展职称社会化评价改革，以海洋电子信息、石化检维修专业为试点，分别将职称评审权限下放至行业协会和龙头企业，完善职称业内同行评价机制。2022 年，全市共有 49 人通过社会化评价取得中初级职称。至年末，全市共有专业技术人员 11.1 万人，其中高级职称专业技术人员 0.82 万人、中初级职称专业技术人员 10.28 万人。开展"共富路·人社行"专家服务基层活动，选派专家赴嵊泗枸杞岛以实地走访、现场指导、专题讲座、座谈会等形式，深入企业经营户开展业务咨询、技术指导等服务，累计服务养殖户、加工企业、民宿经营户 50 余家。

【职业能力建设】 2022 年，全力办好"浙派工匠"民生实事，2022 年全市共开展职业技能培训 5.52 万人次，新增技能人才 2.24 万人，新增高技能人才 0.87 万人，分别完成省定目标的 111.56%、182.42% 和 143.20%，提前 5 个月完成民生实事项目指标。2022 年，全市共评价技能人才 3.54 万人，其中高技能人才获证 0.91 万人。遴选产生"浙江杰出工匠"2 名、"浙江工匠"20 名、"浙江青年工匠"50 名。至年末，全市技能人才总量达到 22.03 万人，占从业人员比重 30.38%。实施技能竞赛锤炼行动。2022

年市级技能大比武活动共举行油气全产业链、临港先进制造、海洋旅游、城市建设、交通运输、乡村振兴、综合服务7个行业领域18个职业（工种）的市级一类比武和7个工种的市级二类比武。全市约3500名一线职工直接参与一类大比武活动。全年共有48名选手通过竞赛晋升为技师，602名选手晋升为高级工，6名选手晋升为中级工。

【事业单位人事管理】 2022年，按照国家和省统一部署，有序推进县以下事业单位管理岗位职员等级晋升工作。全市四个县（区）和两个功能区管委会609人完成首次职员等级晋升，其中定海区159人、普陀区238人、岱山县128人、嵊泗县68人、新城管委会10人、普朱管委会6人，人均月增资276元。2022年，市本级发布招聘公告26个，推出招聘计划732个，入围体检考察370人，其中硕士研究生及以上104人，占比28.1%，取得了较好的招聘效果。加大卫生系统人才招聘集聚效应，推出5批次单次招聘人数50人以上的招聘公告，累计报名人数达1700余人。全面贯彻落实《舟山市事业单位工作人员培训实施办法（试行）》（舟人社发〔2021〕106号），采用线上培训和线下培训相结合的模式稳步推进事业单位工作人员培训工作。7月，舟山市事业单位工作人员学习平台上线。9月，举办市本级首批事业单位新聘人员岗前公共科目培训班，79名事业单位新聘人员参训，通过现场授课、组织观影、分组讨论、学习体会交流等教学形式，取得较好培训效果。

【人事考试】 2022年，舟山市人事考试院组织实施人事考试32项，共设置考场2408场次，涉及考生3.4万余人6.99万余人次，同比增加33%；共查处违纪违规行为8起，未发生群体性作弊事件。推进试卷保密库房全覆盖，4个县（区）人力社保局库房已全部完成建设，并初步通过省保密局和省考院联合进行的现场验收，市本级库房完成更新工程。统筹推进考务、疫情防控常态化工作，制订考试防疫应急预案，实行考前考后环境消杀；配齐配足各类防疫物资，科学设置多条测温通道，严格落实考前报备和"赶考一码通"入场查验等各项要求，确保疫情防控和人事考试"两手抓""两战赢"。开展"暖心助考"行动，在考试现场设置"人者同舟"党员服务站，深入开展诚信考试宣传、交通疏导等活动，为广大考生营造公平安全的考试环境。推出网上看考点服务，拍摄云探考场视频，对全市5个常用考点学校进行全方位介绍，方便考生足不出户即可查看学校布局、考场安排和相关信息。

【工资福利】 2022年，按照国家和省统一部署，在2022年春节前完成市本级事业单位工资调标工作，调标执行时间2021年10月，共涉及事业单位249家1万余人。8月，会同市教育局、市财政局印发《舟山市本级公办职业院校2022—2024年社会服务收入与绩效工资挂钩办法》（舟教职成〔2022〕6号），实行"双控双挂钩"制度，激发市本级公办职业院校开展社会培训等社会公共服务的积极性。

【劳动关系】 2022年4月，联合11个部门印发《舟山市维护新就业形态劳动者劳动保障权益实施细则（试行）》（舟人社发〔2022〕28号），从目标任务、用工性质、工作措施、工作要求四方面出发,积极维护新就业形态劳动者劳动权益保障。编制《新业态相关企业劳动标准指引》,从适用范围、劳动合同、工作时间和休息休假、劳动报酬等10个方面供新业态相关企业在开展集体协商中参考使用。公布舟山市第一批"和谐同行"三年行动计划劳动关系和谐企业15家、劳动关系和谐园区1家、金牌协调劳动关系社会组织1家、金牌劳动人事争议调解组织13家、金牌劳动关系协调员11名、金牌劳动人事争议调解员11名。舟山市汽车运输有限公司荣获全国和谐劳动关系创建示范企业称号。开展企业薪酬调查工作,8月,印发《关于公布舟山市2022年度企业人力资源市场工资价位及2021年度人工成本信息的通知》(舟人社发〔2022〕63号),本次工资价位中发布了10%、25%、50%、75%、90%五个市场分位值水平,涉及14个行业门类的工资价位、全日制就业人员职业(工种)231个和焊工、电工、防水工等40个技术工人职业(工种)分等级的职工工资价位,并完成《舟山市2022年企业薪酬调查分析报告》。

【农民工管理服务】 制定舟山市2022年农民工工作要点,包含5方面22项内容,涉及发改、教育等24个部门,确保本市农民工工作有序推进。以舟山市农民工领导小组办公室名义,转发《浙江省农民工领导小组办公室关于做好2022年春运期间农民工服务保障工作的通知》。开展农民工基础信息采集录入工作,数据采集完整度为98.72%。

【劳动保障监察】 2022年,全市各级劳动监察机构共出动1811人次,累计检查工程项目及用人单位671家、涉及人员2.8万余人,全年全市共协调处理案件251起,为1.2万名劳动者追回工资2.57亿元,结案率100%。深入开展"除险保安百日攻坚"根治欠薪专项行动,对全市工程建设领域在建工程项目、重大工程建设项目,远洋渔业、船舶修造、水产加工等劳动密集型行业企业开展专项整治。排查发现重大欠薪隐患25起,对15起启动挂牌督办,督促各地各部门限期清理,持续擦亮舟山"无欠薪"品牌。加强基层劳动保障力量,11月,市政府办公室印发《关于加强乡镇(街道)基层劳动保障力量完善劳动纠纷多元化解机制的通知》(舟政办发〔2022〕68号),以党建为统领,以乡镇(街道)"防处"领导小组为核心,以劳动保障督导员队伍、劳动保障专员队伍、劳动关系协调员队伍为支撑,建立"政企社"多方力量共同参与的基层劳动纠纷多元化解"1+3+X"工作模式,不断提升基层劳动纠纷化解能力,努力打造劳动纠纷多元化解的舟山样板。

【调解仲裁】 2022年,全市劳动人事争议仲裁机构共处理各类仲裁案件2497件,其中立案受理2229件,涉及劳动者2440人。审理结案2272件,结案金额7032.09万元,仲裁结案率为95.8%,其中调解撤诉1737件,调解成功率为80.3%,网络办案率为44.3%。2022年,全市乡镇(街道)调解组织共联合化解劳动纠纷468件,调解成功率94%。舟山中远海运重工劳动争议调解委员会荣获第二批国家级金牌调解组织称号;强化劳动争议裁审衔接,8月,舟山市中级人民法院民一庭和舟山市劳动人事争议仲裁院联合召开2022年度舟山市劳动人事争议裁审衔接会议,就新业态劳动争议、涉疫情相关劳动争议及裁审衔接过程中发现的重大疑难问题，统一裁审口径，达成裁判意见，提升裁审案件处理质效。

【信息化建设】 2022年，推进人社数字化改革，特色数改项目"人才全生命周期一件事联办"及试点改革项目"基层人社治理现代化建设（加强乡镇街道劳动保障力量）"成功入选全省人社数字化改革2022年最佳应用（项目）；"阳光考录"数智考生服务被省人社厅作为考试领域数字化改革典型案例推荐至人社部；"舟山市工程建设领域工资支付全过程监管平台"被列入舟山市共同富裕特色跑道；新建全省试点项目"劳务派遣监管在线"纳入全省重大应用"浙里就业创业"子场景，全市194家劳务派遣企业已纳入数字化试运行监管；重点打造"人力资源数据生态圈"，集成各部门人力资源高频服务事项，创新构建人力资源服务生态链。

推进社会保障卡建设。社会保障卡居民服务"一卡通"专班成员从12家增至24家，全力推进应用试点工作。社保卡在交通出行、旅游观光、文化体验等方面应用都已全部落地，实现全国社保卡"互联互通"。至年末，全市387家医药机构支持社保卡就医购药结算服务，63家图书馆及城市书房、9家博物馆、24个景区支持实体社保卡（电子社保卡）入馆、借阅、入园应用。加快推进社保卡发放，至年末全市共发放第三代社保卡88.23万张，第三代社保卡换发率76.15%，居全省前列。

全力保障人社系统信息安全。开展人社系统全方位安全自查和问题整改，多次参加并顺利完成部、省、市组织的网络安全攻防演练。做好重要时间节点人社系统网络安全应急值守工作，严格落实每日网络安全值班、零报告制度。重新修订舟山市人社局信息系统安全管理制度，制定网络安全突发事件应急方案、网络安全管理办法和数据安全管理规范。2022年，全市未发生重大网络安全事件。

【对口支援和结对帮扶】 2022年8月，会同市对口办、市财政局、市农业农村局、市乡村振兴局印发《关于进一步加强东西部就业帮扶巩固拓展脱贫攻坚成果助力乡村振兴的实施意见》（舟人社发〔2022〕57号），为持续做好中西部结对地区脱贫人口就业帮扶，促进其在舟山长期稳定就业提供政策支撑；12月，印发《关于进一步加强东西部就业帮扶巩固拓展脱贫攻坚成果助力乡村振兴的实施细则》（舟人社发〔2022〕92号），推动东西部就业帮扶有关政策切实落地。深化东西部劳务合作机制，实施高质量就业订单培训机制，统筹重点产业、扩大培训对象、增加培训规模、拓展合作区域，带动本市就业困难人员和中西部地区脱贫劳动力实现稳定就业。是年，全市先后开办了绿色石化、临港制造、海上航运、家政服务、直播电商等订单班，累计培养学员1180人。高质量就业订单培训机制作为全市唯一一个项目入选省委省政府共同富裕首批最佳实践案例。全年帮助中西部22省脱贫劳动力稳定就业31916人。

【省级以上荣誉】

荣誉集体

1. 省政府办公厅2021年"落实激励和支持就业创业政策力度大、提高就业创业服务水平成效明显的县（市、区）"

嵊泗县

2. 浙江省人力资源和社会保障系统先进集体

舟山市就业管理中心

舟山市普陀区普陀湾众创码头服务中心

岱山县人力资源和社会保障局劳动关系科

3. 第五届"中国创翼"创业创新大赛浙江省决赛特别贡献奖

舟山市人力资源和社会保障局

4. 全国第二届公共就业服务专项业务竞赛浙江省选拔赛优秀组织奖

舟山市人力资源和社会保障局

5. 2021年度推进系统省集中建设成绩突出集体

舟山市人力资源和社会保障局

6. 2022年度全省人社系统窗口单位业务技能练兵比武团体三等奖

舟山市人力资源和社会保障局

7. 全省劳动保障监察业务技能大比武党史+业务知识竞赛团体优秀奖

舟山市代表队

8. 2022年度工作突出基层劳动人事争议调解组织（第二批全国百家金牌）

舟山中远海运重工有限公司劳动争议调解委员会

9. 2022年度全省推进农民工返乡合作创业成绩突出单位

舟山市普陀区就业管理服务中心

10. 2021年度全省工作突出基层劳动人事争议调解组织

舟山市定海区双桥街道劳动人事争议调解中心

岱山县秀山乡劳动人事争议调解委员会

舟山市普陀区朱家尖街道劳动人事争议调解中心

11. 2021年度全省企业职工基本养老保险考核优秀

嵊泗县

荣誉个人

1. 第二届公共就业服务专项业务竞赛基层公共就业服务"全国十佳"选手

舟山市定海区双桥街道办事处　　　李佳蓓

2. 浙江省人力资源和社会保障系统先进工作者

舟山市人才公共服务中心　　　解群燕

舟山市定海区人力资源和社会保障局

谢承彬

舟山市普陀区就业管理服务中心　王怡杰

岱山县人力资源和社会保障局　　何　燕

嵊泗县人力资源和社会保障局　　叶　敏

3. 浙江省助企服务成绩突出个人

舟山市人力资源和社会保障局　　何敏华

4. 2022年度全省人社系统窗口单位业务技能练兵比武全省"岗位练兵明星"

舟山市人力资源和社会保障局　　赵晓丽

舟山市人力资源和社会保障局　　张一鸣

舟山市人力资源和社会保障局　　俞庆瑞

5. 全国第二届公共就业服务专项业务竞赛浙江省选拔赛劳动保障专理员竞赛二等奖

舟山市定海区双桥街道办事处　　李佳蓓

6. 全国第二届公共就业服务专项业务竞赛浙江省选拔赛职业指导人员竞赛三等奖

舟山市普陀区人力资源和社会保障局

陈思吉

台州市

【城乡就业】 2022年，全市城镇新增就业8.15万人，完成目标任务的101.94%；失业人员实现就业1.9万人；就业困难人员实现就业0.28万人。城镇零就业家庭实现动态归零。城镇调查失业率控制在5%以内，持续处于较低水平。1月，组织开展跨省"驻点招工"，启动"百城千企·乐业台州"系列云招聘活动，联合全国10省119个劳务输出地区推广宣传超220次，举办市内春季公益招聘活动105场，赴5省22地招引1.15万名新员工来台就业，帮助企业解决用工近11万人。实施稳就业惠民生攻坚行动，落实失业保险稳岗返还、一次性留工培训补助、一次性扩岗补助等惠企政策。全市失业保险稳岗返还发放4.3亿元，惠及企业7.9万家、107.6万人；发放一次性扩岗补助1203.5万元，惠及企业2692家、8023人。

积极促进高校毕业生就业创业。7月，出台《关于支持大学生就业创业的若干意见》（台政办发〔2022〕28号）。实施"万名大学生台州就业见习计划"，建成就业见习基地478家，吸引6164名大学生来台见习。6月，举办"梦起见习·乐业台州"空中双选会云直播专场活动，推出300余家优质见习基地、5000余个优质岗位。6月至8月，开展"激扬青春·筑梦台州"离校未就业高校毕业生暖心帮扶季活动，对全市12326名离校未就业高校毕业生开展就业帮扶工作，就业帮扶率100%。6月，出台《台州市创业导师服务评价管理办法（试行）》（台人社发〔2022〕31号），优化创业导师服务评价管理制度。开发"台创汇"创业综合服务应用，实现15套跨部门跨层级系统、80类796个数据项的经办数据一键流转，获评全省人社系统"最佳应用"。6月28日上线后，注册创业园19家，发布项目402个，发布活动154场，入驻导师293名，办理创业业务3077笔，发放创业担保贷款1.4亿元。

做好重点群体兜底保障，帮扶重点人群47275次，帮扶率99.67%。开发孤寡老人和留守儿童监管护理等公益性岗位1616个。加强失业人员生活保障，发放失业保险金18926.92万元惠及110354人次，发放失业补助金2115.95万元惠及42319人次，失业保险支持技能提升发放375万元惠及2448人次。构建"15分钟就业服务圈"，加强基层公共就业服务队伍建设，全市131个乡镇（街道）实现全覆盖，全市3305个村（社区）全部通政务外网，实现重点群体帮扶驾驶舱可视化。

【社会保险参保情况】 2022年，全市养老保险参保率97.84%。企业职工基本养老保险参保人数为272.31万人，同比增加10.27万人。机关事业单位养老保险参保人数20.87万人，同比增加0.38万人。城乡居民基本养老保险参保人数为163.55万人，同比增加2.63万人；其中，60周岁以下参保人数93.53万人，同比增加0.45万人。失业保险参保人数为126.37万人，同比增加7.04万人。工伤保险参保人数为239.12万人，同比减少3.4万人。

【社会保险政策】 2022年，企业职工基本养老保险全国统筹工作全面施行，4月完成国统系统切换上线。1月，联合市民政局下发《实现困难群众城乡居民基本养老保险应保尽保的通知》（台人社发〔2022〕2号），健全工作机制，实现低保低边人员等城乡居民困难人员基本养老保险应保尽保，个人缴费政府代缴应缴尽缴。1月，与市邮政局下发《关于进一步推动基层快递网点参加工伤保险工作的通知》（台邮管〔2022〕3号），推进基层快递网点人员参加工伤保险。6月，联合市发改委、财政局、税务局出台《关于扩大阶段性缓缴社会保险费政策实施范围等问题的通知》（台人社发〔2022〕30号），在对餐饮、零售、旅游、民航、公路水路铁路运输等5个特困行业实施阶段性缓缴三项社保费政策的基础上，将全市受疫情影响的中小微困难企业列入缓缴政策实施范围，同时明确17个扩围行业和其他中小微困难企业的标准。12月，印发《关于2022年提高城乡居民基本养老保险基础养老金标准的通知》（台人社发〔2022〕61号），从2022年4月1日起，全市城乡居民基本养老保险基础养老金标准由每人每月235元提高至280元。

【社会保险经办管理】 2022年，顺利实施企业职工养老保险实现全国统筹，实现平稳过渡。完成全市88745家企业社保缴费基数申报和14979家企业工伤浮动费率调整工作。完成全市89.46万名企业、机关事业单位退休人员基本养老金待遇调整工作，补发7.13亿元养老金。市社保中心参与起草的国家行业标准《社会保险经办内部控制规范》于8月1日正式发布实施。有序推进社会保险制度与最低生活保障制度、社会救助制度有效衔接，健全完善困难群众参保和代缴机制，定期开展困难对象参保情况核查，排查11.41万人的参保情况，推动7420名低保户、低边户等困难人员基本养老保险实现应保尽保、个人缴费部分政府代缴应

缴尽缴，进一步强化社会保险兜底保障。

落实"政策找企"助力企业纾困，出台实施企业阶段性缓缴社会保险费政策，扩大惠企力度和实施范围；组织"宣传点对点、服务心连心"活动，主动向全市近12万家单位发送短信43.74万条，寄送告知书4.12万封，电话告知16.51万人次，入企宣传服务941次，一对一宣传缓缴政策，实现"应知尽知、即申即享"。

加强内控制度建设，规范经办岗位权限。8月，出台《违规领取社会保险待遇处理规程》（台人社发〔2022〕44号）、《市社保中心岗位权限管理办法》（台社保〔2022〕7号）。11月，出台《台州市社会保险事业管理中心内部控制实施细则》（台社保〔2022〕9号）。开展数字稽核，通过人社部稽核系统和省风控平台接收处理各类疑点信息，共核查疑点1.5万余条。开展日常稽核检查，抽查高风险业务1031笔，发现并整改问题11笔。

开展社保基金管理提升年行动，以社保经办岗位权限管理专项检查、社保基金疑点数据核查为重点，全面排查整改问题110个。建立完善问题整改长效机制，11月，印发《社保基金监督整改工作规程（试行）》（台人社发〔2022〕53号）。开展社保政策落实不到位及行风方面问题专项治理行动，推动社保政策落实，提升社保经办行风，共排查整改问题54个。

【人才开发和市场管理】 2022年，深入实施"500精英计划"，引进创业创新人才169人，落地创业企业109家，产值超2000万元的人才创业企业50家，其中产值超亿元以上的8家。4月，出台《关于开展"500精英计划"提质增效专项行动的实施意见》（台人才领〔2022〕19

号），修订《台州市"500精英计划"人才项目管理实施细则》（台人才领〔2022〕20号）。6月，举办第四届"500精英"人才系列创业大赛总决赛和智汇台州·"500精英"海外高层次人才创新大赛总决赛。9月、12月，分两次组织台州市"500精英计划"网络评审会，超300个项目参加。12月，举办第五届"500精英"人才系列创业大赛总决赛。

全年开展引才活动，新引进大学生10.2万名。2月，启动青年英才聚台州计划暨"智汇台州·百校引才"活动，与11家上海知名人力资源服务机构签订助力台州引才行动合作协议，召集8家协会共同成立全球揽才行业联盟。4月，召开全市大学生招引工作部署会，推进实施青年英才聚台州计划十大行动。开展百场高校毕业生暑期招聘会、"百日千企万岗促就业"网络招聘、"千人千岗"大学生社会实践、"全国百所高校走进台州、走访名企"、"学子探名企"云直播大赛、"创赢台州"大学生创业系列活动、"一县一品"大学生就业创业季等系列活动；推出县（市、区）委书记担任"一号引才主播"的专题视频，招引高校毕业生来台州就业创业。8月，开展全国高校走进台州走访名企活动，华中科技大学、湖南科技大学、黑龙江大学等来自全国各地的近50多家高校与500多家台州企事业单位参加现场洽谈，达成校地、校企人才智力合作项目16个。

线下线上组织各类招聘活动。5月，在全省率先启动开展校园招聘活动。6月，赴云南开展校园招聘活动，采用"政校座谈＋校企洽谈＋点对点招聘＋企业宣讲＋就业见习"模式招才引智。搭建定制化云招聘平台，为台州企事业单位和求职者提供免费、高质量的全流程云上招聘服务，辐射18个省份、39所城市、300多所高校、覆盖20余万名毕业生；参与线上招聘的企业超4000家，发布岗位数2万余个，需求人数10万多个。开展直播带岗77场次，点对点空中双选会活动139场次，各大融媒直播平台总观看量达400余万人次，参与企业300余家。开展"智汇台州·百校引才""激扬青春·筑梦台州"等线下招聘195场，参与企业2600余家次，推出7万余个岗位需求，达成意向3.4万余人次。

加强人才政策兑现和服务。开发人才政策兑现系统，安家补贴、房票补贴等30多项高频事项实现线上申请兑现，兑现人才经费3.5亿元，发放人才房票1.5亿元。面向高层次人才和青年人才推出人才码，拓展人才码服务功能，新增人才码用户8.5万人，新增线下扫码场景200多个。开展"人才林"建设、中秋茶话会、元宵晚会、人才研修班等活动，增加人才归属感。

推进人力资源服务业高质量发展。组织开展奖励资金项目申报，对16家人力资源服务机构共兑现奖励72.71万元。3月，举办"赋能台州制造 助力共同富裕"沪台人力资源服务供需对接会，上海市12家知名人力资源服务机构、台州市10家人力资源服务机构、26家重点企业参加，达成各类合作意向50余项。至年底全市共有各类人力资源服务机构595家，从业人员4290人，营业收入78.38亿元。

加强人才市场档案管理，接收人事档案2220份，转出人事档案1512份，接收散材料4万多份，接待查借阅档案1200多人次。至2022年底，市人才中心管理人事档案共2.8万份，库存档案数字化已挂接到省档案系统，实现数据同步，影像共享。

【专业技术人员管理】 2022 年，推进国家工程师基地建设。8 月，出台《关于开展工程师基地建设专项行动的实施意见》（台人才领〔2022〕37 号）。实施博士后人才集聚增效工程，深化科研需求征集对接、科研过程跟踪管理，发布博士后科研需求"揭榜挂帅"项目榜单。新建国家级博士后科研工作站 3 家，省级博士后科研工作站 13 家，新招收博士后研究人员 62 名。

深化职称制度改革。重新核准设置全市中评委及自主评聘单位，继续扩大事业单位自主评聘改革试点范围，全市 19 家医院、59 家学校实行高级职称自主评聘。深化企业工程领域社会化评价试点，全市 5 家企业开展工程领域中级职称自主评价。迭代升级并推广职称申报评审系统，各级各类评委会职称工作全部纳入全省职称系统运行，推进专业技术人员业绩档案库建设，提高职称工作管理服务水平。

【职业能力建设】 2022 年，开展职业技能培训 22.87 万人次，新增技能人才 9.97 万余人、高技能人才 4.29 万余人，培育浙江工匠 59 名。全市技能人才总量达到 128.1 万人，技能人才占从业人员比重为 33.24%，占比居全省第二，其中高技能人才 40.45 万人，占技能人才 31.7%。继续开展"台州技工"星级评价，评定星级"台州技工"9698 人，拨付一次性奖励 436.5 万元，其中二星 2218 人、三星 778 人、四星 167 人、五星 90 人，累计评价星级"台州技工"19460 人。全市技工院校 11 所，在校生 2 万人。就业率达到 98%。7 月，台州市成为全省唯一全市域技能型社会建设试点城市。《台州市推动"双增双收"让技术工人成为"扩中"主力军》入选全省第一批高质量发展建设共同富裕示范区最佳实践。开展台州市第三届职业技能大赛。编制《台州市技能型社会建设规划（2022—2025）》（台人社发〔2022〕64 号）《台州全市域推进技能型社会建设试点工作方案》（台市委办发〔2022〕51 号）。出台全国首创地方性指引《台州市技术工人职业发展通道设置指引》（台人社发〔2022〕18 号），制定《台州市技能创富型企业激励办法（试行）》（台人社发〔2022〕29 号）《台州市技工教育提质增量行动实施意见》（台人社发〔2022〕29 号）《台州市全面推行企业新型学徒制工作实施方案》（台人社发〔2022〕19 号）。全市技工院校共 12 个专业群入选省高水平专业群建设项目，入选数量居全省第一，争取省资金补助 2.08 亿元。12 月，成立台州市技工教育集团。

【技能等级认定】 2022 年，开展职业技能等级认定工作，新增 368 家认定备案企业、4 家社会培训评价组织，包括台州恩泽医疗中心（集团）、台州市路桥中等职业技术学校、台州市椒江区第二职业技术学校和台州市恒勃技工学校。新增职业技能等级认定人数 11.2 万人，发证人数 9.97 万人，其中高技能人才 4.5 万人，技师 2822 人。推进考评员、督导员和裁判员三支队伍建设，组织各类培训 300 多人次，指导完成 130 多场次认定工作。遴选温岭山粉圆制作和天台花糕捏制两个项目成为全省专项职业能力建设考核标准化项目。12 月，推荐吉利集团吕义聪入选全省首批"新八级工"首席技师。

【事业单位人事管理】 2022 年，稳步推进县以下事业单位管理岗位职员等级晋升工作，制定职员等级晋升制度实施方案，晋升 5695 人，占管理岗位现聘人数的 49%，人均月增资额为 223.15 元。继续深化事业单位人事管理数字化改革，依托事业单位人事工资系统，上线"事业人员线上签约"实现聘用合同电子化管理。8 月，首次组织市属事业单位公开招聘新进人员岗前培训，为期 5 天，共 88 名事业单位新进人员参加。规范开展事业单位公开招聘和人员交流工作，全市共发布 136 则公告，涉及 1286 家招聘单位，计划招聘 4567 人，最终录用 3386 人，其中应届毕业生 1360 人，占 40.17%；大学本科 2538 人，占 74.96%；硕士研究生 519 人，占 15.33%；博士研究生 106 人，占 3.13%。市属事业单位人员交流 137 人，台州市外调入 8 人，占 5.84%；调出台州市外 3 人，占比 2.19%。岗位聘任变动情况 14088 人，评聘专技二级岗位 10 人，三级岗位 68 人。

【人事考试】 2022 年，全年零差错完成各类人事考试 30 项，服务考生 14.97 万人。在疫情期间坚持做好考试安全、防疫安全和人性化服务。创新开展数字化改革，迭代升级智慧面试系统 2.0 版，在公务员、事业单位、专职社工面试等市县两级 24 场面试中使用，服务单位 700 多家，评价考官 1126 人次，服务考生 4140 人次，选拔优秀人才 1380 人。推进考试标准化建设，改造升级市本级试卷保密库，县级人社保密库实现全覆盖。完成《省人事考试违纪违规处理和纳入诚信体系》修订版的起草工作。组织开展全市考试安全警示教育系列活动。在全省人社"请党放心，考试安全有我"比赛活动中，台州市选手获主题征文比赛一等奖、演讲比赛二

等奖。在全省人事考试"先行有我"优秀短视频评比活动中获一等奖、二等奖。

【工资福利】 2022 年，进一步完善市直技术服务类事业单位薪酬制度改革。完成公立医院和各防疫事业单位绩效工资一次性核增和一线医务人员临时性工作补贴发放工作。核定 212 家市直属事业单位绩效工资总量，委托第三方机构对市直 41 家事业单位的绩效工资发放情况进行专项审计。制定市直事业单位基础绩效奖方案，会同市财政局部署发放。完成市直事业单位年度绩效奖金发放工作，指导各县（市、区）完成事业单位的基础绩效奖金和年度绩效奖金的方案制定和发放工作。完成机关事业人员交流调动、岗位（职务）变动、转正定级、工龄变更、人员退休、月工资申报等工资核定或备案共 6408 件。完成市直 2 个表彰、5 个表扬项目的表彰奖励工作。完成"扫黑除恶"行政奖励事项，记个人二等功 2 人、个人三等功 6 人；完成对见义勇为人员行政奖励工作，记二等功 2 人；会同市统计局完成全市第七次人口普查行政奖励工作，记集体嘉奖单位 30 个、个人嘉奖 180 名。

【劳动关系】 2022 年，实施区域性和谐劳动关系"1518"创建工程和"双爱"活动，落实《台州市"和谐同行"能力提升三年行动计划实施方案》，开展体面劳动促进行动，对全市 3000 家企业进行点对点用工体检服务，指导企业整改提高。对全市 3590 多名劳动关系协调员进行职业培训。通过政企携手、三方协作，组织开展创建和谐劳动关系评选活动，全市评选出 116 个市级先进企业和个人代表。搭建电子劳动合

同信息化平台,推广电子劳动合同。4月,出台《台州市技术工人薪酬分配指引》(台人社发〔2022〕24号),引导企业建立技能导向的薪酬分配体系,促进技能与薪酬挂钩、技工工资可持续增长。9月,发布台州市劳动力市场211个职业工资指导价位和30个技术工人职业(工种)分等级工资指导价位。

【农民工管理服务】 2022年,春节期间,开展"五送五助"留岗留工大走访活动,省外员工留台比例达43.17%。6月,出台《关于推进农民高质量就业促进农村高水平共富的实施意见》(台政办发〔2022〕22号),实施返乡入乡创业激励、乡村灵活就业支持、百万农民培训提升等七大行动,发挥"共富工坊"就地就近吸纳农民灵活就业的作用,创新"政府+企业+村集体+农户"模式,通过"企业送单、工坊派单、农民接单",有效促进就业增收,吸纳从业人员3.2万余人,其中低收入农户2012人。规范农民工劳动合同签订,指导用人单位和劳动者依法规范订立电子劳动合同。推进台州市百万农民工素质提升工程,培训农民工超过8万人次。开展"农民工入会集中行动",农民工工会会员达10万多名,占比达65%以上。丰富农民工精神文化生活,将农民工纳入常住地公共文化服务体系,实现公共文化服务设施向农民工免费开放。推进农民工文化家园建设,举办一系列送文艺演出下基层活动。8月,联合相关部门开展"送清凉送关爱活动",深入工地慰问农民工。

【劳动保障监察】 2022年,台州市获全省市级政府保障农民工工资支付工作考核A等次第一名,全省根治欠薪现场观摩交流会在台州市举办。5月,联合市住建局印发《关于深化房屋建筑和市政工程领域保障农民工工资支付工作的通知》(台建〔2022〕97号),规范全市房屋建筑和市政工程领域农民工工资支付行为,全面落实根治欠薪负面清单和动态管理措施,持续深化"台州无欠薪"行动。6月,根据市委政法委部署,会同住建部门启动"除险保安"十大治源行动——建筑工程领域"无欠薪"治源行动,出台《关于引发除险保安十大治源行动方案的通知》(台平安〔2022〕3号),开展"风险隐患清零"专项行动,推动建筑工程领域欠薪隐患源头预防。全市劳动监察、仲裁和基层调解组织共受理劳动纠纷9711件,劳动纠纷化解率达97.46%,涉案人数14589人,涉案金额达4.71亿元。全年共处理国家和省平台欠薪线索件1.1万余件,立案查处欠薪违法案件43件,打击拒不支付劳动报酬犯罪行为28件,全市劳动关系状况总体和谐稳定,未发生因劳资问题引发的重大突发事件。

加大对欠薪违法行为的打击力度,保障劳动者合法权益。开展清理整顿人力资源市场秩序、深化建筑领域"无欠薪"治源行动、"安薪我先行服务浙共富"活动、工时和休息休假权益维护专项行动、根治欠薪秋季及冬季专项行动,及时纠正企业违法行为、打击严重违反劳动保障法律法规行为、规范企业合法用工、维护劳资双方的合法权益。全市"安薪指数"97.87,居全省第二;欠薪发生率0.79‰,居全省第二低。制定《台州市工程建设领域农民工工资保证金管理工作指引》,指导全市工资保证金收缴工作,推进浙江省工资支付监管平台的应用,实现工资保证金缴纳在线申报。定期公布重大欠薪违法案件情况,将欠薪等失信行为纳入"信用台州"平台数据库，实施联合惩戒，51个用人单位或自然人被列入欠薪联合惩戒名单。通过市委政法委、台州海事局、宁波海事法院、市人力资源和社会保障局等四部门合力，健全海船船员维权协作运行机制，解决船舶类劳资纠纷维权难问题，协调处理劳资纠纷22件，涉及人员22人，涉案金额127.56万元。

【调解仲裁】 2022年，全市各级劳动人事仲裁机构受理劳动人事争议案件5465件，涉及劳动者6198人，其中劳动报酬案件1222件、工伤赔偿2106件，解除劳动关系619件，结案5350件，涉案标的1.89亿元；网络办案率56.86%，结案率96.11%，调解成功率90.74%。92.35%的劳动人事纠纷终结在仲裁阶段。开展数字化仲裁庭建设。组织全市仲裁员参加全省劳动人事仲裁练兵比武活动，获得团体总分第四名。

【信息化建设】 2022年，开展实体社保卡、电子社保卡发行工作，全市新增发行实体卡10.47万张，新增签发电子社保卡70.9万张。制定《社会保障卡居民服务"一卡通"专班工作方案》，专班成员单位增至18家。整合全市社保卡96225热线，将各县（市、区）社保卡（市民卡）热线统一整合至96225，打造社保卡（市民卡）服务热线"一号答"，进一步提升社保卡（市民卡）服务质量和效率。12月，社会保障卡开通台州市域铁路S1线乘车刷卡功能。组织开展"社会保障卡惠民服务季"活动，在市人社业务经办大厅、社保卡合作银行、社区、街道、大型人才招聘会等场所，组织咨询员和业务人员现场答疑解惑，解决群众普遍反映的办事难点堵点问题，听取群众对社保卡惠民服务工作意见及建议。通过宣传海报、条幅、易拉宝、宣传单等宣传载体，集中对社保卡、电子社保卡的申领途径、功能、使用过程中注意事项等进行宣传。

【全面深化改革】 2022年，获批人社部基本公共服务标准化试点1项、全省行政办事员队伍职业化建设省级试点1项、《银行办理人社公共服务业务规范》国标研制试点1项、《企业跨区域社保变更登记联办工作规范》省标研制试点1项、省人社厅数字化改革重点试点项目1个、地方创新项目2个。来浙实践、"台创汇"创业综合服务、工伤全链条"一件事"等3个应用获评全省人社系统最佳应用并入选全省数字社会优秀案例集，获评数居全省系统第一。工伤全链条"一件事"改革相关做法获省委改革办《数字化改革（工作动态）》刊发推广。"牵肠挂肚"改革项目获批数和完成度均居市级部门第一。政务服务工作考核居市级部门第一。

【对口支援和结对帮扶】 2022年，开展东西部劳务协作，与湖南湘西州、云南曲靖市人社局开展劳务对接；加强与四川等地对口工作，发送企业岗位信息参与四川南充直播带岗。做好脱贫人口在台稳就业工作，累计核实20.67万脱贫人口在台就业。

【省级以上荣誉】

荣誉集体

1.2022年度浙江省人力资源和社会保障系统先进集体

台州市人力资源和社会保障局

温岭市人力资源和社会保障局

玉环市人力资源和社会保障局就业服务中心

仙居县社会保险事业管理中心

天台县人力资源和社会保障执法监督科

2. 全省"人民满意的公务员集体"

台州市就业服务中心

3.2022年全国清理整顿人力资源市场秩序专项行动取得突出成绩单位

台州市人力资源和社会保障局监察执法处

4.2021—2022年度中国劳动保障报刊新闻宣传先进单位

台州市人力资源和社会保障局

5. 全省机关事务工作先进集体

台州市人力资源和社会保障局办公室

6. 全省第一批高质量发展建设共同富裕示范区最佳实践

台州市《推动"双增双收"让技术工人成为"扩中"主力军》

7. 全省人社系统数字化改革2022年第一批最佳应用

台州市人力资源和社会保障局"浙创汇"创业综合服务应用

台州市、温岭市人力资源和社会保障局工伤全链条"一件事"应用

8. 全省人社系统数字化改革2022年第三批最佳应用

台州市、临海市人力资源和社会保障局"来浙实践"应用

9. 浙江省发展和改革委员会2022年数字社会系统最优理论

台州市、临海市人力资源和社会保障局"来浙实践"项目

10. 全国第二届公共就业服务专项业务竞赛浙江省选拔赛三等奖

临海市人力资源和社会保障局共富工坊项目

11. 浙江省发展和改革委员会数字社会案例（第四批）

台州市、温岭市人力资源和社会保障局"工伤处理全链条服务"应用

12. 浙江省发展和改革委员会数字社会案例（第八批）

台州市、临海市人力资源和社会保障局"来浙实践"应用

13. 浙江省发展和改革委员会数字社会案例（第十批）

台州市人力资源和社会保障局"台创汇"多跨场景

14. 浙江省高质量发展建设共同富裕示范区第二批试点

温岭技术工人奔富浙里"岭"跑

15.2022年新时代浙江产业工人队伍建设改革成绩突出集体

温岭市人力资源和社会保障局

16.2022年度全省人事争议仲裁练兵比武活动团体赛三等奖

台州代表队

17.2022年度全省劳动保障监察业务技能大比武团体三等奖

台州代表队

18. 全国节约型机关

临海市人力资源和社会保障局

玉环市人力资源和社会保障局

19.2022年度全国工作突出基层劳动人事争议调解组织

温岭市泽国镇劳动人事争议调解中心

20.2022年度全省人事劳动争议案件处理优秀等次单位

临海市人力资源和社会保障局

玉环市人力资源和社会保障局

仙居县人力资源和社会保障局

三门县人力资源和社会保障局

21.2021年度全省劳动人事争议案件处理工作成绩突出单位

台州市路桥区人力资源和社会保障局

天台县人力资源和社会保障局

三门县人力资源和社会保障局

22.2021年度全省劳动人事争议"互联网＋调解仲裁"工作成绩突出仲裁院

台州市椒江区劳动人事争议仲裁院

温岭市劳动人事争议仲裁院

23.2021年度全省劳动人事争议案件处理工作成绩突出基层调解组织

台州市椒江区葭沚街道劳动争议调解委员会

台州市路桥区金清镇劳动人事争议调解中心

温岭市箬横镇劳动人事争议调解中心

玉环市大麦屿街道劳动人事争议调解中心

仙居县安洲街道劳动人事争议调解中心

24. 全省推进人力资源服务业高质量发展工作成绩突出集体

台州市黄岩区人力资源和社会保障局

台州市人力资源服务协会

荣誉个人

1. 全国人力资源社会保障系统先进工作者

台州市人力资源和社会保障局　　　潘　安

2.2022年度浙江省人力资源和社会保障系统先进工作者

台州市人力资源和社会保障局　　　马德求

台州市人力资源和社会保障局　　　王红伟

临海市人力资源和社会保障局　　　卢娅红

台州市椒江区社会保险事业管理中心

　　　　　　　　　　　　　　　　曹立红

温岭市人力资源和社会保障局就业服务处

　　　　　　　　　　　　　　　　李良夫

台州市路桥区劳动人事争议仲裁院　叶志勇

三门县人力资源和社会保障局就业服务中心

　　　　　　　　　　　　　　　　章丹鸯

台州市黄岩区社会保险事业管理中心

　　　　　　　　　　　　　　　　蒋　斌

仙居县人力资源和社会保障局　　　季胜武

3.2021—2022年度中国劳动保障报优秀通讯员

台州市人力资源和社会保障局　　　李宗伟

4. 全省推进人力资源服务业高质量发展工作成绩突出个人

台州市人力资源和社会保障局　　　胡哲诚

5. 推进系统省集中建设成绩突出个人

台州市社会保险事业管理中心　　　高建勋

6.2022年度全省劳动人事争议案件处理优秀等次仲裁员

台州市劳动人事争议仲裁委员会　　管旦阳

台州市劳动人事争议仲裁委员会　　潘忠荣

台州市黄岩区劳动人事争议仲裁委员会

　　　　　　　　　　　　　　　　林智广

台州市路桥区劳动人事争议仲裁委员会

　　　　　　　　　　　　　　　　叶志勇

温岭市劳动人事争议仲裁委员会　　蔡灵巧

天台县劳动人事争议仲裁委员会　　潘哲峰

三门县劳动人事争议仲裁委员会　　任文晖

7.2021年度全省劳动人事争议案件处理工作成绩突出仲裁员

台州市劳动人事争议仲裁委员会　管旦阳

台州市椒江区劳动人事争议仲裁委员会

　　　　　　　　　　　　　　　朱玛丽

台州市黄岩区劳动人事争议仲裁委员会

　　　　　　　　　　　　　　　林智广

临海市劳动人事争议仲裁委员会　郑　喆

温岭市劳动人事争议仲裁委员会　蔡灵巧

玉环市劳动人事争议仲裁委员会　黄　山

天台县劳动人事争议仲裁委员会　潘哲峰

三门县劳动人事争议仲裁委员会　任文晖

8.2021年度全省劳动人事争议案件处理工作成绩突出调解员

台州市椒江区海门街道劳动人事争议调解

　　委员会　　　　　　　　　　吴志刚

台州市路桥区金清镇劳动人事争议调解中

　　心　　　　　　　　　　　　宋国光

临海市杜桥镇劳动争议调解委员会　黄元荣

浙江头门港经济开发区管委会人民调解委

　　员会　　　　　　　　　　　葛建能

温岭市泽国镇劳动人事争议调解中心

　　　　　　　　　　　　　　　阮仙明

玉环市楚门镇劳动人事争议调解中心

　　　　　　　　　　　　　　　张茜茜

天台县平桥镇人民政府劳动人事争议调解

　　中心　　　　　　　　　　　王正方

天台县人民政府始丰街道办事处劳动人事

　　争议调解中心　　　　　　　蒋霄洁

仙居县劳动人事争议调解中心　　张　贵

9.民革浙江省2017—2021年个人先进

台州市椒江区人力资源和社会保障局

　　　　　　　　　　　　　　　陈卫萍

丽水市

【城乡就业】　2022年，丽水市城镇新增就业30499人，完成目标任务152.5%；城镇登记失业率1.12%，控制在3%的目标之内。大力促进城乡居民增收，城镇常住居民人均可支配收入55784元，同比增长4.7%，增速居全省第三位。发挥就业创业工作领导小组作用，牵头组织领导小组会议，研究部署稳就业保民生工作。围绕人社事业在高质量发展建设共同富裕示范区中的职责定位，大力实施人社助力乡村振兴专项行动。根据省人力社保厅关于贯彻落实《浙江省失业保险条例》有关工作的通知精神，自2022年8月1日起，将失业保险金发放标准调整为最低工资标准的90%即1656元/月；失业补助金发放标准按是否缴费满12个月，分别调整为828元/月和331.2元/月。

落实稳岗政策，扎实做好失业保险稳岗返还工作。全市兑现失业保险稳岗返还资金10006.95万元，惠及企业1.62万家、职工22.34万人。继续实施失业保险单位缴费比例下调政策，失业保险单位费率由1%降为0.5%，个人费率仍按0.5%执行，减征企业失业保险费2.19亿元。将服务企业用工摆在突出位置，推行夜市招聘、直播带岗等新途径，持续开展送岗下乡活动；共组织各类招聘活动312场，发布岗位9.8万余个（次），达成意向数1.79万人。举办"春风送岗·十城联动"网络招聘会，在媒体平台开设《云聘汇》专栏和区域招聘专场，组织招聘单位756家，提供岗位2.5万余个，求职点击量达9.5万次。

把高校毕业生等青年就业作为重中之重，促进高校毕业生多渠道就业。年内共对4913名高校毕业生进行帮扶，期末共有790个高校毕业生见习基地（单位）2898个见习岗位，在岗见习950人。大力推动"浙里就业创业"和"重点群体就业帮扶"落地使用，覆盖全市9县（市、区）、173个乡镇（街道）、2028个村（社区），实现市、县、乡、村四级全贯通；2022年全市开展重点群体帮扶3.72万人次，服务就业困难人员等重点群体2.77万人，实现就业2.5万人。持续开展公益性岗位托底安置工作，全市有公益性岗位1705个，在岗人员1256人。至2022年底，全市累计建成高质量就业社区（村）779个；帮扶困难人员再就业2307人，失业人员再就业累计12985人。

出台《丽水市人力资源和社会保障局等17部门关于支持多渠道灵活就业的实施意见》，将重点人群中的高校毕业生从毕业5年内放宽到毕业10年内，将创业担保贷款限额从50万元提高到80万元，全年新发放创业担保贷款1.12亿元，发放贴息补助532.34万元。连续8年举办"奇思妙想，创赢绿谷"创业创新大赛，承办浙江省首届返乡入乡合作创业大赛暨项目对接会，培育推送的创业项目获"奇思妙想浙江行"创业创新大赛浙江省总决赛、"中国创翼"创业创新大赛浙江省总决赛和浙江省首届返乡入乡合作创业大赛3个一等奖，实现历史性突破。引进知名培训机构华普亿方，与丽水电大共建丽水创业创新学院，累计开展创业培训8480人次。开展创业服务系列活动112场，扶持创业1904人，带动就业5927人。延伸高校服务触角，丽水学院大学生创业园获评省级创业孵化示范基地，连续合作举办14届

职业生涯规划和创业大赛。举办"浙丽创业 技绽人生"技能夜市嘉年华暨"丽创荟"创业成果展，进一步提升"丽创荟"创业品牌影响力。承办2022中国（丽水）超市创业创新高峰论坛暨丽水市商超联合会成立大会，选举产生了丽水市商超联合会第一届理事会成员，朱继坤当选会长。现场开设高峰论坛，开展了"丽水山耕""丽水山泉""青田洋货"产品线上推介，发布丽水超市产业金融方案和"商超惠保"等项目。

【社会保险参保情况】 2022年，全市人力社保系统深入实施全民参保计划，提高企业职工基本养老保险参保率，健全完善困难人员参保代缴机制，推动城乡居民基本养老保险应保尽保，持续扩大社会保险覆盖面。全市基本养老保险参保人数196.6万人，其中企业职工参保人数94.45万人，机关事业单位参保人数12.26万人，城乡居民参保人数89.89万人；工伤保险参保人数88.61万人；失业保险参保人数36.03万人。

【社会保险政策】 2022年12月，会同市财政局联合出台《关于浙江省征地补偿和被征地农民基本生活保障办法废止后有关待遇调整工作的通知》（丽人社〔2022〕121号），对市区被征地农民基本生活保障待遇核定和调整工作进行规范，自2021年7月1日起执行，基本生活保障金调整与全市最低生活保障标准调整同步执行，其基本生活保障金标准以三档、二档、一档缴费分别执行当期全市最低生活保障标准的100%、80%、60%（按四舍五入取整数）；会同市财政局联合印发《关于2022年提高城乡居民基本养老保险基础养老金最低标准的通知》（丽人

社〔2022〕113号），自2022年7月1日起，全市城乡居民基本养老保险基础养老金最低标准从每人每月225元提高至每人每月255元；会同市财政局联合印发《被征地农民参加基本养老保险死亡待遇业务处理口径》，对被征地农民参加基本养老保险后的死亡待遇进行规范；会同市民政局制定《困难人员参加城乡居民基本养老保险业务操作细则》，积极推进社会保险制度与最低生活保障制度、社会救助制度有效衔接，健全完善困难群众参保和代缴机制。

【社会保险经办管理】 2022年5月，顺利上线企业职工基本养老保险全国统筹系统。开展5个特困行业、17个扩围行业及困难中小微企业申请缓缴社会保险费受理经办工作；全年点对点政策服务告知企业3103家，发送短信39.1万条，为192家企业缓缴社会保险费2500万元。完成全市2022年度机关事业、企业职工基本养老保险、工伤保险、失业保险缴费基数申报工作，其中涉及全市企业用人单位6535家。实施全民参保计划，聚焦灵活就业人员、新业态从业人员、单工伤参保人员、私营企业和个体工商户从业人员等重点人群分类施策，扩大参保覆盖面，参保率达到99.08%。稳步做好养老保险转移接续和退休业务经办，全年市本级办理企业职工基本养老保险跨省转移接续1270人（转出767人，转入503人）、退休审批3621件。完成2022年度企业及机关事业单位退休人员基本养老金调整工作，全市惠及退休人员32.41万人，短信点对点告知6.68万条。建设社会保险驾驶舱，打造机关养老、企业养老、城乡居保、工伤保险、退休无忧等8个板块，展示界面19个，归集整理数据11亿余条，完成指标设计157项，搭建社保经办智治体系。全力打造的"退休无忧"应用场景高票入围丽水市十大民生实事。重构退休人员档案预审和退休流程，为全市退休人员提供集数据智配、退休预审、自助办理、无感认证于一体的便捷服务。优化社保待遇资格认证模式，实现社保待遇领取资格无感认证，全年办理认证59.04万人、认证率99.2%，其中智能无感认证39.37万人，占总认证人数的66.14%。《"一件事"退休退职联办服务规范》被列入省人力社保厅标准化研制试点项目成功立项，完成内部研讨、专题汇报、实地调研、专家研讨、征求意见等工作并形成送审稿。印发《关于规范市本级涉刑人员业务办理流程的通知》，完善参保人员和退休人员定期核查及处理机制，升级优化数据比对方式，全面排查并整改涉刑人员参保与待遇领取、死亡后多发待遇、重复享受待遇等问题。平稳解决被征地农民基本生活保障个人专户余额支付、机关保清算、涉刑人员疑点数据等问题，未发生信访投诉事件。实行全员培训，印发《中心工作人员学习培训工作方案》，建立涵盖业务、礼仪、心理、信息等内容的综合性培训体系。出台《关于建立全市社保经办协调推进工作机制的通知》，加强全市社保经办机构统筹协调，提升全市社保经办队伍综合素质。出台《关于加强综合柜员管理若干问题的通知》，推进综合柜员制标准化建设，打破市、区业务经办壁垒，推行市、区经办窗口无差别受理。健全窗口运行服务工作机制，建立并优化"前台综合受理、后台分类审批、窗口统一出件"的经办服务模式。共开展劳动能力现场鉴定27批次，鉴定6303人。2022年，优化以社会保障卡为载体的居民服务"一卡通"建设，在实现社保卡身份凭证、信息记录、自助查询、就医结算、缴费和待遇领取、金融支付6大功能基础上，不断拓展社保卡在交通出行、旅游观光、文化体验等领域应用。截至2022年底，全市实际累计持卡人数288.2万张，其中第三代社保卡63.8万张；签发电子社保卡157.17万张。社会保障卡已搭载120项便民服务，在全市范围和北京、上海、杭州等300多个城市实现凭卡乘坐公交地铁，在全市20家景区、9家博物馆、10家图书馆和130多个爱心书屋实现凭卡入场馆，累计就医购药1297.37万人次，入卡发放待遇745万人次、87亿元。

【社保基金监督管理】 2022年，根据省厅统一部署，先后组织开展社保基金管理提升年行动、岗位权限管理专项检查、社保政策落实不到位及行风方面问题专项治理、违规申报套取社保基金问题排查、城乡居民基本养老保险基金风险排查、社保基金安全评估、社保基金第三方审计等7项基金监督检查活动。2022年全市共发现新增要情19起，未发现重大要情和涉及社保工作人员要情。在全市范围内专题开展主题为"以案促改、防控风险"的警示教育月活动，全市共组织开展了126场次的警示教育活动，印发警示教育材料9283份，参与工作人员5293人次。积极推进全市应用"社保基金行政监督数字化平台"系统。

【人才开发和市场管理】 2022年，牵头做好人才新政的研究和制定工作，会同市委人才办出台了《丽水市加强新时代人才科技跨越式高质量发展的实施意见》《人才科技"十四五"规划》等政策文件，研究制定了相应的实施细则。加强丽水市人才的供需状况以及产业集群发展所需的紧缺人才的调研分析，委托第三方机构开展新一轮《丽水市重点产业紧缺人才目录》编制工作，研究提出紧缺人才类别、能力需求、学科专业、学历（学位）等具体要求。开展各类国家、省重点人才计划申报工作。1人入选省海外引才创业项目，2人入选省高层次人才特殊支持计划青年拔尖人才，1人入选省有突出贡献中青年专家。根据《关于加强企业骨干人才队伍建设的意见》《丽水市企业骨干人才遴选认定管理办法（试行）》，遴选认定丽水市第三批企业骨干人才400名，其中"绿谷企业英才"100名、"绿谷企业新秀"300名。根据《丽水市"首席专家"选聘与管理办法（试行）》，完成丽水市第二批"首席专家"考核工作。根据《中共丽水市委办公室丽水市人民政府办公室关于加快集聚高层次科技创新创业人才推动高质量绿色发展的意见》（丽委办发〔2019〕54号）和《丽水市人民政府办公室关于加强引进高校毕业生工作的若干意见》（丽政办发〔2020〕78号），进一步促进高校毕业生在丽就业创业，推动企业引进和培养高校毕业生，做大人才"蓄水池"，确定青山钢铁等10家企业为"引进高校毕业生示范企业"，陈为谦等10人为"最美高校毕业生"，万芬芬等10人为"最美高校毕业生"提名奖。完成"138人才工程"培养人员188人2020—2021年度跟踪考核及培养期满人员综合考核评估。举办丽水市人力资源服务业人才高级研修班、缩小人力差距全域能力提升培训班。在全市人社系统开展"百名干部联千企 服务企业渡难关"活动，对全市100家企业开展包括助企纾困政策宣传、企业用工服务保障、支持和鼓励企业稳定劳动关系等方面组团式服务。全市共有 22 家次企业被列入《浙江省人力资源服务业发展白皮书（2022）》榜单。全市新增人力资源服务机构 40 家，总数达到 255 家，行业从业人员 1701 人，建立人力资源市场网站 19 个，设立固定招聘场所 61 个，建立人力资源服务网站 19 个。

大力引进各类高校毕业生和丽水市急需紧缺人才。全年举办线上线下招才引智活动 909 场次，引进高校毕业生 6.59 万人，其中博士研究生 2345 人、硕士研究生 2841 人。11 月，成功举办"好年华·聚丽水"第三届全国大学生双选会（丽水）活动。活动组织千家用人单位，精准邀约万名全国大学生开展线上线下招聘洽谈活动。活动线下接收简历 6841 个，其中博士 11 人、硕士 368 人，当场达成意向 1788 个；线上招聘会及直播带岗关注度为 35 万人次，报名应聘人数 17552 人，投递简历数为 12141 人。活动成果丰硕，连续被浙江日报头版、中国组织人事报、中国劳动保障报、浙江电视台等媒体报道。

全面升级人才服务。开展高层次人才服务、档案服务、招才引智、人力资源服务产业园等业务的数字化改革，推进人才服务集成化、便捷化、智能化、高效化。迭代升级"丽水人才码"，上线人才津贴、房票补贴、子女入学、青聚浙丽实习平台、人才重新认定等高频应用，实现人才购房租房补贴一键兑付；全年累计为 5701 名人才兑现政策资金 2891.98 万元，审核通过人才公寓申请 316 人。办理管理流动人员人事档案 4261 件，其中"跨省通办"和"跨国境"办理 2743 件；数字化电子影像数据 30000 多份。

【专业技术人员管理】 2022 年，进一步深化职称制度改革，全市取得职称资格 16984 人，其中高级 1402 人、中级 5335 人、初级 10157 人。完善中级职称"直通车"评审机制，评定首批 55 名专业技术人才取得中级职称；设立丽水市汽车零部件工程技术人员职称中评委并实施第一年评审计划，为职称社会化评价体系建设、行业职称评审委员会的组建进行积极探索；增设林业工程中评委会，为百山组国家公园建设和乡村振兴培育林业技术人才；修订市工艺美术中初级职称评价条件，推荐胡小军等 14 人获评全省首批正高级工艺美术师，占全省总数三分之一，有效引领带动 3 万多工艺美术从业者和人才队伍发展。开展年度职称改革督查复审工作，以单位自查、行业巡查和重点抽查相结合的方式，对全市各级评委会进行职称督查复审。稳步推进各系列职称评审工作，推动职称证书电子化、评审信息化，持续优化继续教育平台建设，指导丽水学院荣获省级专业技术人员继续教育基地周期评估优秀基地。组织申报国家级、省级专业技术人才和现代服务业高级研修项目 24 个，获批国家级高级研修项目 1 个、省级高级研修项目 7 个，遴选市级高级研修项目 6 个。

2022 年，完善出台《丽水市博士博士后倍增计划实施办法》，提高政策含金量，集聚了一批高层次人才。年度新设立省级博士后科研工作站 13 家，新招收博士后研究人员 34 人；丽水市中心医院、宇恒电池有限公司等 2 家单位获批国家级博士后科研工作站；获批省博士后科研项目择优资助一等资助 1 项、二等资助 2 项；博士后科研工作累计解决技术难题 81 个，承担科技项目 70 个，申请或取得专利授权 168 个，获得科研成果奖 12 个，带动经济效益 4.46 亿元。

组织开展"智聚山海·助力共富"专家服务工程、"博聚浙西南·智汇共富路"百名博士丽水行、甬丽"智汇山海·才助共富"宁波专家丽水行、嘉兴湖州等地"山海协作"等系列活动，全市累计开展各类专家服务活动34场，服务专家达672人次，惠及人数15397人。深入实施"双百"人才计划，连续7年开展"百博入乡镇""百博入百企"，新选派82名博士专家到64家企业、15家乡镇挂职，帮助企业解决技术难题192个，申报科技项目104个，申请或取得专利授权94项，获得科研成果奖34项，争取各级补助资金2788万元，培训科技应用人才2444人，带动经济效益2.39亿元。开展"双百"人才典型事迹主题宣传，考核评定优秀挂职人才19人，"双百"人才计划作为浙西南革命老区振兴发展、山区26县高质量发展、全国乡村人才振兴促进共同富裕等典型案例报送，得到《中国组织人事报》《浙江日报》、浙江电视台"党建好声音"栏目等主流媒体的广泛宣传。

【职业能力建设】 2022年，全市新增技能人才3.5万人，其中高技能人才1.4万人，分别完成目标任务的460%、368%，全年累计完成补贴性职业技能培训6.5万人次，完成目标任务的131%。重点培育高技能精英人才队伍，新增21名"浙江工匠"、75名"浙江青年工匠"，遴选20名"绿谷英才"高技能精英。以"浙派工匠"省民生实事和十万技能人才共富能力大提升行动为抓手，全力打造新时代技能人才集聚高地，相关做法被吴舜泽市长批示肯定。实施技工教育提质增量五年行动，丽水技师学院稳定招生，实现技工院校县（市、区）全覆盖。机械装备智造等三个专业入选"省级高水平专业群"建设项目。推动龙泉青瓷、宝剑和青田石雕3个职业技能等级纳入国家职业大典。开发云和木玩、电光源制造工等省级职业技能标准2个。开发缙云烧饼制作、火腿切片、龙泉青瓷拉坯和刻花等省级专项职业能力考核规范27项。成功设立全国技工学校首家全产业链半导体工匠学院—"中欣晶圆半导体工匠学院"。构建具有丽水特色的"大师结对带高徒"培养机制，举办"技能宝贵 匠心铸魂"丽水技能大赛，进一步完善职业技能竞赛体系。举办"技能夜市嘉年华"，大力营造"弘扬工匠精神、崇尚技能技艺"浓厚氛围。

【事业单位人事管理】 2022年，持续优化事业单位职业生涯全周期"一件事"协同平台，共办结7个"一件事"业务10229件。创新岗位管理模式，印发《丽水市县以下事业单位专业技术高级岗位周转池管理办法（试行）》，在全省首创设立专业技术高级岗位周转池，破解岗位比例控制与刚性需求之间的矛盾，5位人员列入周转池使用名单。以标准化和数字化促进事业单位队伍建设提升和公共服务水平提高，《事业单位人事管理"一件事"联办服务规范》成为今年丽水市人力社保系统首个列入浙江省地方标准制修订计划。会同市委组织部做好面向世界一流大学引进150名优秀毕业生（党政储备人才）工作。指导县级稳步推进首轮事业单位管理岗位职员等级晋升工作，畅通了等级晋升渠道，有效激发基层事业干部干事创业。首批晋升人员共880人，其中晋升6级0人，晋升7级20人，晋升8级836人，晋升9级24人。开展事业单位专业技术二级、三级岗位聘期届满人员考核暨聘任人选申报评审工作，通过委托省级及外市专家，确定了 30 人为 2022 年丽水市事业单位专业技术二、三级岗位聘任人选，90 人为聘期届满二、三级岗位考核合格人员。组织开展 2022 年度全市中小学教师专业技术二级、三级岗位评审工作，组织开展 2022 年度全市中小学教师专业技术二级、三级岗位评审工作，确定了二级岗聘任 1 人、三级岗聘任 1 人；完成事业单位岗位聘用变动（晋升）审核工作，共审核岗位变动 276 批次 1504 人。结合双招双引战略先导工作和疫情形态，持续规范和优化事业单位事业人员公开考录工作，创新线上招考等招聘新模式，全市通过公开招聘新进事业单位工作人员 2172 人，其中博士 43 人，硕士 413 人。

【人事考试】 2022 年，面对因疫情及重大活动等多重因素对考试组织工作带来的不确定性影响，仍组织实施了公务员考录（遴选）、事业单位招考（选聘）、人才引进、编外人员招聘、专业技术人员职业资格等考试 53 场，服务考生 11.3 万人次。针对其中完成筹备但因故延期举行的 18 场次考试，在考前均开展个性化研判、风险性评估，同时对 1.7 万名延期考试的考生做好政策解释和安抚工作，实现了"考务零差错、安全零事故、疫情零输入、舆情零发生"的"四零"目标。考试院申报的《人事考试智慧考点建设规范》入选省厅人社标准研制工作试点。在总结本土经验及创新工作的基础上，经过专家研讨及多轮修改论证，形成了《人事考试智慧考点建设规范（草案）》v6 版本，并顺利通过省标准化立项专家评审。同时为配合省标创建工作，以松阳为试点 2023 年底前将建成适配多种人才测评模式的标准化考场 75 个。丽水

市面试考官管理系统正式上线运行，其包含面试考官数据收集、日常管理、抽签通知、分组采集等四大应用场景，弥补了考官星级评价基础数据采集环节的缺失，实现了面试考官的全周期闭环管理，提升了面试组织能力和人才测评的公平公正性。2022 年共采集考官评分数据 15980 条，考官抽签数据记录 1623 条，提供星级评价数据 1028 条。

【工资福利和奖励】 2022 年，在全市推广工资统发"一件事"，莲都区、缙云县完成工资统发"一件事"正式上线应用，全市已有 1322 家事业单位纳入工资统发。在景宁试点机关事业单位工作人员身后"一件事"，实现事业单位工作人员身后业务全流程"一窗收件、一次申请、一站服务、一体反馈"。出台了《关于进一步明确丽水市事业单位高级专家延长退休政策的意见》，对市本级事业单位高级专家办理延长退休的政策口径作进一步明确。完成非营利性服务业劳动工资总额半年度和前三季度增幅阶段性目标任务。完成市直事业单位 2022 年度绩效工资总量核定。确定部分事业单位绩效工资总量上浮比例，其中自收自支的事业单位 5 家，定补的事业单位 8 家。根据省厅要求，完成市本级机关事业单位人员基本工资调标兑现工作，调整精减退职困难补助、遗属生活困难补助费等标准。根据省市关于规范公务员工资津贴补贴工作的要求，会同市委组织部、市财政局分别于 5 月底确定了市本级机关事业单位基础绩效奖政策，8 月底确定了市本级机关事业单位年度考核奖政策，并及时进行了发放结算。根据省人力社保厅、财政厅、卫健委关于新冠肺炎疫情防治一线医务人员薪酬待遇落实

的政策口径，核增一次性绩效工资总量，总额6296.66万元。完成2022年事业单位工资年报统计工作。完成2022年度市、县评比表彰和通报表扬申报项目审核、推荐、上报工作。组织开展了瓯江源头区域山水林田湖草沙一体化保护和修复工程行政奖励、丽水市第十届见义勇为行政奖励、高水平巩固国家卫生城市工作、丽水援沪医疗队支援上海抗疫人员行政奖励、丽水市司法公正感受度提升工作行政奖励等6个行政奖励。

【劳动关系】 2022年，牵头召集市总工会、工商联召开三方会议，推进落实劳动关系和谐同行行动。通过企业劳动用工体检、劳动关系协调员培训、劳动关系和谐企业（园区）创建、金牌劳动关系协调组织评选、推广电子劳动合同平台应用等活动全面提升劳动关系工作能力和工作效能，推进丽水市劳动关系治理体系和治理能力建设。累计为1292家企业进行用工体检，培训劳动关系协调员3042人，其中1270人取得劳动关系协调员职业技能等级证书，选树袁宏宇等60名劳动关系协调员为"丽水市金牌劳动关系协调员"、丽水市商贸联合会等24家组织为"丽水市金牌劳动关系协调组织"、浙江中广电器集团股份有限公司人民调解委员会等16家组织为"丽水市金牌劳动人事争议调解组织"。组织全市企业进行电子劳动合同平台适用，录入劳动合同累计23261份。组织开展企业薪酬调查，发布《2022年度丽水市人力资源市场工资价位》，指导用人单位与劳动者合理确定工资水平；确定2021年度市管企业负责人平均薪酬上限、发布国企工资指导线，推进市管企业负责人薪酬制度和国有企业工资决定机制

改革工作；会同市总工会、市工商联联合印发《关于开展以"健全产业工人薪酬激励机制"为主要内容的集体协商要约行动的通知》，引导企业建立完善产业工人成长的薪酬激励机制。优化劳务派遣许可审批程序，本年度共审批许可劳务派遣单位1家，审批特殊工时39件涉及23家企业。

【农民工管理服务】 2022年，主动承担省厅农民工服务保障在线应用改革试点任务，推进农民工服务保障集成改革，夯实农民工基础信息数据库，累计采集完善全市30余万名农民工基础数据，借助农民工综合信息工作平台，以数字化手段推进解决农民工"急难愁盼"问题，提高农民工群体的获得感、幸福感。持续做好全市农民工返乡创业就业、市民化、工资支付和走访慰问等工作。

【劳动保障监察】 2022年以来，全面深入推进"丽水无欠薪"行动，加强防处能力建设、完善制度机制保障、强化考核督查，狠抓工作落实。开展迎接国务院对浙江省保障农民工工资支付情况考核工作，丽水作为实地核查区未失分。全市主动巡查用人单位3998户，受理并办结投诉案件126起，为1649名劳动者追回工资2995万余元，结案率达到100%，欠薪案件实现动态清零。全市开展宣传活动64次，参与宣传工作人员237人次，印发宣传海报5040份、宣传手册6000份、宣传贴纸1200份、印发安薪码62750个、基础台账等4套台账模板500份、悬挂宣传横幅210条、《保障农民工工资支付条例》等宣传品6700份、宣传展架25个。联动出击，协同配合，组织开展

全市人力资源服务机构调查摸底，全面掌握人力资源服务企业情况，形成重点监管名单，落实24小时值班制度，畅通举报投诉渠道，实行动态监管。牵头成立多部门联合检查小组，实现"进一次门、查多项事"，形成强有力的工作合力。全市共出动执法人员385人次，开展"双随机、一公开"检查169户次。落实首问负责制和一案双查工作机制，及时处置欠薪投诉、国务院和省级欠薪线索、信访平台等渠道反映的欠薪问题，组织各部门及时化解处置。全市行政处罚案件数26件，处罚金38.11万元。集中化解历史疑难欠薪积案，实现欠薪案件"两清零"。向公安机关移送拒不支付劳动报酬案件13起；向社会公布重大违法案件7起，纳入黑名单惩戒1起，有力打击和震慑了恶意欠薪的违法犯罪行为，维护了劳动者的合法权益和社会和谐稳定。

【调解仲裁】 2022年，积极应对疫情防控常态化，新业态劳动关系等因素引发的劳动人事纠纷，加强形势分析研判，加大劳动人事争议案件处理力度，以"效能仲裁、数字仲裁、标准仲裁、素质仲裁"为重点，加强纠纷源头预防、多元化解、综合治理，提升争议处理效能、优化维权服务，不断提升全市劳动人事争议仲裁办案质量。加强在全市推广"智慧仲裁"应用网络平台。通过迭代升级仲裁办案系统、建立健全网络监控指挥系统、开发优化网络服务平台和浙里办"调解仲裁"应用三大体系，推动劳动人事争议调解、仲裁、诉讼、强制执行环节无缝衔接，实现劳动维权从"最多跑一次"到"一次不用跑"仲裁服务新模式。仲裁开庭审理异地全同步。丽水市四家试点机构均已完成庭审

系统升级，实现仲裁异地庭审，双方当事人不受空间地域限制，异地参加仲裁庭审，有效解决了劳动者维权奔波诉累，也符合当前疫情防控政策要求，方便当事人在线维权。同时，积极开展"线上线下"宣传，倡导用人单位规范用工、职工理性维权，提高用人单位调解组织预防劳动争议的能力水平；以乡镇街道调解组织多元化解机制建设为重点，加强源头预防，坚持执法普法相结合，常态化开展劳动争议大排查、矛盾纠纷大化解、维权帮扶大关爱活动，在调解和案件审理过程中加强普法，提高劳动者依法维权意识，促进企业依法用工。开展仲裁员下沉基层服务模式，定期定点服务社区、企业、劳动者。完善内部调解机制建设，构建以企业、基层劳动人事调解组织为主体，融摸排、服务、调解等多功能为一体的劳动人事争议预防体系，织密"乡镇+街道+社区+企业"的劳动争议预防调解组织网，实现劳动争议调解组织全覆盖，使争议能就地、就近、及时化解。全市立案受理劳动人事争议案件2316件，上期末累计未结案件19件，当期审结2280件，涉及劳动者人数2349人，结案率为97.7%，调解率为86%，网办率68.6%，结案金额8350.65万元。打造具有丽水特色的"老干部+老娘舅"调解模式，特选30余名调解经验丰富、乐于奉献的退休老干部进驻仲裁院丽水市"夕阳红"劳动人事争议调解工作室，作为中立第三方主持调解，协调劳资双方通过自愿协商达成协议解决争议。获评全省成绩突出调解组织。推进合作共建，与长三角区域签订合作共建框架协议，积极推动长三角区域调解仲裁工作一体化发展，不断优化跨区域办案。先后开展了长三角联合视频培训、案例研讨、党建联学等共建活动，

在首批省劳动人事争议仲裁业务骨干库，推荐1名优秀仲裁员聘为培训师资库人员，参与双方疑难复杂劳动人事争议案件处理讨论。组织仲裁员选手参加全省劳动人事争议仲裁练兵比武活动。

【信息化建设】 2022年，农民工服务保障在线等3个项目入选全省人社系统数字化改革试点项目并全面建成，居家养老"一卡通"项目在全省数字社会系统会议路演。退休退职"一件事"等4个项目入选2022年全省人社系统标准化试点项目，其中退休退职"一件事"和事业单位人事管理"一件事"已列入省级地方标准制定计划。"退休无忧"便民服务场景建设成为全市十大民生实事之一"完善养老助老服务体系"的重要内容。迭代升级"丽水人才码"，推出"一码汇通、智控专享"人才专属服务。牵头建设"每日民生"驾驶舱，全景呈现放心消费、社会参保、"菜篮子"价格等12个部门43个指标运行状况。建设人社智慧大厅，政务服务"一网通办率"达96.86%，办件量达34.3万件，占市本级总量的47.3%。居民服务"一卡通"应用省级对口部门评价列全省前三位。

【对口支援和结对帮扶】 2022年，持续深化东西部劳务协作，持续开展跨省招工，到贵州、四川、云南等地举办专场招聘会17场，推出就业岗位1.2万余个，全年推送就业岗位2.3万余个，累计建立省外劳务合作站24个，与8省45个地区建立劳务合作关系。至年底，共有3.27万名中西部脱贫人员在丽水就业。

【省级以上荣誉】

荣誉集体

1. 全省"建设清廉机关、创建模范机关"工作先进集体

丽水市人力资源和社会保障局

2. 全省人力资源和社会保障系统先进集体

云和县人力资源和社会保障局

景宁县人力资源和社会保障局

龙泉市就业管理服务处

3. 2022年度全省人社系统绩效考评优秀单位

丽水市莲都区人力资源和社会保障局

云和县人力资源和社会保障局

景宁县人力资源和社会保障局

庆元县人力资源和社会保障局

4. 新闻宣传工作受到中国劳动保障报通报表扬

丽水市莲都区人力资源和社会保障局

景宁县人力资源和社会保障局

云和县人力资源和社会保障局

龙泉市人力资源和社会保障局

5. 2022年度全省人社系统窗口单位业务技能练兵比武竞赛团体一等奖

丽水市人力资源和社会保障局

6. 2021年度企业职工基本养老保险工作考核优秀

景宁县人力资源和社会保障局

庆元县人力资源和社会保障局

龙泉市人力资源和社会保障局

遂昌县人力资源和社会保障局

7.2022年度推进农民工返乡合作创业成绩突出单位

丽水市就业服务中心

景宁县人力资源和社会保障局

8. 全国第二届公共就业服务专项业务竞赛浙江省选拔赛突出贡献奖

丽水市人力资源和社会保障局

9.2022年全省劳动人事争议仲裁练兵比武活动优秀组织奖

丽水市人力资源和社会保障局

10.2022年度全省劳动人事争议案件处理优秀等次单位

丽水市人力资源和社会保障局

丽水市莲都区人力资源和社会保障局

庆元县人力资源和社会保障局

缙云县人力资源和社会保障局

荣誉个人

1.2021年度全国人力资源社会保障系统优质服务先进个人

景宁县社会保险事业服务中心副主任

胡映霞

2. 全省平安护航党的二十大成绩突出个人

景宁县人力社保局政策法规科（挂行政审批科、社会保险基金监督科牌子）副科长（主持）　　　　　　　刘敏敏

3. 全省人力资源和社会保障系统先进工作者

青田县人力资源和社会保障局党组书记、局长、四级调研员　　　　钟锋伟

云和县人力资源和社会保障局党组成员、就业服务中心主任、四级主任科员　　　　　　　　华　斌

景宁县人力资源和社会保障局党组成员、

副局长　　　　　　　　陈伟龙

松阳县人力资源和社会保障局就业管理服务处主任、三级主任科员　　王　颖

庆元县劳动人事争议仲裁院院长、三级主任科员　　　　　　　吴修荣

遂昌县就业管理服务中心主任　汪南江

4.2021年度全省平安先进个人

景宁县人力资源和社会保障局党组成员、副局长　　　　　　　陈伟龙

丽水市莲都区人力资源和社会保障局党组成员、副局长　　　　兰丽琴

5. 浙江省绿叶奖

景宁县人力资源和社会保障局党组书记、局长　　　　　　　徐隆金

丽水市莲都区人力资源和社会保障局党组书记、局长　　　　梁永光

6.2022年全省人社系统窗口单位业务技能练兵比武"岗位练兵明星"

丽水市人力资源和社会保障局　龚丽妙

林松青

缙云县人力资源和社会保障局　朱祝君

7.2022年全省人社系统窗口单位业务技能练兵比武"月月比能手"

松阳县人力资源和社会保障局　曹素君

8.2022年度全省劳动人事争议案件处理优秀等次仲裁员名单

丽水市劳动人事争议仲裁委员会	陶　侃
青田县劳动人事争议仲裁委员会	罗若微
云和县劳动人事争议仲裁委员会	厉程锦
遂昌县劳动人事争议仲裁委员会	邱巧琴
松阳县劳动人事争议仲裁委员会	丁路阳
遂昌县劳动人事争议仲裁委员会	邱巧琴

9. 全国第二届公共就业服务专项业务竞赛浙江省选拔赛职业指导人员竞赛三等奖

　　青田县就业管理服务中心　　　潘彦舟
　　丽水市莲都区就业管理服务中心　孙海明

10. 全国第二届公共就业服务专项业务竞赛浙江省选拔赛劳动保障专理员竞赛三等奖

　　缙云县人才和就业服务中心　　　应红弘

11. 2021年度全省劳动人事争议案件处理工作成绩突出仲裁员

　　庆元县劳动人事争议仲裁委员会　吴修荣
　　景宁县社会保险事业服务中心副主任
　　　　　　　　　　　　　　　　　汤芬芬

重要文件选载

浙江省就业工作领导小组关于印发《浙江省 "十四五"就业促进规划实施意见》的通知

各市、县（市、区）人民政府，省级有关单位：

《浙江省"十四五"就业促进规划实施意见》已经省政府同意，现印发给你们，请认真组织实施。

浙江省就业工作领导小组

2022 年 8 月 15 日

（此件主动公开）

浙江省"十四五"就业促进规划实施意见

就业是最大的民生，也是共同富裕的基础。为推动实现更加充分更高质量就业，助力高质量发展建设共同富裕示范区，根据《"十四五"就业促进规划》《浙江高质量发展建设共同富裕示范区实施方案（2021—2025 年）》，制定本实施意见。

一、指导思想

以习近平新时代中国特色社会主义思想为指导，坚持以人民为中心的发展思想，坚持稳中求进工作总基调，按照高质量发展建设共同富裕示范区的总体部署，紧扣实现更加充分更

高质量就业的目标，围绕"扩中""提低"和缩小三大差距，以数字化改革为牵引，坚持就业优先导向，完善政策体系、强化培训服务、创新帮扶模式、注重权益保障，千方百计稳定和扩大就业，努力提升就业质量，着力缓解结构性就业矛盾，塑造变革、创新突破，加快完善高质量就业创业体系，打响"就业创业在浙江"品牌，为奋力推进中国特色社会主义共同富裕先行和省域现代化先行提供有力支撑。

二、主要目标

坚持以人民为中心，坚持大就业格局，构

建"劳有岗位、劳有技能、劳有优得、劳有体面、劳有保障"五个可感知图景,并在就业创业、技能提升、劳动保障和公共服务等方面打造 7 项标志性成果(详见表 1)。

表1 高质量就业创业体系标志性成果

序号	标志性成果	主要目标
1	就业困难人员动态清零	对有劳动能力、有就业意愿和培训需求的困难人员,依托重点群体帮扶场景开展精准服务,至少提供1次职业指导、3次岗位推荐、1次技能培训和就业见习机会,在一定时间内实现动态清零。
2	山区26县新增就业倍增	2025年,山区26县新增就业人数比2020年增长1倍。
3	浙里好创业	大力弘扬浙江创新创业文化,持续优化营商环境,不断破除体制机制障碍,市场准入、资金支持、创业培训、交流平台、成果转化等方面领先全国。到2025年,新增省级及以上科技企业孵化器80家、众创空间200家。
4	"浙派工匠"名片	到2025年,建成10所在全国有影响力的一流技师学院和69个适应浙江产业需求的高水平专业群,现代技工教育体系更加健全;每年开展职业技能培训100万人次以上,终身职业技能培训制度更加完善;全省技能人才总量达到1400万人以上,占从业人员比例超过35%。
5	浙江无欠薪	实施"浙江安薪智治"工程,实现欠薪动态清零,持续擦亮"浙江无欠薪"品牌。
6	新就业形态权益保障	持续开展新就业形态劳动者权益保障专项行动,完善权益保障数字化应用,建立完善新就业形态集体协商机制,积极引导新就业形态劳动者参加社会保险。
7	就业服务智能化、全贯通	持续深化数字化改革,迭代升级分领域应用场景,持续完善服务端和治理端。实现就业创业全流程、全方位数字化服务,通过大数据智能送政策、送岗位、送服务,建设横向到边、纵向到底的高质量就业创业决策中枢。

到 2025 年,具体实现以下目标(就业主要指标详见表 2):

(一)**就业机会更多**。就业容量不断扩大,重点群体就业得到有效保障,山区 26 县就业长足发展,劳动力市场供求基本平衡,就业局势保持总体稳定。城镇新增就业 500 万人以上,城镇调查失业率控制在 5.5% 以内。

(二)**就业结构更优**。三次产业就业比例与产业结构相匹配,第三产业就业比重稳中有升,第二产业就业岗位质量更高,第一产业就业潜力得到充分挖掘。劳动者报酬提高与劳动生产率提高基本同步,在地区生产总值中占比超过50%。

(三)**就业能力更强**。人力资源质量大幅提升,劳动年龄人口平均受教育年限达到11.6年,技能人才占从业人员比例达到 35%,高技能人才占技能人才比例达到 35%,高标准打造"浙派工匠"金名片,全面建设技能型社会。

(四)**就业生态更好**。社会保障体系更加健全,劳动权益保障进一步加强,劳动关系更加和谐稳定。就业政策更加精准,就业服务和治理全面数字化,建成覆盖城乡、整体智治、高效协同的公共就业服务体系。

(五)**创业引领更足**。创业环境持续优化,创业政策更加健全,创业服务体系更加完备,创业机会更多、渠道更广,更多人可以通过创业实现人生价值,对高质量就业的带动能力不断增强。

表2 "十四五"时期就业主要指标

指标名称	2020年	2025年	年均/累计	属性
1.城镇新增就业（万人）	〔606〕	——	>〔500〕	预期性
2.城镇调查失业率（%）		——	<5.5	预期性
3.第三产业从业人员占比（%）	50.7	50左右	——	预期性
4.全员劳动生产率（万元/人）	16.6	22	——	预期性
5.劳动者报酬占地区生产总值比重（%）	49.7	>50	——	预期性
6.最低工资标准最高档（元/月）	2010	3000	——	预期性
7.劳动年龄人口平均受教育年限（年）	10.73	11.6	——	约束性
8.开展补贴性职业技能培训（万人次）	168.6	——	>〔500〕	预期性
9.技能人才占从业人员比例（%）	27	35	——	预期性
10.基本养老保险参保人数（万人）	4355	4700	——	预期性
11.劳动人事争议调解成功率（%）	78	80	——	预期性

注：〔 〕内为5年累计数

三、重点任务

（一）坚持经济发展就业导向，扩大就业容量优化就业结构

1. 强化就业优先导向。探索与企业稳岗扩岗相挂钩的补贴、金融支持等制度。将稳定和扩大就业作为宏观调控的下限，加强就业政策与产业、投资、外贸、消费、财税、金融等政策的协同联动。对部分带动就业能力强、基本符合各项准入条件的项目，加强针对性指导帮扶、加快解决制约落地因素，推进及早落地实施。

2. 促进制造业和建筑业高质量就业。实施先进制造业集群培育升级行动，加快建设全球先进制造业基地，深化传统制造业改造提升，梯次培育世界级领军企业、单项冠军企业、隐形冠军和专精特新"小巨人"企业、创新型中小企业，推进小微企业园建设，提高制造业就业质量。到2025年，制造业增加值占地区生产总值比重在三分之一左右，制造业从业人员占社会从业人员的比重保持在40%左右。推动吸纳就业能力强的建筑业做优做强，提升建筑业从业人员技能水平。压实各方质量安全主体责任，优化建筑业从业环境，建立健全建筑劳务用工网络市场，畅通建筑工人求职就业渠道，促进人员有序流动。到2025年，建筑业增加值占全省地区生产总值保持5.5%以上，培育具有中级工以上职业技能等级建筑工人100万人以上。

3. 促进服务业就业提质扩容。推动现代服务业同先进制造业、现代农业深度融合，支持生产性服务业和服务外包创新发展，加快生活性服务业多样化升级、数字化转型，鼓励商贸流通和消费服务业态与模式创新，充分释放更多就业岗位。到2025年，服务业从业人员占社会从业人员的比重稳定在50%左右。实施家政服务机构培育计划，推动家政服务机构转型升级，新增从业人员30万人。抓好养老护理员培训认定工作，力争每万名老年人拥有持证养老

护理员数量达到 25 人。推动快递业健康发展，构建遍及城乡联通全球的寄递网络，提升服务能力和质效，快递业务量超过 300 亿件，直接吸纳就业 25 万人。

4. 拓展现代农业就业空间。实施农业龙头企业倍增计划，大力发展现代种植业、现代养殖业、农产品加工业、乡土特色产业等十大类乡村产业，推进"农业+"行动，打造一二三产融合的农业全产业链，丰富乡村经济业态，拓宽农村创新创业空间。积极培育家庭农场等新型农业经营主体和农业社会化服务主体，实施十万农创客培训计划，深入推进"两进两回"，加速资源要素流向农村，促进农民就业增收。

5. 促进数字经济领域就业创业。实施数字经济"一号工程"升级版，加快建设国家数字经济创新发展试验区，打造新的就业增长点。到 2025 年，数字经济增加值占地区生产总值比重达到 60% 左右。促进数字经济与实体经济深度融合，推进服务型制造新模式，加快培育智能融合新产业、数字文化新业态、新经济模式等融合型新业态新模式，促进平台经济、共享经济、"非接触经济"、互联网微经济等模式快速发展，满足多元化多层次就业需求。稳步扩大农村电商、服务业电商、跨境电商等领域的就业规模，增强社交电商、直播电商等新业态带动就业新动能，培训电商从业人员 50 万人次以上。

6. 支持市场主体稳定发展增加就业。实施激发创新创业活力集成改革，进一步提升市场准入和涉企许可便利化，持续深化"证照分离"改革，以更大力度推动审批事项减材料、减环节、减时限。深入实施小微企业三年成长计划，健全扶持个体工商户发展工作机制。构建常态

化援企稳岗帮扶机制，持续实施减负政策，激发中小微企业和个体工商户活力，增强创造岗位能力。实施"浙江国企人才新政二十条"，做好国有企业吸纳高校毕业生、退役军人等重点群体就业工作，到 2025 年，省属国有企业新增就业 4 万人以上。实施新一轮外贸主体培育提升计划，扩大外贸企业就业容量，每年新增有进出口实绩的企业 3000 家以上。加强普惠金融服务，创新信用评价体系，加大对中小微企业和个体工商户融资支持力度，推动中小微企业和个体工商户在稳定发展增加就业中发挥更大作用，到 2025 年，全省普惠小微贷款余额占各项贷款比重不低于 20%。

7. 支持多渠道灵活就业和新就业形态发展。实施多渠道灵活就业支持计划，消除各种不合理限制，支持重点人群从事个体经营，合理扩大社区服务、绿化保洁等非全日制就业规模，大力发展夜间经济、小店经济，加快打造社区健康早餐，完善社区家政、菜店、食堂等业态，创新创造就业新空间。落实维护新就业形态劳动者劳动保障权益实施办法，对依托互联网平台就业的网约配送员、网约车驾驶员、货车司机、互联网营销师等劳动者，统筹做好劳动用工、工资支付、社会保障、职业开发、技能培训、就业服务等工作。探索建立新就业形态岗位信息采集和统计监测制度。

（二）打造"浙里好创业"高地，强化创业带动就业作用

1. 优化创新创业环境。持续优化营商环境，实施统一的市场准入负面清单制度，开展市场准入效能评估，畅通市场主体对隐形壁垒的意见反馈渠道和处理回应机制，最大限度解除对创业的各类制约。健全知识产权保护制度，加

强社会信用体系建设。加强长三角区域优化营商环境的合作，推进长三角地区企业登记在政策条件、程序方式和服务措施等方面的统一。

2. 加强创业政策支持。鼓励各地建立以创业带动就业为主要支持方向的创业引导基金，完善落实创业担保贷款及贴息、一次性创业、带动就业、场地租金等补贴政策，提高政策享受便利度和获得感，力争每年发放创业担保贷款 30 亿元，扶持创业 5 万人。拓展创业企业直接融资渠道，健全投资生态链，更好发挥创业投资引导基金和私募股权基金作用，加大初创期、种子期投入。提升创业板服务成长型创业企业功能，支持符合条件的企业发行企业债券融资。

3. 强化创业服务。打造全生态、专业化、多层次的创业服务体系，加快完善创业服务网络。加强服务队伍建设，为创业者提供政策咨询、项目推介、开业指导等服务。以创业学院建设和"互联网+"大学生创新创业大赛为抓手，持续深化高校创新创业教育，努力建设一批走在全国前列的创业学院，支持建设一批双创导师培训基地，每年开展创业导师培训 1000 人。实施创业培训"马兰花计划"，每年开展创业培训 3 万人，积极参与全国"双创"活动周活动，做好国家级创业型示范城市、全国创业孵化示范基地等创建工作。组织各类创新创业大赛，做精做强"奇思妙想浙江行"创业宣传品牌，强化创业典型宣传，营造更加浓厚的创业氛围。

4. 推进创业载体建设。坚持政府引导、市场主导，建设集创业培训、政策咨询、开业指导、融资服务、创业交流、跟踪扶持于一体的综合性创业载体平台。实施创业孵化示范基地改造提升工程，强化服务质量管理，提升孵化服务功能，新认定一批省级创业孵化示范基地。建立健全全省青年众创空间（孵化器）联盟工作机制，推动各级各类青创空间上下联动、系统协同、资源互动、品牌联动。

5. 鼓励引导各类群体投身创业。实施大学生创业支持计划，每年开展大学生创新创业培训不少于在校生人数的 2%。鼓励各类孵化器面向大学生创新创业团队开放一定比例的免费孵化空间，降低大学生创新创业团队入驻条件。政府投资开发的孵化器等创业载体应安排 30% 左右的场地，免费提供给高校毕业生。促进鼓励妇女创业，深化巾帼科技创新行动、巾帼云创行动，助推"妈妈的味道"等妇女就业创业工作品牌迭代升级。培育农村合作创业带头人，鼓励引导有创业意愿和创业能力的大学生、农民工、退役军人等人员返乡入乡创业。研究高校、科研院所等事业单位科研人员入乡兼职兼薪和离岗创业制度，完善科研人员职务发明成果权益分享机制。

（三）提升劳动者技能素质，高质量打造"浙派工匠"金名片

1. 高质量开展职业技能培训。深入实施"金蓝领"职业技能提升行动，聚焦数字经济、先进制造业等重点产业，农村转移劳动力、失业人员、高校应届毕业生等重点就业群体，山区 26 县等重点地区和新业态新职业，大规模、多层次精准开展职业技能培训，切实增强培训的针对性和有效性。各行业主管部门在制定涉企政策和审批涉企项目时，将"技能人才"要素纳入评价指标体系，激发企业培养技能人才的积极性和主动性。分批立项 50 个左右建设基础好、产教融合深入的省级重点产业学院建设点。

到 2025 年，累计开展职业技能培训 500 万人次以上。

2. 实施新时代浙江工匠培育工程。落实省委办公厅、省政府办公厅《印发〈关于实施新时代浙江工匠培育工程的意见〉的通知》精神，构建"产教训"融合、"政企社"协同、"育选用"贯通的技能人才培育体系，到 2025 年，高技能人才占技能人才比例超过 35%；遴选培育 30 名左右浙江大工匠、300 名左右浙江杰出工匠、3000 名左右浙江工匠、10000 名左右浙江青年工匠，建立"高端引领"的核心技能人才培养体系。

3. 实施技工教育提质增量行动。落实省委办公厅、省政府办公厅《印发〈关于实施技工教育提质增量行动的意见〉的通知》精神，进一步夯实技工教育发展基础，加强技工教育师资队伍建设，优化技工教育发展环境，创新技工教育体制机制，引导社会力量共同参与技工教育，打造具有国际视野、对标世界一流、产教融合紧密的技能人才培育高地。到 2025 年，建成 10 所在全国有影响力的一流技师学院和 69 个高水平专业群，全省技工院校在校生规模较 2020 年翻一番，其中高级工以上的学生占比不低于 65%。

4. 深化技能人才评价制度改革。探索建立职业技能等级"新八级"制度，构建从入门到精通、从学徒到大师的多维度、阶梯式人才培养评价机制，畅通"浙派工匠"晋升通道。全面推行企业、技工院校、社会培训评价组织等用人主体、培养主体、评价主体共同参与的职业技能等级机制，加快形成评价科学、支撑有力、保障到位的技能人才评价工作体系。

5. 打造职业技能竞赛体系。大力弘扬工匠精神，坚持以赛促学、以赛促训，引导广大劳动者积极参加技能竞赛，努力提升技能水平，营造劳动光荣、技能宝贵、创造伟大的良好社会氛围。建设一批高水平世界技能大赛集训基地，定期举办浙江技能大赛。进一步完善以世界技能大赛为引领，全国技能大赛为龙头，省级技能大赛为主体，市、县级技能大赛和企业岗位练兵技能比武为基础，全社会共同参与的职业技能竞赛体系。

（四）加强重点群体就业支持，增强就业保障能力

1. 做好高校毕业生等青年就业工作。以高校毕业生集聚行动为牵引，实施高校毕业生就业创业促进计划，健全多部门联动、全社会参与的高校毕业生就业创业服务体系。落实各高校就业工作"一把手"工程，建立省、校两级大学生就业工作专班，充分发挥就业专职人员、辅导员、导师三支队伍作用，每年轮训 400 名毕业班辅导员，系统提升高校就业服务和指导能力。每年定期开展职业发展教育月活动，持续举办大学生职业生涯规划大赛，探索建立省级职业生涯规划线上咨询辅导站。加强大学生就业创业典型宣传引导，开展"浙里最美高校毕业生"评选。继续稳步推进机关事业单位招录（聘）高校毕业生工作，按照"合理配置、应设尽设"的原则，积极开发科研助理岗位，吸纳高校毕业生就业。鼓励城乡社区工作者队伍出现空缺岗位优先招用高校毕业生。实施"三年万名医学生招聘行动"，继续抓好"三支一扶""大学生志愿服务西部计划"等基层项目。强化实习见习，举办"青年才俊浙江行"、国内知名高校硕博研究生来浙暑期社会实践等活动，每年组织就业见习 1.5 万人。优化完善网络招聘市场，深入开展校园招聘"百千万工程"，实现专项招聘活动常态化，每年全省联动举办招聘活动 8000 场。做好毕业生离校前后信息衔接，加强岗位推荐、培训指导、创业扶持精细化管理，实施"千校万岗"困难家庭大学生就业帮扶专项行动，实现有就业意愿的离校未就业毕业生 100% 就业。

2. 稳定外来务工人员在浙就业。巩固深化省际劳务合作长效机制，重点与东西部协作结对的四川省深化产业合作、互补资源优势，开展专场劳务对接，确保完成四川农村劳动力和脱贫人口来浙目标任务。着力解决外来务工人员住房、子女教育、落户等重点关切问题，推动外地员工市民化。

3. 持续开展困难群体就业援助。统筹推进就业困难人员能力提升行动，完善就业困难人员认定办法，优化动态调整机制，实现就业困难人员精准识别，提高援助政策的有效性。对就业困难人员提供"一人一档""一人一策"精细化服务，适时调整公益性岗位规模和安置对象范围等，确保零就业家庭和就业困难人员动态清零。开展就业援助月等帮扶活动，对低收入农户和城市低收入群体开展就业帮扶，鼓励各类市场主体和社会组织参与，提高救助专业化水平。探索帮扶绩效评估考核机制，让托底帮扶成效反馈评价更系统科学。

4. 加强退役军人就业保障。实施退役军人高质量就业创业行动，突出效果导向，分类推行退役军人全员适应性培训。鼓励机关、社会团体、企事业单位在招收录用工作人员或聘用职工时，同等条件下优先招录聘用退役军人。县级以上人民政府每年至少组织 2 次退役军人专场招聘活动。

5. 促进残疾人就业创业。执行好残疾人就业保障金制度，将安排残疾人就业情况依法纳入公共信用信息服务平台。落实超比例奖励制度、残疾人就业税收优惠等残疾人就业帮扶政策。健全机关、事业单位、国有企业带头安排残疾人就业常态化推进机制。每年新增残疾人就业 1 万人，组织残疾人职业技能培训 2 万人以上，到 2025 年提升建设残疾人就业创业示范基地 100 个。

（五）促进山区 26 县就业创业，缩小地区差距

1. 出台就业创业促进政策。围绕"扩中""提低"和缩小三大差距，专门出台促进政策，倾斜扶持多措并举，支持山区 26 县就业创业。到 2025 年山区 26 县新增就业人数比 2020 年增长 1 倍。

2. 支持就地就近就业创业。充分发挥特色生态产业平台、山海协作产业园、特色小镇、小微企业园等平台作用，吸纳山区群众就近就业。推进大学生创业园、返乡创业孵化基地建设，支持山区 26 县申报省级、国家级创业示范基地，鼓励引导大学生返乡入乡创业。

3. 提升技能素质水平。支持山区 26 县设立技工院校，鼓励省内优质技师学院到山区 26 县设立分院，建设一批高技能人才培训基地和公共实训基地，重点打造一批面向山区 26 县的旅游人才和产业技术人才培训基地。优先支持山区 26 县特色产业职业（工种）开展职业技能等级认定试点工作，支持承办省级一类、二类职业技能大赛。

4. 加强智力帮扶。每年从发达地区选派教育、医疗、农业等事业单位专业技术人才入驻山区 26 县提供专业化智力服务，提升当地就业水平。派出单位可对选派人员给予绩效工资倾斜，服务经历作为职称、岗位优先晋升的参考条件等奖励支持。支持山区 26 县招录高校毕业生到基层公共管理和社会服务岗位工作。

5. 加大人力资源服务支持。支持山区 26 县在全省性招聘大会和人才就业网站开设招聘专区，每年面向山区 26 县举办高校毕业生专场招聘会，鼓励人力资源服务机构到山区 26 县设立分支机构，针对山区 26 县富余劳动力、易地搬迁等人群搭建就业服务平台，组织专项招聘活动，实现人岗精准匹配。

6. 多渠道帮助困难群体就业。建立当地缺工企业和失业人员、就业困难人员岗位对接机制，加大山区 26 县农村公益性岗位开发力度。实施外出务工人员关爱行动，支持在山区 26 县外出务工人员集中的地区建立服务机构。

（六）以数字化重塑服务模式，健全就业公共服务体系

1. 全面推行数字就业服务应用场景。以高质量就业创业体系为蓝图，打造"浙里就业创业"重大应用，同步聚焦服务和治理两端，重点打造面向群众办事的"浙就业"服务专区、面向工作人员的"浙政钉"掌上经办平台和数据统一、分级治理的决策分析中枢"驾驶舱"，努力实现省市县乡村五级贯通的就业服务治理智能化。加强部门间业务协同、数据联动，进一步丰富服务功能，提高服务的智能化水平，拓展数据分析的深度和广度，探索以数字化改革成果促进就业优先政策的落实。

2. 加强公共就业服务机构和队伍建设。以高质量就业社区（村）建设为载体，完善街道（乡镇）、社区（村）服务平台，合理优化工作人员结构和布局，将基层就业服务相关事项纳入社区工作者工作内容。鼓励政府购买服务，动员各类符合条件的人民团体、群众团体参与提供公共就业服务，鼓励社会组织和志愿者提供公益性就业服务。深化高质量就业社区（村）建设，探索创建高质量就业街道（乡镇）。

3. 促进人力资源服务业高质量发展。推动人力资源市场体系建设，建立省、市重点培育企业目录，建设一批高质量人力资源服务产业园。鼓励人力资源服务机构围绕新业态、新模式开发新产品，支持人力资源服务业深度参与健康养老、社区服务等生活性服务业。积极吸引全球优质人力资源服务企业，鼓励有条件的人力资源服务企业在境外设立分支机构。开展人力资源服务许可证电子证书试点，持续深化人力资源协同指数研究。到 2025 年，全省人力资源服务机构达 7000 家，提供中高端人力资源服务的机构占比达 30%，营业收入达 4500 亿元，从业人员达 12 万人。

4. 保障企业用工。完善就业失业统计监测调查体系，健全劳动力调查制度，根据国家统一安排，按月发布全省城镇调查失业率，探索建立市级城镇调查失业率统计调查制度。开展共同富裕示范区建设企业就业群体收入统计制度探索和试点，关注"扩中""提低"重点群体的就业情况。根据需要开展春节前后企业用工等情况调研，准确反映企业用工情况。优化用工监测企业样本结构，科学细分企业类型、规模等，加强网络招聘、移动通信、交通运输、工业用电等数据综合应用，健全就业大数据监测系统。争取国家就业岗位调查试点，按月调查各类用工主体岗位空缺和用工需求。

（七）优化劳动者就业环境，提升收入和权益保障水平

1. 合理增加劳动报酬。健全工资合理增长机制，完善企业薪酬调查和信息发布制度。健全技能人才薪酬激励机制，大力开展工资集体协商，指导企业根据实际灵活实行计件、计次、周薪、日薪等工资发放形式。建立技术工人最低工资制度，完善最低工资标准调整评估机制，到 2025 年，最低工资标准最高档达到 3000 元左右。

2. 完善社会保障体系。积极实施社保提标扩面行动，加快实现法定人员全覆盖，提高企业职工参保率和缴费基数夯实率，积极引导灵活就业人员参加企业职工基本养老保险，提高参保缴费质量。落实企业职工基本养老保险全国统筹任务，实施城乡居保基金省级管理，稳步提升工伤保险基金省级统筹水平，实现失业保险省级统筹。完善城乡居保有关政策，促进个人、社会和政府同向发力，逐步提高制度对城乡老年居民基本生活的保障能力。做好社会保险制度与最低生活保障制度等社会救助制度的有效衔接，助力治理相对贫困。

3. 提供良好劳动环境。加快制造业企业自动化设备、工业机器人等技术应用，推动简单重复的工作环节和"危繁脏重"的工作岗位尽快实现自动化智能化替代。推进建筑工人工作场景转换，加快推行以机械化为基础，装配式建造和装修为主要形式，数字化、信息化手段为支撑的新型建筑工业化。实施工伤预防五年行动计划。深入开展安全生产专项整治三年行动，加强应急管理科普宣传教育，开展企业百万员工安全大培训，实施高危行业员工安全技能提升工程。

4. 营造公平就业环境。努力消除民族、种族、性别、户籍、身份、残疾、宗教信仰等不合理限制或就业歧视。保障妇女、残疾人、外来务工人员等各类群体在就业创业、职业发展、技能培训、劳动报酬、职业健康与安全等方面的权益。鼓励用人单位制定有利于女职工平衡工作和家庭关系的措施，协商确定有利于照顾婴幼儿的灵活休假和弹性工作方式。开展清理整顿人力资源市场秩序专项行动，依法查处招聘过程中的虚假、欺诈现象，强化劳务派遣用工监管。

5. 构建和谐劳动关系。完善协调劳动关系三方机制组织体系，支持有条件的市探索建立独立的实体化协调劳动关系三方机构。加大新就业形态劳动保障权益维护力度，实施"和谐同行"三年行动计划，开展企业劳动用工体检，建立健全平台用工监管机制，建设电子劳动合同平台，强化调解仲裁队伍建设、推进劳动人事争议处理机制改革。深化"浙江无欠薪"行动，打造无欠薪省份。

四、实施保障

（一）加强组织领导。 各级政府要切实担起促进就业责任，认真贯彻中央和省委省政府决策部署，把就业工作放在经济社会发展的优先位置，纳入年度重点工作内容，层层抓好落实。各级就业工作领导小组统筹协调推进区域内就业工作，加强对规划实施的统筹指导、监督和评估，推动各部门履职尽责，形成工作合力，确保完成各项目标任务。

（二）完善政策体系。 认真贯彻落实国家促进就业创业的各项政策，结合浙江实际，坚持问题导向、结果导向，拟订完善企业稳岗扩岗支持、大学生就业扶持和创业帮扶、促进山区 26 县就业创业、加大创业支持力度、就业困难人员管理服务、公益性岗位开发管理等措施，进一步完善就业创业政策体系。

（三）落实资金保障。对规划确定的重点群体、重点区域和重点任务，落实省级和地方政府投入责任，确保资金落实到位。按规定统筹用好就业补助资金、失业保险基金促进就业经费等各类就业资金，强化资金预算执行和监督，完善资金使用全过程绩效管理机制，提高资金使用效益。探索拓宽就业领域资金渠道，引导带动金融资本和社会资本在返乡入乡创业、技能培训、就业创业服务等方面发挥更大作用。安排高技能人才专项资金，做好高技能人才激励、技能人才培训培养、人才引进、基础平台建设等方面经费保障工作。统筹使用好就业补助资金、失业保险基金、职业技能提升行动专账结余资金以及地方人才经费、行业产业发展经费等，大规模开展职业技能培训。

（四）突出数字化支撑。运用系统思维，强化多跨高效协同、工作闭环管理，从政府、市场、社会和群体四个维度，梳理多方面需要共享支撑的数据，优化"人力社保大脑"应用，完善服务和治理两端的数字化场景，实现整体智治。

（五）强化督查考评。建立就业质量评价体系和就业工作目标责任制、工作督查考核机制，定期开展就业工作督查，鼓励多方参与和第三方评估，加强对规划实施情况的跟踪落实。注重正向激励，加大对就业创业工作先进地区和单位的表扬激励，开展就业创业工作先进单位和先进个人评选工作，引导各地真抓实干、担当作为。

浙江省人力资源和社会保障厅等4部门
关于加强劳务品牌建设的通知

浙人社发〔2022〕12号

各市、县（市、区）人力资源和社会保障局、发展改革委（局）、财政局、农业农村局：

劳务品牌是有着鲜明地域标记、过硬技能特征和良好用户口碑的劳务标识，是推动产业发展、推进乡村振兴、推动共同富裕示范区建设的有利支撑。为贯彻党中央、国务院关于全面推进乡村人才振兴决策部署，落实《"十四五"就业促进规划》和《人力资源社会保障部 国家发展改革委等20部门关于劳务品牌建设的指导意见》精神，实施劳务品牌促就业计划，大力培育浙江特色劳务品牌，促进城乡劳动者技能就业，现就有关事项通知如下：

一、明确劳务品牌建设目标任务。各地要切实提高政治站位，充分认识劳务品牌建设的重要意义，把劳务品牌建设作为加强就业服务，推动实现更加充分更高质量就业的重要抓手，加大工作力度，深入开展调查摸底，掌握本地区劳务品牌数量、分布、特色等基本情况。要加强统筹谋划，会同各有关部门、企事业单位及行业协会、商会等社会组织，共同确定本地区劳务品牌建设目标、重点项目，制定实施细则，明确职责分工，压实工作责任，确保完成任务。

二、实施劳务品牌建设工程。各地要建立劳务品牌培育机制，加强劳务品牌发现培育，因地制宜制定和稳步推进劳务品牌建设工程实施方案。围绕新兴产业、现代服务业、智能制造、平台经济、养老家政、快递物流等领域，深入挖掘各种用工需求，打造地方特色劳务品牌，建立劳务品牌资源库，实施动态管理。到2025年，依托地方重点行业、特色产业，以行业协会、龙头企业、培训机构、人力资源服务机构等单位为载体形成一批劳务品牌，每个市不少于10个，每个县（区、市）不少于2个。

三、加快劳务品牌提升壮大。各地要深入实施新时代浙江工匠培育工程，开展大规模高质量职业技能培训，完善相关职业技能等级认定、专项职业能力考核等多种评价方式，加快劳务品牌技能人才培养。加快技能带头人培养，建设一批技能大师工作室、专家工作室，对符合条件的劳务品牌技能人才，落实当地人才政策待遇。发挥地域文化、传统技艺优势，鼓励劳务品牌技能带头人开展创新创业，培育壮大细分行业领域劳务品牌龙头企业。支持有条件的地方，打造劳务品牌特色产业园区，加大资源整合力度，完善配套服务功能，培育和集聚特色劳务品牌。建立健全劳务品牌质量标准体系，开展劳务品牌诚信评价，打造浙江特色劳务品牌良好形象。

四、强化政策资金要素保障。对符合条件的劳务品牌从业人员按规定落实税费减免、职业培训补贴、创业补贴、创业担保贷款及贴息等政策，有关补贴资金按规定从就业补助资金、技能提升专账资金、普惠金融相关资金列支。各地要通过开展劳务品牌征集评选，组织专项竞赛，举办系列展示交流活动、选树典型人物等方式，全方面宣传推介劳务品牌项目、活动、人物，营造全社会支持劳务品牌发展的浓厚氛围。

浙江省人力资源和社会保障厅
浙江省发展和改革委员会
浙江省财政厅
浙江省农业农村厅
2022 年 2 月 24 日
（此件主动公开）

浙江省人力资源和社会保障厅　浙江省财政厅关于印发《浙江省一流技师学院建设项目实施办法》和《浙江省技工院校省级高水平专业群建设项目实施办法》的通知

浙人社发〔2022〕17号

各市、县（市、区）人力资源和社会保障局、财政局，省级有关单位，各技工院校：

为深入实施技工教育提质增量行动，进一步推进我省技工教育高质量发展，提升技工院校办学能力，我们制定了《浙江省一流技师学院建设项目实施办法》和《浙江省技工院校省级高水平专业群建设项目实施办法》。现印发给你们，请认真贯彻执行。

浙江省人力资源和社会保障厅
浙江省财政厅
2022年3月18日

浙江省一流技师学院建设项目实施办法

第一章　总　则

第一条　为贯彻落实习近平总书记关于"大力发展技工教育"的重要指示精神和省委十四届八次全会提出的"完善技工教育体系，建设一批一流技师学院"的要求，实施技工教育提质增量行动，加快构建与全球先进制造业基地和我省产业相匹配的现代技工教育体系，现就浙江省一流技师学院建设项目管理工作，制定本办法。

第二条　本办法所指一流技师学院建设项目是指围绕我省重大产业布局、重点发展领域，以培养具有工匠精神的高技能人才为目标，建成办学条件优良、专业特色鲜明、产教融合紧密、社会服务能力显著，综合办学水平达到国内一流，具有区域竞争力和国际影响力的技师学院。

第三条　一流技师学院建设项目主要遵循"聚焦一流、提质增量，融合产业、特色发展，省级统筹、地方主体"的原则组织实施。

201

第四条 "十四五"期间,在全省建成10所一流技师学院,带动全省技工院校启动建设技能型社会技工教育体系,实现全省技工院校整体办学水平快速提升。

第五条 一流技师学院建设项目周期为4年。

第二章 遴选条件和程序

第六条 申报一流技师学院建设项目一般应具备以下基本条件:

(一)校园建筑面积不少于10万平方米,实习实训场地建筑面积不少于3.5万平方米。

(二)所办专业高度契合地方产业发展需求,有8个以上常设高级工专业,4个以上常设预备技师专业,省级重点、特色等专业3个以上,一体化教学的专业不少于70%。

(三)建立完善的师资培养机制,师资队伍结构合理,教师素质优良,师生比不低于1∶18,一体化教师不少于专业教师总数的70%,专业带头人在全国或全省业界具有较强影响力。

(四)近三年全日制在校生规模原则上不低于4000人,其中高级工及以上层次学生年均占比不低于60%,年培训规模不低于4000人次。毕业生当年就业率不低于98%,对口就业率和起薪较高。

(五)与10家以上龙头骨干企业开展校企深度合作,各主要专业均有5家以上合作企业,企业对合作情况和毕业生的评价较高。

(六)学生获得世界技能大赛优胜奖以上奖项、国家级职业技能大赛前三名或省级技能大赛金奖(一等奖)。

(七)积极开展国际交流合作,与国外院校和培训机构联合开展人才培养标准研制、课程开发、师生交流等合作项目。

第七条 一流技师学院建设项目遴选工作按照以下程序进行:

(一)印发通知。省人力社保厅、省财政厅发文公布一流技师学院遴选有关要求。

(二)项目申报。符合条件的技师学院根据要求申报一流技师学院建设项目,按照隶属关系将建设项目申报材料报所属市、县(市、区)人民政府或省级(行业)主管部门确认,必要时可由所属市、县(市、区)人民政府或省级(行业)办学主管部门组织专家进行论证。

项目申报需提交以下申报材料:

1. 项目建设申报书。包括学院现有基础、存在问题与不足,一流技师学院发展方向、建设目标、建设内容与举措、资金投入、年度实施计划与预算安排、预期标志性成果,主要建设指标的现状值、目标值等。建设目标须包括专业建设、在校生规模、培训人次等方面3个以上量化指标。申报书需经当地人民政府确认,必要时可由当地人民政府组织专家进行论证。

2. 制度建设等支持保障措施。

3. 符合遴选条件的其他佐证材料。

(三)项目推荐。各市、县(市、区)人民政府和省级(行业)主管部门为本地区、本系统建设项目的推荐单位。各市级人力社保局和省级(行业)主管部门将推荐结果报送省人力社保厅。

(四)评审公布。省人力社保厅会同省财政厅组织专家评审。评审遴选指标体系由建设项目现有基础条件、规划发展目标、投入情况等内容组成。评审结果公示无异议后,发文公布。

第三章　项目实施

第八条　省人力社保厅、省财政厅负责省一流技师学院建设项目的遴选、评估、考核和验收。技师学院是建设项目的实施主体，确保完成建设目标。

第九条　项目建设学院要按照建设申报书相关规划组织实施，并按要求提交一流技师学院建设年度报告，配合做好中期检查、评估验收等工作。

第十条　项目建设单位在建设期内实行年度报告、中期评估、考核验收制度，由省人力社保厅、省财政厅组织实施。

（一）年度报告。项目建设学院每年年底对一流技师学院建设情况进行总结，形成年度报告，由市、县（市、区）人民政府或省级（行业）主管部门签署意见后，于次年2月底前报送省人力社保厅。省人力社保厅、省财政厅对年度报告进行审核，对未达到年度目标的，进行约谈整改；整改后仍不合格的，终止一流技师学院建设资格，按照技师学院之间竞争的原则进行动态调整。

（二）中期评估。中期评估原则上在2024年上半年实施，评估内容主要包括建设任务进展情况、阶段性成果等阶段目标完成情况以及经费的使用和绩效、学院配套或自筹经费的到位情况等。对中期评估不合格的，限期整改，全省通报并抄送至属地市、县（市、区）人民政府或省级（行业）主管部门；整改后仍不合格的，终止一流技师学院建设资格，按照技师学院之间竞争的原则进行动态调整。

（三）考核验收。考核验收原则上在2026年上半年实施，考核验收内容主要包括项目建设完成情况、项目建设举措、标志性成果等。对验收不合格的，限期整改并约谈相关责任人；整改仍不合格的，根据情节轻重，暂停该校1—3年内其他省级项目的申报资格。

第四章　项目绩效

第十一条　引领现代技工教育发展，精准确立办学定位，充分聚集优势资源。提升技师学院内部治理，在岗位设置、引才用才、职称评审、绩效工资分配、技能等级认定等方面有充分的自主权并建立科学的组织机构和运行机制。在教职工管理、教学管理、学生管理、招生管理与就业服务、资产及后勤管理、财务管理、安全管理等方面有相匹配的现代学校制度和高水平的"智慧校园"。

第十二条　推动高水平专业群建设，对接我省数字经济、先进制造业集群、现代服务业布局，打造1—2个特色明显、优势突出的省级高水平专业群。对接我省产业发展重点领域，促进新专业的开发和新职业的发展，实现新行业、新产业、新岗位与新职业、新专业、新课程的协同发展。对接世界技能大赛，联合全球知名企业，按行业岗位制定专业建设标准，实现人才培养供给和产业发展需求的全方位融合。

第十三条　打造一支拥有中华技能大奖获得者、全国技术能手、省首席技师、世界技能大赛优胜奖以上获得者等技能大师组成的一流师资领军队伍。建立"师带徒"形式培养青年骨干教师、专业带头人、课程负责人队伍等高层次人才队伍体系。实施一体化师资专项培养计划，构建技工院校职业核心能力培养的教学体系，一体化教师达到专业教师总数的85%以上。

第十四条　培养"高技能、高素质双高"技

能人才，深化一体化课程教学改革，推行工学结合、知行合一的教学模式，开展一体化教学的专业覆盖率达到80%以上。开展学生职业核心能力的培养，全面提升学生对职业岗位的胜任能力和职业生涯持续发展能力。加强世界技能大赛研究，打造集世界技能大赛人员选拔、选手集训、专家培养、标准对接成果转化为一体的世界技能大赛基地品牌。技师学院培养"高技能、高素质"的高级工以上在校生比例不少于70%。

第十五条 学校企业建立协同育人机制，推动校企共建共管产业学院、企业学院，实现校企深度合作。与企业共建技能大师工作室，院系与车间、班组合作建立学习团队，开展科技攻关和技术革新，组织技师研修，为企业职工提供终身技能发展服务。全面推行企业新型学徒制，校企联合提升企业职工技能水平。

第十六条 与发达国家知名行业协会和知名教育机构合作，积极开展合作办学、技能竞赛、师资培训、交流互访，促进技能人才国际化培养。引进国外职业资格认证体系、专业课程体系及优秀教学模式，共建实训基地。坚持"引进来"与"走出去"并重，积极参与共建"一带一路"国家的技工教育合作。

第五章　经费管理与监督

第十七条 一流技师学院建设项目资金包括省级和地方财政资金、学校自筹资金。省财政按1200万元/（所·年）标准给予补助。学院负责按预算制定具体经费使用方案。

第十八条 一流技师学院项目经竞争性立项确定后，由省财政厅会同省人力社保厅分期下达财政资助资金。

第十九条 一流技师学院项目财政资助资金主要用于以下支出：

（一）高水平师资队伍建设，品牌专业带头人、骨干教师和青年教师培养培训，高技能领军人才和创新团队引进和培育；

（二）一体化教学改革、专业课程与教学资源建设；

（三）实验实训设备购置和维修、维护；

（四）技能大赛组织实施；

（五）国际交流与合作；

（六）"智慧校园"建设。

第二十条 财政资助资金纳入本单位财务统一管理，专款专用，单独设立会计科目并实行项目台账管理。

第二十一条 学院要严格按照规定使用专项经费，不得擅自改变资金性质和用途，不得挪用、挤占，防止以拨代支、以领代报等虚列支出的现象发生，并实行追踪问效，确保资金使用的安全、规范、有效。

第二十二条 各级人力社保局、财政局和学校主管单位要切实加强对一流技师学院项目建设和资金使用的监管，认真审查、核实申报资料，确保申报项目符合当地经济社会发展需要，申报资料真实、完整、准确，预算执行及时、到位。

第二十三条 省人力社保厅、省财政厅按照国家和省有关规定，加强对全省一流技师学院建设项目资金管理使用情况的监督检查。查出违规、违纪问题的，督促项目建设学校及时整改；情节严重的，依照法律法规依法移交相关部门处理。

第六章　附　则

第二十四条 本办法自印发之日起施行。

浙江省技工院校省级高水平专业群
建设项目实施办法

第一章　总　则

第一条　为全面贯彻落实习近平总书记关于"大力发展技工教育，大规模开展职业技能培训，加快培养大批高素质劳动者和技术技能人才"的重要指示精神，深入实施技工教育提质增量行动，推动技工院校专业建设紧密对接产业发展转型升级需求，做好现就省级高水平专业群建设项目（以下简称专业群建设项目）实施工作，制定本办法。

第二条　本办法所指专业群建设项目是指围绕当地经济社会发展和产业结构调整，面向行业中的产业链、企业中的岗位链，以学校1个优势或特色专业为核心，整合优化3—5个基础相通、技术领域相近、职业岗位相关、教学资源共享的专业（专业方向），形成服务产业发展、特色鲜明、互为补充、相互联动、国内一流的专业群。

第三条　专业群建设项目按照"统筹规划、公平竞争、择优遴选、动态管理"的原则组织实施。

第四条　"十四五"期间，在全省技工院校建设50个左右省级高水平专业群（不含一流技师学院省级高水平专业群），省级高水平专业群按专业类别分A类为制造业行业、B类为现代服务等其他行业。

第五条　专业群建设项目周期为4年。

第二章　遴选条件和程序

第六条　申报专业群建设项目一般应具备以下基本条件：

（一）专业群具有专业优势或区位优势，能充分体现学校的发展特色，与当地产业发展密切相关、相互支撑。

（二）专业群内各专业有高水平的专业带头人与数量充足的骨干教师，专业带头人具有高级讲师（高级实习指导教师）以上职称；技术理论课教师具有高级专业技术职务任职资格的占30%以上，实习指导教师具有高级实习教师职称或技师、高级技师职业资格的占45%以上，一体化教师占全体教师的比例达到60%以上。

（三）专业群全日制在校生500人以上，生均实习实训场地建筑面积不少于7.5平方米，制造业行业设施设备总值不少于1500万元，其他行业设施设备总值不少于800万元。

（四）专业群核心专业与5家规模以上企业有紧密合作关系。积极开展工学结合、半工半读等校企合作人才培养模式。

（五）专业群内各专业积极参与一体化课改试点，核心专业已实施一体化教学。

（六）在校生近3年来在市级以上职业技能竞赛中取得三等奖以上的不少于5人次。毕业生职业资格（职业技能等级）证书取证率达95%以上，连续三年一次性就业率达到98%以上。

群内专业年开展职业技能培训规模不少于500人，积极开展企业新型学徒制培训。

第七条 高水平专业群建设项目遴选工作按照以下程序进行：

（一）印发通知。省人力社保厅、省财政厅发文公布高水平专业群遴选有关要求。

（二）项目申报。符合条件的技工院校根据要求将建设项目申报材料按照隶属关系报市级人力社保局，省属学校报省级（行业）主管部门。

项目申报需提交以下申报材料：

1. 项目建设申报书。包括当地产业发展情况、学校办学情况、核心专业设施设备情况、核心专业带头人与骨干教师情况、校企合作共建等现有基础情况，以及项目建设目标、建设内容、预期成果、实施进度、估算总投资、资金来源等规划情况，主要建设指标的现状值、目标值等。

2. 制度建设等支持保障措施。

3. 符合遴选条件的其他证明材料。

（三）项目推荐。各市级人力社保局和省级（行业）主管部门作为本地区、本系统建设项目的推荐单位，负责组织项目申报推荐工作。各市级人力社保局和省级（行业）主管部门将推荐结果报送省人力社保厅。

（四）评审公布。省人力社保厅会同省财政厅组织专家评审。评审遴选指标体系由建设项目现有基础条件、规划发展目标、投入情况等内容组成。评审结果公示无异议后，发文公布。

第三章　项目实施

第八条 专业群项目建设学校要制定本校的专业群建设规划并组织实施，组建本校专业群建设领导小组，明确专业群核心专业及相关专业带头人，研究制定配套制度，落实专业群建设的配套经费与自筹经费，在人、财、物等方面保证专业群的建设与管理需要。申报材料确定的各项建设内容，应在建设期内按期完成，建设过程中一般不作大的调整。

第九条 专业群建设项目实行年度报告、中期检查和考核验收制度，由省人力社保厅、省财政厅组织实施。

（一）年度报告。项目建设学校每年年底对专业群建设情况进行总结，形成专业群建设年度报告，经属地市级人力社保局或省级（行业）主管部门签署意见后，于次年2月底前报省人力社保厅。省人力社保厅、省财政厅对年度报告进行审核，对未达到年度目标的，进行约谈整改；整改后仍不合格的，终止项目支持。

（二）中期评估。中期评估原则上在2024年上半年实施，评估内容主要包括专业群建设任务进展情况、阶段目标完成情况以及经费的使用和绩效、学校配套或自筹经费的到位情况等。对没有达到建设要求的，限期整改并全省通报；整改仍不合格的，终止项目支持。

（三）考核验收。考核验收原则上在2026年上半年实施，考核验收主要内容包括项目建设完成情况、项目建设举措、标志性成果等。对验收不合格的，限期整改并约谈相关责任人；整改仍不合格的，根据情节轻重，暂停该校1—3年内其他省级项目的申报资格。

第四章　项目绩效

第十条 科学布局并设置学校专业群及细分专业方向，建立学校专业动态调整机制，持续开展新专业开发和老专业更新，专业建设与产业发展匹配。每个专业群至少与 15 个规模以上企业建立稳定的合作关系。

第十一条　一体化教学实现全覆盖，形成以工作任务为引领，工作过程为导向，按照专业设置与产业需求对接、课程内容与职业标准对接、教学过程与生产过程对接的一体化课程体系。

第十二条　校企共建一体化师资队伍，由行业专家、企业工程技术人员和管理人员、技能大师组成的企业专兼职教师队伍。聘请高水平竞赛专家共同开展专业建设研究实践。建立了以专业素养和实践动手能力为重点的师资队伍培养机制，一体化教师不少于专业教师的70%。

第十三条　建立校企共同育人机制，与行业、企业共同开发和制定专业人才培养方案。推动校企共建共管产业学院，建立与专业群建设相适应的实训基地。校企共同实施"双元制"本土化改革试点工作，人才培养模式接轨国际通用职业资格标准。在校生高级工及以上培养层次占学制教育规模总数的比例在 70% 以上，毕业生职业资格（职业技能等级）证书取证率达到 100%，就业率稳定在 98% 以上。开展高水平技能大赛工作，培养的学生在省级以上技能大赛中获得优异成绩的不少于 5 人次。

第十四条　开展多元社会服务，参与企业生产技术与产品的创新，面向行业、企业和社会开展多种形式的职业技能培训，推进企业新型学徒制。年社会培训人数为专业群全日制在校生数 3 倍以上。

第五章　经费管理与监督

第十五条　专业群建设项目资金包括省级和地方财政资金、学校自筹资金。省财政按技师学院和高级技工学校专业群 A 类 600 万元 / 个•年、B 类 200 万元 / 个•年，技工学校专业群 A 类 200 万元 / 个•年、B 类 70 万元 / 个•年的标准给予补助。项目建设学校应积极争取同级财政和学校主管单位加大资金投入，共同实施专业群建设项目。

第十六条　专业群建设项目经竞争性立项确定后，省财政厅会同省人力社保厅分期下达省级财政资助资金。

第十七条　专业群建设项目财政资助经费主要用于：

（一）实验实训设备购置和维修、维护；

（二）专业课程与教学资源建设；

（三）专业带头人、骨干教师和青年教师引进培养，培训全省技工院校师资培训；

（四）技能大赛组织实施和选手培养等支出。

第十八条　项目建设学校要将省级财政资助资金纳入本单位财务统一管理，专款专用，单独设立会计科目并实行项目台账管理。

第十九条　项目建设学校要严格按照规定使用省级财政资助资金，不得擅自改变资金性质和用途，不得挪用、挤占，防止以拨代支、以领代报等虚列支出的现象发生，并实行追踪问效，确保资金使用的安全、规范、有效。

第二十条　各级人力社保局、财政局和学校主管单位要切实加强对专业群项目建设和资金使用的监管，认真审查、核实申报资料，确保申报项目符合当地经济社会发展需要，申报资料真实、完整、准确，预算执行及时到位。

第二十一条　省人力社保厅、省财政厅按照国家和省有关规定，加强对全省专业群建设项目财政资助资金管理使用情况的监督检查。查出违规、违纪问题的，督促项目建设学校及时整改；情节严重的，依照法律法规依法移交相关部门进行严肃处理。

第六章 附 则

第二十二条 本办法自印发之日起施行。

浙江省人力资源和社会保障厅关于印发《浙江省技工院校专业建设管理办法（试行）》等3个文件的通知

浙人社发〔2022〕31号

各市、县（市、区）人力资源和社会保障局，各技工院校：

为推动我省技工教育提质增量，我们研究制定了《浙江省技工院校专业建设管理办法（试行）》《浙江省技工教育和职业培训教材管理办法（试行）》和《浙江省技工院校教学研究管理

办法（试行）》等3个文件，已经第47次厅党组会议审议通过，现印发给你们，请认真贯彻实施。

浙江省人力资源和社会保障厅

2022 年 4 月 21 日

浙江省技工院校专业建设管理办法（试行）

第一章 总 则

第一条 为贯彻落实习近平总书记关于大力发展技工教育的重要指示精神和党中央、国务院决策部署，根据省委办公厅、省政府办公厅《印发〈关于实施新时代浙江工匠培育工程的意见〉的通知》《印发〈关于实施技工教育提质增量行动的意见〉的通知》精神，坚持为党育人为国育才，引导技工院校办学规模、专业结构、培养质量、社会效益协调发展，紧密对接产业发展对技能人才的需求，为打造全球先进制造业基地和高质量发展现代服务业提供人才和技能支撑，结合我省实际，制定本办法。

第二条 技工院校专业建设，应坚持以下原则：

（一）认真贯彻党的教育方针，坚持社会主义办学方向，坚持立德树人；

（二）依据技工教育培养目标，遵循技工教育规律和学生成长规律；

（三）以促进就业创业、服务企业行业、服务经济高质量发展为建设目标，提升专业内涵建设；

（四）聚焦形成整体合理的专业结构和紧密对接产业链、创新链的专业体系，稳步提高专业办学水平。

第二章　专业设置与调整

第三条　技工院校专业设置与调整要符合我省经济建设和社会发展需要，与区域产业发展相匹配、与学校办学条件相适应。要做好人才需求预测，形成合理的专业结构和布局，避免盲目设置与重复建设。要发挥专业优势，形成办学特色，实现一校一规划。

第四条　新专业设置要进行可行性研究，并经评估论证。要配备教师数量较为充足的专业师资队伍（含企业导师）。要保障专业教学所需的校内校外实习实训场所和设备设施、图书资料、教室等基本硬件条件。

第五条　技工院校专业设置与调整实行备案制。每年1月份按要求向省或设区市人力社保部门人力社保厅报备下一学年拟新设或调整的专业，并接受省人力社保厅对新设专业三年内建设情况进行督导。设区市人力社保部门应做好督导工作，确保新设或调整的专业科学、合理、规范。

第三章　专业建设内容

第六条　加强学校党组织对专业建设的领导。学校专业建设实行党组织领导下的校长负责制，校长为总责任人。具体责任人由专业系部主任、专业带头人共同担任。

第七条　要依据产业发展，立足学校实际，制定专业建设规划，分析专业建设发展的机遇与优势，明确专业发展方向，确立发展目标，设立阶段任务，提出具体措施。

第八条　邀请企业行业专家、技工教育专家共同制定技能人才培养方案和培养计划，并根据产业新需求、社会和经济新发展，进行动态调整和修订。制定技能人才培养方案和培养计划主要包括以下内容：

（一）明确人才培养目标、课程体系和课程建设的具体举措；

（二）坚持培育弘扬劳模精神、劳动精神和工匠精神，把劳动教育纳入人才培养方案和培养计划，与德育、智育、体育、美育相融合，贯穿技能人才培养全过程。

第九条　专业课程体系建设要注重基础学科对专业的支撑，注重学生岗位能力和创新能力的培养。联合区域行业企业，按国家职业标准、行业岗位要求制定专业建设标准和优化课程体系，形成适配产业链、创新链和人才培养链的专业课程体系。围绕区域产业，整合专业基础课程、核心课程和拓展课程，实施工学结合的一体化教学，迭代升级典型工作任务。

第十条　加强教学研究，深化教学改革。加强思想政治理论课和其他课程思想政治建设，研究推广工学一体化技能人才培养模式，将行业企业新技术、新工艺、新材料、新规范、新的典型生产案例等及时纳入教学内容，把行业企业技术革新项目作为高级工、预备技师、技师研修选题来源。

第十一条　加强师资队伍建设，主要包括以下内容：

（一）制定专业教师队伍建设规划和计划。

（二）加大专业教师的培养力度。选送专业教师到区域内的行业企业接受培训、挂职工作和实践锻炼，加快专业教师知识与技能的更新迭代。重点培养在各专业领域做出较大成绩、在技能创新与教科研方面能起骨干带头作用、具有发展潜能的优秀中青年教师。鼓励技工院校通过校企合作、产业学院、职业训练院等方式，将企业导师培育成为专业教师队伍中的一员。

（三）开展一体化师资培训、专业带头人培育，促进教师向双师型、一体化教师转变。培育师德高尚、技艺精湛、育人水平高超的教学名师、浙派工匠、专业带头人、骨干教师等高层次专业教师队伍。

（四）改革教师评价体系，把师德师风作为评价教师队伍素质的第一标准并贯穿教师管理的全过程。

第十二条 加大实训基地与实验室建设，主要包括以下内容：

（一）全面规划实训基地与实验室建设，确保与专业建设、课程建设相匹配。

（二）坚持校企融合，改善实训条件，健全实训管理规章制度，打造校内校外校企融合型实训"双基地"。

（三）根据当地行业企业生产、服务的真实技术、流程和场景，优化实训教育体系和实训环境；统筹各类实践教学资源，构建功能集约、开放共享、运作高效的校企融合型实训基地，把车间搬进校园，实现产教融合。

（四）建设稳定的校外实习基地，把实习教学与承担实习单位的实际工作任务结合起来，把教室搬到车间，做到工学结合、学有所用、企校互惠。

（五）做好实验室的计划管理、资产管理，提高设备利用率。

第十三条 深化校企合作，主要包括以下内容：

（一）每所技工院校每个专业须与当地相关的优质企业建立稳固合作办学关系。

（二）校企双方不断拓展、深化合作形式，共同实施订单招生、共商专业规划、共建课程体系、共编专业教材、共研教学设计、共组教学团队、共育学生技能、共建实训基地、共扬专业文化、共享合作资源等。

（三）落实技工院校专业教师到企业实践制度，引导教师发挥专业所长，参与企业技术攻关、技术革新，并建立专业教师服务企业的绩效考核奖励机制。

（四）探索浙江特色的技工院校学校导师和企业导师"双导师制"的技能人才培养模式；鼓励将企业导师的培育管理与技工院校教师培养管理相融合。

第十四条 扩大国际交流与合作。支持技工院校与国（境）外优秀教育机构、知名行业协会联合开展师生交流、课程开发、先进教学模式、职业资格和技能等级证书引进等合作。支持与国际知名企业、行业组织共建培训中心和实训基地。鼓励选派优秀师资、管理骨干赴国（境）外交流培训。技工院校教师因公出国（境）参加培训访学、进修学习、技能交流等，符合有关规定的可实施分类管理，相关费用、出国批次数、团组人数等按照有关规定管理。

第十五条 加强高水平专业群建设。高水平专业群是指围绕当地经济社会发展和产业结构调整，面向行业中的产业链、企业中的岗位链，以学校1个优势或特色专业为核心，整合优化3—5个基础相通、技术领域相近、职业岗位相关、教学资源共享的专业（专业方向），形成服务产业发展、特色鲜明、互为补充、相互联动、国内一流的专业群。

高水平专业群建设应围绕我省"415"先进制造业集群建设体系，建立需求导向的专业动态调整机制，实现人才培养供给侧和产业需求侧结构要素全方位融合。

第十六条 加强品牌专业建设。品牌专业是指以"优势突出、特色鲜明、引领示范、服务产业"为原则，坚持特色办学，并在长期办学过程中形成的具有良好口碑的专业。

品牌专业建设应紧贴我省和当地经济建设以及企业生产发展需要，为社会发展和促进就业服务，应符合我省经济转型升级要求，与我省万亿产业、当地重点产业（包括传统优势产业）、新职业新岗位相匹配。鼓励支持办学能力强的学校在"一校一品"的基础上实现"一校多品"。

第四章　专业建设评估与管理

第十七条 各技工院校是专业建设的主体，应根据本办法制定本校专业建设规划、方案及拟新设专业的筹建计划并组织实施。

第十八条 省职业技能教学研究所（以下简称省教研所）为全省技工院校专业建设的指导机构，在省人力社保厅领导下对专业建设履行以下职责：

（一）对全省技工院校的专业建设规划提出建议；

（二）对全省技工院校的专业建设进行指导与评估；

（三）对省级高水平专业群和省级品牌专业给予重点指导；

（四）提出增设或调整专业的意见和建议。

第十九条 省人力社保厅组建省级专业建设指导委员会，开展以下工作：

（一）组织或参加相关技工院校新设专业评

估论证会；定期组织召开全省技工院校专业建设研讨会，分析技工院校新设（或调整）的专业与浙江产业经济的匹配融合情况。

（二）组织专家对全省技工院校专业建设及专业人才培养情况进行督导和评估，督导评估结果纳入全省技工院校综合管理考核指标体系。

（三）制定浙江省技工院校优质专业排行榜。

设区市人力社保部门可参照建立相应的机制和措施。

第二十条 省人力社保厅组织开展技工院校专业（学科）带头人评选，支持、鼓励专业建设优秀人才脱颖而出。带头人评选应遵守以下规定：

（一）评选工作每三年开展一次，每次评选50名左右。

（二）评选分专业和公共学科两类。坚持公开、公平、公正、科学、全面的评选原则，遵循人才成长规律，注重专业能力、教学能力、科研业绩、创新创造与培养发展潜力。

（三）评选按学校选拔、市级推荐、资格审查、第一轮专家复评、第二轮专家终评、公示、发文公布、颁发证书等程序进行。

（四）入选的专业（学科）带头人，由所在学校将其带头作用的发挥情况纳入年度考核、评优评先、职称职务评聘、绩效分配等。

（五）专业（学科）带头人称号保留三年。期满后，称号和有关待遇自行终止，须重新申请评定。

第五章　专业建设经费管理

第二十一条 专业建设资金以地方和主管部门投入为主，省级给予适当补助。

第二十二条 专业建设专项补助资金纳入

本单位财务统一管理，专款专用，不得挪用、挤占，不得擅自改变资金性质和用途。实行项目台账独立管理，确保资金使用的安全、规范、有效。

第六章　附　则

第二十三条　专业建设督导评估细则由省教研所另行制定。

第二十四条　技工院校专业建设管理的基本要素，同样适用于高水平专业（群）建设及品牌专业建设管理。双挂牌学校以学籍注册系统为准，按照相应管理部门要求执行。

第二十五条　本办法自 2022 年 5 月 15 日起施行。

浙江省技工教育和职业培训教材管理办法（试行）

第一章　总　则

第一条　为贯彻党中央、国务院关于加强和改进新形势下大中小学教材建设的决策部署，加强党对教材工作的全面领导，规范和加强浙江省技工院校和职业培训机构教材编审用各环节管理，切实提高教材建设水平，根据《技工院校教材管理工作实施细则》（人社厅发〔2022〕12 号）等有关规定，结合我省实际，制定本办法。

第二条　教材是教学内容的重要载体，是教师和学生教与学的主要依据。本办法所称技工教育和职业培训教材是指供我省技工院校、职业培训机构在课堂教学、实习实训和职业技能培训时使用的教学用书，以及作为教材内容组成部分的教学材料（如教材的配套音视频等数字化资源、图册等）。

第三条　技工教育和职业培训教材必须体现党和国家意志，全面贯彻党的教育方针，落实立德树人的根本任务，立足我省重大发展战略，以加快构建技能型社会、促进就业创业、服务企业行业、服务经济高质量发展为目标，体现我省技工教育和职业培训特点，深化教材改革和创新，为强化我省高质量发展建设共同富裕示范区高素质技术技能人才支撑奠定基础。

第四条　技工院校和职业培训机构思想政治、语文、历史课程和其他意识形态属性较强的课程以及涉及国家主权、安全、民族、宗教等内容的课程，统一使用国家统一编写、统一审核的教材，专业课程教材注重发挥行业企业、教科研机构和学校的作用，更好地对接浙江产业发展和岗位需求。

第二章　工作职责

第五条　省人力社保厅负责落实全国技工教育和职业培训教材建设的相关政策和管理要求，制定教材工作管理制度，负责教材建设的综合协调，指导监督市、县（市、区）人力社保部门、技工院校、职业培训机构的教材管理工作，组织国家规划教材的选用、使用工作，加强省级规划教材编写、审核、管理工作。

第六条　市、县（市、区）人力社保部门负责指导监督本行政区域内技工院校和职业培训机构的教材管理工作。

第七条 技工院校和职业培训机构要严格执行国家和省关于教材管理的政策规定，健全内部管理制度，配备专人负责落实教材管理工作，选好、备好、用好教材，确保每门课程的教材规范、充足、实用。学校党委、培训机构法人（党组织）对本校、本机构教材工作负总责。

第三章 教材规划

第八条 在严格落实国家规划教材相关要求的基础上，省人力社保厅牵头组织、规划体现浙江特色的公共选修课程和国家规划教材以外的专业课程教材、职业培训教材。

第九条 省级教材规划要坚持正确导向，面向需求、各有侧重、有机衔接，处理好落实共性要求与促进特色发展的关系，适应新时代技能人才培养的新要求，服务经济社会发展、产业转型升级、技能积累和文化传承创新。

第十条 省人力社保厅在征求技工院校、职业培训机构、行业组织、企业等意见的基础上，联合相关部门、教科研机构、行业组织等进行深入论证，建设省级规划教材目录，报人社部备案后向社会发布，并及时根据我省技能人才培养实际需求进行调整补充。

第四章 教材编写

第十一条 教材编写依据教材规划、公共课课程标准、专业课课程规范和职业技能培训包的开发技术规程等，服务学生（学员）成长成才和就业创业。教材编写应符合以下要求：

（一）以马克思列宁主义、毛泽东思想、邓小平理论、"三个代表"重要思想、科学发展观、习近平新时代中国特色社会主义思想为指导，落实立德树人根本任务，有机融入中华优秀传统文化、革命传统、法治意识和国家安全、民族团结以及生态文明教育、劳动教育，大力弘扬劳动光荣、知识崇高、人才宝贵、创造伟大的社会风尚，倡导劳模精神、劳动精神、工匠精神，防范错误政治观点和思潮的影响，引导学生（学员）树立正确的世界观、人生观、价值观，坚定走技能成才、技能报国之路，为培养规模宏大、结构合理、素质优良、技艺精湛的高技能人才队伍服务。

（二）内容科学先进、针对性强，选文篇目内容积极向上、导向正确，选文作者历史评价正面，有良好的社会形象，有利于促进学生（学员）就业创业和职业生涯发展。公共课教材要突出技工教育和劳动教育特色，着重通用职业素质培养。专业课和职业培训教材应突出胜任工作岗位的职业技能培养，及时吸收产业领域的新材料、新技术、新设备、新工艺，积极对接世界技能大赛标准，做好大赛成果转化，反映产业最新发展要求。

（三）符合技能人才成长规律和学生认知特点。技工学校和职业培训教材全面培养学生（学员）职业素质，适应技能人才培养需要，对接生产实践，满足企业岗位工作需要。

（四）内容编排科学合理，表现生动，图、文、表、音视频等数字化资源丰富。专业知识科学准确，名称、名词、术语等符合国家有关技术质量标准和规范。

（五）符合知识产权保护等国家法律法规，不得有民族、地域、性别、职业、年龄歧视等内容，不得有商业广告或变相商业广告。

第十二条 教材实行单位编写制。编写单位负责审核编写人员条件，为教材编写修订工作提供组织保障。教材编写单位应具备以下条件：

（一）在中华人民共和国境内登记注册、具有独立法人资格，在相关领域有代表性的学校、教科研机构、行业、企业、出版机构等，单位法定代表人须具有中华人民共和国国籍。

（二）有熟悉相关专业（学科）教材编写工作的专业团队，能组织技工教育和职业培训领域高水平专业人才参与教材编写。

（三）有对教材持续进行培训、指导、回访等跟踪服务和研究的专业团队，有常态化质量监控机制，能够为修订完善教材提供稳定支持。

（四）有相应的经费保障条件与其他硬件支持条件，能保证正常的编写工作。

（五）牵头承担省级规划教材编写任务的单位，原则上应为办学质量水平较高的技工院校或职业培训机构、在省级及以上技能竞赛中成绩突出的技工院校或职业培训机构、行业领先企业、教科研机构、出版机构等。编写单位为出版机构的，原则上应为人力社保、教育、科技类或行业出版机构，具备专业编辑力量和较强的选题组稿能力。

第十三条 教材编写人员应经所在单位党组织审核同意，并由编写单位集中向社会公示。编写人员应具备以下条件：

（一）政治立场坚定，拥护中国共产党的领导，认同中国特色社会主义，坚定"四个自信"，自觉践行社会主义核心价值观，具有正确的世界观、人生观、价值观，坚持正确的国家观、民族观、历史观、文化观、宗教观，没有违背党的理论和路线方针政策的言行。

（二）熟悉技工教育或职业培训规律和学生（学员）身心发展特点，对本课程专业有比较深入的研究，熟悉行业企业发展与用人要求，有丰富的教学、科研或企业工作经验。一般应具有中级以上专业技术职务（职业资格、职业技能等级），新兴行业、行业紧缺专业技术人才、高技能人才可适当放宽要求。

（三）遵纪守法，有良好的思想品德、社会形象和师德师风。

（四）有足够时间和精力从事教材编写修订工作。

编写人员不能同时作为同一课程不同版本教材主编。

第十四条 教材编写实行主编负责制。主编对教材编写质量负总责。主编除须符合本办法第十三条规定外，还须具备以下条件：

（一）坚持正确的政治方向，政治敏锐性强，能够辨别并自觉抵制各种错误政治观点和思潮。

（二）对本课程专业研究深入、具有较高造诣，熟悉相关行业发展前沿知识与技术，有相关教材编写经验。一般应具有高级专业技术职务（职业资格、职业技能等级），新兴专业、行业紧缺技术人才、高技能人才可适当放宽要求。

（三）有较高的文字水平，熟悉教材语言风格。

审核通过后的教材原则上不更换主编，如有特殊情况，编写单位应报相应主管部门批准。

第十五条 教材编写团队应具有合理的人员结构，一般包含相关课程专业领域专家、一线教师（专业课优先为一体化教师）、行业企业专业技术人员和高技能人才等。

第十六条 教材编写过程中应通过多种方式征求各方面特别是一线师生和企业意见。教材编写完成后，应送一线任课教师和行业企业专业人员进行审读、试用，根据审读意见和试用情况修改完善教材。

第十七条　技工教育和职业培训教材应根据经济社会和产业发展动态及时进行修订，由组织编写单位按照有关要求进行，一般按学制周期修订。

第五章　教材审核

第十八条　技工教育和职业培训教材实行分级分类审核，坚持"凡编必审"。

省级规划教材由省人力社保厅组建专门机构负责审核，其中意识形态属性较强的教材还应送省级党委宣传部门牵头进行政治把关。

其他教材由教材编写单位相关主管部门委托熟悉技工教育和职业培训的专业机构或专家团队进行审核认定。在所编修教材正式送审前，编写单位须从政治、专业、综合三个方面进行专题自查，严把教材质量关。

第十九条　技工教育和职业培训教材审核人员由相关专业（学科）领域专家、教科研专家、一线教师、行业企业专家等担任。审核专家应具备本办法第十三条第一款第（一）（二）（三）项和第十四条规定的条件，具有较高的政策理论水平，客观公正，作风严谨，并经所在单位党组织审核同意。

实行教材编审分离制度，遵循回避原则。

第二十条　省级技工教育和职业培训规划教材审核工作由省人力社保厅统一部署，具体受理时间和要求由省人力社保厅发布公告，编写单位根据公告送审教材。

第二十一条　教材审核应依据教材规划、公共课课程标准和专业课课程规范，对照本办法第三条、第十一条的具体要求，对教材的思想性、科学性、适应性进行全面把关。

政治立场、政治方向、政治标准要有机融入教材内容，不能简单化、"两张皮"；政治上有错误的教材不能通过；选文篇目内容消极、导向不正确的，选文作者历史评价或社会形象负面的、有重大争议的，必须更换；教材编写人员政治立场、价值观和品德作风有问题的，必须更换。

严格执行重大选题备案制度。

教材审核实行盲审制度。

第二十二条　省级规划教材审核一般通过专家个人审读、集体审核环节开展，重点审核全套教材的编写思路、框架结构及章节内容。审核结论由集体充分讨论形成。

实用技能类教材可适当简化审核流程，具体程序由相应审核机构制定。

第二十三条　国家级规划教材以外的教材须经省人力社保厅组织审核后，方可纳入省级规划教材目录，并向社会公布。

第二十四条　省人力社保厅建立满足以下条件的浙江省技工教育和职业培训教材信息库。

（一）教材信息库按技工教育教材和职业培训教材分类设置，每类再分别设置国家级规划教材目录、省级规划教材目录、非规划教材目录、自编教材备案等子类。

（二）规划教材自动进入教材信息库。非规划教材按程序审核通过后，纳入教材信息库。校本教材和机构自编教材经教学实践、评价修订后，在教材信息库中备案。

省级规划教材和非规划教材遴选程序另行制定。

省人力社保厅将在人社部遴选国家级规划教材时，择优推荐部分省级规划教材。

第六章　出版与发行

第二十五条　根据出版管理相关规定，技工教育和职业培训教材出版实行资质准入制度，应选择合理定价并具备以下条件的出版单位：

（一）具有出版教材相关学科专业背景和中级以上职业资格的在编专职编辑人员。

（二）具备教材使用培训、回访服务等可持续的专业服务能力。

（三）具有与教材出版相适应的资金和经营规模。

（四）最近 5 年内未受到出版主管部门的处罚，无其他违法违纪违规行为。

第二十六条　承担教材发行的机构应具有相应资质，最近 5 年内未受到出版主管部门处罚，无其他违法违纪违规行为。

第七章　选用与使用

第二十七条　省人力社保厅负责管理全省技工院校、职业培训机构教材选用与使用工作。

第二十八条　坚持教材"凡选必审"，明确教材选用主体、选用原则、选用程序。教材选用须遵照以下原则：

（一）教材选用单位须组建教材选用委员会，具体负责教材的选用工作。教材选用委员会成员应包括专业教师、行业企业专家、教科研人员、教学管理人员等，成员应在本人所在单位进行公示。

（二）教材选用过程须公开、公平、公正，严格按照程序选用，并对选用结果进行公示。

第二十九条　教材选用应结合区域经济特点、技工院校和职业培训机构实际，切实服务技能人才培养。教材选用应遵照如下要求：

（一）思想政治、语文、历史必修课程，必须使用国家统编教材。

（二）技工院校劳动教育、通用职业素质、数学、英语、计算机基础与应用、体育与健康等公共基础课程教材须在教材信息库的国家级技工教育规划教材目录中选用。

（三）专业课程教材原则上在教材信息库中选用。首选国家级规划教材；省级规划教材作为补充；在规划教材不能满足需要的情况下，可选用非规划教材；在规划教材和非规划教材都不能满足需要的情况下，可根据本校、本机构技能人才培养特色和教学实际需要，按照规定要求和程序组织编写校本教材和机构自编教材，并在教材信息库的自编教材备案模块中备案。

（四）开展一体化课程教学改革试点的技工院校，应按照人社部颁布的一体化课程规范执行，使用统一组织开发的一体化教材。不得以岗位培训教材取代专业课程教材。

（五）原则上应在开课前一个学期选定并在开学前备齐，保证每门课程都有相应的教材。

（六）选用的教材必须是通过审核的版本，擅自更改内容的教材不得选用，未按照规定程序取得审核认定意见的教材不得选用。

（七）不得使用盗版、盗印教材。

选用境外教材，按国家和省有关政策执行。

第三十条　教材选用实行备案制度。技工院校和职业培训机构在教材信息库中选用教材后，提交省人力社保厅备案。不得在教学过程中随意更换已备案教材，确需更换的，须在教材信息库中备案。

第八章　服务与保障

第三十一条　统筹利用有关政策和资金渠道支持技工教育和职业培训教材建设，并鼓励社会资金支持教材建设。省人力社保厅重点支持省级规划教材建设以及服务国家、省重大战略和紧缺、薄弱领域需求的教材建设。教材编写、出版单位应加大投入，提升教材质量，打造精品教材。

第三十二条　承担省级规划教材编写修订任务，主编和核心编者视同承担厅局级科研课题，享受相应政策待遇。审核专家根据工作实际贡献和发挥的作用参照以上标准执行。对承担省级规划教材编审任务的人员，所在单位应当充分保证其工作时间，将编审任务纳入工作量计算，并在评优评先、职称评定、职务（岗位）晋升等方面予以倾斜。

第三十三条　建立优秀教材编写激励保障机制，加大对优秀教材、编写单位和出版单位的支持。

第三十四条　省人力社保厅建立浙江省技工教育和职业培训教材信息系统，及时发布教材编写、出版、选用及评价信息。加强教材统计分析、社会调查等专题数据库的建设应用及教材研究工作。

第九章　评价与监督

第三十五条　建立教材选用跟踪调查制度，组织专家对教材选用工作进行评价、对教材质量进行抽查。每年7月底前，技工院校对上学年教材使用情况进行总结分析，并将教材使用情况报省人力社保厅。职业培训机构按属地原则，每年7月底前将年度教材使用情况报所在地设区市人力社保部门。

第三十六条　省人力社保厅将教材管理工作纳入全省技工院校综合管理考核指标体系。

第十章　附　则

第三十七条　作为教材使用的讲义、教案和教参以及数字教材参照本办法执行。

第三十八条　技工院校、职业培训机构应依据本办法制定本单位教材管理制度。

第三十九条　本办法自2022年5月15日起施行。

浙江省技工院校教学研究管理办法（试行）

第一章　总　则

第一条　为适应我省技工院校教研活动改革创新发展需要，调动全省技工院校教师参与教科研的积极性、创造性，提高技工院校的教科研水平，创新技工院校人才培养模式，根据省委办公厅、省政府办公厅《印发〈关于实施技工教育提质增量行动的意见〉的通知》精神，制定本办法。

第二条　技工院校教学研究应以习近平新时代中国特色社会主义思想为指导，认真落实党中央、国务院决策部署，以促进就业创业、服务企业行业、服务经济高质量发展为目标，坚持党的领导，坚持正确的办学方向，落实立德树人的根本任务。

第三条 各级教研机构应充分发挥作用，加强机构建设，加大研究工作力度，加强课程开发。做好技工教育理论研究，及时总结技工教育办学规律和人才培养模式。组织优秀教研成果展示交流活动，汇编推广技工教育优秀教研科研成果。

第四条 技工院校要加强教研工作，积极开展教研活动，根据技工教育特点，围绕专业教学，积极开展教学模式、教学内容、教学方法研究，不断提高教学质量和办学水平。要建立教学教研信息网络平台，建立健全信息的收集、整理、分析和使用制度，充分利用现代信息技术，开展工作交流，实现信息资源共享。

第五条 全省技工院校教学研究工作由省人力社保厅组织领导，浙江省职业技能教学研究所（以下简称省教研所）负责实施。

第六条 本办法适用于全省技工院校的教研活动、教研课题、教学论文、工学一体化教学改革、师生技能（教学）竞赛和优秀科研教师评比等。

第二章　教研机构与组织

第七条 全省技工院校教研组织由以下三级机构组成：

（一）省中心教研组。由省教研所组建和管理。

（二）市教研大组。由设区市人力社保部门或其确定的教研机构组建和管理。落实省中心教研组的教研工作任务，组织市属技工院校及辖区内省属技工院校开展教研活动。

（三）院校的教研室、教研处和教研科等教研机构。负责学校的教研工作，落实省、市教

研组的教研工作任务。

第八条 省中心教研组是全省技工院校在相应专业领域开展教学研究、教学创新和教学改革工作，以及提升师资水平、提高教学质量的专业指导和研究机构。

第九条 省中心教研组包括以下三种形式：

（一）大类学科专业组是为全省技工院校普遍开设的专业或学科设立的教研组，如语文、数学、英语、德育、体育、机械、电工电子等。设区市一般设有相应的教研大组。

（二）特定专业组包括两类：一是为全省部分院校开设但权重较大、在经济社会发展中发挥重要作用的专业设立的教研组，如汽车、烹饪、餐旅等专业。省中心教研组以开设本专业的院校作为成员院校。二是为加强综合性教学指导和教学研究工作，以及其他所有未纳入专业教研组的专业而设立的综合教研组。省中心教研组根据专业侧重和地区平衡相结合的原则，组建成员院校。设区市可根据情况确定是否设立教研大组。

（三）专项工作组是为组织开展全省技工院校普遍涉及的重要工作而设立，由省教研所选取代表性院校为成员院校，人员由成员院校指派，如学籍和资助管理组、技能竞赛组、创新创业组等。设区市可根据情况确定是否设立教研大组。

第十条 省中心教研组成员由省教研所发文公布。

（一）大类学科专业组成员主要由设区市人力社保部门推荐产生，推荐对象为市教研大组的组长、特定专业的院校专业带头人、省中心教研组成员院校分管教学的校领导或教务机构负责人等。

（二）特定专业组成员由省中心教研组成员

院校推荐产生，推荐对象为特定专业的院校专业带头人、分管教学的校领导或教务机构负责人等。

（三）专项工作组成员由省中心教研组成员院校推荐产生，推荐对象为各院校专项工作的相关负责人等。

第十一条 省中心教研组组长、副组长由所在教研组成员通过选举产生。组长、副组长每届任期三年，可连选连任两届。省中心教研组成员进行信息登记，填报《浙江省技工院校中心教研组成员登记表》，一式两份，由设区市人力社保部门和省教研所各保存一份。

第十二条 省中心教研组成员在任期内退休、调离学校原工作岗位，应由设区市人力社保部门或成员所在院校等原推荐部门提出并重新推荐人选。如原成员担任组长或副组长职务的，新确定人选不接任该职务，需经省中心教研组会议重新选举产生。省中心教研组期满换届前，各设区市人力社保部门、省中心教研组成员院校可根据实际情况提出调整相关的教研组成员院校及人员的申请。

第十三条 省教研所根据工作需要可增设新的中心教研组。其中，增设大类学科专业组、特定专业组一般有3个以上设区市人力社保部门组建该专业或学科教研大组。

第十四条 市教研大组在省教研所的指导及各设区市人力社保部门的领导下，积极组织本地区技工院校有针对性地开展教研工作，并定期向省教研所报告开展教研活动的情况，每学期活动应不少于1次。

第十五条 技工院校教研机构应当按学期制定教研计划，确定研究重点，积极务实地开展教研活动。

第三章　教研活动

第十六条 全省技工院校教研活动包括教研组年会、专题会议、师生技能（教学）比赛、教学研讨会、评审论证会、校际（省际）邀请赛、教学观摩交流活动等。

第十七条 教研活动由省教研所指导，各中心教研组组织开展，全省各技工院校承办。

第十八条 省中心教研组每年应组织一次年会和若干次专题会议，研究确定和落实年度教研工作的主要目标任务，组织全体成员开展教研工作。

第十九条 教研活动按年度计划管理。每年第四季度，各中心教研组向省教研所申报下一学年的教研活动计划。

第二十条 教研活动应坚持务实、高效、节俭的原则，原则上安排在校园内进行。

第二十一条 教研活动时间一般不超过3天（含报到和离开时间）。如年会与教学比赛同期进行的，最多可延长2天。

第二十二条 教研活动计划（包括各中心教研组年会计划）由省教研所综合研究评议后发文公布。未列入年度计划的教研活动，原则上不安排经费。

第二十三条 各中心教研组按年度（学年）召开年会，总结交流年度（学年）教研工作，讨论制定下年度（学年）重点教研工作计划，并及时提交省教研所。年会的交流主题由各中心教研组组长拟定，重点围绕教务人员培训、教学管理经验、教研活动等方面展开，各技工院校作教务工作研讨交流。年会的参加人员由各教研组研究确定，主要为各中心教研组成员、相关专业带头人、各技工院校选派的任课教师等。

第二十四条 省中心教研组组织开展的教研工作，实行组长负责制。每项教研活动完成后，组长应及时向省教研所提交活动纪要。

第四章 教研课题

第二十五条 全省技工院校教学研究课题由省教研所组织开展，每年一次。省教研所负责课题的组织、指导与管理，定期开展课题立项申报、立项评审、中期抽查、结题评审和成果推广等工作，组建由技工院校正高级讲师、高级讲师等人员组成的省技工院校教研课题评审专家库。

第二十六条 教研课题选题要有针对性，以现代职业教育、技工教育重要理论和教学实践突出问题为主要研究对象，围绕解决技工教育教学工作中的重点、难点、热点问题，关注实践创新、理论转化、模式应用等，加强理论性、实践性和实用性研究，促进专业建设、课程体系改革和教学改革，为技工教育改革发展提供理论依据或先进经验，全面提高教学质量和教师教科研能力。

第二十七条 教研课题分为重点课题和一般课题两类。每年年初，省教研所发布课题立项申报通知，由课题负责人进行申报。课题负责人是课题的主要研究者和牵头人，每个课题负责人原则上限报1人，同一个人不得同时申报两个课题。重点课题负责人原则上须具有高级专业技术职称和较强的研究能力，课题组主要参与人员原则上须具有中级及以上专业技术职称。

第二十八条 教研课题的立项由各技工院校进行初评。学校对本校教师申报的课题研究方案进行校内初评后，按通知要求择优推荐，填写课题立项申报表，向省教研所统一申报。

第二十九条 省教研所于每年第二季度组织专家对申报课题进行立项评审。评审结束后，发文公布当年立项课题目录，打印立项课题任务书一式三份，发课题组负责人、所在学校各一份，省教研所留档一份。

第三十条 教研课题一经立项，课题负责人应进一步完善研究方案，制定具体、可行的实施计划尽快开题，并组织课题组人员开展研究。

第三十一条 课题研究过程中如需对研究计划、主要人员作重大调整、变更或有其他重大变化的，课题负责人应提出详细书面报告，经所在学校签署明确意见后，报省教研所。

第三十二条 教研课题实行课题负责人所在单位负责制。各学校应加强对本校立项课题的常规管理，建立课题经费使用与管理制度、课题项目开题论证制度、课题中期报告制度、课题结题辅导制度等，负责落实经费，并在人员安排、政策保障和条件配备等方面给予支持，为本校课题组顺利完成课题研究提供保障。

第三十三条 教研课题的研究时间一般为1年。根据实际需要可申请延期，由课题负责人书面提出申请，经所在学校签署意见后报省教研所。延长期限一般为1年。

第三十四条 课题组根据课题研究方案和计划完成课题研究任务。每年6月底，课题负责人向省教研所申请结题，提交课题结题申报表、结题报告、课题成果附件等材料。重点课题还应提交开题论证、中期论证等材料。

第三十五条 课题结题评审一般采取专家盲评和专家组集中讨论评审相结合的方式进行，

必要时可开展现场答辩。专家组应高度负责，认真通读研究成果材料，深入掌握成果全貌，对照课题立项申报书中预期的研究目标，结合课题组所在单位的鉴定意见和课题研究过程情况总结，对课题研究成果提出客观、公正、恰当的评审意见，并在评审表上签字。

第三十六条 课题结题评审通过后，省教研所向课题负责人颁发课题结题证书，并对重点课题给予一定的经费补助。对相关重点课题成果进行交流与共享，不定期对优秀课题成果进行汇编，发送各技工院校交流，并优先推荐参加全国评选或交流。

第三十七条 未通过结题评审的，将及时告知课题组负责人。未通过结题评审的课题，原则上不得再次参加下年度的结题评审，三年内不得再次申请立项评审。

第三十八条 课题研究如存在以下情况的，将被撤销：

（一）研究成果有严重的政治问题的；

（二）剽窃他人成果，弄虚作假的；

（三）研究成果质量低劣，与立项的课题设计严重不符的；

（四）获准延期后，到期仍不能完成的。

第五章 教学论文

第三十九条 全省技工院校教师教学论文评选活动由省教研所组织开展，每两年一次。教学论文评选以总结交流技工院校教学经验，促进教师积极开展教学研究，提高教学水平为目标，坚持公开、公平、公正的评选原则。

第四十条 论文应围绕技工教育教学改革发展的理论和实践问题进行探索性研究，内容可涉及教学模式、教学方法、教材建设、师资队伍建设、教学管理或学生管理等方面。

第四十一条 技工院校从事教学工作的教师均可参加论文评选。各技工院校要积极鼓励教师进行论文撰写，报名参选的论文由学校初审后，按规定期限统一报送省教研所。每人限报 1 篇，字数一般控制在 5000 字以下。已在省级及以上论文评选中获奖的论文不得参评。

第四十二条 省教研所建立由技工院校相关教师组成的专家库，根据论文提交情况抽取相关专家为论文评审组成员，具体负责教学论文的评选工作。每篇论文最少由 3 位专家按照选题新意性、观点创新性、材料科学性、文章应用性、写作条理性等标准打分。论文评选免收评审费。

第四十三条 论文评选奖项设一、二、三等奖，各奖项原则上分别不超过提交论文总篇数的 10%、20%、30%。省教研所发文公布评选结果并颁发获奖证书。获得奖项的，可作为评定职称、晋级增薪的一项重要依据。部分优秀获奖论文将汇编成册，供全省技工院校交流。

第四十四条 对存在弄虚作假或剽窃欺骗问题的论文，一经核实即取消参评资格，已获奖的并发文通报宣布其获奖证书作废，同时取消该人员 5 年内参加论文评选的资格。

第六章 工学一体化教学改革

第四十五条 工学一体化教学改革主要通过实施一体化课程进行。一体化课程是以国家职业标准为依据，以综合职业能力培养为目标，以典型工作任务为载体，以学生为中心，根据典型工作任务和工作过程设计课程体系和内容，按照工作过程和学生自主学习的要求进行教学设计并安排教学活动，实现理论教学和实践教学融通合一、专业学习和工作实践学做合一、能力培养和工作岗位对接合一。

第四十六条 技工院校要开发制定一体化课程教学标准。依据一体化课程教学改革基本原则，设计一体化的专业课程体系、教学内容和教学方案，开发理论与实践相融合、知识学习与技能训练相结合的一体化课程教学标准，统一规范专业课程名称、培养目标、职业能力要求、课程结构与内容、教学安排和教学保障条件等。

第四十七条 技工院校要积极开发一体化课程教学资源。创新教材编写模式，打破学科体系，编写理论教学和实践教学相融合的教材和教辅材料，依据劳动者的职业特征、职业成长规律和典型工作任务设计教材教学单元，促进形成工作过程导向的教学模式，实现理论知识与技能训练的有机结合。

第四十八条 技工院校要探索建设一体化课程教学场地。要打破理论课与实训课授课地点分离的传统模式，建设既能满足理论教学，又能开展技能训练的一体化教学场地，将传统理论教学教室和实训场地合一，力争创设真实的工作环境，实现理论教学与技能训练融合进行，为学生提供体验实际工作过程的学习条件。

第四十九条 技工院校要加强一体化课程教师队伍建设。要加快培养既能讲授理论知识课，又能指导技能训练和生产实习的一体化课程教师。要注重在一体化课程开发试验过程中，促进教师更新教学观念、创新教学方法、提高教学水平和能力，不断提升教师企业实践能力、一体化课程开发能力，逐步形成一支教学质量高、结构合理、示范性强的优秀一体化课程教学团队。

第五十条 技工院校要实施一体化课程考核与评价，通过综合职业能力评价、职业技能评价、就业质量分析等方式，对本专业技能人才培养质量实施有效的督导、评估和反馈。

第五十一条 技工院校要建立与一体化课程教学相衔接的学业评价机制，突出能力考评原则，综合考虑国家职业标准、企业岗位胜任力和学生职业生涯发展等因素。评价内容应全面，包括学生完成工作任务的通用能力和专业能力以及与专业相关的职业素养；评价方式应多样，包括现场操作、笔试、口试、作品展示、综合作业等；评价主体应多元，包括教师评价学生、学生自我评价、学生相互评价、小组评价、企业评价等。可采取过程性考核与终结性考核相结合的方法，对课程中的学习任务采用过程性考核，一个培训层次的课程完成时，由职业技能评价（鉴定）机构、企业、学校共同完成终结性考核。

第五十二条 技工院校要成立由校长挂帅、骨干专业教师、教学管理人员组成的专门工作小组，并加大人力、物力和财力投入，确保一体化课程教学改革工作的顺利开展。要充分发挥教师在教学改革中的重要作用，完善学校教学和教师管理的配套措施，制定促进一体化课程教师队伍建设的奖励办法，鼓励教职员工积极参与一体化课程教学改革。要深入开展多种形式的校企合作，积极参与企业的技术改造、产品研发和科技攻关，探索将企业厂房、设备、技术、资金和师资引进学校，实现教学与生产同步、实习与就业联体。

第五十三条 各试点技工院校要建立试点班学生学籍专门档案，完整记录试点班每位学生完成课程的学习情况。允许学生工学交替、分阶段完成学业。

第五十四条 各级人力社保部门职业技能评价（鉴定）机构要大力支持技工院校一体化教学改革，对学习期间所有课程成绩合格的试点专业试点班毕业生，不再参加相应职业（工种）和等级的职业技能认定（鉴定），直接颁发相应等级的职业技能等级证书（职业资格证书）。

第七章　师生技能（教学）竞赛

第五十五条 全省技工院校师生技能（教学）竞赛由省人力社保厅每年组织举办一次，分为技工院校教师职业能力大赛、技工院校学生技能竞赛两类。每年年初，省人力社保厅发布竞赛总体计划，确定竞赛项目。

第五十六条 省教研所负责全省技工院校师生技能（教学）竞赛的组织、技术指导和服务工作。校内竞赛由各技工院校自行组织管理。

第五十七条 全省技工院校师生技能（教学）竞赛要紧贴经济发展和社会需求，围绕省重点产业、特色产业、重点行业发展，结合世界技能大赛（以下简称世赛）项目、国家职业技能大赛（以下简称国赛）项目和年度国家级一类、二类竞赛项目以及院校发展重点专业，统筹设置竞赛项目。

第五十八条 开展全省技工院校师生技能（教学）竞赛要与技能人才评价、职业技能培训、企业生产和技术革新紧密结合，与国赛有效衔接，借鉴世赛国赛先进理念和经验做法，改进组织模式，科学规范开展，以赛代评、以赛代训、以赛练兵、以赛选才、以赛促教。

第五十九条 全省技工院校师生技能（教学）竞赛原则上按照世赛流程和标准举行。教师职业能力大赛结合全国技工院校教师职业能力大赛要求组织实施。学生技能竞赛结合国家职业标准三级（高级工）及以上技能要求组织实施。

第六十条 举办全省技工院校师生技能（教学）竞赛，须设立完整的竞赛组织机构，组织协调竞赛各项工作。以赛项为单位成立专家组，负责本赛项技术文件编撰、竞赛命题、裁判人员培训、说明会组织、比赛咨询观摩、竞赛成绩分析、赛事技术点评、赛事成果转化以及竞赛组委会安排的其他竞赛技术工作。

第六十一条 获得各赛项优秀名次的选手按照国家、省有关规定给予表彰奖励。原则上一等奖1名，二等奖2名，三等奖5名，优胜奖若干，获奖人数不得超过参赛选手的30%。

第六十二条 在全省技工院校师生技能（教学）竞赛各赛项中获得第一名，并且年龄在35周岁以下的师生，予以推荐参评"浙江青年工匠"。

第八章　优秀科研教师评比

第六十三条 省教研所负责优秀科研教师评比工作，每两年开展一次。每次评比有效教研成果为参评者在评比年度前两年取得的成果，评审材料截止收取时间为评比年度的10月底。

第六十四条 各技工院校成立工作小组或确定专门部门负责初评推荐工作。参评者的评审材料向所在学校申报，由学校负责审核原件和初评打分后，将有关材料统一报送至省教研所。

第六十五条 教研成果分为教育教学论文类、课题报告类、著作教材类、专业技能比赛类、教研活动交流类、专利类等六类，每类按各自相应的办法记分。

（一）教育教学论文类：按发表在国家核心期刊、中国学术会议论文集、普通期刊、内部准印期刊、正式出版国家级会议论文集、正式出版省级教学论文集、省级教研动态、校刊等刊物上分别记分。

（二）课题报告类：按发表在国家级、省级、市级、县级、县局级或校级等级别上分别记分。

（三）著作教材类：按正式出版的著作、全国通用类教材、正式出版的全省通用类教材、正式出版的全市通用类教材、校本教材等以及发表字数分别记分。

（四）专业技能比赛类：按国家级、省级、市级、县级、县局级或校级分别记分。

（五）教研活动交流类：按在国家级研讨活动交流、省级教研活动交流、市级教研活动交流等分别记分。

（六）专利类：按发明专利、实用新型专利、外观设计专利等分别记分。

六类教研成果的具体赋分规则由省教研所另行制定。

第六十六条 省教研所对所有参评材料进行复核，按复评总分值取前 20 名，确定优秀科研教师入围名单，报省人力社保厅审定后发文公布，所在学校应再给予表扬。

第九章 附 则

第六十七条 本办法自 2022 年 5 月 15 日起施行。

中共浙江省委人才工作领导小组办公室　浙江省人力资源和社会保障厅等5部门关于进一步加强职业技能培训工作的意见

浙人社发〔2022〕32号

各市、县（市、区）党委人才办，政府人力资源和社会保障局、发展改革委（局）、教育局、财政局，省直各单位和中央驻浙各单位：

开展职业技能培训是建设高素质技能人才队伍、打造"浙派工匠"名片的关键环节，是提升劳动者就业创业能力、缓解结构性就业矛盾、推动经济社会高质量发展的重要举措，对实施"扩中""提低"行动、建设共同富裕示范区具有重要意义。根据人社部等4部门《关于印发"十四五"职业技能培训规划的通知》（人社部发〔2021〕102号）和《浙江高质量发展建设共同富裕示范区实施方案（2021—2025年）》等要求，现就我省进一步加强职业技能培训工作提出如下意见。

一、总体要求

（一）指导思想

以习近平新时代中国特色社会主义思想为指导，深入贯彻习近平总书记关于"大规模开展职业技能培训，加快培养大批高素质劳动者和技术技能人才"的重要指示精神，认真落实省委、省政府高质量发展建设共同富裕示范区的战略部署，进一步健全完善劳动者终身职业技能培训制度，提高职业技能培训质量，提升广大劳动者职业技能水平，以技能提升夯实"扩中""提低"之基，高标准打造"浙派工匠"名片，全面建设"政府重视技能、社会崇尚技能、人人学习技能、人人拥有技能"的技能型社会，实现技能创造幸福生活，走向共同富裕美好社会。

（二）工作目标

到2025年，实现以下目标：

——**制度更加完善**。深入实施"金蓝领"职业技能提升行动，促进技能人才队伍建设与经济社会发展需求紧密结合，推进培训内容与职业标准对接、培训过程与工作场景对接，建立贯穿劳动者学习工作终身、覆盖劳动者职业生涯全周期、适应经济社会发展需求的终身职业技能培训制度。

——**体系更加健全**。强化市场导向、产业导向、就业导向，建立企业自主培训、市场化培训、政府补贴性培训多元化供给体系，企业自主培训的意识得到进一步增强，技工院校、职业院校、普通高校、培训机构等市场培训主体的积极性得到进一步调动，政府培训补贴政策的导向作用得到进一步发挥。

——成效更加显著。坚持立德树人、德技并修，更加注重职业技能培训的结构和质量，培养一批与我省产业发展高度契合的技术技能人才、能工巧匠和"浙派工匠"。到2025年，争取实现全省技能人才总量1400万人以上，占从业人员比例超过35%；高技能人才总量500万人以上，占技能人才比例超过35%，为高质量发展建设共同富裕示范区提供高素质技能人才支撑。

二、围绕产业发展和促进就业实施职业技能培训

1. 聚焦重点产业需求开展技能培训。以建设全球先进制造业基地为目标，聚焦我省数字安防、集成电路、网络通信、生物医药、炼化一体化和新材料、智能计算、节能与新能源汽车、智能装备、智能家居、现代纺织等十大标志性产业和各地支柱产业高质量发展需求，实施企业职工技能提升行动，广泛开展岗前培训、在岗培训、脱产培训，加大新技术、新工艺、新设备、新材料、新产品等方面的岗位技能提升培训，大力培育新时代浙江工匠队伍。加大高技能领军人才和产业紧缺人才培训力度，继续实施"金蓝领"境外培训计划，选派我省优秀产业工人到国外培训研修，提高职业技能培训国际化水平。

2. 聚焦重点就业群体开展技能培训。以实现"扩中""提低"为目标，聚焦农村转移劳动力、失业人员、残疾人、退役军人、"两后生"（未升学初高中毕业生）、高校应届毕业生、个体工商户从业人员等重点就业群体需求，因材施教提供各类就业技能培训；聚焦养老护理、婴幼儿照护、家政服务、新型职业农民等重点职业群体需求，分类制定专项计划并开展技能提升培训；聚焦有创业意向的群体，实施"马兰花计划"，开展创业意识、网络创业、创业模拟、企业经营发展等培训，推动各类重点就业群体充分就业、高质量就业。

3. 聚焦重点地区发展开展技能培训。以建设共同富裕示范区为目标，聚焦山区26县跨越式高质量发展，开展当地传统制造业、历史经典产业、绿色能源产业、生态农业水利、林下经济、乡村特色文化和旅游产业从业人员技能培训，培养一批各产业领域的高素质技能人才；开设一批具有地方特色的专项职业能力考核项目，壮大农村实用人才队伍，发展农民发家致富的系列产业，积极建设技能型社会乡村基本单元。

4. 聚焦新业态新职业开展技能培训。以促进新经济增长点健康快速发展为目标，聚焦我省经济社会发展过程中涌现的新业态新职业，支持行业龙头平台企业参与国家职业标准开发，组织开展职业技能培训和社会评价；聚焦电子商务、网络约车、网络送餐、快递物流、网络媒体运营等新业态新职业从业人员群体，加强线上线下相结合的适配性培训供给，加大职业技能培训政策支持力度，提升队伍整体素质能力。

三、加强各类职业技能培训主体的供给能力

5. 充分发挥企业主体作用。企业是用人主

体，承担职工技能培训提升的主体责任。要推动企业建立健全职工技能培训制度，督促企业按照财政部、税务总局《关于企业职工教育经费税前扣除政策的通知》（财税〔2018〕51号）规定，有效使用职工教育经费。支持企业自行组织开展订单式、定向式和项目制培训，按规定享受职业培训补贴。鼓励规上企业、龙头企业设立职业技能培训中心，面向行业内中小微企业提供有偿社会培训服务。对企业利用厂房车间开展社会培训服务、购买培训设施设备的，可按规定享受税费优惠政策。推进"技能型企业"建设，构建技能人才职业发展通道，完善体现技能价值激励导向的工资分配制度，加快形成多方参与、协调推进、合作共赢的技能生态体系。支持平台企业开展岗前培训或岗位技能提升培训，突出实操技能训练和职业素质培养，将未与平台企业建立劳动关系但通过平台企业提供服务的灵活就业人员，纳入职业培训补贴范围。

6. 充分发挥各类院校培训能力。开展职业技能培训工作，技工院校要发挥主力军作用，普通高校和职业院校要发挥资源优势，压实院校面向社会开展政府补贴性、市场有偿性职业技能培训的责任，支持院校联合行业龙头企业、镇街村社建立一批产业学院、企业学院和社区技能学院，支持一流技师学院建设单位、培育单位到山区26县设立机构，将开展职业培训、校企合作等情况作为院校办学能力考核的重要指标。各地人力社保、财政部门要落实省委办公厅、省政府办公厅《印发〈关于实施新时代浙江工匠培育工程的意见〉的通知》和省政府《关于印发浙江省深化产教融合推进职业教育高质量发展实施方案的通知》（浙政发〔2020〕27号）

要求，建立绩效激励机制，激发公办院校开展社会化培训、评价等社会公共服务的积极性，在国有净资产不减少的前提下，绩效工资总量最高可上浮50%。全面支持院校加强社会培训评价组织、培训平台等基础能力建设，面向本校学生开展职业技能培训评价，推行"学历证书+技能等级证书"制度，鼓励学生在校期间取得与所学专业相关的职业资格证书或职业技能等级证书，并按规定纳入职业培训补贴范围。

7. 依法支持民办培训机构规范发展。民办培训机构是职业技能培训的有益补充。鼓励社会资源依法依规提供符合产业发展导向、企业紧缺急需的职业技能培训服务，支持民办职业培训机构规范发展，构建政府统筹管理、行业企业积极举办、社会力量深度参与的多元办学格局。完善民办职业培训学校管理，优化审批服务方式，推动民办职业培训学校审批实行告知承诺。支持教育部门审批的学科类校外培训机构，符合认定条件的可转为职业技能类培训机构。加强培训机构标准化、规范化建设，强化政府监管，加强行业自律，探索建立培训机构星级评定制度，培育一批市场对接紧密、行业特色鲜明、质量效果好的培训机构；对培训效果差或出现违法违规行为的培训机构，严格实行退出机制。

四、切实提高职业技能培训的有效性

8. 推进培训资源建设。按照国家职业培训教材管理规定，以国家职业标准、职业培训课程规范为依据，紧贴我省产业发展、企业生产需求，在国家职业培训教材与数字资源规划目录基础上，建设高质量职业培训教材与数字资源体系。各地要充分依托企业、技工院校、职业院校、普通高校、社会培训机构的职业技能培训资源，加强职业培训教材更新，加快新产业、新技术、新职业、数字技能职业培训教材开发，推进职业培训资源数字化建设。积极引入行业龙头企业具有国际影响力的技术技能标准，开发一批高水平国际化的职业标准、课程规范、培训教材。建立优秀教材编写激励机制，按规定程序评选表彰奖励优秀教材和对教材建设作出突出贡献的集体和个人。

9. 加强师资队伍建设。实施职业培训机构教师素质提升计划，注重师德师风建设，全面提升职业技能培训教师能力素养。建立完善培训教师在职培训制度和入企实践制度，加快培养既能讲授专业知识又能传授操作技能的工学一体化培训师资队伍。鼓励引进高水平师资，不断优化职业培训机构教师队伍结构。建设一批职业技能培训师资培养基地，对经培训考核合格的人员发放《职业技能培训教师合格证》，并可作为我省职业培训机构教师上岗资格。

10. 拓展新型培训模式。深化企业新型学徒制和现代学徒制，鼓励企业组织新招用员工、转岗员工和在职职工参加学徒制培训，通过校企共定培养方案、共担培养成本，产教融合共同培养技能人才。加强项目制培训标准化管理，鼓励以企业特别是高端制造业等重点领域高技能人才培养为重点开展项目制培训，由各地人力社保部门向社会公布项目制培训目录，按规定给予职业培训补贴。各地可采用项目制政府购买服务等多种方式，加大养老、育儿、家政、护理等社会急需紧缺职业（工种）技能培训。

11. 推广线上培训。推动企业、院校和社会培训机构建设线上培训平台，开发线上培训课程，不断丰富线上培训资源。面向社会征集遴选优质线上培训平台及数字资源，按规定纳入各地培训机构目录。推进线上培训规范化、标准化管理，形成线上培训平台审核、管理、评价与退出机制，明确线上培训补贴方式和标准。鼓励企业在疫情影响期间对本单位职工（含劳务派遣人员）开展线上培训，按规定在社会保险（指职工基本养老保险、失业保险或工伤保险）缴费地享受职业培训补贴。

五、加强职业技能培训的政策支持

12. 强化部门政策协同。坚持"管行业必须管人才队伍"的工作原则，各级党委人才办负责指导，人力社保部门负责牵头抓总，压实各行业主管部门抓好本行业技能人才队伍建设的主体责任。各行业主管部门在制定涉企政策和审批涉企项目时，充分考虑企业包括技能人才在内的各类人才要素情况，激发企业开展技能人才培训评价工作的主动性和积极性，促使企业切实承担本单位技能人才队伍建设的直接责任。各地党委人才办、人力社保部门要组织各行业主管部门，梳理企业关注度高的税费减免、补贴、用地用能指标、技术改造、建筑资质等政策和项目，将企业技能人才队伍建设情况纳入政策享受、项目审批的评价因子，并定期开展落实情况督导。

13. 完善培训补贴政策。我省符合条件的劳动者在户籍地、常住地、培训地、求职就业地参加培训后取得证书（职业资格证书、职业技能等级证书、专项职业能力证书、培训合格证书等）的，按规定给予职业培训补贴，原则上每人每年可享受不超过3次（同一职业同一等级不可重复享受）。各地可将确有就业能力和培训需求、达到法定退休年龄但未按月领取城镇职工基本养老金的人员，纳入职业培训补贴范围。政府补贴的职业技能培训项目向所有具备条件的企业、院校和社会培训机构开放。加大对山区26县职业技能培训工作的支持力度，在资金分配和项目遴选等方面给予倾斜。

六、加强职业技能培训的质量监管

14. 加强以评价促培训。加快建设以职业资格评价、职业技能等级认定和专项职业能力考核等为主要内容的技能人才评价体系。拓展职业技能等级设置，探索建立由学徒工、初级工、中级工、高级工、技师、高级技师、特级技师、首席技师构成的八级工职业技能等级（岗位）序列，鼓励用人单位在工资结构中设置体现技术技能价值的工资单元，或根据职业技能等级设置单独的技能津贴等方式，合理确定技能人才工资水平。在全省广泛开展职业技能竞赛活动，规范职业技能竞赛管理，通过以赛代训引领职业技能培训发展。劳动者经评价合格取得的职业技能等级证书和职业资格证书具有同等效力，均可通过人力社保部门技能人才评价证书全国或省联网查询系统查询。

15. 加强培训过程监管。健全职业技能培训绩效评价制度，建立与绩效评价结果挂钩的奖惩机制。运用"双随机、一公开"等方式对培训组织实施和资金管理使用进行全过程监管，推进"互联网＋监管"，对培训机构、培训项目、培训资金等进行规范管理。各地要引入第三方机构力量监管培训过程，建立年度培训资金使用的第三方审计和绩效评估制度。

16. 加强数字化改革应用。构建与终身职业技能培训制度相适应的数字化服务体系，加快推进职业技能培训实名制管理，建立以社会保障卡为载体的劳动者终身职业技能培训电子档案，推广使用职业培训券，实现职业培训补贴无感支付。以省职业能力一体化平台为职业技能数字化综合服务经办和基础数据底座，建设"浙派工匠"应用平台和治理大脑，重点开展职业培训线上流程再造，实现职业培训全程数字化、数据全省共享，推动技能人才培训链、产业发展需求链高度融合。

七、确保职业技能培训工作落到实处

17. 加强统筹谋划。建立省级总体统筹、部门深入参与、市县具体实施的大培训工作体系，形成党委人才办负责指导，人力社保部门牵头抓总，发展改革、教育、财政等职能部门积极支持，经信、民政、建设、交通、水利、农业农村、商务、文化和旅游、卫生健康、应急管理、国资、市场监管等行业主管部门组织实施的大培训工作格局。各地要将职业技能培训工作纳入经济社会发展总体规划和年度计划，抓紧谋划制定具体实施方案，共同推进职业技能培训工作高质量发展。

18. 建立推进机制。充分发挥"技能人才占从业人员比"作为高质量发展建设共同富裕示范区评价指标的引领作用，将职业技能培训工作统筹纳入市县党政领导人才工作述职评议考核内容。各级人力社保部门可依托所属职业能力指导服务中心、技能人才评价（鉴定）中心等机构，建立省、市、县三级职业技能培训工作落实情况监测体系，定期开展督导评价，通报各地各部门实施绩效情况。

19. 加大投入力度。各地要统筹就业补助资金、失业保险基金、职业技能提升行动专账结余资金以及地方人才经费、行业产业发展经费等，支持职业技能培训工作。建立职业培训补贴标准动态评估调整机制，加大紧缺职业（工种）培训补贴力度，探索建立基于职业分类的职业培训差异化补贴制度。鼓励金融机构运用信贷等手段，扶持发展职业培训。

20. 优化发展环境。各地要充分利用传统媒体和网络新媒体大力宣传职业技能培训工作的政策、举措和成效，大力弘扬劳模精神、劳动精神、工匠精神，营造劳动光荣、技能宝贵、创造伟大的良好社会风尚，激励更多劳动者特别是青年一代走技能成才、技能报国之路。对在职业技能培训工作中做出突出成绩的单位和个人，按照国家和省有关规定予以表彰奖励。

中共浙江省委人才工作领导小组办公室
浙江省人力资源和社会保障厅
浙江省发展和改革委员会
浙江省教育厅
浙江省财政厅
2022 年 4 月 29 日

浙江省人力资源和社会保障厅　浙江省财政厅 国家税务总局浙江省税务局关于做好失业保险 稳岗位提技能防失业工作的通知

浙人社发〔2022〕37号

各市、县（市、区）人力资源和社会保障局、财政局，国家税务总局浙江省各市、县（市、区）税务局：

为贯彻落实中央和省委省政府关于稳就业的决策部署，充分发挥失业保险保生活、防失业、促就业功能，根据《人力资源社会保障部　财政部　国家税务总局关于做好失业保险稳岗位提技能防失业工作的通知》（人社部发〔2022〕23号）等精神，现就有关事项通知如下：

一、继续实施失业保险稳岗返还政策。参保企业2021年度未裁员或裁员率不高于2021年度全国城镇调查失业率控制目标（5.5%），2021年末参保30人（含）以下的企业裁员率不高于参保职工总数20%的，可以申请失业保险稳岗返还。大型企业按企业及其职工上年度实际缴纳失业保险费的30%返还，中小微企业按90%返还。社会团体、基金会、社会服务机构、律师事务所、会计师事务所、以单位形式参保的个体工商户参照实施。大中小微企业的划分根据工业和信息化部、国家统计局、国家发展改革委、财政部《关于印发中小企业划型标准

规定的通知》（工信部联企业〔2011〕300号）和国家统计局《关于印发〈统计上大中小微型企业划分办法（2017）〉的通知》（国统字〔2017〕213号）等有关规定执行。劳务派遣企业申请稳岗返还须承诺已与用工单位就返还资金分配达成协议。实施上述政策的统筹地区，2021年底失业保险基金滚存结余备付期限应在1年以上。政策执行期限至2022年12月31日。

裁员率按上年度参保职工减少人数或领取失业保险金人数与上年度参保职工人数比较确定，符合条件之一即可享受稳岗返还。计算方式一：（2020年末失业保险参保人数 -2021年末失业保险参保人数）÷2020年末失业保险参保人数 ×100%；计算方式二：2021年领取失业保险金人数 ÷2020年末失业保险参保人数 ×100%。

除依申请办理外，全面推广"无感智办"，通过后台数据比对方式，向符合条件的参保单位精准推送政策享受信息，实现"免申即享"。符合条件的名单和拟返还金额应在当地政府或人力社保部门网站进行公示，公示时间为5个

工作日。对没有对公账户的小微企业和个体工商户，可返还至税务部门提供的其缴纳社会保险费的账户。

二、拓宽技能提升补贴受益范围。2022年1月1日后，失业人员在领取失业保险金期间取得初级（五级）、中级（四级）、高级（三级）职业资格证书或职业技能等级证书的，可参照参保职工的流程和标准，向失业保险金发放地经办机构申领技能提升补贴。职工在参保期间取得职业资格证书或职业技能等级证书的，可按规定到失业保险参保地经办机构申领技能提升补贴。参保职工申领技能提升补贴的条件，继续放宽至参加失业保险1年以上。每人每年享受技能提升补贴次数不超过3次。上述政策执行期限至2022年12月31日。符合条件的名单和拟发放金额应在当地政府或人力社保部门网站进行公示，公示时间为5个工作日。

2022年1月1日至本通知下发之日期间，符合累计参加失业保险满1年且证书核发不超过12个月的，可在2022年6月30日前补申请技能提升补贴。

三、继续实施扩大失业保险基金支出范围试点政策。继续将失业保险基金用于支出职业培训补贴、职业技能鉴定补贴、岗位补贴和社会保险补贴。自本通知下发之日起，停止试点支出职业介绍补贴、创业担保贷款贴息，职业介绍补贴按照就业补助资金管理规定支出，创业担保贷款贴息和创业担保基金根据省财政厅、省人力社保厅、人行杭州中心支行《关于做好创业担保贷款贴息等有关工作的通知》（浙财金〔2016〕26号）规定，由同级财政统筹安排。各地由失业保险基金暂付的创业担保基金原则上应在2022年12月31日前收回。

四、发放一次性留工培训补助。各地可对受疫情影响、暂时无法正常生产经营的中小微企业，按每名参保职工500元的标准发放一次性留工培训补助，支持企业组织职工以工作代替培训。社会团体、基金会、社会服务机构、律师事务所、会计师事务所、以单位形式参保的个体工商户参照实施。企业向失业保险参保地经办机构提出一次性留工培训补助申请，经办机构可按2022年4月该企业参加失业保险人数发放补助，无需企业提供培训计划、培训合格证书、职工花名册及生产经营情况证明。符合条件的名单和拟发放金额应在当地政府或人力社保部门网站进行公示，公示时间为5个工作日，从受理到完成审核不超过30个工作日，有条件的地方可通过"免申即享"方式发放。该补助同一企业只能享受一次，符合条件的，还可享受失业保险稳岗返还。劳务派遣企业申请一次性留工培训补助须承诺已与用工单位就补助资金分配达成协议。实施上述政策的统筹地区，2021年底失业保险基金滚存结余备付期限应在2年以上。政策执行期限至2022年12月31日。

五、失业保险基金支持职业技能培训。2021年底失业保险基金滚存结余备付期限在2年以上的统筹地区，在各项保生活稳岗位政策落实到位的基础上，可一次性提取不超过4%的资金至职业技能提升行动专账资金，统筹用于职业技能培训。其中，提取2021年底各地滚存结余1%的失业保险基金以及省本级滚存结余4%的失业保险基金，作为省级统筹资金；各地可将不超过滚存结余3%的失业保险基金，作为当地职业技能提升行动专账资金。提取期限至2022年12月31日。具体由省人力社保厅、省财政厅另行部署。

六、实施降费率和缓缴社会保险费政策。延续实施阶段性降低失业保险费率政策1年，执行期限至2023年4月30日。对餐饮、零售、旅游、民航、公路水路铁路运输业企业，阶段性实施缓缴养老保险、失业保险、工伤保险费政策，其中，养老保险费缓缴期限3个月，失业保险、工伤保险费缓缴期限不超过1年，缓缴期间免收滞纳金。上述行业中以单位方式参加社会保险的有雇工的个体工商户以及其他单位，参照企业办法缓缴。对职工个人应缴部分，企业应依法履行好代扣代缴义务。以个人身份参加企业职工基本养老保险的个体工商户和各类灵活就业人员，2022年缴纳养老保险费有困难的，可自愿暂缓缴费至2023年底前补缴，缴费基数在2023年当地个人缴费基数上下限范围内自主选择，缴费年限累计计算。

七、继续实施失业保险保障扩围政策。2021年1月1日至2022年12月31日期间新发生的参保失业人员，有领取失业保险金期满仍未就业、参保缴费不足1年或参保缴费满1年但因本人原因解除劳动合同等情形的，可以按规定申领失业补助金。政策执行期限至2022年12月31日。2022年1月1日至本通知下发之日期间新发生的参保失业人员，可在2022年6月30日前补申请，该期间应享受的失业补助金予以一次性补发。

八、确保基金安全运行。加强企业用工监测和就业形势分析，密切监测失业保险基金运行状况，确保基金收支平衡和安全可持续。省里将通过失业保险基金省级调剂（宁波市自行筹资），支持各地落实失业保险稳岗返还、扩大基金支出范围试点、一次性留工培训补助等政策，各地实施上述政策的备付期限计算方式为：（2021年末滚存结余+2022年省级调剂金补助或宁波市自筹资金）÷2021年支出合计。各地要健全基金审核、公示、拨付环节的监督管理，强化待遇申领信息比对，严防欺诈、冒领、骗取风险。

九、加强组织协调。人力社保部门负责受理各项业务申请以及相关政策实施情况统计，财政部门负责做好资金保障等工作，税务部门负责阶段性降低失业保险费实施及减征金额、户数的统计，共享社会保险费缴纳信息、账户信息等。各地各部门要通力协作，加强政策宣传，畅通申请渠道，及时受理审核拨付，尽快推动政策落地见效。执行中遇到的重大问题，应及时向省人力社保厅、省财政厅、浙江省税务局报告。省级有关部门将适时对政策落实情况开展检查。

本通知自印发之日起施行。此前规定与本通知不一致的，以本通知为准。

浙江省人力资源和社会保障厅
浙江省财政厅
国家税务总局浙江省税务局
2022年5月24日
（此件主动公开）

中共浙江省委组织部　浙江省人力资源和社会保障厅等17部门关于进一步做好高校毕业生等青年就业创业工作的通知

浙人社发〔2022〕48号

各市、县（市、区）党委组织部，政府人力社保局、发展改革委（局）、经信局、教育局、科技局、公安局、民政局、财政局、商务局、卫生健康委（局）、国资委（办、局）、市场监管局，团委、残联，人民银行、邮政管理局：

为贯彻落实《国务院办公厅关于进一步做好高校毕业生等青年就业创业工作的通知》（国办发〔2022〕13号）精神，做好当前和今后一段时期高校毕业生等青年就业创业工作，现就有关事项通知如下。

一、多渠道开发就业岗位

（一）扩大企业就业规模。 坚持在高质量发展建设共同富裕示范区中强化就业优先导向，加快建设全球先进制造业基地，打造数字经济"一号工程"2.0版，大力发展现代服务业，提供更多适合高校毕业生等青年的高质量就业岗位。支持中小微企业更多吸纳高校毕业生就业，对吸纳高校毕业生就业达到一定数量且符合相关条件的中小微企业，在安排纾困资金、提供

技术改造贷款贴息时予以倾斜；对招用毕业年度高校毕业生并签订1年以上劳动合同的中小微企业，按每人不超过1500元的标准，给予一次性吸纳就业补贴，与一次性扩岗补助不重复享受，政策实施期限截至2022年12月31日；完善"职称在线"应用，优化职称申报评审服务，鼓励引导中小微企业专业技术人员完善个人业绩档案，积极申报各级各类职称；健全职业技能等级（岗位）设置，完善职业技能等级认定机制，扩大高技能人才职业资格（技能等级）与专业技术人才职称的贯通领域；落实中小微企业人才科研项目经费申请、科研成果等申报与国有企事业单位同类人员同等待遇。完善机制促进平台经济健康发展。稳定扩大国有企业招聘规模，今明两年，国有企业要继续拿出不少于50%的新增岗位招聘高校毕业生。（省发展改革委、省经信厅、省科技厅、省财政厅、省人力社保厅、省商务厅、省国资委、省市场监管局、人行杭州中心支行等按职责分工负责）

（二）拓宽基层就业空间。 鼓励和引导高校毕业生到山区26县就业，支持山区26县高质量

发展。统筹用好各方资源，挖掘基层就业社保、医疗卫生、养老服务、社会工作等就业机会。社区专职工作岗位出现空缺要优先招用或拿出一定数量专门招用高校毕业生。继续实施"三支一扶"、大学生志愿服务西部计划等基层项目，合理确定招募规模。对到符合条件地区基层单位就业的，按规定给予学费补偿和助学贷款代偿。毕业5年以内的高校毕业生到乡镇（街道）、村（社区）专职从事公共管理和社会服务的，确保其收入不低于当地上年度非私营和私营单位就业人员加权平均工资，并为其按时足额缴纳社会保险费和住房公积金。（省委组织部、省教育厅、省民政厅、省财政厅、省人力社保厅、省卫生健康委、团省委等按职责分工负责）

（三）**支持自主创业和灵活就业。**深化高校创新创业教育改革，健全教育体系和培养机制，实施浙江省大学生创新创业教育工程和大学生创业支持计划。对参加创业培训的在校大学生，给予创业培训补贴。在校大学生和高校毕业生初次创业的，按规定给予一次性创业补贴、一次性创业社保补贴、创业带动就业补贴、创业担保贷款及贴息、税费减免等政策。政府投资开发的创业载体要安排30%左右的场地，免费向高校毕业生创业者提供。毕业2年以内的高校毕业生实现灵活就业的，按规定给予社会保险补贴。（省发展改革委、省经信厅、省教育厅、省科技厅、省财政厅、省人力社保厅、省市场监管局、人行杭州中心支行等按职责分工负责）

（四）**稳定公共部门岗位。**今明两年要继续稳定机关事业单位招录（聘）高校毕业生的规模。支持承担国家、省级科技计划（专项、基金）的高校、科研院所和企业扩大科研助理岗位规模。充分考虑新冠肺炎疫情影响和高校毕业生就业需要，合理安排公共部门招录（聘）和相关职业资格考试时间。（省委组织部、省教育厅、省科技厅、省人力社保厅、省国资委等按职责分工负责）

二、强化不断线就业服务

（五）**精准开展困难帮扶。**要把有劳动能力和就业意愿的脱贫家庭、低保低边家庭、低收入农户、零就业家庭高校毕业生，以及残疾高校毕业生和长期失业高校毕业生作为就业援助的重点对象，提供"一人一档""一人一策"精准服务，为每人至少提供3—5个针对性岗位信息，优先组织参加职业培训和就业见习，按规定给予一次性求职创业补贴。对通过市场渠道确实难以就业的困难高校毕业生，可通过公益性岗位兜底安置。落实"中央专项彩票公益金宏志助航计划"，面向困难高校毕业生开展就业能力培训。实施共青团促进大学生就业行动，面向低收入家庭高校毕业生开展就业结对帮扶。及时将符合条件的高校毕业生纳入临时救助等社会救助范围。实施国家助学贷款延期还款、减免利息等支持举措，延期期间不计复利、不收罚息、不作为逾期记录报送。（省教育厅、省民政厅、省财政厅、省人力社保厅、团省委、省残联、人行杭州中心支行等按职责分工负责）

（六）**优化招聘服务。**持续开展公共就业服务进校园活动，推进公共就业招聘平台和高校校园网招聘信息共享。完善高校毕业生就业岗位归集机制，相关部门按职能负责收集机关事业单位、国有企业、重大项目、城乡基层等高校毕业生就业岗位需求计划，由人力社保部门汇总后在指定的平台集中向社会发布并动态更新。整合省市县力量，在"浙江人才网""浙江省大学生网上就业市场"统一集中发布岗位信息，打造权威公信的高校毕业生就业服务平台。密集组织线上线下专项招聘活动，积极发动服务机构、用人单位进校园招聘。鼓励各地充分利用新媒体平台，推广直播带岗、名企推介等模式，多渠道提升招聘成效。（省教育厅、省人力社保厅、省国资委、团省委等按职责分工负责）

（七）加强就业指导。健全高校学生生涯规划与就业指导体系，开展就业育人主题教育活动，加强职业发展教育、就业形势教育和毕业教育，落实个性化咨询辅导、点对点沟通交流等工作，引导高校毕业生树立正确的职业观、就业观和择业观。注重理论与实践相结合，开展多种形式的模拟实训、职业体验等实践教学，组织高校毕业生走进人力资源市场，参加职业能力测评，接受现场指导。高校要持续开展就业指导教师培训，配齐配强工作力量，就业指导教师可参加相关职称评审，鼓励参加职业指导员职业技能等级认定。举办全省大学生职业规划大赛，增强大学生生涯规划意识，指导其及早做好就业准备。（省教育厅、省人力社保厅等按职责分工负责）

（八）落实实名服务。强化教育、人力社保部门离校前后信息衔接，持续跟进落实实名服务。畅通线上失业登记、求职登记渠道，依托"重点群体就业帮扶在线"应用，加强基层摸排，与有就业意愿的离校未就业高校毕业生普遍联系，为每人免费提供1次职业指导、3次岗位推荐、1次职业培训或就业见习机会。（省人力社保厅牵头，省教育厅等按职责分工负责）

（九）维护就业权益。开展平等就业相关法律法规和政策宣传，坚决防止和纠正性别、年龄、学历等就业歧视。开展清理整顿人力资源市场秩序专项行动，依法打击"黑职介"、虚假招聘、售卖简历等违法犯罪活动，坚决治理付费实习、滥用试用期、拖欠试用期工资等违规行为。督促用人单位与高校毕业生签订劳动（聘用）合同或就业协议书，加大电子劳动合同推广力度，明确双方的权利义务、违约责任及处理方式，维护高校毕业生合法就业权益。对存在就业歧视、欺诈等问题的用人单位，及时向高校毕业生发布警示提醒。（省教育厅、省公安厅、省人力社保厅、省市场监管局等按职责分工负责）

三、简化优化求职就业手续

（十）取消就业报到证。从2023年起，不再发放《全国普通高等学校本专科毕业生就业报到证》和《全国毕业研究生就业报到证》（以下统称就业报到证），取消就业报到证补办、改派手续。不再将就业报到证作为办理高校毕业生招聘录用、落户、档案接收转递等手续的必需材料。（省委组织部、省教育厅、省公安厅、省人力社保厅等按职责分工负责）

（十一）提供求职就业便利。取消高校毕业生离校前公共就业人才服务机构在就业协议书上签章环节，取消高校毕业生离校后到公共就业人才服务机构办理报到手续。应届高校毕业生可凭普通高等教育学历证书、与用人单位签订的就业协议书或劳动（聘用）合同，在就业地办理落户手续（杭州市按现有规定执行）。在浙就业高校毕业生可通过"高校毕业生就业一件事"联办完成档案转递和落户手续办理。鼓励用人单位与高校毕业生通过网上签约系统实现"云签约"。对延迟离校的应届高校毕业生，

相应延长报到入职、档案转递、落户办理时限。（省教育厅、省公安厅、省人力社保厅等按职责分工负责）

（十二）积极稳妥转递档案。高校要及时将毕业生登记表、成绩单等重要材料归入学生档案，按照有关规定有序转递。到机关、国有企事业单位就业或定向招生就业的，转递至就业单位或定向单位；到非公单位就业的，转递至就业地或户籍地公共就业人才服务机构；暂未就业的，转递至户籍地公共就业人才服务机构。档案涉密的应通过机要通信或派专人转递。公共就业人才服务机构要主动加强与高校的沟通衔接，动态更新机构服务信息，积极推进档案政策宣传服务进校园，及时接收符合转递规定的学生档案。档案管理部门要及时向社会公布服务机构名录和联系方式。（省委组织部、省教育厅、省人力社保厅、省邮政管理局、省邮政公司等按职责分工负责）

（十三）完善毕业去向登记。从2023年起，教育部门建立高校毕业生毕业去向登记制度，作为高校为毕业生办理离校手续的必要环节。推广使用浙江省高校毕业生网上签约和毕业去向登记平台。高校要指导毕业生（含结业生）及时完成毕业去向登记，核实信息后及时报省教育厅备案；对实行定向招生就业办法的高校毕业生，要指导其严格按照定向协议就业并登记去向信息。高校毕业生到户籍和档案接收管理部门办理相关手续时，教育部门应根据有关部门需要和毕业生本人授权，提供毕业生离校时相应去向登记信息查询核验服务。（省教育厅、省人力社保厅等按职责分工负责）

（十四）推进体检结果互认。指导用人单位根据工作岗位实际，合理确定入职体检项目，

不得违法违规开展乙肝、孕检等检测。对外科、内科、胸透X线片等基本健康体检项目，高校毕业生近6个月内已在合规医疗机构进行体检的，用人单位应当认可其结果，原则上不得要求其重复体检，法律法规另有规定的从其规定。用人单位和高校毕业生对体检结果有疑问的，经协商可提出复检、补检要求。高校可不再组织毕业体检。（省教育厅、省人力社保厅、省卫生健康委等按职责分工负责）

四、着力加强青年就业帮扶

（十五）健全就业服务机制。强化户籍地、常住地就业失业管理服务责任，对到本地就业创业的往届高校毕业生、留学回国毕业生及失业青年，要及时提供求职登记、失业登记等服务，按规定落实就业创业扶持政策。实施青年就业启航计划，对有就业意愿的失业青年，开展职业素质测评，制定求职就业计划，提供针对性岗位信息，组织志愿服务、创业实践等活动。对长期失业青年，开展实践引导、分类指导、跟踪帮扶，提供就业援助，引导他们自强自立、及早就业创业。（省人力社保厅、团省委等按职责分工负责）

（十六）提升职业技能水平。适应产业转型升级和市场需求，高质量推动产训结合和职业技能培训资源共建共享，扩大青年职业技能培训规模，拓展学徒培训、技能研修、新职业培训等模式，举办各类职业技能竞赛活动。鼓励高校毕业生等青年积极参加职业资格鉴定或职业技能等级认定，在获得学历证书的同时获得相关职业资格证书或职业技能等级证书；对需要学位学历证书作为报考条件的，可共享学

籍信息先报名参加鉴定或认定，通过鉴定认定考试，待取得相关证书后再发放职业资格证书或职业技能等级证书。（省发展改革委、省教育厅、省财政厅、省人力社保厅等按职责分工负责）

（十七）**扩大就业见习规模**。实施就业见习岗位募集计划，支持企事业单位、社会组织、政府投资项目、科研项目等设立见习岗位，按规定给予就业见习补贴。探索将见习人员纳入工伤保险制度覆盖范围，提高见习保障水平。离校未就业高校毕业生到基层实习见习基地参加见习或者到企事业单位参加项目研究的，视同基层工作经历，自报到之日起算。实施大学生实习"扬帆计划"，广泛开展各级政务实习、企业实习和职业体验活动。（省人力社保厅牵头，省委组织部、省教育厅、省经信厅、省科技厅、省民政厅、省财政厅、省商务厅、省国资委、团省委等按职责分工负责）

五、压紧压实工作责任

（十八）**加强组织领导**。各地各有关部门要把高校毕业生等青年就业作为就业工作重中之重，将帮扶困难高校毕业生就业作为重点，明确目标任务，细化具体举措，层层压实责任，强化督促检查。充分发挥就业工作领导小组统筹协调作用，加强部门配合，同向发力，加快政策举措落地。（省级有关单位，各市、县〔市、区〕相关部门按职责分工负责）

（十九）**强化工作保障**。各地要加强资金和人员保障，确保工作任务和政策服务落实。实施提升就业服务质量工程，增强对高校毕业生等青年就业指导服务的针对性有效性。运用政

府购买服务机制，支持经营性人力资源服务机构、社会组织等市场力量参与，增强基层就业服务能力，提供多元化服务。（省级有关单位，各市、县〔市、区〕相关部门按职责分工负责）

（二十）**做好宣传引导**。开展就业政策服务专项宣传，提供通俗易懂的政策解读。做好舆论引导，及时回应社会关切。加强就业创业典型宣传，营造鼓励支持高校毕业生等青年就业创业的良好氛围，引导高校毕业生等青年积极投身高质量发展建设共同富裕示范区。（省级有关单位，各市、县〔市、区〕相关部门按职责分工负责）

本通知自印发之日起施行。已有规定与本通知不一致的，按本通知执行。

中共浙江省委组织部
浙江省人力资源和社会保障厅
浙江省发展和改革委员会
浙江省经济和信息化厅
浙江省教育厅
浙江省科学技术厅
浙江省公安厅
浙江省民政厅
浙江省财政厅
浙江省商务厅
浙江省卫生健康委员会
浙江省人民政府国有资产监督管理委员会
浙江省市场监督管理局
共青团浙江省委员会
浙江省残疾人联合会
中国人民银行杭州中心支行
浙江省邮政管理局
2022 年 6 月 28 日
（此件主动公开）

浙江省人力资源和社会保障厅　浙江省财政厅关于2022年调整退休人员基本养老金的通知

浙人社发〔2022〕52号

各市、县（市、区）人力资源和社会保障局、财政局，省级各单位，中央部属在浙有关单位：

根据《人力资源社会保障部　财政部关于2022年调整退休人员基本养老金的通知》（人社部发〔2022〕27号）精神，经省政府同意并报人社部、财政部批准，决定适当调整退休人员基本养老金。现将有关事项通知如下：

一、调整范围和对象

全省2021年12月31日前已按国家和省有关规定办理退休、退职手续的人员，可按本通知规定调整基本养老金。

二、调整水平和调整办法

2022年调整退休（含退职，下同）人员基本养老金，采取定额调整、挂钩调整和适当倾斜相结合的办法，具体调整办法如下：

（一）定额调整退休人员基本养老金

退休人员每人每月增加32元。

（二）挂钩调整退休人员基本养老金

挂钩调整退休人员基本养老金由以下两部分组成：

1. 退休人员本人缴费年限（含视同缴费年限，下同）15年及以下的部分，缴费年限每满1年（不满1年按1年计算，下同），月基本养老金增加1.5元，月基本养老金增加额不到15元的，补足到15元；本人缴费年限15年以上至30年的部分，缴费年限每满1年，月基本养老金增加2.5元；本人缴费年限30年以上的部分，缴费年限每满1年，月基本养老金增加3元。

2. 退休人员按本人本次调整前月基本养老金的1.34%计算月基本养老金增加额。

（三）适当提高部分退休人员基本养老金

在定额调整和挂钩调整的基础上，对下列退休人员再适当增加基本养老金：2021年12月31日前，男年满70周岁、女年满65周岁及以上且不满80周岁的退休人员，每人每月增发25元；年满80周岁及以上的退休人员，每人每月增发50元。

三、有关人员的待遇处理

（一）企业退休军转干部调整基本养老金后，其基本养老金水平低于当地此次调整后的基本养老金平均水平的，按照《中共浙江省委办公厅 浙江省人民政府办公厅转发〈关于进一步做好解决部分企业军转干部生活困难工作的意见〉的通知》规定，予以补足。

（二）企业退休的原工商业者（含从原工商业者中区分出来的小商小贩、小手工业者、小业主）调整基本养老金后，其基本养老金水平低于当地此次调整后的企业退休人员基本养老金平均水平的，按照《浙江省劳动和社会保障厅 中共浙江省委统战部 浙江省财政厅 浙江省民政厅转发劳动和社会保障部 统战部 财政部 民政部关于进一步解决部分原工商业者生活困难问题的通知》（浙劳社老〔2002〕150号）规定，予以补足。

上述（一）（二）类人员调整基本养老金时，如当地此次调整后的企业退休人员基本养老金平均水平低于2021年的，按2021年水平确定。

（三）2021年12月31日前因工致残完全丧失劳动能力、退出生产岗位按月享受定期伤残津贴的企业职工及企业工伤退休人员，按本办法和人社部《关于工伤保险待遇调整和确定机制的指导意见》（人社部发〔2017〕58号）的有关规定分别增加伤残津贴和基本养老金。如增加的额度低于每人每月198元的，按198元的额度增加。

（四）企业和机关事业单位离休干部不列入本次调整范围。

四、资金来源

调整退休人员基本养老金所需资金，参加企业职工基本养老保险的，从企业职工基本养老保险基金中列支；参加机关事业单位基本养老保险的，从机关事业单位基本养老保险基金中列支。工伤职工调整伤残津贴所需费用，按原渠道列支。

五、执行时间

本次调整退休人员基本养老金从2022年1月1日起执行，执行中的具体问题，由省人力社保厅负责解释。

调整退休人员基本养老金水平，体现了党中央、国务院和省委、省政府对广大退休人员的关怀。各地各部门要高度重视，切实加强领导，精心组织实施，力争在2022年7月31日前将增加的基本养老金发放到位。

浙江省人力资源和社会保障厅

浙江省财政厅

2022年7月7日

（此件主动公开）

241

浙江省人力资源和社会保障厅关于印发
《浙江省技能人才薪酬分配指引》的通知

浙人社发〔2022〕67号

各市、县（市、区）人力资源和社会保障局：

为深入贯彻人才强省、创新强省首位战略，推动完善符合技能人才特点的工资分配制度，引导企业建立健全技能人才薪酬分配体系，形成"技高者多得、多劳者多得"的激励导向，助力奋力推进"两个先行"，省厅组织编写了《浙江省技能人才薪酬分配指引》，现印发给你们，供指导企业时参考。

各地要高度重视提高技能人才工资待遇，加强对企业工资分配的指导和服务，抓好宣传培训，推广典型经验，并结合本地实际，加强示范引领，推动培养造就一支高素质技能人才队伍。

浙江省人力资源和社会保障厅

2022年8月29日

（此件主动公开）

浙江省技能人才薪酬分配指引

第一章 总 则

第一条 为健全技能人才培养、使用、评价、激励制度，推动企业建立健全以体现技能价值为导向的技能人才薪酬分配体系，促进技能人才队伍建设，不断扩大中等收入群体，为实现中国特色社会主义共同富裕先行和省域现代化先行提供有力人才支撑，结合企业薪酬分配工作实际和技能人才特点，特制定本指引。

第二条 本指引旨在为企业提供技能人才薪酬分配设计参考及指导。企业可借鉴本指引，结合自身实际，不断建立健全适应本企业发展需要的技能人才薪酬分配体系。

第三条 本指引所称技能人才，是指在生产或服务一线从事技能操作的人员，包括取得"新八级"（学徒工、初级工、中级工、高级工、技师、高级技师、特级技师、首席技师）职业资格证书或职业技能等级证书的工作人员，以及企业根据需要，自行认定、评聘具备一定技术技能水平的工作人员。

第四条　技能人才薪酬分配应遵循以下原则：

（一）坚持按劳分配和按要素分配相结合。健全技术创新和工作能级等参与分配的机制，体现多劳者多得、技高者多得的价值分配导向，合理评价技能要素贡献。

（二）坚持薪酬分配与职业发展设计相配套。充分考虑企业的组织架构、职位体系、薪酬分配、绩效管理等相互联系、相互制约的实际，使技能人才薪酬分配与职业发展通道相衔接。

（三）坚持技能人才与其他人员薪酬分配相协调。综合考虑企业内部操作技能、专业技术和经营管理等不同岗位类别实际，统筹确定技能操作岗位和企业内部其他类别岗位之间薪酬分配关系。

第二章　健全技能人才薪酬管理制度

第五条　企业根据当地经济社会发展、自身生产经营状况和薪酬结构特点等因素，依法自主决定技能人才薪酬分配。

第六条　企业应建立基于岗位价值、能力素质、业绩贡献的工资分配机制，推行能级工资制度，强化技能价值导向，可以在工资结构中设置体现技术技能价值的工资单元，结合实际效益状况合理确定技能人才薪酬水平。

第七条　企业可在工资总额预算管理中规定工资增长机制，也可采用单独核定技能人才年度工资增长额度的方式，加大向技能人才倾斜的力度，推动技能人才工资水平合理增长，确保技能人才工资增幅不低于本企业平均工资的增幅。

第八条　企业可建立学徒工、初级工、中

级工、高级工、技师、高级技师、特级技师、首席技师等"新八级"岗位工资制度，或设计其他体现技能"技高者多得、多劳者多得"的薪酬分配方式，体现职级薪酬差距，增强职级晋升的激励性，鼓励职工学技术、长本领。

第九条　企业技能人才薪酬水平应与本企业专业技术、经营管理等其他岗位职工薪酬水平保持合理关系。对掌握关键操作技能、代表专业技能较高水平的技能人才，其薪酬水平可达到中级专业技术人员的较高薪酬水平，或者相当于中层管理岗位薪酬水平；对在企业技术技能领域作出突出贡献、具有技术管理能力的技能人才，其薪酬待遇可与高级专业技术人员或企业高层管理岗的薪酬水平相当。

第十条　企业制定的薪酬分配方案要充分发扬民主，坚持公开、公平、公正原则，广泛听取包括技能人才在内的职工意见，经职工代表大会或全体职工讨论，与工会或职工代表平等协商确定，并在本企业公示，或者告知劳动者。

第十一条　企业可参考国际国内市场标杆岗位薪酬水平和不同岗位之间的薪酬分配关系，确定各类技能人才薪酬水平和对应关系，逐步提高关键岗位的薪酬市场竞争力，调整不合理工资收入分配差距。

第十二条　企业应完善技能人才劳动保障和困难帮扶机制，依法规范劳动用工，依法落实加班工资发放、维护休息休假权益、参加社会保险等举措，构建劳有优得和谐稳定的劳动关系，切实保障技能人才合法权益。

第三章　构建技能人才薪酬结构体系

第十三条　企业可按照为保障付酬、为岗

位付酬、为绩效付酬、为能力付酬、为奉献付酬的付酬因素，在技能人才工资单元中设置体现不同技能价值的工资单元，包括体现保障基本生活的基础工资单元、体现岗位价值的岗位工资单元、体现绩效贡献的绩效工资单元、体现能力差别的能力工资单元、体现在特定环境或承担特定任务额外付出的专项津贴单元等工资单元。

第十四条 企业可在各工资单元功能不重复体现的原则下，根据需要合并、减少或增加相关工资单元。如能力工资可以采用设置技能人才特殊岗位津贴的形式体现，也可以通过在岗位工资单元中设置一岗多薪、一岗多档进行体现。

第十五条 基础工资是技能人才薪酬体系的基础，主要依据员工级别、工龄、学历等进行定额，根据员工所在职位、能力、价值进行核定。基础工资是员工拥有工作稳定性和安全感的保证，企业应根据自身经营发展需要定期调整。

第十六条 岗位工资是以岗位权利、责任、劳动强度、劳动条件等评价要素确定的工资报酬，可采取一岗一薪、岗变薪变，也可采取一岗多薪、宽带薪酬形式。岗位工资等级一般以岗位评价结果为基础。企业在开展岗位评价工作时应贯彻公平、公正、公开原则，得到员工认可。

第十七条 绩效工资是体现员工实际业绩差别的工资报酬，根据绩效考核结果浮动发放，包括月度、季度、半年、全年考核发放的奖金、效益工资等，一般按月为主计发。企业可依据自身效益情况、部门绩效考核结果、员工绩效考核结果等建立绩效工资联动分配机制。

绩效考核可根据技能人才的工作性质和岗位特征分类实行，如计件计酬的岗位可以按月设立基础任务量，超过基础任务量部分可分档设立不同计件单价，根据任务完成情况核定绩效工资。

第十八条 能力工资是以技能人才所掌握的知识、技术和所具备的能力为基础进行报酬支付的工资报酬，主要与技能人才劳动技能要素相对应，体现技能掌握程度和水平。

第十九条 专项津贴是为补偿技能人才在特定环境或承担特定任务额外付出设置的工资报酬，包括夜班津贴、作业环境津贴、班组长津贴、师带徒津贴等。

第二十条 加班加点工资是按照国家和省有关法规政策，企业支付给职工超时劳动的工资报酬。

第二十一条 福利补贴是企业为了稳定技能人才队伍、吸引高素质人才、激发员工工作热情而支付给员工的报酬，包括交通、伙食、租房等各类补贴。

第四章　完善高技能领军人才薪酬待遇

第二十二条 高技能领军人才包括获得政府重大荣誉以及享受省级以上政府特殊津贴的人员，或被省政府认定的"高精尖缺"的各类高技能人才。高技能领军人才是技能人才队伍中的关键少数，应提高其薪酬待遇，鼓励参照高级管理人员标准落实经济待遇。

第二十三条 年薪制是以年度为单位，依据生产经营规模和经营业绩，确定并支付薪酬的分配方式。企业可探索实行高技能领军人才年薪制，一般实行基本年薪和绩效年薪为主的薪酬构成，建立有效的激励和约束机制。

第二十四条 协议薪酬制是企业和职工双方协商确定并支付薪酬的分配方式，主要适用于人力资源市场稀缺的核心关键岗位人才或企业重点吸引和留用的紧缺急需人才。对高技能领军人才可实行协议薪酬制，但同时要明确考评周期内的绩效目标和激励约束规则。

第二十五条 专项特殊奖励是对作出重大贡献的部门和个人的专项奖励。企业可制定适合本企业的专项奖励办法，对在正常绩效激励中未体现的特殊贡献，包括为企业生产效率提高、工作任务完成、新品试制、技改攻关、专利取得等作出巨大贡献，或为社会作出突出贡献，或为企业取得重大社会荣誉等，给予专项奖励。

第二十六条 中长期薪酬激励包括股权激励（如业绩股票、股票期权、虚拟股票、股票增值权、限制性股票、员工持股等）、超额利润分享、项目跟投、项目分红或岗位分红等激励方式。企业可结合实际对技能人才特别是高技能领军人才实施中长期激励。中长期激励应符合国家相关规定。

第五章 探索建立技能人才最低工资制度

第二十七条 企业可通过工资集体协商建立多层次的技能人才最低工资标准，对提供正常劳动的技能人才，企业支付的工资报酬不低于技能人才最低工资标准。

建立健全技能人才最低工资正常增长机制，推动提高低收入技能人才工资水平。

第二十八条 人力资源社会保障部门应完善企业薪酬调查和信息发布制度，定期发布技能人才分职业分等级工资价位，供企业和职工方在协商确定技能人才最低工资标准中参考使用。

第二十九条 企业可与职工方结合本企业生产经营特点，依法开展技能人才工资集体协商，参考技能人才工资价位，合理确定本企业技能人才最低工资标准。

对工资水平明显低于全省技能人才工资价位低分位值的职业（工种），要作为集体协商的重点，推动签订专项集体合同，保障低收入技能人才工资报酬，逐步提升技术岗位吸引力。

第三十条 行业工会和企业代表组织可围绕当地重点产业和特色产业领域急需紧缺的技术岗位（工种），综合行业技能人才培养周期、岗位风险、技能要素等特点，平等协商确定本行业技能人才最低工资标准，促进长期稳定提高行业技能人才收入水平。

第三十一条 在中小型企业集中的乡镇、街道、园区以及产业集聚、块状经济比较明显的区域，区域工会组织可与同级企业代表组织参考技能人才工资价位，综合不同区域企业之间、企业与其他单位之间工资分配关系，开展区域性技能人才最低工资集体协商，确定本区域技能人才最低工资标准。

第六章 附 则

第三十二条 各地人力资源社会保障部门应结合本地实际，加强宣传培训，可分行业分职业类型进一步细化相关内容，发布典型案例，强化示范引领，不断提高对本地区企业技能人才薪酬分配的指导实效。

附件

附表1　某企业晋档系数定分标准示例表

要素	晋档系数定分标准						
学历	非本专业技校、高中及以下	本专业技校毕业	本专业中专毕业	大学专科毕业（含大学本科肄业）	大学本科毕业	本科双学士	硕士研究生
技能等级	初级工及以下	中级工	高级工	技师	高级技师	特级技师	首席技师
绩效考核加分	不合格			合格		良好	优秀
员工工作年限加分	绩效考核"合格"及以上的每一年增加（　）分						
重要成果单列加分	技术创新成果、技能大赛获奖等，单列加分						

备注：具体分值可由企业自行确定。

附表2 某企业技术工人工资发放参考表

部门	姓名	应发部分											应发合计	扣发部分				实发工资
		基础工资	岗位工资	绩效工资	技能工资	专项津贴	加班工资	通讯补贴	交通补贴	伙食补贴	租房补贴	其他		社保	公积金	个税	其他	
ⅩⅩ车间																		

附表3 某企业技术工人技能等级与薪资等级对应参考表

薪等	各技能等级对应薪资等级范围							
1等	首席技师							
2等								
3等		特级技师						
4等								
5等			高级技师					
6等								
7等				技师				
8等								
9等								
10等					高级工			
11等								
12等								
13等						中级工		
14等								
15等							初级工	
16等								
17等								
18等								学徒工

附案例

案例1：建立职业发展通道，促进技能人才增收

一、基本情况

A公司是生产高端品牌服饰的行业龙头企业，公司拥有三大生产基地，员工6200余人。公司本部生产基地现有技能人才共计1187人，占本部从业人员的94%。其中：生产一线岗1109人，生产管理人员78人；高级技师、工程师等具有技术职称人员360人，占比33.3%。

二、主要做法

（一）建立"技术、管理双序列"职业发展通道。公司针对技能人员采取横向加纵向相结合的职业发展通道，参照技能人才等级，结合

技术人才职称分类，由低至高分为九个层级，同时根据该员工的技术技能、专业知识、工作经验等综合情况，横向在不同的通道内进行晋升或调岗，依据转岗情况进行薪资调整（详见表1）。公司合理规划每个等级人员的占比，从高到低形成金字塔结构。其中，高级技师及以上占比8%，确保金字塔顶尖等级的含金量，技师和高级工占比40%，中级技能人员比例占比52%。

（二）实行"以岗定薪、按绩取酬"薪酬体系。薪酬体系中一线员工实行计件工时制，结合出勤率、产能时效率、质量合格率等指标进行综合绩效评分；生产管理、技术人员和设计师实行年薪制，由岗位月工资和年终绩效考核

表1 技能人才职业发展通道框架示例表

职位层级	岗位职位工资级别	参照国家职业技能人才等级	生产制造类							
			工艺员	制版师	试样员	排料员	裁剪工	缝纫工	整烫师	后整理
高层	9	工程师（正高）	"高精尖"高技能领军人才							
	8	工程师（副高）								
	7	工程师（中级）								
	6	工程师（初级）								
中层	5	高级技师								
	4	技师								
	3	高级工								
基层	2	中级工								
	1	初级工								

两部分组成，针对不同技术岗位设定绩效目标和考核方式，将绩效与实际工作效益紧密结合，从而推动形成企业技能人才的良性发展氛围和有效的动态用人机制（详见表2、表3）。

表2　技能人才工作绩效评定表（以缝纫工为例）

序号	部门	姓名	出勤得分（5分）		工作绩效（62分）					岗位知识（10分）				岗位技能（23分）		个人总得分	审核人确认
			得分：5分		产量效率得分 全勤计算35分		大货生产质量合格率（个人合格率）单项计分（20分）		工作态度 得分：7分		服装质量与工艺操作 得分：5分		设备操作规范 得分：5分		得分：23分			
			出勤率	得分	效率	得分	合格率	得分	表现情况	得分	评定情况	得分	评定情况	得分	评定等级	得分		

表3　技能人才工作绩效考核评定标准（以缝纫工为例）

序号	计分项目	计分内容	标准		内容得分
1	出勤率（5分）	出勤率（5分）	≥96%		5
			<96%		1
2	工作绩效（62分）	产能时效率按出勤率计算（35分）	完成产能1档	≥95%	35
			完成产能2档	85%–95%（不包含）	25
			完成产能3档	70%–85%（不包含）	15
			完成产能4档	55%–70%（不包含）	10
			完成产能5档	≤55%	5
		个人质量合格率（20分）	休闲类、西服类	≥98.8%	20
				98.2%–98.8%（不包含）	15
				97.6%–98.2%（不包含）	10
				<97.6%	5
			衬衫类、针织类	≥98.5%	20
				97%–98.5%（不包含）	15
				95%–97%（不包含）	10
				<95%	5
		工作态度（7分）	优		7
			良		5
			一般		3
			差		1

续表

序号	计分项目	计分内容	标准	内容得分
3	岗位知识（10分）	服装质量与工艺操作（5分）	优	5
			良	3
		设备操作规范（5分）	优	5
			良	3
4	岗位技能（23分）	岗位技能掌握（23分）	优	23
			良	18
			一般	0

（三）实施物质奖励和精神激励相结合的激励措施。为充分调动员工的积极性和创造性，实施适合技能人才的多方面激励措施，在完成日常工作同时，结合工作成果给予相应薪酬激励，为优秀的技能人才提供发展平台，通过技能考核或竞赛授予相应的专业奖状或证书，公开表扬、张贴光荣榜，或授予"劳动模范"等称号，鼓励优秀技能人才最大限度发挥自己在企业的潜在价值，不断提高员工的工作热情和积极性。

三、经验启示

该企业以"以岗定薪、按绩取酬"为原则，科学制定了计件工时制、年薪制薪酬分配方案，普适性和操作性都比较强，尤其适用于当前急需转型升级的传统制造业企业。在培养、激励技能人才成长方面，实施了物质＋精神"双激励"举措，建立了标准化培养体系，为技能人才拓宽了职业发展通道，并打造出一支业务精湛、素质精良的技能人才队伍。

案例2：完善薪酬结构体系，实现企职共赢共富

一、基本情况

B公司是一家以乳制品生产经营为主的农业产业化龙头企业，现有员工1100余人，其中75%以上是一线技能人员。

二、主要做法

（一）完善技能人才薪酬结构。在薪酬体系设定和薪资调整过程中向技能人才和技能岗位倾斜，确保技能人才具有相对较高的薪酬待遇。以乳品厂高配电工邓某为例，2021年工资结构单元比2017年更为详细，2021年其平均月工资达到14840元（同期集团中层正职平均月工资为12000元），较其2017年平均月工资增加7180元，收入将近翻一番（详见表1）。

（二）制定企业技术骨干评估办法。由于乳制品生产以及畜牧养殖在南方地区属于小众行业，专业技能人员尤为紧缺。为稳定技能人才队伍并提高企业技能人才岗位适应性，企业制定了技术骨干工资评定标准（表2），明确"内部挖潜培育为主，外部择优选聘为辅"的企业人才选用体系。近年来，集团关键岗位技术主管90%以上从内部挖掘培育，自主培养的技能人才实现100%留用从业。

表1　邓某2017、2021年月均工资情况

2017年	岗位工资	工龄工资	绩效工资			技能津贴			交通津贴	绩效奖金		年终奖金	合计（元）
	4100	250	1000			300			120	600		1250	7620
2021年	岗位工资	工龄工资	绩效工资	骨干工资	产量工资	技能津贴	学历补贴	技师补贴	交通津贴	绩效奖金	骨干奖金	年终奖金	合计（元）
	6000	290	1800	700	700	600	350	600	600	600	600	2000	14840
备注	邓某期间取得大专学历，增加高配电工、防爆电工资格证书，取得技师职称，并被企业认定为关键岗位骨干员工，目前岗位为加工中心高级电工。												

表2　技术骨干工资评定标准

序号	学历职称		工作能力		工作表现	
	学历	骨干工资（元）	岗位能力	骨干工资（元）	等级	骨干工资（元）
1	中专	100	多岗	300	1	100
2	大专	200	全岗	500	2	200
3	本科/中级职称	300–500	工艺	700	3	300

续表

序号	学历职称		工作能力		工作表现	
	学历	骨干工资（元）	岗位能力	骨干工资（元）	等级	骨干工资（元）
4	研究生/副高	600–1000	开发	700	4	400
5			全能	700	5	500
6			突出	800	6	600
7			主管	1000		

（三）制定技能补贴细则。企业根据实际需要将技能人员获证情况的补贴标准分为5类，制定了企业内部技能补贴细则：对非强制性上岗证书如计算机等级证书、普通话等级证书，不予补贴；对岗位工作有促进作用，但非关键性作用的如保安证、急救证等证书，归为A类每月补贴200元；对岗位要求持证上岗，或涉及公司评审、评优、项目申报等相关的技能证书，归为B类每高一级别补贴300元/级/月；对公司关键岗位如执业兽医、制冷工、高配电工以及所有技师以上等级证书，归为C类每月补贴600元；对公司战略性岗位技能、特殊技能人才，以及获得过市级以上评比、表彰的技能人才，归为D类补贴标准由总经理办公室同人力资源部具体讨论实施。

三、经验启示

该公司根据其行业特点、企业规模和用工实际，与时俱进完善技能人才工资薪酬结构体系，精准分类制定用工策略，制定技能补贴细则，稳住了大量的一线技能人员，实现了总体用工的和谐稳定，在稳岗留工和企业技能人才培育方面的做法具有一定的典型性。

案例3：建立奖励津贴制度，贯彻技能价值激励导向

一、基本情况

C公司是集产业技术研发、标准化服务、茶叶保鲜包装、质量安全检测及仓储物流于一体的智能化、可参观式工厂。公司拥有员工589人，其中一线技能人员418人，占全部员工的71%。

二、主要做法

（一）设立创新创造成果奖和先进操作法奖。奖励对象主要为与生产密切相关的技术创新成果、发明专利、先进操作法以及参加公司课题攻关对成果有所贡献的职工。具体奖励内容和标准为：项目奖励金额＝项目节约（创收）金额×金额比例数系数（1%-3%）。其中，难度系数Ⅰ或节约金额＜10万元，系数取1%—1.5%；难度系数Ⅱ或节约金额≥10万—50万元，系数取1.5%—2.5%；难度系数Ⅲ或节约金额＞50万元，系数取2.5%—3%。

（二）设立职称津贴和技能津贴。经过认定的正高级、副高级、中级、助理级（技术）员级津贴标准分别为每月1000元、600元、400元、200元；高级技师、技师、高级工津贴标准分别为每月600元、400元、200元。从聘任次月起享受。职称津贴和技术津贴不重复享受，按高标准执行。

（三）设立学历津贴。在专业对口岗位工作的大专（含）以上毕业生，以及在本职岗位上所需专业学历得到提升的技术工人，享受学历津贴，博士、硕士、本科、专科津贴标准分别为每月5000元、3000元、1000元、500元。

（四）设立竞赛获奖等专项特殊津贴。职工在各级各类岗位技能比武竞赛中获得较好名次的，享受特殊津贴，国家、省、市、区、企业级津贴标准分别为每月1000元、500元、300元、100元、50元，享受年限为1年。对作出其他突出贡献的职工，具体奖励内容和标准为：在企业级技能大赛中获得前三名，一次性奖励500元；在区级技能大赛中获得前三名，一次性奖励1000元；在市级技能大赛中获得前三名，一次性奖励3000元；在省级技能大赛中获得前三名，一次性奖励5000元；在国家技能大赛中获得前三名，一次性奖励10000元。

（五）设立带徒津贴。根据需要签订带徒协议、明确师傅徒弟权利义务，带徒津贴标准根据师傅技能情况分级设置。具体内容和标准为：高级技师、技师、高级工、中级工、初级工师傅在徒弟结业转正后，分别给予一次性奖励1000元、800元、600元、400元、200元，并计入工资作为带徒津贴发放。

（六）设立各类奖励。获各级劳动模范（工匠）称号、五一劳动奖章的职工，以及获得各级道德模范、最美职工（文明职工）、见义勇为等称号，具有美德善行的先进职工，可享受专项奖励。依照国家、省级、市级、县级给予不同奖励，一次性奖励10000元、5000元、3000元、1000元。

三、经验启示

C公司将技能提升、职称、竞赛获奖等形式与薪资津贴相关联，综合反映技能人才的技能水平和贡献的做法，有效激发技能人才工作积极性和创新热情，增强技能价值激励导向，同时为企业增加竞争力和效益，实现了企业发展和员工增收的双赢。

案例4：深化企业民主管理，提升职工薪酬待遇

一、基本情况

D公司是国内规模最大的新型农药、兽药生产企业之一，以生产生物农兽药的原药及其制剂系列产品为主，名列全国动物保健品行业10强。公司现有职工613人，其中高级工及以上技能人才、专业技术人员74人，具有中高级职称28人。

二、主要做法

（一）推进职工参与企业民主管理。通过行政、工会联席会议的方式，积极向公司行政领导提出工会职代会的重要性，促使职代会如期召开。高度重视职代会提案办理工作，成立提案审查小组，对职工代表提出的提案逐条分析研究，立案后将文件下达给相关部门落实解决。积极向公司高层反映企业经营中合法合规的重要性及存在的不合法风险。坚持厂务公开制度，发挥民主监督作用。

（二）建立集体协商制度。通过工资集体协商，近几年公司员工工资年增长幅度保持在6%-12%左右。对取得技能等级（职称）的技术工人，提高社保、公积金缴纳档次。取得高级工（助理工程师）及以上技能等级（职称），社保缴费基数上调一档，取得技师（中级工程师）及以上技能等级（职称），公积金缴费基数上调二档，大专、本科学历人员也有相应提高档次。

其他福利待遇也相应提高，如放假工资、病假工资（基本生活费1656元）、加班工资（分别为每天130元、260元）、深夜班补贴（每班20元）、离职工伤员工一次性就业补助金、退伍军人军龄计入工龄补贴。

（三）广泛开展职业技能培训。至今公司已通过培训取得各类技能证书572个，获评初级职称23人、中级职称22人、高级职称6人。通过"五小"劳动竞赛活动、合理化建议、创新项目申报等方式方法，并制订《创新成果奖励办法》《合理化建议管理办法》，增强了全体员工的创新意识，为公司的技术进步和发展作出了贡献。2015年至2021年，公司创新成果数量131个、奖励金额239.7万元、创新成果效益7914.5万元。

（四）签订工资专项集体合同。签订工资专项集体合同，重点将职工技能等级、专业技术职务与薪酬挂钩，突出多劳多得、能劳多得、技高多得的分配原则，有效激发了职工创新创造的积极性，有更多的职工技术创新成果运用于生产经营中，企业经济效益得以明显提升。2021年以来，公司合理化建议月增长率达到30%以上，年申报创新项目成果10个，全年申报合理化建议155条，采纳实施140条，增加效益（节约成本）550多万元、奖励职工67人次、奖金19.2万元。开展月度和年度绩效考核奖励，每月通过对所在班组或工段的绩效完成情况进行考核（如单位生产成本、生产效率、

能耗、综合管理等方面），以 100 分为基础分值，最低限 90 分、最高限 110 分，充分调动员工的工作积极性，激发员工的工作潜能，提升工作效率，同时提高了员工薪酬奖励。

三、经验启示

开展工资集体协商，能够减少因工资分配问题引发的劳动纠纷，把技术工人的利益诉求纳入理性合法的轨道，有利于促进劳动关系双方理解沟通，有利于完善企业工资分配制度，形成工资正常增长机制。D 公司高度重视集体协商制度的建立，拓宽了职工与企业的对话渠道，让职工真正参与到企业的民主管理，在保障职工合法权益的同时，让企业从职工合理化建议中汲取创新发展的养分。

案例5：探索股权激励，完善中长期薪酬分配制度

一、基本情况

E公司是一家从事工业缝制机械研发、生产和销售的国际化高新技术企业。现有员工8500人，其中技术工人6000人，约占总人数的70%，取得高级工、技师资格的高技能人才有近1000人。技术工人主要以铸造、金工、喷漆、装配为主，电工、叉车、仓管等为辅。

二、主要做法

（一）倡导以业绩为导向的薪酬体系。公司一方面向技能人才推行"以岗定级、以级定薪、人岗匹配、易岗易薪，动态转换"的薪酬理念，倡导以业绩为导向的薪酬文化，通过建立"比学赶帮超"的绩效体系，完善股权激励体系，通过设计技工等级晋升机制，让技工也有机会获得股权，将技工收入与企业效益、岗位业绩"有效联动"。另一方面，公司科学设置激励机制，鼓励员工通过技能提升与出色的绩效表现实现职级晋升，从而获得量化的基本性薪资增长。每位一线员工会根据岗位技能要求被分类为A、B、C岗，并在各自岗位类型中匹配相应等级，员工通过绩效牵引和技能提升，可逐级晋升至技能要求更高的岗位。例如，绩效高、技能好的C岗可以通过评定晋升至B岗，B岗再晋升到A岗，岗位津贴提升200元至500元；通过技能提升（中级工、高级工、技师）获得职级晋升的员工，月度工资也会按相应标准提升。

（二）设置差异化技能职务等级通道。按照企业管理、销售、技术等工作职责，将职业发展通道细化为9个大类共70余个职级，其中技工类分为初级工到首席专家等10个职级（P1-P10级），前三级按照技工掌握工序进行评级，后七级按照管理范围进行评级。职级每半年或一年评定一次，定级反馈快，让一线技工较快晋升到P4级或管理岗位。有其他职业发展潜力的技工可调动到平行管理职级，首席专家收入不低于企业副总经理级别收入，极大提升了技工的工作地位和收入标准，技能人才年收入最高可达60万元。

（三）建立多元化股权激励机制。依据岗位职级，对P3级以上按照岗位价值进行股权激励，即由员工和公司购入等额的实际股票和虚拟股票，按股份总额进行股权价值计算和员工分红（以P3级为例，职工个人出资6.5万元在股票市场购入股票，企业出资6.5万元以虚拟股票形式激励员工，职工共享有13万元的市值份额。技工最高可享有40万元的股权激励额度），股权激励总体呈现以下特点：股权同价，虚拟股权市值与二级市场股票同等价格，保证虚拟股权享受升值红利；分红保本，按照个人出资的8%进行保底分红，确保员工基本收益，即P3级每年至少可以享受0.52万元的股权分红，远超同期银行存款利率；发展同享，按业绩发展同步分红，增长越高，分红比重越大（8%—25%）（以P3级为例，个人出资6.5万元

部分，2021 年公司业绩预计增长 40% 以上则分红比例 20%，分红金额 1.3 万元）。自 2021 年实行股权激励政策以来，该公司有约 100 名高技能人才享受该政策。

三、经验启示

E 公司构建了较为完备的绩效考核体系和精准高效的职业发展定级模式，激发了技术工人提高自身技能的积极性，形成互相学习进步的良好氛围，实现技能提升、职级晋升、薪资增长的良性循环。同时，相较于传统的工资制度，中长期股权激励政策将员工纳入公司的发展体系中，使其与公司共同享受红利、共同承担风险，大大提升了技能人才对公司的参与度和归属感。

案例6：创新技能人才星级发展管理，实行符合技能人才特点的工资分配制度

一、基本情况

F 公司是一家主要从事汽车整车装配的制造业企业，拥有技能人才 1200 多人，占从业人员的 75%。目前公司技能人才薪资结构主要由基本工资、岗位津贴、绩效工资、加班工资、星级补贴、技能补贴、工龄补贴、餐房补以及其他各类激励等项目组成。

二、主要做法

（一）创新技能人才星级管理制度。企业根据技能岗位体系，对应岗位价值，进行星级的层级划分，分别为技能深化、技能拓展、能力拓展和匠心典范 4 个职层，分类标准与国家职业标准中的技能等级对应，一星员工到七星技

师分别与初级工到高级技师相匹配，其中七星技师需具备高级技师技能等级，六星技师、五星技师需具备技师技能等级。具体如下表：

技能人才从一星逐步晋升至七星，星级中又分小层级（L1—L3），真正实现小步快跑。为进一步加快技能人才的发展，公司对一年一次星级评价改为一年两次，每半年评价一次，整体评价不设晋升比例，真正实现让高技能人才快速上升，目前星级员工占技能人才的 76%。公司成立星级人才评价委员会，分别在专业工龄、职业资格、技能要求、人才培养、日常授课、技术技能攻关、年度绩效等维度作为申报条件，整体评价分理论考核和岗位技能考核。同时为鼓励技能人才不断向上晋升，针对不同星级对员工每月发放不同额度补贴。通过七星工匠之路，员工不断提升自身的技能水平，踊

表1 技能人才星级评定表

星级	角色定位	星级员工定位基准
七星技师	匠心典范	行业典范，企业技能工人的模范和榜样。
六星技师	能力拓展	掌握本职业的关键操作技能技术；能够独立处理和解决技术或工艺综合问题；在操作技能技术方面有创新；能组织指导他人进行工作；具有一定的管理能力，带领团队解决公司级课题。
五星技师		能够根据本部门工作计划，独立承担专项任务，熟练运用基本技能和专门技能完成复杂的工作，包括完成部分非常规性工作，能够独立处理工作中出现的问题，带领团队解决本厂部的课题。
四星员工	技能拓展	能够熟练运用基本技能独立完成相关联岗位的常规工作，并在特定情况下，能够运用专门技能完成较为复杂的工作，即达到本班组全通或完全掌握特殊定义岗位的操作、教授技能。能基于经验，自行制定业务计划、改善方案，并付诸实施，同时能指导辅助者。
三星员工		能够熟练运用基本技能独立完成岗位工作，能熟练教授关联岗位3个以上，能发现问题并进行改善。
二星员工	技能深化	能够接受业务处理方式的指示，准确无误地完成日常的定型业务且具备本岗位师傅带徒弟资格。
一星员工		具有本专业的基础知识和技能；能接受细节的指示，完成日常重复的、辅助性的定型业务。

跃参加星级评比，形成良好的争创工匠的氛围，目前企业涌现出省级技能大师、省级工匠、集团首席工匠，以及技师、高级技师人才超100人。

（二）实行高岗位价值，高薪资回报。 公司明确厂务公开制度，员工能清楚地知道工资的核算结构和核算标准。公司对所有技能一线岗位进行系统化、标准化的岗位价值评估，根据岗位价值评估结果，按S+、S、A+、A、B、C等6个等级进行从高到低划分，不同等级岗位对应不同的薪资标准。员工不但在班组内，甚至可以跨班组向高岗级岗位发展，横向打破了一线技能人才在原岗位一干到底，无法有效拓展自身技能的局面。同时各生产工艺会识别关键岗位，发放关键岗位储备人才技能补贴300元／月，既保障了关键工种不断层，也让储备人才获得薪资激励。

（三）自主开展技能评价，发放技能等级提升补贴。 公司自主开展技能等级鉴定工作，范围涉及整车制造冲压工、涂装工、汽车调试工、机动车检测工、汽车生产线操作工、汽车维修工等六大工种，每年鉴定人数在400人以上。企业在政府补贴基础上，会根据不同技能等级每月额外发放对应补贴，鼓励员工不断提升技能水平。

（四）针对技能人才设置多元化提案激励。 公司针对技能人才每月设置提案激励，根据等级对提出和实施提案进行相应的激励，同时作

为提问人参评"提案标兵"评优、岗位发展通道晋级等评价依据。提案分为8级（最低）—特级（最高），激励从30元到4000元不等，所有激励一次性当月激励。所有提案均由公司专家评审组进行严格审核，围绕技术创新改进、降本增效、节能降耗等主题开展。同时，定期评选提案之星，让员工不但能发挥自身岗位价值，还能进行有效改善创新，为公司创造更多的价值，也增强了自身的荣誉感和价值感。

（五）开展技能星级奋斗者称号评定。 公司设置技能人才季度星级奋斗者称号和年度星级奋斗者称号。季度奋斗者分为一星到四星，结合员工年度绩效等级评定年度星级奋斗者，同时发放星级奋斗者200—800元不等的激励，并在员工购房、购车优惠、夫妻房等各项优惠政策上给予倾斜。

三、经验启示

F公司以员工技能提升为目标，设计技能人才星级发展通道，提供星级补贴、等级提升补贴、优秀奋斗者补贴等技能人才补贴，各项举措都是以持续性长期激励为导向，鼓励员工在岗位上进行技能深耕，同时开展良性竞争，改革创新。这些做法不仅直接体现技能要素参与分配，同时也为技能人才职业发展和技能晋级开拓空间，有效激发了技能人才工作积极性和创新热情，激活了技能人才队伍。

浙江省人力资源和社会保障厅关于印发《关于进一步加强高技能人才与专业技术人才职业发展贯通的实施办法》的通知

浙人社发〔2022〕77号

各市、县（市、区）人力资源和社会保障局，省级有关单位：

为贯彻落实人社部《关于进一步加强高技能人才与专业技术人才职业发展贯通的实施意见》和省委省政府关于加强和改进新时代人才工作的要求，推进高技能人才和专业技术人才职业发展贯通，结合我省实际，我们制定了《关于进一步加强高技能人才与专业技术人才职业发展贯通的实施办法》，现印发给你们，请认真贯彻执行。

浙江省人力资源和社会保障厅

2022年11月17日

关于进一步加强高技能人才与专业技术人才职业发展贯通的实施办法

根据人社部《关于进一步加强高技能人才与专业技术人才职业发展贯通的实施意见》和省委省政府关于加强和改进新时代人才工作的要求，在总结工程技术领域人才贯通试点经验的基础上，结合我省实际，现就进一步加强我省高技能人才与专业技术人才职业发展贯通制定以下实施办法。

一、指导思想

以习近平新时代中国特色社会主义思想为指导，全面贯彻党的二十大精神，认真落实中央人才工作会议和省委人才工作会议要求，深入实施人才强省、创新强省首位战略，牢固树立新发展理念，破除束缚人才发展的体制机制障碍，建立完善理论与实践相结合、技术与技能相促进的人才评价使用激励机制，进一步激发高技能人才和专业技术人才创新创造活力，为忠实践行"八八战略"、奋力打造"重要窗口"，高质量发展推进中国特色社会主义共同富裕先行和省域现代化先行提供有力人才支撑。

261

二、基本原则

（一）**坚持问题导向。**聚焦技术技能人才职业发展中"独木桥""天花板"问题，推进职称制度与职业资格、职业技能等级制度有效衔接，支持高技能人才参加职称评审和职业资格考试，鼓励专业技术人才参加职业技能评价，搭建两类人才成长立交桥。

（二）**坚持科学评价。**进一步破除唯论文、唯学历、唯资历、唯奖项倾向，强化技术技能贡献，突出工作实绩，保持两类人才评价标准大体平衡，适当向高技能人才倾斜，让各类人才价值得到充分尊重和体现。

（三）**坚持以用为本。**立足实际工作岗位需要，充分发挥用人单位主体作用，促进人才评价与培养使用激励等措施相互衔接，着力提高技能人才待遇水平，营造有利于人才成长和发挥作用的制度环境。

（四）**坚持稳步推进。**根据我省产业发展和人才队伍建设需要，以工程技术领域为重点，在先行试点的基础上，总结经验、巩固成果、不断完善，稳步推进相关领域专业技术人才和高技能人才职业发展贯通。

三、贯通主要内容

（一）扩大贯通领域

以支持高技能人才参加工程系列职称评审为重点，将贯通领域扩大为工程、农业、工艺美术、文物博物、实验技术、艺术、体育和技工院校教师等职称系列。两类人才对照《技能人才职业（工种）与专技人才职称系列对应关系表》（见附件），参加相应系列职称评审或职业（工种）技能评价。

（二）高技能人才参加职称评审

1. 基本条件。遵纪守法，具有良好的职业道德和敬业精神。淡化学历要求，具备高级工以上职业资格或职业技能等级，均可参加相应系列职称评审，不将学历、论文、外语、计算机等作为高技能人才参加职称评审的限制性条件。高技能人才参加职称评审应在现工作岗位上近3年年度考核合格。

（1）获得相关职业（工种）高级工职业资格或职业技能等级后，从事技术技能工作满2年，可申报相应系列助理级职称评审。

（2）获得相关职业（工种）技师职业资格或职业技能等级后，从事技术技能工作满3年，可申报相应系列中级职称评审。

（3）获得相关职业（工种）高级技师职业资格或职业技能等级后，从事技术技能工作满4年，可申报相应系列副高级职称评审。

（4）获得相关职业（工种）特级技师、首席技师职业技能等级，且目前仍在与申报职业工作相关的技术技能领域工作，可申报相应系列正高级职称评审。

与所评职称专业相关的技能培训、技能人员继续教育学时，视同专业技术人员继续教育学时。

2. 直报条件。对长期在生产服务一线岗位从事技能工作，具有绝招、绝技、绝活，并为我省经济社会发展和重大战略实施作出突出贡献的高技能领军人才，建立职称评审绿色通道，符合条件的可直接申报相应职称。

（1）世界技能大赛优胜奖获得者、省技能手、省级技能大师工作室领办人、浙江工匠、省"百千万"高技能领军人才培养工程中入选的

"拔尖技能人才"，可直接申报中级职称。

（2）世界技能大赛银牌和铜牌获得者、全国技术能手、国家级技能大师工作室领办人、钱江技能大奖获得者、浙江杰出工匠、省"百千万"高技能领军人才培养工程入选的"杰出技能人才"，可直接申报副高级职称。

（3）世界技能大赛金牌获得者、中华技能大奖获得者、享受国务院政府特殊津贴的高技能人才、新时代突出贡献浙派工匠、浙江大工匠，可直接申报正高级职称。

3. 评价要求。充分体现高技能人才职业特点，坚持把职业道德放在评审的首位，强化技能贡献，突出职业能力和工作业绩，引导高技能人才爱岗敬业，弘扬工匠精神。注重评价科技成果转化应用、执行操作规程、解决生产难题、完成工作任务、参与技术改造革新、传技带徒等方面的能力和贡献，把技能技艺、工作实绩、产品质量、技术和专利发明、科研成果、技能竞赛成绩等作为评价的重要内容。

4. 评价办法。综合采用理论知识考试、技术技能操作考核、业绩评审、面试答辩、竞赛选拔等多种方式评价高技能人才。有条件的评委会在职称评审时，可对高技能人才单独分组、单独评审。积极吸纳优秀高技能人才进入评委会、专家库，参与制定评价标准，参加相关职称评委会评审。高技能人才统一通过"浙江省专业技术职务任职资格申报与评审管理服务平台"申报职称。

（三）高技能人才参加专业技术人员职业资格考试

积极支持我省符合条件的高技能人才，报名参加经济、会计、统计、审计、翻译、出版、通信、计算机技术与软件等专业技术人员职业

资格考试。技工院校中级工班、高级工班、预备技师（技师）班毕业生，参加上述资格考试报名时，可分别按相当于中专、大专、本科学历对待。

（四）专业技术人才参加职业技能评价

1. 参评条件。具有助理级以上职称，从事本职业（工种）或相关职业（工种）工作，可申请参加与现岗位相对应职业（工种）的职业技能评价。

（1）取得助理级职称，可申请参加相应职业（工种）高级工职业技能评价。

（2）取得中级职称，可申请参加相应职业（工种）技师职业技能评价。

（3）取得高级职称，可申请参加相应职业（工种）高级技师职业技能评价。

（4）取得正高级职称，可申请参加相应职业（工种）特级技师职业技能评价。参加首席技师职业技能评价的，原则上需先取得特级技师职业技能等级。

取得职业资格或职业技能等级1年后，可按累计工作年限申报相应职业（工种）晋级评价。

2. 考评要求。对参加职业技能评价的专业技术人才，应注重操作技能考核。对具有所申报职业相关专业毕业证书的，可免于理论知识考试。具有相应职业（工种）技能等级水平的优秀人才，可直接申报该职业（工种）的职业技能等级评价。

3. 参评渠道。专业技术人员申请参加职业技能等级认定，所在单位具备职业技能等级认定资质的，可自主选择参加所在单位或社会评价组织的职业技能等级认定；所在单位不具备有关资质的，应参加社会评价组织的职业技能

等级认定。申请参加准入类技能人员职业资格评价的，按照《国家职业资格目录（2021 版）》规定，向经备案的职业资格评价鉴定机构申报鉴定。

（五）加强评价制度与用人制度衔接

1. 鼓励取得职称的高技能人才坚守在生产服务一线，探索建立企业内部技能岗位等级与管理、技术岗位序列相互比照，专业技术岗位、经营管理岗位、技能岗位互相衔接机制。各类企业对在聘的高级工、技师、高级技师在学习进修、岗位聘任、职务职级晋升、评优评奖、科研项目申报等方面，比照助理级、中级和副高级专业技术人员享受同等待遇；聘用到特级技师岗位的人员，比照正高级职称人员享受同等待遇；首席技师薪酬待遇可参照本单位高级管理人员标准确定或根据实际确定，不低于特级技师薪酬待遇。

2. 鼓励用人单位研究制定高技能领军人才职业发展规划，实行高技能领军人才年薪制、股权期权激励，设立高技能领军人才特聘岗位津贴、带徒津贴等，按实际贡献给予高技能人才绩效奖励，切实提高高技能人才待遇水平。

3. 事业单位在编人员参评的，须符合岗位管理和评聘结合有关规定。

四、有关要求

（一）加强组织领导。各地人力社保部门和有关行业主管部门要充分认识加强高技能人才与专业技术人才职业发展贯通的重要意义，加强组织领导，扎实推进落实，聚焦关键问题，形成工作合力。

（二）完善评价标准。各地人力社保部门和有关行业主管部门要充分考虑技能人才的特点，修订完善职称评价标准；各技能评价机构应根据专业技术人才的特点，及时调整技能考评办法。

（三）强化监督管理。各地人力社保部门和有关行业主管部门要切实加强两类人才贯通工作监督管理，申报人通过弄虚作假、暗箱操作等违纪违规行为以及不按规定程序取得的职称和职业技能等级一律无效，记入诚信档案库，并视情追究相关人员责任。

（四）加强宣传引导。各地人力社保部门和有关行业主管部门要加快推动贯通工作落实落地。认真做好政策宣传解读，引导广大高技能人才和专业技术人才积极支持和参与贯通工作，促进人才流动和发展。

五、其他

《浙江省人力资源和社会保障厅转发人力资源社会保障部〈关于在工程技术领域实现高技能人才与工程技术人才职业发展贯通的意见（试行）〉的通知》（浙人社发〔2019〕31 号）等原政策规定与本办法不一致的，以本办法为准。

本办法自公布之日起 30 日后施行。

附件：技能人才职业（工种）与专技人才职称系列对应关系表

附件

技能人才职业（工种）与专技人才职称系列对应关系表

序号	职业工种	对应职称系列
1	保卫管理员	工程技术或实验技术
2	消防员	工程技术或实验技术
3	消防指挥员	工程技术或实验技术
4	消防装备管理员	工程技术或实验技术
5	消防安全管理员	工程技术或实验技术
6	消防监督检查员	工程技术或实验技术
7	森林消防员	工程技术或实验技术
8	森林火情瞭望观察员	工程技术或实验技术
9	应急救援员	工程技术或实验技术
10	轨道交通列车司机	工程技术或实验技术
11	轨道交通调度员	工程技术或实验技术
12	道路运输调度员	工程技术或实验技术
13	路况信息监控员	工程技术或实验技术
14	油气电站操作员	工程技术或实验技术
15	汽车救援员	工程技术或实验技术
16	航空运输地面服务员	工程技术或实验技术
17	机场运行指挥员	工程技术或实验技术
18	仓储管理员	工程技术或实验技术
19	物流服务师	工程技术或实验技术
20	供应链管理师	工程技术或实验技术
21	食品安全管理师	工程技术或实验技术
22	信息通信网络机务员	工程技术或实验技术
23	信息通信网络线务员	工程技术或实验技术
24	信息通信网络动力机务员	工程技术或实验技术
25	信息通信网络测量员	工程技术或实验技术
26	无线电监测与设备运维员	工程技术或实验技术
27	广播电视天线工	工程技术或实验技术
28	广播电视机线员	工程技术或实验技术
29	信息通信网络运行管理员	工程技术或实验技术
30	网络与信息安全管理员	工程技术或实验技术
31	信息通信信息化系统管理员	工程技术或实验技术

续表

序号	职业工种	对应职称系列
32	信息安全测试员	工程技术或实验技术
33	数字化解决方案设计师	工程技术或实验技术
34	密码技术应用员	工程技术或实验技术
35	计算机程序设计员	工程技术或实验技术
36	计算机软件测试员	工程技术或实验技术
37	数据库运行管理员	工程技术或实验技术
38	人工智能训练师	工程技术或实验技术
39	区块链应用操作员	工程技术或实验技术
40	服务机器人应用技术员	工程技术或实验技术
41	电子数据取证分析师	工程技术或实验技术
42	信息系统适配验证师	工程技术或实验技术
43	数字孪生应用技术员	工程技术或实验技术
44	虚拟现实产品设计师	工程技术或实验技术
45	中央空调系统运行操作员	工程技术或实验技术
46	智能楼宇管理员	工程技术或实验技术
47	保安员	工程技术或实验技术
48	消防设施操作员	工程技术或实验技术
49	安全防范系统安装维护员	工程技术或实验技术
50	航空气象员	工程技术或实验技术
51	人工影响天气特种作业操作员	工程技术或实验技术
52	海洋水文气象观测员	工程技术或实验技术
53	海洋浮标工	工程技术或实验技术
54	海洋水文调查员	工程技术或实验技术
55	海洋生物调查员	工程技术或实验技术
56	大地测量员	工程技术或实验技术
57	摄影测量员	工程技术或实验技术
58	地图绘制员	工程技术或实验技术
59	工程测量员	工程技术或实验技术
60	不动产测绘员	工程技术或实验技术
61	海洋测绘员	工程技术或实验技术
62	无人机测绘操控员	工程技术或实验技术
63	地理信息采集员	工程技术或实验技术
64	地理信息处理员	工程技术或实验技术
65	地理信息应用作业员	工程技术或实验技术
66	纤维检验员	工程技术或实验技术
67	贵金属首饰与宝玉石检测员	工程技术或实验技术
68	药物检验员	工程技术或实验技术
69	机动车检测工	工程技术或实验技术

续表

序号	职业工种	对应职称系列
70	计量员	工程技术或实验技术
71	电气电子产品检测员	工程技术或实验技术
72	公路水运工程试验检测员	工程技术或实验技术
73	建设工程质量检测员	工程技术或实验技术
74	环境监测员	工程技术或实验技术
75	地勘钻探工	工程技术或实验技术
76	地勘掘进工	工程技术或实验技术
77	物探工	工程技术或实验技术
78	地质调查员	工程技术或实验技术
79	地质实验员	工程技术或实验技术
80	建筑幕墙设计师	工程技术或实验技术
81	建筑信息模型技术员	工程技术或实验技术
82	河道修防工	工程技术或实验技术
83	水工混凝土维修工	工程技术或实验技术
84	水工土石维修工	工程技术或实验技术
85	水工监测工	工程技术或实验技术
86	水工闸门运行工	工程技术或实验技术
87	水文勘测工	工程技术或实验技术
88	水文勘测船工	工程技术或实验技术
89	水土保持员	工程技术或实验技术
90	灌区管理工	工程技术或实验技术
91	自然保护区巡护监测员	工程技术或实验技术
92	草地监护员	工程技术或实验技术
93	野生动物保护员	工程技术或实验技术
94	野生植物保护员	工程技术或实验技术
95	标本员	工程技术或实验技术
96	展出动物保育员	工程技术或实验技术
97	污水处理工	工程技术或实验技术
98	工业固体废物处理处置工	工程技术或实验技术
99	危险废物处理工	工程技术或实验技术
100	碳排放管理员	工程技术或实验技术
101	碳汇计量评估师	工程技术或实验技术
102	有害生物防制员	工程技术或实验技术
103	园林绿化工	工程技术或实验技术
104	草坪园艺师	工程技术或实验技术
105	盆景工	工程技术或实验技术
106	假山工	工程技术或实验技术
107	插花花艺师	工程技术或实验技术

续表

序号	职业工种	对应职称系列
108	汽车维修工	工程技术或实验技术
109	摩托车修理工	工程技术或实验技术
110	电池及电池系统维修保养师	工程技术或实验技术
111	计算机维修工	工程技术或实验技术
112	办公设备维修工	工程技术或实验技术
113	信息通信网络终端维修员	工程技术或实验技术
114	家用电器产品维修工	工程技术或实验技术
115	家用电子产品维修工	工程技术或实验技术
116	自行车与电动自行车维修工	工程技术或实验技术
117	修鞋工	工程技术或实验技术
118	钟表维修工	工程技术或实验技术
119	锁具修理工	工程技术或实验技术
120	燃气具安装维修工	工程技术或实验技术
121	照相器材维修工	工程技术或实验技术
122	乐器维修工	工程技术或实验技术
123	热带作物栽培工	工程技术或实验技术
124	林木种苗工	工程技术或实验技术
125	造林更新工	工程技术或实验技术
126	护林员	工程技术或实验技术
127	森林抚育工	工程技术或实验技术
128	水生动物苗种繁育工	工程技术或实验技术
129	水生植物苗种培育工	工程技术或实验技术
130	水生动物饲养工	工程技术或实验技术
131	水生植物栽培工	工程技术或实验技术
132	水产养殖潜水工	工程技术或实验技术
133	水产捕捞工	工程技术或实验技术
134	农业数字化技术员	工程技术或实验技术
135	林业有害生物防治员	工程技术或实验技术
136	水生物病害防治员	工程技术或实验技术
137	水生物检疫检验员	工程技术或实验技术
138	沼气工	工程技术或实验技术
139	农村节能员	工程技术或实验技术
140	太阳能利用工	工程技术或实验技术
141	微水电利用工	工程技术或实验技术
142	小风电利用工	工程技术或实验技术
143	农村环境保护工	工程技术或实验技术
144	农机修理工	工程技术或实验技术
145	园艺产品加工工	工程技术或实验技术

续表

序号	职业工种	对应职称系列
146	热带作物初制工	工程技术或实验技术
147	植物原料制取工	工程技术或实验技术
148	竹藤师	工程技术或实验技术
149	经济昆虫产品加工工	工程技术或实验技术
150	水产品原料处理工	工程技术或实验技术
151	制米工	工程技术或实验技术
152	制粉工	工程技术或实验技术
153	制油工	工程技术或实验技术
154	食糖制造工	工程技术或实验技术
155	畜禽屠宰加工工	工程技术或实验技术
156	畜禽副产品加工工	工程技术或实验技术
157	肉制品加工工	工程技术或实验技术
158	蛋类制品加工工	工程技术或实验技术
159	水产品加工工	工程技术或实验技术
160	水产制品精制工	工程技术或实验技术
161	果蔬坚果加工工	工程技术或实验技术
162	淀粉与淀粉糖制造工	工程技术或实验技术
163	植物蛋白制作工	工程技术或实验技术
164	豆制品制作工	工程技术或实验技术
165	糕点面包烘焙工	工程技术或实验技术
166	糕点装饰师	工程技术或实验技术
167	糖果巧克力制造工	工程技术或实验技术
168	果脯蜜钱加工工	工程技术或实验技术
169	米面主食制作工	工程技术或实验技术
170	冷冻食品制作工	工程技术或实验技术
171	罐头食品加工工	工程技术或实验技术
172	乳品加工工	工程技术或实验技术
173	味精制造工	工程技术或实验技术
174	酱油酱类制作工	工程技术或实验技术
175	食醋制作工	工程技术或实验技术
176	精制制盐工	工程技术或实验技术
177	酶制剂制造工	工程技术或实验技术
178	柠檬酸制造工	工程技术或实验技术
179	酱脆菜制作工	工程技术或实验技术
180	酿酒师	工程技术或实验技术
181	酒精酿造工	工程技术或实验技术
182	白酒酿造工	工程技术或实验技术
183	啤酒酿造工	工程技术或实验技术

续表

序号	职业工种	对应职称系列
184	黄酒酿造工	工程技术或实验技术
185	果露酒酿造工	工程技术或实验技术
186	麦芽制麦工	工程技术或实验技术
187	饮料制作工	工程技术或实验技术
188	酒体设计师	工程技术或实验技术
189	烟叶调制员	工程技术或实验技术
190	烟用二醋片制造工	工程技术或实验技术
191	烟用丝束制造工	工程技术或实验技术
192	烟机设备操作工	工程技术或实验技术
193	开清棉工	工程技术或实验技术
194	丝麻毛纤维预处理工	工程技术或实验技术
195	纺织纤维梳理工	工程技术或实验技术
196	并条工	工程技术或实验技术
197	粗纱工	工程技术或实验技术
198	纺纱工	工程技术或实验技术
199	媒丝工	工程技术或实验技术
200	整经工	工程技术或实验技术
201	浆纱浆染工	工程技术或实验技术
202	织布工	工程技术或实验技术
203	意匠纹版工	工程技术或实验技术
204	纬编工	工程技术或实验技术
205	经编工	工程技术或实验技术
206	横机工	工程技术或实验技术
207	非织造布制造工	工程技术或实验技术
208	印染前处理工	工程技术或实验技术
209	纺织染色工	工程技术或实验技术
210	印花工	工程技术或实验技术
211	纺织印花制版工	工程技术或实验技术
212	印染后整理工	工程技术或实验技术
213	印染染化料配制工	工程技术或实验技术
214	工艺染织品制作工	工程技术或实验技术
215	服装制版师	工程技术或实验技术
216	裁剪工	工程技术或实验技术
217	缝纫工	工程技术或实验技术
218	缝纫品整型工	工程技术或实验技术
219	服装水洗工	工程技术或实验技术
220	绒线编织拼布工	工程技术或实验技术
221	皮革及皮革制品加工工	工程技术或实验技术

续表

序号	职业工种	对应职称系列
222	毛皮及毛皮制品加工工	工程技术或实验技术
223	羽绒羽毛加工及制品充填工	工程技术或实验技术
224	制鞋工	工程技术或实验技术
225	制帽工	工程技术或实验技术
226	制材工	工程技术或实验技术
227	木竹藤材处理工	工程技术或实验技术
228	胶合板工	工程技术或实验技术
229	纤维板工	工程技术或实验技术
230	刨花板工	工程技术或实验技术
231	浸渍纸层压板板工	工程技术或实验技术
232	人造板饰面工	工程技术或实验技术
233	机械木工	工程技术或实验技术
234	木地板制造工	工程技术或实验技术
235	家具制作工	工程技术或实验技术
236	制浆工	工程技术或实验技术
237	制浆废液回收利用工	工程技术或实验技术
238	造纸工	工程技术或实验技术
239	纸张整饰工	工程技术或实验技术
240	宣纸书画纸制作工	工程技术或实验技术
241	纸箱纸盒制作工	工程技术或实验技术
242	印刷操作员	工程技术或实验技术
243	印后制作员	工程技术或实验技术
244	音像制品和电子出版物复制员	工程技术或实验技术
245	自来水笔制造工	工程技术或实验技术
246	圆珠笔制造工	工程技术或实验技术
247	铅笔制造工	工程技术或实验技术
248	毛笔制作工	工程技术或实验技术
249	记号笔制造工	工程技术或实验技术
250	墨制作工	工程技术或实验技术
251	墨水墨汁制造工	工程技术或实验技术
252	绘图仪器制作工	工程技术或实验技术
253	印泥制作工	工程技术或实验技术
254	钢琴及键盘乐器制作工	工程技术或实验技术
255	提琴吉他制作工	工程技术或实验技术
256	管乐器制作工	工程技术或实验技术
257	民族拉弦弹拨乐器制作工	工程技术或实验技术
258	吹奏乐器制作工	工程技术或实验技术
259	打击乐器制作工	工程技术或实验技术

续表

序号	职业工种	对应职称系列
260	电鸣乐器制作工	工程技术或实验技术
261	制球工	工程技术或实验技术
262	球拍球网制作工	工程技术或实验技术
263	健身器材制作工	工程技术或实验技术
264	玩具制作工	工程技术或实验技术
265	原油蒸馏工	工程技术或实验技术
266	催化裂化工	工程技术或实验技术
267	蜡油渣油加氢工	工程技术或实验技术
268	渣油热加工工	工程技术或实验技术
269	石脑油加工工	工程技术或实验技术
270	炼厂气加工工	工程技术或实验技术
271	润滑油脂生产工	工程技术或实验技术
272	石油产品精制工	工程技术或实验技术
273	油制气工	工程技术或实验技术
274	油品储运工	工程技术或实验技术
275	油母页岩提炼工	工程技术或实验技术
276	炼焦煤制备工	工程技术或实验技术
277	炼焦工	工程技术或实验技术
278	煤制烯煌生产工	工程技术或实验技术
279	煤制油生产工	工程技术或实验技术
280	煤制气工	工程技术或实验技术
281	水煤浆制备工	工程技术或实验技术
282	工业型煤工	工程技术或实验技术
283	煤提质工	工程技术或实验技术
284	化工原料准备工	工程技术或实验技术
285	化工单元操作工	工程技术或实验技术
286	化工总控工	工程技术或实验技术
287	制冷工	工程技术或实验技术
288	工业清洗工	工程技术或实验技术
289	腐蚀控制工	工程技术或实验技术
290	硫酸生产工	工程技术或实验技术
291	硝酸生产工	工程技术或实验技术
292	盐酸生产工	工程技术或实验技术
293	磷酸生产工	工程技术或实验技术
294	纯碱生产工	工程技术或实验技术
295	烧碱生产工	工程技术或实验技术
296	无机盐生产工	工程技术或实验技术
297	提硝工	工程技术或实验技术

续表

序号	职业工种	对应职称系列
298	卤水综合利用工	工程技术或实验技术
299	无机化学反应生产工	工程技术或实验技术
300	脂肪烃生产工	工程技术或实验技术
301	芳香烃生产工	工程技术或实验技术
302	脂肪烃衍生物生产工	工程技术或实验技术
303	芳香烃衍生物生产工	工程技术或实验技术
304	有机合成工	工程技术或实验技术
305	合成氨生产工	工程技术或实验技术
306	尿素生产工	工程技术或实验技术
307	硝酸铵生产工	工程技术或实验技术
308	硫酸铵生产工	工程技术或实验技术
309	过磷酸钙生产工	工程技术或实验技术
310	复混肥生产工	工程技术或实验技术
311	钙镁磷肥生产工	工程技术或实验技术
312	押肥生产工	工程技术或实验技术
313	农药生产工	工程技术或实验技术
314	涂料生产工	工程技术或实验技术
315	油墨制造工	工程技术或实验技术
316	颜料生产工	工程技术或实验技术
317	染料生产工	工程技术或实验技术
318	合成树脂生产工	工程技术或实验技术
319	合成橡胶生产工	工程技术或实验技术
320	催化剂生产工	工程技术或实验技术
321	总溶剂生产工	工程技术或实验技术
322	化学试剂生产工	工程技术或实验技术
323	印染助剂生产工	工程技术或实验技术
324	表面活性剂制造工	工程技术或实验技术
325	化工添加剂生产工	工程技术或实验技术
326	油脂化工产品制造工	工程技术或实验技术
327	动物胶制造工	工程技术或实验技术
328	人造板制胶工	工程技术或实验技术
329	有机硅生产工	工程技术或实验技术
330	有机氟生产工	工程技术或实验技术
331	松香工	工程技术或实验技术
332	松节油制品工	工程技术或实验技术
333	活性炭生产工	工程技术或实验技术
334	拷胶生产工	工程技术或实验技术
335	紫胶生产工	工程技术或实验技术

续表

序号	职业工种	对应职称系列
336	栓皮制品工	工程技术或实验技术
337	植物原料水解工	工程技术或实验技术
338	感光材料生产工	工程技术或实验技术
339	胶印板材生产工	工程技术或实验技术
340	柔性板材生产工	工程技术或实验技术
341	磁记录材料生产工	工程技术或实验技术
342	热转移防护膜涂布工	工程技术或实验技术
343	平板显示膜生产工	工程技术或实验技术
344	甘油制造工	工程技术或实验技术
345	生物质化工产品生产工	工程技术或实验技术
346	雷管制造工	工程技术或实验技术
347	索状爆破器材制造工	工程技术或实验技术
348	火工品装配工	工程技术或实验技术
349	火工品管理工	工程技术或实验技术
350	烟花爆竹工	工程技术或实验技术
351	合成洗涤剂制造工	工程技术或实验技术
352	肥皂制造工	工程技术或实验技术
353	化妆品配方师	工程技术或实验技术
354	化妆品制造工	工程技术或实验技术
355	口腔清洁剂制造工	工程技术或实验技术
356	香料制造工	工程技术或实验技术
357	调香师	工程技术或实验技术
358	香精配制工	工程技术或实验技术
359	火柴制造工	工程技术或实验技术
360	日用化学用品配方师	工程技术或实验技术
361	化学合成制药工	工程技术或实验技术
362	中药炮制工	工程技术或实验技术
363	药物制剂工	工程技术或实验技术
364	兽药制造工	工程技术或实验技术
365	生化药品制造工	工程技术或实验技术
366	发酵工程制药工	工程技术或实验技术
367	疫苗制品工	工程技术或实验技术
368	血液制品工	工程技术或实验技术
369	基因工程药品生产工	工程技术或实验技术
370	化纤聚合工	工程技术或实验技术
371	纺丝原液制造工	工程技术或实验技术
372	纺丝工	工程技术或实验技术
373	化纤后处理工	工程技术或实验技术

序号	职业工种	对应职称系列
374	橡胶制品生产工	工程技术或实验技术
375	轮胎翻修工	工程技术或实验技术
376	塑料制品成型制作工	工程技术或实验技术
377	水泥生产工	工程技术或实验技术
378	水泥混凝土制品工	工程技术或实验技术
379	石灰锻烧工	工程技术或实验技术
380	石膏粉生产工	工程技术或实验技术
381	石膏制品生产工	工程技术或实验技术
382	预拌混凝土生产工	工程技术或实验技术
383	砖瓦生产工	工程技术或实验技术
384	加气混凝土制品工	工程技术或实验技术
385	石材生产工	工程技术或实验技术
386	人造石生产加工工	工程技术或实验技术
387	防水卷材制造工	工程技术或实验技术
388	保温材料制造工	工程技术或实验技术
389	吸音材料制造工	工程技术或实验技术
390	砂石骨料生产工	工程技术或实验技术
391	玻璃配料熔化工	工程技术或实验技术
392	玻璃及玻璃制品成型工	工程技术或实验技术
393	玻璃加工工	工程技术或实验技术
394	玻璃制品加工工	工程技术或实验技术
395	电子玻璃制品加工工	工程技术或实验技术
396	石英玻璃制品加工工	工程技术或实验技术
397	玻璃纤维及制品工	工程技术或实验技术
398	玻璃钢制品工	工程技术或实验技术
399	耐火原料加工成型工	工程技术或实验技术
400	耐火材料烧成工	工程技术或实验技术
401	耐火制品加工工	工程技术或实验技术
402	耐火纤维制品工	工程技术或实验技术
403	炭素段烧工	工程技术或实验技术
404	炭素成型工	工程技术或实验技术
405	炭素烽烧工	工程技术或实验技术
406	炭素浸渍工	工程技术或实验技术
407	石墨化工	工程技术或实验技术
408	炭素制品工	工程技术或实验技术
409	炭素特种材料工	工程技术或实验技术
410	人工合成晶体工	工程技术或实验技术
411	高岭土加工工	工程技术或实验技术

续表

序号	职业工种	对应职称系列
412	珍珠岩加工工	工程技术或实验技术
413	石棉制品工	工程技术或实验技术
414	云母制品工	工程技术或实验技术
415	露天采矿工	工程技术或实验技术
416	露天矿物开采辅助工	工程技术或实验技术
417	运矿排土工	工程技术或实验技术
418	矿井开掘工	工程技术或实验技术
419	井下采矿工	工程技术或实验技术
420	井下支护工	工程技术或实验技术
421	井下机车运输工	工程技术或实验技术
422	矿山提升设备操作工	工程技术或实验技术
423	矿井通风工	工程技术或实验技术
424	矿山安全防护工	工程技术或实验技术
425	矿山安全设备监测检修工	工程技术或实验技术
426	矿山救护工	工程技术或实验技术
427	矿山生产集控员	工程技术或实验技术
428	矿石处理工	工程技术或实验技术
429	选矿工	工程技术或实验技术
430	选矿脱水工	工程技术或实验技术
431	尾矿工	工程技术或实验技术
432	石油勘探工	工程技术或实验技术
433	钻井工	工程技术或实验技术
434	钻井协作工	工程技术或实验技术
435	井下作业设备操作维修工	工程技术或实验技术
436	水下钻井设备操作工	工程技术或实验技术
437	油气水井测试工	工程技术或实验技术
438	石油开采工	工程技术或实验技术
439	天然气开采工	工程技术或实验技术
440	煤层气排采集输工	工程技术或实验技术
441	天然气处理工	工程技术或实验技术
442	油气输送工	工程技术或实验技术
443	油气管道维护工	工程技术或实验技术
444	海上平台水手	工程技术或实验技术
445	海盐制盐工	工程技术或实验技术
446	湖盐制盐工	工程技术或实验技术
447	井矿盐制盐工	工程技术或实验技术
448	烧结球团原料工	工程技术或实验技术
449	粉矿烧结工	工程技术或实验技术

续表

序号	职业工种	对应职称系列
450	球团烽烧工	工程技术或实验技术
451	烧结成品工	工程技术或实验技术
452	高炉原料工	工程技术或实验技术
453	高炉炼铁工	工程技术或实验技术
454	高炉运转工	工程技术或实验技术
455	炼钢原料工	工程技术或实验技术
456	炼钢工	工程技术或实验技术
457	炼钢浇铸工	工程技术或实验技术
458	炼钢准备工	工程技术或实验技术
459	整模脱模工	工程技术或实验技术
460	铸管备品工	工程技术或实验技术
461	铸管工	工程技术或实验技术
462	铸管精整工	工程技术或实验技术
463	铁合金原料工	工程技术或实验技术
464	铁合金火法冶炼工	工程技术或实验技术
465	铁合金烽烧工	工程技术或实验技术
466	铁合金湿法冶炼工	工程技术或实验技术
467	饥氮合金工	工程技术或实验技术
468	重冶备料工	工程技术或实验技术
469	重金属物料烽烧工	工程技术或实验技术
470	重冶火法冶炼工	工程技术或实验技术
471	重冶湿法冶炼工	工程技术或实验技术
472	电解精炼工	工程技术或实验技术
473	氧化铝制取工	工程技术或实验技术
474	铝电解工	工程技术或实验技术
475	钱冶炼工	工程技术或实验技术
476	硅冶炼工	工程技术或实验技术
477	鸽铟冶炼工	工程技术或实验技术
478	钮尼冶炼工	工程技术或实验技术
479	铁冶炼工	工程技术或实验技术
480	稀土冶炼工	工程技术或实验技术
481	稀土材料生产工	工程技术或实验技术
482	贵金属冶炼工	工程技术或实验技术
483	里冶炼工	工程技术或实验技术
484	半导体辅料制备工	工程技术或实验技术
485	多晶硅制取工	工程技术或实验技术
486	轧制原料工	工程技术或实验技术
487	金属轧制工	工程技术或实验技术

续表

序号	职业工种	对应职称系列
488	金属材酸碱洗工	工程技术或实验技术
489	金属材涂层机组操作工	工程技术或实验技术
490	金属材热处理工	工程技术或实验技术
491	焊管机组操作工	工程技术或实验技术
492	金属材精整工	工程技术或实验技术
493	金属材丝拉拔工	工程技术或实验技术
494	金属挤压工	工程技术或实验技术
495	铸轧工	工程技术或实验技术
496	钢丝绳制造工	工程技术或实验技术
497	硬质合金混合料工	工程技术或实验技术
498	硬质合金成型工	工程技术或实验技术
499	硬质合金烧结工	工程技术或实验技术
500	硬质合金精加工工	工程技术或实验技术
501	车工	工程技术或实验技术
502	筑工	工程技术或实验技术
503	刨插工	工程技术或实验技术
504	磨工	工程技术或实验技术
505	铣工	工程技术或实验技术
506	钻床工	工程技术或实验技术
507	多工序数控机床操作调整工	工程技术或实验技术
508	电切削工	工程技术或实验技术
509	拉床工	工程技术或实验技术
510	下料工	工程技术或实验技术
511	圳工	工程技术或实验技术
512	冲压工	工程技术或实验技术
513	增材制造设备操作员	工程技术或实验技术
514	铸造工	工程技术或实验技术
515	锻造工	工程技术或实验技术
516	金属热处理工	工程技术或实验技术
517	焊工	工程技术或实验技术
518	机械加工材料切割工	工程技术或实验技术
519	粉末冶金制品制造工	工程技术或实验技术
520	镀层工	工程技术或实验技术
521	镀膜工	工程技术或实验技术
522	涂装工	工程技术或实验技术
523	喷涂喷焊工	工程技术或实验技术
524	模具工	工程技术或实验技术
525	模型制作工	工程技术或实验技术

续表

序号	职业工种	对应职称系列
526	磨料制造工	工程技术或实验技术
527	磨具制造工	工程技术或实验技术
528	量具和刃具制造工	工程技术或实验技术
529	工具钳工	工程技术或实验技术
530	工具五金制作工	工程技术或实验技术
531	建筑五金制品制作工	工程技术或实验技术
532	锁具制作工	工程技术或实验技术
533	金属炊具及器皿制作工	工程技术或实验技术
534	日用五金制品制作工	工程技术或实验技术
535	搪瓷制品制造工	工程技术或实验技术
536	眼镜架制作工	工程技术或实验技术
537	金结制作工	工程技术或实验技术
538	装配钳工	工程技术或实验技术
539	轴承制造工	工程技术或实验技术
540	齿轮制造工	工程技术或实验技术
541	减变速机装配调试工	工程技术或实验技术
542	链传动部件制造工	工程技术或实验技术
543	紧固件制造工	工程技术或实验技术
544	弹簧工	工程技术或实验技术
545	锅炉设备制造工	工程技术或实验技术
546	内燃机装配调试工	工程技术或实验技术
547	汽轮机装配调试工	工程技术或实验技术
548	风电机组制造工	工程技术或实验技术
549	机床装调维修工	工程技术或实验技术
550	焊接设备装配调试工	工程技术或实验技术
551	焊接材料制造工	工程技术或实验技术
552	电梯装配调试工	工程技术或实验技术
553	泵装配调试工	工程技术或实验技术
554	真空设备装配调试工	工程技术或实验技术
555	压缩机装配调试工	工程技术或实验技术
556	风机装配调试工	工程技术或实验技术
557	过滤与分离机械装配调试工	工程技术或实验技术
558	气体分离设备装配调试工	工程技术或实验技术
559	制冷空调设备装配工	工程技术或实验技术
560	阀门装配调试工	工程技术或实验技术
561	液压液力气动密封件制造工	工程技术或实验技术
562	工业炉及电炉装配工	工程技术或实验技术
563	膜法水处理材料和设备制造工	工程技术或实验技术

续表

序号	职业工种	对应职称系列
564	电渗析器制造工	工程技术或实验技术
565	电动工具制造工	工程技术或实验技术
566	衡器装配调试工	工程技术或实验技术
567	电影电教设备制造工	工程技术或实验技术
568	照相机及器材制造工	工程技术或实验技术
569	复印设备制造工	工程技术或实验技术
570	办公小机械制造工	工程技术或实验技术
571	光学镜头制造工	工程技术或实验技术
572	静电成像设备耗材制造工	工程技术或实验技术
573	办公设备与耗材再制造工	工程技术或实验技术
574	矿用电机车装配工	工程技术或实验技术
575	工程机械装配调试工	工程技术或实验技术
576	印刷设备装配调试工	工程技术或实验技术
577	缝制机械装配调试工	工程技术或实验技术
578	电子专用设备装调工	工程技术或实验技术
579	真空测试工	工程技术或实验技术
580	拖拉机制造工	工程技术或实验技术
581	耕种机械制造工	工程技术或实验技术
582	灌溉机械制造工	工程技术或实验技术
583	收获机械制造工	工程技术或实验技术
584	医疗器械装配工	工程技术或实验技术
585	矫形器装配工	工程技术或实验技术
586	假肢装配工	工程技术或实验技术
587	医用材料产品生产工	工程技术或实验技术
588	汽车生产线操作工	工程技术或实验技术
589	汽车饰件制造工	工程技术或实验技术
590	汽车零部件再制造工	工程技术或实验技术
591	汽车装调工	工程技术或实验技术
592	汽车回收拆解工	工程技术或实验技术
593	铁路机车制修工	工程技术或实验技术
594	铁路车辆制修工	工程技术或实验技术
595	动车组制修师	工程技术或实验技术
596	铁路机车车辆制动钳工	工程技术或实验技术
597	道岔钳工	工程技术或实验技术
598	金属船体制造工	工程技术或实验技术
599	船舶机械装配工	工程技术或实验技术
600	船舶电气装配工	工程技术或实验技术
601	船舶附件制造工	工程技术或实验技术

续表

序号	职业工种	对应职称系列
602	船舶木塑帆缆制造工	工程技术或实验技术
603	拆船工	工程技术或实验技术
604	飞机装配工	工程技术或实验技术
605	飞机系统安装调试工	工程技术或实验技术
606	航空发动机装配工	工程技术或实验技术
607	航空螺旋桨装配工	工程技术或实验技术
608	航空电气安装调试工	工程技术或实验技术
609	航空附件装配	工程技术或实验技术
610	航空仪表装配工	工程技术或实验技术
611	航空装配平衡工	工程技术或实验技术
612	飞机无线电设备安装调试工	工程技术或实验技术
613	飞机雷达安装调试工	工程技术或实验技术
614	飞机特种设备检测与修理工	工程技术或实验技术
615	飞机透明件制造胶接装配工	工程技术或实验技术
616	飞机外场调试与维护工	工程技术或实验技术
617	航空环控救生装备工	工程技术或实验技术
618	无人机装调检修工	工程技术或实验技术
619	摩托车装调工	工程技术或实验技术
620	自行车与电动自行车装配工	工程技术或实验技术
621	电机制造工	工程技术或实验技术
622	变压器互感器制造工	工程技术或实验技术
623	高低压电器及成套设备装配工	工程技术或实验技术
624	电力电容器及其装置制造工	工程技术或实验技术
625	光伏组件制造工	工程技术或实验技术
626	电线电缆制造工	工程技术或实验技术
627	光纤光缆制造工	工程技术或实验技术
628	绝缘制品制造工	工程技术或实验技术
629	电工合金电触头制造工	工程技术或实验技术
630	电器附件制造工	工程技术或实验技术
631	电池制造工	工程技术或实验技术
632	家用电冰箱制造工	工程技术或实验技术
633	空调器制造工	工程技术或实验技术
634	洗衣机制造工	工程技术或实验技术
635	小型家用电器制造工	工程技术或实验技术
636	燃气具制造工	工程技术或实验技术
637	电光源制造工	工程技术或实验技术
638	灯具制造工	工程技术或实验技术
639	轨道交通通信信号设备制造工	工程技术或实验技术

续表

序号	职业工种	对应职称系列
640	电容器制造工	工程技术或实验技术
641	电阻器制造工	工程技术或实验技术
642	微波铁氧体元器件制造工	工程技术或实验技术
643	石英晶体生长设备操作工	工程技术或实验技术
644	压电石英晶片加工工	工程技术或实验技术
645	石英晶体元器件制造工	工程技术或实验技术
646	电声器件制造工	工程技术或实验技术
647	水声换能器制造工	工程技术或实验技术
648	继电器制造工	工程技术或实验技术
649	高频电感器制造工	工程技术或实验技术
650	电器接插件制造工	工程技术或实验技术
651	电子产品制版工	工程技术或实验技术
652	印制电路制作工	工程技术或实验技术
653	薄膜加热器件制造工	工程技术或实验技术
654	温差电器件制造工	工程技术或实验技术
655	电子绝缘与介质材料制造工	工程技术或实验技术
656	真空电子器件零件制造及装调工	工程技术或实验技术
657	电极丝制造工	工程技术或实验技术
658	液晶显示器件制造工	工程技术或实验技术
659	晶片加工工	工程技术或实验技术
660	半导体芯片制造工	工程技术或实验技术
661	半导体分立器件和集成电路装调工	工程技术或实验技术
662	磁头制造工	工程技术或实验技术
663	计算机及外部设备装配调试员	工程技术或实验技术
664	通信系统设备制造工	工程技术或实验技术
665	通信终端设备制造工	工程技术或实验技术
666	雷达装调工	工程技术或实验技术
667	激光设备安装调试员	工程技术或实验技术
668	智能硬件装调员	工程技术或实验技术
669	电子设备机械装校工	工程技术或实验技术
670	电子设备装接工	工程技术或实验技术
671	电子设备调试工	工程技术或实验技术
672	物联网安装调试员	工程技术或实验技术
673	仪器仪表制造工	工程技术或实验技术
674	钟表及计时仪器制造工	工程技术或实验技术
675	再生物资加工处理工	工程技术或实验技术
676	锅炉运行值班员	工程技术或实验技术
677	燃料值班员	工程技术或实验技术

序号	职业工种	对应职称系列
678	汽轮机运行值班员	工程技术或实验技术
679	燃气轮机值班员	工程技术或实验技术
680	发电集控值班员	工程技术或实验技术
681	电气值班员	工程技术或实验技术
682	火电厂氢冷值班员	工程技术或实验技术
683	余热余压利用系统操作工	工程技术或实验技术
684	水力发电运行值班员	工程技术或实验技术
685	光伏发电运维值班员	工程技术或实验技术
686	锅炉操作工	工程技术或实验技术
687	风力发电运维值班员	工程技术或实验技术
688	供热管网系统运行工	工程技术或实验技术
689	变配电运行值班员	工程技术或实验技术
690	继电保护员	工程技术或实验技术
691	燃气储运工	工程技术或实验技术
692	气体深冷分离工	工程技术或实验技术
693	工业气体生产工	工程技术或实验技术
694	工业气体液化工	工程技术或实验技术
695	工业废气治理工	工程技术或实验技术
696	压缩机操作工	工程技术或实验技术
697	风机操作工	工程技术或实验技术
698	水生产处理工	工程技术或实验技术
699	水供应输排工	工程技术或实验技术
700	工业废水处理工	工程技术或实验技术
701	司泵工	工程技术或实验技术
702	管廊运维员	工程技术或实验技术
703	砌筑工	工程技术或实验技术
704	石工	工程技术或实验技术
705	混凝土工	工程技术或实验技术
706	钢筋工	工程技术或实验技术
707	架子工	工程技术或实验技术
708	装配式建筑施工员	工程技术或实验技术
709	乡村建设工匠	工程技术或实验技术
710	铁路自轮运转设备工	工程技术或实验技术
711	铁路线桥工	工程技术或实验技术
712	筑路工	工程技术或实验技术
713	公路养护工	工程技术或实验技术
714	桥隧工	工程技术或实验技术
715	凿岩工	工程技术或实验技术

续表

序号	职业工种	对应职称系列
716	爆破工	工程技术或实验技术
717	防水工	工程技术或实验技术
718	水运工程施工工	工程技术或实验技术
719	水工建构筑物维护检修工	工程技术或实验技术
720	电力电缆安装运维工	工程技术或实验技术
721	送配电线路工	工程技术或实验技术
722	牵引电力线路安装维护工	工程技术或实验技术
723	舟桥工	工程技术或实验技术
724	管道工	工程技术或实验技术
725	铁路综合维修工	工程技术或实验技术
726	城市轨道交通检修工	工程技术或实验技术
727	机械设备安装工	工程技术或实验技术
728	电气设备安装工	工程技术或实验技术
729	电梯安装维护工	工程技术或实验技术
730	管工	工程技术或实验技术
731	制冷空调系统安装维修工	工程技术或实验技术
732	锅炉设备安装工	工程技术或实验技术
733	发电设备安装工	工程技术或实验技术
734	电力电气设备安装工	工程技术或实验技术
735	轨道交通通信工	工程技术或实验技术
736	轨道交通信号工	工程技术或实验技术
737	装饰装修工	工程技术或实验技术
738	建筑门窗幕墙安装工	工程技术或实验技术
739	照明工程施工员	工程技术或实验技术
740	古建筑工	工程技术或实验技术
741	专用车辆驾驶员	工程技术或实验技术
742	铁路车站行车作业员	工程技术或实验技术
743	铁路车站调车作业员	工程技术或实验技术
744	机车调度值班员	工程技术或实验技术
745	机车整备员	工程技术或实验技术
746	救援机械操作员	工程技术或实验技术
747	铁路试验检测设备维修工	工程技术或实验技术
748	铁路电源工	工程技术或实验技术
749	起重装卸机械操作工	工程技术或实验技术
750	起重工	工程技术或实验技术
751	输送机操作工	工程技术或实验技术
752	索道运输机械操作工	工程技术或实验技术
753	挖掘铲运和桩工机械司机	工程技术或实验技术

续表

序号	职业工种	对应职称系列
754	设备点检员	工程技术或实验技术
755	机修钳工	工程技术或实验技术
756	电工	工程技术或实验技术
757	仪器仪表维修工	工程技术或实验技术
758	锅炉设备检修工	工程技术或实验技术
759	汽轮机和水轮机检修工	工程技术或实验技术
760	电机检修工	工程技术或实验技术
761	变电设备检修工	工程技术或实验技术
762	工程机械维修工	工程技术或实验技术
763	机电设备维修工	工程技术或实验技术
764	船舶修理工	工程技术或实验技术
765	航空器机械维护员	工程技术或实验技术
766	航空器部件修理工	工程技术或实验技术
767	航空发动机修理工	工程技术或实验技术
768	航空器外场维护员	工程技术或实验技术
769	化学检验员	工程技术或实验技术
770	物理性能检验员	工程技术或实验技术
771	生化检验员	工程技术或实验技术
772	无损检测员	工程技术或实验技术
773	质检员	工程技术或实验技术
774	试验员	工程技术或实验技术
775	称重计量工	工程技术或实验技术
776	包装工	工程技术或实验技术
777	安全员	工程技术或实验技术
778	工业机器人系统运维员	工程技术或实验技术
779	工业视觉系统运维员	工程技术或实验技术
780	工业机器人系统操作员	工程技术或实验技术
781	装潢美术设计师	工程技术或工艺美术
782	室内装饰设计师	工程技术或工艺美术
783	装饰美工	工艺美术
784	色彩搭配师	工艺美术
785	工艺美术品设计师	工艺美术
786	听琴师	工艺美术
787	漆艺师	工艺美术
788	陶瓷工艺师	工艺美术
789	印章制作工	工艺美术
790	手工木工	工艺美术
791	印前处理和制作员	工艺美术

续表

序号	职业工种	对应职称系列
792	工艺品雕刻工	工艺美术
793	雕塑翻制工	工艺美术
794	陶瓷工艺品制作师	工艺美术
795	景泰蓝制作工	工艺美术
796	金属摆件制作工	工艺美术
797	漆器制作工	工艺美术
798	壁画制作工	工艺美术
799	版画制作工	工艺美术
800	人造花制作工	工艺美术
801	工艺画制作工	工艺美术
802	抽纱刺绣工	工艺美术
803	手工地毯制作工	工艺美术
804	机制地毯制作工	工艺美术
805	宝石琢磨工	工艺美术
806	贵金属首饰制作工	工艺美术
807	装被师	工艺美术
808	民间工艺品制作工	工艺美术
809	剧装工	工艺美术
810	民间工艺品艺人	工艺美术
811	陶瓷原料准备工	工艺美术
812	陶瓷成型施袖工	工艺美术
813	陶瓷烧成工	工艺美术
814	陶瓷装饰工	工艺美术
815	古建琉璃工	工艺美术
816	花艺环境设计师	工艺美术（工业设计）
817	纺织面料设计师	工艺美术（工业设计）
818	家用纺织品设计师	工艺美术（工业设计）
819	广告设计师	工艺美术（工业设计）
820	包装设计师	工艺美术（工业设计）
821	玩具设计师	工艺美术（工业设计）
822	首饰设计师	工艺美术（工业设计）
823	家具设计师	工艺美术（工业设计）
824	陶瓷产品设计师	工艺美术（工业设计）
825	彩灯艺术设计师	工艺美术（工业设计）
826	地毯设计师	工艺美术（工业设计）
827	皮具设计师	工艺美术（工业设计）
828	鞋类设计师	工艺美术（工业设计）
829	灯具设计师	工艺美术（工业设计）

续表

序号	职业工种	对应职称系列
830	乐器设计师	工艺美术（工业设计）
831	工业设计工艺师	工艺美术（工业设计）
832	钟表设计师	工艺美术（工业设计）
833	农产品食品检验员	农业技术
834	种子繁育员	农业技术
835	种苗繁育员	农业技术
836	农艺工	农业技术
837	园艺工	农业技术
838	食用菌生产工	农业技术
839	中药材种植员	农业技术
840	家畜繁殖员	农业技术
841	家禽繁殖员	农业技术
842	家畜饲养员	农业技术
843	家禽饲养员	农业技术
844	经济昆虫养殖员	农业技术
845	实验动物养殖员	农业技术
846	特种动物养殖员	农业技术
847	农业技术员	农业技术
848	农作物植保员	农业技术
849	动物疫病防治员	农业技术
850	动物检疫检验员	农业技术
851	棉花加工工	农业技术
852	饲料加工工	农业技术
853	茶叶加工工	农业技术
854	社会体育指导员	体育
855	体育场馆管理员	体育
856	游泳救生员	体育
857	康乐服务员	体育
858	电子竞技员	体育
859	考古探掘工	文物博物
860	文物修复师	文物博物
861	照明设计师	艺术
862	形象设计师	艺术
863	会展设计师	艺术
864	桌面游戏设计师	艺术
865	商业摄影师	艺术
866	冲印师	艺术
867	钢琴调律师	艺术

续表

序号	职业工种	对应职称系列
868	动画制作员	艺术
869	音响调音员	艺术
870	电视摄像员	艺术
871	影视置景制作员	艺术（舞台技术）
872	影视烟火特效员	艺术（舞台技术）
873	电影洗印员	艺术（舞台技术）
874	电影放映员	艺术（舞台技术）
875	照明工	艺术（舞台技术）
876	影视服装员	艺术（舞台技术）
877	婚介师	群众文化
878	婚礼策划师	群众文化
879	婚姻家庭咨询师	群众文化
880	群众文化指导员	群众文化
881	礼仪主持人	群众文化
882	讲解员	群众文化
883	在技工院校从事教育工作，且具有相应职业资格或职业技能等级的人员	技工院校教师

注：本表未列明或新增的技能人员职业（工种），相关系列（专业）职称评审委员会可根据实际予以确定。

浙江省人力资源和社会保障厅发文目录

2022年浙江省人力资源和社会保障厅发文目录

1月

本月厅发文目录：

发文日期	文号	标题
1月7日	浙人社发〔2022〕1号	浙江省人力资源和社会保障厅关于开展劳动人事争议仲裁标准化建设的通知
1月28日	浙人社发〔2022〕2号	浙江省人力资源和社会保障厅 浙江省财政厅 浙江省自然资源厅 国家税务总局浙江省税务局关于进一步做好被征地农民参加基本养老保险有关工作的补充通知

2月

本月厅发文目录：

发文日期	文号	标题
2月10日	浙人社发〔2022〕3号	浙江省人力资源和社会保障厅关于印发吴伟斌厅长在全省人力资源和社会保障工作电视电话会议上的讲话和2022年全省人力资源和社会保障工作要点的通知
2月10日	浙人社发〔2022〕4号	浙江省人力资源和社会保障厅等4部门转发人力资源社会保障部 教育部 国家发展改革委 财政部关于印发"十四五"职业技能培训规划的通知
2月14日	浙人社发〔2022〕6号	浙江省人力资源和社会保障厅 浙江省财政厅 国家税务总局浙江省税务局关于调整全省企业职工基本养老保险参保用人单位缴费比例的通知
2月17日	浙人社发〔2022〕8号	浙江省人力资源和社会保障厅关于印发浙江省人力资源和社会保障系统法治宣传教育第八个五年规划（2021-2025年）的通知
2月21日	浙人社发〔2022〕10号	浙江省人力资源和社会保障厅关于印发《浙江省人力资源和社会保障厅电子政务项目建设管理办法》的通知
2月22日	浙人社发〔2022〕11号	浙江省人力资源和社会保障厅关于加强和规范劳动能力鉴定有关工作的通知
2月24日	浙人社发〔2022〕12号	浙江省人力资源和社会保障厅等4部门关于加强劳务品牌建设的通知

续表

发文日期	文号	标题
2月16日	浙人社发〔2022〕13号	浙江省人力资源和社会保障厅等8部门关于印发《浙江省工程建设领域农民工工资保证金管理实施细则》的通知
2月23日	浙人社发〔2022〕14号	浙江省人力资源和社会保障厅等11部门关于印发《浙江省工程建设领域农民工工资专用账户管理实施细则》的通知

3月

本月厅发文目录：

发文日期	文号	标题
3月4日	浙人社发〔2022〕15号	浙江省人力资源和社会保障厅 浙江省应急管理厅关于印发《浙江省危险化学品企业工伤预防能力提升培训工程实施方案》的通知
3月17日	浙人社发〔2022〕16号	浙江省人力资源和社会保障厅关于深化技能人才评价制度改革的意见
3月18日	浙人社发〔2022〕17号	浙江省人力资源和社会保障厅 浙江省财政厅关于印发《浙江省一流技师学院建设项目实施办法》和《浙江省技工院校省级高水平专业群建设项目实施办法》的通知
3月21日	浙人社发〔2022〕18号	浙江省人力资源和社会保障厅关于印发《浙江省人社领域基本公共服务标准化试点工作方案》的通知
3月22日	浙人社发〔2022〕19号	浙江省人力资源和社会保障厅等5部门关于开展个人灵活就业一件事联办工作的通知
3月26日	浙人社发〔2022〕20号	浙江省人力资源和社会保障厅关于印发《浙江省技能人才评价机构管理办法（试行）》和《浙江省技能人才评价监督管理办法》的通知
3月25日	浙人社发〔2022〕21号	浙江省人力资源和社会保障厅 浙江省财政厅 国家税务总局浙江省税务局关于印发2021年度企业职工基本养老保险工作考核指标体系和评分细则的通知
3月29日	浙人社发〔2022〕22号	浙江省人力资源和社会保障厅 浙江省财政厅 国家税务总局浙江省税务局关于下达2022年度企业职工基本养老保险提标扩面任务的通知
3月31日	浙人社发〔2022〕26号	浙江省人力资源和社会保障厅关于印发《浙江省职业技能标准开发管理办法》等3个文件的通知

4月

本月厅发文目录：

发文日期	文号	标题
4月2日	浙人社发〔2022〕27号	浙江省人力资源和社会保障厅等6部门关于开展清理整顿人力资源市场秩序专项行动的通知
4月15日	浙人社发〔2022〕29号	浙江省人力资源和社会保障厅关于印发《浙江省技工院校教学管理办法》等4个文件的通知
4月21日	浙人社发〔2022〕31号	浙江省人力资源和社会保障厅关于印发《浙江省技工院校专业建设管理办法（试行）》等3个文件的通知

发文日期	文号	标题
4月29日	浙人社发〔2022〕32号	中共浙江省委人才工作领导小组办公室浙江省人力资源和社会保障厅等5部门关于进一步加强职业技能培训工作的意见
4月26日	浙人社发〔2022〕33号	浙江省人力资源和社会保障厅关于开展职业技能等级"新八级"制度试点工作的通知

5月

本月厅发文目录：

发文日期	文号	标题
5月13日	浙人社发〔2022〕36号	浙江省人力资源和社会保障厅 浙江省财政厅关于规范劳动人事争议调解仲裁办案补助的通知
5月24日	浙人社发〔2022〕37号	浙江省人力资源和社会保障厅 浙江省财政厅国家税务总局浙江省税务局关于做好失业保险稳岗位提技能防失业工作的通知

6月

本月厅发文目录：

发文日期	文号	标题
6月2日	浙人社发〔2022〕38号	浙江省人力资源和社会保障厅关于做好省一流技师学院和省级高水平专业群项目建设工作的通知
6月1日	浙人社发〔2022〕39号	浙江省人力资源和社会保障厅 浙江省财政厅关于确定2021年、2022年城乡居民基本养老保险个人账户记账利率的通知
6月2日	浙人社发〔2022〕40号	浙江省人力资源和社会保障厅 国家开发银行浙江省分行关于转发《人力资源社会保障部国家开发银行关于开展开发性金融支持劳务协作有关事项的通知》的通知
6月2日	浙人社发〔2022〕42号	中共浙江省委人才工作领导小组办公室 浙江省人力资源和社会保障厅等12部门关于印发《高质量打造"浙派工匠"名片助力共同富裕示范区建设行动计划（2022–2025年）》的通知
6月10日	浙人社发〔2022〕43号	浙江省人力资源和社会保障厅 浙江省发展改革委 浙江省财政厅 国家税务总局浙江省税务局转发人力资源社会保障部 国家发展改革委 财政部 税务总局关于扩大阶段性缓缴社会保险费政策实施范围等问题的通知
6月13日	浙人社发〔2022〕44号	浙江省人力资源和社会保障厅关于进一步加强全省技工院校校园安全工作的指导意见
6月24日	浙人社发〔2022〕46号	浙江省人力资源和社会保障厅 浙江省发展和改革委员会 浙江省财政厅关于支持山区26县就业创业高质量发展的若干意见
6月28日	浙人社发〔2022〕48号	中共浙江省委组织部 浙江省人力资源和社会保障厅等17部门关于进一步做好高校毕业生等青年就业创业工作的通知
6月30日	浙人社发〔2022〕49号	浙江省人力资源和社会保障厅关于印发《浙江省人力资源和社会保障厅银行账户和公款竞争性存放管理办法》的通知

7月

本月厅发文目录:

发文日期	文号	标题
7月4日	浙人社发〔2022〕51号	浙江省人力资源和社会保障厅关于印发《浙江省人力资源和社会保障厅人才工作领导小组工作规则》的通知
7月7日	浙人社发〔2022〕52号	浙江省人力资源和社会保障厅 浙江省财政厅关于2022年调整退休人员基本养老金的通知
7月7日	浙人社发〔2022〕53号	浙江省人力资源和社会保障厅关于印发《浙江省人力资源和社会保障厅国内公务接待管理办法》的通知
7月13日	浙人社发〔2022〕54号	浙江省人力资源和社会保障厅 浙江省财政厅关于统一企业职工基本养老保险待遇发放时间和调整全省基金用款计划申报流程的通知
7月20日	浙人社发〔2022〕55号	浙江省人力资源和社会保障厅关于印发2022年度浙江省人社系统绩效考核评价办法的通知

8月

本月厅发文目录:

发文日期	文号	标题
8月9日	浙人社发〔2022〕59号	浙江省人力资源和社会保障厅关于进一步加强工伤保险工作的意见
8月5日	浙人社发〔2022〕61号	浙江省人力资源和社会保障厅等5部门关于加快推广应用电子劳动合同平台的通知
8月22日	浙人社发〔2022〕64号	浙江省人力资源和社会保障厅 浙江省审计厅关于加强审计事业单位专业技术岗位结构比例动态调控的通知
8月26日	浙人社发〔2022〕65号	浙江省人力资源和社会保障厅 浙江省财政厅 国家税务总局浙江省税务局关于2021年度企业职工基本养老保险工作考核结果的通报
8月29日	浙人社发〔2022〕67号	浙江省人力资源和社会保障厅关于印发《浙江省技能人才薪酬分配指引》的通知
8月29日	浙人社发〔2022〕68号	浙江省人力资源和社会保障厅 浙江省财政厅关于印发《浙江省职业技能竞赛管理办法（试行）》的通知

9月

本月厅发文目录:

发文日期	文号	标题
9月1日	浙人社发〔2022〕69号	浙江省人力资源和社会保障厅 浙江省财政厅 国家税务总局浙江省税务局关于调整全省2022年企业职工基本养老保险参保用人单位缴费比例的通知
9月5日	浙人社发〔2022〕70号	浙江省人力资源和社会保障厅关于印发《浙江省人力资源和社会保障厅新闻发布工作细则》的通知

续表

发文日期	文号	标题
9月13日	浙人社发〔2022〕71号	浙江省人力资源和社会保障厅 浙江省财政厅关于2022年提高城乡居民基本养老保险基础养老金最低标准的通知
9月30日	浙人社发〔2022〕73号	浙江省人力资源和社会保障厅 浙江省财政厅 浙江省文化和旅游厅关于印发《省属事业性质文艺院团薪酬制度改革方案（试行）》的通知

10月

本月厅发文目录：

发文日期	文号	标题
10月12日	浙人社发〔2022〕75号	浙江省人力资源和社会保障厅转发人力资源社会保障部关于印发劳动人事争议仲裁办案指导工作规范（试行）的通知
10月14日	浙人社发〔2022〕76号	浙江省人力资源和社会保障厅关于印发《浙江省劳动关系风险监测预警制度》的通知

11月

本月厅发文目录：

发文日期	文号	标题
11月17日	浙人社发〔2022〕77号	浙江省人力资源和社会保障厅关于印发《关于进一步加强高技能人才与专业技术人才职业发展贯通的实施办法》的通知
11月17日	浙人社发〔2022〕78号	浙江省人力资源和社会保障厅等4部门关于印发《浙江省女职工权益保护专项集体合同（参考文本）》的通知
11月16日	浙人社发〔2022〕79号	浙江省人力资源和社会保障厅等5部门关于印发浙江省专业技术人才知识更新工程实施方案（2022—2030年）的通知
11月17日	浙人社发〔2022〕80号	浙江省人力资源和社会保障厅等七部门关于进一步加强事业单位工资数据管理应用工作的通知
11月9日	浙人社发〔2022〕85号	浙江省人力资源和社会保障厅 浙江省财政厅 浙江省卫生健康委员会 浙江省医疗保障局关于试行企业女职工产假期间社会保险补贴有关事项的通知
11月30日	浙人社发〔2022〕86号	浙江省人力资源和社会保障厅 浙江省财政厅 浙江省统计局 浙江省医疗保障局 国家税务总局浙江省税务局关于公布2022年社会保险有关基数的通知

12月

本月厅发文目录：

发文日期	文号	标题
12月2日	浙人社发〔2022〕87号	浙江省人力资源和社会保障厅等5部门关于印发灵活就业一件事办事指南的通知
12月12日	浙人社发〔2022〕88号	浙江省人力资源和社会保障厅关于废止《关于享受被征地农民最低养老保障金对象能否同时享受遗属生活困难补助费问题的批复》的通知

295

续表

发文日期	文号	标题
12月15日	浙人社发〔2022〕89号	浙江省人力资源和社会保障厅等4部门关于做好2023年元旦春节期间稳岗位保用工工作的通知
12月12日	浙人社发〔2022〕90号	浙江省人力资源和社会保障厅等5部门转发人力资源社会保障部等5部门《关于进一步支持农民工就业创业的实施意见》的通知
12月20日	浙人社发〔2022〕91号	浙江省人力资源和社会保障厅 浙江省财政厅关于印发《浙江省社会保险基金监督举报奖励暂行办法》的通知

主要统计资料

一、综合

全省基层劳动保障机构情况

单位：个、人

项目	个数	建立劳动保障工作机构个数	劳动保障工作人员数	有编制的工作人员	大专以上学历人员
街道	488	487	2455	947	2251
乡镇	879	870	2786	1269	2520

项目	个数	配备劳动保障工作人员的社区、村个数	劳动保障工作人员数	专职工作人员	大专以上学历人员
社区	5024	4612	5570	3739	4835
行政村	19985	17568	17523	5239	7643

二、就业和失业

按三次产业分布的全社会从业人员情况

产　业	2022年		2021年		2020年	
	绝对数（万人）	构成（%）	绝对数（万人）	构成（%）	绝对数（万人）	构成（%）
一产	203	5.22	206	5.29	208	5.39
二产	1726	44.43	1727	44.32	1692	43.87
三产	1956	50.35	1964	50.39	1957	50.74

注：本表数据来源为省统计局，最终以统计年鉴发布版为准。

全省就业再就业情况

单位：万人

项　目	2022年	2021年	2020年
城镇新增就业人数	115.62	122.36	111.81
登记失业人数	37.23	45.26	42.14
失业人员再就业人数	55.76	47.17	47.7
困难人员实现就业人数	12.83	12.86	12.79

全省促进就业资金使用情况

单位：亿元

项　目	2022年	2021年	2020年
使用总额	42.74	28.65	29.36
职业培训补贴	1.09	0.32	0.25
职业技能鉴定补贴	0.05	0.02	0.03
社保补贴	19.56	14.75	16.32
岗位补贴	8.89	2.71	0.23
创业补助	1.26	—	—
就业见习补贴	1.35	1.10	0.87
求职创业补贴	0.78	1.02	0.98
就业创业服务补助	1.45	1.63	1.67
高技能人才培养补助	0.30	0.31	0.47
其他	8.01	6.79	8.54

注：2022年统计口径含就业补助资金和失业保险基金；2021年之前"岗位补贴"项为公益性岗位补贴。

三、技工学校和就业培训

全省技工学校情况表

项　目		2022年	2021年	增减（%）
学校数（所）	合计	108	99	9.1
学生人数（人）	在校学生数	197880	179407	10.3
	招生数	63710	61582	3.5
	其中：农业户口	52916	40752	29.8
	毕业生数	37792	34325	10.1
教职工人数（人）	总计	16876	14680	15.0
	其中：理论教师	10281	9441	8.9
	实习教师	3104	2506	23.9
	其他	——	——	——
兼职教师（人）		2302	1784	29.0

全省就业培训情况表

项　目	就业训练中心	民办职业培训	技工学校培训
一、职业培训机构数（个）	8	1431	108
二、在职教职工人数（人）	1025	23707	——
其中：教师	310	7477	——
兼职教师	539	9605	——
三、经费来源（万元）	3192	142759	——
四、培训人数（人）	59628	996478	616663
其中：女性	19592	493667	188028
五、结业人数（人）	44075	760572	498067
其中：初级	——	——	80714
中级	——	——	55758
高级（含技师、高级技师）	——	——	45602
六、就业人数（人）	10001	231706	——

四、监察和仲裁

全省劳动保障监察工作情况

	2022年	2021年	2020年
检查单位数	81886	97936	123663
涉及劳动者（万人）	287.12	367.33	527.49
劳动保障监察投诉结案数（件）	1601	1901	1875
结案率（%）	100	100	100
追发劳动者工资等待遇（万元）	130350.73	26230.18	14164.57
涉及人数（万人）	8.56	1.96	1.09
清退风险抵押金（万元）	0	0.08	0.12
涉及人数（人）	0	8	6
追缴社会保险费（万元）	81.24	98.12	217.75
涉及人数（人）	89	69	161
清退童工（人）	122	477	198

注：2022年"追发劳动者工资等待遇"和"涉及人数"指标因人社部报表口径变化，由统计立案案件改为统计立案案件和协调案件。

全省劳动争议仲裁情况

	2022年	2021年	2020年
一、案件受理情况			
（一）受理案件数（件）	92439	75899	59053
其中：国有企业	1172	769	476
集体企业	266	182	88
港澳台及外资企业	615	301	485
民营企业	89352	70095	50576
其他	1034	4552	7428
（二）案件涉及人数（人）	104302	85551	72762
二、案件处理情况			
结案件数（件）	90395	77947	61065
其中：单位胜诉	4847	4023	3543
劳动者胜诉	15799	17730	17742
双方部分胜诉	34715	29428	25720

注："受理案件数"2020年不含调解协议仲裁审查案件，其余年份均含。

五、社会保障

全省社会保险基本情况

项 目	企业职工基本养老保险	城乡居民基本养老保险	机关事业单位养老保险	失业保险	工伤保险
一、参保总人数（万人）	3240.41	1047.28	232.38	1850.92	2766.74
其中：在职职工	2365.25	——	160.03	1850.92	2766.74
二、基金收支情况（亿元）					
1.当年基金收入	3069.27	343.67	727.58	123.31	91.94
2.当年基金支出	3284.02	284.69	688.40	188.52	92.65
3.基金滚存结余	1693.33	413.41	189.93	134.47	70.24

注：1.2022年社会保险基金收支余为决算数据；2.从2020年起，各项社会保险基金收入、支出不含省内上解下拨资金，中央调剂金按净上解额计

六、各市资料

2022年浙江省户籍人口统计

地　区	总户数（户）	总人口数（人）	按性别分		按城镇人口和乡村人口分	
			男性（人）	女性（人）	城镇人口（人）	乡村人口（人）
合　计	17780242	51105121	25610414	25494707	28702647	22402474
杭州市	2664533	8467474	4176566	4290908	6100816	2366658
宁波市	2451951	6210691	3052406	3158285	4257387	1953304
温州市	2487741	8318223	4299456	4018767	4487727	3830496
嘉兴市	1222562	3748457	1816708	1931749	2332654	1415803
湖州市	893078	2688270	1320203	1368067	1277458	1410812
绍兴市	1658947	4458228	2211712	2246516	2333369	2124859

续表

地　区	总户数（户）	总人口数（人）	按性别分		按城镇人口和乡村人口分	
			男性（人）	女性（人）	城镇人口（人）	乡村人口（人）
金华市	1999552	4968690	2505737	2462953	2468595	2500095
衢州市	975389	2550314	1297910	1252404	969335	1580979
舟山市	379469	952213	467887	484326	578882	373331
台州市	1949503	6049513	3082195	2967318	2962357	3087156
丽水市	1097517	2693048	1379634	1313414	934067	1758981

注：本表数据来源为省公安厅户籍人口数。

各市社会保险参保人数

单位：万人

	企业职工基本养老保险	城乡居民基本养老保险	机关事业单位养老保险	失业保险	工伤保险	被征地农民养老保障
合　计	3240.41	1047.28	232.38	1850.92	2766.74	625.33
杭州市	786.59	79.68	36.64	576.29	712.44	68.76
宁波市	526.71	99.43	29.79	341.59	451.47	92.22
温州市	371.88	185.88	31.64	166.17	330.77	92.52
嘉兴市	278.10	61.94	15.08	163.82	253.07	35.62
湖州市	173.34	49.23	11.10	95.02	133.47	25.11
绍兴市	270.34	86.83	17.49	138.73	181.58	73.97
金华市	267.55	129.03	19.82	134.79	231.69	75.29
衢州市	90.88	85.21	9.79	43.50	61.39	26.87
舟山市	62.52	16.61	6.01	26.94	40.60	21.37
台州市	272.30	163.55	20.87	128.04	239.12	85.24
丽水市	94.45	89.89	12.26	36.03	88.61	28.36

机构情况

浙江省人力资源和社会保障厅

浙江省人力资源和社会保障厅

杭州市省府路8号省府大楼2号楼

厅领导

吴伟斌　厅党组书记、厅长

刘国富　厅党组副书记、副厅长、一级巡视员

陈　中　厅党组成员、副厅长

金林贵　厅党组成员、副厅长

葛平安　厅党组成员、副厅长

毛鹏岳　厅党组成员、副厅长

机关处室

办公室

规划财务处

政策法规处

就业促进和失业保险处

人才开发和市场处（国际合作交流处）

职业能力建设处（技工院校管理处）

专业技术人员管理处

事业单位人事管理处

农民工工作处

劳动关系处

工资福利和奖励处

养老保险处

工伤保险处（省劳动能力鉴定委员会办公室）

城乡居民社会保险处

社会保险基金监督处

仲裁信访处

监察执法局

人事处

直属机关党委

直属单位

浙江省社会保险和就业服务中心

浙江省技能人才评价管理服务中心

浙江省专家与留学人员服务中心

浙江省人力资源和社会保障咨询与宣传中心

浙江省人事教育指导服务中心

浙江省人才市场

浙江省职业介绍服务指导中心

浙江省职业技能教学研究所

浙江省人力资源和社会保障资产管理中心

浙江省人力资源和社会保障科学研究院

浙江省人力资源和社会保障信息中心

浙江智能制造技师学院

杭州市人力资源和社会保障局

杭州市上城区解放东路18号D座

局领导

叶茂东　局党组书记、局长

吴洁静　局党组副书记

章　明　局党组成员、副局长、市社会保险管理
服务中心主任

杨　焕　局党组成员、副局长

单黎霞　局党组成员、副局长

方海洋　局党组成员、副局长

刘志勇　局党组成员、二级巡视员

宣向东　局党组成员、二级巡视员

钱　斌　市人才管理服务中心（市人事考试院）
主任（院长）

徐　明　市就业管理服务中心主任

机关处室

办公室

组织人事处

机关党委

政策法规处（劳动保障监察处）

计划财务与社保基金监督处

就业创业指导处

人才开发和市场处（国际交流合作处）

职业能力建设处（技工院校管理处）

专业技术人员管理处

事业单位人事管理处

劳动关系处

工资福利和奖励处

养老保险处

工伤保险处（市劳动能力鉴定委员会办公室）

退休人员管理处（基层工作处）

仲裁信访处

行政审批处

直属单位

杭州市人才管理服务中心（杭州市人事考试院）

杭州市就业管理服务中心

杭州市社会保险管理服务中心

杭州市劳动人事争议仲裁院（杭州市劳动保障
维权中心）

杭州市人力资源和社会保障政务服务中心

杭州市企业退休人员管理服务中心（杭州退休
干部职工大学）

杭州市专家与留学人员服务中心

杭州市职业能力建设指导服务中心

杭州第一技师学院

杭州轻工技师学院

杭州市上城区人力资源和社会保障局

杭州市上城区庆春东路1号

局领导

朱　红　区委组织部副部长，局党委书记、局长

桑　丽　局党委副书记、副局长

何　平　局党委委员、副局长

冯　林　局党委委员、副局长，二级主任科员

沈全钢　局党委委员、副局长

机关科室

办公室

政策法规科（行政审批科）

计划财务科

人才开发科

社会保障科

事业单位人事管理科

劳动关系科（劳动保障监察科）

仲裁信访科

工资福利科

就业培训科

直属单位

杭州市上城区人才管理服务中心

杭州市上城区就业管理服务中心

杭州市上城区社会保险管理服务中心

杭州市上城区劳动人事争议仲裁院

杭州市上城区医疗保障管理服务中心

杭州市上城区企业退休人员管理服务中心

杭州市上城区机关事业单位社会保险服务中心

杭州市上城区人才创新发展研究院

杭州市上城区劳动保障维权中心

杭州市拱墅区人力资源和社会保障局

杭州市拱墅区文晖路1号

局领导

江海灵　区委组织部副部长（兼），局党委书记、
　　　　局长

陆美敏　局党委副书记、副局长

田开波　局党委委员、副局长

吴岚颖　局党委委员、副局长

王　婷　局党委委员、副局长

徐良道　局党委委员、副局长

机关科室

办公室

组宣科

事业单位人事管理科

人才开发科

职业能力建设科

社会保障科

劳动关系科（调解仲裁科、劳动保障监察科）

政策法规科（行政审批科）

机构稽核科

直属单位

杭州市拱墅区就业管理服务中心

杭州市拱墅区人才管理服务中心

杭州市拱墅区社会保险管理服务中心

杭州市拱墅区劳动人事争议仲裁院（杭州市拱
　　墅区劳动保障维权中心）

杭州市拱墅区企业退休人员管理服务中心

杭州市拱墅区机关事业单位养老保险服务中心

杭州市西湖区人力资源和社会保障局

杭州市西湖区文一西路858号

局领导

唐　锐	区委组织部副部长（兼），局党委书记、局长
邬　谷	局党委委员、副局长、二级调研员
高宇红	局党委委员、副局长、二级调研员
洪新忠	局党委委员、副局长
张相伟	局党委委员、二级调研员
屠魏松	局党委委员、医保中心主任（跑改办负责人）

机关科室

办公室

财务管理科

事业单位人事管理科

人才开发科

工资福利科

劳动关系科

行政审批科

社会保障科

政策法规科

直属单位

杭州市西湖区职业技能培训指导中心

杭州市西湖区留学生创业园（西湖区大学生创业园）服务中心

杭州市西湖区劳动人事争议仲裁院

杭州市西湖区社会保险管理服务中心

杭州市西湖区劳动保障管理服务中心

杭州市西湖区就业管理服务中心

杭州市医疗保障管理服务中心西湖分中心（西湖区医疗保障管理服务中心）

杭州市西湖区企业退休人员管理服务中心

杭州市西湖区人才管理服务中心

杭州市西湖区公有资产管理机构退休人员服务中心

杭州高新技术产业开发区（滨江）人力资源和社会保障局

杭州市滨江区丹枫路788号海越大厦21楼

局领导

孙灿平	局党委书记、局长，区党委编办主任
傅天健	局党委副书记、区党委编办副主任
俞凯华	局党委委员、副局长
华日新	局党委委员、副局长
钟琛琛	副局长
丁永芳	局党委委员、医疗保障管理服务中心主任

机关科室

办公室

编办综合科

人才开发管理科

事业单位管理综合科

社会保障科

法制仲裁科

直属单位

杭州高新技术产业开发区（滨江）就业管理服务中心

杭州高新技术产业开发区（滨江）社会保险管理服务中心

杭州高新技术产业开发区（滨江）企业退休人员管理服务中心

杭州高新技术产业开发区（滨江）劳动保障管理服务中心

杭州高新技术产业开发区（滨江）大学生创业服务中心

杭州高新技术产业开发区（滨江）人才管理服务中心

杭州高新技术产业开发区（滨江）政务人才管理服务中心

杭州高新技术产业开发区（滨江）劳动人事争议仲裁院

杭州高新技术产业开发区（滨江）机构编制实名管理服务中心

杭州高新技术产业开发区（滨江）事业单位登记管理局

林小勇　局党委委员、副局长、区社保中心主任

蒋之奇　局党委委员、副局长

来鸿飞　局党委委员、二级调研员

严颖颖　局党委委员、副局长

楼旭光　局党委委员、副局长

机关科室

办公室

组织人事科

法制科

事业单位人事管理科（挂表彰奖励办公室牌子）

人才开发科（挂专业技术人员管理科牌子）

就业培训科

劳动关系科（挂行政审批科牌子）

工资福利科

社会保障科（挂工伤管理科牌子）

退休人员管理科（挂信访科牌子）

调解仲裁科

劳动监管科

直属单位

杭州市萧山区社会保险管理服务中心

杭州市萧山区人才管理服务中心

杭州市萧山区就业管理服务中心

杭州市萧山区劳动人事争议仲裁院（挂杭州市萧山区劳动保障维权中心牌子）

杭州市萧山区退休干部活动中心

杭州市萧山区留学人员（大学生）创业管理服务中心

杭州市萧山区人力资源和社会保障局

杭州市萧山区金城路1558号

局领导

吴琴芳　区委组织部副部长（兼），局党委书记、局长

朱华军　局党委副书记、副局长

杭州市萧山区人力资源考试培训和技能鉴定
  中心
杭州市萧山区干部人事档案服务中心
杭州市萧山区人力资源和社会保障信息咨询服
  务中心
杭州萧山技师学院

杭州市余杭区人力资源和社会保障局

杭州市余杭区凤新路366号

局领导

吴文星　区委组织部副部长（兼），局党委书记、
　　　　局长
陈　斌　局党委委员、副局长
缪建宏　局党委委员、副局长
励　波　局党委委员、副局长
张晓珺　局党委委员、区社保中心主任

机关科室

办公室
组织人事科
政策法规科（劳动保障监察科、行政审批科）
就业培训科
人才开发科
事业人事管理科
劳动仲裁科
社会保障科（基金监督科）

直属单位

杭州市余杭区社会保险管理服务中心
杭州市余杭区劳动保障维权中心
杭州市余杭区劳动人事争议仲裁院
杭州市余杭区就业管理服务中心
杭州市余杭区人才管理服务中心
杭州市余杭区人力资源档案与数据技术中心
杭州市余杭区企业退休人员服务中心
杭州市余杭区人事人才考试培训与职业能力鉴
  定中心

杭州市临平区人力资源和社会保障局

杭州市临平区南苑街道南大街265号

局领导

陈　勇　区委组织部副部长（兼），局党委书记、
　　　　局长
刘卫芳　局党委副书记、副局长
李聚忠　局党委委员、三级调研员
王爱玉　局党委委员、副局长
刘　慰　局党委委员、区社会保险管理服务
　　　　中心主任

机关科室

办公室
政策法规科（基金监督科）

人才开发科

事业人事管理科

劳动仲裁科（监察执法科）

社会保障科（行政审批科）

直属单位

杭州市临平区社会保险管理服务中心

杭州市临平区就业管理服务中心

杭州市临平区劳动人事争议仲裁院

杭州市临平区劳动保障监察中心

杭州市临平区人力资源和社会保障人才服务
中心

杭州市临平区企业退休人员服务中心

杭州市钱塘区人力资源和社会保障局

杭州市钱塘区江东大道3899号

局领导

汪新君　区委组织部副部长，区委编办主任，
　　　　局党委书记、局长

吴丽华　局党委委员、副局长

朱洪昌　区委编办副主任、局党委委员

范哲敏　副局长

李　杰　局党委委员、副局长

项　强　局党委委员、区医疗保障管理服务
　　　　中心主任

机关科室

办公室

机构编制管理科

就业促进科

人才开发科

事业单位人事管理科

劳动关系科

社会保障科

直属单位

杭州市钱塘区职业能力建设指导服务中心

杭州市钱塘区就业管理服务中心

杭州市钱塘区社会保险管理服务中心

杭州市钱塘区企业退休人员管理服务中心

杭州市钱塘区人才管理服务中心

杭州市钱塘区劳动人事争议仲裁院

杭州市钱塘区劳动保障管理服务中心

杭州市富阳区人力资源和社会保障局

杭州市富阳区恩波大道1128号

局领导

章永南　区委组织部副部长（兼），局党委书记、
　　　　局长

朱建富　局党委委员

金慧军　局党委委员

何燕敏　副局长

王小军　局党委委员、副局长

张其铭　局党委委员、副局长

章欢欢　局党委委员、社会保险管理服务中心
　　　　主任

机关科室

办公室（财务与社保基金监督科）

组织人事科

政策法规科（行政许可科）

就业促进科（职业能力建设科）

人才开发科

社会保险科

事业单位人事管理科

工资福利科

劳动关系科（劳动保障监察科）

直属单位

杭州市富阳区劳动保障管理服务中心

杭州市富阳区劳动人事争议仲裁院

杭州市富阳区人才管理服务中心

杭州市富阳区就业管理服务中心

杭州市富阳区干部人事档案管理服务中心

杭州市富阳区社会保险管理服务中心

杭州市临安区人力资源和社会保障局

杭州市临安区锦北街道科技大道4398号4号楼
B座5-6层

局领导

郑　盛　区委组织部副部长（兼），局党委书记、
　　　　局长

王治新　局党委副书记

褚人传　局党委委员、副局长

吴向东　局党委委员、副局长

陈继宏　局党委委员、副局长

雷其林　局党委委员、四级调研员

机关科室

办公室

法制科（仲裁信访科、监察执法科）

事业单位人事管理科

人才开发科

就业培训科

劳动关系科（挂行政审批科牌子）

工资福利和奖励科

社会保障科（挂区劳动能力鉴定委员会办公室牌子）

信息科

直属单位

杭州市临安区劳动人事争议仲裁院

杭州市临安区劳动保障管理中心

杭州市临安区职业能力建设指导服务中心

杭州市临安区就业管理服务中心

杭州市临安区人才管理服务中心主任

杭州市临安区社会保险管理服务中心

杭州市临安区技工学校

桐庐县人力资源和社会保障局

桐庐县城南街道云栖中路828号

局领导

申屠庆良　局党委书记、局长

何建忠　局党委副书记、副局长

徐　盛　局党委委员、副局长

胡轶敏　副局长

罗　平　局党委委员

机关科室

办公室

政策法规科（挂行政审批科、劳动关系科、监
　察执法科牌子）

计划财务科（挂基金监管科牌子）

事业单位人事管理科（挂工资福利和奖励科牌子）

就业创业指导科

人才开发科（挂专技科牌子）

社会保障科

直属单位

桐庐县社会保险管理服务中心

桐庐县人才和公共就业服务处

桐庐县劳动和社会保障服务中心

桐庐县劳动人事争议仲裁院

桐庐县富春电子商务研究院

淳安县人力资源和社会保障局

淳安县千岛湖镇环湖北路375号

局领导

胡红宝　县委组织部副部长，局党委书记、局长

杨珠香　局党委委员、正局级组织员

詹　浩　局党委委员、副局长（正局级）

童利军　局党委委员、副局长

蒋发英　局党委委员、副局长

机关科室

办公室

政策法规和劳动关系科（监察执法科）

信息化管理科

计划财务和基金监管科

事业单位人事管理科（工资福利和奖励科）

就业创业和职业能力建设科

人才开发科（专业技术人员管理科）

社会保障科

行政审批科

直属单位

淳安县劳动保障服务中心

淳安县劳动人事争议仲裁院

淳安县事业人员档案服务中心

淳安县就业服务中心（县人才服务中心）

淳安县社会保险服务中心

建德市人力资源和社会保障局

建德市新安江街道国信路108号

局领导

章　明　市委组织部副部长（兼），局党委书记、
　　　　局长

蓝建荣　局党委委员、副局长

程志红　局党委委员、副局长

姜　雯　局党委委员、副局长

罗　昊　局党委委员、社保中心主任
郑　炜　局党委委员

机关科室

办公室（基金监督科）

政策法规科（挂行政许可科、监察执法科牌子）

事业单位人事管理科（组织人事科）

工资福利和奖励科

养老保险科

工伤保险科（挂市劳动能力鉴定委员会办公室
　牌子）

人才开发管理科（挂专业技术人员管理科牌子）

就业创业指导科（挂职业能力建设科牌子）

劳动关系科

直属单位

建德市社会保险管理服务中心

建德市劳动保障服务中心

建德市劳动人事争议仲裁院

建德市人才和就业管理服务中心

建德市工业技术学校

建德市企业退休人员服务中心

宁波市人力资源和社会保障局

宁波市鄞州区和济街95号

局领导

叶　苗　市委组织部副部长（兼），局党组书记、
　　　　局长

苏丹旦　局党组副书记、副局长、二级巡视员

陈　勇　局党组成员、副局长

王效民　副局长

徐承志　局党组成员、副局长

韩洪江　局党组成员、二级巡视员

严　俊　局党组成员、办公室主任

林建国　局党组成员、市社会保险管理服务
　　　　中心主任（副局长级）

金庆奎　二级巡视员、市社会保险管理服务中
　　　　心副主任

机关处室

办公室

组织人事处

政策法规和调研处

计划财务和信息化管理处（审计处）

就业促进和失业保险处

人才开发和市场处（国际合作交流处）

职业能力建设处（技工院校管理处）

专业技术人员管理处

事业单位人事管理处

表彰奖励处（事业单位考核奖惩处）

劳动关系处

工资福利处

养老保险处

工伤保险处（市劳动能力鉴定委员会办公室）

社会保险基金监督处

仲裁信访处（劳动监察处）

行政审批处

机关党委

直属单位

宁波市社会保险管理服务中心（宁波市劳动人事争议仲裁院）

宁波市就业管理中心（宁波市创业指导服务中心）

宁波市劳动保障监察执法服务中心

宁波市人事考试院（中共宁波市委组织部考试中心）

宁波技工学校（宁波技师学院）

宁波市社会保障卡管理服务和职业技能鉴定指导中心（宁波市人力资源和社会保障局信息中心、宁波市老年活动中心）

宁波市人才服务中心（宁波市人才评价中心、宁波市海外人才服务中心）

宁波市人才培训中心（宁波市国家公务员与转业军官培训中心、宁波市继续教育院）

宁波市海曙区人力资源和社会保障局

宁波市海曙区老实巷基威大厦7楼

局领导

钟金龙　局党委书记、局长
吴春波　局党委副书记、副局长
余　妮　局党委委员、副局长
陈莉萍　局党委委员、副局长
王承晖　局党委委员、社保中心主任、一级主任科员

机关科室

办公室

财务与社保基金监督科

信访法制与仲裁科（劳动监察科）

事业单位人事管理科

工资福利科

人才开发与专业技术管理科

劳动关系（行政审批）科

就业管理与职业能力建设科

养老工伤科

直属单位

宁波市海曙区机关事业养老保险管理中心

宁波市海曙区人力资源市场发展促进中心

宁波市海曙区劳动保障监察执法服务中心

宁波市海曙区劳动人事争议仲裁院

宁波市海曙区就业管理中心

宁波市海曙区社会保险管理中心

宁波市海曙区人才服务中心

宁波市江北区人力资源和社会保障局

宁波市江北区育才路118号北楼7楼

局领导

叶欣海　区委组织部副部长（兼），局党委书记、局长
徐爱珍　局党委委员、副局长
黄　赟　局党委委员、副局长
杜传鹏　局党委委员、副局长
杨　明　局党委委员、副局长
乐纹芹　局党委委员、副局长

机关科室

办公室

计划财务和基金监督科

工资福利科

事业单位人事管理科

仲裁信访科（政策法规科、劳动监察科）

行政审批科

人才开发科

直属单位

宁波市江北区社会保险管理服务中心

宁波市江北区就业管理中心

宁波市江北区劳动人事争议仲裁院

宁波市江北区劳动保障监察执法服务中心

宁波市江北区机关事业社会保险管理中心

宁波市江北区人才服务中心

宁波市江北区社会保障卡管理服务中心

宁波市鄞州区人力资源和社会保障局

宁波市鄞州区首南街道惠风东路225号

局领导

王力波　局党委书记、局长、一级调研员

范　骏　局党委副书记（正处长级）、二级调
　　　　研员

胡冬平　局党委副书记、副局长、二级调研员

凌　燕　局党委委员、副局长

谢华波　局党委委员、副局长

崔　莉　局党委委员（副处长级）、四级调研员

机关科室

办公室

财务和社保基金监督科

事业单位人事管理科

人才开发和市场科

专业技术人员管理科

职业能力建设科

就业管理与劳动关系科

工资福利科

社会保险科

政策法规科（劳动监察科）

信访仲裁科

直属单位

宁波市鄞州区养老保险管理中心

宁波市鄞州区就业管理中心

宁波市鄞州区机关事业养老保险中心

宁波市鄞州区劳动保障监察执法服务中心

宁波市鄞州区劳动人事争议仲裁院

宁波市鄞州区人力资源市场发展促进中心

宁波市鄞州区人才服务中心（鄞州区高层次人
　　才服务中心）

宁波市鄞州区人力社保信息中心

宁波市鄞州区社保基金核算中心

统报办

档案中心

宁波市北仑区人力资源和社会保障局

宁波市北仑区四明山路700号太河商务楼三楼

局领导

付忠杏　区委组织部副部长（兼），局党委书记、局长

杨宏伟　局党委委员、副局长、三级调研员、区委人才工作办公室副主任（兼）

韩　峰　局党委委员、副局长

宋　荣　局党委委员、副局长

陈剑君　局党委委员、副局长

机关科室

综合科

基金安全监督与财务科（会计核算分中心）

政策法规与劳动关系科（挂行政审批科、劳动监察科）

人才开发科

事业单位人事管理科

工资福利科

社会保险科（劳动鉴定委员会办公室）

职业能力建设科

直属单位

宁波市北仑区就业管理中心

宁波市北仑区（开发区）社会保险管理服务中心

宁波市北仑区机关事业社会保险管理中心

宁波市北仑区劳动人事争议仲裁院

宁波市北仑区劳动保障监察执法服务中心

宁波市北仑区人才综合服务中心

宁波市北仑区人力资源和社会保障信息中心（宁波市北仑区职业技术培训学校、宁波市北仑区职业技能鉴定中心）

宁波市镇海区人力资源和社会保障局

宁波市镇海区骆驼街道金华南路55号

局领导

毛友军　局党委书记、局长

戴熹霞　局党委副书记、副局长

吴　辉　局党委委员、副局长

葛俊杰　局党委委员、副局长

机关科室

办公室

人才开发科

职业能力建设科

事业单位人事管理科

工资福利科

社会保险科

劳动关系科

仲裁信访科

财务和基金监督科

直属单位

宁波市镇海区就业管理服务中心

宁波市镇海区社会保险管理中心

宁波市镇海区人才服务中心

宁波市镇海区劳动和人事仲裁院

宁波市镇海区劳动保障监察执法服务中心

宁波市镇海区人才培训中心（区公共实训中心）

宁波市镇海区留学人员创业服务中心

宁波市镇海区职业技能鉴定中心

宁波市镇海区社保卡管理服务中心（区人力社
　保信息中心、区离退休职工管理活动中心）

宁波市奉化区人力资源和社会保障局

宁波市奉化区河头路151号

局领导

曹岳勇　区委组织部副部长（兼），局党委书记、
　　　　局长

范亚娟　局党委副书记、副局长

王德贤　局党委委员、副局长

江　南　局党委委员、副局长

夏　广　局党委委员、副局长

机关科室

办公室

财务和基金监督科

政策法规科

事业单位人事管理科

人才开发科

专业技术人员管理科

工资福利科

社会保险科

行政审批科

就业和职业能力建设科

直属单位

宁波市奉化区劳动保障监察执法服务中心

宁波市奉化区社会保险管理中心

宁波市奉化区就业管理服务中心

宁波市奉化区人力社保数据服务中心

宁波市奉化区劳动人事争议仲裁院

宁波市奉化区机关事业单位工资统发中心

宁波市奉化区人才服务中心

宁波市奉化区职业技能鉴定中心

余姚市人力资源和社会保障局

余姚市兰江街道保庆路128号

局领导

陈为梁　市委组织部副部长（兼），局党委书记、
　　　　局长

黄　洋　局党委副书记、副局长

金利明　局党委委员、副局长

胡晓霞　局党委委员、副局长

俞栋辉　局党委委员

韩　莹　市社会保险管理服务中心主任

机关科室

办公室（组织人事科）

计划财务与社保基金监督科

政策法规监察科

事业单位人事管理科

人才开发科

专业技术人员管理科

就业与失业保险（行政审批）科

养老与工伤保险科

直属单位

余姚市社会保险管理服务中心

余姚市就业管理服务中心

余姚市劳动保障监察执法服务中心

余姚市劳动人事争议仲裁院

余姚市人才服务中心

余姚市培训考试和技能鉴定中心

慈溪市人力资源和社会保障局

慈溪市白沙路街道北三环东路1999号

局领导

沈维江　局党委书记、局长

王冲达　局党委委员、副局长

龚敏捷　局党委副书记、副局长

齐文浩　局党委委员、副局长

补尔莫此牛　局党委委员、副局长（挂职）

沈颖　市人才服务中心主任

机关科室

办公室

政策法规科

就业促进和职业能力建设科

事业单位人事管理科

专业技术人员管理科

人才开发科

养老和工伤保险科

行政审批科

财务和社保基金监督科

机关党委

驻新区社保办

直属单位

慈溪市社会保险管理服务中心

慈溪市人才服务中心

慈溪市就业管理服务中心

慈溪市劳动保障监察执法服务中心

慈溪市劳动人事争议仲裁院

慈溪市劳动保障信息中心

象山县人力资源和社会保障局

象山县天安路999号南部商务楼1号楼

局领导

汪成宏　县委组织部副部长（兼）、局党委书记、局长

胡世来　党委副书记（正局级）、副局长

章霞丹　党委委员、副局长

俞明宽　党委委员、副局长

机关科室

办公室

政策法规和劳动关系科

事业单位人事管理科

人才开发和市场科

专业技术人员管理科

社会保险科

工资福利科

行政审批科

财务和社保基金监督科

象山县劳动保障监察执法服务中心

信访科

象山县劳动人事争议仲裁院

象山县职业技能鉴定中心

象山县人力资源和社会保障信息中心

直属单位

象山县就业管理服务中心

象山县社会保险管理中心

温州市人力资源和社会保障局

温州市鹿城区学院中路303号

局领导

瞿自杰　市委组织部副部长，局党组书记、局长
　　　　（12月离任）

张　雷　市委组织部副部长，局党组书记、局长
　　　　（12月上任）

蔡月琴　局党组副书记、副局长

陈志刚　局党组成员、副局长

胡正长　局党组成员、副局长

庄加灵　局党组成员、副局长

黄崇艺　局党组成员、二级调研员

机关处室

办公室

政策法规处

规划财务和基金监督处（信息化处）

就业促进和失业保险处

人才开发和市场处（国际合作交流处）

职业能力建设处

专业技术人员管理处

事业单位人事管理处

劳动关系处（监察执法处）

行政审批服务处

工资福利和奖励处

养老保险处

工伤保险处

仲裁信访处

人事处

机关党委

直属单位

温州市就业创业管理服务中心

温州市劳动保障管理中心

温州市人事考试院（温州市公务员考试测评中心）

温州市社会保险管理服务中心

温州市劳动人事争议仲裁院

温州技师学院

温州市人才发展服务中心

温州市人力资源和社会保障信息中心（市民卡
　　管理服务中心）

温州市职业介绍服务指导中心

温州市职业技能鉴定指导中心

温州市劳动能力鉴定中心

温州城市一卡通服务有限公司

温州市鹿城区职业技能鉴定中心

温州市鹿城区事业单位人事服务中心

温州市鹿城区劳动人事争议仲裁院

温州市鹿城区人力资源和社会保障综合服务
  中心

温州市鹿城区人力资源和社会保障局

温州市鹿城区广化桥路龙瑞大厦A幢5—6楼

局领导

邹海鹏　区委组织部副部长，局委组书记、局长

吴进洪　局党委副书记、副局长（保留正科级）

李　靖　局党委委员、纪检组副组长

王雅慧　局党委委员、副局长

沙海霞　局党委委员、副局长

机关科室

办公室

政策法规和仲裁信访科

行政审批科

事业单位人事管理科

规划财务科

职业能力建设科

劳动关系科（挂工伤认定科、监察执法科牌子）

社会保险科

基金监督科

机关党总支

直属单位

温州市鹿城区社会保险管理中心（参公）

温州市鹿城区就业服务中心（参公）

温州市鹿城区劳动保障管理中心

温州市龙湾区人力资源和社会保障局

温州市龙湾区安防路科技创新大楼10楼

局领导

潘文汉　区委组织部副部长，局党委书记、局长

王宋余　局党委委员、副局长（保留正科级）

苏鹭平　局党委委员、副局长

徐　芳　局党委委员、副局长

金　鑫　局党委委员、副局长

章吉春　局党委委员、人事综合科科长

机关科室

办公室

人事综合管理科

就业创业和人才开发科

劳动综合管理科

社保综合管理科

直属单位

温州市龙湾区事业单位人事考试中心

温州市龙湾区劳动保障监察大队

温州市龙湾区社会保险信息中心

温州市龙湾区职业技能鉴定中心

温州市龙湾区就业促进和失业保险中心

温州市龙湾区劳动人事仲裁院

温州市龙湾区社会保险管理中心

温州市瓯海区劳动人事争议仲裁院

温州市瓯海区事业单位人事服务中心

温州市瓯海区人力资源综合服务中心

温州市瓯海区人力资源和社会保障局

温州市瓯海区娄桥街道区行政中心12号楼

局领导

蔡向波　区委组织部副部长，局党委书记、局长

张秋辉　局党委副书记、副局长

王建新　局党委委员、副局长

虞夏婵　局党委委员、副局长

季丽琴　局党委委员、机关党总支专职副书记

机关科室

办公室

人才开发管理科

社会保险综合管理科

事业单位综合管理科

政策法规与仲裁科

政务服务科

劳动综合管理科（挂工伤认定科牌子）

机关党总支

直属单位

温州市瓯海区劳动保障管理中心

温州市瓯海区社会保险管理中心

温州市瓯海区就业创业服务中心

温州市洞头区人力资源和社会保障局

温州市洞头区人民路16号

局领导

陈后安　局党委书记、局长

曾国军　局党委委员、副局长

庄海东　局党委委员、副局长

童艳艳　局党委委员、副局长

机关科室

办公室

事业人员管理科（挂工资福利科牌子）

劳动力管理服务科（挂政策法规科、行政审批科
牌子）

社会保险科（挂基金监督科牌子）

机关党支部

直属单位

温州市洞头区社会保险管理服务中心（洞头区
市民卡管理服务中心）

温州市洞头区就业创业管理服务中心（洞头区就
业创业训练指导中心、洞头区职业介绍服务指
导中心）

温州市洞头区劳动保障管理中心

温州市洞头区人才管理服务中心（洞头区人事考
　　试服务指导中心、洞头区海岛振兴人才储备
　　中心）
温州市洞头区职业技能鉴定指导中心（洞头区
　　人力资源和社会保障信息中心）
温州市洞头区劳动人事争议仲裁院
温州市洞头区技工学校
温州市洞头区公共事务延伸管理服务中心（挂洞
　　头区政务服务中心瓯江口片区分中心牌子，由
　　洞头区人力社保局牵头管理）

乐清市人力资源和社会保障局

乐清市伯乐东路888号

局领导

方励明　市委组织部副部长，局党委书记、局长
赵小乐　局党委副书记、副局长（保留正科级）
周晓阳　局党委委员、副局长
卢庆哲　局党委委员、副局长
陈海平　局党委委员
叶志向　局党委委员、办公室主任

机关科室

办公室（挂信访室牌子）
规划财务和基金监督科
政策法规科
事业单位人事管理科
人才开发管理科
工资福利科
职业能力建设科（挂就业促进和失业保险科牌子）

行政审批科（挂劳动关系科牌子）
养老保险科
工伤保险科
机关党委

直属单位

乐清市人才管理服务中心
乐清市就业管理处
乐清市劳动保障管理中心
乐清市社会保险中心
乐清市劳动人事争议仲裁院
乐清市职业技能鉴定中心

瑞安市人力资源和社会保障局

瑞安市玉海街道商城大厦11楼

局领导

金晓昆　市委组织部副部长，局党委书记、局长
苏芬弟　局党委副书记、副局长
唐之宇　局党委委员、副局长
郑德淡　局党委委员、副局长
吴存谷　局党委委员、副局长
王蔚璇　局党委委员、专技八级
陈显东　局党委委员、一级主任科员

机关科室

办公室（挂人力社保信息化科）
政策法规处（挂行政审批科）
规划财务与基金监督科

就业促进和失业保险处（挂职业能力建设科牌子）

人才开发和市场科

事业单位人事管理科挂专业技术人员管理科牌子）

劳动关系科（挂仲裁科、监察执法科牌子）

工资福利与退休管理科

养老工伤保险科

人事科

机关党委

直属单位

瑞安市就业创业服务中心

瑞安市劳动保障管理中心

瑞安市社会保险中心

瑞安市劳动人事争议仲裁院

瑞安市人才交流和市场服务中心

瑞安市职业技能建设中心

瑞安市社会保险基金支付中心

瑞安市市民卡服务有限公司

瑞安市人才服务中心

永嘉县人力资源和社会保障局

永嘉县公共文化活动中心14楼

局领导

金翎翼　县委组织部副部长，局党委书记、局长

尤银平　局党委委员、副局长

杜克凡　局党委委员、副局长

吴佰友　局党委委员、副局长

周　芮　局党委委员、副局长

机关科室

办公室

政策法规科（挂行政审批科牌子）

事业单位人事管理科

人才开发管理科

工资福利科

劳动综合科（挂监察执法科牌子）

就业促进和失业保险科

养老保险科（挂基金监督科牌子）

工伤保险科

机关党委

直属单位

永嘉县就业创业服务中心

永嘉县人才服务中心

永嘉县社会保险服务中心

永嘉县劳动人事争议仲裁院

永嘉县社会保险基金安全技术服务中心

永嘉县人力资源和社会保障后勤综合服务中心

永嘉县人事考试中心

永嘉县劳动保障管理中心

文成县人力资源和社会保障局

文成县县府大院

局领导

张慧君　县委组织部副部长，局党委书记、局长

叶仕平　局党委委员、副局长

刘碎芬　局党委委员、副局长

傅炼炯　局党委委员、副局长（挂职）

胡宏智　局党委委员

机关科室

办公室（挂政策法规科牌子）

人事管理科

人才开发科

劳动就业科

工资福利科

社会保障科

行政审批科（挂信息化科牌子）

机关党总支

直属单位

文成县就业创业管理服务中心

文成县劳动保障管理服务中心

文成县社会保险管理服务中心

文成县社保基金核算中心

文成县社保登记服务中心

文成县人力资源服务中心

文成县劳动人事争议仲裁院

平阳县人力资源和社会保障局

平阳县昆阳镇吉祥路108号

局领导

林初潮　县委组织部副部长，局党委书记、局长

池建新　局党委委员、副局长

蔡胜昔　局党委委员、副局长

谢　倜　局党委委员、副局长

陈克增　局党委委员、副局长

周建静　局党委委员

机关科室

办公室

政策法规科

事业单位工作人员管理科

工资福利科

养老保险科

工伤保险科

劳动仲裁科（监察执法科）

监督稽核科

就业促进和失业保险科（职业能力建设科）

机关党委

直属单位

平阳县劳动保障管理中心

平阳县就业创业管理服务中心

平阳县人事劳动争议仲裁院

平阳县人才市场管理中心

平阳县事业单位人事服务中心（挂人事考试中心牌子）

平阳县人力资源和社会保障信息管理中心

平阳县就业训练中心

平阳县职业技能鉴定中心

泰顺县人力资源和社会保障局

泰顺县罗阳镇城北路153号

局领导

杨秀丽　县委组织部副部长，局党委书记、局长
章立安　局党委副书记、副局长
郑曾鸣　局党委委员、副局长
吴孟国　副局长
费增丰　局党委委员、就业促进科科长

机关科室

办公室
行政审批科
政策法规和劳动关系科（挂监察执法科）
人才开发和专技人员管理科
就业促进科
社会保险科（挂基金监督科）
事业单位人事管理科
工资福利科
机关党总支

直属单位

泰顺县劳动保障管理服务中心
泰顺县就业创业管理服务中心
泰顺县劳动人事争议仲裁院
泰顺县事业人员档案管理服务中心
泰顺县人力资源和社会保障局信息中心
泰顺县社会保险综合服务中心
泰顺县社会保险参保服务中心
泰顺县社会保险待遇核发中心

苍南县人力资源和社会保障局

苍南县灵溪镇江湾路408号社保大楼

局领导

许明华　县委组织部副部长，局党委书记、局长
章学军　局党委副书记、副局长
林华礼　局党委委员、副局长
吴　琨　局党委委员
黄定辉　局党委委员

机关科室

办公室
机关党委（考绩办）
计划财务与基金监督科
政策法规和劳动综合科（监察执法科）
行政审批科
专业技术和事业单位人事管理科
就业人才开发科
事业单位工资福利科
养老保险科
工伤保险科

直属单位

苍南县信息档案中心
苍南县劳动人事争议仲裁院
苍南县职业技能鉴定中心
苍南县事业单位人事服务中心（县人事考试中心）
苍南县人才开发和就业服务中心
苍南县社会保险管理中心
苍南县劳动保障管理中心

湖州市人力资源和社会保障局

湖州市金盖山路66号市民中心5号楼10楼

局领导

徐晓惠　市委组织部副部长（兼），局长、党组书记

史淦宝　局党组成员、副局长

汪　竑　局党组成员、副局长

梁公一　局党组成员、二级调研员

姜　菊　局党组成员、市社会保险管理事业中心主任

朱新江　局党组成员、副局长

机关处室

办公室

政策法规处（政务服务管理处）

财务与基金监督处

就业促进与失业保险处

人才开发处

专业技术人员管理处

职业能力建设处

事业单位人事管理处

工资福利与奖励处

社会保险处（劳动能力鉴定委员会办公室）

仲裁信访处（劳动关系处、监察执法处）

组宣人事处

机关党委

直属单位

湖州市社会保险事业管理中心（湖州市社会保险服务中心、湖州市机关事业单位退休职工活动中心）

湖州市就业管理服务中心

湖州市人才资源开发管理中心（湖州市人事考试中心）

湖州市劳动权益保障中心

湖州市劳动人事争议仲裁院

湖州市职业资格指导服务中心（浙江省南太湖创新发展研究院秘书处）

湖州市人力资源和社会保障信息中心（市社会保障市民卡管理中心）

湖州市吴兴区人力资源和社会保障局

湖州市吴兴区吴兴大道1号

局领导

许丽萍　区委组织部副部长（兼），局党委书记、局长

陆培红　局党委委员、副局长

唐晓华　副局长

虞　纯　局党委委员、副局长

机关科室

办公室（基金监管科）

政策法规科

人事管理科

人才开发科（职业能力建设科）

就业管理科

劳动关系科（社会保险科、劳动监察科）

机关党支部

直属单位

湖州市吴兴区人力资源开发服务中心

湖州市吴兴区养老保险服务中心

湖州市吴兴区就业管理服务中心

湖州市吴兴区劳动人事争议仲裁院

湖州市吴兴区劳动保障监管服务中心

湖州市南浔区人力资源和社会保障局

湖州市南浔区向阳路601号1418室

局领导

姚永平　区委组织部副部长（兼），局党委书记、
　　　　局长

沈国荣　局党委副书记、副局长

胡建荣　局党委委员、副局长

曹光景　局党委委员、副局长

顾　辉　局党委委员、人力资源服务中心主任，
　　　　挂职区总工会副主席

机关科室

办公室（财务与基金监督科）

政策法规科（劳动关系与社会保险科、政务服
　　务管理科、数字化改革管理科、劳动监察和
　　仲裁信访科）

就业促进科

人才开发与职业能力建设科

事业单位人事管理科

直属单位

湖州市南浔区就业管理服务中心

湖州市南浔区劳动权益保障中心

湖州市南浔区劳动人事争议仲裁院

湖州市南浔区养老保险服务中心

湖州市南浔区人力资源服务中心

德清县人力资源和社会保障局

德清县武康街道千秋东街1号

局领导

周　敏　县委组织部副部长（兼），局党委书记、
　　　　局长

闻卫强　局党委副书记、副局长

孙冰局　局党委委员、副局长

吴伟昊　局党委委员、副局长

谭中河　局党委委员

机关科室

办公室

组宣人事科

财务与基金监督科

事业单位人事管理科

政策法规科

监察和仲裁信访科

专业技术人员管理科（人才开发科）

就业促进和失业保险科

养老保险科

工伤保险科

职业能力建设科

直属单位

德清县社会保险管理服务中心

德清县公共就业和人才服务中心

德清县劳动人事争议仲裁院

德清县人力资源和社会保障信息中心（德清县
　社会保障市民卡管理中心）

德清县人才市场管理中心（德清县职业技能鉴
　定中心）

德清县劳动权益保障中心

湖州市技师学院

长兴县人力资源和社会保障局

长兴县太湖街道太湖中路128号

局领导

纪俊德　县委组织部副部长（兼），局党委书记、
　　　　局长

陈　静　局党委委员、副局长

朱宝成　局党委委员、副局长

尹德义　局党委委员、副局长

白洪鑫　局党委委员、副局长

高焕明　局党委委员

单　锋　局党委委员

机关科室

办公室

组织人事科

政策法规科（政务服务科）

财务和基金监督科

就业促进和失业保险科

人才开发科（专业技术人员管理科）

职业能力建设科

事业单位人事管理科

工资福利科

养老保险科（稽核科）

工伤保险科

劳动监察和仲裁信访科（劳动关系科）

考评一科

考评二科

直属单位

长兴县人才资源开发服务中心

长兴县就业管理服务中心

长兴县劳动权益保障中心

长兴县人力资源和社会保障信息中心

长兴县劳动人事争议仲裁院

长兴县职业资格指导服务中心

长兴县社会保险事业管理中心

长兴县城乡居民基本养老保险服务中心

安吉县人力资源和社会保障局

安吉县昌硕街道灵芝西路1号县行政中心4楼

局领导

王红缨　县委组织部副部长（兼），局党委书记、局长

陶　玲　局党委副书记、副局长

张敏飞　局党委委员、副局长

刘远成　局党委委员、副局长，县社会保险事业服务中心支部书记

夏　南　局党委委员，县公共就业和人才服务中心主任

徐真慧　县社会保险事业服务中心主任

郭田田　局党委委员、就业促进与失业保险科科长（兼）

周建伟　局党委委员、劳动关系科科长（兼）

机关科室

办公室（组织人事科）

财务和基金监督科

政策法规科（挂行政审批科牌子）

事业单位人事管理科（挂工资福利和奖励科牌子）

劳动监察与仲裁信访科（挂劳动关系科牌子）

人才开发科（挂专业技术人员管理科牌子）

就业促进与失业保险科

养老保险科

工伤保险科

职业能力建设科

直属单位

安吉县社会保险事业服务中心

安吉县公共就业和人才服务中心

安吉县劳动人事争议仲裁院

安吉县人力资源和社会保障信息中心

安吉县劳动保障服务中心

安吉县人力资源考试与评价中心

安吉县城乡居民社会保险服务中心

嘉兴市人力资源和社会保障局

嘉兴市南湖区东升东路1042号

局领导

金梓伟　市委组织部副部长（兼），局党组书记、局长

杭晔曾　局党组成员、副局长

姚晓明　局党组成员、副局长

俞叶君　局党组成员、副局长

黄　炜　局党组成员、二级调研员

沈春平　市养老保险服务中心主任

倪　烨　局党组成员

机关处室

办公室

计划财务处（社会保险基金监督处）

信息化管理处

人才开发处

职业能力建设处

专业技术人员管理处

事业单位人事管理处

劳动关系处（信访处）

养老工伤保险处

就业促进与失业保险处

机关党委

直属单位

嘉兴市养老保险服务中心

嘉兴市退休干部管理服务中心

嘉兴市劳动人事争议仲裁院

嘉兴市人才交流服务中心

嘉兴市人事考试中心

嘉兴市就业管理服务中心

嘉兴市劳动保障行政执法队

嘉兴市职业技能鉴定中心（嘉兴市高技能人才
公共实训管理服务中心）

嘉兴市劳动能力鉴定中心

嘉兴市南湖区人力资源和社会保障局

嘉兴市凌公塘路1260号

局领导

肖绿英　局党委书记、局长

夏　滨　局党委委员、副局长

李为瑜　局党委委员、副局长

赵建林　局党委委员、副局长

周晓琪　局党委委员、区养老保险服务分中心
主任

高丹霞　正科长级干部

俞银珍　副科长级干部

机关科室

办公室

事业单位人事管理科（事业单位工资福利科）

政策法规科（社会保障科）

就业和人才科

劳动监察科（劳动关系科）

直属单位

嘉兴市南湖区人才交流服务中心

嘉兴市南湖区就业管理服务中心

嘉兴市南湖区劳动人事争议仲裁院

嘉兴市南湖区劳动保障管理服务中心

嘉兴市养老保险服务中心南湖分中心

嘉兴市秀洲区人力资源和社会保障局

嘉兴市秀洲区新秀路351号

局领导

王其方　局党委书记、局长

钱伯清　局党委副书记、副局长

何　佳　局党委委员、副局长

陈利祥　局党委委员、副局长

牛　犇　局党委委员、市养老保险中心秀洲分
中心主任

蒋根苗　局党委委员

机关科室

办公室

劳动与就业科（政策法规科）

人才开发科

专业技术人员管理科

事业单位管理科

养老工伤保险科

劳动监察科

直属单位

嘉兴市养老保险服务中心秀洲分中心

嘉兴市秀洲区人才交流服务中心

嘉兴市秀洲区劳动人事争议仲裁院

嘉兴市秀洲区就业管理服务中心

嘉兴市秀洲区劳动保障管理服务中心

嘉兴市秀洲区职业技能鉴定中心

嘉善县人力资源和社会保障局

嘉善县魏塘街道谈公北路135号

局领导

何剑源　局党委书记、局长

钱　波　局党委委员、副局长

孙雄慧　局党委委员、副局长

王晓威　局党委委员、副局长

舒　畅　局党委委员、副局长（挂职）

汤雪东　局党委委员、养老保险服务中心主任

汤观军　局党委委员

肖建军　局党委委员

机关科室

办公室（法制科）

计划财务科（挂社会保险基金监督科牌子）

数字化管理科

人才开发和职业能力建设科（挂专业技术人员
　管理科牌子）

事业单位人事管理科

劳动关系科（挂信访科牌子）

养老保险科

工伤保险科

就业促进与失业保险科

劳动保障监察科

直属单位

嘉善县养老保险服务中心

嘉善县劳动人事争议仲裁院（劳动保障管理服
　务中心）

嘉善县就业管理服务中心

嘉善县人才交流服务中心

嘉善县职业技能培训与鉴定中心（县高层次人
　才服务中心）

嘉善县人事考试中心

平湖市人力资源和社会保障局

平湖市当湖街道胜利路380号

局领导

林国平　局党委书记、局长

刘　洪　局党委委员、副局长

王伟明　局党委委员、副局长

陈　琦　局党委委员、副局长

陈广平　局党委委员、养老保险服务中心主任

殷　炯　局党委委员、劳动保障监察科科长

郑　伟　局党委委员、就业管理服务中心主任

机关科室

办公室（挂社会保险基金监督科牌子）

信息化管理科

人才开发科

职业能力建设科

事业单位人事管理科

劳动关系科（挂信访科牌子）

就业促进与失业保险科

养老工伤保险科

劳动保障监察科

直属单位

平湖市养老保险服务中心

平湖市就业管理服务中心

平湖市人才交流服务中心

平湖市劳动人事争议仲裁院（劳动保障维权中心）

平湖市劳动能力鉴定中心

平湖市职业技能鉴定中心

平湖市高层次人才服务中心

平湖市人事考试中心

海盐县人力资源和社会保障局

海盐县武原街道华丰路1199号

局领导

吕华局　县委组织部副部长，局党委书记、局长

王　骝　局党委委员、副局长

陆盛华　局党委委员、副局长

汪　薇　局党委委员、副局长

王　斌　局党委委员、养老保险管理服务中心主任

沈福军　局党委委员、劳动保障监察科科长

机关科室

办公室

计划财务科（社会保险基金监督科）

人才开发科（专业技术人员管理科）

职业能力建设科

事业单位人事管理科

劳动关系科（政策法规科）

社会保障科

工伤科

就业促进和失业保险科

劳动保障监察科

直属单位

海盐县养老保险服务中心

海盐县就业管理服务处

海盐县劳动人事争议仲裁院（海盐县劳动保障
管理服务中心）

海盐县人力资源和社会保障信息中心

海盐县职业技能鉴定中心

海盐县劳动能力鉴定中心

海宁市人力资源和社会保障局

海宁市硖石街道海州东路548号

局领导

吕林峰　市委组织部副部长，局党委书记、局长

徐亚峰　局党委委员、副局长

李　戈　局党委委员、副局长（正科长级）

沈燕明　局党委委员、副局长

曹立健　局党委委员、市养老保险中心主任

吴小华　局党委委员、人才开发科科长

机关科室

机关党委、办公室

政策法规和劳动关系科

审批服务和信息科

计划财务和基金监督科

人才开发科

就业促进和职业能力建设科

事业单位人事管理科（市人事考试中心）

专业技术人员管理科

工资福利科

养老工伤保险科

劳动保障监察科

直属单位

海宁市养老保险服务中心

海宁市就业管理服务中心

海宁市人才交流服务中心

海宁市劳动人事争议仲裁院（市劳动保障维权
中心）

海宁市劳动能力鉴定中心

海宁市领军人才创业创新服务中心主任

桐乡市人力资源和社会保障局

桐乡市梧桐街道中华路98号

局领导

沈建良　局党委书记、局长

陈新悦　局党委委员、副局长

沈国标　局党委委员、副局长

庄漪波　市养老保险服务中心主任

徐　杰　局党委委员、养老保险服务中心副
主任

机关科室

办公室

计划财务科

审批服务科

人才开发科

就业促进与职业能力建设科

专业技术人员管理科

事业单位人事管理科

政策法规与劳动关系科

养老工伤保险科

劳动保障监察科

直属单位

桐乡市养老保险服务中心

桐乡市就业管理服务中心

桐乡市人才交流服务中心

桐乡市劳动能力鉴定中心

桐乡市劳动人事争议仲裁院

桐乡市人事考试中心

桐乡市职业技能鉴定中心

绍兴市人力资源和社会保障局

绍兴市曲屯路368号

局领导

张荣社　市委组织部副部长、局党组书记、局长

陈朝晖　局党组成员、副局长

柯建华　局党组成员、副局长

胡　豪　局党组成员、副局长

王　奋　局党组成员、副局长

裘宏柱　局党组成员、市社会保险事业管理
　　　　服务中心主任

陈海淮　局党组成员、市就业促进和人力资源
　　　　服务中心副主任

机关处室

办公室

政治处（机关党委）

政策法规处

财务与社保基金监督处

就业促进和失业保险处

人才综合处

社会保险处

事业单位综合管理处

专业技术人员管理处

职业能力建设处

劳动关系和农民工工作处

仲裁信访处（劳动监察处）

直属单位

绍兴市就业促进和人力资源服务中心

绍兴市社会保险事业管理服务中心

绍兴市人力资源和社会保障信息中心

绍兴市职业技能开发指导中心

绍兴市专家与留学人员服务中心

绍兴市越城区人力资源和社会保障局

绍兴市越城区马臻路45号

局领导

罗方远　区委组织部副部长，局党委书记、局长

俞小红　局党委副书记、副局长

陈　剑　局党委委员、副局长

于兴忠　局党委委员、副局长

茹佳佳　局党委委员、越城区人力资源服务
　　　　中心主任

章奕峰　局党委委员、办公室主任

机关科室

办公室

政策法规科（信访室、劳动监察科）

财务与基金监督科

人事管理科

行政审批科

就业社保科（基层平台管理科）

人才开发科

直属单位

绍兴市越城区社会保险事业管理服务中心

绍兴市越城区就业管理服务中心（劳动保障管理中心）

绍兴市越城区人力资源服务中心

绍兴市越城区职业技能管理服务中心

绍兴市越城区劳动人事争议仲裁院

绍兴市越城区人事考试中心

绍兴市越城区退休干部活动中心

绍兴市柯桥区人力资源和社会保障局

绍兴市柯桥区纺都路1066号

局领导

金伟梁　区委组织部副部长，局党委书记、局长

沈国华　局党委副书记、副局长

管水生　局党委委员、副局长

冯　松　局党委委员、副局长

文彬之　局党委委员、三级调研员

宋　强　局党委委员、区社会保障管理服务中心主任

机关科室

办公室

政策法规科（社会保险科）

财务与社保基金监督科

人事教育科

就业促进和失业保险科（基层平台管理科）

人才综合科（国际合作交流科）

事业单位综合管理科

专业技术人员管理科

职业能力建设科

劳动关系和农民工工作科

信访科

行政服务科

监察执法科

直属单位

绍兴市柯桥区社会保障管理服务中心

绍兴市柯桥区就业管理服务中心（劳动保障管理中心）

绍兴市柯桥区人力资源市场管理服务中心（高层次人才服务中心）

绍兴市柯桥区退休干部管理服务中心（退休干部活动室）

绍兴市柯桥区人力资源培训指导中心（职业技能鉴定中心、人事考试中心）

绍兴市柯桥区人力资源和社会保障信息管理中心

绍兴市柯桥区劳动人事争议仲裁院

绍兴市上虞区人力资源和社会保障局

绍兴市上虞区曹娥街道嘉和路168号

局领导

张春育　区委组织部副部长，局党委书记、局长

朱文龙　局党委副书记、副局长

阎志标　局党委委员、副局长

任柏桦　局党委委员、副局长

陈　军　局党委委员、社保中心主任

机关科室

办公室

人事教育科

政策法规和行政许可科（就业和劳动关系科）

财务与社保基金监督科

社会保险科

事业单位管理科

工资福利科（退休干部管理科）

人才综合科

专业技术人员管理科

仲裁科

劳动保障监管执法科

直属单位

绍兴市上虞区社会保险事业管理服务中心

绍兴市上虞区就业管理服务中心（劳动保障管理中心）

绍兴市上虞区人才市场管理服务中心

绍兴市上虞区人事考试中心

绍兴市上虞区人力社保信访服务中心（人力社保档案管理服务中心）

绍兴市上虞区人力社保信息中心（社会保障市民卡管理中心）

绍兴市上虞区职业技能培训鉴定中心

绍兴市上虞区机关事业养老保险服务中心

诸暨市人力资源和社会保障局

诸暨市永昌路12号

局领导

杨纪誉　市委组织部副部长，局党委书记、局长

叶纯青　局党委委员、副局长

宋健珍　局党委委员、副局长

应仲九　局党委委员、副局长

周国苗　市社会保险事业管理服务中心主任

赵荣明　局党委委员、工会主席

寿才涛　局党委委员、事业单位综合管理科科长

机关科室

办公室

党建室（挂内部审计科、基层管理指导科牌子）

政策法规科

财务与社保基金监督科

人才就业科

事业单位综合管理科

专业技术与职业资格管理科

仲裁监察科

行政审批服务科（挂社会保险科牌子）

直属单位

诸暨市社会保险事业管理服务中心

诸暨市人才开发服务中心

诸暨市就业管理服务中心

诸暨市劳动保障管理中心

诸暨市人力资源和社会保障信息中心

诸暨市劳动人事争议仲裁院

诸暨市人事考试中心（挂诸暨市公务员考试测评中心牌子）

诸暨市职业技能开发指导中心（挂诸暨市职业技术鉴定中心、诸暨市公共实训基地牌子）

诸暨市基层人力资源和社会保障所

嵊州市人力资源和社会保障局

嵊州市剡城路369号

局领导

汪正浩　市委组织部副部长，局党委书记、局长

金周伟　局党委委员、副局长

赵红戟　局党委委员、副局长

金立强　局党委委员、社保中心主任

俞露娜　副局长

应杭锋　局党委委员

机关科室

办公室

人事科（党建科）

财务科

政策法规科（社会保险基金监督科、行政审批

服务科）

就业促进和失业保险科

人力资源开发科

社会保险科

事业单位综合管理科

专业技术人员管理科

职业能力建设科

劳动关系科（监察执法科、劳动人事争议仲裁院）

信访科

直属单位

嵊州市社会保险服务中心

嵊州市就业管理服务中心

嵊州市人才开发服务中心

嵊州市劳动保障管理中心

嵊州市人事考试中心

嵊州市人力社保信息中心

嵊州市退休干部管理中心

嵊州市职业技能培训指导中心

嵊州市海纳劳动保障事务代理有限公司

新昌县人力资源和社会保障局

新昌县鼓山中路179号

局领导

张林勇　县委组织部副部长，局党委书记、局长

丁柏元　局党委委员、副局长

金　海　局党委委员、副局长

张　辉　局党委委员、副局长

梁　靖　社会保险事业管理服务中心主任

徐益军　局党委委员、办公室主任

机关科室

办公室

行政审批科（劳动关系科）

财务与社保基金监督科

就业促进和失业保险科

人才综合科

社会保险科

事业单位综合管理科

仲裁监察科（信访科）

直属单位

新昌县人才服务中心（新昌县大中专毕业生就
　业创业指导中心）

新昌县社会保障事业管理服务中心

新昌县劳动保障管理中心

新昌县就业服务中心

新昌县人力资源和社会保障信息管理中心（新
　昌县社会保障市民卡管理中心）

新昌县职业技术培训指导中心（新昌县职业技
　能鉴定中心、新昌县产业工人服务中心）

新昌县人事考试中心（新昌县人事教育培训
　中心）

新昌县劳动人事争议仲裁院

金华市人力资源和社会保障局

金华市婺城区双龙南街801号

（市政府西辅楼4楼）

局领导

马　越　市委组织部副部长，局党组书记、局长

徐金韩　局党组成员、副局长

张　政　局党组成员、副局长

蒋韶岗　局党组成员、副局长

胡银梁　局党组成员、机关党委专职书记

侯东升　局党组成员（副局长级）

邵森寅　局党组成员（副局级）

机关处室

办公室

机关党委

政策法规与基金监督处

就业促进和失业保险处

人才开发和市场处

职业能力建设处

专业技术人员管理处

事业单位人事管理处

劳动关系和仲裁信访处

工资福利和奖励处

社会保险处

劳动保障监察处

341

直属单位

金华市社会保险事业管理中心

金华市就业服务中心

金华市人才服务和人事考试中心

金华市劳动人事争议仲裁院（劳动保障服务中心）

金华市人力社保数据安全管理中心

金华市职业技能管理服务中心

金华市婺城区人力资源和社会保障局

金华市婺城区宾虹西路2666号

局领导

张建华　区委组织部副部长，局党委书记、局长

金文胜　局党委副书记、副局长

郑文富　局党委委员、副局长

刘娇英　局党委委员、副局长

李　波　局党委委员、人事考试中心主任

机关科室

办公室

事业单位管理科

工资福利科

人才开发科

政策法规科（行政许可科、劳动保障监察科）

就业促进科

社会保险科

直属单位

金华市婺城区人才市场服务中心

金华市婺城区人事考试中心

金华市婺城区劳动人事争议仲裁院（劳动保障中心）

金华市婺城区社会保障中心

金华市婺城区就业管理服务处

金华市金东区人力资源和社会保障局

金华市金东区多湖街道兰台街33号

局领导

鲍　鹏　区委组织部副部长，局党委书记、局长

赵　莘　局党委委员、副局长

陈志奎　局党委委员、副局长

蔡琳娜　局党委委员、副局长

机关科室

办公室

政策法规科（行政审批科）

就业促进和技能科

人才开发和职称科

事业单位人事管理科

监察执法科

劳动关系和仲裁科

社会保险科

直属单位

金华市金东区社会保障中心

金华市金东区就业服务中心

金华市金东区人才市场管理服务中心（劳动保
障服务中心）

金华市金东区职业技能管理服务中心

金华市金东区劳动人事争议仲裁院

金华市金东区人事考试中心

兰溪市人力资源和社会保障局

兰溪市府前路234号

局领导

章志威　市委组织部副部长，局党委书记、局长

姚仕强　局党组副书记、副局长

吴爱芳　局党委委员、副局长

陈　浩　局党委委员、副局长

吴旭芳　局党委委员、社保中心主任

应跃辉　局党委委员、就业中心主任

机关科室

办公室

事业单位人事管理科

人才开发和市场科

工资福利和奖励科

政策法规科（行政审批科）

社会保险科

职业能力建设科（就业促进和失业保险科）

基金监督和信息管理科

机关党委

劳动关系科（劳动监察科）

直属单位

兰溪市社会保障服务中心

兰溪市人力资源和社会保障局信息中心

兰溪市就业和人才管理服务中心

兰溪市劳动人事争议仲裁院

兰溪市工伤认定调查中心

兰溪市人事考试培训中心

东阳市人力资源和社会保障局

东阳市吴宁街道振兴路609号

局领导

黄正明　局党委书记、局长

张志伟　局党委副书记、副局长

施奕明　局党委委员、副局长

贾　蕾　局党委委员、副局长

李雅芸　局党委委员、社保中心主任

韦　丽　局党委委员、事业单位人事管理科科长

蔡航云　局党委委员、监察执法科科长

机关科室

办公室

政策法规科

事业单位人事管理科

工资福利科

职业能力建设科

343

人才开发科

劳动关系科

社会保险科

监察执法科

直属单位

东阳市社会保障中心

东阳市人才服务和人事考试中心

东阳市就业管理服务处

东阳市劳动人事争议仲裁院（劳动保障服务中心）

东阳市人力资源和社会保障服务中心

东阳市工伤认定中心（人力资源和社会保障数据维护中心、市民卡管理中心）

东阳市气瓶检验服务中心

义乌市人力资源和社会保障局

义乌市香山路389号

局领导

王国成	局党委书记、局长
施建民	局党委委员、副局长
金昭非	局党委委员、副局长
马炤凌	局党委委员、副局长
吴群伟	局党委委员、副局长
陈建平	局党委委员、社会保障中心主任
龚希明	局党委委员、就业和人才管理服务中心主任
史盛俊	局党委委员、办公室主任

机关科室

办公室

政策法规科

就业促进和失业保险科

人才开发和专业技术人员管理科

事业单位人事管理科

劳动关系与仲裁信访科

工资福利科

社会保险科

社会保险基金监督和信息化科

行政审批科

直属单位

义乌市社会保障中心

义乌市就业和人才管理服务中心

义乌市劳动保障维权中心

义乌市人力资源和社会保障信息中心

义乌市人事考试院（职业技能鉴定中心）

义乌市劳动人事争议仲裁院

义乌市企业退休人员社会化管理服务中心

义乌市公务员综合服务中心

永康市人力资源和社会保障局

永康市金城路25号

局领导

曹法余	市委组织部副部长，局党委书记、局长
周　敏	局党委副书记、副局长
李中钦	局党委成员、副局长

徐萧潇　副局长
胡金露　局党委成员、社保中心主任

机关科室

办公室
政策法规科（行政审批科）
就业促进和职业能力建设科
人才开发和服务科
事业单位人事管理科（退休干部管理办公室）
劳动关系和信访科
社会保险科
基金监督和信息化科
监察执法科

直属单位

永康市社会保险服务中心
永康市就业服务中心
永康市人力资源服务中心
永康市劳动人事争议仲裁院（劳动保障指导中心）
永康市信息人事档案服务中心
永康市工伤认定中心
永康市人事考试中心

浦江县人力资源和社会保障局

浦江县中山北路97号

局领导

楼志静　局党委书记、局长

张洪峰　局党委副书记、副局长
郭邦李　局党委委员、副局长
胡　斌　局党委委员、副局长
朱建生　局党委委员、社保中心主任
祝伟光　局党委委员、社保中心稽核和社会化
　　　　管理科科长

机关科室

办公室
政策法规与基金监督科
就业促进科
人才开发科
事业单位人事管理科
工资福利科
社会保险科
劳动保障监察科

直属单位

浦江县职业技能鉴定和信息中心
浦江县就业管理服务处（劳动保障服务中心）
浦江县社会保险服务中心
浦江县劳动人事争议仲裁院
浦江县工伤认定中心
浦江县人事考试中心
浦江技工学校（浦江工匠学院）

武义县人力资源和社会保障局

武义县明招路1385号

局领导

周邦明　局党委书记、局长

胡　文　局党委委员、副局长

徐允斌　局党委委员、副局长

汤群艳　局党委委员、副局长

吕文文　局党委委员、副局长

何敬业　局党委委员、社保中心主任

周凯科　局党委委员、退干办主任

机关科室

办公室

政策法规（监察执法）科

人才开发就业科

职业能力建设科

事业单位管理科

社会保险与工资福利科

退休干部管理委员会办公室

直属单位

武义县社会保险服务中心

武义县就业管理服务处

武义县劳动人事争议仲裁院（劳动保障服务中心）

武义县人才市场管理中心

武义县人力资源和社会保障信息档案中心（职
　业技能鉴定中心、社会保障市民卡管理中心）

武义县工伤认定中心

武义县人事考试中心

磐安县人力资源和社会保障局

磐安县安文街道壶厅西路133号

局领导

陈新忠　县委组织部副部长，局党委书记、局长

陈新标　局党委委员、副局长

张　娟　局党委委员、副局长

马子江　局党委委员、副局长

许春雷　局党委委员、联调中心主任

杨　忠　局党委委员、社保中心主任

何真兴　局党委委员、培训中心主任

机关科室

办公室

政策法规科（行政审批科、基金监督科）

就业促进和失业保险科（职业能力建设科）

人才开发科

事业单位人事管理科（专业技术人员管理科）

劳动关系和信访科

工资福利科

社会保险科

直属单位

磐安县社会保险服务中心

磐安县就业服务中心

磐安县人力资源服务中心

磐安县劳动人事争议仲裁院

衢州市人力资源和社会保障局

衢州市智慧新城仙霞中路36号

局领导

徐惠文　局党组书记、局长
单华川　局党组成员、副局长
周宏波　局党组成员、副局长
方茂盛　局党组成员、副局长
徐竹良　局党组成员、副局长
陈志军　局党组成员、市人才和就业管理中心
　　　　主任
张碎金　局党组成员、市社会保险事业管理中心
　　　　主任

机关处室

办公室（人事处）
机关党委
财务与内审处
法规与审批服务处（社会保险基金监督处）
人才开发与就业促进处
职业能力建设处
专业技术人员管理处
事业单位人事管理处
工资福利与奖励处
社会保险处
劳动关系与仲裁信访处（劳动监察执法处）

直属单位

衢州市人才和就业管理中心（衢州市劳动保障
　管理中心）

衢州市社会保险事业管理中心
衢州市人力资源和社会保障信息中心
衢州市人力资源开发服务中心
衢州市技能人才评价管理服务中心
衢州市劳动能力鉴定管理中心

派出机构

衢州市人力资源和社会保障局智造新城分局

衢州市柯城区人力资源和社会保障局

衢州市柯城区荷三路231号

局领导

张文利　局党委书记、局长
童　新　局党委委员、副局长
朱美芳　局党委委员、区社会保险事业管理
　　　　中心主任
俞　萍　局党委委员、区人才和就业管理中心
　　　　主任
张　波　副局长（挂职）
郑向怡　局党委委员、办公室主任
蒋丽君　局党委委员、社会保险科科长

机关科室

办公室（法规与审批服务科、社会保险基金监
　督科）
职业能力建设科
专业技术人员管理科
事业单位管理科

社会保险科

劳动关系与仲裁信访科（劳动监察科）

政策法规与行政审批科（基金监督科）

劳动监察科

直属单位

衢州市柯城区人才和就业管理中心

衢州市柯城区社会保险事业管理中心

衢州市柯城区技能人才评价管理服务中心（衢
　　州市柯城区城乡居民基本养老保险管理中心）

衢州市柯城区劳动保障管理中心（人事劳动仲
　　裁服务中心）

直属单位

衢州市衢江区社会保险事业管理中心

衢州市衢江区就业管理中心（衢江区劳动保障
　　管理中心）

衢州市衢江区人才市场管理中心

衢州市衢江区技能人才评价管理服务中心

衢州市衢江区城乡居民社会养老保险管理中心

衢州市衢江区人力资源和社会保障局

衢州市衢江区东迹大道277号

局领导

高建兵　区委组织部副部长（兼），局党委书记、
　　　　局长

彭炳华　局党委委员、副局长

方　俊　局党委委员、区社会保险事业管理
　　　　中心主任

余志勇　局党委委员、区就业管理中心主任

机关科室

办公室（信访室）

仲裁与劳动关系科

人才开发与专业技术人员管理科

就业促进与职业能力建设科

事业单位人事工资管理科

社会保险科

龙游县人力资源和社会保障局

龙游县文化西路171号

局领导

丁　俊　局党委书记、局长

方爱芸　局党委委员、副局长

程元超　局党委委员、副局长、县社会保险
　　　　事业管理中心主任

吴伟红　局党委委员、副局长

何正喜　局党委委员、县人才和就业管理中心
　　　　主任

吕　琰　局党委委员、社会保险科科长

机关科室

办公室

就业促进与职业能力建设科

人才开发与专业技术人员管理科

事业单位人事管理科

工资福利与奖励科

社会保险科

政策法规与仲裁科（社会保险基金监督科）

劳动监察科

直属单位

龙游县人才和就业管理中心（龙游县人才市场
管理中心、龙游县技能人才评价管理服务
中心）

龙游县社会保险事业管理中心

龙游县劳动人事争议仲裁院（龙游县劳动保障
管理中心）

龙游县人力资源社会保障信息中心

龙游县人力社保综合服务中心

龙游县劳动和社会保障所

派出机构

龙游县人力资源和社会保障局经济开发区分局

江山市人力资源和社会保障局

江山市鹿溪北路238号

局领导

杨子勋　局党委书记、局长

夏　靓　局党委副书记、副局长

王冠平　副局长

郑正权　局党委委员、副局长

徐水源　局党委委员、市社会保险事业管理
中心主任

祝　磊　局党委委员、市人才和就业管理中心
主任

机关科室

办公室

法规与审批服务科（仲裁与劳动关系科）

职业能力建设科（就业促进科）

专业技术人员管理科

事业单位人事管理科

工资福利与奖励科

社会保险科

劳动监察科

直属单位

江山市人才和就业管理中心（江山市劳动保障
管理中心）

江山市社会保险事业管理中心

江山市劳动人事争议仲裁院

江山市劳动能力鉴定中心

江山市行政事务辅助中心

派出机构

江山市人力资源和社会保障局开发区分局

常山县人力资源和社会保障局

常山县白马路159号

局领导

洪永海　局党委书记、局长
戴勇明　局党委委员、副局长
胡志良　局党委委员、副局长
朱　瑜　局党委委员、副局长
徐铁军　局党委委员、常山县社会保险事业
　　　　管理中心主任
陈　鸿　局党委委员、常山县人才和就业管理
　　　　中心主任
吴小青　局党委委员、办公室主任

机关科室

办公室
法规与审批服务科（社会保险基金监督科）
人才开发与专业技术人员管理科（县职改办）
事业单位人事管理科
工资福利和奖励科（工改办）
就业促进与职业能力建设科
劳动关系与仲裁信访科（劳动人事争议仲裁委
　员会）
社会保险科

直属单位

常山县人才和就业管理中心
常山县社会保险事业管理中心
常山县城乡居民养老保险服务中心
常山县劳动人事争议仲裁院

常山县技能人才评价管理服务中心
常山县劳动保障管理中心

派出机构

常山县人力资源和社会保障局开发区分局

开化县人力资源和社会保障局

开化县江滨南路2号

局领导

程军华　局党委书记、局长
鲍设来　局党委委员、副局长
余　健　局党委委员、副局长
郑兴华　局党委委员、副局长
朱建芳　局党委委员
陈智俭　就业中心主任
江志斌　医保中心主任
叶　斌　社保中心主任

机关科室

办公室
事业单位人事管理科
人才开发与专业技术人员管理科
就业促进与职业能力建设科
工资福利与奖励科
社会保险科
医疗保障与基金监督科
劳动关系仲裁与政策法规科
劳动保障监管科

直属单位

开化县劳动人事争议仲裁院

开化县人才开发服务中心

开化县人事考试中心

开化县金保信息管理中心

开化县社会保险事业管理中心

开化县就业管理中心

开化县医疗保障中心

舟山市人力资源和社会保障局

舟山市新城海天大道681号市行政中心东一号楼

局领导

於颖颖　市委组织部副部长（兼），局党组书记、
　　　　局长、舟山行政学院副院长（兼）

薛余斌　局党组副书记、副局长、三级调研员

陈　璘　局党组成员、副局长

姚　刚　局党组成员、副局长

机关处室

办公室

组织人事处

政策法规处（行政许可服务处）

就业促进和失业保险处

人才开发和市场处（市人才市场管理办公室）

职业能力建设处

专业技术人员管理处

事业单位人事管理处

劳动关系处

劳动监察处

养老保险处

工伤保险处（市劳动能力鉴定委员会办公室）

基金监督和内审处

直属单位

舟山市社会保险事业管理中心

舟山市就业管理中心

舟山市人事考试院（市公务员考试测评中心）

舟山市人才公共服务中心

舟山市人力资源和社会保障信息中心

舟山市劳动人事争议仲裁院

舟山市退休干部活动中心（市原转体单位离退
　休干部服务中心）

舟山市劳动能力鉴定中心

舟山市人力资源市场服务中心

舟山市技能人才评价管理服务中心

舟山市定海区人力资源和社会保障局

舟山市定海区解放西路242号1号楼

局领导

顾培斐　区委组织部副部长（兼），局党委书记、
　　　　局长

潘燕娜　局党委副书记、副局长

滕　磊　局党委委员、副局长

刘婧婧　局党委委员、社保中心主任

肖宏林　局党委委员、四级调研员

机关科室

办公室（政策法规科、行政许可服务科）

就业促进和失业保险科

事业单位人事管理科

专业技术人员管理科（人才开发科）

职业能力建设科

劳动关系科（劳动监察科）

养老和工伤保险科（基金监督科）

直属单位

舟山市定海区社会保险事业管理中心

舟山市定海区就业管理中心

舟山市定海区劳动人事争议仲裁院

舟山市定海区人才公共服务中心

舟山市定海区培训中心（职业技术培训中心）

舟山市定海区技能人才评价管理服务中心

舟山市定海区退休干部职工服务中心

舟山市普陀区人力资源和社会保障局

舟山市普陀区东港街道昌正街169号4号楼西2楼

局领导

周　军　区委组织部副部长（兼），局党委书记、
　　　　局长

丁常青　局党委委员、副局长

方永芬　局党委委员、副局长

夏　辉　副局长

冯　君　局党委委员、副局长

机关科室

办公室（挂政策法规科、行政审批服务科牌子）

就业促进和失业保险科

职业能力建设科（挂职业技能鉴定中心牌子）

人才开发科（挂专业技术人员管理科牌子）

事业单位人事管理科

劳动关系科（挂劳动争议仲裁委员会办公室
　　牌子）

劳动监察科

养老和工伤保险科（挂社保基金监督科牌子）

直属单位

舟山市普陀区社会保险事业管理中心（挂区大
　　社保服务中心牌子）

舟山市普陀区就业管理服务中心

舟山市普陀区劳动人事争议仲裁院（挂普陀区
　　劳动保障维权中心牌子）

舟山市普陀区人才市场开发管理中心

舟山市普陀区人事考试中心

舟山市普陀区退休干部活动室

舟山市普陀区普陀湾众创码头服务中心

岱山县人力资源和社会保障局

岱山县鱼山大道693号县行政中心B3楼

局领导

金克难　县委组织部副部长（兼），局党委书记、
　　　　局长

何盛波　局党委委员、副局长
何　燕　局党委委员、副局长
陆康杰　局党委委员、副局长

机关科室

办公室（政策法规科、行政许可服务科）
就业促进和失业保险科
事业单位人事管理科（人才开发和市场科）
专业技术人员管理科（职业能力建设科）
养老和工伤保险科（基金监督和内审科）
劳动关系科
劳动监察科

直属单位

岱山县社会保险事业管理中心
岱山县就业管理中心
岱山县人才市场管理中心
岱山县技能人才评价管理服务中心
岱山县劳动人事争议仲裁院

嵊泗县人力资源和社会保障局

嵊泗县菜园镇沙河路341号

局领导

叶　敏　局党委书记、局长
唐波娜　局党委副书记、副局长
王　峥　局党委委员、副局长
舒　毅　局党委委员、社保中心主任
李梦迪　局党委委员、副局长（挂职）

机关科室

办公室（政策法规科、行政审批科）
就业促进和失业保险科
事业单位人事管理科（人才开发和市场科）
专业技术人员管理科（职业能力建设科）
社会保险科（社保基金监督和内审科）
劳动关系科（劳动监察科）

直属单位

嵊泗县社会保险事业管理中心
嵊泗县就业管理中心
嵊泗县人才市场管理中心
嵊泗县劳动人事争议仲裁院（嵊泗县劳动保障
　　维权中心）
嵊泗县技能人才评价管理服务中心
嵊泗县人力资源和社会保障洋山服务中心

台州市人力资源和社会保障局

台州市白云山南路233号市行政中心12楼西

局领导

柯婉瑛　市委组织部副部长（兼），局党组书记、
　　局长
张峰波　局党组成员、副局长（正局长级）
陈敦庸　局党组成员、副局长
鲁才强　局党组成员、副局长
谢建军　局党组成员、二级调研员
马德求　局党组成员、办公室主任、四级调研员

机关处室

办公室

政策法规和仲裁信访处

人才开发和市场处

就业促进和职业能力建设处

专业技术人员管理处

事业单位人事管理处

劳动关系和农民工工作处（监察执法处）

工资福利和奖励处

社会保险处

社会保险基金监督处

改革发展和行政审批处

人事处

机关党委

直属单位

台州市社会保险事业管理中心（台州市劳动保
　障管理中心）

台州市人才服务中心

台州市人事考试院（台州市劳动人事仲裁院）

台州市就业服务中心

台州市人力资源和社会保障信息中心

台州市职业技能鉴定中心

台州市劳动能力鉴定中心

台州市椒江区人力资源和社会保障局

台州市椒江区青年路404号

局领导

赵仙斌　区委组织部副部长（兼），局党委书记、
　　　　局长

徐世军　局党委委员、副局长

俞　晔　局党委委员、副局长

梁　微　局党委委员、副局长

曹立红　局党委委员、社保中心主任

机关科室

办公室（信息化管理科）

人才开发和市场科

事业单位人事管理科

劳动关系和职业能力建设科（就业促进和农民
　工工作科）

工资福利和奖励科

社会保险科

行政审批科（改革指导科）

政策法规和仲裁信访科（社保基金监督科）

劳动保障监察执法科

直属单位

台州市椒江区社会保险事业管理中心

台州市椒江区就业服务中心（区公共职业介绍
　服务中心）

台州市椒江区劳动人事争议仲裁院（区劳动保
　障服务中心）

台州市椒江区人才交流中心（区人力资源开发服务中心）

台州市椒江区企业退休人员服务中心

台州市椒江区高层次人才引进和人事考试服务中心（区"500精英计划"专项工作服务中心）

台州市椒江区人力资源教育和职业技能鉴定中心（区就业训练中心）

直属单位

台州市黄岩区社会保险事业管理中心

台州市黄岩区人才交流中心

台州市黄岩区就业服务中心

台州市黄岩区劳动人事仲裁院

台州市黄岩区人力资源综合服务中心

台州市黄岩区人力资源和社会保障局

台州市黄岩区政府大楼13楼东

局领导

陈　峰　区委组织部副部长（兼），局党委书记、局长

王灵佳　局党委委员、副局长

周家璇　局党委委员、副局长

王　植　区社保中心主任

机关科室

办公室

政策法规和仲裁信访科

人才开发和市场科

劳动关系和职业能力建设处

事业单位人事和专业技术人员管理科

劳动监察科

工资福利和奖励科

社会保险科

行政审批科

台州市路桥区人力资源和社会保障局

台州市路桥区路北街道银安街709号

局领导

吴卫民　区委组织部副部长（兼），局党委书记、局长

梁　超　局党委委员、副局长

吴红光　局党委委员、副局长

任守超　局党委委员、副局长

阿　崩　局党委委员、副局长（挂职）

机关科室

办公室

政策法规和仲裁信访科（基金和财务监督科）

人才开发和市场科

职业能力建设科（技工院校管理科）

事业单位人事和专业技术人员管理科

劳动关系和农民工工作科（行政审批科）

工资福利和奖励科

社会保险科（工伤认定办公室）

监察执法科

直属单位

台州市路桥区社会保险事业管理中心

台州市路桥区就业事务中心（人力资源市场事务中心）

台州市路桥区人才交流服务中心

台州市路桥区劳动人事争议仲裁院（劳动保障管理中心）

台州市路桥区人力资源和社会保障信息中心

临海市人力资源和社会保障局

临海市大洋街道河阳路319号人防档案大楼

局领导

董志慧　市委组织部副部长（兼），局党委书记、局长

朱枝领　局党委委员、副局长

卢娅红　局党委委员、副局长（保留正科级）

洪翼虎　局党委委员、副局长

王以日　局党委委员、副局长

吴加伟　局党委委员、社保中心主任

王卫菊　局党委委员、办公室主任

机关科室

办公室

政策法规和仲裁信访科

人才开发和市场科（专业技术人员管理科）

劳动关系科（就业促进和职业能力建设科）

事业单位人事管理科

工资福利和奖励科

社会保险科

改革指导科（行政审批科）

财务核算科

监察执法科

社保基金监督科

机关党委

直属单位

临海市社会保险事业管理中心

临海市就业服务中心（临海市劳动保障管理中心）

临海市劳动人事仲裁院

临海市人才交流中心（临海市高层次人才服务中心）

临海市考试培训和信息技术中心

临海市新世纪人才开发有限公司

临海市雷博人力资源开发有限公司

温岭市人力资源和社会保障局

温岭市人民东路258号市行政中心6楼东

局领导

江　淼　市委组织部副部长（兼），局党委书记、局长

陈文云　局党委委员、副局长，台州第一技师学院党委书记

肖玲红　局党委委员、副局长

吴永标　局党委委员、副局长

黄　伟　局党委委员、就业促进和劳动关系科科长

机关科室

办公室

政策法规和仲裁科

人才开发和市场科

就业促进和劳动关系科

专业技术人员管理科

事业单位管理科（工资福利和奖励科）

社会保险科

行政审批科

执法监察科（基金监督科）

直属机关党委

直属单位

温岭市社会保险事业管理中心

温岭市劳动保障服务中心

温岭市就业服务处

温岭市劳动人事争议仲裁院

温岭市人事考试和信息中心

温岭市人才交流中心（高层次人才服务中心）

温岭市企业退休人员活动中心

温岭市职业技能鉴定中心

玉环市人力资源和社会保障局

玉环市玉城街道广陵路103号

局领导

潘立志　市委组织部副部长（兼），局党委书记、局长，市行政学校副校长（兼）

蔡建新　局党委委员、副局长（正科长级）

陈奕康　局党委委员、副局长

陈晓阳　局党委委员、市社会保险事业管理中心主任

陈贤光　局党委委员、副局长

吴立华　局党委委员

机关科室

办公室（党建工作科）

政策法规和仲裁信访科（基金监督科）

事业单位人事与专业技术人员管理科（人才科）

工资福利科

社会保险科

劳动关系和职业能力建设科

行政审批科（改革指导科）

劳动监察科

直属单位

玉环市社会保险事业管理中心

玉环市就业服务中心

玉环市劳动人事仲裁院

玉环市人才开发和市场服务中心（市人才服务中心）

玉环市人力资源社会保障信息中心（市劳动保障服务中心）

玉环市职业技能鉴定中心

玉环市企业退休人员服务中心

玉环市人事考试中心

天台县人力资源和社会保障局

天台县玉龙路1号县行政中心17楼

局领导

陈红霞　县委组织部副部长（兼），局党委书记、
　　　　局长
许淑芬　局党委委员、副局长
许式琨　局党委委员、副局长
庞伟峰　局党委委员、副局长、县社保中心主任

机关科室

办公室
政策法规和仲裁信访科
人才综合科
就业促进和职业能力建设科
事业单位综合科
劳动关系和农民工工作科
社会保险科
社会保险基金监督科
执法监督科

直属单位

天台县社会保险事业管理中心
天台县就业服务中心
天台县人才交流中心（天台县人才服务中心、
　　天台县人事劳动培训教育中心、天台县职业
　　技能鉴定中心）
天台县劳动人事争议仲裁院
天台县社会保障信息中心（天台县人事考试中
　　心、天台县劳动保障服务中心）

仙居县人力资源和社会保障局

仙居县省耕西路77号商务楼10楼西

局领导

应　良　县委组织部副部长（兼），局党委书记、
　　　　局长
胡松卫　局党委委员、副局长
季胜武　局党委委员、副局长
郭建伟　局党委委员、社保中心主任
张杨勇　局党委委员

机关科室

办公室
改革指导科（行政审批科）
事业单位人事管理科
工资福利和奖励科
人才开发和市场科
专业技术人员管理科
就业促进和职业能力建设科
政策法规和仲裁信访科
社会保障科（基金监督科）
监察执法科

直属单位

仙居县社会保险事业管理中心
仙居县就业服务中心
仙居县人才交流中心
仙居县高层次人才服务中心
仙居县人事考试中心
仙居县企业退休人员服务中心

三门县人力资源和社会保障局

三门县海游街道广场路18号县行政中心13楼东

局领导

章　益　县委组织部副部长（兼），局党委书记、
　　　　局长
吕计燕　局党委委员、副局长
罗丙剑　局党委委员、副局长
张真关　局党委委员、副局长
章婷婷　局党委委员
潘礼帅　社保中心主任

机关科室

办公室
政策法规和仲裁信访科（劳动关系科）
人力资源科
专业技术人员管理科
事业单位人事管理科
工资福利科
社会保险科
行政审批科
监察执法科

直属单位

三门县社会保险事业管理中心
三门县就业服务中心
三门县劳动人事争议仲裁院（劳动保障管理
　中心）
三门县人才交流中心
三门县人力资源和社会保障信息中心

三门县职业技能鉴定中心

丽水市人力资源和社会保障局

丽水市人民街615号商会大厦

局领导

吴守成　市委组织部副部长（兼），局党组书记、
　　　　局长
王旭彪　局党组成员、副局长、三级调研员
雷剑锋　局党组成员、副局长
姚廷贵　局党组成员、副局长
金丽芬　局党组成员、市就业服务中心主任
练少芳　局党组成员、市社会保险管理服务
　　　　中心主任
李伯华　局党组成员、办公室主任、四级调
　　　　研员

机关处室

办公室
直属机关党委
政策法规处（挂行政审批处牌子）
人才开发和就业促进处
事业单位人事管理处
职业能力建设处
专业技术人员管理处
工资福利和奖励处（挂社会保险基金监督处
　牌子）
社会保险处（挂市劳动能力鉴定委员会办公室
　牌子）
劳动关系和仲裁信访处

直属单位

丽水市社会保险管理服务中心

丽水市就业服务中心

丽水市人才管理服务中心（挂市高层次人才服务中心牌子）

丽水市劳动人事争议仲裁院

丽水市人事考试院（挂市公务员考试测评中心牌子）

丽水市社会保障卡管理服务中心

丽水市职业技能鉴定指导中心

丽水市人力资源市场服务中心

丽水市莲都区人力资源和社会保障局

丽水市莲都区丽青路25号

局领导

梁永光　区委组织部副部长（兼），局党委书记、局长

应　俊　局党委委员、副局长

兰丽琴　局党委委员、副局长

秦艺峰　局党委委员、社保中心主任

金东平　局党委成员、办公室主任

机关科室

办公室

政策法规科

人才开发管理科

事业单位人事管理科

工资福利退管科

社会保险科

劳动监察科

劳动关系科

直属单位

丽水市莲都区社保中心

丽水市莲都区就业管理服务中心

丽水市莲都区人才中心

丽水市莲都区劳动人事争议仲裁院

丽水市莲都区社会保障服务中心

丽水市莲都区人力资源服务中心

龙泉市人力资源和社会保障局

龙泉市贤良路333号行政服务中心8楼

局领导

项伟剑　市委组织部副部长（兼），局党委书记、局长

包伟明　局党委委员、副局长

周欧蕾　局党委委员、副局长

姜旭彤　局党委委员、社保中心主任

机关科室

办公室

政策法规和行政审批科（挂劳动关系和仲裁信访科、社会保险基金监督科、监察执法科牌子）

专业技术人员管理科（挂人才开发管理科牌子）

职业能力建设和就业促进科（挂职业技能鉴定中心牌子）

事业单位人事管理科

工资福利科

社会保险科

机关党委

直属单位

龙泉市社会保险事业服务中心

龙泉市就业管理服务处

龙泉市人才管理服务中心

龙泉市劳动保障中心

龙泉市劳动人事争议仲裁院

龙泉市机关事业养老保险管理中心

青田县人力资源和社会保障局

青田县鹤城街道鹤城中路33号

局领导

钟锋伟　县委组织部副部长（兼），局党委书记、
　　　　局长

陈超民　局党委委员、副局长、三级调研员

孙一栋　局党委委员、副局长、四级调研员

程勤士　局党委委员、社保中心主任、二级
　　　　主任科员

夏　晖　局党委成员、机关党委专职副书记、
　　　　三级主任科员

机关科室

办公室

政策法规科（挂行政审批服务科、社会保险基
　金监督科牌子）

人才开发和就业促进科（挂专业技术人员管理
　科、职业能力建设科牌子）

事业单位人事管理科

劳动关系科（挂农民工工作科、监察执法科牌子）

工资福利科

社会保险科

直属机关党委

直属单位

青田县社会保险事业服务中心

青田县工资统发中心

青田县就业管理服务中心

青田县劳动人事争议仲裁院（挂青田县劳动维
　权中心牌子）

青田县人才中心（挂县人力资源市场牌子）

青田县人力资源社会保障信息中心（挂青田县
　社会保障市民卡管理服务中心牌子）

青田县职业技能鉴定中心

云和县人力资源和社会保障局

云和县城北路6号

局领导

项宗荣　县委组织部副部长（兼），局党委书记、
　　　　局长

蔡　礼　局党委委员、副局长

姜　轸　副局长

蓝国华　局党委委员、县社会保险事业服务
　　　　中心主任

华　斌　局党委委员、县就业服务中心主任

机关科室

办公室

政策法规科（挂行政审批科、社会保险基金监
　督科牌子）

事业单位人事管理科

人才开发管理科（挂专业技术人员管理科、职
　业能力建设科牌子）

工资福利和奖励科

社会保险科

劳动关系科（挂监察执法科、信访室牌子）

直属单位

云和县社会保险事业服务中心

云和县就业服务中心

云和县人才管理服务中心

云和县劳动维权中心

云和县劳动人事争议仲裁院

云和县人力资源市场服务中心

云和县社会保障卡管理服务中心

庆元县人力资源和社会保障局

庆元县濛洲街222号 公共服务中心大楼 15楼

局领导

刘祖成　县委组织部副部长（兼），局党委书记、
　　　　局长

胡永生　局党委委员、副局长

吴小明　局党委委员、副局长、社保中心主任

边利民　局党委委员

机关科室

办公室

事业单位人事管理科（挂考试办公室牌子）

人才开发管理科（持职业技能鉴定中心）

工资福利科

政策法规科（挂劳动监察科、信访室牌子）

社会保障科

机关党委

直属单位

庆元县劳动人事争议仲裁院

庆元县就业管理服务处

庆元县人才管理服务处

庆元县劳动监察中心

庆元县乡镇社会保障服务所

庆元县人力资源和社会保障信息中心

庆元县行政事业单位退休人员服务中心

缙云县人力资源和社会保障局

缙云县五云街道和泰城17号办公楼10楼

局领导

杜叶飞　县委组织部副部长（兼），局党委书记、
　　　　局长

胡伟民　局党委委员、副局长

王　郢　局党委委员、副局长

卢肖霄　副局长

麻天祥　局党委委员、社会保险事业服务中心
　　　　主任

林红英　局党委委员、机关党委专职副书记
朱剑锋　局党委委员、办公室主任

机关科室

办公室

政策法规科（挂行政审批服务科、社会保险基
　金监督科牌子）

人才开发科（挂专业技术人员管理科牌子）

事业单位人事管理科

职业能力建设科

工资福利和奖励科

社会保险科

劳动关系科

劳动监察科

机关党委

直属单位

缙云县社会保险事业服务中心

缙云县劳动人事争议仲裁院（挂缙云县劳动监
　察中心牌子）

缙云县人才和就业服务中心

缙云县人力资源和社会保障信息中心

缙云县职业技能培训鉴定中心

缙云县劳动和社会保障服务中心

遂昌县人力资源和社会保障局

遂昌县北街206号

局领导

吴志春　县委组织部副部长（兼），局党委书记、
　局长

陈　蓉　局党委副书记、副局长

叶会华　副局长

邱军雄　局党委委员、社保中心主任

机关科室

办公室（挂行政许可科牌子）

事业单位人事管理科

人才开发管理科（挂专业技术人员管理科牌子）

工资福利和奖励科

社会保险科（挂基金监督科牌子）

职业能力建设科（挂职业技能鉴定中心牌子）

劳动关系科（挂监察仲裁科牌子）

直属单位

遂昌县社会保险事业服务中心

遂昌县就业管理服务中心

遂昌县劳动保障管理服务中心（挂人事考试中
　心牌子）

遂昌县劳动人事争议仲裁院

遂昌县人才管理服务中心

遂昌县人力资源和社会保障技术服务中心

松阳县人力资源和社会保障局

松阳县新华路58号

局领导

蓝才旺　县委组织部副部长（兼），局党委书记、
　　　　局长
占芳华　局党委副书记、副局长
刘　剑　局党委委员、副局长
鲍婷婷　局党委委员、社保中心主任

机关科室

办公室（政策法规科）
事业单位人事管理科
人才开发和就业促进科
工资福利和奖励科
社会保险科（行政许可科、社会保险基金监督科）
劳动关系科

直属单位

松阳县社会保险事业服务中心
松阳县人力资源和社会保障信息中心
松阳县就业管理服务处
松阳县人才管理服务处
松阳县劳动监察中心
松阳县劳动人事争议仲裁院
松阳县人事考试服务中心
松阳县机关事业单位退休干部服务管理中心

景宁县人力资源和社会保障局

景宁县人民中路135号

局领导

徐隆金　县委组织部副部长（兼），局党委书记、
　　　　局长
梅　敏　局党委委员、副局长
陈伟龙　局党委委员、副局长
叶松慧　局党委委员、社保中心主任
季卫娟　局党委委员、办公室主任

机关科室

办公室
政策法规科（行政审批科、社会保险基金监督科）
事业单位人事管理科
人才开发和就业促进科
工资福利和奖励科
社会保险科
劳动关系科（仲裁科、监察执法科）

直属单位

景宁县社会保险事业服务中心
景宁县人力资源和社会保障信息中心（社会保障市民卡管理服务中心）
景宁县就业管理服务处
景宁县人才管理服务处
景宁县劳动保障监察中心
景宁县劳动人事争议仲裁院
景宁县人力资源服务中心（人事考试中心）

工资指导价位

2022年杭州市人力资源市场工资指导价位

一、分职业小类企业从业人员工资价位

单位：元

序号	职业小类	分位值				
		10%	25%	50%	75%	90%
1	企业董事	62078	102000	178102	374321	641872
2	企业总经理	62400	99780	196000	382920	680000
3	生产经营部门经理	60600	85000	143785	240015	361453
4	财务部门经理	54000	74400	121428	210000	326505
5	行政部门经理	47846	66000	104660	180000	306285
6	人事部门经理	49560	67375	117368	201995	328924
7	销售和营销部门经理	51995	85686	162134	311100	519532
8	广告和公关部门经理	60094	86798	145352	220474	350479
9	采购部门经理	50127	68189	108050	179304	298803
10	计算机服务部门经理	100000	208881	251097	383604	470640
11	研究和开发部门经理	80500	125331	173647	262800	409775
12	餐厅部门经理	54226	73128	84989	108000	143912
13	客房部门经理	40839	58797	69746	103318	146150
14	其他职能部门经理	60600	86157	154116	258914	416345
15	其他企业中高级管理人员	72828	108907	170753	296040	500093
16	农业科学研究人员	66305	70149	85670	124500	159704
17	电力、热力生产和供应人员	45193	62595	80335	128494	178719
18	医学研究人员	68437	95928	123761	191571	235713
19	管理学研究人员	53400	77600	100064	149744	238955
20	地质勘探工程技术人员	41864	45727	58987	99005	126720
21	测绘和地理信息工程技术人员	48562	63817	78392	136637	186394
22	冶金工程技术人员	70077	81252	101410	143135	166490
23	化工工程技术人员	74197	92276	125880	169129	238693
24	机械工程技术人员	68680	92000	127795	181800	247499
25	电子工程技术人员	53215	76816	103058	145969	194556
26	信息和通信工程技术人员	61865	103861	178800	236595	307212

续表

序号	职业小类	分位值				
		10%	25%	50%	75%	90%
27	电气工程技术人员	55579	66236	97243	129709	170816
28	电力工程技术人员	49120	83053	118132	176249	427161
29	广播电影电视及演艺设备工程技术人员	68793	79248	105747	173777	188948
30	道路和水上运输工程技术人员	48581	70000	80000	99000	121233
31	民用航空工程技术人员	68845	80955	136352	210119	291806
32	建筑工程技术人员	46011	60000	71876	111742	199516
33	建材工程技术人员	56100	60062	71538	86333	123857
34	林业工程技术人员	47000	52145	57872	84878	140666
35	水利工程技术人员	65000	71015	106766	153982	172940
36	纺织服装工程技术人员	47075	57364	71947	95912	123094
37	食品工程技术人员	62501	74416	88320	109120	137305
38	环境保护工程技术人员	37301	54694	82831	136725	244987
39	安全工程技术人员	45958	61200	82440	122266	166566
40	标准化、计量、质量和认证认可工程技术人员	64390	80428	104007	139806	191779
41	管理（工业）工程技术人员	48000	62400	86300	123268	176364
42	检验检疫工程技术人员	55110	75860	102500	157103	216295
43	制药工程技术人员	42000	63306	93069	125360	164780
44	印刷复制工程技术人员	50432	59677	76682	89535	99356
45	工业（产品）设计工程技术人员	66207	88446	128656	180008	239455
46	气体生产、处理和输送人员	51469	56322	61600	66600	82000
47	轻工工程技术人员	47660	58000	103904	136517	165815
48	农业技术指导人员	76642	101833	110078	125347	135375
49	园艺技术人员	57120	61200	66200	75400	83136
50	兽医兽药技术人员	40856	51911	87757	108565	148958
51	水生产、输排和水处理人员	62611	74276	102974	157824	173355
52	其他电力、热力、气体、水生产和输配人员	65988	73765	97569	144051	151815
53	临床和口腔医师	70800	115393	193946	301981	453136
54	中医医师	45851	65588	82235	126782	203463
55	中西医结合医师	72944	96221	112537	214221	237572
56	公共卫生与健康医师	31244	33133	47484	72000	96000
57	药学技术人员	55198	66618	79086	93931	111136
58	医疗卫生技术人员	48858	66040	85458	113375	155166
59	护理人员	56640	78960	105266	155735	196665
60	其他卫生专业技术人员	47104	54992	74173	97282	133771
61	经济专业人员	64588	77101	102742	125245	168846
62	统计专业人员	45152	53815	67407	87849	117431

序号	职业小类	分位值				
		10%	25%	50%	75%	90%
63	会计专业人员	48696	65000	86900	123990	191105
64	审计专业人员	66550	111057	154808	240678	377420
65	税务专业人员	52500	77422	111827	158981	195378
66	评估专业人员	65157	77586	106233	148761	200359
67	商务专业人员	54376	78873	140203	203256	385825
68	人力资源专业人员	54488	70238	103742	159520	236507
69	银行专业人员	132412	154063	197216	249684	316976
70	保险专业人员	71842	90002	114293	179247	295675
71	证券专业人员	64682	97575	192655	326221	543576
72	知识产权专业人员	69182	91621	131040	174560	271734
73	其他经济和金融专业人员	66734	98645	173814	280991	399551
74	律师	49513	96000	148318	222067	245451
75	法律顾问	64218	97154	139873	217531	388637
76	社会工作专业人员	47944	65940	83155	100522	122588
77	其他法律、社会和宗教专业人员	59132	74232	112462	166035	227158
78	中等职业教育教师	54156	62675	79624	120379	148122
79	中小学教育教师	56260	80800	105793	134865	153751
80	幼儿教育教师	43985	47831	52198	57500	73000
81	其他教学人员	45439	69847	92691	159743	210817
82	文艺创作与编导人员	99332	116016	137031	182102	201468
83	音乐指挥与演员	63971	82545	102854	126421	145628
84	电影电视制作专业人员	67740	79455	96000	110843	155813
85	舞台专业人员	46845	54475	79819	102701	117884
86	美术专业人员	58820	70000	98100	125000	135750
87	工艺美术与创意设计专业人员	46425	66000	117405	264656	367422
88	体育专业人员	40000	46488	91004	113840	254058
89	记者	86514	112872	129083	171945	221577
90	编辑	47034	60000	79854	131550	191316
91	校对员	56925	80852	96296	112092	119139
92	播音员及节目主持人	61040	80645	114794	171319	181891
93	翻译人员	70512	87273	101633	133753	193354
94	图书资料与微缩摄影专业人员	64342	83797	115091	153679	181891
95	档案专业人员	36000	47985	56563	85544	123636
96	其他新闻出版、文化专业人员	51823	80049	109369	139200	227756
97	行政业务办理人员	46780	60000	86076	127287	186421
98	行政事务处理人员	42460	54300	78214	111772	165409

续表

序号	职业小类	分位值				
		10%	25%	50%	75%	90%
99	其他办事人员	43187	50233	75702	117552	210897
100	保卫人员	38288	50052	65000	75953	110392
101	消防和应急救援人员	42000	60120	80060	122329	175373
102	其他安全和消防人员	38000	43200	65000	82252	108724
103	其他办事人员和有关人员	40000	55000	87548	132227	206660
104	采购人员	46898	62074	82863	112366	171682
105	销售人员	40130	51518	86686	141822	219144
106	贸易经纪代理人员	57360	86560	105172	137464	180808
107	再生物资回收人员	57380	59962	63446	67380	75046
108	特殊商品购销人员	36596	71128	86137	114870	145764
109	其他批发与零售服务人员	36192	46000	63600	95827	146262
110	轨道交通运输服务人员	61603	69727	83493	94359	113549
111	道路运输服务人员	66582	86042	95895	109433	117171
112	水上运输服务人员	33319	35285	44904	51353	66379
113	航空运输服务人员	85103	119748	130688	198898	232306
114	装卸搬运和运输代理服务人员	43441	56000	70753	91021	102804
115	仓储人员	38952	48000	65000	86876	114138
116	邮政和快递服务人员	31297	39712	69244	106833	130745
117	其他交通运输、仓储和邮政业服务人员	58395	67500	91069	145095	218801
118	住宿服务人员	35000	42000	51174	63600	80182
119	餐饮服务人员	37671	45200	54264	66591	85240
120	其他住宿和餐饮服务人员	37274	43079	52274	64146	84089
121	信息通信业务人员	61784	74256	121307	149707	175041
122	信息通信网络维护人员	61704	64542	69706	81913	98248
123	信息通信网络运行管理人员	56388	76760	105557	165910	247755
124	软件和信息技术服务人员	42587	59976	149157	272748	386142
125	其他信息传输、软件和信息技术服务人员	46641	82319	118588	157500	205500
126	银行服务人员	119898	160176	226634	292285	400761
127	保险服务人员	41400	49350	91001	139425	272130
128	典当服务人员	79662	86929	102564	129735	157004
129	其他金融服务人员	66188	153930	227555	406130	704611
130	物业管理服务人员	39790	46800	57600	72288	91219
131	房地产中介服务人员	38400	51362	78314	148558	252652
132	其他房地产服务人员	45019	48439	63293	111391	170392
133	租赁业务人员	62680	67619	117601	204772	266130
134	商务咨询服务人员	42257	52373	63252	92762	140700

续表

序号	职业小类	分位值				
		10%	25%	50%	75%	90%
135	人力资源服务人员	52109	54835	70501	121468	178448
136	旅游及公共游览场所服务人员	28166	35900	49151	60285	78158
137	安全保护服务人员	33968	41160	48036	68735	100800
138	市场管理服务人员	40898	48752	68626	95000	126721
139	房屋建筑施工人员	41650	49800	71500	85540	90553
140	会议及展览服务人员	38232	48000	64730	96394	138021
141	其他租赁和商务服务人员	56744	63237	73881	85759	125957
142	测绘服务人员	61200	72000	89780	123237	157061
143	检验、检测和计量服务人员	48783	58880	76616	106840	134652
144	环境监测服务人员	60260	66217	68900	76835	85748
145	地质勘查人员	70676	91724	111920	148432	173547
146	专业化设计服务人员	32043	47484	64943	91672	123035
147	摄影扩印服务人员	52013	60243	71333	90534	107875
148	土木工程建筑施工人员	41291	50384	63615	77322	97882
149	其他技术辅助服务人员	56525	73500	91100	118944	167384
150	水利设施管养人员	40839	43980	47723	58598	66300
151	水土保持人员	56536	68693	74051	77612	82353
152	野生动植物保护人员	58500	61133	66900	76500	82500
153	环境治理服务人员	59000	65065	78578	110520	146567
154	环境卫生服务人员	29800	33796	39578	52283	62753
155	建筑安装施工人员	47251	55700	66206	90996	124431
156	有害生物防制人员	52746	55383	65520	76726	82250
157	绿化与园艺服务人员	33520	45786	54423	66905	78419
158	其他水利、环境和公共设施管理服务人员	56901	64158	67260	75638	144080
159	生活照料服务人员	30271	40000	48000	60000	69727
160	服装裁剪和洗染织补人员	39939	48000	59075	69326	82147
161	美容美发及浴池服务人员	39509	43798	46966	65592	84991
162	保健服务人员	46800	48719	52080	56039	64621
163	婚姻服务人员	66063	83319	101286	135569	157375
164	宠物服务人员	51053	59144	64105	81100	98725
165	其他居民服务人员	35292	40270	56613	70136	88227
166	燃气供应服务人员	53852	62408	79496	116292	136215
167	水供应服务人员	55609	73698	85345	169864	209940
168	汽车摩托车修理技术服务人员	67384	80375	86756	98826	121372
169	计算机和办公设备维修人员	31229	39560	60450	74684	86903
170	家用电子电器产品维修人员	45762	49307	66600	86047	126374

续表

序号	职业小类	分位值				
		10%	25%	50%	75%	90%
171	日用产品修理服务人员	54065	63120	67917	73283	78266
172	建筑装饰人员	48875	58320	66051	80852	86465
173	其他修理及制作服务人员	53588	68400	81428	99924	139739
174	群众文化活动服务人员	40602	50297	55829	66113	74465
175	其他建筑施工人员	48144	51198	72828	87108	91183
176	广播、电视、电影和影视录音制作人员	43216	47982	82001	138955	164935
177	专用车辆操作人员	62302	73409	88853	168232	199617
178	健身和娱乐场所服务人员	42320	47041	53834	65030	79599
179	文化、娱乐、体育经纪代理人员	50870	63572	73547	97723	144160
180	医疗辅助服务人员	46658	68624	76660	205283	331691
181	民用航空设备操作及有关人员	155327	174974	187603	255423	282754
182	健康咨询服务人员	47600	57600	80400	138222	227388
183	康复矫正服务人员	38138	43025	84355	198146	246193
184	公共卫生辅助服务人员	43822	69436	74991	96667	157400
185	其他健康服务人员	42592	48000	52900	131294	196800
186	通用工程机械操作人员	53865	63697	79789	103786	117917
187	农作物生产人员	40960	44200	46827	61800	71692
188	其他运输设备和通用工程机械操作人员及有关人员	59554	63506	78276	91812	101085
189	森林经营和管护人员	30160	39399	51575	74006	127636
190	畜禽饲养人员	50904	54729	70850	89941	106608
191	特种经济动物饲养人员	58794	63591	69500	74713	81885
192	其他畜牧业生产人员	74453	78101	85831	96440	105120
193	机械设备修理人员	54000	68431	85674	109272	144969
194	水产养殖人员	41049	43737	45063	78336	97284
195	水产捕捞及有关人员	66509	70725	79116	92517	103529
196	农业生产服务人员	49280	51596	90000	108000	144000
197	农副林特产品初加工人员	30400	33230	44670	78297	83036
198	其他农林牧渔业生产辅助人员	39960	45264	66624	71464	76837
199	其他农、林、牧、渔业生产加工人员	50058	58759	63259	75713	88887
200	粮油加工人员	39569	44354	51779	61415	69642
201	饲料加工人员	49320	51589	54736	58403	64419
202	畜禽制品加工人员	39565	45919	53311	70289	98067
203	水产品加工人员	40816	46829	50770	60902	86015
204	果蔬和坚果加工人员	33600	40530	50400	65000	72077
205	淀粉和豆制品加工人员	65117	72727	78370	84111	91898
206	其他农副产品加工人员	35480	42000	45103	48630	51870

续表

序号	职业小类	分位值				
		10%	25%	50%	75%	90%
207	焙烤食品制造人员	44304	54208	62946	73568	85162
208	糖制品加工人员	50000	52400	58956	64793	69782
209	乳制品加工人员	64386	68223	70899	76882	88949
210	船舶、民用航空器修理人员	121451	127237	155244	242106	270454
211	酒、饮料及精制茶制造人员	68361	82571	101414	119326	146039
212	其他食品、饮料生产加工人员	51344	71354	82173	93948	123867
213	其他烟草及其制品加工人员	63207	70748	77537	129292	137789
214	纤维预处理人员	50074	56387	61124	68491	77783
215	检验试验人员	49181	60698	73381	88631	111566
216	纺纱人员	46102	52116	61050	72590	79534
217	织造人员	43910	53346	68862	81800	98000
218	针织人员	40713	45437	51295	61801	72617
219	非织造布制造人员	37670	44814	49780	74005	82285
220	印染人员	53609	62313	75327	86151	105758
221	其他纺织、针织、印染人员	36621	42145	63987	75116	86921
222	纺织品和服装剪裁缝纫人员	40119	47095	58992	72204	89640
223	称重计量人员	40590	49090	73321	83258	97202
224	皮革、毛皮及其制品加工人员	40318	57939	65950	82021	99526
225	羽绒羽毛加工及制品制造人员	34710	43114	45922	55360	58761
226	鞋帽制作人员	41900	50400	56698	64995	77296
227	其他纺织品、服装和皮革、毛皮制品加工制作人员	44383	50000	58853	65775	77476
228	木材加工人员	68850	74249	78150	90400	98400
229	木制品制造人员	37690	40191	48600	66303	95618
230	家具制造人员	49057	61396	74289	91714	105356
231	其他木材加工、家具与木制品制作人员	55975	66256	76615	85692	103510
232	制浆造纸人员	41198	44496	54655	64742	71329
233	纸制品制作人员	39054	52150	68489	94045	119637
234	其他纸及纸制品生产加工人员	40800	52000	60754	75291	104995
235	印刷人员	42338	48500	60000	85498	117032
236	其他印刷和记录媒介复制人员	55634	81888	94754	115326	129480
237	文教用品制作人员	33600	35448	38284	44045	46590
238	乐器制作人员	62393	70628	76700	86651	101481
239	工艺美术品制造人员	45000	47205	54153	69185	104048
240	体育用品制作人员	44455	52875	66300	71936	78626
241	玩具制作人员	35954	47652	61009	72977	85835
242	其他文教、工美、体育和娱乐用品制造人员	42720	44642	60000	65746	73830

续表

序号	职业小类	分位值				
		10%	25%	50%	75%	90%
243	化工产品生产通用工艺人员	60012	69800	78952	94778	113441
244	基础化学原料制造人员	42899	52710	56083	68162	72489
245	农药生产人员	49704	52140	56398	75970	84647
246	涂料、油墨、颜料及类似产品制造人员	71571	80829	94690	134152	151683
247	合成橡胶生产人员	64111	71047	76333	123321	137192
248	专用化学产品生产人员	51344	65507	89400	97346	109954
249	火工品制造、保管、爆破及焰火产品制造人员	54800	57759	61109	68262	73229
250	包装人员	41686	50676	64986	81684	101676
251	日用化学品生产人员	30289	50400	60642	81691	100032
252	其他化学原料和化学制品制造人员	77433	85127	91501	100040	114859
253	化学药品原料药制造人员	68628	93481	99896	115444	127190
254	中药饮片加工人员	40733	59500	67607	73556	80397
255	药物制剂人员	54924	58628	70745	85264	93481
256	兽用药品制造人员	57180	67365	70955	78755	110291
257	生物药品制造人员	50720	53763	57849	60200	70396
258	其他医药制造人员	62546	70752	83898	96005	110999
259	化学纤维原料制造人员	62357	69647	74441	81550	94988
260	化学纤维纺丝及后处理人员	65057	73906	82823	91055	99186
261	其他化学纤维制造人员	51825	61320	73612	88857	99960
262	橡胶制品生产人员	66627	79784	92283	106057	119747
263	塑料制品加工人员	39185	62588	78039	92946	108135
264	其他橡胶和塑料制品制造人员	49643	67909	83054	101069	115545
265	安全生产管理人员	42981	49200	73032	108283	144000
266	水泥、石灰、石膏及其制品制造人员	46551	50949	58729	72978	84756
267	砖瓦石材等建筑材料制造人员	43918	51918	66640	75816	101494
268	玻璃及玻璃制品生产加工人员	37601	50980	61894	78050	91224
269	陶瓷制品制造人员	39714	43418	62164	67448	72640
270	耐火材料制品生产人员	60288	86714	95584	116433	128094
271	其他非金属矿物制品制造人员	46704	50613	55132	59432	71292
272	矿物采选人员	59120	61662	66163	71192	78240
273	炼铁人员	72473	86044	93807	101785	110262
274	炼钢人员	45019	65019	69188	84516	90268
275	金属轧制人员	51318	54052	61356	83534	100077
276	其他金属冶炼和压延加工人员	50830	60366	68582	82557	98460
277	机械冷加工人员	55107	66484	84043	103085	122617
278	机械热加工人员	65428	76191	93635	119809	141885

序号	职业小类	分位值				
		10%	25%	50%	75%	90%
279	机械表面处理加工人员	67134	76221	88416	111181	134692
280	工装工具制造加工人员	42559	70000	89572	113039	139823
281	其他机械制造基础加工人员	50865	62996	75865	93255	109073
282	五金制品制作装配人员	43107	51543	62132	86406	105105
283	其他金属制品制造人员	50764	58544	74098	92800	106626
284	通用基础件装配制造人员	59500	71249	84983	109136	145017
285	锅炉及原动设备制造人员	84730	89305	93573	100684	106323
286	金属加工机械制造人员	51195	70612	83103	93340	108459
287	物料搬运设备制造人员	62210	71033	81519	110772	125018
288	泵、阀门、压缩机及类似机械制造人员	48309	53990	67616	77255	90972
289	烘炉、衡器、水处理等设备制造人员	68253	81456	96211	114817	134003
290	采矿、建筑专用设备制造人员	39270	64800	78596	116000	138853
291	其他生产辅助人员	40384	49253	68748	87141	111729
292	印刷生产专用设备制造人员	36915	42440	53840	79804	92686
293	纺织服装和皮革加工专用设备制造人员	43524	53280	63720	68676	71800
294	其他生产制造及有关人员	44894	56698	71000	88691	114075
295	电子专用设备装配调试人员	71960	83500	94200	110060	130504
296	医疗器械制品和康复辅具生产人员	42936	51333	63248	76624	94656
297	其他专用设备制造人员	65924	78578	96592	127580	145433
298	汽车零部件、饰件生产加工人员	59187	73674	86531	108305	135252
299	汽车整车制造人员	62841	92852	99964	126571	148898
300	其他汽车制造人员	85943	126970	143017	204405	241516
301	摩托车、自行车制造人员	36142	46485	69362	95970	123378
302	电机制造人员	72569	79240	81983	92756	109397
303	输配电及控制设备制造人员	30708	45999	60240	72236	93452
304	电线电缆、光纤光缆及电工器材制造人员	38624	48596	71025	91357	111531
305	电池制造人员	54467	59276	63976	72979	89240
306	家用电力器具制造人员	65616	74135	90079	124293	159077
307	照明器具制造人员	39947	46572	56189	92736	101007
308	其他电气机械和器材制造人员	53698	55871	59551	80144	98856
309	电子元件制造人员	50021	57806	65850	78678	86076
310	电子器件制造人员	43790	49373	82824	99652	110615
311	计算机制造人员	38927	48996	56272	100788	126628
312	电子设备装配调试人员	49351	62143	71568	78703	94406
313	工业机器人系统操作人员	71148	82662	96756	114197	131846
314	仪器仪表装配人员	46394	53229	61492	70603	87396

续表

序号	职业小类	分位值				
		10%	25%	50%	75%	90%
315	其他仪器仪表制造人员	43086	49782	62395	85176	91011
316	废料和碎屑加工处理人员	61071	63697	68347	73131	78324

二、分岗位等级企业从业人员工资价位

单位：元

序号	岗位等级	分位值				
		10%	25%	50%	75%	90%
（一）	管理岗位等级	48066	71589	120000	218044	373196
1	高层管理岗	69000	117120	211500	400000	671951
2	中层管理岗	62593	95598	161703	283186	474630
3	基层管理岗	55600	86184	140986	250102	378644
4	管理类员工岗	43399	59073	85871	135617	213320
（二）	专业技术职称	53400	70800	111328	188442	291560
5	高级职称	70000	109150	179465	288358	419831
6	中级职称	66793	100391	165271	235199	310806
7	初级职称	51799	67684	102866	171804	272894
（三）	职业技能等级	40637	53578	74513	102180	154058
8	高级技师	70300	87983	111858	174618	288621
9	技师	58000	80164	104999	149304	257005
10	高级技能	55908	74161	102018	136304	230169
11	中级技能	47484	68053	82724	120112	197166
12	初级技能	40500	55000	73998	101172	148402

三、部分技术工人职业（工种）分等级工资价位

单位：元

序号	职业（工种）	技能等级	分位值				
			10%	25%	50%	75%	90%
1	焊工	高级技师	80269	93617	115673	131219	154974
		技师	76018	91317	112318	128570	153102
		高级技能	75964	93205	100913	123639	152681
		中级技能	69483	79180	94593	122817	145561
		初级技能	65473	79769	91017	121333	134994

续表

序号	职业（工种）	技能等级	分位值				
			10%	25%	50%	75%	90%
2	电工	高级技师	77671	83047	105452	132878	157297
		技师	72244	84581	103494	129314	162929
		高级技能	67200	82760	99375	125308	145859
		中级技能	58001	71077	73491	87956	123415
		初级技能	49377	57871	69980	90357	115695
3	制冷空调系统安装维修工	高级技师	80198	88832	103108	116455	143775
		技师	55881	76146	87773	103242	143633
		高级技能	49667	70178	79545	86535	129117
		中级技能	46332	68720	71276	72876	113661
		初级技能	41704	55595	57342	67617	104696
4	砌筑工	高级技能	66004	71605	72772	75609	86160
		中级技能	45188	57793	64319	68834	72384
		初级技能	47488	54356	59625	61694	65771
5	防水工	初级技能	47144	49502	61266	66000	73260
6	混凝土工	高级技能	57154	63104	64800	71656	80254
		中级技能	53000	57633	61893	67394	74650
		初级技能	49440	54861	57503	64200	73260
7	钢筋工	高级技能	57399	59758	66600	74557	76939
		中级技能	58911	59906	65780	75721	80784
		初级技能	51840	53618	57501	73139	78990
8	架子工	高级技能	68531	70975	73243	77637	84624
		中级技能	64307	68821	71684	79073	83027
		初级技能	54696	60480	66600	70485	73526
9	锅炉操作工	高级技能	63460	65832	70794	84765	97908
		中级技能	59152	61724	67833	79915	93733
		初级技能	50423	52327	56363	74559	93895
10	机床装调维修工	高级技能	57382	76899	94802	101439	109509
		中级技能	48549	64426	73683	94970	102512
		初级技能	31200	48462	62130	83525	96601
11	铸造工	高级技能	67471	78539	81484	88643	103857
		中级技能	66516	74381	80398	82844	93982
		初级技能	61312	67336	72384	77848	96003
12	锻造工	高级技能	102896	115293	119099	129245	174206
		中级技能	71341	75841	89686	108615	139290
		初级技能	56724	62161	76522	98907	127192

续表

序号	职业（工种）	技能等级	分位值				
			10%	25%	50%	75%	90%
13	金属热处理工	技师	89369	103024	106768	111630	126387
		高级技能	72196	81437	92633	103521	111684
		中级技能	70835	75691	81323	97483	108121
		初级技能	68878	72542	80240	84784	105152
14	车工	高级技师	67701	86774	106169	120681	144132
		技师	66122	71374	92568	112800	135409
		高级技能	54759	68279	88389	96998	129611
		中级技能	55977	68517	88000	98579	120002
		初级技能	55351	68688	87153	96368	124544
15	铣工	高级技师	82027	86808	122403	130377	134285
		技师	79859	85121	100046	123477	133356
		高级技能	73630	80832	88166	110456	119293
		中级技能	73621	77916	86907	103143	110087
		初级技能	59676	72424	77115	79967	96583
16	钳工	高级技师	84006	98947	117511	142195	169285
		技师	70668	90110	103144	138389	169531
		高级技能	64099	83378	105408	130550	157972
		中级技能	60332	77556	93683	110239	151025
		初级技能	54439	69625	78066	93752	107649
17	磨工	技师	77701	93938	101300	125431	131377
		高级技能	71995	84231	92325	110917	126386
		中级技能	65841	72559	79659	101276	124177
		初级技能	53307	67563	81986	91520	102961
18	电切削工	高级技能	80180	101282	114624	148445	152479
		中级技能	63651	80893	91023	125946	146961
		初级技能	52223	71230	75739	111849	126822
19	制冷工	技师	97191	106503	149162	161723	185104
		高级技能	88834	90040	95884	132402	144779
		初级技能	51091	53284	56810	63041	66311
20	手工木工	高级技能	82029	83728	92340	95533	106810
		中级技能	62532	67362	71153	84172	94268
		初级技能	65856	66946	69818	73030	80972
21	评茶员	高级技能	59442	67727	71242	77926	83981
		中级技能	55228	66460	70206	77227	84177

续表

序号	职业（工种）	技能等级	分位值				
			10%	25%	50%	75%	90%
22	眼镜验光员	高级技师	110303	126058	161696	281135	314871
		技师	43409	45056	76848	184112	208084
		高级技能	38416	40340	76561	84476	202882
		中级技能	34342	36514	74251	78394	111526
		初级技能	34747	45312	68774	77232	89413
23	眼镜定配工	技师	63945	82380	111879	147681	244934
		高级技能	54965	66428	77353	101428	152462
		中级技能	42377	56161	73860	79610	90382
24	汽车维修工	高级技师	69525	82945	97972	128204	157845
		技师	67333	76943	92477	121913	161711
		高级技能	62846	83440	86513	103727	146158
		中级技能	55608	73816	85140	102239	127821
		初级技能	54401	72189	88605	94010	112260
25	美容师	高级技能	65634	73091	88643	106238	149792
		中级技能	62151	67055	80250	102534	136927
		初级技能	56611	63175	75789	98352	122746
26	美发师	高级技能	70844	73024	88624	96039	105697
		中级技能	56967	63778	76030	92653	107224
		初级技能	54833	60873	71805	79418	98069
27	育婴员	高级技能	59556	61317	93653	103019	125673
		中级技能	50901	55878	71880	75311	104909
		初级技能	44315	45484	57421	61127	78730
28	保育员	高级技能	41276	44433	59874	61427	90131
		中级技能	36616	39975	47654	51577	64833
		初级技能	33976	38148	44643	47322	56340
29	有害生物防制员	高级技能	63482	66101	91019	101978	120454
		中级技能	52869	59444	75857	81512	103871
		初级技能	47488	49661	72136	79382	86289
30	保安员	技师	45224	46086	70092	96917	190692
		高级技能	38528	42649	53272	75658	84596
		中级技能	34636	40987	53371	68040	79017
		初级技能	31200	37339	51950	69326	80640
31	智能楼宇管理员	技师	83293	89040	112263	115980	151136
		高级技能	60912	63442	76466	87601	90022
		中级技能	58995	62619	67453	68777	73651

续表

序号	职业（工种）	技能等级	分位值				
			10%	25%	50%	75%	90%
32	劳动关系协调员	高级技能	60086	65066	69203	95848	115424
		中级技能	52729	59217	61188	91818	100277
33	企业人力资源管理师	技师	102147	108181	131129	145611	186464
		高级技能	93946	101195	126801	131528	141458
		中级技能	88917	92924	105834	111852	133147
34	中央空调系统运行操作员	中级技能	55432	59304	72369	74894	82906
		初级技能	50217	53062	63585	66851	79519
35	中式烹调师	高级技师	69372	85590	89100	99932	130315
		技师	67009	80757	84385	87081	119523
		高级技能	56122	68001	86147	93039	109412
		中级技能	42654	60930	72725	81714	103153
		初级技能	39801	48150	61600	80728	92061
36	中式面点师	高级技师	55330	66066	70787	82869	86753
		高级技能	44243	51051	62092	70805	75544
		初级技能	37653	41805	43846	57071	65304
37	西式烹调师	技师	59610	64419	74972	104124	122615
		高级技能	51770	60348	71569	84242	105819
		中级技能	50804	59192	65398	78806	95400
		初级技能	39830	53132	59382	68083	83452
38	西式面点师	高级技能	48622	55332	67537	70654	75290
		中级技能	45201	48481	59290	70681	76817
		初级技能	35832	37520	43555	65735	69300
39	茶艺师	高级技能	39263	44825	54479	59382	62052
40	电梯安装维修工	高级技师	60795	62738	91527	93699	110878
		高级技能	57679	60840	86684	88397	107447
		中级技能	48192	50662	67225	71930	88934
		初级技能	35493	36355	45030	47499	66597
41	养老护理员	高级技能	57716	69561	78029	85051	94407
		中级技能	42020	46800	56582	79920	89510
		初级技能	37722	47291	56571	66000	78140

2022年宁波市人力资源市场工资指导价位

一、分职业细类企业从业人员工资价位

单位：元/年

序号	职业细类	分位值				
		10%	25%	50%	75%	90%
1	企业董事	79364	113213	154000	306000	549007
2	企业总经理	85000	140000	230000	379773	638830
3	生产经营部门经理	79558	99576	139867	234421	349424
4	财务部门经理	59340	90000	137900	226547	337857
5	行政部门经理	56600	70230	112600	208815	339011
6	人事部门经理	54371	70000	101200	167359	272808
7	销售和营销部门经理	59764	73103	132456	277042	438617
8	广告和公关部门经理	58180	86996	117600	183209	265776
9	采购部门经理	41637	63372	98000	156904	277342
10	计算机服务部门经理	73063	99000	132810	279869	379582
11	研究和开发部门经理	76038	120000	218937	337859	447757
12	餐厅部门经理	55069	85628	96284	112000	142325
13	客房部门经理	58883	70061	85996	98595	114420
14	其他职能部门经理	48815	69866	114322	200000	310760
15	其他企业中高级管理人员	51251	90455	129558	284675	409562
16	农学研究人员	75875	97380	149182	174004	208248
17	水工环地质工程技术人员	101156	128371	153331	184703	240967
18	钻探工程技术人员	61531	66928	81447	95304	104671
19	大地测量工程技术人员	84533	98061	113354	120650	185930
20	工程测量工程技术人员	59505	81690	99690	137685	189620
21	地图制图工程技术人员	57629	67720	70319	90195	103428
22	采矿工程技术人员	69600	75630	89500	96000	103200
23	石油天然气储运工程技术人员	108428	126645	137876	177001	193121
24	化工设计工程技术人员	78960	117668	174294	212364	300858
25	机械设计工程技术人员	60377	69650	98600	155828	177675
26	机械制造工程技术人员	64169	92279	103924	153999	168288

续表

序号	职业细类	分位值				
		10%	25%	50%	75%	90%
27	设备工程技术人员	49140	68940	99269	166198	226911
28	模具设计工程技术人员	69201	83300	104450	116573	131977
29	焊接工程技术人员	75632	79862	83695	104250	124800
30	特种设备管理和应用工程技术人员	45611	81316	96000	103208	135892
31	汽车工程技术人员	48000	58560	77520	115020	138840
32	电子材料工程技术人员	58543	61886	87634	103094	115919
33	集成电路工程技术人员	100323	105199	117314	134561	167023
34	通信工程技术人员	47557	86901	122523	194649	239369
35	计算机硬件工程技术人员	51898	65690	100309	169031	269547
36	计算机软件工程技术人员	63172	89305	129780	161104	218336
37	计算机网络工程技术人员	59951	95974	127655	177790	251194
38	信息系统分析工程技术人员	64450	101132	149286	213250	251072
39	嵌入式系统设计工程技术人员	91539	108128	135459	199514	251516
40	信息安全工程技术人员	77579	99256	122350	160232	190379
41	信息系统运行维护工程技术人员	72223	84623	117833	158603	209771
42	人工智能工程技术人员	110565	120000	144000	160000	196800
43	大数据工程技术人员	113437	150250	162400	236696	290896
44	工业互联网工程技术人员	120519	136222	147926	168182	195576
45	电工电器工程技术人员	45710	59025	102865	160793	212469
46	光源与照明工程技术人员	89696	135087	146533	160979	197719
47	发电工程技术人员	103228	117941	131268	162650	186577
48	供用电工程技术人员	56560	68571	94000	158055	237581
49	电力工程安装工程技术人员	58933	71645	108278	150683	184866
50	邮政工程技术人员	62511	87406	92333	107663	125593
51	演艺设备工程技术人员	67136	69011	86682	118007	126849
52	水上交通工程技术人员	85275	106691	128410	154570	172186
53	城乡规划工程技术人员	63015	70332	82283	153168	184861
54	建筑和市政设计工程技术人员	48000	55000	78000	110464	197877
55	土木建筑工程技术人员	48000	61600	80000	113056	170000
56	风景园林工程技术人员	45465	58560	84208	125349	193442
57	供水排水工程技术人员	63655	126360	171960	233857	302794
58	工程勘察与岩土工程技术人员	145773	162420	184005	236318	308091
59	城镇燃气供热工程技术人员	108631	127744	152636	182666	238543
60	道路与桥梁工程技术人员	52589	85000	111249	158298	206352
61	港口与航道工程技术人员	65219	90386	110907	167563	198618
62	水利水电建筑工程技术人员	64597	70927	80114	120145	169228

续表

序号	职业细类	分位值				
		10%	25%	50%	75%	90%
63	园林绿化工程技术人员	79178	100953	118275	127805	131170
64	水生态和江河治理工程技术人员	74891	86181	119350	139945	165121
65	水利工程管理工程技术人员	58769	80486	108383	146493	158872
66	服装工程技术人员	71400	78500	80202	90000	106800
67	环境监测工程技术人员	53484	58902	78490	90386	135622
68	环境污染防治工程技术人员	79408	91063	103120	120088	147357
69	健康安全环境工程技术人员	55209	99795	154471	203665	250773
70	安全防范设计评估工程技术人员	74094	110978	154435	195797	227620
71	消防工程技术人员	54480	60665	73930	91049	121084
72	安全生产管理工程技术人员	60841	78200	93660	157855	228131
73	质量管理工程技术人员	57800	72930	100198	135946	160851
74	可靠性工程技术人员	65493	67023	71800	86095	124369
75	工业工程技术人员	41737	52000	76722	117024	155339
76	项目管理工程技术人员	72642	124865	159686	209943	263515
77	监理工程技术人员	65350	76130	84140	129200	145700
78	工程造价工程技术人员	64490	100120	121000	148440	182338
79	特种设备检验检测工程技术人员	97817	117179	139977	156934	179743
80	产品设计工程技术人员	53571	64750	90500	120500	139500
81	作物遗传育种栽培技术人员	55674	56000	63000	79000	89200
82	其他农业技术人员	51552	63360	68000	79200	168480
83	船舶引航员	71350	143171	192243	229114	277535
84	其他飞机和船舶技术人员	86496	151342	237713	302879	342682
85	内科医师	68663	85698	118839	165525	233326
86	外科医师	89441	109495	158250	234608	316180
87	眼科医师	99031	110736	157881	207664	286222
88	耳鼻咽喉科医师	60666	91471	144736	186498	220649
89	口腔科医师	69508	122400	173689	224844	306172
90	皮肤科医师	91220	126900	162600	248727	318823
91	麻醉科医师	72118	99725	124120	177205	294137
92	放射科医师	69204	85510	105204	172226	275056
93	超声科医师	79606	103928	137271	208423	275983
94	中医内科医师	60849	89300	129117	165800	286966
95	中医骨伤科医师	91683	130563	184018	222009	344248
96	药师	65532	74062	81236	96743	118773
97	中药师	63367	69009	74263	85901	98926
98	影像技师	53853	66261	78944	91120	101564

续表

序号	职业细类	分位值				
		10%	25%	50%	75%	90%
99	临床检验技师	47645	75625	85847	108056	134217
100	康复技师	79196	93786	100957	115358	120489
101	内科护士	55352	72662	90180	100900	112520
102	急诊护士	67780	77888	80644	86265	106848
103	外科护士	57409	69835	80655	89019	106126
104	社区护士	45811	56630	71381	99282	103218
105	口腔科护士	66624	91428	113417	141645	198991
106	其他卫生专业技术人员	39950	53388	77544	106495	195318
107	经济规划专业人员	45341	76941	142072	170350	249659
108	价格专业人员	49055	60300	75328	96747	126273
109	统计专业人员	56444	70800	84741	130800	182529
110	会计专业人员	44359	61094	84400	118286	161863
111	审计专业人员	60957	88197	115149	235397	310618
112	税务专业人员	43129	49186	83139	134401	159019
113	国际商务专业人员	69760	101490	106620	147685	214995
114	市场营销专业人员	43703	58907	92794	161184	262962
115	商务策划专业人员	47324	62546	79159	115957	127968
116	品牌专业人员	71502	74400	102584	131653	166080
117	报关专业人员	63233	75200	88333	102920	119121
118	人力资源管理专业人员	42185	60835	82860	129825	175367
119	人力资源服务专业人员	36000	54811	77110	101910	167330
120	银行外汇市场业务专业人员	144970	165941	203291	224410	298615
121	银行清算专业人员	91978	118652	133376	188131	304148
122	信贷审核专业人员	130938	157478	213347	282729	357535
123	银行国外业务专业人员	112842	126805	140287	181667	276411
124	保险核保专业人员	93084	121017	157809	194801	248120
125	保险理赔专业人员	82467	102405	123019	154776	185841
126	证券投资专业人员	74011	91389	116392	134177	208586
127	其他经济和金融专业人员	99671	143881	181415	239243	346415
128	法律顾问	88387	129014	205439	307561	384340
129	其他法律、社会和宗教专业人员	77322	112633	153900	172536	229063
130	中等职业教育教师	78449	80584	84038	92800	101144
131	中学教育教师	78070	88200	97150	107544	118249
132	小学教育教师	54400	66813	82100	91070	111036
133	幼儿教育教师	48000	50000	74500	101293	117992
134	其他教学人员	29200	30520	58805	129354	159246

序号	职业细类	分位值				
		10%	25%	50%	75%	90%
135	戏剧戏曲演员	61803	77729	93079	123817	135447
136	舞蹈演员	67822	96384	108887	125785	152184
137	歌唱演员	51393	55258	61035	76171	102795
138	民族乐器演奏员	66250	73116	108885	117952	127491
139	灯光师	63843	71772	98306	110297	124347
140	美工师	40000	49420	67000	101010	112055
141	装置师	67161	72091	80765	101439	115636
142	服装道具师	70058	89486	94050	106721	154919
143	视觉传达设计人员	52114	67448	79867	98200	125988
144	服装设计人员	56662	78681	90336	109806	130808
145	动画设计人员	55335	71322	90896	117758	152307
146	工艺美术专业人员	40960	57900	94368	127763	179013
147	陈列展览设计人员	75330	82275	89350	99450	114400
148	其他文学艺术、体育专业人员	52360	68038	73743	95575	115741
149	文字记者	76730	89242	107779	121492	169133
150	摄影记者	58922	73613	79390	95303	118473
151	文字编辑	65799	82000	90800	133872	154079
152	翻译	54400	63000	87000	112055	138078
153	图书资料专业人员	37800	43600	54639	61300	76850
154	其他新闻出版、文化专业人员	63842	72000	82311	91773	107662
155	其他专业技术人员	45600	63500	96768	151617	203991
156	行政办事员	53449	66813	90000	123738	165479
157	机要员	49400	55000	71536	116922	143839
158	秘书	52980	65175	89625	131270	157682
159	公关员	55260	60000	70188	98613	131318
160	收发员	41419	52960	72301	80853	129250
161	打字员	50874	79929	91876	102426	109777
162	后勤管理员	36000	43200	65050	88209	123789
163	其他办事人员	43000	60000	81916	120367	156796
164	保卫管理员	36000	42445	56866	72732	101696
165	消防员	44735	52931	57000	67046	82868
166	消防安全管理员	52203	55180	63049	78820	112844
167	其他安全和消防人员	38745	46303	52614	70908	100671
168	其他办事人员和有关人员	40000	54569	73500	96000	128543
169	采购员	40533	57011	73000	91890	120423
170	营销员	43960	49213	83988	134997	183815

续表

序号	职业细类	分位值				
		10%	25%	50%	75%	90%
171	电子商务师	46938	53100	60968	74057	92628
172	商品营业员	43582	50242	65926	88686	111752
173	收银员	40624	43823	53960	68519	76434
174	互联网营销师	52600	63900	77400	93825	110400
175	烟草制品购销员	173232	184272	210174	228477	266820
176	其他批发与零售服务人员	41400	55927	61232	95962	140243
177	轨道列车司机	98565	117580	123636	131265	136010
178	铁路车站客运服务员	93474	104956	116186	124508	129165
179	铁路车站货运服务员	97737	107265	129686	131449	146093
180	道路客运汽车驾驶员	70240	80828	100328	112714	118459
181	道路货运汽车驾驶员	49884	74488	81638	95315	112875
182	道路客运服务员	48972	50112	54134	85953	90441
183	道路货运业务员	64696	73167	86410	106036	111416
184	道路运输调度员	62540	81338	87839	92028	106281
185	公路收费及监控员	66468	94718	107175	136073	146078
186	机动车驾驶教练员	62573	74385	90683	112279	150873
187	装卸搬运工	56865	72413	87505	97149	104866
188	危险货物运输作业员	92441	103645	114521	120894	147493
189	仓储管理员	36060	48567	65390	86008	111375
190	理货员	32806	49787	68086	87568	109638
191	物流服务师	61596	68805	79016	85828	111728
192	邮政营业员	59537	64913	76153	92290	119231
193	邮件分拣员	64662	66002	67980	77379	89349
194	邮政投递员	44826	54399	64650	82700	98636
195	报刊业务员	57234	64728	70898	88974	100732
196	邮政市场业务员	81180	83143	91295	98002	133368
197	其他交通运输、仓储和邮政业服务人员	53244	65929	71775	92380	104845
198	前厅服务员	40640	44555	54000	62280	70203
199	客房服务员	35171	39600	45264	56560	64940
200	中式烹调师	40654	52000	65895	79854	94858
201	中式面点师	42500	44900	60751	71328	88225
202	西式烹调师	42000	46560	57190	66500	83976
203	西式面点师	36325	45600	55999	66597	77474
204	餐厅服务员	35124	41934	49200	56657	66300
205	营养配餐员	34762	37490	44068	62026	73445
206	其他住宿和餐饮服务人员	35470	38111	48216	67687	84000

续表

序号	职业细类	分位值				
		10%	25%	50%	75%	90%
207	信息通信营业员	38834	52096	60580	72600	77246
208	信息通信业务员	50787	67516	70796	83305	96198
209	信息通信网络线务员	62420	71544	79172	93143	122565
210	广播电视天线工	42261	48991	54046	59698	67327
211	有线广播电视机线员	45718	47681	53257	62214	78747
212	信息通信网络运行管理员	58241	66408	77801	108320	184149
213	计算机程序设计员	73435	108000	134947	176818	236240
214	计算机软件测试员	58748	88000	117810	159000	210760
215	呼叫中心服务员	58057	70243	92834	109071	128205
216	其他信息传输、软件和信息技术服务人员	45614	61077	87604	116361	151727
217	银行综合柜员	91162	110901	159392	222054	271070
218	银行信贷员	120566	151613	188121	238076	297737
219	银行客户业务员	113868	135121	162870	202657	297118
220	银行信用卡业务员	92451	112335	129043	190336	249764
221	保险代理人	86726	111266	153783	163176	193128
222	保险保全员	56847	74162	128196	138562	160095
223	信托业务员	178969	218708	291357	456527	550645
224	其他金融服务人员	67488	98118	124623	145106	294682
225	物业管理员	36905	43313	54599	69448	76949
226	中央空调系统运行操作员	50625	62538	73955	82449	87784
227	停车管理员	29480	39034	43360	51770	55354
228	房地产经纪人	81551	105919	125100	171790	195289
229	房地产策划师	69474	80146	112800	141900	203565
230	其他房地产服务人员	42000	46700	54391	67886	93051
231	租赁业务员	51800	56976	70000	79200	96584
232	客户服务管理员	36000	50187	70850	93700	112047
233	职业指导员	74520	82000	93706	142135	180000
234	劳动关系协调员	45357	54000	69000	84125	86450
235	导游	46804	50256	55950	60361	70262
236	旅行社计调	67619	73830	88298	94889	123582
237	旅游咨询员	46064	52073	68013	83743	104208
238	公共游览场所服务员	47160	48360	59277	64765	70329
239	保安员	30000	35076	44128	53400	70801
240	消防设施操作员	48197	58000	71143	81648	87739
241	商品防损员	41228	43566	46385	50629	65526
242	其他租赁和商务服务人员	35714	41931	48000	64908	82699

续表

序号	职业细类	分位值				
		10%	25%	50%	75%	90%
243	工程测量员	69300	70438	76800	85850	110133
244	机动车检测工	60756	64969	76864	82548	92925
245	室内装饰设计师	72999	94400	107991	137000	156436
246	其他技术辅助服务人员	52100	58396	70010	85804	111891
247	污水处理工	52435	65975	84882	109217	125118
248	保洁员	34113	37481	44536	55994	69420
249	生活垃圾清运工	41976	51382	55676	67677	77175
250	园林绿化工	36087	44477	53196	69464	73829
251	其他水利、环境和公共设施管理服务人员	39779	43694	60477	86888	111882
252	保育员	35818	37878	40108	47758	55194
253	养老护理员	46000	57200	64796	73600	78799
254	家政服务员	42000	44000	48600	56000	64748
255	其他居民服务人员	30588	32600	40632	58140	65712
256	供电服务员	80568	87625	90661	96404	102321
257	燃气燃煤供应服务员	78782	91320	106621	130683	142878
258	水供应服务员	86681	90338	96088	100503	127922
259	其他电力、燃气及水供应服务人员	66930	71326	79477	103283	137375
260	汽车维修工	66808	82436	91264	98586	111798
261	计算机维修工	57742	78909	92512	103466	123141
262	其他修理及制作服务人员	36000	51561	72000	98802	127611
263	讲解员	44621	51279	57999	62889	67162
264	电影放映员	45456	50111	54479	71800	78673
265	社会体育指导员	42000	51306	56751	64159	66056
266	游泳救生员	64709	77917	89531	111001	140424
267	康乐服务员	32024	39989	44726	49208	61829
268	医疗临床辅助服务员	52060	64533	79000	84716	94734
269	健康管理师	43557	96163	104189	110665	183795
270	公共场所卫生管理员	26461	28470	31200	46233	57114
271	其他健康服务人员	36414	48108	56136	67075	91872
272	无人机驾驶员	59090	70720	81031	105480	156516
273	热带作物栽培工	34902	38759	45080	55290	65155
274	家畜饲养员	47336	50400	54000	66894	75480
275	水产捕捞工	50408	54000	60000	64710	69000
276	渔网具工	49625	54383	60000	66301	80521
277	其他农林牧渔业生产辅助人员	37500	39656	42500	47025	66144
278	其他农、林、牧、渔业生产加工人员	30876	59825	86450	110455	175912

续表

序号	职业细类	分位值				
		10%	25%	50%	75%	90%
279	畜禽屠宰加工工	36240	39810	42410	49910	52960
280	其他农副产品加工人员	29280	30000	36000	39315	49600
281	织布工	68415	90468	91424	113894	116603
282	纺织染色工	75388	79721	86082	93368	109162
283	其他纺织、针织、印染人员	48017	64846	78993	92513	103004
284	服装制版师	54800	75653	98100	110000	139538
285	裁剪工	46680	58100	69530	90157	104467
286	缝纫工	57216	75470	83886	101272	127124
287	缝纫品整型工	46382	48464	50366	56169	63250
288	其他纺织品、服装和皮革、毛皮制品加工制作人员	50000	60600	71470	94388	119538
289	其他木材加工、家具与木制品制作人员	66000	84000	96000	103200	114400
290	其他纸及纸制品生产加工人员	45201	51498	63534	74573	82500
291	化工总控工	40560	48660	51440	66660	80560
292	露天采矿工	48000	54000	60000	82200	87120
293	油气输送工	129008	144131	152415	179865	191783
294	油气管道维护工	113757	135038	160249	175831	185343
295	其他采矿人员	59409	64856	83487	92718	114986
296	磨工	37072	55265	77645	104230	120301
297	多工序数控机床操作调整工	39983	57054	95535	117338	133875
298	电切削工	46734	61392	72000	86000	104257
299	铆工	50721	56339	69427	91315	107571
300	焊工	54927	69179	92352	119796	145229
301	粉末冶金制品制造工	36828	52440	71320	97056	120000
302	其他机械制造基础加工人员	40261	50120	64877	78594	91537
303	建筑五金制品制作工	54120	59000	61050	74000	80850
304	其他金属制品制造人员	58000	64000	76000	88000	100000
305	其他专用设备制造人员	55000	66582	75607	90720	103190
306	汽车生产线操作工	41782	53913	56448	59165	63576
307	汽车装调工	36170	50257	68946	91762	139674
308	灯具制造工	42685	52829	63140	72697	93140
309	计算机、通信和其他电子设备制造人员	42301	47712	62421	73286	78563
310	真空电子器件零件制造及装调工	45432	49765	65433	72568	80534
311	锅炉运行值班员	50165	107294	139824	186359	201707
312	燃料值班员	81069	101772	109844	114849	134354
313	汽轮机运行值班员	99548	117554	143254	154562	184343
314	发电集控值班员	100194	104001	123595	135958	151225

续表

序号	职业细类	分位值				
		10%	25%	50%	75%	90%
315	电气值班员	57955	90792	124116	141974	161152
316	锅炉操作工	51330	79310	85000	134098	165909
317	变配电运行值班员	101291	138452	155737	168706	189564
318	水生产处理工	84646	113215	121601	139085	143361
319	水供应输排工	93571	118629	124123	139685	145289
320	其他电力、热力、气体、水生产和输配人员	78994	83984	106221	112558	145870
321	砌筑工	59078	62652	67000	70259	88473
322	石工	56377	60670	69251	84270	90967
323	混凝土工	57420	60815	66563	74391	83455
324	钢筋工	56000	60205	67000	79946	97761
325	架子工	58246	60000	65981	74587	92618
326	筑路工	56240	58080	61316	74977	84600
327	公路养护工	57854	60489	70600	77743	87031
328	爆破工	51600	66000	84000	100000	120789
329	防水工	51605	58137	60559	63840	75961
330	管道工	34994	44306	48210	71150	75477
331	机械设备安装工	53669	65500	95698	108593	127200
332	装饰装修工	55908	58726	62210	69706	77681
333	制冷空调系统安装维修工	48732	54234	66996	70911	85464
334	机床装调维修工	46330	54436	69330	75978	83330
335	铸造工	53714	64989	72961	81227	95528
336	锻造工	47675	53549	57756	65865	75767
337	金属热处理工	46016	52725	60612	68800	85400
338	车工	48455	58919	69456	85120	101350
339	铣工	45156	54583	65550	70819	91987
340	钳工	48246	55488	65723	79286	91257
341	制冷工	41896	53478	59875	69808	83235
342	手工木工	44335	54458	59563	68850	80499
343	评茶员	46744	53897	60485	70463	87493
344	眼镜验光员	41083	49983	56823	67362	78391
345	眼镜定配工	39234	45382	51023	60632	75293
346	美容师	39003	45098	54060	67620	86060
347	美发师	38721	46282	59362	70283	84392
348	育婴员	40324	48293	55782	67263	76392
349	有害生物防制员	41020	51076	56200	66800	84000
350	智能楼宇管理员	40283	47283	54037	60283	75372

续表

序号	职业细类	分位值				
		10%	25%	50%	75%	90%
351	企业人力资源管理师	55058	65679	78382	89309	103660
352	茶艺师	53434	59304	63928	75909	86354
353	专用车辆驾驶员	70350	78400	87997	99748	111172
354	船舶甲板设备操作工	97477	108302	152111	178490	189849
355	船舶机舱设备操作工	91441	101269	161639	177742	240492
356	起重装卸机械操作工	65389	73922	94624	113568	123208
357	起重工	56193	62408	71695	98281	121847
358	输送机操作工	60092	65287	77996	93345	112592
359	挖掘铲运和桩工机械司机	76200	84000	92400	105000	118000
360	工业机器人系统操作员	51256	75100	104162	120289	136858
361	机修钳工	51542	55488	69723	81286	117257
362	电工	45300	52550	72048	95042	132057
363	仪器仪表维修工	65089	83475	108212	129578	147079
364	锅炉设备检修工	61791	72052	83225	97831	104730
365	汽机和水轮机检修工	82366	91562	111712	132646	153955
366	工程机械维修工	58623	76493	97591	147638	177080
367	化学检验员	62262	73675	99545	116654	124567
368	物理性能检验员	41098	53569	81487	114146	125614
369	质检员	46805	56378	64123	75945	89910
370	试验员	46023	54757	61426	63895	71885
371	称重计量工	33292	55227	72344	103783	138970
372	包装工	48435	56163	60536	76109	82113
373	安全员	56029	63895	84000	122718	144000
374	其他生产辅助人员	48500	60813	79809	94372	121916
375	其他生产制造及有关人员	52950	63000	112528	124000	151000

二、部分技术工人职业（工种）分技能等级工资价位

单位：元/年

序号	职业细类	技能等级	分位值				
			10%	25%	50%	75%	90%
1	焊工	技师	85192	98296	117381	132301	146311
		高级技能	65235	96483	114528	124199	143190
		中级技能	57573	61491	81053	119187	136987
		初级技能	50219	51493	62657	89571	119193

续表

序号	职业细类	技能等级	分位值				
			10%	25%	50%	75%	90%
2	电工	高级技师	78764	102875	124011	140510	157327
		技师	66174	82671	96213	132978	149945
		高级技能	57306	72333	92964	111932	141271
		中级技能	46856	66507	80568	95002	129659
		初级技能	42663	57580	62939	82911	102908
3	制冷空调系统安装维修工	高级技能	61727	82671	92213	109978	126983
		中级技能	58130	69574	73219	80973	101135
		初级技能	53895	58327	63515	67401	79195
4	防水工	中级技能	59903	60840	69261	77360	77715
		初级技能	56334	57736	59527	62531	68351
5	砌筑工	高级技师	65459	74144	80341	88185	98793
		技师	59179	63797	69077	73391	84735
		高级技能	55088	59718	65000	69589	80469
		中级技能	52435	53369	57000	60339	76043
		初级技能	50600	51500	54000	57065	68800
6	混凝土工	高级技师	65235	70180	79375	85988	95183
		技师	60000	66500	70000	78434	90530
		高级技能	59006	62316	65000	70000	77625
		中级技能	58854	59548	62087	65350	71200
		初级技能	55600	57432	60000	63558	67328
7	钢筋工	高级技师	67517	72714	76043	88829	92770
		高级技能	65157	70323	72000	84522	87295
		中级技能	61000	65634	69000	76371	79569
		初级技能	57350	59616	64000	69646	71178
8	架子工	高级技能	61442	64571	70000	76115	80700
		中级技能	58607	60000	68491	73843	79575
		初级技能	52855	56000	60375	62411	66331
9	锅炉操作工	高级技能	77099	88255	108382	120043	131728
		中级技能	68873	77467	89652	105827	116490
		初级技能	48100	65000	75000	90350	103687
10	机床装调维修工	技师	57850	71892	90795	95519	99244
		高级技能	55988	66387	76236	84721	95959
		中级技能	49513	62517	69707	82304	88696
		初级技能	47832	59218	64425	74532	83235

续表

序号	职业细类	技能等级	分位值				
			10%	25%	50%	75%	90%
11	铸造工	高级技师	68750	79395	110835	118062	129712
		技师	65512	76278	103580	110532	117189
		高级技能	61005	71432	97081	102033	109225
		中级技能	57102	68114	80365	89360	98625
		初级技能	53765	62343	74359	81245	89861
12	锻造工	高级技师	69392	78747	86189	98134	105492
		技师	64183	69580	74295	87447	103392
		高级技能	57194	65465	70139	77183	92484
		中级技能	52719	59929	63664	75854	88674
		初级技能	47649	57199	61973	65524	70944
13	金属热处理工	高级技师	87270	99815	103596	105818	121696
		技师	78005	87035	92422	96746	101023
		高级技能	73964	79187	85043	90188	93658
		中级技能	56087	60021	70777	81849	92986
		初级技能	47946	50969	63612	68812	78431
14	车工	高级技师	76061	82433	93641	106081	118625
		技师	70935	81757	85770	104662	114382
		高级技能	66430	78678	83688	99918	106926
		中级技能	63383	69548	79486	97434	101366
		初级技能	55738	57900	69557	74046	98207
15	铣工	高级技师	65013	67230	73160	94948	115443
		技师	62907	64847	70726	82316	102837
		高级技能	56634	62223	69651	80334	96133
		中级技能	49906	56859	64813	69522	81410
		初级技能	45075	51244	59813	67935	74392
16	钳工	高级技师	86279	94171	114282	136045	157456
		技师	72265	82787	97894	105680	124735
		高级技能	62470	78252	85695	98380	107212
		中级技能	51558	59441	74932	82975	92646
		初级技能	48236	52242	66914	74045	86040
17	磨工	高级技师	70866	85459	95015	104527	122790
		技师	66812	77274	84049	91825	98590
		高级技能	60437	68017	75530	86389	95500
		中级技能	53599	62331	71000	80364	90122
		初级技能	45926	55724	60464	75129	85733

续表

序号	职业细类	技能等级	分位值				
			10%	25%	50%	75%	90%
18	电切削工	高级技能	67166	71495	81324	93635	110776
		中级技能	63757	64330	75851	89010	104589
		初级技能	54604	60144	73000	81000	97735
19	制冷工	高级技能	51648	66357	78755	89807	100015
		中级技能	47399	54696	61180	73286	97874
		初级技能	37087	41288	45701	66105	74959
20	手工木工	技师	56701	61778	68355	75715	84130
		高级技能	49017	55808	60175	69448	75603
		中级技能	45863	52735	56031	62585	68384
		初级技能	43865	46181	50941	53999	58205
21	评茶员	高级技师	72964	88423	94138	101217	110740
		技师	61778	75265	77736	89285	94470
		高级技能	51120	63786	76690	83945	89221
		中级技能	51050	57422	62351	65375	78510
		初级技能	46894	52214	59469	63576	66362
22	眼镜验光员	高级技师	72926	94660	100608	106072	115737
		技师	56270	72200	83568	94650	98614
		高级技能	51197	64565	78368	87043	93193
		中级技能	44844	57891	69203	78931	82270
		初级技能	40006	46975	50639	56356	60828
23	眼镜定配工	技师	54065	62100	67470	77788	98683
		高级技能	46866	53098	63244	68872	74295
		中级技能	43609	45033	51480	57261	70177
		初级技能	37820	41000	45439	52924	60891
24	汽车维修工	高级技师	94240	97308	101474	106709	163494
		技师	79908	90604	95381	101797	134372
		高级技能	60345	86767	92885	100163	114732
		中级技能	57684	70826	88396	99499	113205
		初级技能	47566	60021	80391	95917	107241
25	美容师	高级技能	55855	65157	73892	83188	99751
		中级技能	43972	55167	60466	68716	91317
		初级技能	35063	45551	50531	66285	85129
26	美发师	高级技能	66611	75279	88967	93118	99120
		中级技能	50030	62641	75502	79941	85061
		初级技能	39507	44639	63335	71315	82351

续表

序号	职业细类	技能等级	分位值				
			10%	25%	50%	75%	90%
27	育婴员	高级技能	58896	62355	76750	88044	97177
		中级技能	44265	49319	59972	67428	73965
		初级技能	41476	48302	54953	66070	69395
28	保育员	高级技能	38461	42312	49756	53762	62000
		中级技能	37778	40074	45998	50079	60009
		初级技能	35363	38502	40100	44023	50485
29	有害生物防制员	高级技能	58747	62301	72226	99224	113474
		中级技能	46287	57648	62786	71491	96397
		初级技能	42634	49326	55327	62287	81073
30	保安员	高级技师	43727	48852	60815	75110	88447
		技师	37560	45024	55360	63079	78857
		高级技能	34200	39090	47215	58038	71573
		中级技能	32953	36375	46800	56545	67926
		初级技能	30000	34516	40200	47050	56600
31	智能楼宇管理员	技师	51782	61508	69681	80330	91599
		高级技能	50074	57153	60649	77262	82501
		中级技能	43118	54526	59316	69192	77452
		初级技能	40354	45375	53874	61734	69376
32	劳动关系协调员	高级技能	38899	42140	57312	61592	79717
		中级技能	36038	39222	51998	56983	67389
		初级技能	33304	36284	45274	50044	58080
33	企业人力资源管理师	高级技师	97379	107002	113523	134250	146338
		技师	91652	96605	100946	115658	126380
		高级技能	73998	79995	89989	99984	105980
		中级技能	64744	69946	74286	85008	99494
		初级技能	57465	63456	70208	77212	83970
34	中央空调系统运行操作员	中级技能	42259	57338	65987	78898	87847
		初级技能	34080	40676	55567	63365	73979
35	中式烹调师	高级技师	60111	77915	85390	109008	129565
		技师	57842	73073	78200	92776	110038
		高级技能	50000	63561	70600	85750	101014
		中级技能	46984	57500	68358	79200	98221
		初级技能	40464	50862	62200	74973	87144

续表

序号	职业细类	技能等级	分位值				
			10%	25%	50%	75%	90%
36	中式面点师	高级技师	65704	71739	76091	89395	119785
		技师	59031	62323	69954	83338	94507
		高级技能	54308	57308	60174	79316	89295
		中级技能	48095	52676	58389	64105	83361
		初级技能	42713	49044	52062	58441	64889
37	西式烹调师	技师	59814	69608	81701	98166	110012
		高级技能	54092	63125	76785	82998	94099
		中级技能	47289	52219	62820	70746	83536
		初级技能	44021	48079	52582	61460	73448
38	西式面点师	高级技师	52719	60759	73458	89435	104754
		技师	47675	53782	63752	75006	92264
		高级技能	44055	49154	58985	73499	86326
		中级技能	38248	44948	55128	69110	83446
		初级技能	36075	41949	50826	60786	77076
39	茶艺师	高级技师	74920	87050	95220	106814	126684
		技师	70455	81265	89613	98478	109264
		高级技能	67461	74475	83112	88893	96664
		中级技能	59786	66048	75822	82500	89875
		初级技能	54762	58793	62651	66226	71050
40	养老护理员	高级技能	59145	65899	70830	79817	86630
		中级技能	56932	61865	67171	72069	79485
		初级技能	48500	53597	61951	64439	71498

2022年温州市人力资源市场工资指导价位

一、分行业门类企业从业人员工资价位

单位：元

序号	行业门类	分位值				
		10%	25%	50%	75%	90%
1	农、林、牧、渔业	31000	41700	52000	68704	109921
2	采矿业	45010	55000	61800	91874	112138
3	制造业	39720	48200	59600	77691	103118
4	电力、热力、燃气及水生产和供应业	43070	57700	85787	113681	151358
5	建筑业	38407	48000	60000	84686	123300
6	批发和零售业	39387	48312	63351	88730	125210
7	交通运输、仓储和邮政业	42300	54000	74400	104500	153945
8	住宿和餐饮业	33500	39630	51600	67225	85250
9	信息传输、软件和信息技术服务业	49600	63547	93868	118546	189219
10	金融业	72000	109500	166881	243324	374177
11	房地产业	33500	40755	58850	90594	166000
12	租赁和商务服务业	35000	43500	57890	78809	107400
13	科学研究和技术服务业	42557	51000	72000	113610	173440
14	水利环境和公共设施管理业	34268	42600	58000	69468	110675
15	居民服务、修理和其他服务业	36000	42000	54000	72650	113339
16	教育	33100	40689	50492	65987	108080
17	卫生和社会工作	42000	52000	67499	100000	153007
18	文化、体育和娱乐业	35000	42000	54000	77600	121020

二、五大重点产业企业从业人员工资价位

单位：元

序号	五大重点产业	分位值				
		10%	25%	50%	75%	90%
1	鞋革业	34521	40220	49200	60000	76000
2	电气业	42667	53000	63967	80721	102240

续表

序号	五大重点产业	分位值				
		10%	25%	50%	75%	90%
3	服装业	37630	46285	57732	71051	92068
4	汽摩配业	38640	46237	56500	71635	92739
5	泵阀业	42500	52635	62160	82463	90721

三、制造业大类企业从业人员工资价位

单位: 元

序号	制造业大类	分位值				
		10%	25%	50%	75%	90%
1	食品制造业	39036	46224	55000	83738	101275
2	酒、饮料和精制茶制造业	40600	45957	61215	71608	95908
3	纺织业	40553	48700	53775	75062	89522
4	纺织服装、服饰业	36771	45600	57500	70840	90384
5	皮革、毛皮、羽毛及其制品和制鞋业	34351	40500	50000	60000	75000
6	造纸和纸制品业	50809	54852	61220	72000	82750
7	印刷和记录媒介复制业	40276	49993	58525	78000	100000
8	文教、工美、体育和娱乐用品制造业	39600	48688	57917	71155	92992
9	化学原料和化学制品制造业	50000	57924	74610	98400	124685
10	医药制造业	44352	53299	66568	92044	115176
11	橡胶和塑料制品业	39600	46942	54620	70169	94120
12	非金属矿物制品业	45000	55000	60500	78600	101300
13	有色金属冶炼和压延加工业	33600	45208	59123	76011	105065
14	金属制品业	42000	50400	60000	78058	99797
15	通用设备制造业	43200	51380	62600	82470	107614
16	专用设备制造业	41070	52644	64977	90721	120000
17	汽车制造业	39308	46758	58320	75000	96000
18	电气机械和器材制造业	44100	52500	63112	81541	107600
19	计算机、通信和其他电子设备制造业	40882	50865	65136	85933	123930
20	仪器仪表制造业	41813	56934	72000	93908	128097
21	其他制造业	40040	46000	55000	70540	89280
22	废弃资源综合利用业	36000	43200	54000	78600	90000

四、分登记注册类型企业从业人员工资价位

单位：元

序号	登记注册类型	分位值				
		10%	25%	50%	75%	90%
1	国有企业（不含国有独资公司）	40500	56300	95480	147988	214548
2	集体企业	35320	52984	80000	100000	132029
3	股份合作企业	38084	44200	54427	63100	89800
4	有限责任公司（含国有独资公司）	39309	48000	60000	82046	117195
5	股份有限公司	39036	59711	70078	114156	222703
6	私营企业	37200	45783	58064	75900	106896
7	合资经营企业（港或澳、台资）	38468	43596	55833	88000	144434
8	中外合资经营企业	38468	53596	65833	88000	134434

五、分企业规模企业从业人员工资价位

单位：元

序号	企业规模	分位值				
		10%	25%	50%	75%	90%
1	大型企业	49300	59800	75900	107000	179847
2	中型企业	41812	52400	67449	92756	142499
3	小型企业	38400	47484	59760	81009	115754
4	微型企业	36000	44442	54827	70000	109400

六、分学历企业从业人员工资价位

单位：元

序号	学历	分位值				
		10%	25%	50%	75%	90%
1	研究生（含博士、硕士）	90000	135501	218756	320000	512150
2	大学本科	48800	81222	133720	195200	303374
3	大学专科	41120	55200	74500	102952	152000
4	高中、中专或技校	38400	47500	59120	76800	102000
5	初中及以下	36000	45000	55000	68565	87499

七、分岗位等级企业从业人员工资价位

单位：元

序号	岗位等级	分位值				
		10%	25%	50%	75%	90%
1	高层管理岗	58000	82258	143720	213265	431888
2	中层管理岗	48000	70000	118000	197630	398867
3	基层管理岗	44600	50002	77120	134361	198675
4	管理类员工岗	38086	46575	63602	88000	123796
5	高级职称	53800	80000	127500	178393	332155
6	中级职称	51400	66280	90206	147368	220000
7	初级职称	49996	60460	75589	103034	187280
8	没有取得专业技术职务	37100	47646	70643	97000	155022
9	高级技师	48000	60339	82044	130535	169838
10	技师	46343	58486	70000	97652	144732
11	高级技能	44800	57807	67150	92986	134503
12	中级技能	42060	54455	58400	89160	130915
13	初级技能	37650	46320	58000	76650	100000
14	没有取得资格证书	37200	45800	56483	72000	93269

2022年湖州市人力资源市场工资指导价位

一、分职业细类人力资源市场工资价位

单位：元

序号	职业细类	分位值				
		10%	25%	50%	75%	90%
1	企业董事	60286	95250	155023	250139	427192
2	企业总经理	60286	80137	142379	250139	450106
3	国有企业中国共产党组织负责人	82269	113747	185941	634990	903864
4	生产经营部门经理	50500	69117	111439	164045	250128
5	财务部门经理	50015	63745	96025	141464	227895
6	行政部门经理	52687	67011	98430	151476	255601
7	人事部门经理	51047	61723	91481	150018	223992
8	销售和营销部门经理	46550	61021	91333	167609	297323
9	广告和公关部门经理	48360	62506	88206	156724	272702
10	采购部门经理	53160	63097	83702	121417	179040
11	计算机服务部门经理	54685	81608	120902	176985	235916
12	研究和开发部门经理	68456	90840	130132	205544	314010
13	餐厅部门经理	48021	62406	80607	101806	136583
14	客房部门经理	50316	55201	68400	106051	130999
15	其他职能部门经理	56248	74800	110025	171052	263425
16	其他企业中高级管理人员	63335	84190	123840	199054	330690
17	农业科学研究人员	54935	59706	62627	87973	150736
18	医学研究人员	78500	80500	86017	95550	157200
19	管理学研究人员	49380	68186	84309	135150	228012
20	工程测量工程技术人员	54181	68509	84658	109670	133236
21	摄影测量与遥感工程技术人员	74041	80128	82015	98705	120033
22	地理信息系统工程技术人员	94013	98350	111393	125918	130463
23	地质测绘工程技术人员	49086	59825	64595	87806	104142
24	冶炼工程技术人员	79971	110450	137357	167678	320042
25	轧制工程技术人员	38401	50012	60027	94876	145041
26	金属材料工程技术人员	61974	78652	95054	113479	142492

续表

序号	职业细类	分位值				
		10%	25%	50%	75%	90%
27	耐火材料工程技术人员	41784	48000	61391	69061	88440
28	化工实验工程技术人员	56118	70532	84529	120063	163690
29	化工生产工程技术人员	51120	60196	98401	136085	172110
30	机械设计工程技术人员	57413	72023	98481	123906	178030
31	机械制造工程技术人员	52070	65304	90842	117515	146183
32	设备工程技术人员	55629	65442	78593	99876	125071
33	模具设计工程技术人员	66741	79447	102421	145165	173287
34	自动控制工程技术人员	46650	57856	97013	114851	150075
35	材料成形与改性工程技术人员	72719	85044	104021	105269	116585
36	焊接工程技术人员	52026	61500	76415	98545	110107
37	特种设备管理和应用工程技术人员	50023	72878	85027	90115	101984
38	汽车工程技术人员	77760	90335	111600	144031	176787
39	机载设备设计制造工程技术人员	46160	52920	53710	55350	61620
40	电子材料工程技术人员	60021	64722	84021	190026	260138
41	电子元器件工程技术人员	52288	68843	84543	100777	122399
42	通信工程技术人员	74200	87850	137068	151406	182842
43	计算机硬件工程技术人员	38945	48515	60068	83916	109634
44	计算机软件工程技术人员	50010	60241	91872	120057	159454
45	计算机网络工程技术人员	46990	60059	85018	105012	125213
46	嵌入式系统设计工程技术人员	84797	94763	103250	116725	125160
47	信息安全工程技术人员	61462	71159	79020	110882	129597
48	信息系统运行维护工程技术人员	44076	50029	67541	94129	152267
49	电工电器工程技术人员	50647	64683	84021	130324	192010
50	电缆光缆工程技术人员	61807	66852	73908	89230	113539
51	光源与照明工程技术人员	59786	63215	80335	91936	109477
52	发电工程技术人员	73336	85747	91151	93600	106923
53	供用电工程技术人员	115983	117340	128603	131036	220031
54	变电工程技术人员	35809	114631	127680	232705	346285
55	输电工程技术人员	55540	67450	104185	121293	128131
56	电力工程安装工程技术人员	48500	51700	55200	60016	80800
57	广播电视传输覆盖工程技术人员	76246	88720	138677	157160	175038
58	道路交通工程技术人员	42210	52950	89215	133010	172508
59	建筑和市政设计工程技术人员	32015	48019	50009	66008	109753
60	土木建筑工程技术人员	48054	60160	82595	111773	152323
61	风景园林工程技术人员	34466	46380	59752	147925	169435
62	供水排水工程技术人员	36037	44400	86637	111560	288788

续表

序号	职业细类	分位值				
		10%	25%	50%	75%	90%
63	环境卫生工程技术人员	34653	37870	50023	60250	87972
64	道路与桥梁工程技术人员	33714	51868	81006	116800	311558
65	水利水电建筑工程技术人员	47200	66500	70028	288058	300731
66	非金属矿及制品工程技术人员	55750	79625	81023	84500	89727
67	无机非金属材料工程技术人员	54616	62609	74154	85805	95571
68	园林绿化工程技术人员	35640	46080	52640	87870	115181
69	木竹藤棕草加工工程技术人员	30652	38695	41767	45225	48820
70	纺织工程技术人员	34602	44260	54008	63483	84012
71	染整工程技术人员	39396	42299	45344	57589	75990
72	化学纤维工程技术人员	59506	69021	81313	101712	128062
73	非织造工程技术人员	46233	72021	72500	73021	74170
74	服装工程技术人员	46806	52003	60120	67593	76945
75	食品工程技术人员	53398	59857	77867	89051	98797
76	环境监测工程技术人员	71060	85583	97034	106115	141366
77	安全生产管理工程技术人员	48035	60134	80014	100656	150016
78	标准化工程技术人员	58928	73841	83889	99750	111375
79	计量工程技术人员	51908	63881	68590	80879	100885
80	质量管理工程技术人员	50003	60013	78183	98082	125110
81	质量认证认可工程技术人员	66010	98659	102154	131723	146708
82	工业工程技术人员	33066	47988	53750	77311	102210
83	物流工程技术人员	46540	51310	65560	79662	115568
84	项目管理工程技术人员	32021	48034	50011	80014	109517
85	监理工程技术人员	39033	50042	60142	80139	101038
86	信息管理工程技术人员	55042	76404	88519	102539	116969
87	工程造价工程技术人员	36025	48031	50029	75035	103153
88	产品质量检验工程技术人员	56145	63060	79428	94586	105480
89	特种设备检验检测工程技术人员	32013	46939	75567	117105	148681
90	制药工程技术人员	48199	54608	63433	79950	122552
91	印刷复制工程技术人员	35064	36500	41330	49380	82872
92	产品设计工程技术人员	47484	59863	76962	90300	120063
93	工业设计工程技术人员	48300	75050	101208	124450	145316
94	制浆造纸工程技术人员	43246	49564	61395	78624	96192
95	生物发酵工程技术人员	55738	57638	62437	71115	81899
96	塑料加工工程技术人员	47365	60000	72598	93579	109191
97	园艺技术人员	46508	47286	48605	52109	57051
98	兽医	65162	73477	81748	105437	111371

续表

序号	职业细类	分位值				
		10%	25%	50%	75%	90%
99	畜牧技术人员	58228	67267	70930	83263	107493
100	内科医师	75561	100329	135924	198400	304967
101	外科医师	71532	84300	150061	200046	259954
102	妇产科医师	99600	126825	142550	154342	166958
103	眼科医师	83805	97128	217010	334354	379883
104	口腔科医师	30830	32630	33830	36530	162146
105	康复科医师	118017	139659	178236	262365	344119
106	麻醉科医师	65626	106800	169264	201043	287053
107	放射科医师	50699	81181	102379	175384	198947
108	超声科医师	51132	81932	136850	206417	252325
109	肿瘤科医师	113200	129875	181814	325007	450869
110	重症医学科医师	135000	172500	213874	258131	406680
111	中医骨伤科医师	67560	100060	156113	253500	389084
112	药师	41145	60019	75600	99484	158114
113	中药师	60031	63994	79630	95346	99622
114	影像技师	52599	54600	70800	75600	101670
115	临床检验技师	75600	80402	97527	119689	140434
116	康复技师	61220	75600	83148	108509	129867
117	中医技师	48233	54876	60061	63108	77932
118	内科护士	57658	60020	91870	115696	148273
119	急诊护士	54575	60070	61266	71652	83600
120	外科护士	58379	62737	72452	79452	98835
121	社区护士	76919	87112	95320	107233	124223
122	口腔科护士	56043	68024	73500	80050	154200
123	中医护士	63240	82560	99311	141019	185516
124	其他卫生专业技术人员	50880	72840	100124	150018	160320
125	经济规划专业人员	73665	86027	114586	147276	196224
126	价格专业人员	34344	35904	43200	69018	83625
127	统计专业人员	44252	50030	57489	68576	90130
128	会计专业人员	48039	58540	75400	124907	206865
129	审计专业人员	42020	60033	93674	130177	185914
130	资产评估人员	75205	83751	95736	117105	135945
131	国际商务专业人员	56468	75211	85768	103743	151249
132	市场营销专业人员	46072	60015	95753	142536	180000
133	商务策划专业人员	68477	80052	84790	117500	147200
134	品牌专业人员	75138	95501	107800	121265	162790

序号	职业细类	分位值				
		10%	25%	50%	75%	90%
135	物业经营管理专业人员	40046	43006	64028	75500	104022
136	报关专业人员	51397	56773	64047	86776	98110
137	人力资源管理专业人员	55110	62315	80135	103561	149569
138	人力资源服务专业人员	48237	54763	71304	90840	112530
139	银行外汇市场业务专业人员	177867	181675	188770	193194	199330
140	信贷审核专业人员	186109	210028	242394	271178	291520
141	精算专业人员	48713	70358	85767	100770	108068
142	保险核保专业人员	65853	79080	84262	98914	134665
143	保险理赔专业人员	61730	80860	102382	122756	143922
144	理财专业人员	60726	70013	95885	108024	120260
145	专利管理专业人员	70179	85905	96012	96070	133447
146	其他经济和金融专业人员	64386	86160	122984	175960	288797
147	法律顾问	59030	79489	112492	120000	165753
148	舞蹈演员	87431	95869	108102	124312	132814
149	灯光师	40214	42979	55028	89842	105638
150	美工师	35350	49500	66032	85485	90123
151	服装道具师	47485	51246	54309	71515	76763
152	视觉传达设计人员	66007	71100	81350	86249	89913
153	服装设计人员	34010	39500	48100	59478	78449
154	动画设计人员	80002	92192	160046	180116	200159
155	数字媒体艺术专业人员	50016	72740	89656	103978	133811
156	教练员	47758	50000	63726	90263	123992
157	文字记者	116178	124724	145186	155134	161398
158	摄影记者	114294	122916	148332	158281	163192
159	文字编辑	48720	87973	108455	142352	161142
160	校对员	40082	105533	112170	113255	114299
161	翻译	51734	57346	63732	91378	139116
162	图书资料专业人员	49444	53294	67256	74553	92048
163	档案专业人员	35310	50000	61237	78638	102779
164	其他新闻出版、文化专业人员	95610	100705	113880	125134	150998
165	其他专业技术人员	44948	54425	66500	80025	107261
166	行政办事员	41203	50029	60184	79524	115600
167	城市管理网格员	67478	68249	77864	81224	84860
168	秘书	45540	54162	67341	101854	128239
169	公关员	59397	66573	70145	95559	144887
170	收发员	42012	49360	68841	83616	93559

续表

序号	职业细类	分位值				
		10%	25%	50%	75%	90%
171	打字员	35988	39753	47472	58912	71077
172	制图员	39424	56706	77731	97887	118442
173	后勤管理员	32400	43222	59001	80025	105278
174	其他办事人员	40506	49715	69600	99334	143890
175	保卫管理员	34171	40200	48033	64046	90840
176	消防安全管理员	46175	63470	74119	78585	116440
177	应急救援员	61848	89559	151678	152438	153426
178	其他安全和消防人员	54729	67548	80384	97497	110594
179	其他办事人员和有关人员	38000	43652	55174	72062	96088
180	采购员	47385	54867	67290	84612	108269
181	营销员	35033	50038	73463	119370	192046
182	电子商务师	46203	54550	62875	71560	99103
183	商品营业员	36658	40931	49629	63825	73255
184	收银员	36031	39352	45600	52080	71531
185	摊商	32327	34128	38019	42473	46106
186	医药商品购销员	31337	43594	59600	80205	131188
187	烟草制品购销员	52178	96308	100083	102038	102994
188	其他批发与零售服务人员	48228	60711	79874	99423	104396
189	道路货运汽车驾驶员	47352	57640	65378	84046	104670
190	道路客运服务员	44970	54150	55700	73180	74610
191	道路货运业务员	47660	47905	75207	100050	101350
192	道路运输调度员	43754	47660	50350	63988	85249
193	公路收费及监控员	85025	88750	106372	114868	124311
194	机动车驾驶教练员	46034	60348	79120	106666	143650
195	客运船舶驾驶员	64382	66515	71151	81094	87757
196	装卸搬运工	41290	51289	66018	84212	100131
197	运输代理服务员	55400	59125	67730	72205	84750
198	危险货物运输作业员	48461	57176	73147	92621	114831
199	仓储管理员	42309	50005	60738	76368	93200
200	理货员	41262	46584	53616	69164	83642
201	物流服务师	62134	68386	70219	89364	111563
202	供应链管理师	87962	90056	94030	120016	175742
203	邮政营业员	83889	87074	96574	100879	147222
204	邮件分拣员	60016	63750	65000	85744	113159
205	邮政投递员	90380	97255	114216	146725	174242
206	邮政市场业务员	97741	109867	148776	181957	227419

续表

序号	职业细类	分位值				
		10%	25%	50%	75%	90%
207	快递员	42601	66000	100311	120023	130041
208	快件处理员	58807	60614	66005	70500	91739
209	其他交通运输、仓储和邮政业服务人员	50280	57450	75160	93711	124127
210	前厅服务员	35501	42053	49400	60046	73293
211	客房服务员	36037	41337	50012	56409	64255
212	旅店服务员	34968	39102	49011	50020	76080
213	中式烹调师	42019	53008	63895	79584	99550
214	中式面点师	45462	51996	67770	75655	93002
215	西式烹调师	38524	50019	59986	73242	86769
216	西式面点师	38411	43344	50135	60010	73426
217	餐厅服务员	35140	40831	48120	57699	72043
218	其他住宿和餐饮服务人员	38432	46296	50016	60916	77409
219	信息通信业务员	64795	69676	82611	104307	121994
220	信息通信网络机务员	104981	114996	129647	140263	153982
221	无线电监测与设备运维员	108364	117787	136382	142616	155239
222	信息通信网络运行管理员	60730	81308	140052	153888	166937
223	网络与信息安全管理员	53819	60051	67701	80950	104952
224	信息通信信息化系统管理员	75099	80244	139456	156435	174161
225	计算机程序设计员	69738	76832	96206	100825	142321
226	计算机软件测试员	62016	68066	89746	101782	105379
227	呼叫中心服务员	56913	63461	71920	81311	99483
228	其他信息传输、软件和信息技术服务人员	36022	42600	48021	49200	78000
229	银行综合柜员	52018	52126	128588	151803	182668
230	银行信贷员	129707	153629	192141	235882	290191
231	银行客户业务员	108532	121784	143759	167473	199219
232	银行信用卡业务员	107603	114743	120328	127731	135527
233	保险代理人	120350	157111	227449	303024	319203
234	保险保全员	39032	44500	51016	72435	79414
235	其他金融服务人员	69691	88512	118751	159031	195647
236	物业管理员	30909	40017	44300	55000	74892
237	停车管理员	38860	50755	54272	66747	68673
238	其他房地产服务人员	35280	42011	47616	52008	72382
239	租赁业务员	34357	52092	60016	83299	103280
240	客户服务管理员	39543	45270	51600	60052	76858
241	职业指导员	54021	64190	66007	74102	81835
242	劳动关系协调员	46601	59298	68464	78021	84712

续表

序号	职业细类	分位值				
		10%	25%	50%	75%	90%
243	职业培训师	43411	63283	102215	127119	170059
244	导游	41080	43600	57880	64000	79521
245	旅行社计调	46762	55120	63933	77240	89720
246	旅游咨询员	46105	57130	62650	69506	79727
247	公共游览场所服务员	40807	58528	68937	75465	84035
248	保安员	31800	39635	45540	53190	63358
249	安检员	47428	50554	99416	107713	116763
250	消防设施操作员	42322	46200	46212	54044	64820
251	市场管理员	48600	53866	73705	100485	101881
252	装饰美工	38381	46379	64211	79347	132193
253	其他租赁和商务服务人员	31500	37450	51900	58282	60699
254	工程测量员	53471	60013	66420	92895	105060
255	农产品食品检验员	54760	56789	59803	66362	73699
256	纤维检验员	40413	52009	57352	64005	74446
257	药物检验员	65122	78960	86022	103762	139929
258	计量员	54173	60820	69636	89787	111759
259	电气电子产品环保检测员	47317	50564	53338	58111	62938
260	室内装饰设计师	48856	59323	71139	100481	127928
261	广告设计师	45600	49880	60841	74608	80459
262	包装设计师	60810	63045	76452	88051	117800
263	家具设计师	50025	55027	79014	90037	124007
264	陶瓷产品设计师	64614	64628	65496	68094	74077
265	其他技术辅助服务人员	50640	61292	108264	125000	151961
266	展出动物保育员	56076	58153	63754	73727	110932
267	污水处理工	51522	57123	66000	90446	100240
268	工业固体废物处理处置工	54561	65985	97539	103409	108187
269	保洁员	30483	33950	38842	48766	60035
270	生活垃圾清运工	36144	42261	43562	47276	54320
271	生活垃圾处理工	35520	36012	36693	38448	42036
272	园林绿化工	36532	40208	49990	54280	63985
273	养老护理员	54296	61820	71936	86732	92574
274	洗衣师	46761	53234	75198	87044	89148
275	染色师	41381	47628	48355	49326	49846
276	美发师	36010	40501	42806	48300	50820
277	保健按摩师	55004	60022	77008	79014	80017
278	其他居民服务人员	52383	64045	73762	98304	157941

序号	职业细类	分位值				
		10%	25%	50%	75%	90%
279	供电服务员	117850	121089	125815	136749	152108
280	燃气供应服务人员	51098	56705	61697	65053	67733
281	其他电力、燃气及水供应服务人员	53662	84485	97621	109695	118237
282	汽车维修工	38025	58492	75000	95021	113520
283	计算机维修工	44310	48500	54500	74265	99084
284	办公设备维修工	46950	55273	64271	75341	101633
285	家用电器产品维修工	43440	45600	50279	54256	57342
286	燃气具安装维修工	122023	137586	153970	191997	216884
287	其他修理及制作服务人员	36038	40029	54031	78086	98224
288	讲解员	41428	55951	66521	74138	82612
289	电影放映员	35063	40620	42570	50994	68616
290	康乐服务员	35424	38034	47161	52269	62718
291	医疗临床辅助服务员	34320	41400	50988	67954	89682
292	眼镜验光员	77305	99526	104171	113203	117109
293	公共场所卫生管理员	48499	48792	92513	137023	137515
294	其他农业生产人员	33692	40650	43200	43350	43620
295	护林员	58818	62200	62740	68020	77534
296	其他畜牧业生产人员	64386	70769	75138	81302	99460
297	水产品原料处理工	43780	43900	43950	44014	44590
298	其他农、林、牧、渔业生产加工人员	60999	62035	65200	73350	80011
299	制粉工	55525	60608	65521	70002	71912
300	制油工	59412	67001	69695	78467	87229
301	饲料加工工	53934	59456	72224	80189	92647
302	肉制品加工工	42330	54901	60635	68977	80224
303	淀粉及淀粉糖制造工	53028	60011	78002	84001	88207
304	豆制品制作工	52441	64424	70136	76784	91381
305	糕点面包烘焙工	51589	58293	63175	74047	86943
306	果脯蜜饯加工工	59384	65770	66022	74456	78031
307	冷冻食品制作工	77692	90940	102460	112540	129212
308	罐头食品加工工	40633	46934	52811	56142	61717
309	乳品加工工	60793	61272	69510	74372	85304
310	味精制造工	40000	41500	43500	45750	49800
311	酱油酱类制作工	74762	80572	88612	101204	106688
312	食醋制作工	61253	67697	73589	79158	85111
313	黄酒酿造工	46692	53242	66617	73132	78575
314	其他食品、饮料生产加工人员	43586	46890	61725	75664	91898

续表

序号	职业细类	分位值				
		10%	25%	50%	75%	90%
315	纺织纤维梳理工	45654	58628	64993	81780	99533
316	并条工	44480	44665	55279	62192	66449
317	粗纱工	42766	44580	44680	63094	71439
318	纺纱工	45540	52025	63073	72038	83193
319	整经工	44967	49283	60031	69544	73453
320	浆纱浆染工	45342	48975	52039	55046	75200
321	织布工	44800	50049	63800	68964	84050
322	纬编工	41266	48263	60553	86679	122388
323	经编工	45031	49503	65280	73860	82872
324	横机工	48807	49800	64687	67840	71040
325	非织造布制造工	48273	58685	69195	81421	94655
326	印染前处理工	44853	49825	58676	67635	83940
327	纺织染色工	31341	36299	48077	57507	65009
328	印花工	43054	47540	57054	78725	94859
329	纺织印花制版工	43356	44808	48353	63267	65358
330	印染后整理工	42160	47148	58750	67789	80035
331	印染染化料配制工	36260	45708	50842	63383	78625
332	工艺染织品制作工	45626	47345	47600	53120	95338
333	其他纺织、针织、印染人员	42023	49360	54513	68457	85037
334	服装制版师	41840	55033	65680	98680	112080
335	裁剪工	47600	57270	71137	88800	103214
336	缝纫工	44241	52034	65021	83767	101647
337	缝纫品整型工	42440	48534	56360	65522	72535
338	服装水洗工	44844	55980	66180	103701	136560
339	皮革及皮革制品加工工	56016	62500	71173	85865	95062
340	毛皮及毛皮制品加工工	54881	59070	61473	71289	74886
341	其他纺织品、服装和皮革、毛皮制品加工制作人员	42712	46808	55750	66839	82978
342	制材工	51716	56970	66307	86269	107037
343	胶合板工	36681	42850	43976	55996	63144
344	浸渍纸层压板工	59306	60001	69350	72000	82680
345	人造板饰面工	39945	42018	44208	51699	59034
346	手工木工	38100	55200	78008	104209	120015
347	机械木工	43046	48516	60014	70180	81818
348	木地板制造工	37145	38100	50008	59806	68815
349	家具制作工	47415	51782	72348	87315	105486
350	其他木材加工、家具与木制品制作人员	44363	51994	59574	67560	78000

序号	职业细类	分位值				
		10%	25%	50%	75%	90%
351	造纸工	45711	48629	55310	69508	73437
352	纸张整饰工	35000	37838	39651	42444	47512
353	纸箱纸盒制作工	45881	46023	53827	62468	78213
354	其他纸及纸制品生产加工人员	42000	46276	70197	87294	97387
355	印前处理和制作员	52431	63894	82439	95499	105468
356	印刷操作员	40367	55714	82851	102684	126980
357	印后制作员	33137	36061	50760	90320	100015
358	钢琴及键盘乐器制作工	30133	33450	36942	46251	47035
359	漆器制作工	67018	67944	78004	83263	105939
360	制球工	42673	50400	60016	70519	79586
361	化工原料准备工	54903	59059	62313	75925	95770
362	化工单元操作工	38051	47829	72500	85420	106975
363	化工总控工	67657	78550	93350	97000	119297
364	制冷工	48489	49239	51956	59777	66072
365	工业清洗工	53902	62383	75285	83324	87492
366	无机化学反应生产工	57156	59866	64626	71769	81140
367	有机合成工	59591	62843	65377	66614	67461
368	农药生产工	42561	53967	75420	101988	128440
369	涂料生产工	55718	77115	89645	102780	120176
370	颜料生产工	70572	72232	74623	75681	76714
371	化学试剂生产工	63098	72897	78094	81515	84197
372	柔性板材生产工	67800	69600	74400	82800	84012
373	生物质化工产品生产工	59655	60077	63098	67038	85724
374	火工品装配工	63339	67163	69292	71847	79178
375	化妆品制造工	47620	55500	68348	77047	91074
376	其他化学原料和化学制品制造人员	51086	71326	83913	97388	114031
377	化学合成制药工	39967	41496	45779	53735	64457
378	中药炮制工	55513	74308	82466	96822	105216
379	药物制剂工	38936	45384	54755	75771	99685
380	化纤聚合工	30940	62023	82928	94362	98287
381	纺丝工	60530	71532	81019	85269	94678
382	化纤后处理工	44088	56243	59712	60037	78696
383	其他化学纤维制造人员	46480	73530	85627	99658	120068
384	橡胶制品生产工	52087	61378	74186	93966	110390
385	塑料制品成型制作工	45575	51335	57500	73792	95920
386	其他橡胶和塑料制品制造人员	40970	50900	75724	85213	102082

续表

序号	职业细类	分位值				
		10%	25%	50%	75%	90%
387	水泥生产工	85462	95031	102398	114640	133562
388	水泥混凝土制品工	40464	59562	69489	77454	85549
389	石灰煅烧工	47829	61634	78384	93480	98783
390	预拌混凝土生产工	48700	64814	79320	82076	91907
391	加气混凝土制品工	32035	39051	49021	57500	60084
392	石材生产工	61640	67743	73703	78451	87629
393	保温材料制造工	30380	41989	52488	65829	78538
394	砂石骨料生产工	41140	49508	50607	60501	71500
395	玻璃配料熔化工	48600	58989	71484	82521	93412
396	玻璃及玻璃制品成型工	58451	68048	82891	94679	108032
397	玻璃加工工	45966	54667	64763	75528	94282
398	玻璃制品加工工	59034	62014	66019	97838	118419
399	陶瓷原料准备工	65672	68423	73656	79816	92906
400	陶瓷烧成工	58455	67264	70240	73720	75436
401	耐火原料加工成型工	34800	42311	50061	59486	62785
402	耐火材料烧成工	54360	57600	63800	72021	74959
403	耐火制品加工工	39951	50588	57879	60944	72247
404	石墨化工	89975	93743	105449	116473	126914
405	其他非金属矿物制品制造人员	35345	45379	57846	75000	80013
406	露天采矿工	84123	98112	99234	99273	100867
407	露天矿物开采辅助工	38933	57481	62981	66916	69041
408	矿山安全防护工	67161	68331	69927	76693	83285
409	高炉原料工	56878	58761	62851	67654	76314
410	炼钢工	83077	98948	109891	117714	134148
411	炼钢浇铸工	50065	83016	109528	126489	140743
412	炼钢准备工	76314	77786	82609	90428	106207
413	整模脱模工	103216	111266	114786	123482	131081
414	铸管精整工	72202	81168	90660	98520	116774
415	半导体辅料制备工	70001	70034	70082	70129	90689
416	金属轧制工	63857	72346	85953	102821	114722
417	金属材酸碱洗工	82372	93449	100570	111254	117400
418	金属材热处理工	55470	59338	69534	82436	99314
419	焊管机组操作工	81173	89938	100063	100043	114693
420	金属材精整工	79730	89818	101235	118561	138120
421	金属材丝拉拔工	72795	86407	96931	102691	113487
422	金属挤压工	50019	62520	81116	95409	104650

序号	职业细类	分位值				
		10%	25%	50%	75%	90%
423	铸轧工	66412	73210	79322	94442	107157
424	其他金属冶炼和压延加工人员	46000	47280	61800	84136	100054
425	车工	48298	59355	77770	98485	116340
426	铣工	58823	75233	87450	107170	122470
427	刨插工	61016	64053	72928	79831	101385
428	磨工	51695	65514	80880	92803	110296
429	镗工	68547	84548	91685	110075	137928
430	钻床工	60012	77492	95418	108919	119704
431	多工序数控机床操作调整工	51852	60057	70052	98659	116315
432	拉床工	59914	60403	62027	64339	64661
433	下料工	48154	57141	72047	96473	111623
434	铆工	58264	66767	83392	107823	141035
435	冲压工	48014	58701	65525	84638	97221
436	铸造工	59731	70063	73240	73420	74912
437	锻造工	70950	81392	93084	108744	124055
438	金属热处理工	53253	70008	79886	94345	105787
439	焊工	54560	65030	87356	106725	128422
440	机械加工材料切割工	50029	67011	87262	96919	107443
441	粉末冶金制品制造工	72480	76254	83407	91928	97491
442	镀层工	70011	80018	98945	100102	250021
443	镀膜工	51657	67647	79315	88512	104168
444	涂装工	51385	64500	83564	94945	103399
445	喷涂喷焊工	43744	57074	73050	97733	116498
446	模具工	46465	57083	72034	86927	106692
447	模型制作工	56999	62398	71945	83136	90135
448	磨料制造工	43745	50017	55902	64950	87913
449	磨具制造工	41214	46148	56243	89316	104194
450	工具钳工	46320	58812	89003	107189	129717
451	其他机械制造基础加工人员	57600	66850	72000	83397	100499
452	日用五金制品制作工	68006	84454	98134	115596	124424
453	其他金属制品制造人员	75474	75600	90511	99541	107294
454	装配钳工	48720	61207	77650	92471	103107
455	轴承制造工	66190	79861	92472	103512	118515
456	齿轮制造工	60455	60900	61789	63768	83543
457	减变速机装配调试工	114690	127560	138582	148680	165334
458	链传动部件制造工	46600	57052	82500	99012	101024

续表

序号	职业细类	分位值				
		10%	25%	50%	75%	90%
459	紧固件制造工	50038	51250	73500	87750	100807
460	机床装调维修工	54024	60016	73765	94774	96005
461	焊接材料制造工	64549	70161	75442	83191	96352
462	电梯装配调试工	58214	66831	76168	85364	96275
463	泵装配调试工	55715	69263	74981	81754	102235
464	制冷空调设备装配工	54404	58056	63192	78244	84735
465	液压液力气动密封件制造工	38417	44105	52261	59609	68537
466	工程机械装配调试工	81138	89963	98025	107797	117792
467	电子专用设备装调工	79296	81364	88507	95076	103584
468	医用材料产品生产工	64873	76872	90260	102362	116839
469	其他专用设备制造人员	59815	65644	65882	90330	99936
470	汽车生产线操作工	37588	64142	76535	92952	112556
471	汽车饰件制造工	58036	66010	70323	81969	88614
472	汽车零部件再制造工	48033	60013	78333	90023	100876
473	其他汽车制造人员	62371	65675	67578	72314	86852
474	自行车与电动自行车装配工	58490	63349	68626	85254	94022
475	其他铁路、船舶、航空设备制造人员	48924	57096	77911	86286	92998
476	电机制造工	42037	49711	61732	68226	80173
477	变压器互感器制造工	46877	51698	54348	58322	61746
478	高低压电器及成套设备装配工	61394	69481	78022	90537	96615
479	光伏组件制造工	56701	64392	76248	88812	95748
480	电线电缆制造工	41879	54945	69697	84466	92514
481	光纤光缆制造工	52050	59911	69509	81073	96024
482	绝缘制品制造工	59944	61777	78023	82400	92950
483	电池制造工	59324	67881	76808	89354	106243
484	家用电冰箱制造工	57880	59208	65731	73208	79920
485	空调器制造工	54894	62700	73785	86995	97242
486	洗衣机制造工	71388	74021	78846	88169	102073
487	小型家用电器制造工	53525	78329	91448	100082	101019
488	电光源制造工	40561	45013	49368	58937	71376
489	灯具制造工	42366	44872	47645	50115	54970
490	其他电气机械和器材制造人员	55775	69850	82704	96176	106785
491	电容器制造工	41980	50581	60765	77552	89232
492	电声器件制造工	43953	49597	56541	59153	62091
493	电器接插件制造工	65393	75381	85510	99278	110507
494	印制电路制作工	56382	57111	57897	60855	62065

续表

序号	职业细类	分位值				
		10%	25%	50%	75%	90%
495	晶片加工工	61364	69018	74924	85950	104674
496	半导体芯片制造工	59849	67227	80517	86576	95625
497	激光机装调工	41026	41500	48831	62416	67341
498	广电和通信设备机械装校工	64296	70251	78788	89847	112539
499	其他计算机、通信和其他电子设备制造人员	40000	55000	62000	72000	94923
500	锅炉运行值班员	52660	61353	72730	96019	114873
501	燃料值班员	46445	47810	52105	60046	71013
502	汽轮机运行值班员	58857	65310	73271	82059	120176
503	燃气轮机值班员	56466	57122	65094	81411	92103
504	发电集控值班员	66315	75012	82571	99587	141988
505	电气值班员	51407	59692	68704	78069	98674
506	余热余压利用系统操作工	68066	68448	68927	73488	74447
507	锅炉操作工	60297	70426	94303	114319	131932
508	供热管网系统运行工	41640	46440	57180	96587	112798
509	变配电运行值班员	54594	56100	62317	93084	95592
510	燃气储运工	94774	101973	108270	114296	116591
511	工业气体液化工	58854	60111	63296	78065	84409
512	工业废气治理工	58310	63253	66497	78254	82886
513	压缩机操作工	57240	58451	59396	70200	83160
514	水生产处理工	59558	73128	91550	100370	111688
515	水供应输排工	54434	55392	59952	75180	77650
516	工业废水处理工	51648	60067	73740	84053	94463
517	其他电力、热力、气体、水生产和输配人员	51246	67469	76551	98222	110966
518	砌筑工	36014	50020	60081	90301	91500
519	混凝土工	36023	50108	60310	86788	102167
520	钢筋工	36021	48009	50102	66213	78000
521	公路养护工	30078	36020	39648	48016	54356
522	防水工	33200	36011	48009	50110	53500
523	送配电线路工	36011	49500	55013	125454	349141
524	管道工	32025	48004	50010	60013	99242
525	机械设备安装工	59867	68033	69800	70103	90700
526	电气设备安装工	36026	46989	50012	60448	100383
527	电梯安装维修工	54345	58340	65016	74034	85751
528	管工	44192	45790	51041	61090	76706
529	制冷空调系统安装维修工	39419	50056	53694	60013	61260
530	电力电气设备安装工	36043	50006	56266	81809	93220

续表

序号	职业细类	分位值				
		10%	25%	50%	75%	90%
531	装饰装修工	39624	48010	50016	60010	74650
532	建筑门窗幕墙安装工	37200	50034	69150	82439	96937
533	装配式建筑施工员	36061	48019	50019	58563	60034
534	专用车辆操作人员	49756	60343	83283	93013	105014
535	机车整备员	55664	56133	60129	68819	69327
536	船舶甲板设备操作工	36700	36920	39209	39384	44357
537	起重装卸机械操作工	61861	70650	83072	96407	111089
538	起重工	46570	62555	76699	87027	91106
539	输送机操作工	85352	86751	94635	96671	98473
540	索道运输机械操作工	54036	88369	101853	107458	127002
541	挖掘铲运和桩工机械司机	49525	65337	73447	79010	85626
542	设备点检员	54023	63718	70423	78142	93601
543	机修钳工	49189	60030	76753	94009	110164
544	电工	50067	60102	77367	96343	111250
545	仪器仪表维修工	56479	68467	86979	97059	120752
546	锅炉设备检修工	56714	63839	74045	88836	123458
547	发电机检修工	50012	52628	62714	72655	133656
548	变电设备检修工	48009	51039	55000	62592	118086
549	工程机械维修工	50010	63791	78337	94641	112942
550	物理性能检验员	54608	62364	75402	83781	90816
551	生化检验员	46324	54319	74496	85489	94523
552	无损检测员	73370	86105	94310	105138	117635
553	质检员	45613	55567	67883	81719	98632
554	试验员	45053	50046	66197	87025	103084
555	称重计量工	38830	44799	57155	75288	80037
556	包装人员	42901	51850	65013	80061	90840
557	安全员	40238	53269	65208	85839	109764
558	其他生产辅助人员	40364	52307	68079	82021	94038
559	其他生产制造及有关人员	41303	50987	66624	83016	104955

二、部分技术工人职业（工种）分等级工资价位

单位：元

序号	工种	等级	分位值				
			10%	25%	50%	75%	90%
1	焊工	高级技师	85672	105354	123937	143652	172011
		技师	76435	99039	108722	117727	133632
		高级技能	63090	77776	93785	105539	123587
		中级技能	52160	59045	80532	104333	119516
		初级技能	50754	58000	75421	97288	118669
2	电工	高级技师	66971	71945	94579	120000	130540
		技师	56954	67460	88431	105508	127079
		高级技能	53513	62952	84400	100346	120145
		中级技能	48010	59845	78526	95245	112266
		初级技能	39948	55200	72558	93528	104400
3	锻造工	高级技能	98894	106855	120430	147278	183585
		初级技能	91000	106737	108808	129148	154101
4	金属热处理工	中级技能	86387	92018	94638	100268	116076
		初级技能	70125	75000	87653	95421	109054
5	车工	高级技师	95987	110264	124344	145470	161214
		技师	76027	88194	108860	128058	151485
		高级技能	72429	82330	95841	109601	121756
		中级技能	69621	79381	93823	109420	117017
		初级技能	60123	70485	80134	90370	112608
6	铣工	高级技能	77400	81032	95159	117196	155170
		中级技能	75433	79806	90755	109263	124262
		初级技能	64820	78691	87086	93846	121811
7	机修钳工	高级技师	93161	98873	104563	131063	146989
		技师	65220	78897	96250	110690	124849
		高级技能	60790	73873	87902	104657	122368
		中级技能	58517	72341	84000	100025	119553
		初级技能	54897	62635	80000	93465	117195
8	磨工	高级技能	68114	82680	87432	93226	119673
		中级技能	65211	70913	85744	91731	107006
		初级技能	56669	68720	78335	91470	94587
9	手工木工	技师	60000	63180	101433	122393	147401
		高级技能	50436	61437	84744	110000	124262
		初级技能	38100	50400	84360	108144	122340

续表

序号	工种	等级	分位值				
			10%	25%	50%	75%	90%
10	眼镜验光员	高级技能	102148	104171	106859	114193	125301
		中级技能	75826	87990	102355	112435	120413
11	汽车修理工	技师	72045	77204	94251	106848	114573
		高级技能	69403	73654	76286	102732	113746
		中级技能	66227	70102	75000	85750	110000
		初级技能	40776	51344	73859	83852	90974
12	工程机械维修工	技师	82981	83813	94424	120000	138702
		高级技能	70310	74698	91015	108794	126316
		中级技能	58284	71729	82742	92860	111093
		初级技能	58043	62609	75863	91655	110958
13	养老护理员	高级技师	64612	73566	85604	103211	110163
		技师	57554	65529	76252	91936	98128
		高级技能	54296	61820	71936	86732	92574
		中级技能	51581	58729	68339	82395	87945
		初级技能	35462	49512	58268	65478	74154
14	育婴员	高级技师	120403	121648	143430	144994	168949
		技师	112109	113354	134780	136344	155508
		高级技能	96620	97865	123652	125216	143141
		中级技能	92146	93391	101174	102738	107355
		初级技能	76791	78036	84304	85868	89463
15	保育员	高级技师	46229	47474	50683	52247	65415
		技师	42364	43609	51930	53494	62352
		高级技能	42364	43609	48220	49784	52017
		中级技能	38648	39893	48220	49784	51302
		初级技能	38499	39744	40060	41624	45805
16	保安员	技师	54624	58009	63825	69344	77270
		高级技能	45199	45505	45718	51545	62659
		中级技能	34790	36720	41450	45950	61057
		初级技能	30125	34800	41175	44690	54000
17	劳动关系协调员	高级技师	51346	52373	86787	91126	137947
		技师	46763	47698	78983	82932	108521
		高级技能	46432	47361	60925	63971	94592
		中级技能	42166	43009	55351	58118	76699

续表

序号	工种	等级	分位值				
			10%	25%	50%	75%	90%
18	企业人力资源管理师	高级技师	69693	71086	78983	82932	166644
		技师	49047	50028	75542	85425	122119
		高级技能	46763	47698	72968	83124	108823
		初级技能	44918	45817	60719	72145	90463
19	中式烹调师	高级技师	60399	71100	86268	121270	142340
		技师	59638	63693	80300	119250	128243
		高级技能	53471	63171	77000	103488	116320
		中级技能	48000	53400	73650	96000	106882
		初级技能	36000	52766	60000	69600	82654
20	采购员	技师	65513	77837	101859	120402	304483
		高级技能	62600	66330	72557	90636	112723
		中级技能	50400	60000	72532	83037	105558
		初级技能	42867	54013	66295	77857	89734
21	营销员	技师	72944	83488	100000	160627	465283
		中级技能	68001	82770	99255	138149	211812
		初级技能	48000	59483	60000	123177	180600
22	包装人员	高级技能	48939	61237	75020	94372	102835
		中级技能	45953	48000	71500	89515	101388
		初级技能	31125	44669	59631	82457	100810
23	仓储管理员	技师	52306	60412	77879	94118	118967
		高级技能	49653	55670	68760	86273	113795
		中级技能	48602	55563	66972	84338	105107
		初级技能	48000	51259	66416	78901	88000
24	质检员	高级技师	53200	68098	90215	101890	134867
		技师	53050	67181	86100	101035	117861
		高级技能	52792	66670	83900	88219	110350
		中级技能	44840	59427	72240	86990	102918
		初级技能	43600	51307	69575	86189	101089
25	信息通信网络机务员	技师	113790	130381	139766	151657	185526
		高级技能	113503	126834	132898	145294	169920
		中级技能	111517	116957	126823	137891	152011
		初级技能	104525	115119	124343	136732	143895
26	银行客户业务员	高级技能	127294	135792	172106	204544	229899
		中级技能	117614	123107	142624	162657	186674
		初级技能	101787	108698	128721	150296	177730

续表

序号	工种	等级	分位值				
			10%	25%	50%	75%	90%
27	供电服务员	技师	120577	124284	134032	153760	164186
		高级技能	120205	122000	128088	144605	159250
		中级技能	117475	119761	122966	129462	142678
		初级技能	48578	91012	114469	119063	133133
28	非织造布制造工	高级技师	85465	90888	98450	160000	165000
		技师	64269	70635	76992	79513	89552
		中级技能	56848	63626	69396	77446	80614
29	服装制版师	技师	71473	89796	100680	111180	120080
		高级技能	65703	76988	99680	102680	119957
		中级技能	42600	43813	72772	102517	113880
30	裁剪工	高级技能	52800	60000	71760	94273	106944
		中级技能	48120	54000	71400	90000	105822
		初级技能	48000	52149	63504	78000	90707
31	缝纫工	技师	57243	61245	74520	92184	119459
		高级技能	47491	48350	66441	91071	107564
		初级技能	45250	46200	48330	63750	103030
32	机械木工	高级技能	65500	66500	69000	70000	78036
		中级技能	48040	58000	60000	64014	73750
		初级技能	38257	46286	49952	62000	65400
33	木地板制造工	技师	54912	56647	62758	68803	89616
		高级技能	51482	56046	57737	61145	62460
		中级技能	48286	54696	56643	57854	59199
34	家具制作工	技师	62110	78155	95233	113653	183962
		高级技能	61556	75542	88980	111829	128958
		中级技能	56732	74124	88461	109200	121419
		初级技能	38354	61767	85153	99881	118733
35	药物制剂工	高级技师	65122	105044	177497	209500	260480
		高级技能	55854	70730	86603	97954	147778
		中级技能	49564	62267	72914	81919	89218
		初级技能	41905	46812	54318	64091	76619
36	纺丝工	高级技能	73318	79280	82248	98259	121662
		中级技能	66596	73410	81203	87659	96958
		初级技能	53850	70554	75733	86301	92422
37	水泥生产工	高级技师	127040	132488	146152	185984	234103
		中级技能	112230	129010	144434	176959	222044
		初级技能	106403	107990	109961	122908	142876

续表

序号	工种	等级	分位值				
			10%	25%	50%	75%	90%
38	炼钢工	技师	104619	110992	120748	128292	134311
		高级技能	100705	106608	109772	114750	124433
		中级技能	91475	99557	107372	113735	115716
		初级技能	88183	97171	105773	113223	115467
39	金属轧制工	技师	88458	98096	112867	122747	133708
		高级技能	81346	87217	111844	117699	127117
		中级技能	72545	83140	98555	109287	127056
		初级技能	71178	75938	89402	109154	114806
40	金属材热处理工	高级技能	86236	92656	110119	121515	133158
		中级技能	85251	92528	99060	106104	114621
		初级技能	78670	82278	84207	87463	90979
41	钻床工	技师	95746	111393	118566	147279	163743
		高级技能	82244	97813	104857	115996	127084
		中级技能	80509	91067	98797	107559	121301
		初级技能	60386	78308	91618	103096	110460
42	多工序数控机床操作调整工	技师	91949	117572	124115	141466	160931
		高级技能	57976	64650	102049	116062	129850
		中级技能	51917	60253	95385	107273	124216
		初级技能	51885	60021	82977	88885	113618
43	冲压工	高级技能	89674	90749	93600	95903	101610
		中级技能	88495	90734	93258	95329	100680
		初级技能	60400	62500	65500	80625	84028
44	机械加工材料切割工	技师	81745	85633	98763	115134	121970
		中级技能	70185	84784	93300	97926	106374
		初级技能	59614	67000	86396	97540	102270
45	仪器仪表维修工	技师	91956	100527	106134	127525	148800
		高级技能	91823	94083	95957	116041	148048
		初级技能	67099	69377	87113	107598	134175
46	锅炉设备检修工	技师	113375	113554	132913	136074	137953
		高级技能	79736	84440	88486	107799	135698
		初级技能	50338	55272	61540	65489	77000
47	电梯装配调试工	高级技师	59340	77196	81544	95623	106891
		技师	37224	65064	68850	84507	99491
		初级技能	34377	38934	46591	76086	85933

续表

序号	工种	等级	分位值				
			10%	25%	50%	75%	90%
48	工程机械装配调试工	高级技能	97779	104194	109229	120295	121930
		中级技能	93870	102565	106646	112780	112914
		初级技能	60859	68043	84572	92635	109939
49	电机制造工	高级技能	74933	86205	88452	92276	103720
		中级技能	48850	54725	62934	73265	78290
		初级技能	46970	50089	54021	61376	74035
50	光纤光缆制造工	高级技能	57087	59329	63444	66064	108556
		中级技能	54393	57820	60832	65358	74540
		初级技能	51362	53453	56695	63831	70574
51	锅炉运行值班员	高级技能	70381	77629	105497	118384	129926
		中级技能	66986	71387	73293	78943	89069
		初级技能	52455	54171	58147	68032	73909
52	电气值班员	技师	70620	72682	76356	106367	134135
		高级技能	68387	69925	74955	78517	90605
		中级技能	61865	67217	73031	77144	81062
		初级技能	49104	51322	61513	63596	69486
53	电梯安装维修工	高级技师	71080	76176	81843	94911	104063
		技师	61576	68047	78596	88369	99600
		中级技能	57508	57800	72800	84686	98965
		初级技能	52340	52993	54040	55410	62229
54	起重装卸机械操作工	高级技能	66000	77378	86312	100370	117881
		中级技能	62600	76230	83496	88595	99800
		初级技能	59244	68423	77536	87462	99679
55	起重工	高级技能	81799	89188	89212	92336	100133
		中级技能	71205	73085	73542	74476	76217
		初级技能	40061	54549	62000	66891	72391
56	设备点检员	高级技能	61411	66203	74246	80661	94934
		中级技能	60319	66167	71124	77883	93104
		初级技能	57983	65900	69539	76428	92650

2022年嘉兴市人力资源市场工资指导价位

一、分职业细类企业从业人员工资价位

单位：元/年

序号	职业细类	分位值				
		10%	25%	50%	75%	90%
1	企业董事	66406	97512	172370	279110	452030
2	企业总经理	68444	84273	148178	244752	458090
3	生产经营部门经理	57840	84008	120000	157161	239952
4	财务部门经理	60288	80400	109000	168000	245400
5	行政部门经理	52907	61380	98161	157360	224608
6	人事部门经理	59100	75600	90000	162000	249879
7	销售和营销部门经理	57851	86371	123457	191940	311166
8	广告和公关部门经理	46511	66493	90914	127023	200997
9	采购部门经理	53040	71500	98333	145461	193360
10	计算机服务部门经理	87645	111700	120960	192298	260440
11	研究和开发部门经理	76500	95546	139784	217696	289270
12	餐厅部门经理	58275	69550	95252	102585	140831
13	客房部门经理	61005	71926	86200	105542	120875
14	其他职能部门经理	73629	91383	128808	183869	283918
15	其他企业中高级管理人员	65505	89184	124270	191800	268552
16	化工实验工程技术人员	60111	83466	104150	139013	161370
17	化工生产工程技术人员	63480	78960	98159	119420	182158
18	机械设计工程技术人员	60000	78855	100126	129522	170248
19	机械制造工程技术人员	59469	73030	88651	116503	141750
20	仪器仪表工程技术人员	64680	74928	95220	125798	169723
21	设备工程技术人员	68280	78669	96700	118582	149218
22	模具设计工程技术人员	60373	75008	85788	121972	149900
23	自动控制工程技术人员	67526	73150	80500	114199	149031
24	材料成形与改性工程技术人员	63612	70000	85000	106686	138967
25	焊接工程技术人员	65600	75012	86691	111053	126654
26	特种设备管理和应用工程技术人员	74409	80000	88440	96223	101563

续表

序号	职业细类	分位值				
		10%	25%	50%	75%	90%
27	汽车工程技术人员	72015	82981	94435	118301	147732
28	船舶工程技术人员	72541	82195	95089	119434	135084
29	智能制造工程技术人员	40374	55640	68692	106987	127769
30	电子材料工程技术人员	62077	69492	76127	95750	120220
31	电子元器件工程技术人员	55620	60689	97389	131048	155942
32	电子仪器与电子测量工程技术人员	49687	53141	63840	70175	106566
33	通信工程技术人员	69421	88220	104202	177643	223163
34	计算机硬件工程技术人员	50156	62974	81432	134549	167300
35	计算机软件工程技术人员	76752	115560	126224	155060	166360
36	计算机网络工程技术人员	60911	85927	95616	120639	131230
37	信息系统运行维护工程技术人员	68393	91779	106360	144720	172280
38	电工电器工程技术人员	62360	68231	80366	95785	165171
39	电缆光缆工程技术人员	66088	80728	106794	110595	135122
40	发电工程技术人员	81932	102696	125523	155325	164444
41	供用电工程技术人员	51099	64655	83283	90276	168904
42	变电工程技术人员	57150	74417	86412	111664	139136
43	电力工程安装工程技术人员	57584	67810	81483	94563	120846
44	建筑和市政设计工程技术人员	44479	51055	66800	110580	166375
45	土木建筑工程技术人员	42000	51439	60245	77972	116600
46	供水排水工程技术人员	41288	67837	82558	104935	135252
47	工程勘察与岩土工程技术人员	59546	61200	76813	101570	166372
48	城镇燃气供热工程技术人员	62832	70771	73315	100760	104230
49	道路与桥梁工程技术人员	43532	46000	66000	75813	95993
50	水利水电建筑工程技术人员	41500	60500	70525	76832	99728
51	纺织工程技术人员	54219	70573	84269	102789	118116
52	染整工程技术人员	47410	61400	84614	98890	117734
53	化学纤维工程技术人员	76428	86297	98974	111938	125827
54	环境监测工程技术人员	60452	67074	78627	97406	111019
55	安全生产管理工程技术人员	47858	63241	93210	109778	151192
56	标准化工程技术人员	76000	80200	87711	108606	150676
57	计量工程技术人员	51500	61264	74842	96656	127932
58	质量管理工程技术人员	64147	80288	100569	129581	149756
59	质量认证认可工程技术人员	56725	72905	90109	109794	152001
60	工业工程技术人员	64822	78464	96977	112351	144060
61	项目管理工程技术人员	56000	67615	98330	137796	180524
62	监理工程技术人员	36400	48800	59438	96100	144999

序号	职业细类	分位值				
		10%	25%	50%	75%	90%
63	产品质量检验工程技术人员	56468	69261	92514	107123	127521
64	制药工程技术人员	49319	59955	78047	122070	147000
65	产品设计工程技术人员	56997	62035	81959	87008	132000
66	工业设计工程技术人员	66668	70609	85625	103308	129433
67	园艺技术人员	54000	60000	78244	94930	100580
68	内科医师	59660	84198	123662	167517	245850
69	外科医师	60697	84927	117810	200000	280045
70	儿科医师	40669	48041	102919	137691	213128
71	妇产科医师	46233	72430	108000	186465	242474
72	耳鼻咽喉科医师	62249	86639	117053	144762	243629
73	口腔科医师	59098	81024	130982	221365	276969
74	皮肤科医师	63753	68995	103945	165335	264929
75	急诊科医师	55200	85001	134400	189104	242300
76	康复科医师	61656	95548	110361	133355	164234
77	麻醉科医师	57071	105262	127200	234700	284549
78	放射科医师	70200	96294	148282	198460	236426
79	超声科医师	59343	83391	112880	183079	210269
80	全科医师	68625	105367	149814	181260	263372
81	中医内科医师	56376	91471	116840	145876	291932
82	药师	36942	49159	59687	71426	126000
83	中药师	49100	51400	55088	63600	139775
84	影像技师	43800	52554	75402	90523	134414
85	临床检验技师	51310	63480	74844	118828	184894
86	康复技师	51532	73252	80017	103691	124897
87	内科护士	50400	59445	78881	109697	137155
88	急诊护士	45600	49965	73758	105115	148143
89	外科护士	40000	50277	66644	95298	143392
90	妇产科护士	59187	68271	85877	131814	172920
91	统计专业人员	45850	52505	63800	81515	102380
92	会计专业人员	45400	52400	70610	119615	151718
93	审计专业人员	52439	88589	120274	166805	212582
94	国际商务专业人员	55758	60577	75139	93735	142906
95	市场营销专业人员	50455	56245	83755	150210	207730
96	报关专业人员	53888	72174	83999	109596	118077
97	人力资源管理专业人员	57898	65040	86948	115067	151026
98	人力资源服务专业人员	51358	62698	70532	101196	136419

续表

序号	职业细类	分位值				
		10%	25%	50%	75%	90%
99	银行清算专业人员	157754	172552	186441	217181	240002
100	信贷审核专业人员	152096	181674	228545	276629	300207
101	保险理赔专业人员	74216	82363	94776	103867	119385
102	其他经济和金融专业人员	71842	133446	181521	232222	344216
103	其他教学人员	36000	48000	79867	81540	106254
104	视觉传达设计人员	50610	87076	133145	151712	210522
105	服装设计人员	54955	79334	120886	155595	234033
106	文字编辑	60354	64223	71180	85700	145135
107	网络编辑	57537	60478	68432	78101	87448
108	翻译	76924	83161	89370	121988	134093
109	档案专业人员	52280	53030	58568	99197	121449
110	其他新闻出版、文化专业人员	53031	63643	102532	127630	136280
111	其他专业技术人员	44910	60000	76000	95634	134596
112	行政办事员	40200	55774	67064	87116	121281
113	机要员	39599	43972	58402	79737	100966
114	秘书	45600	47383	69588	93865	134012
115	公关员	51908	60000	76086	85800	110320
116	收发员	40120	43880	54320	66651	107856
117	打字员	40364	43200	51600	61699	79817
118	制图员	50747	54453	65065	80615	91157
119	后勤管理员	38400	48449	67584	89170	113746
120	其他办事人员	42400	56000	70655	94425	135469
121	保卫管理员	40600	42958	54491	78837	87675
122	消防员	65380	81253	87359	100632	101726
123	消防安全管理员	54463	89058	90000	92208	122835
124	其他安全和消防人员	48725	58007	72811	90000	114520
125	其他办事人员和有关人员	43800	57400	60000	79000	100522
126	采购员	52000	61316	78040	103000	122001
127	营销员	49229	64760	86849	126085	197600
128	电子商务师	53373	85000	92000	115265	125192
129	商品营业员	34157	36957	54000	93357	126000
130	收银员	40964	43770	48000	62234	68355
131	其他批发与零售服务人员	39065	47300	55626	71500	96597
132	道路客运汽车驾驶员	55333	68100	83840	97761	111353
133	道路货运汽车驾驶员	55917	61117	74738	97342	151585
134	道路客运服务员	50116	55876	69008	81162	89870

续表

序号	职业细类	分位值				
		10%	25%	50%	75%	90%
135	道路货运业务员	54841	64973	88000	97696	107991
136	道路运输调度员	39455	45307	56907	61717	84524
137	机动车驾驶教练员	37821	38400	49322	67856	76792
138	客运船舶驾驶员	60012	62680	64298	67067	70206
139	港口客运员	54511	56023	58910	62509	63690
140	装卸搬运工	39384	51720	71407	81546	96689
141	运输代理服务员	44110	52581	56552	61403	62080
142	仓储管理员	44640	54668	64600	80242	96606
143	理货员	42684	62992	75667	102562	123168
144	物流服务师	52172	64607	70582	74421	102227
145	邮件分拣员	37250	63435	82033	90460	96909
146	快递员	52748	57560	72978	93759	115520
147	快件处理员	33000	38118	41850	63326	76701
148	其他交通运输、仓储和邮政业服务人员	62938	77338	103873	137079	150420
149	前厅服务员	41998	47239	56447	66861	79250
150	客房服务员	36090	42000	46105	55050	62983
151	中式烹调师	43569	51600	63841	72524	96037
152	中式面点师	42946	45286	52219	57099	67200
153	西式烹调师	44602	51967	57661	68673	84747
154	西式面点师	42000	45596	57579	64692	82582
155	餐厅服务员	36958	39545	46101	58163	71500
156	调酒师	48734	51261	56977	67951	71067
157	其他住宿和餐饮服务人员	32326	38791	44164	51285	66422
158	信息通信业务员	62991	76548	90697	120289	143338
159	信息通信网络机务员	61211	62584	73088	94100	104255
160	信息通信网络线务员	80339	84040	98877	116569	144702
161	有线广播电视机线员	90952	97718	105370	110987	118049
162	网络与信息安全管理员	68547	71901	98727	105459	130060
163	计算机程序设计员	53791	76002	103636	139440	182583
164	计算机软件测试员	84200	92019	104700	121800	135857
165	服务机器人应用技术员	44093	97742	108293	121880	160593
166	其他信息传输、软件和信息技术服务人员	41922	48288	64397	69162	126295
167	银行综合柜员	109309	143608	178316	206985	236809
168	银行信贷员	154538	187291	204168	269755	311987
169	其他金融服务人员	76768	106480	131010	168816	197389
170	物业管理员	38692	45020	55882	68014	81337

续表

序号	职业细类	分位值				
		10%	25%	50%	75%	90%
171	停车管理员	35508	54010	56610	58006	62910
172	其他房地产服务人员	36970	40215	45048	48498	54726
173	客户服务管理员	44686	47259	57600	60328	84000
174	保安员	34839	40000	48240	56200	62442
175	安检员	25410	27830	29004	47430	55733
176	消防设施操作员	50400	51600	57094	60000	61008
177	市场管理员	55851	64832	70224	75777	92154
178	其他租赁和商务服务人员	35210	43296	48750	70804	73990
179	纤维检验员	45079	56975	64963	68262	81635
180	机动车检测工	60050	63456	88205	97343	101298
181	计量员	41300	61165	68430	77624	80681
182	室内装饰设计师	58913	66235	70626	116940	151675
183	其他技术辅助服务人员	47075	51610	59850	79339	91813
184	污水处理工	53605	62610	68085	80700	110165
185	保洁员	26400	29172	33860	47045	56540
186	园林绿化工	30000	30800	36000	47524	54000
187	养老护理员	60000	62000	71376	80352	93828
188	洗衣师	46839	49659	55300	58567	61834
189	染色师	68000	70000	85103	90209	94610
190	其他居民服务人员	28301	29404	37092	41904	49812
191	燃气燃煤供应服务员	60704	76219	85740	104161	122158
192	水供应服务员	72254	89503	101530	140023	143941
193	其他电力、燃气及水供应服务人员	50279	59277	91990	121217	174684
194	汽车维修工	47282	66676	90987	112470	125339
195	计算机维修工	67995	71485	76526	91505	103190
196	办公设备维修工	58488	60000	68849	81831	100234
197	其他修理及制作服务人员	46623	56067	67941	91935	107679
198	电影放映员	30051	38033	51749	55680	76363
199	体育场馆管理员	34876	38600	45535	55212	69917
200	游泳救生员	33000	36720	46392	80699	87230
201	康乐服务员	32592	38151	43836	48394	57385
202	公共场所卫生管理员	49912	54770	60160	64831	72038
203	其他农业生产人员	25847	36950	48324	66338	71705
204	家禽饲养员	40499	64430	70410	77084	82323
205	其他畜牧业生产人员	36858	59141	67766	83588	99600
206	其他农、林、牧、渔业生产加工人员	52740	68540	72220	76500	78820

序号	职业细类	分位值				
		10%	25%	50%	75%	90%
207	饲料加工工	42000	53000	70400	72800	79800
208	水产品加工工	45217	47472	49338	59453	64995
209	其他农副产品加工人员	49000	52000	56700	62000	76000
210	糖果巧克力制造工	49314	64777	72650	80468	96719
211	其他食品、饮料生产加工人员	40682	49637	53271	56303	59566
212	纺织纤维梳理工	76224	83224	90286	99044	103965
213	并条工	57513	61558	65409	96569	112634
214	粗纱工	67038	79800	94294	100156	108132
215	纺纱工	45261	51737	69532	88892	98057
216	整经工	62931	69311	85543	99181	106681
217	织布工	60124	61750	81544	91682	100226
218	非织造布制造工	57912	78853	89169	102496	124808
219	印染前处理工	38451	40200	48000	69321	79734
220	纺织染色工	47868	54708	69977	90373	101072
221	印花工	43300	70488	81564	91014	99868
222	印染后整理工	40650	42814	45890	60094	72156
223	印染染化料配制工	47470	50420	68151	76267	104374
224	工艺染织品制作工	61779	67627	74878	84010	94106
225	其他纺织、针织、印染人员	39076	52164	60200	72371	92000
226	服装制版师	51800	69300	83400	98704	111393
227	裁剪工	43710	52200	63116	70169	79424
228	缝纫工	46928	52162	61056	72672	87269
229	缝纫品整型工	47238	52626	59140	71891	82750
230	皮革及皮革制品加工工	39835	47124	59368	69498	81400
231	毛皮及毛皮制品加工工	33200	47800	54256	58192	62542
232	制鞋工	38629	43480	44621	54656	64442
233	其他纺织品、服装和皮革、毛皮制品加工制作人员	42849	50095	60168	72678	91444
234	制材工	30371	39130	44650	58014	68025
235	胶合板工	60948	65206	69680	72856	81143
236	浸渍纸层压板工	67881	76700	84090	93765	102898
237	手工木工	62506	69457	76600	86037	92542
238	家具制作工	47433	59773	77375	83769	94091
239	其他木材加工、家具与木制品制作人员	37874	58555	59212	60231	75462
240	纸箱纸盒制作工	55852	59932	65306	71866	77378
241	其他纸及纸制品生产加工人员	45375	62927	77230	87657	104010
242	印前处理和制作员	44878	55348	67193	77299	87411

续表

序号	职业细类	分位值				
		10%	25%	50%	75%	90%
243	印刷操作员	53988	67680	82310	101459	139419
244	印后制作员	43381	55003	67818	74372	82725
245	其他印刷和记录媒介复制人员	27141	27860	33678	34665	35929
246	健身器材制作工	44321	45467	46468	47680	55828
247	玩具制作工	44460	45973	51288	53919	59535
248	其他文教、工美、体育和娱乐用品制造人员	66414	74344	86524	104173	113906
249	化工原料准备工	92555	101578	118260	159530	227955
250	化工单元操作工	54000	61200	71747	88611	93474
251	化工总控工	96205	102947	114920	128453	152341
252	烧碱生产工	93917	105159	107006	124308	137130
253	油墨制造工	60480	64208	71267	74586	79192
254	合成树脂生产工	54547	58409	81815	92134	101390
255	油脂化工产品制造工	70829	73734	78930	87530	111031
256	其他化学原料和化学制品制造人员	56706	62429	74306	83783	94385
257	其他医药制造人员	50739	57440	62568	68156	75053
258	化纤聚合工	71459	79656	84797	102550	116655
259	纺丝原液制造工	67927	70912	79018	81013	93944
260	纺丝工	66898	71716	76904	90304	102061
261	化纤后处理工	73866	80420	86953	94907	104126
262	其他化学纤维制造人员	69932	77490	86148	105051	110538
263	橡胶制品生产工	51978	60672	78012	94139	99128
264	塑料制品成型制作工	49059	58634	72399	96249	111461
265	其他橡胶和塑料制品制造人员	48171	60686	85126	136336	176912
266	水泥混凝土制品工	51654	52944	73542	84818	93246
267	保温材料制造工	67727	74067	80996	90489	95273
268	玻璃加工工	48757	54255	57914	66425	74657
269	玻璃制品加工工	42764	55748	58215	70625	72493
270	玻璃纤维及制品工	50175	51500	55671	82563	96582
271	耐火制品加工工	55426	61875	70020	77962	88598
272	其他非金属矿物制品制造人员	47699	54259	73217	76300	84109
273	炼钢工	58642	69316	78491	94335	105390
274	炼钢浇铸工	61985	63118	68229	71831	108582
275	金属轧制工	71172	79244	82615	105360	112167
276	金属材酸碱洗工	70073	71760	83574	94560	110160
277	金属材涂层机组操作工	69576	72492	77941	89696	103076
278	金属材热处理工	35550	43190	86782	92051	99920

续表

序号	职业细类	分位值				
		10%	25%	50%	75%	90%
279	金属材丝拉拔工	65228	70449	83553	90193	95719
280	其他金属冶炼和压延加工人员	59810	65460	69380	77466	88430
281	车工	55933	69520	83200	99325	113913
282	铣工	52529	68710	84882	101192	112108
283	磨工	64721	69200	82680	92299	106267
284	镗工	44665	59486	83616	103314	110369
285	钻床工	55372	60521	66819	82159	100138
286	多工序数控机床操作调整工	62980	72054	86521	102921	114097
287	拉床工	60384	73239	93526	99180	112823
288	下料工	54450	63975	74077	87647	98198
289	铆工	53202	68338	79599	117250	124235
290	冲压工	52388	65871	73071	82724	91904
291	铸造工	72434	85229	97290	110380	127434
292	锻造工	56239	56860	75157	90952	98470
293	电切削工	61587	71398	81486	86794	97896
294	金属热处理工	64065	69855	72316	88479	115160
295	焊工	66710	74788	84121	98736	115163
296	机械加工材料切割工	52887	58793	82618	90230	105583
297	镀层工	60184	65720	77394	83294	91913
298	镀膜工	59521	74713	80871	96439	100422
299	涂装工	66800	68600	70400	77900	101256
300	喷涂喷焊工	66770	72224	83243	89468	92591
301	模具工	64535	71324	81861	104973	120849
302	磨具制造工	70400	76400	88400	99400	102400
303	工具钳工	53194	58960	62552	102918	108300
304	其他机械制造基础加工人员	54000	57462	77142	89700	105836
305	建筑五金制品制作工	75977	83779	92334	98482	101631
306	金属炊具及器皿制作工	47768	61003	67304	83294	102352
307	日用五金制品制作工	60760	65767	70911	77919	89418
308	其他金属制品制造人员	54205	70423	91291	109059	123681
309	装配钳工	55819	63825	72400	82093	106612
310	轴承制造工	67275	76366	93656	117189	136670
311	紧固件制造工	46331	56117	75237	110976	124493
312	机床装调维修工	69926	85467	101851	126055	142308
313	液压液力气动密封件制造工	55059	62562	71880	87275	102863
314	电子专用设备装调工	57998	64413	73758	94100	116529

续表

序号	职业细类	分位值				
		10%	25%	50%	75%	90%
315	医用材料产品生产工	56297	60205	63752	67337	70960
316	其他专用设备制造人员	49975	76727	88471	111058	130611
317	汽车生产线操作工	59477	71339	82172	94267	105245
318	汽车零部件再制造工	67646	74511	83872	98462	112641
319	电机制造工	53921	68341	79006	86513	98786
320	变压器互感器制造工	51000	55906	69436	77688	84203
321	高低压电器及成套设备装配工	47504	54679	61457	75250	88089
322	电线电缆制造工	55716	60014	70497	82157	96377
323	电池制造工	52524	73586	85890	92972	99027
324	小型家用电器制造工	53554	59017	67106	77762	87277
325	电光源制造工	43318	48541	51883	53911	57865
326	灯具制造工	51462	54913	60050	66361	73248
327	其他电气机械和器材制造人员	56534	66451	72699	79862	93740
328	印制电路制作工	63420	69143	75775	83055	91197
329	半导体分立器件和集成电路装调工	67951	77142	92908	101936	106939
330	磁头制造工	51712	58564	63783	68850	79255
331	仪器仪表制造工	42360	51679	55911	61867	74604
332	其他仪器仪表制造人员	47410	51027	53057	58194	62515
333	锅炉运行值班员	74720	94351	111342	122849	151993
334	燃料值班员	59443	81487	101932	113806	131387
335	汽轮机运行值班员	76621	94142	106197	121311	123043
336	发电集控值班员	68145	74387	96378	130934	159659
337	电气值班员	69786	84585	103694	117284	150645
338	锅炉操作工	36000	57739	77775	92860	110999
339	供热管网系统运行工	68910	72714	79385	88300	90647
340	变配电运行值班员	42950	50883	111951	220816	242492
341	工业废气治理工	71854	98485	103221	129398	136506
342	水生产处理工	51980	64640	68100	96042	121891
343	工业废水处理工	50540	72623	84027	96418	115634
344	其他电力、热力、气体、水生产和输配人员	71505	79555	91895	132156	204897
345	砌筑工	44258	61833	72056	75217	79429
346	筑路工	71880	78181	95359	114565	142126
347	混凝土工	44083	59137	67762	72065	77618
348	钢筋工	43207	48789	68024	75911	80252
349	架子工	43682	49652	53446	72006	77132
350	公路养护工	83384	88170	97975	108790	127780

续表

序号	职业细类	分位值				
		10%	25%	50%	75%	90%
351	机械设备安装工	45473	68048	84924	102967	119403
352	电气设备安装工	63901	68608	80302	96478	110192
353	专用车辆驾驶员	59879	76076	87681	112117	136923
354	起重装卸机械操作工	52293	53654	81980	96573	102634
355	起重工	66560	71675	83760	85709	88560
356	输送机操作工	59300	69902	79143	82333	87816
357	设备点检员	49396	58492	67092	92772	113093
358	机修钳工	62055	77933	86600	100910	124622
359	电工	51060	71478	89015	106014	129419
360	仪器仪表维修工	56515	70357	84692	109551	136100
361	锅炉设备检修工	80336	92927	103087	132727	143930
362	变电设备检修工	52899	65480	89036	120162	130564
363	工程机械维修工	66182	84906	98191	121173	140525
364	化学检验员	62400	72326	87872	112629	122770
365	物理性能检验员	58262	66356	76518	84491	98186
366	生化检验员	52800	56400	78095	97200	111341
367	无损检测员	55006	70979	84726	91190	102619
368	质检员	50400	62762	74156	91257	109520
369	试验员	51812	61348	70298	78052	95094
370	称重计量工	31917	38662	50719	65721	106465
371	包装工	36413	41918	61518	72042	86290
372	安全员	51176	59650	72663	99352	104631
373	其他生产辅助人员	40907	51074	65040	80812	104030
374	其他生产制造及有关人员	46985	59250	77969	94353	108850

二、部分技术工人职业（工种）分等级工资价位

单位：元/年

序号	职业细类及等级		分位值				
			10%	25%	50%	75%	90%
1	焊工	高级技师	81092	96399	110464	122709	135953
		技师	75679	85788	93388	102982	120840
		高级技能	72441	78574	91294	98922	104947
		中级技能	71103	73314	85995	98588	103699
		初级技能	66710	69538	76423	83057	98588

续表

序号	职业细类及等级		分位值				
			10%	25%	50%	75%	90%
2	电工	高级技师	95834	108583	120563	136521	151829
		技师	80833	93738	105912	119469	135619
		高级技能	70343	82355	92955	116350	123338
		中级技能	67231	79559	91561	109735	117382
		初级技能	51060	68055	75443	92360	105540
3	砌筑工	高级技师	67433	78309	83882	88731	95507
		高级技能	62740	70366	76228	78718	85697
		中级技能	62583	67209	75278	77299	82207
		初级技能	52063	59459	68023	75321	79845
4	混凝土工	中级技能	53078	64059	67572	71449	80103
		初级技能	45603	50730	61024	63109	65898
5	钢筋工	初级技能	43564	45617	57743	59478	68889
6	架子工	初级技能	42683	46898	53592	71559	76564
7	锅炉操作工	高级技能	52043	56593	82422	91680	111645
		中级技能	46735	52248	78164	84496	98538
		初级技能	36000	45833	76536	81875	84631
8	机床装调维修工	高级技能	75904	86463	90961	105528	126092
		初级技能	68402	72106	80471	93132	110176
9	锻造工	技师	72913	83065	93657	98938	112271
		中级技能	63507	71961	76812	82540	93499
10	金属热处理工	技师	70188	85459	90466	100414	115678
		高级技能	68263	82705	86921	93754	112525
		中级技能	63431	72012	75820	85040	95458
		初级技能	60995	71385	73304	82641	93260
11	车工	技师	74589	88697	99909	111783	119857
		高级技能	65658	78111	89398	104913	119573
		中级技能	62697	69401	82900	104196	111840
		初级技能	58122	68766	75368	88025	110892
12	铣工	技师	88018	95069	99458	110156	124186
		高级技能	80481	86483	92417	103766	112232
		中级技能	58120	72361	84156	97147	109284
		初级技能	55469	68937	75804	86591	108862

续表

序号	职业细类及等级		分位值				
			10%	25%	50%	75%	90%
13	钳工	高级技师	91260	110281	116210	137070	153130
		技师	87825	99644	103082	113231	127599
		高级技能	67763	81996	90692	110287	118745
		中级技能	63167	77412	86288	106717	112338
		初级技能	58137	69163	80054	90120	105440
14	磨工	技师	83917	92587	99512	104211	125714
		高级技能	68664	84252	94009	97930	109970
		中级技能	65067	77354	82731	93741	99919
		初级技能	63721	68754	79375	88802	99848
15	电切削工	高级技能	65519	78263	88127	95032	99621
16	手工木工	高级技师	83245	85243	89106	98690	106721
		技师	65684	69684	71684	76999	84799
		高级技能	60825	66799	68330	71684	75036
		中级技能	52038	55747	62732	65481	72930
		初级技能	48233	51069	55720	59078	64469
17	汽车维修工	高级技师	66915	75796	116453	120707	149207
		技师	51470	72190	92606	105098	121457
		高级技能	46652	69204	88470	97315	113691
		中级技能	45369	65665	80359	92535	100130
		初级技能	43274	55987	73837	88174	99708
18	保安员	技师	52582	76311	77046	82212	88223
		高级技能	37656	40178	45390	51600	62290
		中级技能	34145	36490	41881	45182	52657
		初级技能	32853	34943	41034	44626	49923
19	企业人力资源管理师	技师	92256	100186	117895	139958	188914
20	中式烹调师	高级技师	70690	81574	97749	112990	120122
		技师	49114	54090	69690	74894	101992
		高级技能	48520	53119	67480	73269	96549
		中级技能	45492	51681	59119	72538	88590
		初级技能	44120	49876	54939	71842	85281
21	中式面点师	高级技能	47562	52438	63098	68158	80562
		中级技能	43931	44376	55025	67927	78844
		初级技能	37622	40563	48866	52951	56988
22	西式烹调师	技师	48483	55537	67042	72427	98639
		高级技能	46106	53442	58337	70834	87289
		初级技能	43674	47529	52446	65231	81567

续表

序号	职业细类及等级		分位值				
			10%	25%	50%	75%	90%
23	西式面点师	技师	74829	75995	77937	79879	81044
		中级技能	43834	48220	53563	66342	71837
		初级技能	42284	46030	50747	63973	68435

2022年绍兴市人力资源市场工资指导价位

一、分职业细类企业从业人员工资价位

序号	职业细类	分位值（单位：元）				
		10%	25%	50%	75%	90%
1	企业董事	84010	122484	199141	351025	652925
2	企业总经理	78658	122625	201118	337286	549912
3	生产经营部门经理	69971	93404	134289	198085	311911
4	财务部门经理	67685	87000	127849	193675	324430
5	行政部门经理	68323	84000	135703	181889	278816
6	人事部门经理	62296	88049	123000	170000	286713
7	销售和营销部门经理	67276	92817	146085	236717	375369
8	广告和公关部门经理	62454	90000	123337	175350	220352
9	采购部门经理	64962	83641	128000	159165	209947
10	计算机服务部门经理	83345	124005	174940	228577	327154
11	研究和开发部门经理	79525	121283	174922	278663	409645
12	餐厅部门经理	59793	71805	87654	125133	188974
13	客房部门经理	65701	73053	96750	120528	164834
14	其他职能部门经理	70798	95675	135550	196541	395029
15	其他企业中高级管理人员	67200	87080	136604	201960	353122
16	农学研究人员	70465	83238	125482	146917	287767
17	医学研究人员	72654	76770	103543	111833	153638
18	工程测量工程技术人员	54855	64212	77952	115587	146166
19	化工实验工程技术人员	68755	79628	105218	141025	180000
20	化工设计工程技术人员	82106	88000	110090	146580	174319
21	化工生产工程技术人员	75291	94472	105340	130741	164820
22	机械设计工程技术人员	61474	73270	98972	139200	187625
23	机械制造工程技术人员	55962	67638	83500	103500	142213
24	仪器仪表工程技术人员	64626	70372	81650	111191	155098
25	设备工程技术人员	59457	68442	92868	124362	129649
26	模具设计工程技术人员	51661	63659	92742	124311	158218

续表

序号	职业细类	分位值（单位：元）				
		10%	25%	50%	75%	90%
27	自动控制工程技术人员	39163	54757	58160	88098	127169
28	材料成形与改性工程技术人员	61359	80620	98561	117287	188987
29	焊接工程技术人员	65484	83522	92254	103461	114405
30	特种设备管理和应用工程技术人员	64005	64570	72121	79709	92010
31	汽车工程技术人员	40209	46680	58377	74371	124983
32	电子材料工程技术人员	62364	78774	95079	125755	151554
33	电子元器件工程技术人员	49315	53820	68094	100417	171243
34	电子仪器与电子测量工程技术人员	56700	62450	73600	87336	93825
35	计算机硬件工程技术人员	54711	67547	89551	144812	150395
36	计算机软件工程技术人员	70127	86480	110000	118281	153613
37	计算机网络工程技术人员	63875	79492	98570	128445	165610
38	信息安全工程技术人员	89676	115500	146369	177873	199057
39	信息系统运行维护工程技术人员	65837	80600	94268	158144	231146
40	电工电器工程技术人员	54230	72417	92453	113341	145621
41	发电工程技术人员	102543	107489	116568	136237	155011
42	供用电工程技术人员	63596	73699	81637	100607	120947
43	变电工程技术人员	89165	97571	108692	123331	144684
44	电力工程安装工程技术人员	75417	116108	136828	145385	161060
45	建筑和市政设计工程技术人员	58184	67200	84066	98000	160000
46	土木建筑工程技术人员	53622	62441	81110	100874	155526
47	风景园林工程技术人员	61200	72000	80500	90944	114144
48	供水排水工程技术人员	77250	90538	98499	119050	165156
49	道路与桥梁工程技术人员	62182	64378	76580	98090	143750
50	水利水电建筑工程技术人员	48000	59000	85722	94215	133856
51	非金属矿及制品工程技术人员	68092	72802	82054	106707	142478
52	纺织工程技术人员	57028	60000	73217	84660	112542
53	服装工程技术人员	52488	65536	74460	100671	116479
54	食品工程技术人员	60791	73206	107058	144662	232849
55	环境污染防治工程技术人员	60991	72385	94643	115928	138708
56	消防工程技术人员	34800	59821	99590	128972	162126
57	安全生产管理工程技术人员	65743	77952	100000	126824	180077
58	标准化工程技术人员	56165	61787	75177	87028	108353
59	计量工程技术人员	52839	61821	76886	108188	115070
60	质量管理工程技术人员	57590	70259	85600	93428	117608
61	质量认证认可工程技术人员	78033	81534	87360	104075	134525
62	工业工程技术人员	65447	90376	107542	126424	139454

续表

序号	职业细类	分位值（单位：元）				
		10%	25%	50%	75%	90%
63	项目管理工程技术人员	52340	67406	86205	116412	166910
64	监理工程技术人员	48000	57375	67300	85607	124405
65	工程造价工程技术人员	65039	78298	100000	128529	157596
66	产品质量检验工程技术人员	43144	49787	66943	88779	109906
67	制药工程技术人员	66343	70424	82600	89908	109382
68	产品设计工程技术人员	57250	68617	95220	132875	171397
69	农业技术指导人员	47480	57600	75863	98438	102840
70	内科医师	82341	100866	137909	164589	212369
71	外科医师	72011	106581	144099	193820	268496
72	妇产科医师	76800	110739	204278	255600	317499
73	口腔科医师	97540	121137	156688	207088	250127
74	麻醉科医师	73735	87226	113134	147710	174491
75	放射科医师	102488	126990	152178	186683	212434
76	超声科医师	85499	115525	153991	198626	209477
77	中医内科医师	76158	119744	152761	174815	208868
78	针灸医师	87412	100790	148477	169421	207454
79	中医全科医师	110120	135280	158953	181708	216954
80	药师	38074	44891	51560	70866	92036
81	中药师	39009	47184	53121	81242	93484
82	影像技师	48956	61852	86360	115452	195365
83	临床检验技师	47802	59633	77995	102040	159774
84	康复技师	61193	67758	86512	116449	129042
85	内科护士	65368	75797	88800	99090	137732
86	急诊护士	68533	80618	95601	149000	169373
87	外科护士	51002	64970	72612	96225	114231
88	助产士	98753	116894	133413	142114	167799
89	口腔科护士	56312	63022	84614	116640	148040
90	妇产科护士	27500	33000	48400	63931	110161
91	乡村医生	67404	76414	105544	113558	128321
92	其他卫生专业技术人员	52516	67233	105267	140357	217240
93	经济规划专业人员	77402	107254	128528	161861	232142
94	统计专业人员	44218	49850	61359	75808	96202
95	会计专业人员	49718	59492	74278	100777	159417
96	审计专业人员	60000	79348	115520	169506	243112
97	税务专业人员	43791	70235	87477	109631	129217
98	市场营销专业人员	52293	68810	92000	128327	166445

续表

序号	职业细类	分位值（单位：元）				
		10%	25%	50%	75%	90%
99	商务策划专业人员	48012	65840	73100	89870	94463
100	品牌专业人员	64673	69200	80300	119850	127820
101	报关专业人员	52636	55294	70955	78402	85147
102	人力资源管理专业人员	57058	68023	84829	119058	182139
103	人力资源服务专业人员	53414	56023	70960	109872	189421
104	银行外汇市场业务专业人员	149352	170881	193407	241290	299154
105	银行清算专业人员	133244	148384	166641	196636	206197
106	信贷审核专业人员	136442	154392	196596	241437	282715
107	证券投资专业人员	113375	139544	165800	257776	329800
108	其他经济和金融专业人员	98741	124785	162365	196512	320196
109	律师	90173	95583	118852	197290	262508
110	法律顾问	64223	79586	104197	123192	168591
111	其他教学人员	43146	61326	87593	100856	118337
112	视觉传达设计人员	56468	62882	77701	105307	116048
113	文字记者	60515	74541	90005	110862	166855
114	摄影记者	103647	140920	152194	201573	218253
115	文字编辑	80304	88560	104069	140980	190852
116	档案专业人员	63144	73543	85560	100224	123086
117	其他新闻出版、文化专业人员	62600	76537	97216	118159	143277
118	行政办事员	46932	56600	75202	95349	127693
119	机要员	62220	77050	90865	129868	157818
120	秘书	48300	61410	73546	94648	142944
121	公关员	48968	58771	72985	124220	168207
122	收发员	40870	46187	52922	70560	85000
123	打字员	41573	46680	57879	73830	99360
124	制图员	49945	62465	76655	87378	98532
125	后勤管理员	39331	48140	60398	78925	101200
126	其他办事人员	44866	58800	83826	104164	145659
127	保卫管理员	36407	43265	55503	70665	83520
128	消防员	48304	59157	71457	84059	98876
129	消防安全管理员	42173	56763	68036	71986	112051
130	应急救援员	41769	46201	53185	57683	59807
131	其他安全和消防人员	37400	46880	59692	84867	111360
132	采购员	48079	56148	71706	85891	113592
133	营销员	36049	50336	69700	99000	142963
134	电子商务师	44249	52753	69763	73828	90030

序号	职业细类	分位值（单位：元）				
		10%	25%	50%	75%	90%
135	商品营业员	36657	40909	44552	53400	72409
136	收银员	36892	41950	48716	54790	63662
137	连锁经营管理师	74277	89964	112610	147501	190590
138	其他批发与零售服务人员	45398	45693	53020	77056	136488
139	道路客运汽车驾驶员	72506	84135	99193	104521	112360
140	道路货运汽车驾驶员	54009	64881	72589	88724	96022
141	道路客运服务员	36546	39246	45233	56444	67071
142	道路运输调度员	48255	55509	64036	74922	87227
143	装卸搬运工	52490	61965	74306	90488	103953
144	运输代理服务员	56650	64777	78200	83498	87395
145	仓储管理员	43200	49409	59400	72105	83163
146	理货员	34919	37332	46250	56427	64439
147	物流服务师	46249	61818	78715	90610	104657
148	其他交通运输、仓储和邮政业服务人员	47662	62381	78498	85806	98960
149	前厅服务员	39792	42495	49225	62605	69913
150	客房服务员	33897	38173	46436	55400	65000
151	中式烹调师	39614	49331	63073	76531	92788
152	中式面点师	39207	41561	53487	67964	90511
153	西式烹调师	42275	48123	64715	75913	89569
154	西式面点师	39474	44515	54728	68035	74890
155	餐厅服务员	33500	39791	48494	58552	68578
156	其他住宿和餐饮服务人员	35250	40112	48760	58200	72352
157	信息通信网络运行管理员	51982	54341	69388	78577	93485
158	网络与信息安全管理员	69279	75166	88693	105776	129461
159	其他信息传输、软件和信息技术服务人员	49554	56000	79628	96170	112356
160	银行综合柜员	80453	105725	124949	174829	185976
161	银行信贷员	117716	145628	188483	225725	276684
162	银行客户业务员	108932	121558	164733	219252	269649
163	保险代理人	69762	86069	125054	188250	243173
164	保险保全员	28468	42422	71001	117661	171632
165	其他金融服务人员	102544	102907	144097	190085	216617
166	物业管理员	33285	40530	46576	53498	61540
167	其他房地产服务人员	75588	96278	116529	155949	257122
168	客户服务管理员	42000	51681	66677	83380	98468
169	旅游咨询员	38766	44611	51345	62072	68373
170	保安员	37199	44400	62576	70221	80290

续表

序号	职业细类	分位值（单位：元）				
		10%	25%	50%	75%	90%
171	消防设施操作员	33798	35488	44576	49302	54993
172	市场管理员	44690	47772	55534	68681	81311
173	其他租赁和商务服务人员	41530	48524	58698	71274	143642
174	农产品食品检验员	44605	51924	56028	64819	83676
175	药物检验员	63560	74750	90979	101216	112634
176	计量员	48911	57192	69661	108042	115944
177	纺织面料设计师	66969	70220	81896	96960	155666
178	广告设计师	58059	62792	72116	79644	90735
179	其他技术辅助服务人员	47498	55260	75322	97845	107805
180	污水处理工	49519	51780	59661	75347	79697
181	保洁员	31777	36838	39730	45321	56708
182	生活垃圾清运工	38832	41272	43564	53072	55200
183	生活垃圾处理工	35528	37305	43232	57891	64568
184	园林绿化工	44781	46869	55396	55417	57563
185	其他水利、环境和公共设施管理服务人员	60600	69665	82838	84352	87382
186	美发师	54760	69496	86992	100707	153737
187	殡仪服务员	78924	86452	96338	105720	117784
188	其他居民服务人员	35684	39673	44468	52003	60000
189	其他电力、燃气及水供应服务人员	75911	91528	111785	111774	117270
190	汽车维修工	49191	68058	92952	128149	162235
191	家用电器产品维修工	35657	45099	60913	70369	78000
192	其他修理及制作服务人员	46634	56984	72803	93048	112225
193	体育场馆管理员	45907	47965	64212	75190	77839
194	游泳救生员	49910	55295	61093	64212	75190
195	康乐服务员	34573	37260	45280	54806	62185
196	公共场所卫生管理员	31766	36840	41998	45670	57441
197	其他健康服务人员	39110	42000	49066	52000	75076
198	其他农林牧渔业生产辅助人员	33336	36408	53627	67084	74640
199	黄酒酿造工	45960	51956	59347	72508	86283
200	其他食品、饮料生产加工人员	45014	50611	55656	63344	77473
201	纺织纤维梳理工	57378	66043	73055	78863	83856
202	并条工	58593	65680	71506	82204	86839
203	粗纱工	56535	62984	71265	86979	97883
204	纺纱工	50340	55340	68506	80845	92454
205	整经工	47000	53992	58885	69244	79401
206	织布工	45759	54520	59532	72310	86433

续表

序号	职业细类	分位值（单位：元）				
		10%	25%	50%	75%	90%
207	非织造布制造工	51600	56740	60690	73739	88086
208	印染前处理工	47335	51331	67928	76154	83081
209	纺织染色工	49618	54744	71712	86362	100000
210	印花工	47664	60518	67630	85550	101980
211	纺织印花制版工	49880	59582	68182	84572	98713
212	印染后整理工	46834	52173	65500	76782	85000
213	印染染化料配制工	45710	61663	74048	85000	107060
214	其他纺织、针织、印染人员	42951	51350	58996	71811	90038
215	服装制版师	46292	58409	68954	81876	102669
216	裁剪工	42104	47049	55026	73085	79173
217	缝纫工	43133	48378	52498	70294	75660
218	缝纫品整型工	38798	44463	52170	55994	58926
219	其他纺织品、服装和皮革、毛皮制品加工制作人员	42025	45000	56751	66749	81488
220	机械木工	67200	75606	84000	90000	105741
221	家具制作工	62008	63215	76377	84455	111309
222	其他木材加工、家具与木制品制作人员	60244	67735	77132	90240	102884
223	纸箱纸盒制作工	33305	39720	49072	50076	53452
224	其他纸及纸制品生产加工人员	47269	48497	57951	64171	72587
225	印刷操作员	49389	55548	62125	72067	95715
226	化工单元操作工	61508	72419	79734	100876	119762
227	化工总控工	75733	85067	98599	107815	123187
228	农药生产工	56473	59567	62083	71049	108635
229	其他化学原料和化学制品制造人员	65183	70000	75000	85000	90900
230	化学合成制药工	59258	63660	70860	82843	93755
231	药物制剂工	53092	60191	69450	79039	88508
232	其他医药制造人员	43035	48665	63035	69178	84296
233	橡胶制品生产工	50328	56036	61068	67308	85486
234	塑料制品成型制作工	50127	57701	63861	76806	87697
235	其他橡胶和塑料制品制造人员	57573	64464	77141	83880	88222
236	预拌混凝土生产工	46640	47925	55992	65376	72517
237	其他非金属矿物制品制造人员	51862	62181	64581	80760	96305
238	金属轧制工	67429	77864	86164	98373	109429
239	金属材丝拉拔工	71233	77229	93631	101732	111552
240	其他金属冶炼和压延加工人员	49297	61486	72923	85855	92617
241	车工	48159	58806	73761	88947	105300
242	铣工	47152	58536	74606	92076	112882

续表

序号	职业细类	分位值（单位：元）				
		10%	25%	50%	75%	90%
243	刨插工	54208	59050	64650	78496	93399
244	磨工	57553	65697	76390	89174	103500
245	镗工	52562	65110	96834	100667	137248
246	钻床工	48306	54852	76362	89990	101302
247	多工序数控机床操作调整工	49660	61320	77200	91407	105722
248	电切削工	52918	53541	61006	74013	77748
249	拉床工	48943	54000	64254	82150	95842
250	下料工	59061	69955	79182	109539	113682
251	铆工	51682	62633	76797	89086	102351
252	冲压工	52348	56057	67850	75747	101999
253	铸造工	51000	60327	76569	88476	112900
254	锻造工	52027	59650	69806	81775	95104
255	金属热处理工	56392	65025	72210	86945	100316
256	焊工	51360	70000	82911	93904	109039
257	机械加工材料切割工	51920	58336	75868	81267	99654
258	镀层工	51256	59012	75584	90362	111420
259	镀膜工	62221	64733	73484	92091	95268
260	涂装工	52504	63211	78499	89969	109449
261	喷涂喷焊工	50470	60924	70000	85586	110972
262	模具工	52417	57102	66667	85226	112182
263	模型制作工	59680	64718	76935	81470	89444
264	工具钳工	50429	57092	68000	97008	115647
265	其他机械制造基础加工人员	45232	53944	67865	80098	93884
266	工具五金制作工	81495	99177	98881	109790	120889
267	日用五金制品制作工	44744	50561	54785	71051	76604
268	其他金属制品制造人员	47529	59268	69683	83079	94438
269	装配钳工	48528	65372	78109	92008	110503
270	轴承制造工	50963	57101	66625	75380	85263
271	弹簧工	61671	79448	96810	116358	137048
272	机床装调维修工	65322	72613	82800	106068	125358
273	泵装配调试工	35898	54089	62084	78241	93510
274	风机装配调试工	49648	57436	66748	76968	91981
275	缝制机械装配调试工	54941	60908	69275	73792	80503
276	其他专用设备制造人员	44154	51500	70619	84800	98233
277	汽车生产线操作工	45325	55888	75887	85131	95274
278	汽车零部件再制造工	50178	54541	67780	82962	90443

续表

序号	职业细类	分位值（单位：元）				
		10%	25%	50%	75%	90%
279	电机制造工	53124	59721	66114	72488	77262
280	高低压电器及成套设备装配工	61600	69782	78245	124611	160617
281	电光源制造工	40601	44976	49928	54223	60072
282	灯具制造工	44247	49549	57489	72264	76219
283	仪器仪表制造工	49137	53385	67648	73783	76956
284	其他仪器仪表制造人员	46500	49225	52900	60075	70000
285	废旧物资加工处理工	60933	66360	78513	91382	105079
286	锅炉运行值班员	78453	80504	92200	102915	129675
287	燃料值班员	73360	74633	76660	103666	133424
288	汽轮机运行值班员	71328	73161	92138	100870	108222
289	电气值班员	65483	82984	88012	98298	105050
290	锅炉操作工	61768	69726	81075	91586	105702
291	变配电运行值班员	62182	70350	81649	90397	103993
292	其他电力、热力、气体、水生产和输配人员	69875	74507	86768	94866	96844
293	砌筑工	65813	67200	75000	80500	90950
294	混凝土工	69549	76088	87289	88160	93452
295	架子工	62000	75000	83000	92960	102256
296	机械设备安装工	52271	60000	80606	99351	108385
297	电气设备安装工	87372	91365	98265	104700	111854
298	装饰装修工	54101	61384	77000	82000	97537
299	专用车辆驾驶员	54404	62262	74465	92829	112033
300	起重装卸机械操作工	55191	64075	71000	84339	88751
301	起重工	56563	66603	74136	87750	89437
302	设备点检员	51240	59616	71267	81389	106358
303	机修钳工	56497	64810	73908	89997	103306
304	电工	56580	65416	79560	95613	115000
305	仪器仪表维修工	59658	69662	84585	97908	118173
306	锅炉设备检修工	65504	74382	89870	101880	120171
307	工程机械维修工	55190	57681	69051	86993	104482
308	化学检验员	50790	59374	71221	83964	96924
309	物理性能检验员	46046	52708	59376	73070	87053
310	质检员	47241	56234	65827	75708	91738
311	试验员	45553	52165	63445	74285	95460
312	称重计量工	38116	50707	63824	74616	84706
313	包装工	43858	50427	62046	74391	85000
314	安全员	51994	66819	74160	103880	136509
315	其他生产辅助人员	46519	56012	64547	80488	98732

二、部分技术工人职业（工种）分等级工资价位

序号	职业细类	岗位等级	分位值				
			10%	25%	50%	75%	90%
1	焊工	初级技能	52220	67518	73126	78245	93759
2		中级技能	66284	71414	81226	92881	112380
3		高级技能	74133	75616	94321	115508	121899
4		技师	74507	87331	110937	122101	138961
5		高级技师	97862	110998	136904	158351	180864
6	电工	初级技能	49565	58300	68886	81268	103739
7		中级技能	59428	62691	76188	91781	102894
8		高级技能	61714	64182	78331	97190	117453
9		技师	66928	77078	85064	109765	124931
10		高级技师	71449	74472	82080	123690	139396
11	制冷空调系统安装维修工	初级技能	64449	69718	85917	99219	124540
12		中级技能	75277	82138	93144	108000	123548
13		高级技能	75855	93297	106092	114864	134174
14	防水工	初级技能	48431	56131	58376	64828	76236
15		中级技能	56995	58468	64436	67880	77832
16		高级技能	63232	69816	72994	79783	87353
17		技师	69355	72319	80217	97401	105170
18	砌筑工	初级技能	49373	67329	74250	79448	85009
19		中级技能	58740	67761	73819	81797	93830
20		高级技能	75139	77665	90101	97856	103727
21	混凝土工	初级技能	37635	51928	72311	77373	82789
22		中级技能	78087	87225	90714	95250	100012
23		高级技能	78642	90377	93834	99988	106987
24		高级技师	92216	94624	120200	132901	139546
25	钢筋工	初级技能	44945	59525	73203	79948	84960
26		中级技能	73373	83805	87156	92607	98164
27		高级技能	77327	84020	98237	103569	110819
28		技师	82745	91331	105679	114133	122122
29	架子工	初级技能	43094	54290	64019	72542	82511
30		中级技能	67384	75492	77904	92976	100015
31		高级技能	87143	88886	92441	106232	116855
32	锅炉操作工	初级技能	54554	66710	80753	92051	98564
33		中级技能	61755	72401	90139	97059	109736
34		高级技能	64559	75971	96868	103673	117415
35		技师	103564	121751	132603	146046	154809

序号	职业细类	岗位等级	分位值				
			10%	25%	50%	75%	90%
36	铸造工	初级技能	58552	64026	69943	82253	90994
37		中级技能	61931	69131	76001	83398	91519
38		高级技能	64947	70839	79374	89823	102511
39		技师	72171	77147	89395	97606	106424
40		高级技师	73472	79655	94504	109802	122607
41	金属热处理工	初级技能	66488	68450	80109	84114	105960
42		中级技能	67299	71938	82075	90002	107000
43		高级技能	80978	82598	91085	110230	121388
44		技师	93753	95628	104609	125557	135602
45		高级技师	103528	112069	115683	127580	146858
46	车工	初级技能	49132	53102	62385	77220	86439
47		中级技能	51909	60963	69972	83608	93091
48		高级技能	56964	63773	74522	87750	101434
49		技师	64659	66525	83752	87939	106030
50		高级技师	72879	82664	92607	99461	112808
51	铣工	初级技能	50708	58666	63029	73260	76923
52		中级技能	56399	67471	73248	85452	101679
53		高级技能	57222	69412	73328	92851	98729
54		技师	71502	80880	87504	91879	101207
55		高级技师	92446	98432	114917	126476	139123
56	钳工	初级技能	49725	60164	78061	84305	90332
57		中级技能	61733	72810	75743	90510	105924
58		高级技能	66891	75275	85252	92125	108957
59		技师	69870	75654	95712	100497	110601
60		高级技师	84865	90217	103478	116870	127388
61	磨工	初级技能	55553	59190	68281	79205	85541
62		中级技能	60565	64576	71341	87782	96560
63		高级技能	76399	81274	84658	96858	102004
64		技师	90524	96542	110525	119616	127989
65		高级技师	91181	99587	118776	127090	137257
66	手工木工	初级技能	44584	47543	53570	57320	63052
67		中级技能	46625	47614	53854	58162	62815
68		高级技能	44951	50285	53032	58057	64682
69		技师	48530	54995	60819	66216	75447

续表

序号	职业细类	岗位等级	分位值				
			10%	25%	50%	75%	90%
70	评茶员	初级技能	50706	55806	65667	70920	78054
71		中级技能	52786	58671	61557	73940	81334
72		高级技能	58376	60711	74010	79191	84734
73		技师	60088	64057	72205	83422	88427
74		高级技师	64286	69310	78546	82837	88588
75	眼镜验光员	初级技能	46921	50241	56112	67468	73368
76		中级技能	56699	59713	69166	77947	82624
77		高级技能	57198	59430	66119	75838	86061
78		技师	60441	62908	66220	82968	95522
79		高级技师	64243	70995	75792	85645	100428
80	眼镜定配工	初级技能	37801	39528	41505	49033	53387
81		中级技能	41480	42457	49499	58871	64758
82		高级技能	44655	45628	51685	60056	64989
83		技师	44727	46963	52353	65695	72688
84	汽车维修工	初级技能	53459	70542	82122	96078	111286
85		中级技能	59599	73412	86832	104954	117425
86		高级技能	63103	81315	101112	118814	134859
87		技师	85773	99917	108560	131001	140396
88		高级技师	96670	118007	125396	136378	150184
89	美容师	初级技能	57552	62367	75448	80586	88850
90		中级技能	64554	71086	86307	92887	98021
91		高级技能	67562	78479	83640	97012	105743
92		技师	77035	82209	90623	100288	109760
93		高级技师	74582	88700	92248	104887	112278
94	美发师	初级技能	44848	51181	53976	76062	84503
95		中级技能	52043	56352	63565	75116	81518
96		高级技能	56617	64157	74996	95081	104589
97		技师	54606	68721	81389	94179	103420
98		高级技师	59151	70722	89158	105852	118709
99	育婴员	初级技能	45657	47027	58428	70853	75104
100		中级技能	49254	50843	61478	72141	80785
101		高级技能	55165	62426	65639	85296	99948
102	保育员	初级技能	36860	48996	50466	55700	65850
103		中级技能	41925	47977	56602	75411	84021
104		高级技师	49638	51128	56328	80253	88182

续表

序号	职业细类	岗位等级	分位值				
			10%	25%	50%	75%	90%
105	有害生物防治员	初级技能	38686	40234	52455	63777	71760
106		中级技能	37771	45906	50628	70186	74446
107		高级技能	42803	50252	51760	71256	89979
108	保安员	初级技能	41877	43223	49447	57966	74727
109		中级技能	44996	51601	69168	75577	80621
110		高级技能	52229	60512	76647	85207	90296
111		技师	58650	61495	82190	86300	94095
112	劳动关系协调员	高级技能	48901	62818	76337	114601	135046
113		技师	55044	65127	77043	128852	148197
114		高级技师	59057	71454	86188	140260	151300
115	企业人力咨询管理师	没有取得专业技术职称	50643	57006	82317	127073	137617
116		初级职称	51253	70316	95802	136519	167966
117		中级职称	59289	74524	101208	138434	174371
118		高级职称	60721	82476	104686	150560	183185
119	中央空调系统运行操作员	初级技能	41386	46834	49493	57300	64424
120		中级技能	46141	55167	57925	62070	76645
121	中式烹调师	初级技能	39618	49975	58209	69369	85179
122		中级技能	61345	64797	72190	79580	95461
123		高级技能	64626	65919	86508	91698	95491
124		技师	66065	72660	86700	97211	104987
125		高级技师	75765	82391	98844	124773	135739
126	中式面点师	初级技能	34521	38567	41059	54651	71734
127		中级技能	53674	58987	63140	77086	82066
128		高级技能	56144	65052	75750	84991	91790
129		技师	65652	72096	85966	92667	101007
130		高级技师	74929	84470	92219	99607	108572
131	西式烹调师	初级技能	54222	53732	65614	71232	75505
132		中级技能	59754	61182	65446	78923	84727
133		高级技能	67159	71226	84991	96200	102935
134		技师	72620	79145	96438	120368	138447
135		高级技师	78635	86540	104565	122019	143998
136	西式面点师	初级技能	38254	47957	52073	59569	71921
137		中级技能	57923	60444	64070	69583	78213
138		高级技能	60542	63984	67176	74658	88263
139		技师	66331	68321	77349	87103	93245
140		高级技师	71387	76084	84908	90131	97722

续表

序号	职业细类	岗位等级	分位值				
			10%	25%	50%	75%	90%
141	茶艺师	初级技能	53104	56989	62606	71084	76943
142		中级技能	53838	60779	67325	70991	79863
143		高级技能	58955	61313	65366	78303	83590
144		技师	62156	68756	71506	79388	91432
145		高级技师	64745	68560	76804	81312	96442
146	养老护理员	初级技能	60295	63310	70399	76031	77649
147		高级技能	70590	74821	83982	89860	97049
148	机床装修维修工	中级技能	59560	63567	73028	79218	86348
149		高级技能	60231	66100	76172	83646	88665
150		技师	72059	77997	86639	98449	106324
151		高级技师	80449	87408	100800	108927	115547
152	锻造工	初级技能	61975	63834	65861	70659	74882
153		中级技能	65353	75283	78294	89951	98047
154		高级技能	76273	74307	79165	90895	99575
155		技师	80054	81747	90773	98515	107382
156		高级技师	85840	91012	98560	104483	115671
157	电切削工	初级技能	51413	52955	56046	59969	64766
158		中级技能	81461	78361	94529	103375	109457
159		高级技能	84557	88509	94080	107268	115849
160	制冷工	初级技能	64310	66240	73612	78765	83195
161		中级技能	68650	70144	72426	81606	85980
162		高级技能	70900	79641	85183	89442	99375
163		技师	73491	75695	87945	101844	108973
164	智能楼宇管理员	中级技能	35198	40071	49142	60777	66385
165		高级技能	38602	43579	54423	64071	67819
166		技师	41173	48041	54869	67667	74170

2022年金华市人力资源市场工资指导价位

一、分职业细类企业从业人员工资价位

单位：元

序号	职业细类	分位值				
		10%	25%	50%	75%	90%
1	企业董事	53622	75000	91042	156000	270000
2	企业总经理	52000	72062	91505	160000	243600
3	生产经营部门经理	49580	61259	89652	131211	200000
4	财务部门经理	49685	60000	71000	101800	141151
5	行政部门经理	49490	57703	72000	105000	157248
6	人事部门经理	52631	62000	73852	92800	140800
7	销售和营销部门经理	40000	59760	80000	130915	171653
8	广告和公关部门经理	48420	60365	77800	82800	142877
9	采购部门经理	48000	58000	64120	84000	123633
10	计算机服务部门经理	54999	74564	113800	163210	247958
11	研究和开发部门经理	60000	80811	108900	149936	224722
12	餐厅部门经理	54500	57600	69559	78555	113000
13	其他职能部门经理	56318	68600	102000	130800	200000
14	其他企业中高级管理人员	50400	65000	93960	178853	352970
15	化工实验工程技术人员	49368	60343	80893	109971	149394
16	机械设计工程技术人员	54504	68840	86578	95580	122941
17	机械制造工程技术人员	51484	69712	78000	93145	111398
18	设备工程技术人员	50469	68168	86238	108739	128846
19	模具设计工程技术人员	49331	63600	88512	110600	113287
20	自动控制工程技术人员	40000	70000	79301	97617	133422
21	汽车工程技术人员	47347	52957	67840	83100	120834
22	电子元器件工程技术人员	40892	45388	69622	79126	108000
23	电子仪器与电子测量工程技术人员	56400	62400	74400	86400	122400
24	集成电路工程技术人员	63286	69780	77600	83032	109680
25	通信工程技术人员	54384	76335	96104	110291	134244
26	计算机硬件工程技术人员	59592	69750	83700	98389	139000

续表

序号	职业细类	分位值				
		10%	25%	50%	75%	90%
27	计算机软件工程技术人员	67767	83453	94505	122000	143200
28	计算机网络工程技术人员	48725	54998	72000	100004	109605
29	信息系统运行维护工程技术人员	46858	59233	72840	105474	116939
30	电工电器工程技术人员	50600	57781	79886	90432	111954
31	道路交通工程技术人员	60000	71955	108480	120404	143260
32	建筑和市政设计工程技术人员	46000	57000	65750	102608	145926
33	土木建筑工程技术人员	46000	60000	85000	121248	130344
34	风景园林工程技术人员	46640	59930	73123	105532	132682
35	供水排水工程技术人员	48055	91800	131064	164975	229309
36	道路与桥梁工程技术人员	56500	79700	88360	95985	110410
37	水利水电建筑工程技术人员	50000	52671	58133	70000	92400
38	园林绿化工程技术人员	60700	71401	77794	96523	109825
39	水利工程管理工程技术人员	70000	129689	144850	170960	214886
40	食品工程技术人员	60987	63083	79103	100341	148170
41	消防工程技术人员	32911	33600	36000	48000	50160
42	安全生产管理工程技术人员	40000	45000	79334	102835	111200
43	监理工程技术人员	45000	50000	70000	95000	120360
44	工程造价工程技术人员	60000	70000	107300	136580	198400
45	产品质量检验工程技术人员	59777	62945	77233	92098	109586
46	制药工程技术人员	56808	75621	87633	100179	112887
47	塑料加工工程技术人员	87395	93600	96792	129540	156979
48	外科医师	79497	90000	128400	192722	234188
49	妇产科医师	81744	94378	120267	156267	201768
50	急诊科医师	66668	88297	123792	183077	224258
51	重症医学科医师	102509	147933	159983	225581	260800
52	影像技师	67087	69000	78123	84600	91004
53	临床检验技师	73080	78992	97398	111384	127379
54	急诊护士	62400	64476	83117	116095	132476
55	外科护士	51649	61200	72256	99626	119800
56	口腔科护士	52710	61514	68507	72642	81716
57	妇产科护士	50280	56491	74040	93985	111000
58	其他卫生专业技术人员	36900	40077	64200	112500	156052
59	经济规划专业人员	89330	92760	123013	175960	224150
60	统计专业人员	39600	46900	55069	65140	90000
61	会计专业人员	48000	54360	66000	91980	119657
62	市场营销专业人员	40724	57200	76280	94133	127380

序号	职业细类	分位值				
		10%	25%	50%	75%	90%
63	商务策划专业人员	47580	62100	74400	100018	116533
64	报关专业人员	44600	48000	57175	60200	72394
65	人力资源管理专业人员	50000	60000	62400	88000	112000
66	保险核保专业人员	60787	64458	77231	128649	149940
67	保险理赔专业人员	54676	68100	84770	110254	132481
68	律师	47337	56000	87000	120000	157000
69	幼儿教育教师	56286	68255	71081	86680	89657
70	其他教学人员	41200	48000	57600	66434	99000
71	教练员	43100	49913	53200	62494	65800
72	文字记者	65623	87305	111125	194986	223645
73	文字编辑	52238	73213	87677	100228	145884
74	其他专业技术人员	44580	52800	60132	87471	120000
75	行政办事员	36778	48438	60182	78000	104960
76	秘书	37530	60000	65000	90191	115900
77	公关员	44300	62089	69450	79603	104501
78	打字员	33324	39504	43920	54629	58250
79	后勤管理员	42000	53625	60000	75887	102766
80	其他办事人员	39600	48960	58800	78000	117849
81	保卫管理员	26500	36000	48000	58587	70400
82	其他办事人员和有关人员	34876	43200	58416	86064	110000
83	采购员	44822	47305	58853	80320	91320
84	营销员	40000	52098	64554	93073	126356
85	电子商务师	48280	54280	70000	84280	92680
86	商品营业员	38660	45643	54428	62623	83869
87	收银员	38454	41920	43487	52263	63012
88	医药商品购销员	67280	85520	114420	135350	169370
89	其他批发与零售服务人员	40815	50000	63320	77543	88487
90	道路客运汽车驾驶员	54303	60839	67600	79553	93229
91	道路货运汽车驾驶员	55023	58089	72433	83975	99622
92	道路货运业务员	44650	49950	64159	85000	95600
93	道路运输调度员	31000	48600	57988	84220	90025
94	公路收费及监控员	44674	48749	62000	77402	80418
95	网约车司机	36352	47673	66564	82573	94504
96	装卸搬运工	39000	45484	56987	70500	82433
97	客运售票员	30800	42100	57500	73854	86438
98	运输代理服务员	52000	60000	67385	74469	80849

续表

序号	职业细类	分位值				
		10%	25%	50%	75%	90%
99	仓储管理员	40865	48800	56980	65039	78745
100	理货员	35000	45856	48600	54600	66600
101	邮政营业员	41200	46120	70000	83320	93440
102	邮件分拣员	40800	60000	65000	71300	98335
103	邮政市场业务员	60000	65120	94500	103400	117000
104	快递员	49000	53080	65000	82640	88320
105	网约配送员	38472	44340	58590	71014	90520
106	前厅服务员	36000	40700	46700	62227	106918
107	客房服务员	36546	40092	43600	47280	65499
108	中式烹调师	38400	48000	60951	65353	77431
109	中式面点师	37092	47300	58045	66402	70607
110	西式烹调师	34847	47491	55789	63534	70466
111	西式面点师	38400	50272	56280	65880	70203
112	餐厅服务员	37880	39700	49800	56160	66918
113	营养配餐员	46621	50150	56896	67132	77326
114	其他住宿和餐饮服务人员	37921	42000	51309	61761	103029
115	无线电监测与设备运维员	62073	77000	97832	116311	133400
116	有线广播电视机线员	40122	48758	71112	88389	99845
117	网络与信息安全管理员	47115	50814	61742	73481	96754
118	计算机程序设计员	64980	74872	120520	160205	178371
119	呼叫中心服务员	54568	61583	64541	68924	76447
120	其他信息传输、软件和信息技术服务人员	35619	43531	50400	91100	106642
121	银行综合柜员	54078	97595	147970	201304	249617
122	银行信贷员	128382	171600	246147	332700	438559
123	银行客户业务员	93378	120200	158000	192254	282200
124	保险代理人	45032	73718	102855	182927	257486
125	保险保全员	63707	78410	104793	194445	267659
126	其他金融服务人员	73916	91142	122723	230532	325945
127	物业管理员	31980	38000	44600	55000	64800
128	职业培训师	61485	75876	99867	127361	134419
129	导游	29600	30700	38200	53600	56972
130	旅游咨询员	45000	52992	55000	63300	69850
131	公共游览场所服务员	42971	52704	55256	59649	62852
132	保安员	31361	37735	44025	48376	58400
133	安检员	34675	38300	49702	50220	69856
134	消防设施操作员	42000	45600	50000	63050	67180

序号	职业细类	分位值				
		10%	25%	50%	75%	90%
135	市场管理员	47806	55230	65025	71458	86026
136	污水处理工	42775	46413	59774	85888	119514
137	保洁员	25631	31200	36000	39000	48600
138	生活垃圾清运工	34685	42191	48405	52432	61221
139	园林绿化工	35000	38110	42000	53469	59852
140	其他水利、环境和公共设施管理服务人员	42538	49800	56903	64481	68265
141	养老护理员	38471	44511	53942	65185	82974
142	其他居民服务人员	27197	38000	45000	58760	66244
143	燃气燃煤供应服务员	38293	59746	61110	71967	90625
144	水供应服务员	51000	57200	87761	97864	100796
145	汽车维修工	40834	52760	70896	90011	108378
146	办公设备维修工	49820	51804	62453	72350	83356
147	信息通信网络终端维修员	43200	74684	84069	93979	115255
148	电影放映员	32541	40902	51002	54215	67768
149	游泳救生员	51131	51254	52938	56815	59405
150	其他健康服务人员	37412	41317	42445	52536	71416
151	家畜饲养员	32510	34325	52064	63040	68910
152	乳品加工工	55491	65841	76374	85489	97304
153	纺纱工	31750	33280	39517	49278	59405
154	整经工	54744	58662	64788	68936	73224
155	经编工	46600	53649	58616	62140	64496
156	其他纺织、针织、印染人员	36000	47500	54200	61660	66000
157	服装制版师	45770	58100	67929	71934	82433
158	裁剪工	38000	47500	64500	65677	82608
159	缝纫工	35000	39005	45900	66624	77759
160	缝纫品整型工	30000	36000	57581	72171	93840
161	其他纺织品、服装和皮革、毛皮制品加工制作人员	29800	43398	51230	54900	58518
162	机械木工	46600	53000	58700	62200	71700
163	家具制作工	38860	40830	43200	55200	67303
164	制浆工	45314	50987	56174	62971	66137
165	造纸工	43714	53008	65201	77319	82283
166	其他纸及纸制品生产加工人员	35485	42730	55868	64161	65956
167	印前处理和制作员	49280	51720	56564	65600	70500
168	印刷操作员	48000	53500	62500	71460	85056
169	印后制作员	47000	49594	51058	55800	66000
170	制冷工	41674	45422	50526	59196	71328

续表

序号	职业细类	分位值				
		10%	25%	50%	75%	90%
171	涂料生产工	41537	42385	47959	54000	78000
172	其他化学原料和化学制品制造人员	45077	60887	73600	81807	90377
173	化学合成制药工	48279	51174	64326	74604	88457
174	药物制剂工	44140	47836	54929	72030	83703
175	塑料制品成型制作工	43403	48000	52253	68700	76595
176	其他非金属矿物制品制造人员	38996	40240	57081	68870	75290
177	车工	39125	47400	55000	67311	76500
178	铣工	41160	53984	59252	70974	82915
179	钳工	45376	52522	68743	86575	98152
180	磨工	46768	55186	70524	83000	92057
181	钻床工	42303	52660	57765	75981	82000
182	冲压工	43560	53859	55723	62844	84040
183	电切削工	42753	55677	60728	72575	81063
184	铸造工	45650	53726	60946	73202	85697
185	锻造工	43911	52601	59659	72058	79747
186	金属热处理工	48120	52948	64713	79395	84910
187	焊工	51170	63303	70653	83248	93020
188	涂装工	58888	60000	72168	78412	89812
189	喷涂喷焊工	47880	48175	59800	71700	91720
190	模具工	45148	61913	70320	87492	96000
191	工具五金制作工	40808	50025	55954	67705	73212
192	日用五金制品制作工	38000	40908	45000	54000	60000
193	齿轮制造工	64000	69550	78000	90000	95750
194	机床装调维修工	42546	49206	61345	65329	75253
195	其他专用设备制造人员	54597	70027	83554	92887	107760
196	汽车零部件再制造工	47053	58966	67175	83377	109688
197	电机制造工	49108	52531	56382	65808	70223
198	其他电气机械和器材制造人员	44357	53754	63650	77099	130103
199	计算机、通信和其他电子设备制造人员	45691	57164	67503	76087	85486
200	仪器仪表制造工	27124	31558	41909	48350	51546
201	锅炉运行值班员	64655	72241	76116	96126	116351
202	燃料值班员	55229	60244	68196	90449	98657
203	汽轮机运行值班员	62407	67751	75904	95595	111475
204	发电集控值班员	106750	166720	224619	258704	277865
205	电气值班员	60502	64442	87927	108957	125539
206	水力发电运行值班员	48000	51600	71946	138290	149895

续表

序号	职业细类	分位值				
		10%	25%	50%	75%	90%
207	锅炉操作工	39833	48367	57927	74533	92994
208	水生产处理工	50000	63168	82046	101780	117514
209	防水工	38700	45415	55523	65926	72445
210	砌筑工	41842	50487	59644	65716	72799
211	混凝土工	38457	48581	56351	63576	69174
212	钢筋工	40577	50005	62600	68000	73000
213	架子工	40875	50122	63610	68449	72304
214	制冷空调系统安装维修工	38165	52316	54269	67960	75910
215	专用车辆驾驶员	52980	60500	72930	90435	119887
216	起重装卸机械操作工	68118	75224	96000	118895	153359
217	机修钳工	52076	59133	68671	90680	108149
218	电工	42109	56400	66496	75873	91379
219	仪器仪表维修工	61259	75000	95000	103600	133368
220	锅炉设备检修工	75590	86188	91483	103381	167791
221	工程机械维修工	59603	72650	80311	92753	102339
222	物理性能检验员	52785	55915	62125	88117	100809
223	质检员	44820	53875	55993	66206	78911
224	试验员	40146	60444	66316	83616	91523
225	包装工	40000	48500	57000	63000	75066
226	安全员	32076	37037	45545	51421	60067
227	其他生产辅助人员	34000	40244	53600	63605	76738
228	其他生产制造及有关人员	38612	45000	55450	67000	87000

二、部分技术工人职业（工种）分等级工资价位

单位：元

序号	职业细类及岗位等级	分位值				
		10%	25%	50%	75%	90%
1	焊工	51170	63303	70653	83248	93020
2	高级技能	60630	67582	76119	98645	120768
3	中级技能	49609	60839	68267	87931	97863
4	初级技能	45508	58868	63196	74674	81505
5	制冷空调系统安装维修工	38165	52316	54269	67960	75910
6	高级技能	44107	56794	69923	84891	109768
7	中级技能	42015	51615	58608	65047	78839
8	初级技能	32625	43869	48850	56936	60411

续表

序号	职业细类及岗位等级	10%	25%	50%	75%	90%
9	电工	42109	56400	66496	75873	91379
10	技师	62508	67774	72605	96792	116811
11	高级技能	46978	54414	70017	84740	99215
12	中级技能	41233	51996	67991	72030	92142
13	初级技能	33770	39483	57779	70698	82479
14	防水工	38700	45415	55523	65926	72445
15	高级技能	43146	48031	57387	67882	75373
16	中级技能	35319	39207	45361	54645	65285
17	初级技能	30710	36479	38194	45763	53698
18	砌筑工	41842	50487	59644	65716	72799
19	高级技能	44078	51630	62626	73998	76850
20	中级技能	39035	41836	48018	58448	65955
21	初级技能	37311	38452	42030	49167	62194
22	混凝土工	38457	48581	56351	63576	69174
23	高级技能	45623	54810	58830	66244	72159
24	中级技能	39895	48437	50967	58747	69133
25	初级技能	37130	41869	42752	48768	55989
26	钢筋工	40577	50005	62600	68000	73000
27	高级技能	42400	51612	64231	73180	75194
28	中级技能	40778	47086	52599	69544	72274
29	初级技能	31845	39149	47848	56434	59866
30	架子工	40875	50122	63610	68449	72304
31	高级技能	41908	51083	65381	73474	91053
32	中级技能	39302	43970	58427	70467	88104
33	初级技能	33384	42116	52914	59454	78769
34	锅炉操作工	39833	48367	57927	74533	92994
35	高级技能	42356	57422	63462	83467	112323
36	中级技能	35507	49119	57933	76723	90044
37	初级技能	32365	44143	55462	63165	73388
38	机床装调维修工	42546	49206	61345	65329	75253
39	高级技能	44627	52975	64817	72151	115826
40	中级技能	39517	47352	61660	65007	72950
41	初级技能	37624	42467	55321	63124	69332
42	铸造工	45650	53726	60946	73202	85697
43	高级技能	46630	56087	63500	75965	90666
44	中级技能	39927	44987	54154	67239	73386

序号	职业细类及岗位等级	分位值				
		10%	25%	50%	75%	90%
45	初级技能	39228	42248	48422	60235	65365
46	锻造工	43911	52601	59659	72058	79747
47	高级技能	46437	55755	62109	75060	91549
48	中级技能	41903	49919	57837	65480	76719
49	初级技能	38848	47547	51770	61834	71593
50	金属热处理工	48120	52948	64713	79395	84910
51	高级技能	55804	65364	78099	82790	151821
52	中级技能	53953	62187	72931	79741	130679
53	初级技能	52788	59176	68091	72210	86707
54	车工	39125	47400	55000	67311	76500
55	高级技能	47824	57370	68207	88052	106381
56	中级技能	45362	54782	62251	71020	89093
57	初级技能	39584	46597	54678	65390	76270
58	铣工	41160	53984	59252	70974	82915
59	高级技能	53050	57660	67941	78839	98547
60	中级技能	44679	55181	65587	72883	92925
61	初级技能	37431	45841	55618	68058	85544
62	钳工	45376	52522	68743	86575	98152
63	技师	62093	67070	78091	91095	118082
64	高级技能	50198	58927	68105	85221	106385
65	中级技能	42169	55235	62762	76729	88008
66	初级技能	36744	48813	57631	71391	81197
67	磨工	46768	55186	70524	83000	92057
68	高级技能	51290	61515	74724	86928	94242
69	中级技能	43971	54276	70521	78245	86925
70	初级技能	40231	52352	64423	74422	79321
71	电切削工	42753	55677	60728	72575	81063
72	高级技能	48843	62101	72354	82970	95112
73	中级技能	47243	58182	63330	75583	84668
74	初级技能	41986	51853	57036	67537	76710
75	制冷工	41674	45422	50526	59196	71328
76	高级技能	47423	56148	65524	76359	87779
77	中级技能	42076	47268	51235	59103	71436
78	初级技能	41572	43857	48126	55148	66607
79	汽车维修工	40834	52760	70896	90011	108378
80	高级技师	67097	71926	86105	98528	122931

续表

序号	职业细类及岗位等级	分位值				
		10%	25%	50%	75%	90%
81	技师	50708	65803	83795	92847	117360
82	高级技能	49418	63291	74435	81781	110313
83	中级技能	41219	56003	72952	78995	98558
84	初级技能	35457	48745	58976	75156	86280
85	保安员	31361	37735	44025	48376	58400
86	高级技能	34387	42201	45970	55410	69218
87	中级技能	26557	35400	41833	50385	63552
88	初级技能	22281	33585	34933	42718	57028
89	中式烹调师	38400	48000	60951	65353	77431
90	技师	51157	58292	68168	85111	103387
91	高级技能	48663	56397	66995	78658	95201
92	中级技能	40537	49808	53716	65333	79648
93	初级技能	31343	39040	49565	61066	75835
94	中式面点师	37092	47300	58045	66402	70607
95	高级技能	40160	48370	63740	70278	78555
96	中级技能	35032	43497	48222	60874	71653
97	初级技能	33529	40930	45573	58435	63188
98	西式烹调师	34847	47491	55789	63534	70466
99	高级技能	42782	52984	61544	70997	92695
100	中级技能	35633	45321	51774	65035	71234
101	初级技能	33013	41990	46552	54610	67377
102	西式面点师	38400	50272	56280	65880	70203
103	高级技能	42420	53527	62244	89709	93583
104	中级技能	35383	45281	50654	58720	89432
105	初级技能	30497	35508	43243	47125	48539
106	养老护理员	38471	44511	53942	65185	82974
107	高级技能	47232	52028	56902	75537	94347
108	中级技能	39806	47197	52860	67922	83092
109	初级技能	36497	42551	50393	63212	66565

2022年衢州市人力资源市场工资指导价位

一、分职业小类企业从业人员工资价位

单位：元/年

序号	职业小类	分位值				
		10分位	25分位	50分位	75分位	90分位
1	企业总经理	54000	70680	114720	201600	303600
2	生产经营部门经理	46200	54060	84552	132264	195780
3	财务部门经理	46800	56460	76560	114840	155844
4	行政部门经理	43896	57611	80021	107370	166812
5	人事部门经理	43680	52560	68520	115795	157032
6	销售和营销部门经理	42960	56880	82560	128880	202680
7	广告和公关部门经理	43800	57000	62100	108840	164880
8	采购部门经理	42840	53308	73560	113640	146328
9	计算机服务部门经理	45000	66120	119858	161706	216996
10	研究和开发部门经理	55260	85840	140640	186000	279768
11	餐厅部门经理	37200	48960	61080	84000	115440
12	客房部门经理	30120	40200	54120	73200	104040
13	测绘和地理信息工程技术人员	43800	54738	80160	116004	132960
14	矿山工程技术人员	47196	61180	85800	113520	141900
15	冶金工程技术人员	39864	43680	58320	78360	109200
16	化工工程技术人员	52380	66377	81619	110925	141672
17	机械工程技术人员	47136	50458	79648	105554	143052
18	信息和通信工程技术人员	41640	51840	99360	136511	196992
19	电气工程技术人员	40680	51240	76560	114000	145200
20	道路和水上运输工程技术人员	40716	53880	70200	91644	116400
21	建筑工程技术人员	38760	49560	66360	98040	145728
22	林业工程技术人员	34320	39000	47760	71280	109440
23	水利工程技术人员	35760	40560	69360	128148	160596
24	纺织服装工程技术人员	41664	52200	64200	82320	107760
25	环境保护工程技术人员	46860	54360	82200	122076	191184
26	安全工程技术人员	41520	51720	72720	96240	117840

续表

序号	职业小类	分位值				
		10分位	25分位	50分位	75分位	90分位
27	标准化、计量、质量和认证认可工程技术人员	44844	56160	77307	96960	129036
28	管理（工业）工程技术人员	38160	51600	74520	97680	135540
29	检验检疫工程技术人员	44712	57720	75780	106368	127248
30	轻工工程技术人员	44244	51720	77621	90600	124320
31	园艺技术人员	46980	54168	61200	66240	87120
32	畜牧与草业技术人员	36168	52790	63449	70200	88440
33	临床和口腔医师	40680	52368	94176	135840	225840
34	中医医师	53040	67116	80580	125160	171168
35	药学技术人员	42840	54120	63720	78000	88200
36	医疗卫生技术人员	40488	54948	67800	88320	113400
37	护理人员	42504	52560	63888	86940	131784
38	经济专业人员	54588	75300	108480	139620	219168
39	统计专业人员	38220	43836	61500	77688	105396
40	会计专业人员	41616	51168	65880	92916	112752
41	审计专业人员	39840	58200	95184	139196	196140
42	评估专业人员	46404	57000	85440	126240	158304
43	商务专业人员	42960	58032	75600	114000	163464
44	人力资源专业人员	43692	54648	70416	104916	138600
45	银行专业人员	81564	112302	145566	197305	287124
46	保险专业人员	54480	67728	94140	117740	174480
47	证券专业人员	48336	80124	145397	186122	282456
48	律师	48180	57408	90744	127248	153000
49	中小学教育教师	40452	50328	73590	107652	174576
50	幼儿教育教师	38712	48456	73327	75224	97920
51	电影电视制作专业人员	50280	67428	82980	114204	191880
52	舞台专业人员	38196	43380	63396	99600	129600
53	工艺美术与创意设计专业人员	39276	50820	92688	123480	206292
54	体育专业人员	34212	42528	49032	68772	113220
55	编辑	40836	47400	71040	104880	154464
56	档案专业人员	38712	44700	53676	67176	102204
57	行政业务办理人员	38664	43752	58296	82152	108972
58	保卫人员	29424	36888	47460	61272	76728
59	消防和应急救援人员	34272	42504	61922	80140	101112
60	采购人员	37944	45372	62124	81048	111276
61	销售人员	33408	43164	57900	86364	127644
62	再生物资回收人员	26172	39684	50682	66864	73260

续表

序号	职业小类	分位值				
		10分位	25分位	50分位	75分位	90分位
63	特殊商品购销人员	33972	40080	56316	85560	115800
64	道路运输服务人员	37344	50863	66691	82254	101364
65	水上运输服务人员	34872	45048	62277	82560	107280
66	装卸搬运和运输代理服务人员	39852	46128	58044	65100	87120
67	仓储人员	27720	33385	37314	63600	83328
68	邮政和快递服务人员	38568	46716	54156	62568	75420
69	住宿服务人员	31080	37035	46980	57307	68952
70	餐饮服务人员	33132	37956	51048	61836	76536
71	信息通信业务人员	41400	57396	75720	90180	114600
72	信息通信网络维护人员	45720	58476	77988	97668	132756
73	广播电视传输服务人员	32700	47088	56400	64800	86292
74	信息通信网络运行管理人员	35436	45024	67608	97764	123300
75	软件和信息技术服务人员	38940	57840	102906	153984	209220
76	银行服务人员	79248	100908	128808	190404	230196
77	物业管理服务人员	34080	38628	49296	61692	82980
78	房地产中介服务人员	38148	49896	77004	114216	175356
79	商务咨询服务人员	37740	49236	63780	81912	129528
80	人力资源服务人员	37512	52800	69396	104700	136212
81	旅游及公共游览场所服务人员	27936	38316	42996	55116	68076
82	安全保护服务人员	29532	35088	42552	51348	66840
83	检验、检测和计量服务人员	32892	48960	57828	80976	117384
84	专业化设计服务人员	37704	45012	50820	68700	109944
85	摄影扩印服务人员	37680	49560	58452	81396	109728
86	水利设施管养人员	43020	49980	56400	73200	86856
87	自然保护区和草地监护人员	43248	50400	55800	71520	83700
88	野生动植物保护人员	51456	54744	62892	73956	80076
89	环境治理服务人员	37968	42720	52800	80400	104784
90	环境卫生服务人员	31896	36120	39000	50760	62244
91	有害生物防制人员	44916	51888	62928	104148	114120
92	绿化与园艺服务人员	36432	39063	42873	57846	77172
93	生活照料服务人员	24240	29040	45480	48600	60768
94	服装裁剪和洗染织补人员	34920	40509	46200	64080	82224
95	美容美发和浴池服务人员	35640	39302	42408	50244	57180
96	保健服务人员	34500	36996	50004	62580	77004
97	电力供应服务人员	41724	74040	123240	143640	185880
98	水供应服务人员	50880	84960	98160	129960	149244

续表

序号	职业小类	分位值				
		10分位	25分位	50分位	75分位	90分位
99	汽车摩托车修理技术服务人员	41400	41436	77453	96946	128712
100	计算机和办公设备维修人员	31740	34200	45408	68520	86460
101	家用电子电器产品维修人员	30192	36360	52320	60600	64512
102	广播、电视、电影和影视录音制作人员	36696	41904	46380	72168	114816
103	文化、娱乐、体育经纪代理人员	40740	46752	62244	93792	126960
104	康复矫正服务人员	33600	49212	81516	134016	212280
105	农作物生产人员	33780	36192	44160	48120	54684
106	农业生产服务人员	41172	44100	67368	99264	115584
107	饲料加工人员	32280	38640	55800	63912	73572
108	淀粉和豆制品加工人员	54084	64116	74988	81984	86916
109	焙烤食品制造人员	37620	48744	56316	70692	79392
110	酒、饮料及精制茶制造人员	33516	50688	61938	73142	82272
111	纺纱人员	31776	45757	57775	63969	90708
112	木制品制造人员	29508	42513	49183	68429	85776
113	制浆造纸人员	37776	42837	58966	80816	97740
114	印刷人员	39924	45252	50760	58800	81216
115	煤化工生产人员	38568	45360	48720	65160	76008
116	化工产品生产通用工艺人员	32280	42360	57600	68400	96048
117	矿物采选人员	33912	40560	60120	82080	111072
118	机械冷加工人员	32460	37619	54103	75430	105156
119	金属加工机械制造人员	31224	50400	56760	77760	97704
120	输配电及控制设备制造人员	42624	49800	67680	74880	101088
121	仪器仪表装配人员	30036	48600	54600	63960	82992
122	电力、热力生产和供应人员	40908	56832	72991	104427	135936
123	水生产、输排和水处理人员	45984	59661	89309	127222	140496
124	房屋建筑施工人员	30480	35400	46200	55560	69768
125	土木工程建筑施工人员	32616	39600	42480	46440	67968
126	建筑安装施工人员	32676	38577	50694	67680	92100
127	建筑装饰人员	33540	38400	42600	50760	67740
128	古建筑修建人员	28728	46320	51300	58440	77976
129	其他建筑施工人员	32364	43560	55800	61560	87612
130	通用工程机械操作人员	40884	57360	77400	129960	148200
131	机械设备修理人员	41592	47280	63912	87864	116988
132	检验试验人员	37440	37649	50852	67279	78312
133	称重计量人员	27744	38700	50880	63840	80388
134	包装人员	32544	41160	46080	53760	72348
135	安全生产管理人员	31800	35213	43966	57564	69024

二、分岗位企业从业人员工资价位

单位：元/年

序号	岗位类别	分位值				
		10分位	25分位	50分位	75分位	90分位
1	管理岗位	46755	59076	103986	181959	282398
2	高层管理岗	62901	80004	148500	252876	427903
3	中层管理岗	54274	69420	122340	228504	346639
4	基层管理岗	39555	48000	91008	164256	232420
5	管理类员工岗	32400	40800	55344	84408	124840
6	专业技术岗位	39095	53367	77205	118353	158195
7	高级职称	50612	69996	111288	161316	227812
8	中级职称	41414	59940	86616	139980	169570
9	初级职称	35000	48000	62400	98220	137841
10	没有取得专业技术职称	31372	37260	50772	76056	99715
11	职业技能岗位	52799	73112	99166	128378	145093
12	高级技师	109385	146832	173292	191148	208752
13	技师	60216	74592	122976	169716	189325
14	高级技能	40226	72456	113148	144168	152983
15	中级技能	32314	61632	86196	117384	131721
16	初级技能	44551	48960	53676	75384	96888
17	没有取得资格证书	33269	36216	48660	74988	93483

三、分行业企业从业人员工资价位

单位：元/年

序号	行业	分位值				
		10分位	25分位	50分位	75分位	90分位
1	农、林、牧、渔业	30259	36456	49702	68136	108190
2	中型企业	33958	39504	56314	69615	110869
3	小型企业	29100	36000	47000	62500	105600
4	微型企业	28800	34800	46800	61300	103000
5	采矿业	41267	52819	69930	87390	119319
6	中型企业	48534	56400	78747	102000	145620
7	小型企业	38411	55372	68296	85268	113471
8	微型企业	37828	47728	63828	75838	99838
9	制造业	40988	48079	64125	86893	108396
10	大型企业	49350	54788	79925	111372	142980
11	中型企业	41989	52327	60000	78786	101017

续表

序号	行业	分位值				
		10分位	25分位	50分位	75分位	90分位
12	小型企业	32668	42823	59530	71600	82200
13	电力、热力、燃气及水生产和供应业	50813	68417	94089	145019	198589
14	大型企业	54548	73918	98504	167563	259822
15	中型企业	53799	72540	97440	156935	207847
16	小型企业	51452	66605	95162	138217	175296
17	微型企业	47247	61997	87793	118753	152830
18	建筑业	36250	41218	50714	85512	123852
19	大型企业	47000	53365	61480	93850	132450
20	中型企业	36000	43800	50000	91000	136627
21	小型企业	32400	36015	49190	85200	119580
22	微型企业	30847	33036	43436	78000	109956
23	批发和零售业	36864	46731	65435	96326	125809
24	大型企业	40426	50440	68272	101748	133740
25	中型企业	38852	48449	67196	100972	128877
26	小型企业	34896	46504	65300	94439	124721
27	微型企业	38276	45372	63516	92991	117241
28	交通运输、仓储和邮政业	42790	54707	77519	98551	145221
29	大型企业	48448	61103	104157	143407	153962
30	中型企业	46006	57804	85826	94259	161536
31	小型企业	42243	52192	63840	90100	137310
32	微型企业	41855	52575	57500	67638	129514
33	住宿和餐饮业	34359	42621	52039	66581	83056
34	中型企业	36720	45600	56240	71272	90880
35	小型企业	34280	42800	50800	66000	81200
36	微型企业	34320	41600	50050	65950	78060
37	信息传输、软件和信息技术服务业	41747	55397	84987	135880	204752
38	大型企业	45632	60802	90315	145407	224726
39	中型企业	41989	58732	88184	140601	207124
40	小型企业	40441	55940	86441	136100	204633
41	微型企业	39022	50913	83550	134613	186270
42	金融业	52667	88430	140411	199275	288402
43	大型企业	55969	80953	132000	207350	320745
44	中型企业	54529	99054	150642	200648	292807
45	小型企业	52146	86292	139673	190798	252662
46	房地产业	36872	46866	58497	106807	179371
47	大型企业	38732	53434	64578	113464	188944

续表

序号	行业	分位值				
		10分位	25分位	50分位	75分位	90分位
48	中型企业	40644	53988	60372	115740	189600
49	小型企业	37056	44996	59010	104232	173064
50	微型企业	33552	41045	56172	100031	167219
51	租赁和商务服务业	33255	47553	60266	95453	135733
52	大型企业	36139	50879	65640	104000	142200
53	中型企业	35200	50200	58800	100800	139560
54	小型企业	35701	49627	59000	90915	135116
55	微型企业	32027	46850	58871	87489	127351
56	科学研究和技术服务业	44578	57668	81100	123128	203632
57	中型企业	44876	60781	96656	128928	217678
58	小型企业	45000	55250	66240	118000	190234
59	水利、环境和公共设施管理业	36216	48620	62516	83679	125927
60	大型企业	41272	59766	73416	94840	144359
61	中型企业	37452	57941	78438	94371	144054
62	小型企业	36189	41350	55200	78849	115235
63	微型企业	32892	39072	44400	68000	101500
64	居民服务、修理和其他服务业	33188	40702	51384	62990	104262
65	大型企业	38400	46800	56500	64750	109400
66	中型企业	37200	43000	56760	72000	117642
67	小型企业	33249	43200	55967	74350	101250
68	微型企业	30000	33600	37750	42250	92500
69	教育	36425	44195	57392	84645	115676
70	小型企业	36838	46521	59451	86087	121471
71	微型企业	36684	43668	56052	83802	110504
72	卫生和社会工作	40037	50219	70014	99412	157383
73	中型企业	42252	53142	72585	104852	164432
74	小型企业	38470	48016	68044	94644	151054
75	文化、体育和娱乐业	36510	45252	60082	93532	129789
76	大型企业	43200	49572	65196	102464	143840
77	中型企业	42492	46980	61200	96592	142168
78	小型企业	33960	45180	60216	93892	121729
79	微型企业	32580	44076	58708	90828	112764

2022年舟山市人力资源市场工资指导价位

一、整体工资价位

（一）分行业门类企业从业人员工资价位

单位：万元

序号	行业门类	分位值				
		10%	25%	50%	75%	90%
1	农、林、牧、渔业	3.60	4.41	6.00	6.50	8.00
2	制造业	3.88	4.80	6.55	9.44	12.89
3	电力、热力、燃气及水生产和供应业	5.40	8.13	12.69	19.77	24.02
4	建筑业	4.00	5.20	7.10	10.00	13.50
5	批发和零售业	3.60	4.35	5.59	10.07	12.76
6	交通运输、仓储和邮政业	5.76	7.20	11.16	14.46	24.00
7	住宿和餐饮业	4.00	4.76	5.76	7.20	10.98
8	信息传输、软件和信息技术服务业	3.50	5.32	9.52	14.95	22.13
9	房地产业	3.21	5.60	8.70	16.50	24.00
10	租赁和商务服务业	3.60	4.88	6.36	7.36	8.60
11	水利环境和公共设施管理业	3.48	4.67	6.45	7.74	8.96
12	居民服务、修理和其他服务业	3.22	3.64	4.34	6.28	7.45
13	教育	4.20	4.50	5.19	7.48	10.94
14	卫生和社会工作	4.48	6.00	7.55	12.33	16.95

（二）分登记注册类型企业从业人员工资价位

单位：万元

序号	登记注册类型	分位值				
		10%	25%	50%	75%	90%
1	国有企业（不含国有独资公司）	4.17	6.65	9.86	11.80	16.17
2	有限责任公司（含国有独资公司）	4.00	5.28	7.08	9.96	14.78
3	股份有限公司	6.97	8.29	10.49	15.25	18.10
4	私营企业	3.56	4.28	5.87	8.60	14.20

（三）分企业规模企业从业人员工资价位

单位：万元

序号	企业规模	分位值				
		10%	25%	50%	75%	90%
1	大型企业	4.15	5.75	8.13	15.38	19.81
2	中型企业	4.05	5.01	7.57	12.00	16.50
3	小型企业	3.84	4.81	6.30	9.70	15.02
4	微型企业	3.60	4.44	6.00	8.67	12.39

（四）分学历企业从业人员工资价位

单位：万元

序号	学历	分位值				
		10%	25%	50%	75%	90%
1	研究生（含博士、硕士）	9.73	11.92	18.90	30.09	36.81
2	大学本科	5.10	7.02	9.80	14.61	21.08
3	大学专科	4.42	5.99	7.56	11.01	15.95
4	高中、中专或技校	3.84	4.60	6.09	8.50	11.89
5	初中及以下学历	3.40	4.08	5.52	7.63	10.31

（五）分岗位等级企业从业人员工资价位

单位：万元

序号	岗位等级	分位值				
		10%	25%	50%	75%	90%
1	高层管理岗	6.00	9.00	12.39	30.04	45.81
2	中层管理岗	5.16	7.49	11.36	23.62	30.98
3	基层管理岗	4.28	5.90	8.60	14.61	18.22
4	管理类员工岗	3.65	4.56	6.00	11.32	14.51
5	高级职称	6.00	8.60	12.89	16.59	28.08
6	中级职称	5.28	6.73	9.00	15.76	19.81
7	初级职称	4.50	6.00	7.36	10.50	15.50
8	没有取得专业技术职务	4.20	5.40	7.20	10.27	13.87
9	高级技师	8.35	10.20	13.59	20.75	22.07
10	技师	6.10	7.06	9.03	13.61	19.95
11	高级技能	5.58	6.96	7.87	11.40	16.33
12	中级技能	5.10	5.88	7.66	9.67	14.94
13	初级技能	4.79	5.29	6.55	9.54	12.88
14	没有取得资格证书	3.34	4.01	5.49	7.32	10.99

二、分职业工资价位

（一）分职业细类企业从业人员工资价位

单位：万元

序号	职业细类	分位值				
		10%	25%	50%	75%	90%
1	企业董事	5.20	6.12	9.68	18.00	41.77
2	企业总经理	6.71	9.24	12.13	28.05	41.12
3	生产经营部门经理	5.95	7.50	10.03	16.78	24.24
4	财务部门经理	5.74	7.20	10.01	15.00	20.19
5	行政部门经理	5.60	6.97	9.19	13.21	20.37
6	人事部门经理	5.99	7.30	8.20	13.48	20.98
7	销售和营销部门经理	6.12	7.76	8.97	12.39	20.00
8	广告和公关部门经理	5.52	7.05	9.60	11.84	15.50
9	采购部门经理	5.26	6.89	7.67	10.01	15.82
10	计算机服务部门经理	7.60	13.60	16.27	18.29	28.76
11	研究和开发部门经理	4.42	6.25	10.64	15.99	24.04
12	餐厅部门经理	5.76	6.79	8.50	11.83	13.83
13	客房部门经理	4.39	5.41	7.12	9.94	11.63
14	其他职能部门经理	4.81	8.64	12.10	16.34	34.08
15	其他企业中高级管理人员	5.88	10.00	15.30	20.00	28.32
16	工程测量工程技术人员	4.32	4.48	5.49	8.58	10.03
17	采矿工程技术人员	5.76	8.10	10.00	14.28	15.65
18	机械设计工程技术人员	5.98	7.07	8.89	10.45	14.59
19	设备工程技术人员	5.70	6.79	8.60	10.53	13.29
20	自动控制工程技术人员	8.69	8.88	9.60	10.62	12.16
21	焊接工程技术人员	9.35	10.10	10.99	12.17	16.80
22	特种设备管理和应用工程技术人员	5.38	6.16	7.46	9.10	10.08
23	船舶工程技术人员	8.70	10.67	12.48	16.04	25.45
24	飞行器设计工程技术人员	3.80	4.47	6.04	8.89	12.00
25	通信工程技术人员	4.81	6.85	9.25	10.13	14.65
26	电工电器工程技术人员	7.58	8.82	10.88	12.15	12.91
27	供用电工程技术人员	8.01	9.48	9.97	10.01	10.34
28	邮政工程技术人员	7.14	7.77	10.31	11.81	15.17
29	道路交通工程技术人员	9.29	10.93	13.27	14.82	18.80
30	建筑和市政设计工程技术人员	4.00	5.24	6.16	7.56	9.72
31	土木建筑工程技术人员	4.15	5.16	6.47	8.38	12.45
32	风景园林工程技术人员	3.60	4.20	9.34	10.70	11.96

续表

序号	职业细类	分位值				
		10%	25%	50%	75%	90%
33	道路与桥梁工程技术人员	3.65	3.89	4.01	8.34	9.94
34	水利水电建筑工程技术人员	5.28	5.50	6.48	9.00	12.00
35	爆破工程技术人员	8.01	9.91	15.44	23.08	35.10
36	非金属矿及制品工程技术人员	6.12	6.94	7.32	7.50	8.18
37	水利工程管理工程技术人员	6.56	7.46	8.21	8.72	10.07
38	安全生产管理工程技术人员	5.85	7.99	11.37	13.80	16.70
39	质量管理工程技术人员	6.03	6.80	7.38	8.20	11.75
40	战略规划与管理工程技术人员	3.58	11.58	12.58	17.58	20.58
41	项目管理工程技术人员	11.08	12.41	14.58	20.13	21.84
42	监理工程技术人员	5.77	6.60	9.22	13.69	15.66
43	工程造价工程技术人员	3.98	6.88	11.24	17.00	20.36
44	进出口商品检验鉴定工程技术人员	6.66	10.96	13.27	14.75	16.60
45	甲板部技术人员	8.60	9.50	18.90	30.80	36.29
46	轮机部技术人员	8.60	11.35	17.20	26.47	31.90
47	内科医师	4.48	6.74	7.15	16.87	25.14
48	外科医师	5.52	6.18	7.53	28.89	29.61
49	口腔科医师	5.38	6.86	10.74	12.64	13.15
50	放射科医师	10.07	12.36	19.53	23.88	34.47
51	超声科医师	10.89	11.60	13.38	15.70	22.80
52	中医内科医师	7.86	9.45	12.72	24.36	26.72
53	中医骨伤科医师	5.78	7.40	11.00	20.09	25.76
54	中西医结合外科医师	11.79	13.91	19.20	25.30	35.10
55	药师	5.11	5.66	6.40	8.22	8.60
56	中药师	5.72	6.45	6.65	7.60	8.72
57	影像技师	5.17	5.21	7.89	9.70	11.83
58	口腔医学技师	7.04	8.60	10.35	12.04	15.37
59	临床检验技师	6.74	9.10	10.01	11.16	14.20
60	康复技师	5.61	8.84	11.28	12.76	14.77
61	内科护士	5.07	7.20	7.90	8.64	10.42
62	急诊护士	4.96	5.12	7.20	8.20	8.67
63	外科护士	6.91	7.55	8.73	10.81	13.95
64	口腔科护士	4.58	5.58	5.92	6.75	8.76
65	中医护士	11.79	13.02	14.27	16.14	17.46
66	价格专业人员	5.95	8.95	9.45	10.24	17.48
67	统计专业人员	2.68	4.97	5.98	7.26	9.20
68	会计专业人员	5.40	6.36	6.68	7.36	10.03

续表

序号	职业细类	分位值				
		10%	25%	50%	75%	90%
69	审计专业人员	4.72	6.17	12.33	12.68	16.21
70	市场营销专业人员	6.72	11.54	15.32	20.06	23.99
71	人力资源管理专业人员	6.33	7.60	9.70	10.72	14.60
72	银行清算专业人员	10.88	12.04	12.41	14.91	15.38
73	信贷审核专业人员	13.94	15.35	17.64	22.48	30.90
74	银行国外业务专业人员	14.89	15.54	16.07	18.08	18.31
75	保险核保专业人员	7.80	8.55	10.70	13.50	18.03
76	保险理赔专业人员	10.38	11.67	13.90	15.13	15.95
77	戏剧戏曲演员	6.56	6.69	6.84	6.86	6.90
78	民族乐器演奏员	6.49	6.54	8.20	8.36	12.86
79	翻译	4.70	6.88	10.50	18.14	22.72
80	档案专业人员	4.90	7.93	10.30	11.06	15.71
81	行政办事员	3.60	4.80	6.36	8.00	11.00
82	秘书	3.56	4.36	4.66	6.20	10.51
83	公关员	4.89	5.35	7.37	8.12	9.41
84	收发员	2.98	5.39	9.40	11.49	12.75
85	后勤管理员	4.44	5.49	6.95	9.54	11.81
86	保卫管理员	2.83	3.16	3.70	5.54	6.64
87	消防安全管理员	3.05	3.64	4.72	5.30	6.72
88	采购员	4.00	4.21	6.29	8.62	9.65
89	营销员	5.06	5.80	6.62	7.66	8.36
90	商品营业员	3.84	4.50	5.17	6.60	8.80
91	收银员	3.15	3.96	4.20	5.30	6.50
92	道路客运汽车驾驶员	5.47	8.97	9.78	10.27	12.66
93	道路货运汽车驾驶员	3.60	4.00	4.33	7.60	8.53
94	道路客运服务员	3.74	4.46	5.65	6.94	7.71
95	道路货运业务员	5.95	6.73	7.28	7.65	10.11
96	道路运输调度员	4.58	5.78	7.78	9.04	9.79
97	公路收费及监控员	7.57	8.77	12.35	13.02	13.76
98	机动车驾驶教练员	5.41	6.91	9.03	13.46	19.03
99	客运船舶驾驶员	14.47	14.83	17.92	20.52	22.72
100	港口客运员	4.33	5.37	7.09	7.62	8.87
101	危险货物运输作业员	12.18	12.64	15.34	19.29	19.90
102	仓储管理员	3.64	3.99	5.29	7.32	8.29
103	邮政营业员	5.12	5.28	6.03	7.19	8.27
104	邮件分拣员	6.96	7.52	7.89	8.28	9.23

续表

序号	职业细类	分位值				
		10%	25%	50%	75%	90%
105	邮政投递员	5.86	6.05	8.11	8.95	10.70
106	报刊业务员	8.35	8.46	8.98	10.49	10.67
107	邮政市场业务员	9.19	9.37	9.57	11.07	13.21
108	快递员	6.13	6.48	7.93	8.18	8.89
109	快件处理员	6.11	6.96	7.91	10.61	13.52
110	前厅服务员	3.74	4.12	4.76	5.81	6.44
111	客房服务员	4.00	4.20	5.12	6.07	7.14
112	中式烹调师	4.20	5.66	6.41	7.92	9.17
113	中式面点师	3.36	3.64	4.10	5.09	5.69
114	西式烹调师	4.02	4.16	4.85	5.05	6.10
115	西式面点师	3.16	3.26	3.80	4.04	4.60
116	餐厅服务员	3.90	4.26	4.80	5.45	6.32
117	茶艺师	2.94	3.16	3.24	3.63	4.39
118	信息通信营业员	8.97	10.31	10.75	12.11	13.48
119	信息通信业务员	8.47	9.44	11.09	11.80	15.15
120	信息通信网络机务员	8.60	9.35	10.10	11.08	12.24
121	信息通信网络线务员	7.70	8.58	8.88	9.81	10.46
122	信息通信网络运行管理员	9.06	9.29	11.06	11.18	14.67
123	银行综合柜员	11.01	11.97	13.48	15.74	19.85
124	银行信贷员	6.07	7.64	10.04	11.31	13.88
125	银行客户业务员	11.73	13.71	15.86	23.32	29.06
126	保险保全员	7.20	7.80	8.94	10.05	12.82
127	物业管理员	2.70	2.88	3.12	3.90	5.20
128	中央空调系统运行操作员	3.56	4.00	4.12	6.40	6.86
129	劳动关系协调员	3.94	5.15	5.87	6.34	7.10
130	导游	4.60	7.21	7.36	8.36	10.37
131	公共游览场所服务员	3.00	3.25	3.60	6.42	7.31
132	保安员	3.52	4.14	4.89	5.97	6.00
133	智能楼宇管理员	3.19	3.80	4.60	6.90	7.44
134	机动车检测工	4.80	5.41	5.91	6.58	7.03
135	保洁员	2.90	3.62	3.81	5.41	6.63
136	生活垃圾清运工	4.28	5.12	6.45	6.64	6.98
137	生活垃圾处理工	2.61	2.89	4.02	6.68	6.80
138	有害生物防制员	3.91	4.55	4.59	5.00	6.38
139	园林绿化工	3.20	3.38	3.68	4.62	5.18
140	育婴员	4.08	4.64	5.82	7.60	8.64

续表

序号	职业细类	分位值				
		10%	25%	50%	75%	90%
141	保育员	2.97	3.24	3.28	4.07	4.43
142	养老护理员	3.92	4.77	5.76	6.00	6.07
143	洗衣师	3.94	4.06	4.16	4.57	4.71
144	美容师	2.89	4.30	4.45	6.23	6.68
145	美发师	3.49	4.14	4.26	6.65	6.92
146	水供应服务员	3.04	5.40	7.34	7.69	9.46
147	汽车维修工	5.94	6.89	8.74	9.45	10.28
148	康乐服务员	3.19	3.27	3.62	5.42	6.70
149	眼镜验光员	2.89	3.33	3.49	3.98	4.48
150	眼镜定配工	3.16	3.69	4.15	4.43	5.32
151	林木种苗工	3.60	4.25	5.10	5.66	6.81
152	水生动物饲养工	2.52	3.26	4.50	5.86	6.67
153	水产制品精制工	4.40	4.44	4.50	4.69	4.80
154	评茶员	3.03	3.52	4.46	5.89	5.94
155	手工木工	4.72	4.83	5.59	5.86	6.80
156	制冷工	3.17	3.70	4.84	5.02	7.23
157	橡胶制品生产工	4.69	4.98	5.50	5.90	6.25
158	预拌混凝土生产工	5.76	6.67	7.25	8.63	9.66
159	金属轧制工	5.52	5.92	6.45	7.28	7.63
160	车工	4.96	6.34	7.92	8.76	10.27
161	铣工	4.61	5.16	5.80	7.05	8.21
162	磨工	3.94	5.37	6.55	7.33	9.16
163	镗工	7.72	7.75	7.79	11.38	13.53
164	钻床工	6.00	7.31	7.85	10.28	11.90
165	多工序数控机床操作调整工	6.61	7.01	7.79	8.32	9.01
166	电切削工	2.48	3.21	4.02	6.04	7.26
167	铆工	8.24	8.98	10.10	13.31	14.18
168	铸造工	3.56	4.68	5.24	5.41	6.63
169	锻造工	2.83	4.09	4.24	5.87	6.89
170	金属热处理工	4.23	4.45	5.23	6.15	8.41
171	焊工	5.66	6.58	9.10	10.79	11.80
172	装配钳工	4.97	5.70	8.25	9.34	11.21
173	机床装调维修工	5.19	6.65	7.09	7.67	8.92
174	液压液力气动密封件制造工	2.69	3.79	5.13	5.89	6.20
175	汽轮机运行值班员	6.00	6.20	6.51	6.74	6.81
176	燃气轮机值班员	5.06	5.28	5.41	5.60	8.64

续表

序号	职业细类	分位值				
		10%	25%	50%	75%	90%
177	电气值班员	6.15	6.41	6.49	6.99	7.08
178	锅炉操作工	4.64	5.48	6.58	8.25	8.85
179	砌筑工	5.01	5.48	6.25	7.82	9.40
180	混凝土工	4.38	5.69	6.94	6.98	7.24
181	钢筋工	4.64	5.13	6.89	7.17	7.41
182	架子工	5.46	5.52	5.55	6.40	8.24
183	防水工	4.61	4.92	5.53	6.12	6.77
184	管工	9.36	10.49	13.30	14.79	17.06
185	制冷空调系统安装维修工	3.29	3.77	4.58	6.90	8.29
186	装饰装修工	4.06	4.43	5.05	6.39	7.20
187	专用车辆驾驶员	4.50	5.76	7.27	8.78	10.51
188	500总吨以下船长	13.84	15.10	17.74	19.36	22.02
189	500总吨以下大副	12.43	13.80	15.26	17.83	19.30
190	500总吨以下二副	9.55	12.47	14.24	15.65	18.32
191	500总吨以下三副	10.50	11.54	12.45	13.58	15.87
192	500总吨以下水手	6.85	7.83	8.31	10.21	11.21
193	750kW以下轮机长	14.42	16.62	18.30	19.35	21.39
194	750kW以下值轮	11.21	12.20	13.92	14.65	15.18
195	500总吨以上船长	40.20	43.66	49.42	52.23	53.91
196	500总吨以上大副	23.80	27.21	32.31	35.94	39.46
197	500总吨以上二副	14.33	15.43	16.66	18.29	20.11
198	500总吨以上三副	11.12	12.29	13.18	15.04	17.26
199	500总吨以上水手	9.05	10.24	10.85	11.30	12.04
200	750kW以上轮机长	25.68	29.89	33.07	35.43	38.44
201	750kW以上大管轮	18.90	25.01	29.51	30.80	35.68
202	750kW以上二管轮	11.08	14.12	16.04	17.64	20.20
203	船体制造工	3.56	5.21	6.69	8.75	10.33
204	船体装配工	4.05	5.00	6.34	8.00	9.57
205	船舶涂装工	3.92	5.23	7.25	9.04	10.06
206	船舶气割工	3.82	4.63	6.30	9.31	10.69
207	船舶电焊工	4.35	5.67	6.58	8.90	11.23
208	船舶冷作工	4.76	5.32	6.31	9.01	10.56
209	船舶起重工	4.12	5.06	6.88	7.63	9.13
210	船舶轮机装配工	4.98	5.90	6.80	9.15	10.17
211	船舶钳工	4.41	5.44	6.73	8.86	10.92
212	船舶管系工	4.43	4.92	6.11	7.34	8.88

续表

序号	职业细类	分位值				
		10%	25%	50%	75%	90%
213	船舶电工	4.29	5.30	6.09	8.34	11.01
214	船舶电气钳工	4.52	4.90	6.87	6.99	8.22
215	船舶电器安装工	3.97	5.09	5.84	7.48	9.20
216	船舶附件制造工	3.62	4.96	5.69	7.86	8.44
217	船舶架子工	4.05	4.71	5.77	5.97	7.81
218	船舶甲板设备操作工	5.64	5.69	6.76	7.84	8.88
219	船舶机舱设备操作工	6.58	7.08	7.76	10.22	12.66
220	港口系缆工	3.04	3.65	4.62	4.74	5.81
221	港口机械操作工	3.65	4.40	5.15	6.65	7.04
222	港口机械维修工	3.41	4.58	5.01	6.15	6.91
223	起重工	10.02	11.01	12.61	13.51	14.04
224	输送机操作工	17.88	18.21	18.67	18.98	19.37
225	设备点检员	4.10	4.46	5.41	7.50	8.41
226	机修钳工	8.45	9.49	11.72	12.97	16.21
227	电工	5.00	5.40	8.55	11.49	12.42
228	仪器仪表维修工	7.71	8.53	10.98	13.02	14.98
229	船舶修理工	4.40	5.52	6.24	8.40	10.80
230	质检员	3.48	4.20	5.25	6.76	8.67
231	安全员	4.55	5.40	7.00	9.35	12.64

（二）技术工种分等级企业从业人员工资价位

单位：万元

序号	职业细类及岗位等级	分位值				
		10%	25%	50%	75%	90%
1	焊工	5.66	6.58	9.10	10.79	11.80
2	技师	7.25	9.30	10.18	11.42	12.87
3	高级技能	6.25	8.15	9.30	11.18	12.30
4	中级技能	5.17	6.20	8.46	9.55	10.80
5	初级技能	4.95	5.71	6.96	9.00	10.23
6	电工	5.00	5.40	8.55	11.49	12.42
7	高级技师	9.10	10.64	11.94	13.97	15.39
8	技师	8.01	9.13	10.70	12.88	14.64
9	高级技能	6.55	7.61	9.28	11.26	13.07
10	中级技能	5.67	6.30	7.90	9.02	12.04
11	初级技能	4.00	5.92	7.11	8.26	11.50

序号	职业细类及岗位等级	分位值				
		10%	25%	50%	75%	90%
12	制冷空调系统安装维修工	3.29	3.77	4.58	6.90	8.29
13	初级技能	2.69	3.27	3.47	5.61	7.98
14	防水工	4.61	4.92	5.53	6.12	6.77
15	中级技能	4.31	5.22	5.66	6.07	8.92
16	初级技能	3.91	4.70	5.54	5.90	6.44
17	砌筑工	5.01	5.48	6.25	7.82	9.40
18	中级技能	5.60	6.00	8.00	8.85	9.92
19	初级技能	4.19	4.43	5.37	6.03	7.19
20	混凝土工	4.38	5.69	6.94	6.98	7.24
21	初级技能	4.65	5.25	5.72	7.02	7.93
22	钢筋工	4.64	5.13	6.89	7.17	7.41
23	中级技能	5.07	5.11	5.62	7.09	7.70
24	初级技能	4.73	4.84	5.18	6.41	7.14
25	架子工	5.46	5.52	5.55	6.40	8.24
26	中级技能	5.25	5.55	5.88	6.73	9.21
27	初级技能	4.52	5.29	5.30	6.08	7.34
28	锅炉操作工	4.64	5.48	6.58	8.25	8.85
29	初级技能	4.64	5.48	6.58	8.25	8.85
30	机床装调维修工	5.19	6.65	7.09	7.67	8.92
31	初级技能	5.67	6.17	6.71	8.25	11.71
32	铸造工	3.56	4.68	5.24	5.41	6.63
33	初级技能	2.84	4.08	5.55	5.93	6.66
34	锻造工	2.83	4.09	4.24	5.87	6.89
35	初级技能	2.79	4.26	4.39	5.89	6.95
36	金属热处理工	4.23	4.45	5.23	6.15	8.41
37	初级技能	4.05	5.41	5.49	6.41	7.41
38	车工	4.96	6.34	7.92	8.76	10.27
39	高级技能	5.35	6.90	7.59	8.13	9.50
40	初级技能	4.50	4.96	6.36	6.95	8.05
41	铣工	4.61	5.16	5.80	7.05	8.21
42	初级技能	4.61	5.16	5.80	7.05	8.21
43	钳工	5.46	7.67	8.47	9.28	10.22
44	高级技师	10.51	11.53	13.02	15.10	18.35
45	技师	7.82	8.69	9.21	10.73	12.39
46	高级技能	6.58	7.31	7.84	10.22	11.11
47	中级技能	5.46	6.51	7.49	8.23	9.92

续表

序号	职业细类及岗位等级	分位值				
		10%	25%	50%	75%	90%
48	初级技能	4.97	5.47	6.10	7.02	8.17
49	磨工	3.94	5.37	6.55	7.33	9.16
50	初级技能	3.74	5.06	5.27	6.99	7.04
51	电切削工	2.48	3.21	4.02	6.04	7.26
52	初级技能	3.17	3.70	4.64	4.87	7.11
53	制冷工	3.17	3.70	4.84	5.02	7.23
54	中级技能	3.20	4.15	5.15	6.24	6.91
55	初级技能	3.16	3.19	4.17	4.77	6.45
56	手工木工	4.72	4.83	5.59	5.86	6.80
57	中级技能	5.04	5.54	6.25	6.32	8.35
58	初级技能	4.83	5.04	5.06	5.21	6.37
59	评茶员	3.03	3.52	4.46	5.89	5.94
60	初级技能	3.34	3.97	4.28	5.55	6.06
61	眼镜验光员	2.89	3.33	3.49	3.98	4.48
62	初级技能	3.12	3.30	3.60	4.25	5.15
63	眼镜定配工	3.16	3.69	4.15	4.43	5.32
64	初级技能	3.45	3.80	4.12	4.55	5.39
65	汽车维修工	5.94	6.89	8.74	9.45	10.28
66	高级技师	8.45	9.77	10.32	11.00	11.95
67	技师	7.67	8.01	8.65	9.93	10.46
68	高级技能	6.12	8.00	8.50	9.89	10.10
69	中级技能	6.00	6.36	7.01	9.00	10.03
70	初级技能	4.56	5.29	5.96	7.12	8.60
71	美容师	2.89	4.30	4.45	6.23	6.68
72	初级技能	3.53	4.15	4.58	4.92	6.69
73	美发师	3.49	4.14	4.26	6.65	6.92
74	初级技能	3.26	4.35	4.52	6.90	8.46
75	育婴员	4.08	4.64	5.82	7.60	8.64
76	初级技能	4.56	5.21	7.08	7.94	7.96
77	保育员	2.97	3.24	3.28	4.07	4.43
78	初级技能	2.92	3.61	3.67	3.93	4.09
79	有害生物防制员	3.91	4.55	4.59	5.00	6.38
80	初级技能	3.77	3.89	5.07	6.17	6.53
81	保安员	3.52	4.14	4.89	5.97	6.00
82	高级技能	4.71	4.84	5.31	5.76	7.32
83	中级技能	2.65	3.78	5.04	5.65	6.44

续表

序号	职业细类及岗位等级	分位值				
		10%	25%	50%	75%	90%
84	初级技能	2.52	3.01	3.69	5.11	6.36
85	智能楼宇管理员	3.19	3.80	4.60	6.90	7.44
86	初级技能	3.92	4.68	4.77	5.87	6.76
87	劳动关系协调员	3.94	5.15	5.87	6.34	7.10
88	高级技能	5.20	6.16	7.50	10.10	12.10
89	初级技能	3.49	4.85	5.45	6.48	7.04
90	企业人力资源管理师	4.33	5.60	6.70	9.32	10.60
91	初级技能	4.36	5.86	6.62	9.81	11.30
92	中央空调系统运行操作员	3.56	4.00	4.12	6.40	6.86
93	初级技能	3.62	4.65	5.12	5.54	5.81
94	中式烹调师	4.20	5.66	6.41	7.92	9.17
95	高级技能	9.17	9.31	10.60	12.33	13.50
96	技师	5.35	6.78	7.54	9.69	12.64
97	高级技能	4.33	5.62	6.35	6.76	7.87
98	中级技能	3.72	4.30	6.00	6.44	6.92
99	初级技能	3.41	3.81	4.49	5.03	6.14
100	中式面点师	3.36	3.64	4.10	5.09	5.69
101	高级技能	4.20	4.75	5.20	5.97	6.86
102	中级技能	3.80	4.06	4.70	5.10	5.42
103	西式烹调师	4.02	4.16	4.85	5.05	6.10
104	高级技能	4.25	4.90	5.24	5.50	6.64
105	中级技能	4.02	4.16	4.66	5.05	5.40
106	西式面点师	3.16	3.26	3.80	4.04	4.60
107	高级技能	4.01	4.35	5.15	6.00	6.29
108	中级技能	2.82	3.39	3.75	3.89	4.89
109	初级技能	2.50	2.67	2.88	3.27	4.27
110	茶艺师	2.94	3.16	3.24	3.63	4.39
111	初级技能	3.10	3.62	3.64	4.03	4.29
112	养老护理员	3.92	4.77	5.76	6.00	6.07
113	初级技能	5.09	5.25	5.31	5.57	5.59

2022年台州市人力资源市场工资指导价位

一、分职业细类企业从业人员工资价位

单位：元/年

序号	职业细类	分位值				
		10%	25%	50%	75%	90%
1	企业董事	60024	78384	139501	233600	403775
2	企业总经理	64014	76327	139864	221969	397874
3	生产经营部门经理	55913	71563	98189	113255	194648
4	财务部门经理	44100	52964	66824	107587	171196
5	行政部门经理	48708	62373	84095	115203	173623
6	人事部门经理	51960	60000	72960	105818	161088
7	销售和营销部门经理	42510	50985	94262	119497	198094
8	采购部门经理	39600	54000	66184	102000	164719
9	计算机服务部门经理	48678	80499	110000	167965	199977
10	研究和开发部门经理	60000	90501	131145	177898	266925
11	餐厅部门经理	37488	41902	54398	69754	98343
12	其他职能部门经理	43033	63070	93200	142846	193022
13	其他企业中高级管理人员	48000	54000	87624	155625	274737
14	工程测量工程技术人员	33100	45000	60472	93000	116952
15	化工实验工程技术人员	43756	73111	86484	117435	160464
16	化工生产工程技术人员	60810	73653	83549	96918	132460
17	机械设计工程技术人员	59775	74359	104693	135628	175478
18	机械制造工程技术人员	59472	71607	78847	97807	132482
19	设备工程技术人员	65000	79841	104800	125295	136000
20	模具设计工程技术人员	61486	72895	91151	116747	183520
21	自动控制工程技术人员	51753	69509	78707	107614	176218
22	汽车工程技术人员	48000	56000	61000	70000	89890
23	计算机软件工程技术人员	68113	81395	116615	173927	195978
24	计算机网络工程技术人员	46395	53016	79880	102274	128600
25	电工电器工程技术人员	36093	48073	63988	118909	168275
26	电缆光缆工程技术人员	49613	53388	56601	59628	63596

序号	职业细类	分位值				
		10%	25%	50%	75%	90%
27	发电工程技术人员	65520	75720	90348	103859	126498
28	快递工程技术人员	42746	51120	56504	66218	85146
29	广播电视传输覆盖工程技术人员	54938	73782	103922	144481	201732
30	道路交通工程技术人员	59050	63626	91265	103424	125077
31	建筑和市政设计工程技术人员	49658	59894	72000	80921	120000
32·	土木建筑工程技术人员	46560	52680	66380	90367	107714
33	供水排水工程技术人员	76570	131267	166000	177696	188039
34	城镇燃气供热工程技术人员	81079	89725	114716	188075	272734
35	道路与桥梁工程技术人员	46300	52000	83000	122721	196476
36	园林绿化工程技术人员	30412	38923	43369	53389	63063
37	水利工程管理工程技术人员	45897	56891	95647	167660	199753
38	安全生产管理工程技术人员	31294	54421	64175	86080	107886
39	计量工程技术人员	59633	68790	79910	90430	105054
40	质量管理工程技术人员	38096	45600	79433	98702	110143
41	项目管理工程技术人员	45000	50000	73279	108241	130000
42	能源管理工程技术人员	25000	26800	28500	31000	34788
43	监理工程技术人员	52000	57600	67100	84000	132000
44	工程造价工程技术人员	50643	62553	94895	114553	132272
45	产品质量检验工程技术人员	31769	40564	69800	84813	110791
46	产品设计工程技术人员	55730	64022	75200	114539	140926
47	工业设计工程技术人员	85600	88400	103642	165994	217793
48	其他农业技术人员	42986	47706	75832	96408	102778
49	内科医师	44327	63046	93941	136477	190284
50	外科医师	62465	72979	95644	154595	201295
51	妇产科医师	95222	112223	140120	171957	184371
52	口腔科医师	45349	63254	89772	156860	241960
53	放射科医师	36220	59299	76351	100333	150912
54	超声科医师	46744	68037	99798	128835	219695
55	中医内科医师	62500	73886	102903	151132	175634
56	中西医结合骨伤科医师	48631	86976	106918	165028	288907
57	药师	38900	43460	54779	65737	83687
58	中药师	41195	43626	47452	50700	63988
59	影像技师	48000	50300	55220	62532	81855
60	临床检验技师	48240	55280	75478	97340	109863
61	康复技师	29757	53242	60403	94933	117134
62	内科护士	40000	56069	65060	78003	107503

续表

序号	职业细类	分位值				
		10%	25%	50%	75%	90%
63	急诊护士	43200	46677	57951	73120	107636
64	外科护士	36330	51248	62268	74377	107374
65	社区护士	36000	40100	51145	54822	58555
66	口腔科护士	44871	47565	55000	81567	99044
67	中医护士	46006	49552	53000	76652	129564
68	妇产科护士	36999	50677	56431	65683	97683
69	统计专业人员	36420	45796	55463	72484	90934
70	会计专业人员	42000	52852	64311	80000	111899
71	国际商务专业人员	53117	72497	107635	142945	195197
72	市场营销专业人员	52292	56749	76223	94438	143639
73	物业经营管理专业人员	42000	49965	56335	63484	92002
74	报关专业人员	40161	50135	61411	81466	91895
75	人力资源管理专业人员	52467	58902	65000	89209	130563
76	人力资源服务专业人员	34780	51883	60954	92115	132289
77	保险理赔专业人员	69460	84137	104763	135838	149016
78	其他经济和金融专业人员	67078	82960	128053	178560	249401
79	中学教育教师	35184	41205	64178	90186	116375
80	幼儿教育教师	36964	43430	61641	76133	91071
81	其他教学人员	35937	40573	52665	65000	89565
82	教练员	44525	53400	75312	87514	90503
83	档案专业人员	41010	48510	53465	66769	85659
84	其他专业技术人员	37889	40068	51484	70400	105542
85	行政办事员	38400	48000	67140	95000	113305
86	秘书	38749	41408	52698	84481	96888
87	后勤管理员	33600	39352	49500	68013	99606
88	其他办事人员	40000	49851	61939	91587	108590
89	保卫管理员	32925	43226	46105	64123	96371
90	消防安全管理员	32001	44510	53461	75188	96299
91	其他安全和消防人员	39880	44279	50589	65270	103165
92	其他办事人员和有关人员	39249	44181	57170	70918	96474
93	采购员	37299	43071	54340	76339	91280
94	营销员	38939	46741	57600	79987	120189
95	商品营业员	33600	39800	47315	52805	67091
96	收银员	27375	36000	38120	47417	60000
97	医药商品购销员	32942	39042	47112	55958	67262
98	其他批发与零售服务人员	41000	51380	55595	76168	95413

序号	职业细类	分位值				
		10%	25%	50%	75%	90%
99	道路客运汽车驾驶员	51794	58205	69550	77746	85853
100	道路货运汽车驾驶员	44646	61200	73375	81551	94000
101	道路客运服务员	35708	45790	59709	76435	93154
102	道路货运业务员	32676	45317	59793	76435	93335
103	公路收费及监控员	50685	62230	105816	136353	144520
104	机动车驾驶教练员	32119	42349	52920	60861	78666
105	装卸搬运工	40172	51444	62484	83294	98070
106	客运售票员	44178	46260	48460	53066	56608
107	仓储管理员	38391	46910	56003	69055	84312
108	理货员	30911	33356	38467	43338	67911
109	邮件分拣员	30022	53430	60588	68142	75914
110	邮件转运员	30579	56779	62499	72214	76436
111	快递员	43252	45888	53977	56600	60390
112	快件处理员	30420	55730	64800	69300	72650
113	其他交通运输、仓储和邮政业服务人员	41530	59393	63505	101553	126277
114	前厅服务员	32700	36600	43200	52000	58232
115	客房服务员	30000	42000	47120	49000	58718
116	中式烹调师	35400	49200	53900	76274	85000
117	中式面点师	28822	39600	43200	62080	78680
118	西式面点师	31006	40854	46632	58928	79981
119	餐厅服务员	29200	34500	45504	51446	67056
120	其他住宿和餐饮服务人员	29600	33100	39180	47600	58829
121	网络与信息安全管理员	52465	56688	60000	69771	97919
122	信息通信信息化系统管理员	70662	83191	92700	118200	151801
123	其他信息传输、软件和信息技术服务人员	33851	50029	75399	103899	161743
124	银行综合柜员	90412	100578	123138	172705	236514
125	银行信贷员	60119	88556	102438	172510	253329
126	银行客户业务员	72298	95491	153848	240350	302645
127	保险保全员	65811	82606	99692	142350	215141
128	其他金融服务人员	59299	88655	116508	198510	285312
129	物业管理员	35860	42000	54790	63976	69246
130	客户服务管理员	52320	62025	67248	74890	96000
131	导游	30406	47623	51685	60127	66567
132	旅行社计调	41152	44728	51638	74446	87863
133	旅游咨询员	30546	38445	48157	63934	86969
134	公共游览场所服务员	28731	36400	40751	49179	58644

续表

序号	职业细类	分位值				
		10%	25%	50%	75%	90%
135	保安员	27150	40122	49260	58643	71240
136	安检员	33179	37800	42789	46013	56410
137	消防设施操作员	37860	41464	48205	65282	103484
138	商品防损员	33481	35583	37897	41088	47519
139	市场管理员	40889	59640	65606	71940	91584
140	农产品食品检验员	31596	34896	37000	47625	68236
141	计量员	36823	40100	52767	71228	96866
142	环境监测员	67758	79893	88361	105285	125478
143	污水处理工	37560	51000	61636	67070	80000
144	保洁员	28536	30321	36000	43008	51428
145	生活垃圾清运工	30700	38850	50688	56950	64280
146	生活垃圾处理工	32790	40524	50612	60300	64850
147	园林绿化工	30656	34086	43135	53701	63301
148	其他水利、环境和公共设施管理服务人员	45477	49000	55238	62767	68320
149	育婴员	32228	44825	52160	59658	80467
150	养老护理员	45880	55831	59101	68440	84850
151	家政服务员	25200	26484	37321	44647	53103
152	美容师	37605	41914	50987	60023	68701
153	美发师	39180	50065	56404	60268	68753
154	保健调理师	45711	55960	71897	87888	95855
155	其他居民服务人员	35400	39745	48960	55900	62864
156	供电服务员	52434	92642	133741	176717	195669
157	水供应服务员	53836	75750	126077	135300	142756
158	其他电力、燃气及水供应服务人员	43461	68873	104290	179324	190434
159	汽车维修工	30415	53916	62676	83157	108121
160	群众文化指导员	31363	34171	42952	59416	91885
161	医疗临床辅助服务员	38030	55285	87540	153411	229595
162	眼镜验光员	31490	44854	52195	65709	98036
163	农林牧渔水利业生产工人	35700	41340	48000	58600	70096
164	农机修理工	47900	57600	60412	63074	81171
165	畜禽屠宰加工工	41044	60089	64317	68396	81436
166	缝纫工	32264	44407	55210	69700	83058
167	皮革及皮革制品加工工	25450	27432	39391	51521	60544
168	手工木工	35000	41741	48200	66600	92000
169	化工单元操作工	55996	59139	63421	68089	72836
170	制冷工	37684	44032	56980	85139	91741

续表

序号	职业细类	分位值				
		10%	25%	50%	75%	90%
171	化学合成制药工	61472	67986	73514	95620	107094
172	橡胶制品生产工	52937	57646	71383	83553	92645
173	塑料制品成型制作工	41127	50460	60341	80926	97454
174	车工	40120	55000	62293	72000	99508
175	铣工	30317	48907	52696	84725	104206
176	磨工	32812	61534	70931	85300	112896
177	钻床工	49225	56680	66015	89556	98000
178	多工序数控机床操作调整工	58221	72866	83967	99149	112908
179	电切削工	50412	57706	63039	78651	92828
180	下料工	49879	61349	69140	73957	84923
181	冲压工	60344	72000	83494	92868	105467
182	铸造工	41376	52600	57007	70620	92682
183	金属热处理工	42174	48600	63094	87913	117503
184	焊工	39800	61000	74000	92234	111318
185	锻造工	40651	54072	63342	81316	109391
186	机械加工材料切割工	60255	76975	82705	94765	107202
187	涂装工	71281	77688	83210	93261	103236
188	喷涂喷焊工	61827	70791	75156	108055	119704
189	模具工	63720	71981	91635	106405	132547
190	工具钳工	45900	48850	56180	74900	81534
191	其他机械制造基础加工人员	50949	56000	59400	76995	96336
192	其他金属制品制造人员	40245	56276	71414	86060	90809
193	装配钳工	73111	78584	83387	87018	91654
194	机床装调维修工	69802	73928	81600	96584	104667
195	泵装配调试工	46685	51486	70429	78834	85484
196	制冷空调设备装配工	72900	76036	87299	99448	113090
197	工程机械装配调试工	66725	73354	78896	95328	100000
198	缝制机械装配调试工	57656	71030	75460	82197	86428
199	耕种机械制造工	63835	68529	84542	99558	118919
200	锅炉运行值班员	47520	50400	57720	60311	67920
201	燃料值班员	59052	65938	68948	78034	91062
202	汽轮机运行值班员	50186	52520	55297	63120	69188
203	发电集控值班员	63120	69110	82297	120440	184526
204	电气值班员	66742	85451	104394	188272	211021
205	水力发电运行值班员	80354	83167	90084	96914	145749
206	锅炉操作工	40909	47283	53335	68115	86975

续表

序号	职业细类	分位值				
		10%	25%	50%	75%	90%
207	水生产处理工	50330	63495	105180	121542	130531
208	工业废水处理工	56212	58679	64201	69515	84237
209	其他电力、热力、气体、水生产和输配人员	60360	79606	98721	131681	171101
210	砌筑工	31000	45021	51327	60018	81388
211	石工	43843	52928	66589	85031	92156
212	钢筋工	28560	37330	41209	51000	65000
213	混凝土工	29199	33596	40554	53000	67000
214	架子工	28244	41430	48000	59530	68297
215	凿岩工	63414	92163	100981	114948	126575
216	防水工	27342	39153	46427	60085	74000
217	机械设备安装工	45075	48962	63799	76565	84111
218	电气设备安装工	61802	64000	71000	73567	79979
219	制冷空调系统安装维修工	27600	36550	45336	67015	88227
220	电力电气设备安装工	45563	49180	51760	58490	60450
221	装饰装修工	38200	43800	49700	53200	61494
222	专用车辆驾驶员	56000	58300	68979	72168	76851
223	起重装卸机械操作工	38248	59612	68220	90660	122209
224	挖掘铲运和桩工机械司机	35600	46971	76743	128000	132656
225	设备点检员	79552	85000	90118	102492	151350
226	机修钳工	52000	57971	82297	93624	103030
227	电工	42556	57130	71360	85500	98361
228	仪器仪表维修工	62448	84772	104420	146778	176945
229	锅炉设备检修工	48720	55506	82388	141056	191279
230	发电机检修工	86458	136965	150298	192993	212596
231	工程机械维修工	51968	61200	86683	100075	113900
232	化学检验员	31384	54000	71401	88558	115486
233	质检员	43889	49350	60336	72463	85000
234	试验员	25636	27835	34000	49000	75683
235	包装工	38714	40951	53344	67682	81723
236	安全员	45200	51448	61760	75180	84500
237	其他生产辅助人员	36000	48000	59290	76152	95370
238	其他生产制造及有关人员	41479	46306	54999	73707	84226

二、部分技术工人职业（工种）分技能等级工资价位

单位：元/年

序号	部分工种	技能等级	分位值				
			10%	25%	50%	75%	90%
1	焊工	高级技师	56187	86279	93721	113498	149044
		技师	50576	79521	89734	102924	126575
		高级技能	45741	71000	77378	100495	112817
		中级技能	43239	70986	75496	91355	110523
		初级技能	40800	61952	67359	83336	100586
2	电工	高级技师	70731	90635	107490	111957	128109
		技师	66379	74002	78962	96379	112843
		高级技能	56217	60772	74983	92917	99023
		中级技能	49000	58040	71962	77062	93821
		初级技能	42815	55200	62000	75960	90473
3	制冷空调系统安装维修工	高级技能	48834	72398	76559	85731	111246
		中级技能	34097	52565	64350	76614	87923
		初级技能	29717	38792	42466	63275	69409
4	防水工	技师	40944	46440	59642	84125	87299
		高级技能	35378	42306	49531	59518	70182
		中级技能	32164	40902	44559	48815	63820
		初级技能	28771	37476	40284	43120	50712
5	砌筑工	高级技能	41711	55846	59574	75353	81819
		中级技能	33511	47407	53294	61393	65017
		初级技能	31370	41428	45666	55323	59442
6	混凝土工	高级技能	38111	40660	44641	59863	70082
		中级技能	34287	37847	42823	50380	62073
		初级技能	29277	31725	37970	43737	58124
7	钢筋工	技师	36219	42510	45557	60281	69954
		高级技能	34394	41813	44722	54561	63196
		中级技能	30521	38746	42000	47359	50895
		初级技能	29279	33360	36901	44523	48026
8	架子工	高级技能	32859	53956	57423	60551	69798
		中级技能	30017	42103	44723	54778	62959
		初级技能	28603	36372	39845	50918	54080
9	锅炉操作工	技师	52042	62931	69350	79070	89346
		高级技能	48133	56062	58304	70938	85402
		中级技能	42108	48660	54135	67699	76910
		初级技能	41620	45689	51198	55523	74420

续表

序号	部分工种	技能等级	分位值				
			10%	25%	50%	75%	90%
10	机床装修维修工	高级技能	55628	63103	71103	84103	91599
		中级技能	48326	55130	62146	82463	89723
		初级技能	45169	53929	58753	62576	80319
11	铸造工	高级技师	60254	70295	83675	100543	111749
		技师	56181	66963	73976	87676	103806
		高级技能	54079	65394	71459	84682	94435
		中级技能	49998	54483	57370	71932	90148
		初级技能	42760	52336	56725	61220	69742
12	锻造工	高级技师	52565	70982	74447	106880	129843
		技师	50450	62946	67636	87933	106492
		高级技能	49754	60253	64446	81435	98277
		中级技能	42991	55359	63002	80190	92489
		初级技能	41993	50237	53406	69197	87216
13	金属热处理工	高级技师	72188	79434	93125	128557	176673
		技师	69101	74047	82793	88145	99616
		高级技能	50807	56993	66974	74409	92152
		中级技能	42664	52070	60994	69815	87723
		初级技能	38418	50721	56310	61437	69727
14	车工	高级技师	58709	79764	83843	107468	128823
		技师	56724	73685	79180	96370	105612
		高级技能	49276	70619	75204	93739	99342
		中级技能	43095	60357	65000	72365	80071
		初级技能	40769	51648	56063	67459	72755
15	铣工	高级技师	81662	105541	110150	118650	139170
		技师	64533	76324	83604	96557	106815
		高级技能	43137	53925	62030	88802	100860
		中级技能	35666	49051	52257	76787	81574
		初级技能	30427	46366	49139	70249	73886
16	钳工	高级技师	70388	80851	90055	114051	125734
		技师	62631	75711	82773	91091	118057
		高级技能	55263	73027	77107	89536	98215
		中级技能	53111	68509	71858	77311	83112
		初级技能	39468	52000	59294	73559	80335

续表

序号	部分工种	技能等级	分位值				
			10%	25%	50%	75%	90%
17	磨工	高级技师	56605	71980	81948	90658	120578
		技师	51110	68842	75159	86683	101884
		高级技能	49194	66255	73841	81722	95966
		中级技能	42279	64117	70499	77654	92290
		初级技能	33617	60127	67097	74766	82921
18	电切削工	高级技能	54518	73567	81922	86181	93504
		中级技能	52807	65730	70318	83663	87706
		初级技能	51480	55465	60883	75843	82313
19	制冷工	技师	58785	78976	83950	88448	107994
		高级技能	45693	62666	70539	75698	84929
		中级技能	44213	48498	53156	62010	69966
		初级技能	38869	40365	43938	56994	61305
20	手工木工	技师	53341	60084	65473	86766	103566
		高级技能	44343	56110	60122	82000	98686
		中级技能	41654	46654	49903	63018	91893
		初级技能	37552	42652	45010	53529	69573
21	眼镜验光员	高级技师	56516	82313	84799	93390	119175
		技师	48984	72288	80518	88797	94827
		高级技能	44141	60397	65350	70639	75748
		中级技能	35603	53298	57381	61870	73362
		初级技能	33059	46815	48483	53215	69854
22	汽车维修工	高级技师	56400	88832	97832	100949	130669
		技师	51764	77200	83644	96651	110289
		高级技能	50684	58398	80000	90000	106900
		中级技能	36825	55785	70687	86200	97081
		初级技能	31499	52170	58994	72870	92857
23	美容师	高级技师	55108	81363	89898	112767	128136
		技师	51140	75148	78710	85044	106679
		高级技能	42693	67219	70686	77990	97395
		中级技能	40283	59516	63137	75695	87839
		初级技能	39478	42941	45987	49215	58091
24	美发师	高级技师	55085	79870	84447	105278	118434
		技师	50132	73251	75868	99190	108921
		高级技能	44482	66696	69968	93002	97022
		中级技能	42637	60330	66373	69367	74120
		初级技能	40934	57945	60280	63552	71677

续表

序号	部分工种	技能等级	分位值				
			10%	25%	50%	75%	90%
25	育婴员	高级技能	38707	54036	59757	77819	100392
		中级技能	34366	51126	54110	61996	79647
		初级技能	32443	45485	49160	51622	56379
26	保安员	技师	36313	48100	52377	59193	72840
		高级技能	33968	40149	46579	51941	70130
		中级技能	32669	39376	45683	49802	66238
		初级技能	28552	37881	40224	48489	61257
27	中式烹调师	高级技师	72434	80908	83430	88869	110009
		技师	55350	64687	69184	84922	90787
		高级技能	52153	56838	60255	80800	87248
		中级技能	43816	51735	55620	68008	80741
		初级技能	36000	49490	52600	58800	71747
28	中式面点师	高级技师	65197	69285	78048	80707	87602
		技师	38350	58655	61707	67617	81795
		高级技能	31675	45579	48597	65873	78894
		中级技能	30911	41485	42789	58913	74332
		初级技能	28897	37200	40791	53680	63054
29	西式面点师	高级技师	40596	60756	65358	91426	100302
		技师	38928	51316	56476	62366	80878
		高级技能	35108	46886	48801	59371	74622
		中级技能	33823	41595	46140	52669	65356
		初级技能	31837	40367	42171	50342	61013
30	养老护理员	高级技师	56997	76467	80741	86236	100563
		技师	52942	70169	73193	80594	92104
		高级技能	50697	59224	66000	70767	83273
		中级技能	48318	56932	59224	63696	67183
		初级技能	46544	50240	56440	60640	64098

2022年丽水市人力资源市场工资指导价位

一、分职业细类企业从业人员工资价位

单位：元

序号	职业细类	分位值				
		10%	25%	50%	75%	90%
1	企业董事	48002	60000	90139	148144	361200
2	采矿工程技术人员	64308	70977	78026	117294	141831
3	选矿与矿物加工工程技术人员	77000	83000	110000	120000	129600
4	机械制造工程技术人员	41265	51830	68313	84785	107785
5	设备工程技术人员	57366	64667	73694	98497	115932
6	通信工程技术人员	49028	68318	82708	94488	117212
7	计算机网络工程技术人员	53077	63484	112999	124745	179728
8	嵌入式系统设计工程技术人员	49900	97000	173697	245697	305876
9	电工电器工程技术人员	60101	65112	74736	99000	172910
10	发电工程技术人员	42119	70000	93891	117408	162822
11	供用电工程技术人员	84542	112395	134919	161312	193593
12	输电工程技术人员	83040	115399	139551	142031	173062
13	演艺设备工程技术人员	40000	45373	50000	54000	80000
14	土木建筑工程技术人员	40000	44279	59222	86974	123268
15	供水排水工程技术人员	72292	159751	189247	212612	229621
16	标准化工程技术人员	51102	67290	73202	87279	108230
17	计量工程技术人员	43047	51353	55526	75400	91000
18	质量管理工程技术人员	48645	52537	57768	86749	101040
19	物流工程技术人员	58120	67780	68000	84320	96048
20	产品质量检验工程技术人员	50001	54779	62909	80695	98803
21	产品设计工程技术人员	44200	46200	55388	73894	88000
22	外科医师	62350	74850	81000	88600	164021
23	放射科医师	59584	69850	81061	83600	183736
24	药师	39643	41381	44801	48577	53924
25	中药师	42445	44762	45942	46477	48292
26	内科护士	46084	50126	64353	73643	78955

续表

序号	职业细类	分位值				
		10%	25%	50%	75%	90%
27	外科护士	51177	62939	72350	91100	116409
28	社区护士	45000	48600	54600	60600	63000
29	市场营销专业人员	47636	50400	64194	83903	123932
30	商务策划专业人员	44200	46200	48600	75240	75400
31	医药代表	75000	78000	131964	132769	142560
32	人力资源管理专业人员	49843	56906	71529	115640	151647
33	人力资源服务专业人员	39121	65851	70000	75600	103510
34	银行货币发行专业人员	103441	112260	138455	167054	170446
35	银行清算专业人员	118686	147576	158183	186422	207070
36	信贷审核专业人员	113956	134745	155114	213211	233972
37	小学教育教师	96140	103131	113584	138148	160015
38	导演	93500	99335	132500	291201	399873
39	民族乐器演奏员	34577	76000	97000	100000	120000
40	视觉传达设计人员	30000	34625	52207	87491	107663
41	教练员	37094	46440	49560	50973	56780
42	图书资料专业人员	22220	22797	34280	35864	46613
43	行政办事员	42663	48400	73182	89450	128577
44	机要员	54162	62206	65320	82120	128314
45	秘书	45698	49068	68258	94135	141204
46	打字员	38206	39400	39950	42950	45200
47	后勤管理员	36000	44394	50400	56000	68584
48	保卫管理员	33473	35849	39863	55295	69451
49	消防安全管理员	42000	63355	82100	105800	114269
50	采购员	41797	44400	54492	57631	70720
51	营销员	31645	37003	62486	73299	114008
52	收银员	25200	30000	31080	37200	45698
53	道路客运汽车驾驶员	52800	57024	70640	77310	85314
54	道路货运汽车驾驶员	46887	49763	80000	89738	106287
55	道路客运服务员	42737	44694	51084	57925	68613
56	机动车驾驶教练员	35413	43442	53092	59290	74137
57	客运船舶驾驶员	43009	49687	69600	72000	81717
58	装卸搬运工	46800	50500	56546	68132	79849
59	客运售票员	30557	34717	36726	45065	65650
60	仓储管理员	38152	44623	51345	71507	91951
61	邮政市场业务员	68120	77400	91400	134955	166321
62	快递员	54000	58320	77900	81740	83080

续表

序号	职业细类	分位值				
		10%	25%	50%	75%	90%
63	快件处理员	54000	58320	64040	65150	71720
64	前厅服务员	28800	35297	42292	46326	48000
65	客房服务员	25200	32400	36000	39249	42000
66	餐厅服务员	31036	32900	36941	39600	42000
67	信息通信网络机务员	56450	69957	99200	108908	114362
68	信息通信网络运行管理员	73100	95090	118030	132013	160028
69	银行综合柜员	81320	99505	116538	133556	156656
70	银行信贷员	114894	139153	185234	238632	313876
71	银行客户业务员	89687	106140	147006	178908	216485
72	银行信用卡业务员	117803	163888	189445	256986	293485
73	物业管理员	36583	41109	44143	50417	59034
74	客户服务管理员	46200	55120	60396	71300	99869
75	导游	57298	65983	80181	92899	94159
76	保安员	25000	27000	35456	42827	57422
77	商品监督员	46866	63277	86032	97548	109484
78	商品防损员	30126	40150	49611	51512	52714
79	市场管理员	46269	65811	81242	102628	127428
80	工程测量员	36848	51325	74394	92302	104623
81	环境监测员	56968	62950	69987	75400	78601
82	鞋类设计师	44263	56344	75384	76200	90389
83	水工闸门运行工	60281	81832	104096	119520	135279
84	污水处理工	38400	41472	48000	54972	58561
85	保洁员	25200	28408	33200	38400	47685
86	生活垃圾清运工	26504	36140	44550	45990	49260
87	园林绿化工	33000	40000	42000	48780	53553
88	保健调理师	23040	36171	45461	57357	61977
89	供电服务员	57823	79862	97099	112180	135368
90	水供应服务员	52847	57677	65234	74640	78325
91	汽车维修工	36254	46115	56062	67628	71299
92	肉制品加工工	36414	48322	50920	56250	60750
93	糕点面包烘焙工	41788	48027	52692	56212	60438
94	米面主食制作工	29315	39193	48696	55241	58648
95	啤酒酿造工	45764	57599	62820	68378	74939
96	纺织染色工	53660	59480	75286	83608	99170
97	服装水洗工	52655	56867	64945	71794	74212
98	皮革及皮革制品加工工	36878	38592	41764	44074	46940

续表

序号	职业细类	分位值				
		10%	25%	50%	75%	90%
99	制鞋工	39880	42789	48804	55096	67402
100	化工单元操作工	35180	45197	55487	86179	96834
101	药物制剂工	43000	46500	48000	52500	58000
102	井下采矿工	49304	62785	96000	116791	136383
103	选矿工	68785	84528	116213	131230	151197
104	井下作业设备操作维修工	74414	88663	116005	143516	152222
105	海上平台水手	57950	68209	79929	89078	116517
106	炼钢浇铸工	49509	53278	62245	95617	119466
107	车工	48829	57831	72865	88207	103699
108	铣工	49415	61421	68527	75684	80991
109	磨工	40898	51907	54714	60085	70575
110	钳工	43077	50393	64022	79258	88383
111	多工序数控机床操作调整工	45130	49829	59323	77220	95781
112	下料工	43999	50878	61560	81696	93836
113	冲压工	38620	47737	58390	71099	91158
114	铸造工	41225	44590	53944	70073	76669
115	电切削工	33500	37595	49777	57976	69778
116	制冷空调系统安装维修工	46888	55427	70629	80002	92029
117	防水工	35028	36691	50200	56109	69876
118	砌筑工	43675	57229	65074	71732	88116
119	混凝土工	45471	52422	67735	74041	85400
120	钢筋工	42292	58580	65307	70371	78989
121	架子工	41287	52342	61084	70487	79575
122	机床装调维修工	43079	48098	50828	69541	72363
123	制冷工	35362	39435	42428	44125	49596
124	锻造工	43315	58717	61061	65453	70093
125	焊工	51751	61032	83146	103399	117829
126	模具工	53586	59388	65476	73499	91390
127	压缩机装配调试工	42425	51092	57974	72241	88793
128	锅炉运行值班员	53628	57100	60958	72867	83429
129	电气值班员	59780	72609	80816	113096	137357
130	水力发电运行值班员	34560	50404	69066	77075	100832
131	锅炉操作工	47474	51000	63369	68614	86650
132	压缩机操作工	50534	56301	62258	86069	106211
133	水生产处理工	58866	81118	91109	109583	121653
134	水供应输排工	51568	74806	88551	104427	131099

续表

序号	职业细类	分位值				
		10%	25%	50%	75%	90%
135	公路养护工	56657	67931	85595	89977	100138
136	起重装卸机械操作工	49702	60358	68365	72273	77044
137	索道运输机械操作工	30651	32901	33039	37539	59958
138	挖掘铲运和桩工机械司机	55160	70836	83483	88880	96348
139	机修钳工	51408	58795	65921	69815	88381
140	电工	46260	53080	63281	78417	105451
141	锅炉设备检修工	78892	88898	109738	122748	144637
142	汽机和水轮机检修工	83321	98540	131034	153748	176052
143	发电机检修工	58300	78500	83264	104600	187022
144	变电设备检修工	44471	89011	109740	132370	169850
145	工程机械维修工	45136	59481	73498	91447	103525
146	化学检验员	51888	58775	73989	76401	82653
147	无损检测员	44477	56258	70815	87889	88721
148	质检员	41487	46103	60000	70842	83732
149	试验员	47834	55052	67375	72430	73083
150	称重计量工	37200	40176	50018	56634	61173
151	安全员	35951	43854	58732	70961	92631

二、部分技术工人职业（工种）分等级工资价位

单位：元

序号	职业（工种）及技能等级	分位值				
		10%	25%	50%	75%	90%
1	焊工	51751	61032	83146	103399	117829
2	高级技能	63256	70165	82629	103581	117829
3	电工	46260	53080	63281	78417	105451
4	技师	55120	62322	78417	89489	116775
5	中级技能	48225	54432	55000	69885	95372
6	初级技能	42000	48969	52887	58400	76745
7	锅炉操作工	47474	51000	63369	68614	86650
8	初级技能	46399	47976	62042	70024	85702
9	铸造工	41225	44590	53944	70073	76669
10	中级技能	51808	64470	69504	70958	76661
11	初级技能	30954	39457	51896	58525	69351
12	锻造工	43315	58717	61061	65453	70093
13	中级技能	51688	61614	69662	73411	77360

续表

序号	职业（工种）及技能等级	分位值				
		10%	25%	50%	75%	90%
14	初级技能	38509	44402	53726	57418	69086
15	车工	48829	57831	72865	88207	103699
16	高级技能	60642	67927	91483	95724	123603
17	铣工	49415	61421	68527	75684	80991
18	中级技能	59397	63342	69463	74987	80081
19	初级技能	53237	61946	68190	73336	79145
20	钳工	43077	50393	64022	79258	88383
21	高级技能	63700	67312	79753	85000	88173
22	中级技能	52400	56592	74710	84059	87019
23	初级技能	48300	53000	73312	80000	85856
24	磨工	40898	51907	54714	60085	70575
25	中级技能	55391	60011	68856	71027	77224
26	初级技能	40541	50888	53084	59510	69876
27	汽车维修工	36254	46115	56062	67628	71299
28	高级技师	52532	65648	72165	77202	94385
29	技师	50798	64040	69557	72622	84938
30	高级技能	50302	59402	64173	72060	84147
31	中级技能	49668	50823	59774	69271	79007
32	初级技能	44113	50222	50629	59194	69794
33	保安员	25000	27000	35456	42827	57422
34	高级技能	30869	37198	49530	55960	60855
35	中级技能	25200	32000	37229	49650	53490
36	初级技能	24000	24480	32000	48000	52020
37	电切削工	33500	37595	49777	57976	69778
38	初级技能	40019	45909	60493	70433	83955
39	制冷空调系统安装维修工	46888	55427	70629	80002	92029
40	初级技能	64578	71348	81487	90759	99599
41	防水工	35028	36691	50200	56109	69876
42	初级技能	35917	39437	53786	59166	69557
43	砌筑工	43675	57229	65074	71732	88116
44	高级技能	46532	57452	65595	72993	89927
45	中级技能	41748	50461	65485	71868	87777
46	初级技能	35053	38861	51605	58399	69307
47	混凝土工	45471	52422	67735	74041	85400
48	高级技能	47986	59161	68821	74487	79762
49	中级技能	41646	51018	68124	70051	79316

续表

序号	职业（工种）及技能等级	分位值				
		10%	25%	50%	75%	90%
50	初级技能	38259	39212	52845	55048	69303
51	钢筋工	42292	58580	65307	70371	78989
52	高级技能	43457	58614	68854	71040	78684
53	中级技能	42271	54759	65341	70342	78673
54	初级技能	41525	50477	52586	54477	57236
55	架子工	41287	52342	61084	70487	79575
56	高级技能	47319	58115	61905	70652	79762
57	中级技能	46373	57518	61254	70246	79220
58	初级技能	45246	50291	51828	55240	69720
59	机床装调维修工	43079	48098	50828	69541	72363
60	中级技能	45035	50553	51430	58140	79199
61	初级技能	38000	38388	44512	45195	49473
62	制冷工	35362	39435	42428	44125	49596
63	初级技能	43063	50789	53865	56221	69236

索　引